PRINCÍPIO DA AFETIVIDADE NO DIREITO DE FAMÍLIA

O GEN | Grupo Editorial Nacional – maior plataforma editorial brasileira no segmento científico, técnico e profissional – publica conteúdos nas áreas de concursos, ciências jurídicas, humanas, exatas, da saúde e sociais aplicadas, além de prover serviços direcionados à educação continuada.

As editoras que integram o GEN, das mais respeitadas no mercado editorial, construíram catálogos inigualáveis, com obras decisivas para a formação acadêmica e o aperfeiçoamento de várias gerações de profissionais e estudantes, tendo se tornado sinônimo de qualidade e seriedade.

A missão do GEN e dos núcleos de conteúdo que o compõem é prover a melhor informação científica e distribuí-la de maneira flexível e conveniente, a preços justos, gerando benefícios e servindo a autores, docentes, livreiros, funcionários, colaboradores e acionistas.

Nosso comportamento ético incondicional e nossa responsabilidade social e ambiental são reforçados pela natureza educacional de nossa atividade e dão sustentabilidade ao crescimento contínuo e à rentabilidade do grupo.

RICARDO CALDERÓN

PRINCÍPIO DA AFETIVIDADE NO DIREITO DE FAMÍLIA

3ª edição Revista, atualizada e ampliada

- O autor deste livro e a editora empenharam seus melhores esforços para assegurar que as informações e os procedimentos apresentados no texto estejam em acordo com os padrões aceitos à época da publicação, e todos os dados foram atualizados pelo autor até a data de fechamento do livro. Entretanto, tendo em conta a evolução das ciências, as atualizações legislativas, as mudanças regulamentares governamentais e o constante fluxo de novas informações sobre os temas que constam do livro, recomendamos enfaticamente que os leitores consultem sempre outras fontes fidedignas, de modo a se certificarem de que as informações contidas no texto estão corretas e de que não houve alterações nas recomendações ou na legislação regulamentadora.

- Fechamento desta edição: *18.05.2023*

- O Autor e a editora se empenharam para citar adequadamente e dar o devido crédito a todos os detentores de direitos autorais de qualquer material utilizado neste livro, dispondo-se a possíveis acertos posteriores caso, inadvertida e involuntariamente, a identificação de algum deles tenha sido omitida.

- **Atendimento ao cliente: (11) 5080-0751 | faleconosco@grupogen.com.br**

- Direitos exclusivos para a língua portuguesa
  Copyright © 2023 by
  Editora Forense Ltda.
  Uma editora integrante do GEN | Grupo Editorial Nacional
  Travessa do Ouvidor, 11 – Térreo e 6º andar
  Rio de Janeiro – RJ – 20040-040
  www.grupogen.com.br

- Reservados todos os direitos. É proibida a duplicação ou reprodução deste volume, no todo ou em parte, em quaisquer formas ou por quaisquer meios (eletrônico, mecânico, gravação, fotocópia, distribuição pela Internet ou outros), sem permissão, por escrito, da Editora Forense Ltda.

- Capa: Daniel Kanai

- **CIP – BRASIL. CATALOGAÇÃO NA FONTE.
  SINDICATO NACIONAL DOS EDITORES DE LIVROS, RJ.**

C152p

Calderón, Ricardo
Princípio da afetividade no direito de família / Ricardo Calderón. – 3. ed. – Rio de Janeiro: Forense, 2023.

Inclui bibliografia
ISBN 978-65-5964-848-1

1. Direito de família – Brasil. 2. Filiação socioafetividade. I. Título.

23-83850 CDU: 347.63(81)

Gabriela Faray Ferreira Lopes – Bibliotecária – CRB-7/6643

SOBRE O AUTOR

Doutor e Mestre em Direito Civil pela Universidade Federal do Paraná-UFPR. Diretor Nacional do Instituto Brasileiro de Direito de Família – IBDFam. Pós-graduado em Teoria Geral do Direito e em Direito Processual Civil. Coordenador da pós-graduação em Direito das Famílias e Sucessões da Academia Brasileira de Direito Constitucional – ABDConst. Professor de diversos cursos de pós-graduação. Pesquisador do grupo de pesquisa e estudo do Direito Civil Virada de Copérnico – PPGD/UFPR. Vice-presidente da Comissão de Direito de Família da OAB/PR. Membro do Instituto Brasileiro de Direito Civil – IBDCivil. Membro do Instituto Brasileiro de Direito Contratual – IBDCont. Membro do Instituto dos Advogados do Paraná – IAP. Sócio do escritório Calderón Advogados, sediado em Curitiba. Advogado e consultor jurídico há mais de 25 anos, tendo sustentado oralmente perante o STF no caso da multiparentalidade (RG 622/STF).

✉ calderon@calderonadvogados.com.br
📷 @calderon.ricardolucas

"Amo, logo existo".
Stefano Rodotà

DESDE LOS AFECTOS

¿Cómo hacerte saber que siempre hay tiempo?
Que uno sólo tiene que buscarlo y dárselo.
Que nadie establece normas salvo la vida.
Que la vida sin ciertas normas pierde forma.
Que la forma no se pierde con abrirnos.
Que abrirnos no es amar indiscriminadamente.
Que no está prohibido amar.
Que también se puede odiar.
Que el odio y el amor son afectos.
Que la agresión porque sí, hiere mucho.
Que las heridas se cierran.
Que las puertas no deben cerrarse.
Que la mayor puerta es el afecto.
Que los afectos nos definen.
Que definirse no es remar contra la corriente.
Que no cuanto más fuerte se hace el trazo más se dibuja.
Que buscar un equilibrio no implica ser tibio.
Que negar palabras implica abrir distancias.
Que encontrarse es muy hermoso.
Que el sexo forma parte de lo hermoso de la vida.
Que la vida parte del sexo.
Que el "por qué" de los niños tiene un por qué.
Que querer saber de alguien no es sólo curiosidad.
Que para saber todo de todos es curiosidad malsana.
Que nunca está de más agradecer.
Que la autodeterminación no es hacer las cosas solo.

Que nadie quiere estar solo.

Que para no estar solo hay que dar.

Que para dar debimos recibir antes.

Que para que nos den también hay que saber como pedir.

Que saber pedir no es regalarse.

Que regalarse es en definitiva no quererse.

Que para que nos quieran debemos demostrar qué somos.

(...)

Que cuesta ser sensible y no herirse.

Que herirse no es desangrarse.

Que para no ser heridos levantamos muros.

Que quien siembra muros no recoge nada.

Que casi todos somos albañiles de muros.

Que sería mejor construir puentes.

Que sobre ellos se va a la otra orilla y también se vuelve.

Que volver no implica retroceder.

Que retroceder también puede ser avanzar.

Que no por mucho avanzar se amanece cerca del sol.

Cómo hacerte saber que nadie establece normas salvo la vida.

(Anônimo – atribuído ao uruguaio Mario Benedetti)

Aos meus pais:
Ricardo e Tânia,
pelo afeto incondicional.

AGRADECIMENTOS

Este livro tem origem na minha dissertação de mestrado defendida na Universidade Federal do Paraná – UFPR, pesquisa a qual contou com a colaboração de muitas pessoas, que de várias formas auxiliaram na sua elaboração. Inicio com um agradecimento sincero ao meu orientador *Prof. Dr. Luiz Edson Fachin*, que muito além da orientação sempre transmitiu palavras de conforto e estímulo na busca constante pelo conhecimento. Agradeço às demais integrantes da minha banca de mestrado: *Profª Dra. Teresa Ancona Lopez* e *Profª Drª Ana Carla Harmatiuk Matos*. Nesta edição, também contei com muita inspiração advinda das ideias do meu orientador no doutorado, Prof. Dr. Carlos Eduardo Pianovski Ruzyk, uma mente iluminada.

Quem merece um registro especial são os meus familiares, o que o faço na pessoa dos meus pais Tânia e Ricardo Calderón Ramirez (*in memoriam*), pelo incentivo contínuo; das minhas queridas irmãs, Vanessa e Tatiana, pelo carinho e apoio; e dos meus estimados avós: Aurora Ramirez de Calderón (*in memoriam*), Adão Ricardo Villordo (*in memoriam*) e Antônia Villordo (*in memoriam*) pelos belos exemplos de vida.

Eu sou um filho orgulhoso da Faculdade de Direito da UFPR, lugar onde fiz a graduação, o mestrado e o doutorado. Agradeço penhoradamente aos meus professores da querida Santos Andrade, sem os quais eu certamente não teria chegado até aqui. Registro também o meu "muito obrigado" aos demais servidores daquela casa, a qual – sem dúvida – é um dos belos exemplos de ensino público, gratuito e de qualidade.

Gostaria de agradecer de maneira singular o apoio recebido dos meus colegas de escritório, pela compreensão em vários momentos. Na minha jornada profissional, desde o início tive um incentivo especial do casal Maria de Lourdes Cardon Reinhardt e Odilon Reinhardt, a quem deixo os meus sinceros agradecimentos.

Agradeço aos meus colegas do grupo de pesquisa Virada de Copérnico, especialmente aos integrantes do eixo Família e Subjetividade, pelos instigantes debates e pelas constantes sugestões. Os momentos vividos dentro e fora da academia foram parte essencial dessa trajetória. Ainda na academia não tenho como deixar de destacar o agradecimento ao amigo Ricardo Henrique Weber, um dos primeiros a me incentivar a entrar nessa jornada.

Anoto também a parceria dos colegas da ABDConst, nas pessoas dos amigos Flávio Pansieri, Luis Henrique Madalena, Marco Aurélio Marrafon, Vânia de Aguiar, Gustavo Kfouri, Luciano Bernart, Ilton Norberto Robl Filho, Francisco de Assis do Rego Monteiro da Rocha Junior, João Rafael de Oliveira, Willian Soares Pugliese, Laércio Cruz Uliana Júnior, Carlos Dipp, Felipe Frank, Flávia Romagnolli Santos Cardoso e Silvana Jacob.

As ideias lançadas nesse texto têm inspiração nas bandeiras há muito sustentadas pelo IBDFAM, de modo que deixo meu carinho aos "ibedermanos" que tanto me incentivaram: Zeno Veloso (*in memoriam*), Giselda Hironaka, Rodrigo da Cunha Pereira, Maria Berenice Dias, Paulo Lobo, Rodrigo Toscano, Mário Delgado, José Fernando Simão, Luiz Paulo Vieira de Carvalho, Ana Luiza Nevares, Glícia Brazil, João Aguirre, Viviane Girardi, Conrado Paulino da Rosa, Luciana Faisca, Luiz Cláudio Guimarães, Adriana Hapner, Fernanda Pederneiras, Priscilla Barbiero e tantos outros.

Sou grato aos vários amigos que contribuíram com reflexões que enriqueceram essa reflexão: Regina Tânia Bortoli, Fernanda Andreazza, Eroulths Cortiano Junior, Pablo Malheiros da Cunha Frota, Alexandre Barbosa da Silva, Marcos Catalan, Marcos Ehrhardt Junior, Priscila Crocetti, Odilon Reinhardt, Valmir Parisi, Ricardo Alberto Escher, Gabriel Schulman, Felipe Frank, Fernanda Karam de Chueiri Sanches, Marcelo Bürger, Micheli Iwasaki, Marília Xavier, Luciana Xavier, Michele Camacho, Gabriele Toazza e Thais Magrini Schiavon. Cabe ainda ressaltar a companhia dos amigos de todas as horas Marlus Arns de Oliveira, Pedro Oliveira da Costa, Geraldo de Souza Coelho Neto, João Pedro Piva, Rodrigo Arruda Sanches, Andre Zaia, Flávio Slivinski, Felipe Condi, Fernando Siqueira, João Arthur Cardon e Adriane Pinheiro do Carmo. Não posso deixar de mencionar a alegria de ter ao lado os amigos do grupo carioca Boca do Fórum, pela importância ímpar na minha caminhada.

Esta terceira edição contou com a revisão da acadêmica Scarlett Walewska dos Santos na revisão final, a quem agradeço o esmero no trabalho. Um agradecimento mais do que especial é direcionado aos amigos que foram parceiros de algumas pesquisas e, por vezes, até coautores de textos que fazem parte da obra: Micheli Mayumi Iwasaki, Michele Camacho e Camila Grubert. Quem merece um registro afetivo de destaque é Laís Bergstein, que esteve ao meu lado nesse momento tão singular.

Também sou grato pela oportunidade da troca de ideias constantes com os professores Flávio Tartuce (SP) e Anderson Schreiber (RJ), juristas de escol que gentilmente contribuíram com textos que ladeiam a obra (apresentação e posfácio).

Anoto ainda a satisfação de contar com a confiança da Editora Forense, agradecendo a dedicação de todos os colaboradores do Grupo GEN, o que faço na pessoa do meu erudito editor Henderson Fürst de Oliveira.

Finalmente, agradeço aos tantos amigos – não preciso nominá-los, pois eles sabem quem são – que sempre estiveram ao meu lado, mesmo que às vezes distantes fisicamente.

Afetivamente, registro a todos a minha gratidão.

APRESENTAÇÃO À TERCEIRA EDIÇÃO

Nesta edição, o conteúdo da obra foi inteiramente atualizado, optando-se pela inclusão de uma substancial parte nova, que discorre sobre alguns temas atuais relacionados à afetividade. Dessa forma, restou mantida toda a estrutura original do livro, com a descrição do percurso da afetividade no direito de família, a apresentação da sua leitura jurídica e a explicitação do seu conteúdo principiológico.

Também segue presente a parte voltada à análise prática, a qual comenta os recentes casos paradigmáticos relacionados à afetividade, com destaque para o exame das decisões do Supremo Tribunal Federal, do Superior Tribunal de Justiça e do Conselho Nacional de Justiça, que trataram da temática.

As principais adições e alterações foram realizadas na última parte do trabalho, em especial no Capítulo IV, que retrata as projeções concretas da afetividade no direito das famílias e nas sucessões.

Foram incluídas seis novas seções nesta edição, que versam sobre os seguintes temas: *(i)* Filiação no direito de família brasileiro: ressignificação a partir da afetividade, que descreve como este princípio contribuiu sobremaneira para a modificação do atual entendimento sobre filiação e parentesco; *(ii)* Projeções da multiparentalidade no direito sucessório, com a demonstração das suas repercussões em caso de morte de algum dos envolvidos em situações pluriparentais; *(iii)* Reflexos da afetividade na adoção, a qual explicita como esse vetor vem permitindo a flexibilização de alguns critérios formais do processo adotivo previstos no Estatuto da Criança e do Adolescente; *(iv)* Multiparentalidade e adoção, que traz um estudo de caso concreto que acabou por permitir a cumulação da filiação biológica e da adotiva, de modo concomitante; *(v)* Reprodução assistida no Brasil: descompasso entre o barulho da medicina e o silêncio do Direito, que a partir de situação real, contada em uma narrativa poética, desvela como os atuais desafios da fertilização *in vitro* vêm sendo tratados juridicamente; *(vi)* Reproduções assistidas "caseiras": um novo e instigante desafio, em que narro esse novo fenômeno que se apresenta na realidade brasileira e proponho uma inovadora proposta de solução jurídica para tais filiações.

Boa leitura!

Curitiba, abril de 2023,

Ricardo Calderón

@calderon.ricardolucas

calderon@calderonadvogados.com.br

APRESENTAÇÃO À SEGUNDA EDIÇÃO

Honrou-me muito o Professor Ricardo Calderón ao formular o convite para apresentar a segunda edição desta obra, que trata do *Princípio da Afetividade no Direito de Família*. Penso que este livro é o principal trabalho sobre o tema no Brasil, não deixando dúvidas de que a afetividade é norte regulador do Direito de Família nacional, tendo substrato e força jurídica generalizante, a guiar o intérprete e aplicador do Direito. É uma obra que clareia o caminho dos que não enxergam e que insistem em afirmar o contrário, não sendo possível chegar à conclusão diferente do que aqui está proposto, após a leitura deste belo livro.

O trabalho original tem origem na dissertação de mestrado do autor, muito bem orientada pelo Professor e Ministro Luiz Edson Fachin, e defendida nos *sagrados bancos* da Faculdade de Direito da Universidade Federal do Paraná. Para esta nova versão, o Professor Calderón ampliou a sua pesquisa, trazendo questões e temas mais recentes sobre o assunto, especialmente a análise do julgado do Supremo Tribunal Federal, que, em repercussão geral, analisou não só a parentalidade socioafetiva, como também a viabilidade jurídica da multiparentalidade. Na ocasião, em setembro de 2016, o professor Calderón teve atuação de importância inequestionável, sustentando oralmente quando da sessão de julgamento, representando o Instituto Brasileiro de Direito de Família (IBDFam), que integrou o processo como *amicus curiae*.

A obra continua dividida em quatro capítulos. No primeiro deles, são examinadas as relações familiares no início do século XX e o contexto da afetividade naquela época. São abordados, de forma profunda, as relações que sempre clamaram por reconhecimento jurídico, a sociedade complexa e fluida da contemporaneidade, os relacionamentos familiares em tempos de modernidade líquida, o reconhecimento da subjetividade e da afetividade nas relações interpessoais e a afetividade como vetor dos relacionamentos familiares contemporâneos.

No Capítulo II, o jurista avança no tempo, observando a evolução das famílias entre as duas codificações privadas brasileiras, à luz do princípio que propõe. Avalia, assim, o papel do Direito na tutela das Famílias; o sistema clássico do Código Civil brasileiro de 1916 e a subjetividade mitigada; a orientação da Constituição Federal de 1988 e o reconhecimento implícito da afetividade; a opção do Código Civil brasileiro de 2002 e a leitura jurídica do princípio e sua assimilação pela doutrina brasileira do Direito de Família.

Sobre o perfil e o conteúdo do princípio da afetividade, o autor mergulha no Capítulo III, tratando da afetividade nas diversas alterações recentes da legislação brasileira, da crescente aceitação jurisprudencial e doutrinária da afetividade – que é majoritária entre nós –, da subsidiariedade dos *princípios gerais do direito* ao papel central conferido aos princípios, do substrato jurídico e perfil principiológico da afetividade e, finalmente, do significado do regramento que é o objeto principal do seu estudo.

O último capítulo do livro, o mais importante de todos, refere-se às projeções da afetividade no Direito de Família, tendo como seções de abordagem, de grande relevância prática: um novo conceito de família a partir da assimilação do princípio, a afetividade e o cuidado sob as lentes do Direito, a socioafetividade na filiação, a maternidade socioafetiva, a multiparentalidade a partir da tese aprovada pelo Supremo Tribunal Federal e seus efeitos existenciais e patrimoniais, a alienação parental, o abandono afetivo a partir do entendimento do Superior Tribunal de Justiça, a usucapião familiar e o abandono do lar com ressignificados a partir da afetividade, a homoafetividade, a poliafetividade e as famílias simultâneas como desafios do presente, o reconhecimento extrajudicial da filiação socioafetiva na perspectiva do Conselho Nacional de Justiça e, finalmente, as repercussões sucessórias decorrentes de todos os aspectos dissertados.

Como se pode perceber, o livro continua instigante, sendo sua leitura ou releitura obrigatória por todos os que estudam, lidam e amam o Direito de Família. Sim, pois o Direito de Família, além de estudiosos, tem *amantes*, caso do autor, um dos baluartes da afetividade entre nós.

Desejo, assim, que essa segunda edição da obra tenha o mesmo sucesso da sua primeira versão, tornando-se referência ainda mais marcante na doutrina brasileira. E que o Professor Calderón continue, com seu talento e afeto à pesquisa do Direito Civil, nos presenteando com livros como este.

Bom estudo e boas reflexões a todos. Com afetividade.

Aclimação, São Paulo, inverno de 2017,

Flávio Tartuce

Doutor em Direito Civil pela USP. Professor Titular do programa de mestrado e doutorado da Faculdade Autônoma de Direito (Fadisp). Coordenador e professor dos cursos de especialização da Escola Paulista de Direito (EPD). Advogado, consultor jurídico e parecerista. Autor da coleção de Direito Civil, em seis volumes, pela Editora Forense.

PREFÁCIO

A família do afeto solidário

Do reconhecimento do afeto que constitui o âmago das relações familiares à imperiosa superação de um modelo único e estanque de família, cujo alicerce maior se verifica em um código que ignora a realidade que o circunda, emerge, nesta oportunidade, um trabalho primoroso, que apreende a pluralidade das fontes normativas e vence o reducionismo codificador ao reconhecer, conforme Gustavo Tepedino, que "o quadro de intensas modificações ocorridas nas últimas décadas no âmbito do direito de família revela, do ponto de vista fenomenológico, inegável transformação da estrutura familiar".[1]

É nesse sentido que Ricardo Calderón busca compor um cotejo crítico entre as transformações ocorridas na família no decorrer do século XX, analisando, para tanto, o novo papel atribuído à subjetividade e à função de uma família eudemonista para contextualizar o reconhecimento hodierno da pluralidade das entidades familiares, solapando a insuficiência das categorias jurídicas positivadas e erigindo como pedestal maior das relações familiares o afeto e a solidariedade.

O presente livro decorre de denso estudo levado a efeito pelo autor em sua dissertação de Mestrado, realizada na Universidade Federal do Paraná e aprovada com conceito A, em sua mais alta nota, por banca composta pelas Professoras Doutoras Ana Carla Harmatiuk Matos e Teresa Ancona Lopez, que emprestaram seu brilho e magnificência à aprovação da presente obra.

Mais do que propor uma acutíssima renovação do direito posto, o autor traduz um apelo dirigido ao futuro do Direito Civil, destacando, por exemplo, que a instabilidade dos relacionamentos familiares é apenas a ponta de um iceberg, que tem sob o cristalino manto de água uma sociedade instável,

---

[1] TEPEDINO, Gustavo. **Temas de Direito Civil**. Rio de Janeiro: Renovar, 1999, p. 348.

fluida, fruto de uma era hipermoderna marcada pelo individualismo e pela intolerância.

De tal modo, arrosta-se ao reconhecimento da afetividade nas relações familiares a solidariedade, estabelecendo a família como um ambiente em que a pessoa busca se desenvolver de modo correlacional, compartilhando responsabilidades mútuas e buscando sua livre correalização pessoal. Conforme os ensinamentos de Carlos Eduardo Pianovski Ruzyk, "trata-se da passagem da concepção institucionalista de família, cuja dimensão funcional conduzia à conformação de modelos autoritários e centrados na estabilidade do ente familiar para uma família em que prevalecem as aspirações coexistenciais, tendo como leitmotiv o afeto".[2]

Eis que se impõe um desafio ao Direito Civil contemporâneo: (re)pensar as transformações da família, as novas formas de convivência familiar, o afeto e a solidariedade como pontos nodais de uma estrutura cujo futuro próximo já arrosta no porvir buscando superar o formalismo e reaproximar o direito da realidade.

Em suma, esse desafio pode ser traduzido nas palavras de Silvana Maria Carbonera, segundo a qual, "as transformações representam um processo, um constante reconstruir de saberes e conhecimentos, que permitem olhar o presente com olhos voltados para ele mesmo, sem esquecer do passado e sem engessar o futuro".[3]

Motivam, portanto, o estudo do autor as deficiências normativas e estruturais do presente, bem como o desejo de obrar ao beneplácito da superação dessas deficiências, vislumbrando, em última análise, um futuro diferente disso que aí está.

Destarte, com os olhos no futuro, mas sem descurar da realidade fática e normativa do presente, o autor briosamente investiga a família como espaço para a livre realização correlacional de seus integrantes, as novas formas de convivência familiar e como essas questões vertem novos desafios para o Direito em face da racionalidade da contemporânea estrutura jurídica brasileira, cujo legado positivista convive com a busca pela superação do formalismo.

---

[2] PIANOVSKI RUZYK, Carlos Eduardo. **Institutos Fundamentais do Direito Civil e Liberdade(s):** repensando a estrutura funcional do contrato, da propriedade e da família. Rio de Janeiro: GZ, 2011, p. 325.

[3] CARBONERA, Silvana Maria. Laicidade e família: um diálogo necessário a partir do olhar de Stefano Rodotà. In: TEPEDINO, Gustavo; FACHIN, Luiz Edson [Org.]. Diálogos sobre Direito Civil, **Vol. III**. Rio de Janeiro: Renovar, 2012, p. 374.

Desse modo, cumpre o autor com um dos aspectos mais importantes da constitucionalização do Direito Civil pensada de modo prospectivo, haja vista extrair dos princípios constitucionais explícitos e implícitos a melhor interpretação possível para a tutela de pessoas humanas concreta e correlacionalmente concebidas. Eis que se apresenta à comunidade jurídica um hodierno e salutar contributo à coeva feição do Direito da(s) Família(s).

Luiz Edson Fachin
Ministro do STF
Professor Titular da UFPR

SUMÁRIO

INTRODUÇÃO 1

CAPÍTULO I – RELAÇÕES FAMILIARES NO INÍCIO DO SÉCULO XXI E A AFETIVIDADE 7

Seção I.	Um mosaico de relações que clama por reconhecimento....	7
Seção II.	A sociedade complexa e fluida da contemporaneidade.....	12
Seção III.	Relacionamentos familiares em tempos de modernidade líquida	18
Seção IV.	Reconhecimento da subjetividade e da afetividade nas relações interpessoais	24
Seção V.	Da margem ao centro: a afetividade como vetor dos relacionamentos familiares contemporâneos	33

CAPÍTULO II – AS FAMÍLIAS E A AFETIVIDADE NO DIREITO 39

Seção I.	O papel do Direito na tutela das famílias	39
Seção II.	O sistema clássico do Código Civil brasileiro de 1916 e a subjetividade mitigada	44
Seção III.	A orientação da Constituição Federal de 1988 e o reconhecimento implícito da afetividade	51
Seção IV.	A opção do Código Civil brasileiro de 2002 e a leitura jurídica da afetividade	58
Seção V.	Assimilação da afetividade pela doutrina brasileira de Direito de Família	69

CAPÍTULO III – PERFIL E CONTEÚDO DO PRINCÍPIO DA AFETIVIDADE 83

Seção I.	A afetividade nas diversas alterações recentes da legislação brasileira	83
Seção II.	A crescente aceitação jurisprudencial e doutrinária da afetividade	94

Seção III.	Da subsidiariedade dos princípios gerais do Direito ao papel central conferido aos princípios	119
Seção IV.	Substrato jurídico e perfil principiológico	136
Seção V.	Significado do princípio	155

CAPÍTULO IV – PROJEÇÕES DA AFETIVIDADE NO DIREITO DE FAMÍLIA ... 165

Seção I.	Um novo conceito de família a partir da assimilação da afetividade	166
Seção II.	Afetividade e cuidado sob as lentes do Direito	177
Seção III.	Filiação no direito de família brasileiro: ressignificação a partir da afetividade	190
Seção IV.	Socioafetividade na filiação: estado da arte	206
Seção V.	Maternidade socioafetiva: possibilidade jurídica, aspectos materiais e processuais	227
Seção VI.	Multiparentalidade: a tese aprovada pelo STF e seus efeitos existenciais e patrimoniais	236
Seção VII.	Projeções da multiparentalidade no Direito Sucessório	263
Seção VIII.	Alienação parental: proteção do vínculo afetivo entre pais e filhos	276
Seção IX.	Abandono afetivo a partir do entendimento do STJ: limites e possibilidades	286
Seção X.	Usucapião familiar e abandono do lar: leituras a partir da afetividade	341
Seção XI.	Homoafetividade: união estável e casamento	361
Seção XII.	Poliafetividade e famílias simultâneas: desafios do presente..	376
Seção XIII.	Reconhecimento extrajudicial da filiação socioafetiva: perspectiva do CNJ	396
Seção XIV.	Repercussões sucessórias da afetividade	423
Seção XV.	Reflexos da afetividade na adoção	440
Seção XVI.	Multiparentalidade e adoção: análise de caso	448
Seção XVII.	Reprodução assistida no Brasil: descompasso entre o barulho da Medicina e o silêncio do Direito	462
Seção XVIII.	Reproduções assistidas "caseiras": um novo e instigante desafio	477

CONCLUSÃO ... 481

POSFÁCIO ... 489

REFERÊNCIAS ... 491

INTRODUÇÃO

As famílias contemporâneas vivenciam um processo de transição paradigmática, pelo qual se percebe um paulatino decréscimo de influências externas (da religião, do Estado, dos interesses do grupo social) e um crescente espaço destinado à realização existencial afetiva dos seus integrantes. No decorrer da modernidade[1], o espaço conferido à subjetividade e à afetividade alargou-se e verticalizou-se a tal ponto que, no último quarto do século XX, já era possível sustentar a afetividade como vetor das relações pessoais.

A partir da segunda metade do século passado, a sociedade contemporânea apresentou características que sinalizaram o momento de uma outra e peculiar modernidade. As marcas desse período passaram a ser a complexidade, a fragmentalidade e a instabilidade. Esses fatores disseminaram-se no meio social e também influenciaram os relacionamentos familiares.

Um vasto mosaico de entidades familiares foi reconhecido, uniões livres (homo e heteroafetivas) e parentescos vincados exclusivamente por laços afetivos passaram a ser vistos com maior dignidade. A igualdade e a liberdade foram gradativamente conferidas aos relacionamentos e alteraram o quadro de estabilidade anterior, uma vez que a qualidade dos vínculos passou a ser objeto de análise constante. Essas consequências acabaram por gerar diversas uniões, separações, novas uniões em um quadro de combinações e recombinações sem precedentes. A instabilidade alcançou os relacionamentos familiares, outrora tidos como exemplos de segurança e de estabilidade.

O Direito, permeável à realidade que lhe é subjacente, sofreu o influxo dessa mudança, sendo cada vez mais demandado por conflitos indicadores deste outro cenário que se apresentava. A cultura jurídica brasileira, entretanto, ainda está baseada em um Direito precipuamente formal, com forte preponderância do texto da lei na delimitação do que se entende por Direito, tendo em vista que o diálogo com essa pulsante realidade em movimento não foi tranquilo.

---

[1] Aqui compreendida como o período do final do século XVIII até meados do século XX.

A legislação expressa não tratava de muitas situações existenciais afetivas que eram postas para análise do Direito, de modo que uma interpretação que restasse limitada à estrutura codificada trazia dificuldades na tutela desses novéis conflitos. Ainda assim, doutrina e jurisprudência não se furtaram a constatar a afetividade imanente a tais relações pessoais e passaram a conferir respostas a essas demandas mesmo sem expressa previsão legislativa.

Foi nessa dualidade entre uma alteração paradigmática nas relações familiares da sociedade e um discurso jurídico ainda muito formal e apegado à lei que se desenvolveu o reconhecimento da afetividade pelo direito brasileiro.

Os aportes advindos com a constitucionalização do direito privado e os novos ares trazidos pelos debates metodológicos sobre a forma de realização do Direito na contemporaneidade influenciaram fortemente a cultura jurídica brasileira das últimas décadas. Ao mesmo tempo, o movimento de repersonalização do direito civil sustentou que a pessoa concreta deve ser o centro das suas preocupações. Na esteira disso, emergiu a doutrina do direito civil-constitucional, que argumentou no sentido de que os institutos de direito civil deveriam ser vistos sempre sob o prisma da CF/1988, que está no vértice do ordenamento. Com isso, houve uma perceptível aproximação do Direito com os dados de realidade, o que o levou ao encontro da afetividade quanto ao trato das relações interpessoais.

Os princípios constitucionais de liberdade, igualdade, dignidade e solidariedade incidiram no direito de família, permitindo a releitura de diversas categorias jurídicas, muitas delas mais aptas às demandas da plural e fluida sociedade do presente. A aproximação com a experiência concreta fez o Direito perceber a relevância que era socialmente conferida à afetividade, mesmo com o paralelo avanço de técnicas científicas que favoreciam a descoberta dos vínculos biológicos.

Houve um movimento crescente na defesa do reconhecimento da ligação afetiva como suficiente nas relações familiares, já que apenas os elos matrimoniais, biológicos e registrais não davam conta das variadas situações que se apresentaram. A partir da distinção entre o papel de pai/mãe das figuras dos ascendentes genéticos, restou mais claramente perceptível a relevância que era conferida à afetividade, bem como se desnudaram diversas possibilidades oriundas de tal concepção. Legislação, jurisprudência e doutrina progressivamente trataram da temática, embora não sem enfrentar resistências e sobressaltos.

As alterações processadas no ordenamento brasileiro indicaram certa sensibilidade, ainda que tímida, a essa transição paradigmática. O direito civil clássico, retratado pelo Código de 1916, silenciava sobre o tema, restando apegado às noções de família legítima e atrelando os vínculos familiares apenas a elos matrimoniais, biológicos ou registrais (com a adoção como parentesco civil). A CF/1988, na esteira das extensas alterações processadas na família, iniciou o reconhecimento legal da afetividade, uma vez que está implícita em diversas das suas disposições. O Código de 2002 tratou do tema de forma pontual. A legislação esparsa recente passou a dar sinais de crescente inclusão da afetividade de forma expressa nos textos de lei.

A jurisprudência teve papel fundamental nessa construção, pois os tribunais há muito fazem remissões à socioafetividade como suficiente vínculo parental. A assimilação da afetividade reverberou até no atual conceito de família (diverso do de outrora). Essa leitura da afetividade tem contribuído para o acertamento de vários temas do direito de família (definição de entidade familiar, parentesco socioafetivo, multiparentalidade, homoafetividade, poliafetividade, guarda, adoção, alienação parental, abandono afetivo etc.).

Até mesmo os Tribunais Superiores têm tratado da afetividade em várias decisões judiciais, muitas delas paradigmáticas, demonstrando a sua acolhida quando do acertamento de casos concretos. Os juristas perceberam que o Direito deve, de algum modo, valorar a afetividade; paulatinamente, solidificou-se o entendimento de que ela constitui um princípio contemporâneo do direito de família.

A leitura jurídica da afetividade traz subjacente a própria visão de Direito que se adota, as formas de expressão que se lhe reconhece, o conceito e o papel de princípio no sistema e, ainda, a escolha de alguns posicionamentos hermenêuticos que refletem na análise. Todas essas opções influenciam a maneira como se apreende a relação entre a família (como manifestação social) e o Direito que pretende regulá-la.

O entendimento da questão posta sinaliza, de algum modo, uma forma de ver o direito de família na atualidade, cuja resposta pode ser relevante para diversas outras construções teóricas e práticas. Isso porque a família do presente está tão imbricada com a noção de afetividade que o seu reconhecimento (ou não) pelo Direito pode trazer consequências de diversas ordens, como se viu nos recentes casos do reconhecimento judicial das uniões homoafetivas e da multiparentalidade.

Esse é o fio condutor desta obra: a trajetória da afetividade nas relações familiares e no direito de família brasileiro, com uma ampla análise das suas respectivas projeções.

O texto descreve o *reconhecimento jurídico das situações existenciais afetivas*, tendo como objeto o percurso da própria afetividade. O aspecto inicial envolve desde a sua percepção nas relações familiares até a sua posterior centralidade nesses relacionamentos; subsequentemente, aprecia o seu gradual reconhecimento jurídico, destacando como a relevância conferida a essa dimensão afetiva das relações pessoais acabou por fazer o Direito assimilar a afetividade quando do trato dessas situações existenciais. A parte central narra como foi o seu tratamento pelo Direito de Família brasileiro, com destaque para os temas atuais e polêmicos nos quais a temática da afetividade está imbricada. Ao final do trabalho, são apreciados casos concretos relacionados ao tema, com análise das principais decisões dos tribunais superiores que trataram da afetividade nos seus arestos.

O livro é seccionado em quatro capítulos:

No Capítulo I (*Relações Familiares no Início do Século XXI e a Afetividade*) o leitor encontra uma análise das características centrais da sociedade contemporânea e os reflexos que ocasionaram nas relações familiares. Descreve-se o percurso da afetividade no seio das relações familiares: de um início tímido até o atual papel central que lhe foi conferido socialmente. Como pano de fundo, desvela-se a forma como se dá a relação entre as manifestações sociais existenciais e o seu reconhecimento jurídico.

O Capítulo II (*As Famílias e a Afetividade no Direito*) se dedica a examinar como a afetividade foi tratada pelo ordenamento jurídico brasileiro. Parte do silêncio do sistema clássico do Código de 1916 averigua sua recepção pela CF/1988 e expõe como o Código de 2002 regulou o tema. Ao final, descreve como a literatura jurídica brasileira acolheu e desenvolveu a afetividade.

Por sua vez, o Capítulo III (*Perfil e Conteúdo do Princípio da Afetividade*) pormenoriza o conceito e o sentido do princípio da afetividade no direito brasileiro, destacando como legislação, doutrina e jurisprudência se referem à afetividade no cenário atual. Com as contribuições sobre o reconhecimento da afetividade pelo Direito traçam-se algumas linhas sobre a viabilidade da sua leitura jurídica, seu perfil principiológico e qual o seu significado.

O derradeiro Capítulo IV (*Projeções da afetividade no Direito de Família*) analisa 17 temas nos quais a afetividade incide com intensidade, de modo a evidenciar a sua efetiva repercussão em casos concretos familiares e sucessórios. Entre eles: o novo conceito de família; afetividade e cuidado sob as lentes do Direito; ressignificação da filiação a partir da afetividade; socioafetividade na filiação; maternidade socioafetiva; multiparentalidade; alienação parental; abandono afetivo; usucapião familiar; homoafetividade; poliafetividade e famílias simultâneas; reconhecimento extrajudicial da filiação socioafetiva; repercussões sucessórias da afetividade; reflexos da afetividade na adoção; reprodução medicamente assistida e reprodução caseira.

A conclusão não tem a pretensão de qualquer definição ou finitude sobre o tema objeto, apenas procura contribuir para o reconhecimento jurídico da afetividade, apresentar o sentido e os atuais contornos do princípio e coadjuvar algumas propostas para o reconhecimento jurídico dos relacionamentos existenciais afetivos.

Capítulo I

RELAÇÕES FAMILIARES NO INÍCIO DO SÉCULO XXI E A AFETIVIDADE

SEÇÃO I. UM MOSAICO DE RELAÇÕES QUE CLAMA POR RECONHECIMENTO

Não sou nada.
Nunca serei nada.
Não posso querer ser nada.
À parte isso, tenho em mim todos os sonhos do mundo.
Fernando Pessoa

As extensas e profundas transformaçõcs ocorridas no decorrer do século XX viabilizaram a explicitação social de diversas formas de relacionamentos interpessoais. Na proximidade da virada do milênio, essa diversidade avultou e passou a refletir o estágio social no qual estava inserida[1].

A pedra de toque desses relacionamentos certamente foi o novo papel conferido à *subjetividade*, pelo qual se permitiu à pessoa amplas possibilidades de busca pela sua realização, valor que passou a prevalecer sobre outros interesses[2]. Reduziram-se as funções econômicas, políticas, religiosas e sociais e, paralelamente, emergiu o respeito pela busca da realização individual de cada um, em que assume relevo a função eudemonista[3].

---

[1] TEPEDINO, Gustavo. A disciplina civil-constitucional das relações familiares. In: COMAILLE, Jacques et al. A **Nova Família**: problemas e perspectivas. Rio de Janeiro: Renovar, 1997, p. 47.

[2] OLIVEIRA, Guilherme de; PEREIRA COELHO, Francisco. **Curso de direito de família**. 4. ed. Coimbra: Coimbra, 2008. v. 1, p. 101.

[3] OLIVEIRA, José Lamartine Corrêa de; MUNIZ, Francisco José Ferreira. **Curso de direito de família**. 4. ed. Curitiba: Juruá, 2008, p. 13.

A liberdade no exercício das opções pessoais passou a ser exercida concretamente (e não mais a apenas a constar como categoria formal), sendo percebida nas mais variadas formas de relacionamento[4]. O mesmo caminho percorreu a igualdade (entre os parceiros, cônjuges, filhos, homem e mulher) que galgou importante espaço e se apresentou como outra característica central desse momento, pois, além de figurar no ordenamento jurídico, passou a ser vista como conquista pelos próprios integrantes da sociedade[5].

Em decorrência dessas características, é singular a alteração do enfoque que se exige do direito de família: que sua centralidade vá da família, como instituição, para o sujeito, como pessoa (o interesse primordial deve ser a realização existencial de cada um dos integrantes de família). A família deve ser plural e eudemonista, um verdadeiro instrumento para a satisfação afetiva das pessoas.

Houve também o paulatino reconhecimento de outras entidades familiares – que possuem uma feição diversa da família tradicional de outrora. As relações entre seus membros no seio familiar também sofreram alterações e não se apresentam mais da mesma maneira de quando imperava a família como instituição (que revelava um viés hierárquico e por vezes autoritário). Esse novo contexto acabou por evidenciar a presença de uma pluralidade de formações familiares (monoparentais, anaparentais, reconstituídas, simultâneas, multiparentalidade, procriações assistidas, inseminações pós-morte, uniões homoafetivas, poliafetivas, famílias simultâneas, entre outros) que passaram a ser vistas com normalidade e a exigir atenção do Direito[6].

Paralelamente se reconheceu que as relações familiares podem se configurar com diversos liames, e não apenas com base em um ou outro modelo: laços biológicos, afetivos, registrais, adotivos, presuntivos e matrimoniais desfilam lado a lado na multicolorida sociedade do novo milênio.

A afetividade passa a ser elemento presente em diversas relações familiares contemporâneas, sendo cada vez mais percebida tanto pelo Direito

---

4 GIDDENS, Anthony. **A transformação** da **intimidade**: sexualidade, amor & erotismo nas sociedades modernas. Trad. Magda Lopes. São Paulo: Editora da Unesp, 1993, p. 200.

5 MORAES, Maria Celina Bodin de. A família democrática. In: PEREIRA, Rodrigo da Cunha (org.). **Anais do V Congresso Brasileiro do Direito de Família**. São Paulo: IOB Thomson, 2006, p. 615.

6 LÔBO, Paulo Luiz Netto. Entidades familiares constitucionalizadas: para além do *numerus clausus*. **Revista Brasileira de Direito de Família**, Porto Alegre, Síntese/ IBDFam, v. 3, n. 12, p. 55, jan./fev./mar. 2002.

Cap. I · RELAÇÕES FAMILIARES NO INÍCIO DO SÉCULO XXI E A AFETIVIDADE | 9

como pelas outras ciências humanas[7]. Mesmo sem regulação expressa, a sociedade adotou o vínculo afetivo como relevante no trato relativo aos relacionamentos familiais.

Como nas relações familiares na medida em que se alteram suas características centrais se alteram também seus desafios, haverá novos percalços a enfrentar. A ampla liberdade, igualdade e diversidade[8], além dos seus aspectos positivos, vêm acompanhadas de uma constante instabilidade nos relacionamentos.

Separações, desuniões, novos compromissos, combinações e recombinações das mais diversas ordens passam a se disseminar com naturalidade ímpar, apresentando desafios para os quais o Direito nem sempre possui previsão legislada. Os litígios acompanham o meio social no qual estão inseridos e se sofisticam proporcionalmente à complexificação da própria sociedade, de modo que os embates passam a envolver novas questões.

Por outro lado, as estruturas jurídico-familiares do nosso ordenamento codificado ainda restam vinculadas à matriz moderna de estatuto jurídico, de viés categorial hermético, modelar, com pouquíssimas aberturas[9]. Para além disso, ainda são sentidos os resquícios da leitura positivista do Direito.

Os princípios e as regras previstos na CF/1988 exercerão importante papel nesse desafiante contexto, visto que refletem outra diretriz no regramento das relações pessoais, laborando sobre premissas democráticas e plurais.

Esse complexo cenário não permite que se promova uma análise insular dos institutos codificados de direito de família sem que se apreciem as diversas formas de expressão do direito, se realize o necessário diálogo de fontes e se averigue a sua adequação histórico-social. A hermenêutica merece revisão e adaptação para que possa perceber a afetividade que passa a identificar diversos vínculos familiares. O direito deve necessariamente se adequar às mutações da sociedade na qual está inserido, sob pena de perder sua correção histórico-social[10].

---

[7]   VENCELAU, Rose Melo. **O elo perdido da filiação**: entre a verdade jurídica, biológica e afetiva no estabelecimento do vínculo paterno-filial. Rio de Janeiro: Renovar, 2004, p. 231.

[8]   LORENZETTI, Ricardo Luis. **Teoria da decisão judicial**: fundamentos de direito. Trad. Bruno Miragem. São Paulo: Revista dos Tribunais, 2010, p. 38.

[9]   CARBONNIER, Jean. **Flessibile Diritto**: per uma sociologia del diritto senza rigore. Milano: Giuffrè, 1997, p. 240.

[10]   PERLINGIERI, Pietro. **Nozioni introduttive e princípi fondamentali del diritto civile**. 2. ed. Napoli: Edizioni Scientifiche Italiane, 2004, p.5.

No quadro brasileiro, inicialmente a doutrina e a jurisprudência sentiram tais carências legislativas e passaram a tratar de temas que ainda não figuravam no rol dos direitos expressamente positivados, mas que já eram correntes na sociedade. Diante de demandas que clamavam por uma solução que ou não eram agasalhadas ou sequer foram pensadas pela legislação, o direito civil passou a construir respostas com base na unidade do ordenamento, partindo de uma visão aberta das fontes do Direito.

Uma delas certamente foi a que envolveu a percepção da *afetividade* nos relacionamentos familiares[11], o que passou a ser objeto da doutrina e jurisprudência pátrias de modo crescente, mesmo sem sua positivação expressa. Conforme sustenta Paulo Lôbo:

> A socioafetividade como categoria do direito de família tem sistematização recente no Brasil. Esse fenômeno, que já era objeto de estudo das ciências sociais e humanas, migrou para o direito, como categoria própria, pelos estudos da doutrina jurídica especializada, a partir da segunda metade da década de 1990 [...]. Nenhum direito estrangeiro avançou nessa matéria tanto quanto o direito brasileiro, inicialmente na doutrina e, depois, na jurisprudência, especialmente a do STJ.[12]

A temática da socioafetividade passa a ser citada pela doutrina, como nos precursores estudos de Guilherme de Oliveira[13] (em Portugal) e João Baptista Villela[14] (no Brasil), e a seguir é reconhecida pelos tribunais pátrios em diversas decisões judiciais[15].

---

[11] PERLINGIERI, Pietro. **Perfis do direito civil**: introdução ao direito civil-constitucional. 3. ed. Trad. Maria Cristina de Cicco. Rio de Janeiro: Renovar, 2002, p. 244.

[12] LÔBO, Paulo Luiz Netto. Socioafetividade em família e a orientação do Superior Tribunal de Justiça. In: FRAZÃO, Ana; TEPEDINO, Gustavo (coords.). **O Superior Tribunal de Justiça e a reconstrução do direito privado**. São Paulo: Revista dos Tribunais, 2011, p.644-645.

[13] OLIVEIRA, Guilherme de. **Critério jurídico da paternidade**. Reimp. Coimbra: Almedina, 2003, p.445.

[14] VILLELA, João Baptista. A desbiologização da paternidade. **Revista da Faculdade de Direito da Universidade Federal de Minas Gerais**, Belo Horizonte, UFMG, ano XXVII, n. 21, p. 401, maio 1979.

[15] Acórdão paradigmático sobre o tema foi proferido pelo Tribunal de Justiça do Estado do Paraná, em dezembro de 2001, no qual, ao decidir controvérsia sobre o reconhecimento ou não de uma paternidade, na qual se dava o confronto entre uma verdade biológica (que não estava presente) e uma verdade afetiva (há muito consagrada naquela situação fática) reconhece a paternidade "socioafetiva" no caso, consagrando o que vinha sendo defendido pela doutrina. (TJPR, Apelação Cível

O que merece destaque é que toda essa construção foi edificada sem que tenha havido uma positivação expressa da afetividade na legislação brasileira[16], o que chama a atenção para o novo momento vivido na metodologia interpretativa do direito civil brasileiro[17]. Ante a flagrante insuficiência das categorias jurídicas positivadas, doutrina e jurisprudência passaram a construir respostas para as novas perguntas que eram apresentadas e simplesmente não podiam aguardar uma alteração legislativa. A força construtiva dos fatos sociais fez a socioafetividade[18] ser reconhecida juridicamente.

Foi na ambivalência entre uma legislação insuficiente e demandas complexas típicas desta realidade do novo milênio se delineou a construção da categoria jurídica da afetividade[19].

A sociedade perfila na frente do Direito, o que não será diferente no quadro hodierno, de modo que, para muitos problemas já postos, as ferramentas jurídicas vigentes simplesmente não trazem respostas prontas[20]. Ou seja, o ordenamento não trata de modo expresso de diversos dos litígios da contemporaneidade.

Os novéis conflitos que se apresentam levam à percepção de um possível descompasso entre a realidade social – em constante alteração – e uma hermenêutica que reste limitada à estrutura codificada estanque[21]. A busca deve ser pela maior congruência possível entre o que se entende por Direito e o que demanda a realidade que este pretende tutelar.

108.417-9, Curitiba, origem: 2ª Vara de Família, Apelante: G. S./ Apelado: A. F. S. / Relator: Des. Accácio Cambi. Curitiba, 12.12.2001 / Título da Ementa: "Negatória de Paternidade. 'Adoção à brasileira'. Confronto entre a verdade biológica e a sócio--afetiva. Tutela da dignidade da pessoa humana. Procedência. Decisão reformada.).

[16] Até a aprovação do vigente Código Civil, o tema não era tratado expressamente pela legislação, seja de forma codificada, seja de forma esparsa; após a edição do CC/2002, a expressão passa a surgir pontualmente em algumas leis específicas, como se verá adiante.

[17] FACHIN, Luiz Edson. Do direito de família. Do direito pessoal. Das relações de parentesco. Arts. 1.591 a 1.638. In: TEIXEIRA, Sálvio de Figueiredo (Coord.). **Comentários ao novo Código Civil**. Rio de Janeiro: Forense, 2008. v. XVIII, p. 7.

[18] FACHIN, Luiz Edson. **Da paternidade**: relação biológica e afetiva. Belo Horizonte: Del Rey, 1996, p.36-37.

[19] VELOSO, Zeno. **Direito brasileiro da filiação e paternidade**. São Paulo: Malheiros, 1997.

[20] CARBONNIER, Jean. **Flessibile Diritto**: per uma sociologia del diritto senza rigore. Milano: Giuffrè, 1997, p. 197.

[21] AMARAL, Francisco. O direito civil na pós-modernidade. In: NAVES, Bruno Torquato de Oliveira et al. (coords.). **Direito civil**: atualidades. Belo Horizonte: Del Rey, 2003, p. 63.

Nessa perspectiva, importa conhecer as características da sociedade atual, de modo a perceber quais são os fatores que podem se apresentar nos seus atuais conflitos.

SEÇÃO II. A SOCIEDADE COMPLEXA E FLUIDA DA CONTEMPORANEIDADE

Soneto de Fidelidade

De tudo ao meu amor serei atento
Antes, e com tal zelo, e sempre, e tanto
Que mesmo em face do maior encanto
Dele se encante mais meu pensamento.

Quero vivê-lo em cada vão momento
E em seu louvor hei de espalhar meu canto
E rir meu riso e derramar meu pranto
Ao seu pesar ou seu contentamento

E assim, quando mais tarde me procure
Quem sabe a morte, angústia de quem vive
Quem sabe a solidão, fim de quem ama

Eu possa me dizer do amor (que tive):
Que não seja imortal, posto que é chama
Mas que seja infinito enquanto dure.

Vinicius de Moraes

As relações pessoais acompanham o contínuo caminhar das sociedades nas quais estão inseridas, sendo inevitavelmente influenciadas pelo espectro cultural que as envolve[22]. Essas mutações nas características centrais dos relacionamentos sempre foram sentidas[23], mas não com a velocidade que ora apresentam.

---

[22] LEVI-STRAUSS, Claude. **As estruturas elementares do parentesco.** Trad. Mariano Ferreira. Petrópolis: Vozes, 1982, p. 523.

[23] ENGELS, Friedrich. **A origem da família, da propriedade privada e do Estado.** Trad. Ruth M. Klaus. São Paulo: Centauro, 2002, p. 30 e ss.

O quadro atual é peculiar na rapidez com que se alteram tais dados de realidade, sendo que uma das suas principais características é justamente essa instabilidade sempre presente[24]. A hodierna mobilidade que se apresenta é muito mais intensa se comparada a períodos anteriores[25], nos quais a aparente estabilidade transmitia a sensação de segurança e tranquilidade.

A sociedade que adentra o século XXI expõe uma faceta diversa da que possuía nos séculos anteriores, sendo resultado – entre outros – da obsessiva busca pela consagração dos valores ofertados pelo próprio projeto da modernidade. Sinais característicos da expressão de uma outra e peculiar modernidade já eram percebidos no início do século XX, na leitura de Michelle Perrot:

> O alvorecer do século XX esboça, sob certo ponto de vista, uma outra modernidade. A expansão do mercado, o aumento da produção, a explosão das técnicas impulsiona uma redobrada intensidade do consumo e do intercâmbio. Os cartazes publicitários excitam o desejo. As comunicações instigam a mobilidade. Trem, bicicleta, automóvel estimulam a circulação de pessoas e coisas. Cartões-postais e telefonemas personalizam a informação. A capilaridade das modas diversifica as aparências. A foto multiplica a imagem de si. Um fogo de artifício de símbolos que, às vezes, dissimula a imobilidade do cenário.[26]

Observando-se o quadro que se delineia após a Segunda Guerra Mundial, é possível perceber mais nitidamente que as características sociais externadas se diferenciaram do período moderno clássico[27] (que pressupunha a existência de um modelo ideal de família e de sociedade, de modo que sua adoção levaria a uma evolução rumo à almejada perfeição).

O decorrer dos anos fez com que se abandonasse essa pretensão moderna de modelos ideais, e a ilusão de um porto seguro a se alcançar também não se mostrou mais sustentável. Não sem motivo, já se chegou a denominar o

---

[24] BAUMAN, Zygmunt. **Modernidade líquida.** Trad. Plínio Dentzien. Rio de Janeiro: Zahar, 2001, p. 100.

[25] GROSSI, Paolo. **Mitologias jurídicas da modernidade.** 2. ed. Trad. Arno Dal Ri Júnior. Florianópolis: Fundação Boiteux, 2007, p. 83.

[26] PERROT, Michelle (org.). **História da vida privada.** 4: Da Revolução Francesa à Primeira Guerra Mundial. Trad. Denise Bottman, Bernardo Joffily. São Paulo: Companhia das Letras, 2009, p. 569-570.

[27] Neste trabalho considerado o período a partir do final do século XVIII até o início do século XX.

final do século passado *era da incerteza*[28]. No desenrolar desse cenário, intensificaram-se os fatores geradores de tais alterações, o que fez desaguar em uma sociedade diversa na virada do milênio.

Essa realidade contemporânea demonstra-se altamente plural, rejeitando modelos únicos que sejam aceitos por todos (ou pela grande maioria), de modo que inexistem padrões balizadores de condutas universais[29]. Gilles Lipovetsky percebe que "nossa época tem isso de novidade: é que, ao longo do percurso, não dispomos mais de um modelo geral que tenha credibilidade"[30]. Um vasto rol de opções pessoais é livremente ofertado, o que acaba por formar um mosaico de formas de relacionamentos complexos, multiformes, multifacetados. A fragmentalidade será uma das principais características desse período e, também, um dos principais desafios à sua assimilação e teorização[31]. Paralelo a isso, não é mais possível perceber um objetivo a ser alcançado por todos, não há um lugar comum superior a se chegar, abandonou-se qualquer pretensão de busca coletiva por um *telos* superior[32]. A liberdade conquistada passa a ser efetivamente exercida com esmero e dedicação, fazendo com que paulatinamente caiam as barreiras morais, religiosas ou sociais que represavam a livre manifestação do pensamento e o exercício da opção pessoal pela forma de vida.

Consequência direta disso é que diversas escolhas que anteriormente eram de algum modo realizadas pela coletividade (seja pela via do Estado, da religião ou do grupo social) foram deixadas a livre encargo de cada um. Ofertou-se, então, um vasto cardápio com infinitas possibilidades. Nos relacionamentos pessoais, muitos deles passaram a ser caracterizados apenas por uma afetividade que lhes é peculiar. Tais concessões fariam com que uma das principais particularidades daquele momento fosse certo individualismo, que se manifestava das mais variadas formas. Houve redução do espaço deixado

---

[28] GALBRAITH, John Kenneth (1977). **A Era da Incerteza**. 8. ed. São Paulo: Pioneira, 1988. Ainda que sob o viés da análise econômica.

[29] BAUMAN, Zygmunt. **Modernidade líquida**. Trad. Plínio Dentzien. Rio de Janeiro: Zahar, 2001, p. 14.

[30] LIPOVETSKY, Gilles. **A sociedade pós-moralista**: o crepúsculo do dever e a ética indolor dos novos tempos democráticos. Trad. Armando Braio Ara. Barueri: Manole, 2005, p. xxxiiii.

[31] MADALENO, Rolf. **Curso de direito de família**. 4. ed. rev. atual. ampl. Rio de Janeiro: Forense, 2011, p. 5.

[32] Aqui é possível constatar eventual ponte de contato com parte do que prescrevia Friedrich Nietzsche, entre outros, na obra **A gaia ciência**. Trad. Antonio Carlos Braga. São Paulo: Escala, 2006.

para preocupações comuns ou coletivas, o que teria consequências de diversas ordens, entre elas o aumento da competitividade e alguma demonstração de intolerância com o outro[33].

Por outro lado, sustenta-se de forma crescente a consciência da nossa coexistência (só existimos no convívio com os demais)[34] e a busca pelo respeito ao *outro* (seja como "diferente", seja como "gerações futuras"). Não sem motivo afloram estudos que se debruçam sobre temas como ética[35], solidariedade[36], vida[37] e responsabilidade[38].

Nem mesmo o tempo restou imune às alterações que se processaram, sendo que os projetos de longo prazo da modernidade cedem lugar, inicialmente, aos de curto prazo. Mais recentemente é possível dizer que há espaços nos quais o parâmetro chega a ser até mesmo o da instantaneidade[39].

A satisfação se realiza com a busca incessante pelo novo, obtida quase exclusivamente pelos padrões de aquisição impostos pelo mercado. A sociedade de consumo assume tal preponderância que até mesmo as relações pessoais como casamento, uniões e filhos passam a ser influenciadas pelos parâmetros consumeristas[40].

O desejo da contemporaneidade é satisfeito e renovado constantemente por critérios de consumo, que passam a ser a medida de todas as coisas,

---

[33] LIPOVETSKY, Gilles. **A sociedade pós-moralista**: o crepúsculo do dever e a ética indolor dos novos tempos democráticos. Trad. Armando Braio Ara. Barueri: Manole, 2005, p. xxvii.

[34] SESSAREGO, Carlos Fernándes. **Derecho y persona**. Trujillo-Peru: Normas Legales, 1995, p. 94.

[35] DUSSEL, Enrique. Ética da **libertação**: na idade da globalização e da exclusão. Trad. Ephraim Ferreira Alves, Jaime A. Clasen e Lúcia M. E. Orth. 3. ed. Petrópolis: Vozes, 2007, p. 571.

[36] DENNINGER, Erhard. "Segurança, diversidade e solidariedade" ao invés de "liberdade, igualdade e fraternidade". **Revista Brasileira de Estudos Políticos**, Belo Horizonte, n. 88, p. 36, dez. 2003.

[37] JONAS, Hans. **O princípio vida**: fundamentos para uma biologia filosófica. Trad. Carlos Almeida Pereira. Petrópolis: Vozes, 2004, p. 272.

[38] JONAS, Hans. **O princípio responsabilidade**: ensaio de uma ética para a civilização tecnológica. Trad. Marijane Lisboa e Luiz Barros Montez. Rio de Janeiro: Contraponto/Ed. PUC-Rio, 2006, p. 23.

[39] BAUMAN, Zygmunt. **Modernidade líquida**. Trad. Plínio Dentzien. Rio de Janeiro: Zahar, 2001, p. 145.

[40] LIPOVETSKY, Gilles. **A sociedade pós-moralista**: o crepúsculo do dever e a ética indolor dos novos tempos democráticos. Trad. Armando Braio Ara. Barueri: Manole, 2005, p. 141.

inclusive para relevantes questões pessoais. Uma das consequências mais perceptíveis é a sensação constante de insegurança, eis que o preço de tal liberdade, pluralidade e ampla instabilidade é a ausência de um "corrimão" que permita a cada um caminhar com um apoio e aparente segurança[41].

Os relacionamentos humanos não restarão inertes a tais concepções, sendo que a vida com o outro também passará a ser vista como um laço que deve ser frágil, eis que pode ser desfeito a qualquer momento sem que existam obstáculos para tanto. A seguir, outra relação poderá se iniciar, e assim sucessivamente, sem grandes mágoas, sem grandes traumas. Também essa característica pode justificar a crescente importância conferida à afetividade em muitos relacionamentos, com certo decréscimo da relevância que já foi concedida aos elos biológicos ou registrais, pois o vínculo afetivo tem como peculiaridade sua possibilidade de estabelecimento e restabelecimento constantes.

Todo esse cenário permite perceber a complexidade que lhe é inerente, eis que a simplicidade pretendida pela modernidade com a adoção de modelos ideais certamente não foi alcançada e já foi – há muito – abandonada[42].

Tais transformações trazem consigo certa inquietude, o que é inevitável. Porém, mesmo que algumas dessas características possam indicar um futuro negativo ou até mesmo niilista, nada autoriza tal conclusão. O que parece, ainda que de forma incipiente, é que apenas serão outros os referenciais, mas persistirão vigorando alguns valores (ainda que pulverizados e atenuados) e um sentimento ainda que tênue de organização.

É prudente atentar aos riscos que podem decorrer de alguns dos aspectos descritos, aparentemente negativos; entretanto, não se podem subestimar os aspectos positivos alcançados nos relacionamentos pessoais até esse momento histórico (ampla e efetiva liberdade, democratização concreta das relações, crescente igualdade, reconhecimento da subjetividade e presença da afetividade). Embora com novos elementos, é possível vislumbrar a construção de uma sociedade promissora, não obstante essa ainda ser uma questão em aberto[43].

Em tal contexto, a condição humana inevitavelmente se altera, sendo outras as suas características e diversos os seus pressupostos. Consequen-

---

[41] BAUMAN, Zygmunt. **Modernidade líquida**. Trad. Plínio Dentzien. Rio de Janeiro: Zahar, 2001, p. 243.

[42] MORIN, Edgar. **Introdução ao pensamento complexo**. Trad. Eliane Lisboa. 4. ed. Porto Alegre: Sulina, 2011, p. 119-120.

[43] LIPOVETSKY, Gilles. **Tempos hipermodernos**. Trad. Mário Vilela. São Paulo: Barcarolla, 2004, p. 100.

Cap. I • RELAÇÕES FAMILIARES NO INÍCIO DO SÉCULO XXI E A AFETIVIDADE | 17

temente, as teorias terão que rever seus conceitos, eis que os anteriores não mais abrigarão a nova realidade que se manifesta. Assim, as áreas do conhecimento que cuidam dos relacionamentos humanos têm necessariamente que rever suas categorias, com o fito de procurarem assimilar esses novos ares que passam a se disseminar. Uma das exigências que deverão atender será a de ser flexíveis, de modo a permitir que não percam rapidamente a adequação e a correspondência nesse instável quadro social. No campo do direito de família, isso é marcante e já se mostra presente tanto na doutrina como na jurisprudência, com indicativos de reconhecimento crescente da subjetividade e da afetividade.

Um dos sociólogos que procurou descrever tal instigante realidade foi o polonês Zygmunt Bauman, o qual denominou o período como *modernidade líquida*, que seria leve, fluida, em contraposição ao período anterior, por ele denominado *modernidade pesada*, fixa, estanque[44]. Já Gilles Lipovetsky prefere nominar o contexto corrente como *hipermodernidade*[45], termo que seria mais fiel ao acirramento dos valores modernos constatado na atualidade.

Bauman procura descrever algumas peculiaridades do que denomina modernidade leve, líquida, fluida:

> Duas características, no entanto, fazem nossa situação – nossa forma de modernidade – nova e diferente. A primeira é o colapso gradual e rígido da antiga ilusão moderna: da crença que há um fim do caminho em que andamos, um *telos* alcançável da mudança histórica, um Estado de perfeição a ser atingido amanhã, no próximo ano ou no próximo milênio, algum tipo de sociedade boa, de sociedade justa e sem conflitos em todos ou alguns de seus postulados [...] A segunda é a desregulamentação e privatização das tarefas e deveres modernizantes. O que costumava ser considerado uma tarefa para a razão humana, vista como dotação e propriedade coletiva da espécie humana, foi fragmentado ("individualizado"), atribuído às vísceras e energia individuais e deixado à administração dos indivíduos e de seus recursos.[46]

---

[44] BAUMAN, Zygmunt. **Modernidade líquida**. Trad. Plínio Dentzien. Rio de Janeiro: Zahar, 2001, p. 132-140.

[45] LIPOVETSKY, Gilles. **Tempos hipermodernos**. Trad. Mário Vilela. São Paulo: Barcarolla, 2004, p. 53.

[46] BAUMAN, Zygmunt. **Modernidade líquida**. Trad. Plínio Dentzien. Rio de Janeiro: Zahar, 2001, p. 37-38.

Complexidade, fragmentalidade e instabilidade. Sinteticamente, essas seriam as principais características percebidas nas sociedades do presente, sendo prudente notar a relevância das alterações processadas para que seja possível vislumbrar os novos desafios que poderão surgir[47]. Como os relacionamentos familiares são sempre influenciados pelo quadro cultural no qual estão inseridos[48], certamente as relações travadas na contemporaneidade serão impulsionadas por esses elementos e, com isso, sofrerão alterações e reflexos.

SEÇÃO III. RELACIONAMENTOS FAMILIARES EM TEMPOS DE MODERNIDADE LÍQUIDA

"Vivemos tempos líquidos. Nada é para durar."

Zygmunt Bauman

As pessoas influenciam e são influenciadas pelo meio em que estão inseridas, de modo que os paradigmas[49] sociais vigentes se refletem também na forma de convivência. As características da modernidade líquida[50] inevitavelmente trarão consequências para os relacionamentos humanos, que já podem ser percebidas na realidade que ora se apresenta.

Uma das principais delas é que esses relacionamentos também serão fugazes, efêmeros, abandonando o primado anterior do "até que a morte nos separe". Esse é um reflexo dos novos valores temporais vigentes e também atende à demanda por uma liberdade sempre presente, que atinge diversos aspectos (o trabalho, a família, as amizades etc.). As pessoas passam a ver a satisfação com o parceiro como um objetivo a ser constantemente alcançado, não se vinculando profundamente a projetos de muito longo prazo.

---

[47] MORIN, Edgar. **Introdução ao pensamento complexo**. Trad. Eliane Lisboa. 4. ed. Porto Alegre: Sulina, 2011, p. 119.

[48] PEREIRA, Luís Fernando Lopes. Autoconsciência e processo civilizacional em Norbert Elias. **Revista Relações Internacionais no Mundo Atual, Periódico das Faculdades Integradas Curitiba**, Curitiba, ano 2, v. 2, p. 20-21, 2002.

[49] KUHN, Thomas. **A estrutura das revoluções científicas**. Trad. Beatriz Vianna Boeira e Nelson Boeira. São Paulo: Perspectiva, 2009, p. 22. Adotar-se-á aqui o conceito de paradigma desenvolvido por Thomas Kuhn nesta obra sem que isso signifique, porém, filiação a qualquer corrente estruturalista.

[50] Período atual, também designado de "Pós-modernidade" por alguns autores.

Para corresponder a tal intenção, os relacionamentos terão de estar unidos por laços leves, tênues, que possam ser desfeitos sem muita dificuldade[51]. Isso porque, no exercício de sua liberdade e autonomia, cada indivíduo passará a verificar constantemente as vantagens que aufere em cada relação pessoal travada e, não a encontrando satisfatoriamente, passará a buscá-la em outra relação. Nesse ponto é possível vislumbrar um dos prováveis motivos pelo crescimento de relações vincadas apenas pela afetividade, pois, se comparada ao casamento, pode ser considerada um "manto mais leve" do que a "caixa de aço" do matrimônio (*vide* o aumento de uniões estáveis que se registrou nos últimos anos).

Outra característica que se mostra presente nas diversas relações é a democratização da vida privada, descrita por Anthony Giddens:

> A democratização da vida pessoal como um potencial estende-se de um modo fundamental às relações de amizade e, crucialmente, às relações entre pais, filhos e outros parentes. [...] A democratização da esfera privada está atualmente não apenas na ordem do dia, mas é uma qualidade tácita de toda vida pessoal que está sob a égide do relacionamento puro.[52]

Há também uma forte preocupação com maior igualdade nos relacionamentos, seja entre os gêneros, seja entre pais e filhos ou outros parentes e parceiros. A autoridade forte e a hierarquia rígida de outrora passam a não mais subsistir.

Reflexo direto dessas características será uma diversidade de opções pessoais que desabrochará paulatinamente. Como anota Giddens, "expressa de outra maneira, a diversidade sexual, embora ainda encarada como perversão por muitos grupos hostis, saiu dos cadernos de anotações dos registros de casos de Freud para o mundo social cotidiano"[53].

Nesse quadro de relacionamentos democráticos[54] aflora a livre opção pessoal como critério preponderante para decidir sobre o início e a conti-

---

[51] BAUMAN, Zygmunt. **Amor líquido:** sobre a fragilidade dos laços humanos. Trad. Carlos Alberto Medeiros. Rio de Janeiro: Zahar, 2004, p. 65.

[52] GIDDENS, Anthony. **A transformação da intimidade:** sexualidade, amor & erotismo nas sociedades modernas. Trad. Magda Lopes. São Paulo: Editora Unesp, 1993, p. 200-201.

[53] GIDDENS, Anthony. **A transformação da intimidade:** sexualidade, amor & erotismo nas sociedades modernas. Trad. Magda Lopes. São Paulo: Editora Unesp, 1993, p. 44.

[54] MORAES, Maria Celina Bodin de. A família democrática. In: PEREIRA, Rodrigo da Cunha (org.). **Anais do V Congresso Brasileiro do Direito de Família.** São Paulo: IOB Thomson, 2006, p. 614.

nuidade de uma relação, baseada em critérios subjetivos, de interesse do indivíduo, não mais atrelada a questões econômicas ou patrimoniais. Tal ordem de ideias envolve a transferência para a esfera privada de tarefas que anteriormente eram deixadas a cargo da esfera pública[55] (embora tais distinções não sejam mais tão nítidas[56]).

Essas mutações afetarão a família, que é sempre refletora das condições sociais inerentes a cada agrupamento humano[57]. As funções dessa família da modernidade líquida certamente são outras, e as mudanças não serão de pouca relevância[58], tal como sintetizada por Antoine Prost na seguinte passagem:

> À primeira vista, a evolução da família é simples: ela perdeu suas funções "públicas" e passou apenas a ter funções "privadas". Uma parte das tarefas antes confiadas a ela foi gradualmente assumida por instâncias coletivas; com essa socialização de certas funções, restou-lhe apenas a realização da vida privada. Nesse sentido, podemos falar de uma "privatização da família". Essa análise não está errada, mas é insuficiente. A família que se consagra exclusivamente a suas funções privadas já não é, de fato, exatamente a mesma que também possuía funções públicas. A mudança de funções acarreta uma mudança de natureza: na verdade a família deixa de ser uma instituição forte; sua privatização é uma desinstitucionalização. Nossa sociedade se encaminha para famílias "informais". Mas foi também dentro da família que os indivíduos conquistaram o direito de ter uma vida privada autônoma. De certa forma, a vida privada se desdobra: no interior da vida privada da família surge agora uma vida privada individual. No horizonte dessa evolução, estão os lares compostos por uma única pessoa, onde a vida privada doméstica foi inteiramente absorvida pela vida privada individual.[59]

---

[55] LIPOVETSKY, Gilles. **Tempos hipermodernos**. Trad. Mário Vilela. São Paulo: Barcarolla, 2004, p. 54.

[56] SALDANHA, Nelson. **O jardim e a praça**: o privado e o público na vida social e histórica. 2. ed., rev. e atual. Rio de Janeiro: Atlântica, 2005, p. 154.

[57] HORKHEIMER, Max. Autoridade e família. In: HORKHEIMER, Max. **Teoria crítica**: uma documentação. Trad. Hilde Cohn. São Paulo: Perspectiva/Edusp, 1990. tomo I, p. 235.

[58] OLIVEIRA, Guilherme de; PEREIRA COELHO, Francisco. Curso de direito de família. 4. ed. Coimbra: Ed. Coimbra, 2008. v. 1, p. 101.

[59] PROST, Antoine; VINCENT, Gèrard (orgs.). **História da vida privada**. 5: Da Primeira Guerra a nossos dias. Trad. Denise Bottman, Dorothée de Bruchard. São Paulo: Companhia das Letras, 2009, p. 53.

Cap. I · RELAÇÕES FAMILIARES NO INÍCIO DO SÉCULO XXI E A AFETIVIDADE | 21

A percepção da família como espaço para a livre realização pessoal dos seus integrantes é de importância singular[60], passando a ser descrita como precípua a sua função eudemonista[61]. A família se torna reconhecida como relevante esfera privada, vindo a se configurar como espaço para o livre desenvolvimento da personalidade individual[62]. As pessoas buscam uma realização efetiva em cada uma das relações que travam socialmente, e a satisfação é o que justifica a sua permanência, ainda que por um curto período[63].

Essa alteração – que parece simples – trará reflexos de diversas ordens, visto que evidencia um momento que pode se afirmar novo, e que concebe novos espaços de expressão.

> [...] há meio século, a família passava na frente do indivíduo; agora, é o indivíduo que passa na frente da família. [...] A vida privada se confundia com vida familiar; agora é a família que é julgada em função da contribuição que oferece à realização das vidas privadas individuais[64].

A mobilidade será a marca de tais relacionamentos familiares, eis que estará presente não apenas nos relacionamentos conjugais, mas também nas relações de parentesco. Separações, divórcios, novas uniões e desuniões são vistas como corriqueiras e comuns no decorrer da existência, não possuindo mais o aspecto negativo que lhes chegou a ser conferido[65]. Essas combinações e recombinações trarão novas formas de convivência entre os familiares, e resultarão em novos desafios. Famílias reconstituídas, monoparentais, simultâneas, poliafetivas, multiparentais, homoafetivas, adotivas, uniões livres,

---

[60] LIPOVETSKY, Gilles. **A sociedade pós-moralista:** o crepúsculo do dever e a ética indolor dos novos tempos democráticos. Trad. Armando Braio Ara. Barueri: Manole, 2005, p. 139.

[61] MICHEL, Andrée. Modèles sociologiques de la famille dans les sociétés contemporaines. **Archives de Philosophie du Droit: réforme du droit de la famille**. Paris: Sirey, 1975.

[62] OLIVEIRA, José Lamartine Corrêa de; MUNIZ, Francisco José Ferreira. **Curso de direito de família**. 4. ed. Curitiba: Juruá, 2008, p. 13.

[63] LIPOVETSKY, Gilles. **A sociedade pós-moralista:** o crepúsculo do dever e a ética indolor dos novos tempos democráticos. Trad. Armando Braio Ara. Barueri: Manole, 2005, p. 47.

[64] PROST, Antoine; VINCENT, Gèrard (orgs.). **História da vida privada**. 5: Da Primeira Guerra a nossos dias. Trad. Denise Bottman, Dorothée de Bruchard. São Paulo: Companhia das Letras, 2009, p. 80-81.

[65] BECK, Ulrich. **Sociedade de Risco:** rumo a uma outra modernidade. Trad. Sebastião Nascimento. São Paulo: Editora 34, 2010, p. 151-152.

procriações assistidas: diversas formações unidas por vínculos precipuamente afetivos, os quais são as marcas indeléveis do processo que está a se desenrolar. Para Gilles Lipovestky, "tão flexíveis são as características da família pós-moralista hodierna, que já é possível fazer a montagem ou desmontagem da mesma segundo a preferência de cada um"[66].

Enquanto para alguns tais características representariam uma ameaça à já reduzida família nuclear, para outros se trata apenas de perceber as novas formas de relacionamento e parentesco que passam a se expressar.

> Assim como o gênero, o parentesco foi um dia considerado como naturalmente outorgado, uma série de direito e deveres criados por laços biológicos e de casamento. Tem sido amplamente declarado que as relações de parentesco foram se destruindo com o desenvolvimento de instituições modernas, que deixaram a família nuclear num enorme isolamento. Sem pormenorizar a questão, pode-se perceber que essa visão é errada, ou, pelo menos, enganosa. Na sociedade da separação e do divórcio, a família nuclear gera uma diversidade de novos laços de parentesco associada, por exemplo, as famílias recombinadas. Entretanto, a natureza desses laços modifica-se à medida que estão sujeitos a uma negociação maior que a anterior. As relações de parentesco costumavam ser, com frequência, uma base de confiança tacitamente aceita; hoje em dia, a confiança tem que ser negociada e barganhada e o compromisso é uma questão tão problemática quanto os relacionamentos sexuais[67].

Repara-se que a família do novo milênio possui outras características e outras funções, mas segue persistindo como relevante agrupamento de pessoas unidas por laços afetivos, biológicos, culturais, registrais ou matrimoniais[68]. Daí por que não há risco de extinção da família (como se chegou a alardear), mas apenas novos paradigmas estão a balizar a forma de expressão também dos relacionamentos familiares[69].

---

[66] LIPOVETSKY, Gilles. **A sociedade pós-moralista:** o crepúsculo do dever e a ética indolor dos novos tempos democráticos. Trad. Armando Braio Ara. Barueri: Manole, 2005, p. 139.

[67] BAUMAN, Zygmunt. **Amor líquido:** sobre a fragilidade dos laços humanos. Trad. Carlos Alberto Medeiros. Rio de Janeiro: Zahar, 2004, p. 109.

[68] No Brasil a família aparece na primeira posição nas pesquisas que avaliam a confiança das pessoas nas diversas instituições.

[69] LIPOVETSKY, Gilles. **A sociedade pós-moralista:** o crepúsculo do dever e a ética indolor dos novos tempos democráticos. Trad. Armando Braio Ara. Barueri: Manole, 2005, p. 137.

Cap. I • RELAÇÕES FAMILIARES NO INÍCIO DO SÉCULO XXI E A AFETIVIDADE | 23

É importante perceber que, mesmo com as diversas alterações processadas pela sociedade da modernidade líquida e ante um quadro no qual espraia o hiperconsumo, resta preservada essa relevante dimensão pessoal.

> Um eixo importante da vida permanece fundamentalmente heterogêneo às forças do mercado: nem tudo, é evidente, foi colonizado pelo valor de troca. É essa própria dimensão que constitui o que para nós é a maior riqueza, o relevo mais intenso da vida privada. Essa parte fora do mercado não é nem residual nem arcaica. É bem o contrário: quanto mais se amplia a comercialização dos modos de vida, mais se afirma o valor do polo afetivo na esfera privada. O universo do consumo-mundo não põe fim ao princípio da afetividade sentimental, consagra-se como valor superior, correlativo à cultura do indivíduo que, aspirando à autonomia pessoal, recusa as regulações institucionais do tempo privado[70].

Certamente tais vínculos não estão mais calcados em elos fortes, perenes, públicos, estáveis, vistos como sacros. A incerteza será uma companheira constante, conforme destaca Ulrich Beck,

> tudo torna-se repentinamente incerto: a forma de convivência, quem faz o que, onde e como, as noções de sexualidade e amor e sua vinculação com o casamento e a família, a instituição da paternidade decai na oposição entre maternidade e paternidade; os filhos, com a intensidade crescente anacrônica do vínculo que representam, convertem-se nos únicos parceiros que não partem[71].

Entretanto, uma análise aguçada permitirá perceber que, embora sobre novas bases (líquidas, fluidas, frágeis, privadas, instáveis e laicas), as pessoas seguem se relacionando com as demais – quiçá até mesmo com maior intensidade e quantidade que no período anterior. Esse cenário pode ser um dos fatores que permitiram a percepção da afetividade como marca relevante do processo, eis que ela atende a muitas dessas características.

Obviamente, as atuais famílias da modernidade líquida também terão conflitos e demandas para serem solucionadas, de modo que os institutos que se pretendam a tal devem estar cientes das novas bases em que deverão laborar.

---

[70] LIPOVETSKY, Gilles. **A felicidade paradoxal**: ensaio sobre a sociedade de hiperconsumo. Trad. Maria Lucia Machado. São Paulo: Companhia das Letras, 2007, p. 148.

[71] BECK, Ulrich. **Sociedade de Risco**: rumo a uma outra modernidade. Trad. Sebastião Nascimento. São Paulo: Editora 34, 2010, p. 166.

Em que pese muitos sociólogos e filósofos afirmarem que se está no momento da pós-modernidade (Lyotard)[72], na hipermodernidade (Lipovetsky[73]), na transmodernidade (Dussel)[74] ou em uma modernidade líquida (Bauman[75]), a estrutura jurídica herdada (mesmo com as diversas alterações processadas) ainda labora sob a mentalidade que orientou o período da chamada modernidade sólida[76].

Para uma melhor compreensão das características das famílias do presente, importa compreender um pouco dos elementos que caracterizavam os relacionamentos familiares no passado.

SEÇÃO IV. RECONHECIMENTO DA SUBJETIVIDADE E DA AFETIVIDADE NAS RELAÇÕES INTERPESSOAIS

> *Hoje, no Ocidente, ninguém arrisca a própria vida para defender um Deus,*
> *uma pátria ou um ideal de revolução.*
> *Mas vale a pena se arriscar para defender aqueles que amamos.*
> *Vivemos a revolução do amor.*
> *Luc Ferry*

As diversas concepções históricas de família nem sempre adotaram a afetividade como elemento constituinte do elo entre seus integrantes, visto que a noção do afeto envolve uma visão de pessoa, e da sua subjetividade, que nem sempre esteve presente. Na família antiga, não faria sentido sustentar a relevância da afetividade na formação do vínculo familiar, eis que, como anota Fustel de Coulanges, "a base da família não era encontrada no afeto

---

[72] LYOTARD, Jean-François. **A condição pós-moderna**. Trad. Ricardo Corrêa Barbosa. 7. ed. Rio de Janeiro: José Olympio, 2002.

[73] LIPOVETSKY, Gilles. **Tempos hipermodernos.** Trad. Mário Vilela. São Paulo: Barcarolla, 2004., p. 100.

[74] DUSSEL, Enrique. Europa, Modernidad y Eurocentrismo. In: LANDER, Edgardo (org.). **A colonialidade do saber.** Eurocentrismo e Ciências Sociais. Perspectivas Latino-americanas. São Paulo: Clacso, 2005, p. 50.

[75] BAUMAN, Zygmunt. **Modernidade líquida**. Trad. Plínio Dentzien. Rio de Janeiro: Zahar, 2001, p. 36.

[76] Final do Século XVIII até meados do Século XX.

natural. Tanto o direito grego quanto o romano não levavam em conta este sentimento"[77].

Nas sociedades antigas, nem mesmo o critério biológico era preponderante para a formação de família, pois os elos familiares envolviam, muitas vezes, escravos e pessoas que não possuíam qualquer vínculo consanguíneo. O laço que preponderava era o religioso[78], que ditava as regras que acabavam por vincular pessoas e outras gerações em torno de uma mesma família[79]. Tanto é que na família romana, por exemplo, havia vasto poder concentrado na figura do *pater familias*, que gozava de hierarquia e autoridade perante os demais integrantes[80].

Durante a Idade Média, o aspecto religioso manteve importância central nos relacionamentos familiares, com a forte presença da Igreja disseminando seus dogmas pela sociedade com naturalidade. A noção de família envolvia diversas pessoas que viviam sob a tutela do "senhor", incluindo mulher, crianças, escravos e servidores[81]. O casamento era visto como uma instituição religiosa, regrado e tutelado pelas leis da Igreja, de modo que restava claro o respeito precípuo às orientações sacras. Também preponderavam interesses econômicos, patrimoniais e sociais, os quais balizavam as decisões acerca das conveniências das uniões matrimoniais e, de certo modo, refletiam a concepção de família de então[82]. No contexto medieval não era perceptível a concessão de espaço para o exercício de uma maior subjetividade.

Até o século XVII, restava improvável imaginar o respeito a uma esfera pessoal sentimental, pois tanto a mentalidade reitora como as condições de

---

[77] COULANGES, Fustel de. **A cidade antiga.** Trad. Heloisa da Graça Burati. São Paulo: Rideel, 2005, p. 30.

[78] COULANGES, Fustel de. **A cidade antiga.** Trad. Heloisa da Graça Burati. São Paulo: Rideel, 2005, p. 31.

[79] NOGUEIRA, Jenny Magnani. A instituição da família em *A cidade antiga*. In: WOLKMER, Antonio Carlos (org.). **Fundamentos de história do direito.** 2. ed. Belo Horizonte: Del Rey, 2003, p. 102-103.

[80] LIRA, Ricardo Pereira. Breve estudo sobre as entidades familiares. In: BARRETO, Vicente (org.). **A nova família**: problemas e perspectivas. Rio de Janeiro: Renovar, 2007, p. 27.

[81] BODIN, Jean. **Os seis livros da República**: Livro Primeiro. Trad. José Carlos Orsi Morel. São Paulo: Ícone, 2011, p. 101.

[82] ARIÈS, Philippe. **História social da criança e da família.** Trad. Dora Flaksman. 2. ed. Rio de Janeiro: LTC, 1981, p. 210-211.

vida até então dificultavam em muito tal aspecto[83]. As casas eram habitadas por muitas pessoas, com camas por toda parte, muitas delas próximas. Grande parte do tempo se passava na sociedade, na coletividade, com pouco espaço privado. O próprio trabalho (em geral árduo, precipuamente agrícola ou manual) e os costumes vigentes não incentivavam essa dimensão pessoal, tudo priorizava o coletivo, o grupo ou o sagrado. Essa era a realidade da grande maioria da população. Como a onipresença da Igreja reduzia os espaços privados, não houve um aprimoramento da esfera subjetiva dos indivíduos durante grande parte do período medieval[84]. Apenas quando tais condições se alteraram é que essa esfera particular deu sinais de desenvolvimento.

A partir do início da Modernidade, mais claramente após o final do século XVIII, é que restou possível perceber o nascimento de outra noção de pessoa, com crescente reconhecimento de sua subjetividade e dedicação maior aos sentimentos:

> No final do século XVIII e, principalmente, após a Revolução Francesa, a juventude começou a dar mais atenção aos seus próprios sentimentos e não às considerações exteriores. A propriedade, o desejo dos pais e as injunções de ordem social foram negligenciadas na escolha do cônjuge. Surgia um novo mundo marcado por uma nova mentalidade.[85]

O decréscimo da importância da Igreja, o cartesianismo que se disseminava e a consciência do indivíduo como sujeito dotado de vontade e potencialidades alteraram o quadro e passaram a envolver a percepção da pessoa como um sujeito racional, consciente e com uma parcela de individualidade[86]. As bandeiras da liberdade, igualdade e fraternidade se estenderam, em certo grau, também à família[87]. Os costumes se alteraram, a própria arquitetura das

---

[83]   CAMPOS, Diogo Leite de. A Nova Família. In: TEIXEIRA, Sálvio de Figueiredo (coord.). Direitos de Família e do Menor: inovações e tendências – doutrina e jurisprudência. 3. ed., rev. e ampl. Belo Horizonte: Del Rey, 1993, p. 19.

[84]   ARIÈS, Philippe. **História social da criança e da família**. Trad. Dora Flaksman. 2. ed. Rio de Janeiro: LTC, 1981, p. 273.

[85]   LEITE, Eduardo de Oliveira. **Tratado de direito de família**: origem e evolução do casamento. Curitiba: Juruá, 1991, p. 277.

[86]   DESCARTES, René. **Discurso do método**. Trad. Paulo Neves. Porto Alegre: L&M, 2010, p. 63-70.

[87]   Esclarece-se que essa afirmação leva em conta a ótica do cenário anterior, ou seja, apenas a título de comparação do modelo de família que passava a se mostrar vigente com o que era vivificado no período medieval (certamente mais desigual e mais autoritário) e não a analisa pela noção contemporânea que se tem desses temas

casas desse período refletia a mudança que se processava[88]. Para a maioria da população, o trabalho também se modificou, vindo a ser exercido em grande parte nas cidades (e menos no campo).

Em consequência, gradativamente se permitiu uma esfera individual que deveria ser observada e respeitada. Nesse momento, tornou-se possível perceber o reconhecimento de um espaço que se entende por uma esfera de subjetividade. Quanto às relações pessoais, houve a concessão de certa liberdade (se o indivíduo possuía liberdade para contratar, também deveria poder decidir sobre sua vida pessoal), o que viabilizava uma seara propícia ao reconhecimento do afeto. Nas palavras de Eduardo de Oliveira Leite, o século XVIII será precursor nesse aspecto:

> A submissão desaparece e, pela primeira vez na história da humanidade, surge um maior espaço ao amor como uma tímida, mas nítida, busca de satisfação pessoal, realização íntima, gerando uma nova concepção do casamento, com espaço mesmo ao prazer.[89]

Na esteira das ideias francesas de 1789, as pessoas buscaram certas condições de igualdade e liberdade (a partir do que lhes era possível e se mostrava cabível naquele momento), o que refletiu até no modo de viver em família. A partir dessa época, cresceu o movimento feminista, que sustentou um maior respeito à mulher desde então (ainda que tenha se mantido, em grande parte, o preconceito). A secularização do casamento e a admissão do divórcio no período pós-revolucionário foram fatores que modificaram o quadro de relacionamentos nesse período, caracterizando outro momento da família na modernidade, diverso daquele que caracterizava a Idade Média[90].

Essa família moderna foi a base da Codificação Francesa de 1804, que teve grande influência em diversos países[91]. Não se pode negar que a aber-

---

(ótica pela qual a conclusão certamente seria outra). Também não se ignora que as bandeiras de igualdade, liberdade e fraternidade não se estendiam a toda população; visavam a um projeto de poder e serviram como apelo discursivo apto a consagrar os interesses da ascendente classe burguesa.

[88] ARIÈS, Philippe. **História social da criança e da família.** Trad. Dora Flaksman. 2. ed. Rio de Janeiro: LTC, 1981, p. 265-267.

[89] LEITE, Eduardo de Oliveira. **Tratado de direito de família**: origem e evolução do casamento. Curitiba: Juruá, 1991, p. 295.

[90] GIDDENS, Anthony. **A transformação da intimidade:** sexualidade, amor & erotismo nas sociedades modernas. Trad. Magda Lopes. São Paulo: Editora Unesp, 1993, p. 50-51.

[91] François Luchaire informa que a Declaração de 1789 não fazia referência à família. Já o Código de Napoleão definia o que era família legítima (vinculada ao casamento) e

tura à subjetividade reconhecida nesse estágio era mínima, um verdadeiro projeto. Isso porque o indivíduo era visto sob o prisma de um exacerbado individualismo, restava presente uma ampla superioridade masculina, as mulheres seguiram com muitos direitos não reconhecidos, as crianças não eram adequadamente tuteladas e protegidas pelo Estado e a noção de família era atrelada ao matrimônio[92]. Os relacionamentos familiares restavam vinculados à noção de legitimidade, que era estendida à família e ao parentesco (filhos legítimos). Como anota Guilherme de Oliveira, ao analisar o tratamento da paternidade pelo Código de Napoleão, "a preocupação reitora do direito francês foi de proteger a legitimidade"[93].

Portanto, o espaço destinado à subjetividade (e, de certo modo, a uma esfera afetiva), em que pese pela primeira vez presente, era de fato reduzidíssimo. Entretanto, foi a partir desse cenário que restou possível perceber na experiência concreta uma alteração no rumo dos relacionamentos desde então, com consequências de diversas ordens[94]. Esse pequeno espaço conferido às particularidades individuais permitiu seu paulatino crescimento (o projeto, em certo sentido, frutificou). Outros fatores que também influenciavam o meio social contribuíram para a alteração da sociedade e, consequentemente, afetaram a família.

Durante todo o século XIX[95], alargou-se o exercício do espaço individual, com maior importância progressivamente conferida à subjetividade

---

estendia a noção de legitimidade aos filhos. (LUCHAIRE, François. Les Fondements Constitutionnels Du Droit Civil. **Revue Trimestrielle de Droit Civil**, Paris: Sirey, n. 2, 81° année, p. 245-328, abril/juin 1982, p. 258).

[92] COMMAILLE, Jacques. Direito e Costumes ou o surgimento de um modelo de ilegitimidade recíproca. In: BARRETO, Vicente (org.). **A nova família**: problemas e perspectivas. Rio de Janeiro: Renovar, 2007, p. 4-5.

[93] OLIVEIRA, Guilherme de. **Critério jurídico da paternidade.** Reimp. Coimbra: Almedina, 2003, p. 28. No decorrer da obra (p. 115-117), o autor descreve a influência pessoal exercida por Napoleão Bonaparte sobre a comissão redatora do *Code* para restringir as possibilidades de investigação de paternidade de filhos ilegítimos, no que acabou atendido (após até mesmo retirar da comissão quem não compartilhasse das suas ideias neste sentido). Esse fato auxilia a percepção da mentalidade que imperava naquele momento (prevalência da família como instituição e dos interesses dos progenitores do que concessão de alguma proteção aos filhos, aos quais sequer era dedicada maior atenção).

[94] LEITE, Eduardo de Oliveira. **Tratado de direito de família**: origem e evolução do casamento. Curitiba: Juruá, 1991, p. 321-322.

[95] Nesse período o processo descrito se percebe com mais intensidade no cenário europeu ocidental. No Brasil, as características econômicas e sociais fizeram com que tal transição se desenvolvesse apenas em meados do século seguinte.

pessoal[96]. A "grande família" irá diminuir com a disseminação da família nuclear, momento característico na mudança que passa a ceder maior espaço ao sentimento e à afetividade.

> Esquematizava-se com traços marcantes a nova família, a família nuclear, que tende a se manter invulnerável até o final do século. Perdia a grande família, deslocava-se, para a sociedade conjugal, a primazia exercida pelo parentesco. Ganhava o casal, perdia, definitivamente, a família tronco. Perdia-se em quantidade de membros, *ganhava-se na qualidade de afeto* entre o reduzido círculo da família conjugal.[97] (grifos nossos)(grifos nossos)

A reduzida família nuclear acabou por aproximar seus integrantes, permitindo um vínculo efetivo e cada vez mais afetivo entre eles, "a pequena família, distante da família patriarcal caracterizada por ser uma unidade de produção, é muito mais um núcleo onde são dominantes as relações de afeto, de solidariedade e de cooperação"[98]. A forma de relacionamento entre os integrantes dessa família acabou por se demonstrar mais sentimental, igualitária e liberal do que nos períodos anteriores. Houve um decréscimo de interferências da religião, do meio social e do interesse da família como instituição, para se conferir maior liberdade para a pessoa deliberar sobre sua opção de vida familiar.

Na constatação de Diogo Leite de Campos: "O século XIX e a primeira metade do século XX gostavam de representar destarte a 'nova família': núcleo de pais e filhos, ligados intimamente pelos laços do amor"[99]. No decorrer do século XX, os relacionamentos eram marcados cada vez mais por interesses subjetivos, pessoais, particulares, com redução de outras funções ou interesses nessa atividade[100]. O que pode ser considerado a pedra de toque desse período.

---

[96] PERROT, Michelle (org.). **História da vida privada.** 4: Da Revolução Francesa à Primeira Guerra Mundial. Trad. Denise Bottman, Bernardo Joffily. São Paulo: Companhia das Letras, 2009, p. 569-570.

[97] LEITE, Eduardo de Oliveira. **Tratado de direito de família**: origem e evolução do casamento. Curitiba: Juruá, 1991, p. 337.

[98] FACHIN, Luiz Edson. **Estabelecimento da filiação e paternidade presumida**. Porto Alegre: Fabris, 1992, p. 25.

[99] CAMPOS, Diogo Leite de. A nova família. In: TEIXEIRA, Sálvio de Figueiredo (coord.). **Direitos de família e do menor**: inovações e tendências – doutrina e jurisprudência. 3. ed., rev. e ampl. Belo Horizonte: Del Rey, 1993, p. 23.

[100] GIDDENS, Anthony. **A transformação da intimidade**: sexualidade, amor & erotismo nas sociedades modernas. Trad. Magda Lopes. São Paulo: Editora Unesp, 1993, p. 220.

A eleição do cônjuge e a deliberação sobre as opções que serão adotadas no formato da família estavam vinculadas à esfera particular de cada um. Após a Segunda Guerra Mundial, verificou-se um processo de avultamento da subjetividade[101], que passará a ser o traço característico dessa sociedade[102]. Relativamente aos laços familiares:

> A segunda metade do século XX verá triunfar, definitivamente, o amor sobre qualquer consideração de ordem prática ou utilitária [...]. Com o triunfo do sentimento, o casal moderno se liberta de toda pressão do meio social, da família, da comunidade, mesmo a mais jovem. [...] Restringindo-se o nível de relacionamento ao pai, mãe e filhos, aumentava-se proporcionalmente o estreitamente dos laços afetivos[103].

Transpareceu, assim, o aspecto subjetivo nas relações interpessoais, ou seja, houve a percepção de que a pessoa, como indivíduo particular, poderia deliberar sobre seus relacionamentos e optar, de acordo com seus interesses pessoais, pela forma de viver em família que melhor lhe aprouvesse. Não imperavam mais outras instâncias a decidir pelo destino afetivo e matrimonial das pessoas; o indivíduo, no exercício da sua individualidade e subjetividade, livremente, exerceria a escolha. Resumidamente, nessa quadra histórica já era possível afirmar que "o afeto é matéria-prima da subjetividade"[104].

---

[101] Exemplo disso foram os diversos movimentos libertários da década de 1960, da segunda fase do feminismo ao *rock and roll* (passando pela pílula anticoncepcional), muitas dessas bandeiras exigiam, em última análise, um maior espaço de subjetividade e individualidade.

[102] OLIVEIRA, Guilherme de; PEREIRA COELHO, Francisco. **Curso de direito de família**. 4. ed. Coimbra: Ed. Coimbra, 2008. v. 1, p. 103.

[103] LEITE, Eduardo de Oliveira. **Tratado de direito de família**: origem e evolução do casamento. Curitiba: Juruá, 1991, p. 338.

[104] Expressão que se tributa a Giselle Groeninga, proferida no seguinte contexto: "Ainda neste diapasão de integração, temos observado um crescente valor dado ao afeto, uma qualidade da pessoa que finalmente ganha valor jurídico diferenciado. O afeto é matéria-prima da subjetividade, como também é ele o que pavimenta as relações intersubjetivas. É na subjetividade das diferenças, e na intersubjetividade das semelhanças, que se forma a personalidade. E, com a contribuição da interdisciplina, deve-se buscar a necessária objetividade e a materialização objetiva dos Direitos da Personalidade. Neste sentido, a interface entre o Direito e a Psicanálise torna-se de rigor na necessária busca da objetividade que possa assim, integrar o afeto. Cabe repensar, nos novos tempos, um novo equilíbrio entre o afeto e o intelecto, na balança da Justiça" (GROENINGA, Giselle Câmara. Os direitos da personalidade e o direito a ter uma personalidade. In: ZIMERMAN, David; COLTRO, Antônio Carlos Mathias (orgs.). **Aspectos psicológicos na prática jurídica**. 3. ed. Campinas: Millenium, 2010, p. 59-60).

Cap. I • RELAÇÕES FAMILIARES NO INÍCIO DO SÉCULO XXI E A AFETIVIDADE | 31

Obviamente que esse percurso não foi realizado de imediato, visto que foi resultado de um longo processo que iniciou com o desenvolvimento da noção de sujeito, dotado de individualidades, pois só a partir dele restou viável reconhecer uma dimensão de subjetividade que lhe fosse inerente. Giselle Groeninga descreveu a questão ao se referir aos direitos da personalidade:

> Além da ausência de ideia da vida privada, aliada a uma ênfase na patrimonialização das relações, o surgimento destes direitos, relativamente recentes na história da humanidade, também tem a ver com o desenvolvimento da noção de indivíduo. Afora outras considerações de caráter sociológico, a concepção de indivíduo ganhou o estatuto científico com a psicologia moderna fundada por Wilhem Wundt, na segunda metade do século XIX e, sobretudo, com a Psicanálise, fundada por Sigmund Freud no século XIX.[105]

Essa percepção da pessoa como indivíduo dotado de particularidades demonstrava um quadro diverso do que foi tratado por grande parte das legislações codificadas (que privilegiavam a família instituição, fortemente apegadas à ideia de legitimidade, com priorização dos vínculos matrimoniais e biológicos, na esteira do previsto pelo *Code*). Em decorrência da crescente liberdade e subjetividade[106], da percepção do consciente e do inconsciente, aliada a outros fatores econômicos, sociais, políticos e filosóficos, surgiram outras entidades familiares ao lado da "família legítima", consubstanciadas apenas por vínculos afetivos (como as uniões livres)[107].

As relações de parentesco também passam a ser travadas com igualdade e liberdade crescentes, de modo que restou difícil sustentar uma relação parental apenas com base no vínculo institucional, na autoridade e na hierarquia. A proximidade das pessoas o reconhecimento da sua subjetividade e a defesa de maior liberdade e igualdade também no trato familiar levaram tais rela-

---

[105] GROENINGA, Giselle Câmara. Os Direitos da Personalidade e o Direito a Ter Uma Personalidade. Os direitos da personalidade e o direito a ter uma personalidade. In: ZIMERMAN, David; COLTRO, Antônio Carlos Mathias (orgs.). **Aspectos psicológicos na prática jurídica.** 3. ed. Campinas: Millenium, 2010, p. 63.

[106] Registre-se que a subjetividade envolve um espectro muito mais amplo que o da afetividade, eis que engloba diversas outras esferas. Entretanto, para que a afetividade possa efetivamente se desenvolver, é necessário o exercício de certa subjetividade, pois é neste espaço que ela encontra abrigo. A análise deste estudo fica restrita à afetividade por ser seu objeto específico.

[107] RAMOS, Carmem Lúcia Silveira. **Família sem casamento**: de relação existencial de fato à realidade jurídica. Rio de Janeiro: Renovar, 2000, p. 40.

cionamentos a assumir outra faceta, mais privada, calcada precipuamente na afeição do que em critérios formais ou institucionais[108].

A alteração evidenciada no final do século XX é singular se comparada aos períodos anteriores; a repersonalização e o arrefecimento das antigas ordens naturais e sociais deixaram marcas na forma de viver e conviver:

> Os seres humanos, transformados em indivíduos, singulares e inomináveis, perdem as referências tradicionais, entram em desequilíbrio, e relativizam todos os valores. A ordem social fundar-se-ia unicamente no livre, contingente e instável equilíbrio das vontades individuais, e com ela, o casamento e a família "privatizam-se", deixam de ser elementos de uma ordem social, regulados por normas de Direito Público; para passarem a construir quadro, livremente construídos e, consequentemente, livremente dispostos, de interesses individuais, soberanos [...][109].

Como visto, transpareceu que a sociedade alterou seu modo de viver em família, inclusive adotando outros vínculos como suficientes para tal, desvelando a culturalidade da relação, sem que o Direito (moderno) tenha acompanhado o movimento[110]. O descompasso tornou-se evidente com a manutenção de uma legislação restrita à família legítima, ou seja, que tutelava apenas as relações oriundas do casamento ou decorrentes de vínculos de sangue, enquanto a experiência concreta já percebia e aceitava outras manifestações.

A afetividade assumiu paulatinamente importância crescente nas questões familiares, pois mesmo na família tradicional (biológica e matrimonial) acabou por ser considerada digna de atenção e exercício efetivo. Em outros relacionamentos figurou como único elo a sustentá-los. É possível afirmar que os relacionamentos interpessoais, de modo geral, foram a partir de então, de alguma forma, influenciados pela indelével marca da afetividade[111].

---

[108] NALINI, José Renato. Ética e família na sociedade pós-moralista. In: COLTRO, Antônio Carlos Mathias (coord.). **Estudos jurídicos em homenagem ao centenário de Edgard de Moura Bittencourt**: a revisão do direito de família. Rio de Janeiro: GZ, 2009, p. 386.

[109] CAMPOS, Diogo Leite de. A nova família. In: TEIXEIRA, Sálvio de Figueiredo (coord.). **Direitos de família e do menor**: inovações e tendências – doutrina e jurisprudência. 3. ed., rev. e ampl. Belo Horizonte: Del Rey, 1993, p. 24.

[110] LEITE, Eduardo de Oliveira. **Tratado de direito de família**: origem e evolução do casamento. Curitiba: Juruá, 1991, p. 355.

[111] CAMPOS, Diogo Leite de. A nova família. In: TEIXEIRA, Sálvio de Figueiredo (coord.). **Direitos de família e do menor**: inovações e tendências – doutrina e jurisprudência. 3. ed., rev. e ampl. Belo Horizonte: Del Rey, 1993, p. 25.

SEÇÃO V. DA MARGEM AO CENTRO: A AFETIVIDADE COMO VETOR DOS RELACIONAMENTOS FAMILIARES CONTEMPORÂNEOS

Uma cultura mais profunda do amor se espalha, recorda os princípios da dignidade e da igualdade e, portanto, obriga o direito de tomar nota das profundas mudanças sociais, de respeitar plenamente a liberdade das pessoas.

Stefano Rodotà

A partir do seu reconhecimento como elemento do convívio familiar, a afetividade fez um percurso que pode ser descrito como da periferia ao cerne dessas relações e, a partir de então, passou a exercer um outro e importante papel.

O início deste século XXI[112] tornou perceptível como a afetividade veio a figurar de forma central nos vínculos familiares[113], não em substituição aos critérios biológicos ou matrimoniais (que persistem, com inegável importância), mas, ao lado deles, se apresentou como relevante uma ligação[114]. Em grande parte dos casos se acumulam duas ou mais espécies de elos, o afetivo com algum outro (biológico, matrimonial ou registral), nas relações multiparentais.

Por outro lado, de modo não raro, passou a persistir somente o liame afetivo em diversas situações, sem a concomitância de qualquer outro[115]. Isso

---

[112] Sintomas claros dessa gradativa alteração no papel da afetividade passaram a ser sentidos com mais intensidade a partir da segunda metade do século passado. Como se trata de um processo gradativo, não é simples fixar um período que seja marco da transição. Opta-se, aqui, por centrar a análise nos relacionamentos contemporâneos deste início de século para facilitar a ilustração do que se pretende descrever.

[113] NALINI, José Renato. Ética e família na sociedade pós-moralista. In: COLTRO, Antônio Carlos Mathias (coord.). **Estudos jurídicos em homenagem ao centenário de Edgard de Moura Bittencourt**: a revisão do direito de família. Rio de Janeiro: GZ, 2009, p. 399.

[114] LEITE, Eduardo de Oliveira. **Tratado de direito de família**: origem e evolução do casamento. Curitiba: Juruá, 1991, p. 349.

[115] Semy Glanz informa que o relatório elaborado por juristas para tratar da reforma do direito de família francês em 1998 trazia entre seus temas: "Reconstruir o direito da filiação, incluindo –– Perfazer a igualdade das filiações; Assegurar o equilíbrio entre o liame de sangue, de vivência e a vontade individual" (GLANZ, Semy. **A família mutante** –– sociologia e direito comparado: inclusive o novo Código Civil. Rio de Janeiro: Renovar, 2005, p. 76).

restou claro, por exemplo, pelo grande número de uniões livres[116] (estáveis) e pela crescente quantidade de filiações socioafetivas (sem vínculo registral ou biológico concomitantes) que acabaram por se apresentar[117]. Também agregou elementos ao debate o crescente número de procriações assistidas, nas quais muitos pais não mantinham laços biológicos com seus filhos[118]. Nessas diversas situações, claramente apenas a afetividade sustentava aquele envolvimento interpessoal.

Não menos relevante foi a percepção de que mesmo nos relacionamentos calcados em vínculos matrimoniais, registrais ou biológicos a dimensão afetiva conquistou espaço e reconhecimento[119]. O que se percebeu é que a afetividade se disseminou de forma crescente e com relevância ímpar na sociedade, nos mais variados relacionamentos.

Uma outra forma de convivência familiar foi constatada a partir do final do século XX, com preponderância da afeição, da liberdade, da igualdade e do respeito nos relacionamentos, o que permitiu enxergar uma nova família a partir de então, retrato dessa modernidade líquida que se apresentou[120]. Nessa "nova" forma de viver em família, a afetividade assumiu relevante papel como vetor das suas relações, em substituição ao que outrora foi deixado a cargo da Igreja, do Estado, do meio social, dos interesses institucionais ou patrimoniais[121].

A transformação é de tal monta que, paralelamente à perda das funções institucionais da família, restou possível sustentar o surgimento de uma *função*

---

[116] BARBOZA, Heloisa Helena. Efeitos jurídicos do parentesco socioafetivo. **Revista Brasileira de Direito das Famílias e Sucessões**, Porto Alegre, Magister; Belo Horizonte: IBDFam, v. 9, p. 25-26, abr./maio 2009.

[117] PAULO, Beatrice Marinho. Ser pai nas novas configurações familiares: a paternidade psicoafetiva. **Revista Brasileira de Direito das Famílias e Sucessões**, Porto Alegre, Magister; Belo Horizonte, IBDFam, v. 10, jun./jul. 2009, p. 25.

[118] HIRONAKA, Giselda Maria Fernandes Novaes. As inovações biotecnológicas e o direito das sucessões. In: MILHORANZA, Mariângela Guerreiro; PEREIRA, Sérgio Gischkow (coords.). **Direito contemporâneo de família e das sucessões**: estudos jurídicos em homenagem aos 20 anos de docência do professor Rolf Madaleno. Rio de Janeiro: GZ, 2009, p. 78.

[119] LEITE, Eduardo de Oliveira. **Tratado de direito de família**: origem e evolução do casamento. Curitiba: Juruá, 1991, p. 360.

[120] PROST, Antoine; VINCENT, Gèrard (orgs.). **História da vida privada**. 5: Da Revolução Francesa à Primeira Guerra Mundial. Trad. Denise Bottman, Dorothée de Bruchard. São Paulo: Companhia das Letras, 2009, p. 77-78.

[121] LEITE, Eduardo de Oliveira. **Tratado de direito de família**: origem e evolução do casamento. Curitiba: Juruá, 1991, p. 367.

afetiva, direcionada para a realização pessoal de cada membro, ao encontro da função eudemonista.

> A realização pessoal da afetividade, no ambiente de convivência e solidariedade, é a função básica da família de nossa época. Suas antigas funções econômica, política, religiosa e procracional feneceram, desapareceram ou desempenham papel secundário. Até mesmo a função procracional, com a secularização crescente do direito de família e a primazia atribuída ao afeto, deixou de ser finalidade precípua[122].

O reconhecimento da realização individual da afetividade como função precípua da família contemporânea indicava sua centralidade na análise do tema, o que refletia não apenas nas questões de parentesco, mas também se espraiava por todo o direito de família. Desse modo, por mais que parecesse um assunto a princípio árduo ao Direito, deveria ser enfrentado pelos juristas familiaristas.

Certamente remanesceram em grande parte relações sustentadas por aspectos biológicos, matrimoniais ou registrais, muitas vezes cumuladas com o liame afetivo, de modo que não se fala em qualquer substituição de um vínculo por outro[123]. O que se notou foi que, mesmo quando presentes outras espécies de vínculo, o que se dava na maioria dos casos, se agregava uma dimensão afetiva realizada naturalmente pelos integrantes dessa relação. Por outro lado, mostrou-se inegável que um outro número expressivo de relações era efetivamente sustentado apenas pelo vínculo afetivo[124].

Não era possível verificar uma supremacia, sobreposição ou qualquer hierarquia entre tais critérios, muito menos se mostrava indicado o apontamento de uma resposta única, para todos os casos, previamente elaborada[125].

---

[122] LÔBO, Paulo Luiz Netto. **Direito civil**: Famílias. São Paulo: Saraiva, 2008, p. 15.

[123] A convivência da afetividade com outros critérios está presente na leitura tridimensional de Belmiro Pedro Welter, para quem "A afetividade é defendida nos campos neurológico, psicológico, psicanalítico, pedagógico, demonstrando que, em pleno século XXI, não é possível continuar compreendendo o ser humano pela teoria cartesiana, porque a condição humana é um modo de ser-no-mundo-genético, de ser-no-mundo-(des) afetivo e de ser-no-mundo-ontológico" (WELTER, Belmiro Pedro. **Teoria tridimensional do direito de família**. Porto Alegre: Livraria do Advogado, 2009, p. 52).

[124] GROENINGA, Giselle Câmara. A função do afeto nos "contratos familiares". In: DIAS, Maria Berenice et al. (coords.). **Afeto e estruturas familiares**. Belo Horizonte: Del Rey, 2009, p. 202-203.

[125] Como visto, essas são características de um direito moderno de leitura positivista normativista, as quais não devem ser mais procuradas.

Em consequência, havia que se administrar a convivência e coexistência das diversas formas de viver em família: matrimoniais, heteroafetivas, homoafetivas, uniões simultâneas etc.; o mesmo ocorrendo com os diversos modos de parentescos: biológicos, registrais, matrimoniais, afetivos, multiparentalidades etc. Esse vasto mosaico se mostrou factível na experiência da vida concreta. Coube, portanto, ao Direito assimilar tal contexto e conceder a competente tutela para preservar a harmonia possível e desejável[126].

Em tempos de modernidade líquida, a complexidade e a instabilidade atingiram todos os campos, inclusive o modo de viver em família. Assim, não se aconselhava a manutenção da pretensão de ditar qual caminho deveria ser seguido pela sociedade para que suas famílias fossem reconhecidas pelo Direito (com uma visão autoritária de um dirigismo legislativo que não persistia mais)[127]. Ao contrário, o Direito deveria procurar a convivência e o diálogo entre essas diferentes esferas, de modo a executar um papel de intérprete e mediador dos eventuais conflitos[128].

Tais circunstâncias trouxeram dificuldades para qualquer definição que pretendesse estipular um ou outro critério que pudesse ser considerado preponderante – aliás, atualmente, é discutível até mesmo se algum deles pode ser tido como preponderante. De todo modo, mesmo com tal quadro em que se apresentaram incontáveis modelos, de bases distintas, algumas conclusões restaram possíveis, como a que destaca Giselda Hironaka:

> O afeto, reafirme-se, está na base de constituição da relação familiar, seja ela uma relação de conjugalidade, seja de parentalidade. O afeto está também, certamente, na origem e na causa dos descaminhos desses relacionamentos. Bem por isso, o afeto deve permanecer presente, no trato dos conflitos, dos desenlaces, dos desamores, justamente porque ele perpassa e transpassa a serenidade e o conflito, os laços e os desenlaces; perpassa e transpassa, também, o amor e os desamores. Porque o afeto tem um quê de respeito ancestral, tem um quê de pacificador temporal, tem um quê de dignidade

---

[126] FACHIN, Luiz Edson. Paternidade e ascendência genética. In: FACHIN, Luiz Edson. **Direito de família:** elementos críticos à luz do novo Código Civil brasileiro. 2. ed. Rio de Janeiro: Renovar, 2003, p. 172.

[127] Conforme sustentado nos primeiros capítulos desta obra.

[128] Na esteira do que sustentou Zygmunt Bauman, ao tratar de mentalidade do intelectual da pós-modernidade. (BAUMAN, Zygmunt. **Legisladores e intérpretes**: sobre modernidade, pós-modernidade e intelectuais. Trad. Renato Aguiar. Rio de Janeiro: Zahar, 2010, p. 266-267).

Cap. I · RELAÇÕES FAMILIARES NO INÍCIO DO SÉCULO XXI E A AFETIVIDADE | 37

essencial. Este é o afeto de que se fala. O afeto-ternura; o afeto-dignidade. Positivo ou negativo. O imorredouro do afeto.[129]

Foi possível perceber que a afetividade assumiu, em muitas das relações familiares, o papel de verdadeiro vetor de tais relacionamentos, com uma centralidade que não se percebia em momentos anteriores[130]. Nesse contexto, o questionamento que passou a ser realizado na própria sociedade quanto a prevalência da "família legítima", nas relações de conjugalidade do critério biológico como determinante na relação parental, do formalismo exigido para se reconhecer uma entidade familiar, dos obstáculos para o reconhecimento das uniões homoafetivas, entre outros.

A sociedade passou a adotar gradativamente o aspecto afetivo como suficiente e relevante nessas escolhas pessoais. Com o paralelo decréscimo da importância que era conferida a outros vínculos (biológico, matrimonial, registral), restou possível perceber a centralidade que a afetividade assumiu em grande parte dos relacionamentos. Foi de tal ordem a alteração que é possível afirmar que houve uma verdadeira transição paradigmática na família brasileira contemporânea, pela qual a afetividade assumiu o papel de vetor dessas relações.

Essas características, como não poderiam deixar de ser, ressoaram no direito de família, que buscou assimilar tais aportes e adaptar suas categorias para a tarefa que lhe era apresentada.

> O papel dado à subjetividade e à afetividade tem sido crescente no Direito de Família, que não mais pode excluir de suas considerações a qualidade dos vínculos existentes entre os membros de uma família, de forma que possa buscar a necessária objetividade na subjetividade inerente às relações. Cada vez mais se dá importância ao afeto nas considerações das relações familiares; aliás, um outro princípio do Direito de Família é o da afetividade.[131]

---

[129] HIRONAKA, Giselda Maria Fernandes Novaes. Sobre peixes e afetos – um devaneio acerca da ética no direito. In: PEREIRA, Rodrigo da Cunha (org.). **Anais do V Congresso Brasileiro de Direito de Família**. São Paulo: IOB Thompson, 2006, p. 436.

[130] GAMA, Guilherme Calmon Nogueira da. A emocionalidade em áreas jurídicas específicas. In: ZIMERMAN, David; COLTRO, Antônio Carlos Mathias (orgs.). **Aspectos psicológicos na prática jurídica**. 3 ed. Campinas: Millenium, 2010, p. 179.

[131] GROENINGA, Giselle Câmara. Direito de família. In: BARBOSA, Águida Arruda; VIEIRA, Claudia Stein (orgs.). **Direito civil**. São Paulo: Revista dos Tribunais, 2008. v. 7, p. 28.

Diante da adoção da afetividade pela sociedade brasileira como relevante nas relações familiares, não tardou a doutrina a se aperceber dessa nova configuração, de modo que a análise doutrinária foi uma das primeiras a sustentar a prevalência do afeto nos relacionamentos familiares. Como defendeu Silvana Maria Carbonera ao analisar o quadro: "Neste contexto, o afeto deve ocupar lugar de destaque e merece maior atenção daqueles que atuam nessa área jurídica"[132].

Essa foi uma das marcas do processo de repersonalização do direito de família brasileiro contemporâneo: a assimilação e a valoração da afetividade nos relacionamentos familiares, enquanto o trato do tema pela legislação ainda era tímido e compartimentado. Para que se possa melhor verificar como se comunicam tais elementos, prudente é a análise de como se dá a relação entre o Direito e a família.

---

[132] CARBONERA, Silvana Maria. O papel jurídico do afeto nas relações de família. In: FACHIN, Luiz Edson (coord.). **Repensando os fundamentos do direito civil contemporâneo**. Rio de Janeiro: Renovar, 1998, p. 277.

Capítulo II

AS FAMÍLIAS E A AFETIVIDADE NO DIREITO

SEÇÃO I. O PAPEL DO DIREITO NA TUTELA DAS FAMÍLIAS

O termo *família* vem sendo utilizado para designar distintos agrupamentos humanos em diversos momentos espaçotemporais, mas isso não significa qualquer estabilidade no que efetivamente representa. O significante é o mesmo no decorrer dos tempos, entretanto seus significados variaram de diversas maneiras, assumindo feições totalmente diferentes em cada momento histórico. Essa compreensão foi percebida por Friedrich Engels, em sua obra *A origem da família, da propriedade privada e do Estado*, publicada em 1884:

> Em sua origem, a palavra família não significa o ideal – mistura de sentimentalismo e dissensões domésticas – do filisteu de nossa época; – a princípio, entre os romanos, não se aplicava sequer ao par de cônjuges e aos seus filhos, mas somente aos escravos. *Famulus* quer dizer escravo doméstico e a família é o conjunto dos escravos pertencentes a um mesmo homem. Nos tempos de Gaio, a família *id est patrimonium* (isto é, herança) era transmitida por testamento. A expressão foi inventada pelos romanos para designar um novo organismo social, cujo chefe mantinha sob seu poder sua mulher, os filhos e certo número de escravos, com o pátrio poder romano. E o direito de vida e morte sobre todos eles. "A palavra não é, pois, mais antiga que o férreo sistema familiar das tribos latinas, que nasceu ao introduzirem-se a agricultura e a escravidão legal, depois da cisão entre gregos e latino-arianos". E Marx acrescenta: "A família moderna contém em germe não apenas a escravidão (*servitus*) como também a servidão, pois, desde o começo, está relacionada com os serviços da agricultura. Encerra em miniatura todos os antagonismos que se desenvolvem, mais adiante, na sociedade e em seu Estado".[1]

---

[1] ENGELS, Friedrich. **A origem da família, da propriedade privada e do Estado**. Trad. Ruth M. Klaus. São Paulo: Centauro, 2002, p. 58.

Ou seja, ainda que as alterações nas formações familiares não se dessem com tanta intensidade e celeridade como ocorre contemporaneamente, tais mutações são constantes nos mais diversos momentos históricos, sendo essa possibilidade de alteração inerente aos próprios agrupamentos humanos[2].

A esse respeito, José Reinaldo de Lima Lopes afirma: "do uso continuado da palavra família podemos pensar muita coisa, mas temos de estar atentos para o fato de que a continuidade do uso da palavra pode esconder a descontinuidade de suas práticas"[3].

O entendimento de determinada coletividade do que considera família retrata, de algum modo, sua forma de ver o mundo, e evidencia quais são as características centrais daquela sociedade[4]. Na sociedade romana, refletia as necessidades e os interesses daquele momento histórico[5], no período medieval, retrata as características daquela sociedade de classes[6], com o advento da modernidade, opta-se por um outro modelo de família[7] e assim sucessivamente. Nesses períodos, o pouco espaço conferido à subjetividade impedia a percepção da afetividade como valor relevante.

Os relacionamentos humanos em geral sofrem influxos das condições econômicas, políticas e sociais da localidade na qual estão inseridos, eis que resultam de imbricada relação dialética a partir desses fatores[8].

As relações familiares tornam clara a característica por vezes esquecida de que o Direito é sempre uma redução da realidade, ou seja, um recorte deliberado de parcela do que se desenvolve no corpo social (que inevitavel-

---

[2] LEVI-STRAUSS, Claude. **As estruturas elementares do parentesco**. Trad. Mariano Ferreira. Petrópolis: Vozes, 1982, p. 521.

[3] LOPES, José Reinaldo de Lima. **O direito na história**: lições introdutórias. 3. ed. São Paulo: Atlas, 2008, p. 6.

[4] CARBONNIER, Jean. **Flessibile diritto**: per uma sociologia del diritto senza rigore. Milano: Giuffrè, 1997, p. 219-220.

[5] NOGUEIRA, Jenny Magnani. A instituição da família em *A cidade antiga*. In: WOLKMER, Antonio Carlos (org.). **Fundamentos de história do direito**. 2. ed. Belo Horizonte: Del Rey, 2003, p. 96.

[6] HESPANHA, António Manuel. "Carne de uma só carne" – para uma compreensão dos fundamentos histórico antropológicos da família na Época Moderna. In: HESPANHA, António Manuel. **A política perdida**: ordem e governo antes da Modernidade. Curitiba: Juruá, 2010, p. 162.

[7] RUZYK, Carlos Eduardo Pianovski. **Institutos fundamentais de direito civil e liberdade(s):** repensando a dimensão funcional do contrato, da propriedade e da família. Rio de Janeiro: GZ, 2011, p. 314-315.

[8] BECK, Ulrich. **Sociedade de Risco**: rumo a uma outra modernidade. Trad. Sebastião Nascimento. São Paulo: Editora 34, 2010, p. 149.

mente terá maior amplitude)[9]. A família precede o Direito; isto é constante e inafastável. Em decorrência direta, é o discurso jurídico que deve captar as alterações ocorridas nas formas de relacionamento, e não os relacionamentos que devem se adaptar às categorias jurídicas.

Carlos Alberto da Mota Pinto explicita a anterioridade da família como manifestação concreta ao que se entende por Direito:

> A família é uma realidade natural e social, cuja existência material, psicológica e moral se manifesta, antes de mais nada, em planos ou domínios da vida estranhos – íamos escrever anteriores – ao plano jurídico. O surgimento e a vida da família realizam-se e assentam numa série de comportamentos pessoais e realidades psicológicas e morais, que o direito considera relevantes, isto é, que reconhece, aceita e considera, ao formular a sua regulamentação da instituição familiar.[10]

É inegável que a família é antes de tudo uma manifestação sociológica, cultural e social, preexistindo a qualquer categoria jurídica. Essas expressões sociais em dada coletividade são as captadas pelo Direito para definir seus conceitos. Tanto é verdade que outras ciências constroem suas definições relacionadas aos agrupamentos familiares diretamente a partir dessa realidade fática, o que se dará com a sociologia, antropologia, psicologia, psiquiatria etc. A leitura jurídica retrata apenas um recorte específico dessa realidade pelo Direito, em dado momento-local, para procurar atender a sua finalidade[11].

O que ressalta na análise da família é a percepção de que está em movimento constante, amoldando-se de acordo com o contínuo caminhar social. Muito mais do que instituto jurídico, família é realidade em movimento[12]. Exemplo disso se dá com a presença da afetividade nos relacionamentos familiares, que, anteriormente irrelevante, cada vez mais se expressa, e com intensidade de tal ordem que não permite mais que seja ignorada pelo Direito.

---

[9]   "Direito é processo, dentro do processo histórico; não é uma coisa perfeita e acabada." (LYRA FILHO, Roberto. **O que é direito**. São Paulo: Brasiliense, 2006, p. 99).

[10] PINTO, Carlos Alberto da Mota. **Teoria geral do direito civil**. 4. ed. atual. por António Pinto Monteiro e Paulo da Mota Pinto. Coimbra: Ed. Coimbra, 2005, p. 158.

[11] GRAU, Eros Roberto. **Ensaio e discurso sobre a interpretação/aplicação do direito**. 5. ed. rev. e ampl. São Paulo: Malheiros, 2009, p. 147-148.

[12] FACHIN, Luiz Edson; RUZYK, Carlos Eduardo Pianovski. Direito de família. Casamento: arts. 1.511 a 1.590. In: AZEVEDO, Álvaro Villaça (coord.). **Código Civil comentado**. São Paulo: Atlas, 2003. v. XV, p. 16.

Cabe ao Direito (e consequentemente aos juristas) elaborar propostas jurídicas que possam conferir respostas adequadas ao corpo social que pretenda regular[13]. O formato adotado nas diversas relações pessoais não será estanque, pois a sociedade comprovadamente não é estática, aspecto que deve ser observado quando da estipulação do direito de família[14].

Outro obstáculo é que os relacionamentos pessoais envolvem aspectos que nem sempre são explicitados, que restam resguardados na intimidade dos seus integrantes, de modo que um Direito para as famílias que se pretenda adequado não pode ignorar tal peculiaridade.

Na percepção de Michelle Perrot:

> [...] resta, contudo, a dificuldade de conhecer algo além da face externa e pública da vida privada; a impossibilidade de chegar ao outro lado do espelho. Nesse âmbito, o dizível fabrica o indizível, a luz cria a sombra. O não dito, o desconhecido, o incognoscível – e a consciência trágica que temos disso – avançam no ritmo do saber que cava sob nossos pés mistérios insondáveis[15].

O reconhecimento da mutação constante (e cada vez mais acelerada) nas relações pessoais, bem como a consciência de que apenas a face externa da família é que pode ser assimilada, são mais do que suficientes a indicar que as categorias jurídico-familiares não devem ter a pretensão de finitude, não podem ser herméticas, estritamente formais, nem mesmo devem evitar o saudável contato do Direito com a realidade[16].

---

[13] A mesma advertência se aplica às demais estruturas sociais, conforme alerta Urich Beck: "Isto equivale à tentativa de consumar na família uma mudança social com a continuidade das estruturas sociais. [...] Crucial é esta ideia: a equiparação entre homens e mulheres não será obtida nas estruturas institucionais que pressupõem a desigualdade entre homens e mulheres. Não podemos forçar as pessoas novas, 'redondas', a caberem nos caixotes antigos, 'quadrados', das noções de mercado de trabalho, sistema empregatício, habitação urbana, seguridade social etc." (BECK, Ulrich. Sociedade de **Risco**: rumo a uma outra modernidade. Trad. Sebastião Nascimento. São Paulo: Editora. 34, 2010, p. 167).

[14] PEREIRA, Rodrigo da Cunha. **Princípios fundamentais norteadores para o direito de família**. Belo Horizonte: Del Rey, 2005, p. 5.

[15] PERROT, Michelle (org.). **História da vida privada**. 4: Da Revolução Francesa à Primeira Guerra Mundial. Trad. Denise Bottman, Bernardo Joffily. São Paulo: Companhia das Letras, 2009, p. 12.

[16] Importa registrar que tais percepções não são lineares e muito menos consensuais. Como exemplo, ainda impera contemporaneamente em parte da doutrina uma visão restrita do significado de família.

Para além dessas questões, é inarredável o reconhecimento de que o Direito (e particularmente o direito de família) assimila interferências de diversos outros campos do saber[17], que sempre respingarão de algum modo na leitura jurídica que se pretenda realizar em determinado momento[18]. Corolário disso é a necessária percepção da relatividade dos institutos jurídicos[19], mesmo diante de uma alardeada robustez histórica e sedutora continuidade discursiva, conforme anota Maria Celina Bodin de Moraes: "o imprescindível reconhecimento da relatividade e historicidade dos institutos jurídicos demonstra que sob a sua aparente continuidade terminológica se ocultam radicais transformações semânticas"[20].

O Direito não possui um significado ontológico, perene, estável, mas é resultado de um processo contínuo de construção e reconstrução, sempre influenciado pelos influxos sociais. Metaforicamente, é possível sustentar que "o Direito é um organismo vivo, peculiar, porém, porque não envelhece, nem permanece jovem, pois é contemporâneo à realidade. O direito é um dinamismo"[21].

Tais peculiaridades são algumas das que deverão ser atentadas pelo Direito que pretenda corresponder aos desafios e reclamos das relações familiares de determinado agrupamento social[22]. A especificidade do tratamento que deve ser conferido pelo Direito no trato das relações familiares é sintetizada por Mota Pinto:

> As normas que, em coerência com o sentido do casamento ou da relação de filiação, estabelecem os deveres dos cônjuges entre si, ou os deveres e direitos dos pais e dos filhos, não são criadas pelo direito *ex nihilo*; são, pelo contrário, normas segregadas pela instituição familiar, como uma ordem concreta e natural, normas realizadoras de um sentido pré-jurídico – ou pelo menos anterior ao direito legislado – do organismo familiar. O

---

[17] PINTO, Carlos Alberto da Mota. **Teoria geral do direito civil**. 4. ed. atual. por António Pinto Monteiro e Paulo da Mota Pinto. Coimbra: Coimbra Ed., 2005, p. 160.

[18] DWORKIN, Ronald. Levando os direitos a sério. Trad. Nelson Boeira. 2. ed. São Paulo: Martins Fontes, 2002, p. X-XI.

[19] LYRA FILHO, Roberto. **O que é direito**. São Paulo: Brasiliense, 2006, p. 12.

[20] MORAES, Maria Celina Bodin de. A constitucionalização do direito civil e seus efeitos sobre a responsabilidade civil. In: SOUZA NETO, Cláudio Pereira de; SARMENTO, Daniel (coords.). **A constitucionalização do direito**: fundamentos teóricos e aplicações específicas. Rio de Janeiro: Lumen Juris, 2007, p. 436.

[21] GRAU, Eros Roberto. **Ensaio e discurso sobre a interpretação/aplicação do direito**. 5. ed. rev. e ampl. São Paulo: Malheiros, 2009, p. 59.

[22] BECK, Ulrich. **Sociedade de risco**: rumo a uma outra modernidade. Trad. Sebastião Nascimento. São Paulo: Editora 34, 2010, p. 179.

legislador reconhece essa ordenação espontânea e natural da família. É esta característica que correntemente se traduz dizendo que o Direito de Família é um direito institucional.[23]

A consciência da mobilidade social e da possibilidade de redefinição constante dos significados jurídicos exige que os juristas estejam atentos tanto para a realidade que se manifesta como para as categorias jurídicas formais adotadas, com o fito principal de apurar a sua necessária correspondência.

A percepção da preexistência de uma ordenação social familiar, que se manifesta concretamente, precedendo o Direito, é vital para assimilação dos limites e possibilidades que lhes são inerentes. Diversas manifestações estão a indicar que a afetividade é adotada como relevante liame familiar na atualidade, seja em concomitância com outro elo biológico ou registral, seja isoladamente[24].

Em vista disso, é prudente a verificação das características centrais da família contemporânea e a posterior comparação com a matriz jurídica que atualmente lhe é posta à disposição, com o objetivo de verificar a sua aconselhável correspondência. Para tanto, anteriormente se faz necessária a descrição de algumas características relevantes da própria sociedade que se apresenta nos dias de hoje, visto que certamente influenciarão os respectivos desenhos familiares.

SEÇÃO II. O SISTEMA CLÁSSICO DO CÓDIGO CIVIL BRASILEIRO DE 1916 E A SUBJETIVIDADE MITIGADA

A intensidade e a celeridade das mudanças processadas nas últimas décadas foram de tal ordem que os teóricos que buscam estudá-las ainda não são afirmativos e categóricos na descrição das categorias que refletiriam esse novo cenário. Entretanto, algumas premissas já podem ser obtidas, sendo que estas, desde logo, se refletirão no Direito.

Uma das análises que pode contribuir para a seara jurídica é a sustentada por Zygmunt Bauman[25], a qual compara o que denomina como visões de mundo da modernidade (do final do Século XVIII até meados do Século

---

[23] PINTO, Carlos Alberto da Mota. **Teoria geral do direito civil**. 4. ed. atual. por António Pinto Monteiro e Paulo da Mota Pinto. Coimbra: Coimbra Ed., 2005, p. 159.

[24] FACHIN, Luiz Edson. **Estabelecimento da filiação e paternidade presumida**. Porto Alegre: Fabris, 1992, p. 169.

[25] Análise exposta originariamente na obra: BAUMAN, Zygmunt. **Legislators and interpreters. On Modernity, Postmodernity** and **Intelectuals**. Cambridge: Polity Press, 1987. Traduzida para o português apenas em 2010: **Legisladores e intérpretes**:

XX) e da pós-modernidade[26] (do final do Século XX até a atualidade) a partir da análise das características que denotam a forma de pensamento dos intelectuais de cada um desses períodos.

Bauman sustenta que a visão moderna de mundo era de uma totalidade ordenada, que buscava a previsão dos eventos com o objetivo de controle. Para obter isso, privilegiava práticas universais (objetivas), totais, consequentemente, repelia aspectos tradicionais, locais, paroquiais. Exemplo da estratégia intelectual moderna seria a do legislador: seleciona opções que são tomadas como justas, a partir do que serão obrigatórias; dotado de um conhecimento superior; cria regras de procedimento; está acima das tradições locais; com isso, valida ou invalida as práticas locotradicionais[27]. Essa visão está totalmente de acordo com o chamado momento de *codificação* do Direito Civil, iniciado pelo *Code* Francês (1804) e disseminado por vários países desde então (da Europa à América Latina).

O Código Civil de 1916 inseriu o Brasil nesse contexto, aderindo ao movimento disseminado pelo *pandectismo* a partir do século XIX que sustentava o apogeu das codificações privadas. Ainda que com certo atraso (eis que o *Code* Francês era de 1804 e a grande maioria das codificações europeias data do *oitocentos*) a implantação do projeto de Clóvis Beviláqua significou adesão à estratégia adotada pelos países de sistema jurídico romano-germânico que buscavam unificar sua legislação privada[28].

A partir do início do século passado, o direito civil brasileiro ficou marcado pela centralidade do Código no tratamento das questões privadas, de modo que a vida dita particular era regulada e apreciada exclusivamente pelo olhar do Código. As disposições codificadas refletiam o interesse da elite da sociedade brasileira da época da sua edição, deixando de lado muitas das necessidades da parcela menos favorecida da população (que era a grande maioria)[29].

---

sobre modernidade, pós-modernidade e intelectuais. Trad. Renato Aguiar. Rio de Janeiro: Zahar, 2010.

[26] No prefácio da edição brasileira o autor esclarece que emprega nessa obra o termo pós-modernidade, eis que sua elaboração é anterior ao desenvolvimento do conceito de "modernidade líquida", posteriormente adotado por ele em todos os seus estudos subsequentes.

[27] BAUMAN, Zygmunt. **Legisladores e intérpretes**: sobre modernidade, pós-modernidade e intelectuais. Trad. Renato Aguiar. Rio de Janeiro: Zahar, 2010, p. 18.

[28] WOLKMER, Antonio Carlos. **História do direito no brasil**. 4. ed. Rio de Janeiro: Forense, 2007, p. 153-154.

[29] GOMES, Orlando. **Raízes históricas e sociológicas do Código Civil brasileiro**. 2. ed. São Paulo: Martins Fontes, 2006, p. 22.

A codificação brasileira de 1916 seguiu o receituário posto pelo direito moderno: adotou o sujeito de direito abstrato, o modelo da relação jurídica, a técnica do direito subjetivo, a igualdade e a liberdade meramente formais. A ideia de pessoa restava abstrata, muitos direitos ficavam restritos ao campo discursivo e se percebia prevalente a preocupação com a proteção dos direitos patrimoniais (com os direitos pessoais em segundo plano). Percebeu-se, assim, que a engenharia jurídica moderna foi utilizada de modo a atender às necessidades da sociedade brasileira daquele período (obviamente que sob a ótica da elite dirigente)[30].

O Código de Clóvis Beviláqua visava regular toda a vida particular dos indivíduos e da sociedade civil. Preocupava-se em garantir liberdade contratual, autonomia da vontade e proteção da propriedade privada, com prevalência do "ter" sobre o "ser" (a pessoa figurava enquanto elemento da relação jurídica)[31]. O direito civil brasileiro de grande parte do século XX foi influenciado por essas concepções jurídicas, discorrendo sobre institutos que muitas vezes eram vistos como molduras para se apreciar a realidade.

Essa formatação marcou profundamente o direito de família desse período, cuja concepção, precipuamente formal, categorial, vinculada a uma leitura sistêmica hermética, imperou por muito tempo no Brasil, mas obviamente apresentou dificuldades para regular a realidade social, mostrando-se insuficiente e ineficaz como solução para muitas das questões que se apresentaram[32].

O modelo eleito pela codificação foi o da "grande família", no qual a família era vista como relevante instituição, de base patriarcal, viés patrimonial e com ausência de preocupação com a realização individual de cada um dos seus membros[33]. Na sociedade brasileira da época da edição do Código esse formato de família clássica tradicional ainda imperava (embora no cenário europeu já se sentissem alguns sinais de outro modelo de família).

---

[30] FONSECA, Ricardo Marcelo. A cultura jurídica brasileira e a questão da codificação civil no século XIX. **Revista de Faculdade de Direito da Universidade Federal do Paraná**, Programa de Pós-Graduação em Direito, Curitiba, SER/UFPR, n. 44, n. 1 (1953), 2006, p. 76.

[31] MEIRELLES, Jussara. O ser e o ter na codificação civil brasileira: do sujeito virtual à clausura patrimonial. In: FACHIN, Luiz Edson (coord.). **Repensando fundamentos do direito civil brasileiro contemporâneo**. Rio de Janeiro: Renovar, 1998, p. 94.

[32] RAMOS, Cármen Lúcia Silveira. **Família sem casamento**: de relação existencial de fato à realidade jurídica. Rio de Janeiro: Renovar, 2000, p. 156.

[33] FACHIN, Luiz Edson. Direito de família. Elementos críticos à luz do novo Código Civil brasileiro. 2. ed. Rio de Janeiro: Renovar, 2003, p. 66-67.

No modelo patriarcal adotado, a prevalência do homem era quase absoluta, exercendo todas as funções públicas da família, restando para a mulher apenas a administração do lar, sempre de forma relativa e secundária[34]. Na regulação da filiação, a tutela visava preservar mais a família enquanto instituição do que os indivíduos como pessoa, de modo que foi adotado um estatuto plural da filiação (com odiosa distinção entre categorias de filhos: legítimos e ilegítimos[35]) e a subsequente ausência de amparo ao filho adulterino[36]. Vigia a definição da paternidade com base nas presunções da legislação (*pater is est*) e, em paralelo, vedava-se a averiguação de paternidade extramatrimonial[37]. Assim, praticamente inexistia espaço para o reconhecimento de vínculos parentais afetivos (muito menos extramatrimoniais).

A família seguia um modelo único, formado exclusivamente a partir do matrimônio, restando excluídas do sistema as demais formas de união, que simplesmente não eram reconhecidas pelo Direito[38]. Aliava-se a isso, ainda, a impossibilidade de dissolução do vínculo de matrimônio, que foi adotada pelo Código de 1916, o qual só se extinguia com a morte[39]. Percebia-se na legislação forte preocupação econômica, com regras sobre a destinação do patrimônio nos mais diversos casos, visando sempre à segurança jurídica nessas situações[40].

Nessa família transpessoal não prevalecia a preocupação com o reconhecimento da subjetividade dos membros familiares[41]. Consequentemente, não se tratava do tema da afetividade, que sequer era ventilado pelo direito

---

[34]   MATOS, Ana Carla Harmatiuk. **As famílias não fundadas no casamento e a condição feminina**. Rio de Janeiro: Renovar, 2000, p. 26.

[35]   BEVILÁQUA. Clóvis. **Código Civil dos Estados Unidos do Brasil comentado**. Rio de Janeiro: Rio, 1940. v. I –– Edição Histórica, p. 770.

[36]   CARBONERA, Silvana Maria. **Guarda de filhos na família constitucionalizada**. Porto Alegre: Sergio Antonio Fabris, 2000, p. 25.

[37]   FACHIN, Luiz Edson. **Estabelecimento da filiação e paternidade presumida**. Porto Alegre: Fabris, 1992, p. 43.

[38]   MATOS, Ana Carla Harmatiuk. **As famílias não fundadas no casamento e a condição feminina**. Rio de Janeiro: Renovar, 2000, p. 48.

[39]   TEPEDINO, Gustavo. Premissas metodológicas para a constitucionalização do direito civil. In: TEPEDINO, Gustavo. **Temas de direito civil**. 4. ed., rev. e atual. Rio de Janeiro: Renovar, 2008, p. 447.

[40]   LÔBO, Paulo Luiz Netto A repersonalização das relações de família. **Revista Brasileira de Direito de Família**, Porto Alegre, Síntese, IBDFam, v. 6, n. 24, jun./jul. 2004, p. 145.

[41]   OLIVEIRA, José Lamartine Corrêa de; MUNIZ, Francisco José Ferreira. **Curso de direito de família**. 4. ed. Curitiba: Juruá, 2008, p. 17.

positivo de então[42]. Até a metade do século passado, o aspecto subjetivo das relações pessoais restava subjugado pelo Direito e, de certo modo, pela própria sociedade.

Após a Segunda Guerra, foi possível perceber mais claramente uma alteração na família brasileira, com o crescimento da família nuclear (formada apenas pelos cônjuges e seus filhos), e a consequente aproximação entre seus integrantes, o que abriu espaço para o aumento do aspecto subjetivo dessas relações. Em um processo contínuo, houve crescimento da valoração afetiva nos relacionamentos, tanto entre os cônjuges como entre pais e filhos. Nesse estágio, cresceu o distanciamento entre o Direito, que restava com a formação codificada conservadora, e a sociedade que inequivocamente transmitia sinais de mudança. Diante de tal clivagem, a doutrina e a jurisprudência procuraram – de algum modo – dar respostas a essa realidade que insistia em se apresentar, contexto no qual se passou a sustentar de forma crescente a relevância dos laços afetivos.

Algumas disposições legais infraconstitucionais que foram aprovadas atenuaram o formalismo do Código Civil de 1916 e buscaram atender a certos reclamos pontuais da sociedade, principalmente na segunda quadra do século passado. Como exemplo, o Estatuto da Mulher Casada (Lei nº 4.121/ 1964), a Lei do Divórcio (Lei nº 6.515/1977), o ECA (Lei nº 8.069/1990) e as leis que admitiam o reconhecimento da união estável (Lei nº 8.971/1994 e Lei nº 9.278/ 1996). Em que pese a relevância dessas contribuições, significavam pouco, perto da distância abissal que acabou por se efetivar entre o código e a realidade da sociedade brasileira.

A hermenêutica do direito civil restava marcada pelo positivismo normativista, de modo que quase não havia possibilidade de colheita de outros elementos afora os constantes na lei (o que dificultava qualquer avanço nas temáticas da subjetividade e da afetividade). As demandas de caráter pessoal da sociedade em geral que não possuíam previsão legal eram muitas vezes ignoradas por ausência de tutela específica na legislação codificada ou, quando muito, reconhecidas, em face do esmero de alguns julgados que procuravam minimizar tais consequências[43].

---

[42] RUZYK, Carlos Eduardo Pianovski. **Famílias simultâneas**: da unidade codificada à pluralidade constitucional. Rio de Janeiro: Renovar, 2005, p. 127.

[43] Ao criticar a opção da Codificação de 1916, Luiz Edson Fachin afirma: "Essa percepção marginaliza as pessoas naturais que sequer alcançam esse estatuto privilegiado do contrato e do patrimônio. Ao marginalizar pessoas, exclui os filhos, em especial os não matrimoniais. Daí deriva concepção insular do Direito Civil, a norma do exílio, separada dos homens e da vida" (FACHIN, Luiz Edson. **Da paternidade**: relação biológica e afetiva. Belo Horizonte: Del Rey, 1996, p. 97).

Com o passar dos anos, as relações familiares sofreram ainda mais mudanças, com as pessoas passando a respeitar paulatinamente a subjetividade e a afetividade imanentes aos diversos relacionamentos pessoais. No último quarto do século XX, cresceu no Brasil a opção pelo modelo de família nuclear, no qual o reduzido número de integrantes permite maior aproximação entre seus membros. Orlando Gomes percebeu que "o que há de novo é a tendência de fazer da *affectio a ratio* única de casamento"[44], afirmação que poderia ser estendida para as demais relações familiares. Entretanto, nossa legislação restava com poucas alterações nesse sentido, o que muitas vezes deixava o direito de família com aparência anacrônica[45].

O descompasso entre a sociedade e a legislação civil acabou por gerar um distanciamento cada vez maior entre essas esferas, com dificuldade crescente na correlação entre a realidade social e o "mundo do Direito". Consequência direta foram as flagrantes injustiças da vida concreta, para as quais o Direito simplesmente não tinha nenhuma resposta (como o tratamento conferido às uniões estáveis anteriores à edição de leis que tutelavam expressamente essas situações[46]). No decorrer do século passado o direito de família brasileiro tornou-se anacrônico.

A compreensão das características centrais da mentalidade do presente é de importância ímpar para o jurista que pretenda bem corresponder aos desafios do seu tempo. Há que se procurar compreender as premissas básicas da atualidade para se poder construir um Direito que seja adequado ao momento social que é vivido, de modo que uma comparação histórica[47] – ainda que pontual e singela – como a descrita, pode acrescentar algo ao debate.

Exemplo disso pode ser visto no direito de família que, em vez de privilegiar apenas a união matrimonial formal (traço característico da família que

---

[44] GOMES, Orlando. **O novo direito de família**. Porto Alegre: Sergio Antonio Fabris Editor, 1984, p. 26.

[45] LEITE, Eduardo de Oliveira. **Tratado de direito de família**: origem e evolução do casamento. Curitiba: Juruá, 1991, p. 342.

[46] VILLAÇA, Álvaro. **Estatuto da família de fato**. 3. ed. São Paulo: Atlas, 2011, p. 172-198.

[47] Desde logo registra-se que não é objeto deste trabalho uma análise histórica evolutiva ou exauriente, longe disso, daí as meras citações pontuais a alguns determinados fatos ou períodos históricos que serão realizadas no decorrer desta dissertação. Ciente do risco que se incorre com tal proceder (ante a possibilidade de uma reprovável relativização e descontextualização), com essa advertência e cautela serão feitas algumas remissões a fatos históricos específicos apenas quando entendidos como relevantes para a exposição que se pretende.

era tutelada pelo Código Civil de 1916), passa a reconhecer diversas outras entidades familiares, muitas delas marcadas pela afetividade (traço que passa a ser característico em diversos relacionamentos contemporâneos).

Esta crise que atravessou o direito de família foi destacada, entre outros, por Orlando Gomes:

> O Direito de Família passa, em todos os países, por notória crise. A verdade é que, mesmo no Brasil, onde as resistências à sua mudança o atrasam em relação aos povos da mesma área cultural e o distanciam até da legislação, hoje avançada, de Portugal, a cuja colonização devemos o modelo decadente da família patriarcal e a fórmula, de origem hegeliana, da família como célula geradora do Estado, alguns diplomas legais registram transformações dos nossos costumes familiares e numerosas decisões judiciais têm contribuído para o avanço do ordenamento jurídico do grupo constituído pelo casamento para o reconhecimento do polimorfismo familiar. [...] Parafraseando uma imagem de Adorno, em relação à verdade em Hegel, para melhor exprimir a profundidade da crise, dir-se-ia que o moderno direito da família, visualizado de suas antigas e tradicionais raízes históricas, se abrigaria muito mais no escândalo que no plausível. Quem, no entanto, o observe de ângulo limpo de preconceitos, perceberá o seu descompasso, e entenderá que este não deve ser disfarçado de uma esquematização legal e anacrônica e hipócrita. Não se pode compreender tão brusca e tão radical mudança sem prévio exame de alguns aspectos da crise de seu objeto: a família[48].

No final do século XX, a doutrina e a jurisprudência brasileiras realizaram esforços no sentido de reconhecer algumas situações subjetivas prementes que envolviam litígios de família, para lhes conceder alguma guarida jurídica, superando uma leitura estreita das categorias codificadas. Uma delas foi a que redundou na construção da afetividade como vetor das relações familiares (conforme descrito no capítulo anterior). Esse esforço conjunto doutrinário-jurisprudencial pôde minimizar muitas injustiças para as quais o Direito dava às costas até então. Entretanto, mesmo esse proceder ainda restava de algum modo limitado pelo ordenamento jurídico posto.

Em face da concepção de direito moderno adotada, houve dificuldade em recepcionar a transição paradigmática que ocorria na família brasileira, o que complicou e muitas vezes gerou a sensação de artificialidade do mundo jurídico. Essa é a raiz do distanciamento do nosso direito de família

---

[48] GOMES, Orlando. **O novo direito de família**. Porto Alegre: Sergio Antonio Fabris Editor, 1984, p. 60-61.

codificado da realidade que se delineou principalmente a partir da segunda metade do século XX.

O longo tempo distante do complexo e mutante mundo real acabou por trazer problemas para a manutenção das teorias meramente formalistas do Direito, que não deixaram de ser objeto de críticas[49]. Uma delas, que seria comum a quase todas, foi o arraigado formalismo da visão positivista que deveria ser urgentemente superado. Para isso, é necessária a reconstrução das pontes que comuniquem o Direito com a realidade[50].

Anote-se, desde logo, que foi justamente quando o direito de família brasileiro se aproximou novamente da realidade social que se deparou com a temática da afetividade, pois ela ressoava intensamente nos diversos relacionamentos familiares, em vista que não foi possível mais aos juristas virar às costas para a necessidade de acolhimento da afetividade.

Nesse contexto, foi alvissareira a promulgação da CF/1988, que promoveu alteração de monta no que se refere ao direito civil como um todo e, particularmente, foi profunda nos temas de direito de família.

SEÇÃO III. A ORIENTAÇÃO DA CONSTITUIÇÃO FEDERAL DE 1988 E O RECONHECIMENTO IMPLÍCITO DA AFETIVIDADE

A partir da segunda metade do século XX disseminou-se um novo papel para as constituições, que era descrito por intermédio de um chamado *novo constitucionalismo*. Com a percepção de que ela estava no vértice do ordenamento jurídico e era dotada de eficácia, sustentou-se paulatinamente a eficácia aos direitos fundamentais[51] até mesmo nas relações interprivadas[52], o que passava a conferir guarida jurisdicional a tais direitos (que até então estavam praticamente desamparados, sendo, portanto, constantemente ofendidos e não realizados nos países subdesenvolvidos ou em desenvolvimento).

Esse novo papel da CF/1988 levaria a uma nova leitura dos demais ordenamentos, com atenção especial para a prevalência dos valores e princípios constitucionais sobre as demais normas. Superou-se a figura meramente

---

[49] LOPES, José Reinaldo de Lima. **O direito na história:** lições introdutórias. *3.* ed. São Paulo: Atlas, 2008, p. 205-206.

[50] PERLINGIERI, Pietro. **O direito civil na legalidade constitucional**. Trad. Maria Cristina de Cicco. Rio de Janeiro: Renovar, 2008, p. 102.

[51] RIBEIRO, Joaquim de Souza. A constitucionalização do direito civil. **Boletim da Faculdade de Direito de Coimbra**, v. LXXIV, p. 733. Coimbra: Coimbra Ed., 1998.

[52] SARLET, Ingo Wolfang. **A eficácia dos direitos fundamentais**. 10. ed. Porto Alegre: Livraria do Advogado, 2004.

programática da Carta Constitucional e se passou a respeitá-la como norma possuidora de aplicabilidade e eficácia, que deverá ser a validadora das demais disposições[53-54].

Aspecto de relevância ímpar nesse processo foi a clarificação de que o Direito é resultado de um processo construtivo e interpretativo, que acompanha as injunções histórico-sociais da sociedade, e não um conceito histórico, metafísico, o que lhe permitiria, de algum modo, restar imune a tais influxos[55].

A compreensão do direito civil a partir dos valores postos na CF/1988 (metodologia do direito civil-constitucional) será uma das grandes propulsoras à edificação de um novo direito de família brasileiro após 1988, mesmo sem a edição de um Código Civil (o que só veio a ocorrer em 2002). A partir de então paulatinamente se reconhece a incidência dos direitos fundamentais[56], até mesmo nas relações privadas. Essa inovação trouxe grandes consequências para a nova feição que veio a ser assumida pelo direito privado. Os juristas passaram a aprofundar seus estudos sobre o conceito de princípio, diferenciando os princípios das regras e dando a eles uma nova roupagem, totalmente diversa da que lhes fora conferida pela categoria dos "princípios gerais do Direito"[57].

Essa concepção denota que contemporaneamente há uma outra compreensão de CF/1988, diversa da que se tinha no início das Cartas Liberais, eis que esse novo constitucionalismo lhes confere um papel central no sistema jurídico[58]. A esse fenômeno se denominou constitucionalização do Direito[59], percebido intensamente no direito privado.

---

[53] HESSE, Konrad. **Escritos de derecho constitucional**. Madrid: Centro de Estudios Políticos y Constitucionales, 1992.

[54] PERLINGIERI, Pietro. O direito civil na legalidade constitucional. Trad. Maria Cristina de Cicco. Rio de Janeiro: Renovar, 2008, p. 575.

[55] TORRES, Ricardo Lobo. A constitucionalização do direito financeiro. In: SOUZA NETO, Cláudio Pereira de; SARMENTO, Daniel (coords.). **A constitucionalização do direito: fundamentos teóricos e aplicações específicas**. Rio de Janeiro: Lumen Juris, 2007, p. 962-963.

[56] BONAVIDES, Paulo. **Curso de direito constitucional**. 25. ed., atual. São Paulo: Malheiros, 2010, p. 584.

[57] A alteração do entendimento sobre princípios e a incidência dos direitos fundamentais nas relações privadas serão analisadas mais detidamente nas próximas seções.

[58] TEPEDINO, Gustavo; MORAES, Maria Celina Bodin de. A caminho de um direito civil constitucional. **Revista de Direito Civil, Imobiliário, Agrário e Empresarial**, n. 65, jul./set. 1993, p. 29.

[59] BARROSO, Luís Roberto. **Curso de direito constitucional contemporâneo**: os conceitos fundamentais e a construção do novo modelo. São Paulo: Saraiva, 2009, p. 86.

O Brasil passa a participar ativamente deste processo com a aprovação da CF/1988. Ao prescrever vasto rol de direitos fundamentais e atuar em diversas áreas da seara tida como privada, a nossa atual *Carta Magna* trouxe uma nova realidade jurídica[60]. O constituinte exerceu a opção pelos direitos sociais, elegeu como princípio regente a dignidade da pessoa humana e adotou como objetivo alcançar uma sociedade justa, livre e solidária (CF/1988, art. 3º, I), indicando o caminho que deveria ser perseguido[61].

Ao elevar a dignidade da pessoa humana a macroprincípio norteador das suas disposições – e de toda a sociedade –, a CF/1988 a colocou no vértice do ordenamento constitucional. Essa posição exige não apenas o seu respeito (em uma dimensão negativa), mas vai além, indicando a adoção de medidas promocionais no sentido de que a dignidade seja plenamente alcançada (dimensão positiva), o que trouxe diversas consequências também no direito de família[62].

Outro relevante princípio fundante da ordem constitucional brasileira é o princípio da solidariedade[63], que se conecta com todos os ramos do Direito, deixando sua indelével marca. A repersonalização do direito civil – e particularmente do direito de família – deve ser perseguida sob as luzes da solidariedade social e não sob uma ótica individualista (ou seja, com especial atenção para a coexistência das pessoas)[64]. Nas questões de família, a influência da temática da solidariedade resta ainda mais visível e necessária, de modo que deve figurar ao lado da liberdade na busca da compatibilidade entre ambas, a fim de permitir o equilíbrio possível. Nas palavras de Paulo Luiz Netto Lôbo,

> a Constituição e o direito de família brasileiros são integrados pela onipresença dos dois princípios fundamentais e estruturantes: a dignidade da pessoa humana e a solidariedade. [...] O macroprincípio da solidarie-

---

[60] MADALENO, Rolf. **Curso de direito de família**. 4. ed., rev. atual. ampl. Rio de Janeiro: Forense, 2011, p. 42.

[61] ALBUQUERQUE, Fabíola Santos. Incidência dos princípios constitucionais do direito de família. In: DIAS, Maria Berenice (org.). **Direito das famílias**: contributo do IBDFam em homenagem a Rodrigo da Cunha Pereira. São Paulo: Revista dos Tribunais, 2009, p. 28.

[62] MORAES, Maria Celina Bodin de. O conceito de dignidade humana: substrato axiológico e conteúdo normativo. In: SARLET, Ingo Wolfgang (org.). **Constituição, direitos fundamentais e direito privado**. Porto Alegre: Livraria do Advogado, 2003, p. 116.

[63] MORAES, Maria Celina Bodin de. O princípio da solidariedade. In: MATOS, Ana Carla Harmatiuk (org.). **A construção dos novos direitos**. Porto Alegre: Núria Fabris, 2008, p. 255.

[64] SESSAREGO, Carlos Fernándes. **Derecho y persona**. Trujillo-Peru: Normas Legales, 1995, p. 84-88.

dade perpassa transversalmente os princípios gerais do direito de família, sem o qual não teriam o colorido que os destaca, a saber: o princípio da convivência familiar, o princípio da afetividade e o princípio do melhor interesse da criança.[65]

Relativamente ao direito de família, dois outros princípios albergados pela CF/1988possuem relevância ímpar: igualdade e liberdade[66]. A igualdade ressoou por todo o direito de família, de modo a impedir a manutenção de distinções injustificáveis, quer entre homem e mulher, quer entre os integrantes da sociedade conjugal, quer entre filhos, quer ainda entre as próprias entidades familiares. O princípio da liberdade destacou-se quando do trato de relacionamentos interpessoais, visto que a regra é o respeito pelas escolhas individuais, desde que não afrontem terceiros e não ofendam deveres de solidariedade[67].

Os princípios constitucionais de solidariedade, igualdade, liberdade e dignidade influenciaram profundamente o direito de família, contribuindo para a construção de outro modelo de família, por muitos chamado de família constitucional. Em face da clivagem entre a sociedade brasileira e as disposições sobre o direito de família da legislação civil, foram de grande relevância as inovações constitucionais.

A Constituição tratou ainda expressamente de alguns institutos de família: adotou a igualdade entre os filhos (art. 227, § 6º) e entre homem e mulher (art. 226, § 5º), reconheceu a união estável como entidade familiar (art. 226, § 3º), conferiu dignidade a outras entidades familiares (art. 226, § 4º), prescreveu o princípio do melhor interesse da criança e do adolescente (art. 227), declarou o respeito à liberdade (com dignidade e responsabilidade) no planejamento familiar (art. 226, § 7º), entre outros.

A pluralidade de formas familiares admitida na Constituição atendeu a um reclame social há muito pulsante, que não se conformava mais com

---

[65] LÔBO, Paulo Luiz Netto. O princípio constitucional da solidariedade nas relações de família. In: CONRADO, Marcelo (org.). **Direito privado e constituição**: ensaios para uma recomposição valorativa da pessoa e do patrimônio. Curitiba: Juruá, 2009, p. 327.

[66] Ao tratar de uma dimensão funcional da liberdade nos institutos de direito de família, Carlos Eduardo Pianovski Ruzyk afirma que "O incremento da liberdade se verifica na constatação de que se vão os nós, permanecendo o ninho como espaço de afeto e entreajuda –– e, por que não dizer, de liberdade vivida, como desenvolvimento da subjetividade" (RUZYK, Carlos Eduardo Pianovski. **Institutos fundamentais de direito civil e liberdade(s)**: repensando a dimensão funcional do contrato, da propriedade e da família. Rio de Janeiro: GZ, 2011, p. 321).

[67] DIAS, Maria Berenice. **Manual de direito das famílias**. 4. ed., rev., atual. e ampl. São Paulo: Revista dos Tribunais, 2007, p. 61.

modelos únicos, o que já era desconexo da realidade. A partir de então, admitiram-se diversas entidades familiares com dignidade constitucional, com a jurisprudência contribuindo ativamente para isso[68].

Também o fim do tratamento distintivo dos filhos (tidos pela codificação de 1916 como legítimos e ilegítimos) foi recebido com alívio pela sociedade, eis que não se sustentavam mais tais tratamentos discriminatórios. Após a Constituição, todos os filhos são iguais e têm iguais direitos, vedadas quaisquer distinções quanto à sua "legitimidade" (termo que deve ser até mesmo evitado a partir de então no trato de relações familiares, pois remete a outro período da nossa legislação, no qual possuía outro significado)[69].

A dissonância entre a realidade em constante transformação e o modelo codificado estanque certamente foi levada em conta quando da opção principiológica constitucional. A partir disso, os institutos de família procuraram superar os "pré-conceitos" e passaram buscar sua reconstrução com fundamentos mais afinados com a realidade concreta, sempre a partir da diretriz constitucional[70].

O texto de 1988 não deixava dúvidas de que tratava de um novo modelo de família, totalmente diverso do que era tutelado pela codificação civil anterior, com preponderância do afeto, do respeito, da liberdade, da igualdade, da dignidade, da solidariedade e da cooperação. A partir de uma hermenêutica civil-constitucional, foi possível perceber um outro direito de família desde então[71]:

> Tomemos, para aprofundar um pouco, esse fio que remete à família. O ente familiar não é mais uma única definição. A família torna-se plural. Há realmente, uma passagem intimamente ligada às modificações políticas, sociais e econômicas. Da superação do antigo modelo de grande família, na qual avultava o caráter patriarcal e hierarquizado de família, uma unidade

---

[68] LÔBO, Paulo Luiz Netto. Entidades Familiares Constitucionalizadas: para além do *numerus clausus*. **Revista Brasileira de Direito de Família**, Porto Alegre, Síntese, v. 3, n. 12, IBDFam, jan./mar. 2002, p. 45.

[69] TEPEDINO, Gustavo. A disciplina jurídica da filiação na perspectiva civil-constitucional. In: PEREIRA, Rodrigo da Cunha (coord.). **Direito de família contemporâneo**: doutrina, jurisprudência, direito comparado e interdisciplinaridade. Belo Horizonte: Del Rey, 1997, p. 551.

[70] PEREIRA, Rodrigo da Cunha. **Princípios fundamentais norteadores para o direito de família**. Belo Horizonte: Del Rey, 2005, p. 196-197.

[71] TEPEDINO, Gustavo. Normas constitucionais e direito civil na construção unitária do ordenamento. In: CONRADO, Marcelo (org.). **Direito** privado e constituição: ensaios para uma recomposição valorativa da pessoa e do patrimônio. Curitiba: Juruá, 2009, p. 45.

centrada no casamento, nasce a família moderna, com progressiva eliminação da hierarquia, emergindo certa liberdade de escolha; o casamento fica dissociado da legitimidade de filho. Começam a dominar as relações de afeto, de solidariedade e de cooperação.[72]

Os valores acolhidos pelo texto constitucional permitiram perceber a afetividade implícita em suas disposições, uma vez que muitas delas visaram, em *ultima ratio*, tutelar situações subjetivas afetivas tidas como merecedoras de reconhecimento e proteção. A partir de 1988, é possível sustentar o reconhecimento jurídico da afetividade, implicitamente, no tecido constitucional brasileiro.

Para Paulo Luiz Netto Lôbo, a intensidade do acolhimento é de tal ordem, que a afetividade se constitui em princípio jurídico, a partir dos princípios e valores adotados pela própria Constituição em matéria de direito de família:

> Demarcando seu conceito, é o princípio que fundamenta o direito de família na estabilidade das relações socioafetivas e na comunhão de vida, com primazia sobre as considerações de caráter patrimonial ou biológico. Recebeu grande impulso dos valores consagrados na Constituição de 1988 e resultou da evolução da família brasileira, nas últimas décadas do século XX, refletindo-se na doutrina jurídica e na jurisprudência dos tribunais. O princípio da afetividade especializa, no âmbito familiar, os princípios constitucionais fundamentais da dignidade da pessoa humana (art. 1º, III) e da solidariedade (art. 3º, I), e entrelaça-se com os princípios da convivência familiar e da igualdade entre cônjuges, companheiros e filhos, que ressaltam a natureza cultural e não exclusivamente biológica da família. A evolução da família "expressa a passagem do fato natural da consanguinidade para o fato cultural da afinidade" (este no sentido de afetividade)[73].

É relevante a importância que o autor confere à afetividade na sua leitura, pois a descreve a partir de uma perspectiva principiológica, que atinge todo o direito de família, e não apenas indica sua incidência em um aspecto pontual (como a filiação, por exemplo). Mais adiante, Paulo Lôbo cita expressamente quais dispositivos constitucionais permitiriam a constatação da afetividade como princípio constitucional implícito:

---

[72] FACHIN, Luiz Edson. Em nome do pai (estudo sobre o sentido e alcance do lugar jurídico ocupado no pátrio dever, na tutela e na curatela). In: PEREIRA, Rodrigo da Cunha (coord.). **Direito de família contemporâneo**: doutrina, jurisprudência, direito comparado e interdisciplinaridade. Belo Horizonte: Del Rey, 1997, p. 586-587.

[73] LÔBO, Paulo Luiz Netto. **Direito civil**: famílias. São Paulo: Saraiva, 2008, p. 48.

Cap. II · AS FAMÍLIAS E A AFETIVIDADE NO DIREITO | **57**

O princípio da afetividade está implícito na Constituição. Encontram-se na Constituição os fundamentos essenciais do princípio da afetividade, constitutivos dessa aguda evolução social da família brasileira, além dos já referidos: a) todos os filhos são iguais, independentemente de sua origem (art. 227, § 6º); b) a adoção, como escolha afetiva, alçou-se integralmente ao plano da igualdade de direitos (art. 227, §§ 5º e 6º); c) a comunidade formada por qualquer dos pais e seus descendentes, incluindo-se os adotivos, tem a mesma dignidade de família constitucionalmente protegida (art. 226, § 4º); d) a convivência familiar (e não a origem biológica) é prioridade absoluta assegurada à criança e ao adolescente (art. 227)[74].

É singular o enfoque que a leitura da afetividade como princípio implícito a partir da CF/1988 acarreta na análise do direito de família. Sua aceitação como princípio jurídico indica sua assimilação quando da análise de todo o ordenamento infraconstitucional[75]. O conceito de família, a definição do que se entende por entidade familiar, o reconhecimento da relação paterno/materno-filial, os institutos da guarda e da visitação, os critérios para estipulação de famílias substitutas, os casos de dever alimentar, enfim, todas as categorias de direito de família serão afetadas pelo princípio da afetividade.

O marco paradigmático do direito brasileiro que confere reconhecimento jurídico à afetividade, de maneira implícita, é a CF/1988. O reconhecimento do afeto como valor de índole constitucional é admitido também por Luiz Edson Fachin que, ao tratar do tema da paternidade, afirma

> a Constituição de 1988, ao vedar o tratamento discriminatório de filhos, a partir dos princípios da igualdade e inocência, veio a consolidar o afeto como elemento de maior importância no que tange ao estabelecimento da paternidade. Foi para a Constituição o que já estava reconhecido na doutrina, na lei especial e na jurisprudência.[76]

É possível sustentar, portanto, que a CF/1988reconhece o papel conferido à afetividade no trato das relações familiares, dando-lhe, assim, guarida constitucional. Em consequência, há acolhimento implícito do princípio da afetividade na Constituição de 1988.

---

[74] LÔBO, Paulo Luiz Netto. **Direito civil**: famílias. São Paulo: Saraiva, 2008, p. 48.

[75] GAMA, Guilherme Calmon Nogueira da. **Princípios constitucionais do direito de família**: família, criança, adolescente e idoso. São Paulo: Atlas, 2008, p. 82.

[76] FACHIN, Luiz Edson. **Comentários ao novo Código Civil**. Rio de Janeiro: Forense, 2003. v. XVIII: do direito de família, do direito pessoal, das relações de parentesco, p. 27.

A partir de então doutrina, jurisprudência e o legislador ordinário devem atentar para a relevante temática da afetividade quando do trato de institutos e categorias relativas à família. Não sem motivo, o tema foi tratado com profundidade e intensidade cada vez maior, bem como a remissão à afetividade passou a ser recorrente nos diversos diplomas legislativos.

Entretanto, a edição de um novo Código Civil em 2002, com as peculiaridades que são inerentes à experiência brasileira nessa recente codificação, exigiu certa reflexão, com o intuito de conciliar as suas disposições com os valores constitucionais. Importava averiguar, portanto, a racionalidade da nova codificação civil relativamente às regras de direito de família e, então, verificar a sua adequação constitucional.

SEÇÃO IV. A OPÇÃO DO CÓDIGO CIVIL BRASILEIRO DE 2002 E A LEITURA JURÍDICA DA AFETIVIDADE

A aprovação do Código Civil de 2002, a partir de trabalho coordenado por Miguel Reale, desenvolvido em meados da década de 1970 (e que pairava no Congresso Nacional desde então), fez emergir a necessidade de análise da compatibilidade de suas disposições com os postulados constitucionais[77]. Como esse Código teve sua aprovação em período pós-Constituição de 1988, surgiu o debate sobre a conveniência do prosseguimento na releitura dos institutos privados pelo filtro axiológico da Constituição ou, ao revés, ante a opção deliberada do legislador por editar um novo código, se se deveria então respeitar o novo texto e seguir na adoção e interpretação isolada do seu conteúdo.

O próprio fato de o esboço do Código de Miguel Reale ter sido elaborado em período que monta há mais de 20 anos de sua aprovação, em época que não vigia a Constituição de 1988, já indica qual a melhor solução a ser adotada. Certamente que, mesmo diante da aprovação do código em data posterior ao texto constitucional, deve-se seguir na linha de uma hermenêutica que leia o direito civil em consonância com os dispositivos constitucionais, de modo a se respeitarem precipuamente os valores eleitos pela Constituição[78].

O atual Código vigente exige dos civilistas um esforço interpretativo para conciliar as disposições codificadas à realidade constitucional emancipatória

---

[77] WOLKMER, Antonio Carlos. **História do direito no Brasil**. 4. ed. Rio de Janeiro: Forense, 2007, p. 157-158.

[78] LÔBO, Paulo Luiz Netto. Direito civil contemporâneo: novos problemas à luz da legalidade constitucional. **Anais do Congresso Internacional de Direito Civil--Constitucional da Cidade do Rio de Janeiro**. São Paulo: Atlas, 2008, p. 23.

e solidária. Ainda que se reconheçam os avanços, se comparado ao texto de Clóvis Beviláqua, como na adoção de cláusulas gerais e nos seus princípios gerais orientadores[79], em muitos aspectos a novel legislação não correspondeu aos avanços doutrinários e jurisprudenciais de seu tempo[80].

Mesmo com a edição do novo *codex*, permanece a importância da construção de um direito civil alinhado ao sistema constitucional vigente[81]. Deve-se, assim, aferir a validade das suas disposições pelos valores expressos na porosidade constitucional. Portanto, as disposições do Código Civil de 2002 precisam ser lidas e interpretadas à luz da principiologia constitucional, eis que, como a Constituição está no vértice do ordenamento jurídico, é ela que conforma a legislação infraconstitucional[82] (ainda que possua edição posterior), em respeito à consagrada hierarquia das normas e à concepção unitária de ordenamento[83].

Essa interpretação em harmonia com a Constituição deve conciliar as categorias privadas codificadas ao projeto constitucional vigente, bem como adaptá-las às peculiaridades histórico-sociais do presente. Uma leitura sistemático-axiológico-constitucional na apreciação dos institutos de direito civil adotados em 2002 pode permitir que eles cumpram sua função constitucional emancipatória e solidária[84].

Não se nega certo avanço, se considerada a técnica do legislador de 1916 e a utilizada na recente codificação. A adoção das cláusulas abertas concede a possibilidade de concretização do seu conteúdo pelo aplicador da norma, de acordo com as peculiaridades do caso concreto, na contextualidade da

---

[79]   WOLKMER, Antonio Carlos. **História do direito no Brasil.** 4. ed. Rio de Janeiro: Forense, 2007, p. 177-178.

[80]   RUZYK, Carlos Eduardo Pianovski; FACHIN, Luiz Edson. Um projeto de Código Civil na contramão da Constituição. **Revista Trimestral de Direito Civil**, v. 4, p. 262. Rio de Janeiro: Padma, out./dez. 2000.

[81]   NALIN, Paulo Roberto Ribeiro. A autonomia privada na legalidade constitucional. In: NALIN, Paulo Roberto Ribeiro (coord.). **Contrato & sociedade**: princípios de direito contratual. Curitiba: Juruá, 2006. v. 2, p. 18.

[82]   PERLINGIERI, Pietro. **Perfis do direito civil**: introdução ao direito civil constitucional. Trad. Maria Cristina de Cicco. 3. ed. Rio de Janeiro: Renovar, 2002, p. 5-6.

[83]   TARTUCE, Flávio. Princípios constitucionais e direito de família. In: SIMÃO, José Fernando et al. (orgs.). **Direito de família do novo milênio**: estudos em homenagem ao professor Álvaro Villaça Azevedo. São Paulo: Atlas, 2010, p. 38.

[84]   FACHIN, Luiz Edson. **Teoria crítica do direito civil**. 2. ed., rev. e atual. Rio de Janeiro: Renovar, 2003, p. 6-7.

situação *sub examen*[85]. O conteúdo de tais cláusulas gerais é preenchido pelo aplicador, de acordo com o entendimento valorativo daquele determinado momento histórico[86]. Essa prática confere nova porosidade ao sistema, permitindo uma saudável influência axiológica. A estrutura adotada pelo atual sistema civil é assim definida por Teresa Ancona Lopez:

> Outro expediente utilizado pelo legislador de 2002 foi o uso de cláusulas gerais, que são normas extremamente genéricas que se aplicam a todo e qualquer caso que se subsuma aos seus requisitos, ao contrário das normas que trabalham com hipóteses de incidência previstas na lei (*fattispecie*), e de uma certa forma, mais casuística e geralmente para determinado assunto. [...] As cláusulas gerais podem conter ou não conceitos jurídicos indeterminados. [...] Em síntese, a completude do sistema vai sendo dado em cada momento de interpretação e aplicação das cláusulas abertas, assim como dos conceitos jurídicos indeterminados.[87]

Apesar da inovação de algumas técnicas legislativas em comparação às utilizadas pelo legislador de 1916, uma análise mais apurada pode constatar que a codificação de 2002 não refletiu os avanços possíveis em vários campos do direito, seja pela não assimilação do estágio alcançado pela doutrina e jurisprudência, seja pela não adoção dos valores constitucionais atinentes à determinada seara do direito civil.

Uma análise sobre a desatualização do livro de direito de família do Código de Miguel Reale à época da sua aprovação pode ser apreendida na justificativa do projeto de lei que propõe o *Estatuto das Famílias*, Projeto de Lei nº 2.285/2007, em trâmite perante o Congresso Nacional brasileiro, de iniciativa do Instituto Brasileiro de Direito de Família – IBDFam:

> O Livro de Direito de Família do Código Civil de 2002 foi concebido pela Comissão coordenada por Miguel Reale no final dos anos sessenta e início dos anos setenta do século passado, antes das grandes mudanças legislativas

---

[85] AMARAL, Francisco. Uma carta de princípios para um direito como ordem prática. In: TEPEDINO, Gustavo; FACHIN, Luiz Edson (coords.). **O direito e o tempo: embates jurídicos e utopias contemporâneas**. Rio de Janeiro: Renovar, 2008, p. 132.

[86] MARTINS-COSTA, Judith. O direito privado como um "sistema em construção" – As cláusulas gerais no projeto de Código Civil brasileiro. **Revista dos Tribunais**, São Paulo, n. 753, ano 87, p. 29-33, jul. 1998.

[87] LOPEZ, Teresa Ancona. Princípios contratuais. In: FERNANDES, Wanderley (coord.). **Contratos empresariais**: fundamentos e princípios dos contratos empresariais. São Paulo: Saraiva, 2007, p. 6.

sobre a matéria, nos países ocidentais, e do advento da Constituição de 1988. O paradigma era o mesmo: família patriarcal, apenas constituída pelo casamento, desigualdade dos cônjuges e dos filhos, discriminação a partir da legitimidade da família e dos filhos, subsistência dos poderes marital e paternal. A partir da Constituição de 1988, operou-se verdadeira revolução copernicana, inaugurando-se paradigma familiar inteiramente remodelado, segundo as mudanças operadas na sociedade brasileira, fundado nos seguintes pilares: comunhão de vida consolidada na afetividade e não no poder marital ou paternal; igualdade de direitos e deveres entre os cônjuges; liberdade de constituição, desenvolvimento e extinção das entidades familiares; igualdade dos filhos de origem biológica ou socioafetiva; garantia de dignidade das pessoas humanas que a integram, inclusive a criança, o adolescente e o idoso. Nenhum ramo do Direito foi tão profundamente modificado quanto o direito de família ocidental nas três últimas décadas do século XX. Durante a tramitação do projeto do Código Civil no Congresso Nacional, após a Constituição de 1988, o Senado Federal promoveu esforço hercúleo para adaptar o texto antes dela elaborado a suas diretrizes. Todavia, o esforço resultou frustrante pois não se poderia adaptar institutos que apenas faziam sentido como expressão do paradigma familiar anterior à nova realidade, exigente de princípios, categorias e institutos jurídicos diferentes. A doutrina especializada demonstrou à saciedade a inadequação da aparente nova roupagem normativa, que tem gerado intensas controvérsias e dificuldades em sua aplicação[88].

Diante disso, é possível dizer, sem sombra de dúvidas, que mesmo a partir da edição do Código Civil de 2002 "o estudo do Direito Civil em geral e, em especial, do Direito de Família não pode deixar de ser feito em uma perspectiva civil-constitucional"[89].

No campo do direito de família, os avanços foram poucos no novo código, pois o que se regulou de modo mais adequado do que a legislação anterior já estava há muito consolidado pela jurisprudência. Nos aspectos em que o legislador de 2002 optou por insistir em um posicionamento mais conservador, e acabou por trazer algumas dificuldades para os operadores do direito de família[90]. Uma das questões que não foi tratada expressamente pelo legislador

---

[88] IBDFam. PL 2285/07 – Estatuto das Famílias.

[89] GAGLIANO, Pablo Stolze; PAMPLONA FILHO, Rodolfo. **Novo curso de direito civil**: direito de família. São Paulo: Saraiva, 2011. v. VI, p. 61.

[90] Como exemplo: o tratamento diferenciado conferido à união estável e ao casamento; a manutenção da averiguação da culpa na dissolução da sociedade conjugal; o não reconhecimento explícito de outras entidades familiares; a não adoção da afetividade como princípio; o não reconhecimento das uniões homoafetivas; entre outros.

de 2002 foi a da afetividade como um dos princípios orientadores do direito de família, o que não consta de forma explícita na edição originária do Código, mesmo diante da ampla construção doutrinária e jurisprudencial que já sustentava sua presença no nosso ordenamento, de maneira implícita, desde 1988[91].

Apesar de não tachar a afetividade expressamente como princípio de direito de família, o Código Civil de 2002 reconhece e confere guarida a diversas relações afetivas em muitas de suas disposições. A partir das breves citações diretas e indiretas ao afeto e à afetividade, é possível entrever na trama do legislador de 2002 a afetividade como princípio implícito nas diversas disposições de direito de família, o que ressalta ainda mais se lido o Código a partir da principiologia constitucional.

Ou seja, apesar da timidez das disposições do Código, há indícios suficientes a indicar a afetividade como princípio do direito de família também a partir da legislação de 2002[92]. Uma análise detida e detalhada do Código Civil permite asseverar que a afetividade é um princípio do direito de família brasileiro.

Uma das passagens do Código que alberga a afetividade, ainda que implicitamente, é a que reconhece a possibilidade de parentesco afetivo, eis que o legislador admite parentescos de outra origem (conforme redação do art. 1.593, CC[93]). Ao definir o parentesco, a legislação faz remissão ao vínculo natural, civil, consanguíneo e de outra origem, o que envolve claramente o parentesco decorrente da socioafetividade[94].

Ou seja, esta abertura conferida pelo legislador permite o reconhecimento da afetividade nas questões de parentesco, o que restou afirmado pelo Enunciado número 103 da Primeira Jornada de Direito Civil do Conselho

---

[91] Paulo Luiz Netto Lôbo, como visto anteriormente, sustentava a afetividade como princípio implícito na Constituição desde há muito antes da edição do Código de 2002, como no artigo publicado na Revista n. 1 do IBDFam, datada de 1999: LÔBO, Paulo Luiz Netto. O exame de dna e o princípio da dignidade humana. **Revista Brasileira de Direito de Família**, Porto Alegre, Síntese, v. 1, p. 67-73, abr./jun. 1999, p. 70.

[92] DIAS, Maria Berenice. **Manual de direito das famílias.** 11. ed. rev. atual. ampl. São Paulo: Revista dos Tribunais, 2016, p. 68.

[93] BRASIL. Legislação Federal. Código Civil: "Art. 1.593. O parentesco é natural ou civil, conforme resultante de consanguinidade ou outra origem".

[94] O que é sustentado também por Luiz Edson Fachin, ao comentar o referido artigo: "Parece induvidoso que o Código Civil reconheça, no art. 1.593, outras espécies de parentesco civil além daquele decorrente da adoção, acolhendo a paternidade socioafetiva, fundada na posse de estado de filho" (FACHIN, Luiz Edson. Do Direito de Família. Do Direito Pessoal. Das Relações de Parentesco. Arts. 1.591 a 1.638. In: TEIXEIRA, Sálvio de Figueiredo (coord.). **Comentários ao novo Código Civil.** Rio de Janeiro: Forense, 2008. v. XVIII, p. 22).

da Justiça Federal e, de certo modo, referendado por outros enunciados que trataram do tema

> Enunciado n. 103, da I Jornada de Direito Civil – Art. 1.593: O Código Civil reconhece, no art. 1.593, outras espécies de parentesco civil além daquele decorrente da adoção, acolhendo, assim, a noção de que há também parentesco civil no vínculo parental proveniente quer das técnicas de reprodução assistida heteróloga relativamente ao pai (ou mãe) que não contribuiu com seu material fecundante, quer da paternidade *socioafetiva*, fundada na posse do estado de filho.

> Enunciado n. 256, da III Jornada de Direito Civil: A posse de estado de filho (parentalidade socioafetiva) constitui modalidade de parentesco civil.

> Enunciado n. 339, da IV Jornada de Direito Civil: A paternidade socioafetiva, calcada na vontade livre, não pode ser rompida em detrimento do melhor interesse do filho[95].

> Enunciado 519, da V Jornada de Direito Civil: Art. 1.593: O reconhecimento judicial do vínculo de parentesco em virtude de socioafetividade deve ocorrer a partir da relação entre pai(s) e filho(s), com base na posse do estado de filho, para que produza efeitos pessoais e patrimoniais.

> Enunciado 672, da IX Jornada de Direito Civil: Art. 1.589, parágrafo único: O direito de convivência familiar pode ser estendido aos avós e pessoas com as quais a criança ou adolescente mantenha vínculo afetivo, atendendo ao seu melhor interesse.

Como se percebe, na expressão "ou outra origem" constante da parte final do art. 1.593 do Código Civil, que trata das relações de parentesco, há referência implícita à socioafetividade[96]. Na esteira do posicionamento do Enunciado nº 103 acima descrito, diversas decisões judiciais e posicionamentos doutrinários[97] têm reiterado que esta proposição envolve o parentesco afetivo[98].

O mesmo pode ser dito sobre a expressão "comunhão plena de vida", constante do art. 1.511[99] do Código Civil em vigor, que se refere ao casamento,

---

[95] Disponível em: https://www.cjf.jus.br/cjf/. Acesso em: 12 maio 2023.

[96] VENOSA, Silvio de Salvo. **Código Civil interpretado**. São Paulo: Atlas, 2010, p. 1.450.

[97] LÔBO, Paulo Luiz Netto. Direito de família. Relações de parentesco. Direito patrimonial. Arts.1.591 a 1.693. In: AZEVEDO, Álvaro Villaça (coord.). **Código Civil comentado**. São Paulo: Atlas, 2003. v. XV, p. 28.

[98] MADALENO, Rolf. **Curso de direito de família**. 5. ed., rev. atual. ampl. Rio de Janeiro: Forense, 2013, p. 471.

[99] BRASIL. Legislação Federal. Código Civil: "Art. 1.511. O casamento estabelece comunhão plena de vida, com base na igualdade de direitos e deveres dos cônjuges".

cujo conteúdo da locução também não é definido pelo legislador, mas remete indiretamente a certo vínculo afetivo. Embora seja preceito de sentido indeterminado, é possível entrever a afetividade implícita quando da remissão à comunhão de vida de uma sociedade conjugal[100], sendo possível afirmar que "as disposições gerais principiam tratando da comunhão de vida, explicitada, especialmente, na dimensão socioafetiva"[101].

A afetividade também está presente no código no trato do tema relativo a guarda em favor de terceiros, sendo que desde a redação originária de 2002 o legislador inclui o vínculo da afetividade como critério que deve orientar o julgador na definição de eventual guarda em favor de terceiros, o que restava expresso na redação originária do art. 1.584 do CC[102] (atualmente já alterada).

Um indicativo legal já alterado, mas que também evidenciava a presença da afetividade como princípio do sistema de direito de família brasileiro, pode ser percebido na anterior alteração das regras do Código Civil que tratavam da guarda. A Lei nº 11.698/2008[103] alterou a redação originária dos arts. 1.583 e 1.584 do Código Civil Brasileiro (de 2002) que cuidavam da guarda. Essa lei de 2008 passou a permitir a guarda compartilhada em nosso sistema (o que era inovador), mas mantinha a guarda unilateral com forte presença. Dentre os critérios que deveriam ser averiguados na definição de quem seria o guardião unilateral, a lei incluiu o afeto de maneira expressa. Dizia o então § 2º do art. 1.583: "§ 2º A guarda unilateral será atribuída ao genitor que revele melhores condições para exercê-la e, objetivamente, mais

---

[100] FARIAS, Cristiano Chaves; ROSENVALD, Nelson. **Direito das famílias**. 2. ed., rev., ampl. e atual. Rio de Janeiro: Lumen Juris, 2010, p. 113.

[101] FACHIN, Luiz Edson; RUZYK, Carlos Eduardo Pianovski. Direito de Família. Casamento: arts. 1.511 a 1.590. In: AZEVEDO, Álvaro Villaça (coord.). **Código Civil comentado.** São Paulo: Atlas, 2003. v. XV, p. 22.

[102] BRASIL. Legislação Federal. Código Civil. Na redação originária da Lei Federal nº 10.406/2002, o art. 1.584 do Código Civil restava do seguinte modo: "Art. 1.584. [...] Parágrafo único. Verificando que os filhos não devem permanecer sob a guarda do pai ou da mãe, o juiz deferirá sua guarda à pessoa que revele compatibilidade com a natureza da medida, de preferência levando em conta o grau de parentesco e relação de afinidade e afetividade, de acordo com o disposto na lei específica".

[103] BRASIL. Lei Federal nº 11.698/2008. Estipula novos requisitos para a definição do regime de guarda, sendo um deles o afeto. Esta lei altera expressamente os arts. 1.583 e 1.584 do Código Civil brasileiro. Inclui parágrafo segundo ao art. 1.583, com a seguinte redação: "§ 2º A guarda unilateral será atribuída ao genitor que revele melhores condições para exercê-la e, objetivamente, mais aptidão para propiciar aos filhos os seguintes fatores: I – afeto nas relações com o genitor e com o grupo familiar [...]".

aptidão para propiciar aos filhos os seguintes fatores: I – *afeto* nas relações com o genitor e com o grupo familiar [...]." (grifos nossos)

A Lei nº 13.058/2014, porém, alterou novamente a redação desses dispositivos (e também do art. 1.585/CC[104]), trazendo um novo regramento

---

[104] BRASIL. Legislação Federal. Código Civil. Confira-se a atual redação dos principais artigos que tratam da guarda, arts. 1.583, 1.584 e 1.585, com o apontamento de quais foram as alterações processadas pelas Leis nº 11.698/2008 e 13.058/2014.
"Art. 1.583. A guarda será unilateral ou compartilhada. (Redação dada pela Lei nº 11.698, de 2008). § 1º Compreende-se por guarda unilateral a atribuída a um só dos genitores ou a alguém que o substitua (art. 1.584, § 5º) e, por guarda compartilhada a responsabilização conjunta e o exercício de direitos e deveres do pai e da mãe que não vivam sob o mesmo teto, concernentes ao poder familiar dos filhos comuns. (Incluído pela Lei nº 11.698, de 2008). § 2º Na guarda compartilhada, o tempo de convívio com os filhos deve ser dividido de forma equilibrada com a mãe e com o pai, sempre tendo em vista as condições fáticas e os interesses dos filhos. (Redação dada pela Lei nº 13.058, de 2014); I – ; (revogado); (Redação dada pela Lei nº 13.058, de 2014); II - (revogado); (Redação dada pela Lei nº 13.058, de 2014). III – (revogado). (Redação dada pela Lei nº 13.058, de 2014). § 3º Na guarda compartilhada, a cidade considerada base de moradia dos filhos será aquela que melhor atender aos interesses dos filhos. (Redação dada pela Lei nº 13.058, de 2014) § 4º (VETADO). (Incluído pela Lei nº 11.698, de 2008). § 5º A guarda unilateral obriga o pai ou a mãe que não a detenha a supervisionar os interesses dos filhos, e, para possibilitar tal supervisão, qualquer dos genitores sempre será parte legítima para solicitar informações e/ou prestação de contas, objetivas ou subjetivas, em assuntos ou situações que direta ou indiretamente afetem a saúde física e psicológica e a educação de seus filhos. (Incluído pela Lei nº 13.058, de 2014)"
"Art. 1.584. A guarda, unilateral ou compartilhada, poderá ser: (Redação dada pela Lei nº 11.698, de 2008). I – requerida, por consenso, pelo pai e pela mãe, ou por qualquer deles, em ação autônoma de separação, de divórcio, de dissolução de união estável ou em medida cautelar; (Incluído pela Lei nº 11.698, de 2008). II – decretada pelo juiz, em atenção a necessidades específicas do filho, ou em razão da distribuição de tempo necessário ao convívio deste com o pai e com a mãe. (Incluído pela Lei nº 11.698, de 2008). § 1º Na audiência de conciliação, o juiz informará ao pai e à mãe o significado da guarda compartilhada, a sua importância, a similitude de deveres e direitos atribuídos aos genitores e as sanções pelo descumprimento de suas cláusulas. (Incluído pela Lei nº 11.698, de 2008). § 2º Quando não houver acordo entre a mãe e o pai quanto à guarda do filho, encontrando-se ambos os genitores aptos a exercer o poder familiar, será aplicada a guarda compartilhada, salvo se um dos genitores declarar ao magistrado que não deseja a guarda do menor. (Redação dada pela Lei nº 13.058, de 2014) § 3º Para estabelecer as atribuições do pai e da mãe e os períodos de convivência sob guarda compartilhada, o juiz, de ofício ou a requerimento do Ministério Público, poderá basear-se em orientação técnico-profissional ou de equipe interdisciplinar, que deverá visar à divisão equilibrada do tempo com o pai e com a mãe. (Redação dada pela Lei nº 13.058, de 2014) § 4º

para o regime de guarda, cuja regra passa a ser o compartilhamento. A partir de então, o regime de guarda preferencial do direito brasileiro veio a ser o da guarda compartilhada. Essa última alteração legislativa alterou a redação anterior do § 2º do art. 1.583, excluindo a expressa remissão à afetividade nesse artigo. Ainda assim, atualmente é corrente na doutrina que o critério afetivo é um dos possíveis balizadores quando da definição de temas como a guarda e a convivência familiar.

Percebe-se, a partir disso, que um dos principais critérios a orientar o julgador no momento de definir qual dos pais ficará com a guarda é o afetivo (obviamente que ao lado do princípio do melhor interesse da criança[105]), o que é mais um indicativo da sua relevância e da sua pertinência. Para tornar mais clara sua proeminência, o legislador reiterou esse sentido ao definir os critérios que orientam a estipulação da guarda com terceiros, mantendo a remissão à afetividade que já constava da redação originária do art. 1.584, citada agora no seu § 5º:

> § 5º Se o juiz verificar que o filho não deve permanecer sob a guarda do pai ou da mãe, deferirá a guarda a pessoa que revele compatibilidade com a natureza da medida, considerados, de preferência, o grau de parentesco e as relações de afinidade e *afetividade*.[106] (grifos nossos)

A alteração não autorizada ou o descumprimento imotivado de cláusula de guarda unilateral ou compartilhada poderá implicar a redução de prerrogativas atribuídas ao seu detentor. (Redação dada pela Lei nº 13.058, de 2014) § 5º Se o juiz verificar que o filho não deve permanecer sob a guarda do pai ou da mãe, deferirá a guarda a pessoa que revele compatibilidade com a natureza da medida, considerados, de preferência, o grau de parentesco e as relações de afinidade e afetividade. (Redação dada pela Lei nº 13.058, de 2014) § 6º Qualquer estabelecimento público ou privado é obrigado a prestar informações a qualquer dos genitores sobre os filhos destes, sob pena de multa de R$ 200,00 (duzentos reais) a R$ 500,00 (quinhentos reais) por dia pelo não atendimento da solicitação. (Incluído pela Lei nº 13.058, de 2014)"

"Art. 1.585. Em sede de medida cautelar de separação de corpos, em sede de medida cautelar de guarda ou em outra sede de fixação liminar de guarda, a decisão sobre guarda de filhos, mesmo que provisória, será proferida preferencialmente após a oitiva de ambas as partes perante o juiz, salvo se a proteção aos interesses dos filhos exigir a concessão de liminar sem a oitiva da outra parte, aplicando-se as disposições do art. 1.584. (Redação dada pela Lei nº 13.058, de 2014) "

[105] TEIXEIRA, Ana Carolina Brochado Teixeira. **Família, guarda e autoridade parental.** 2. ed., rev. e atual. Rio de Janeiro: Renovar, 2009, p. 112-116.

[106] BRASIL. Legislação Federal. Código Civil. Art. 1.584, parágrafo quinto, com a redação que lhe foi conferida pela Lei Federal nº 13.058/2014.

Como visto, essas disposições adotam a afetividade de modo expresso no ordenamento brasileiro, consagrando – ainda que timidamente – um percurso há muito iniciado. Entrelaçado com o melhor interesse da criança, o princípio da afetividade terá incidência no acertamento concreto da guarda e convivência de filhos, seja entre os pais, seja com terceiros[107]. Como visto, a afetividade não se subsume ao instituto da guarda, eis que perpassa – mesmo para a leitura codificada – diversos temas de direito de família: sentido de entidade familiar, parentesco, guarda, convivência e caracterização do casamento, fazendo transparecer sua imbricação nos diversos temas correlatos aos relacionamentos familiares, bem como demonstrando que não foi ignorada pelo legislador de 2002.

A inclusão da afetividade de maneira expressa no corpo do código reforça a tendência de lhe conferir importância crescente quando do trato de relações familiares. Ainda, reitera o que há muito sustentam a doutrina e a jurisprudência, e o que disse implicitamente o constituinte: a afetividade possui agasalho no sistema *jusfamiliar* brasileiro[108]. Entretanto, a hermenêutica contemporânea do direito civil não deve restar restrita ao texto legal, de modo que a partir dessa constatação é possível a construção de uma categoria jurídica que atravesse todos os temas de direito de família, conferindo à afetividade a principiologia que dela se espera.

É possível afirmar, portanto, que o Código Civil de 2002 admite a afetividade nas suas disposições, seja de modo implícito, seja de modo explícito, o que reforça seu papel principiológico no tratamento dos temas de direito de família. Esse entendimento é o que melhor concilia as disposições codificadas com os postulados constitucionais.

As alterações processadas nos relacionamentos interpessoais acabaram por aumentar o espaço da subjetividade e, consequentemente, o campo para manifestação da afetividade. As valorações do Direito são reflexos de um movimento que se dá na própria sociedade, com o reconhecimento crescente da importância dos vínculos afetivos nos mais variados relacionamentos[109].

---

[107] FACHIN, Luiz Edson; RUZYK, Carlos Eduardo Pianovski. Direito de Família. Casamento: arts. 1.511 a 1.590. In: AZEVEDO, Álvaro Villaça (coord.). Código Civil comentado. São Paulo: Atlas, 2003. v. XV, p. 22.

[108] TARTUCE, Flávio; SIMÃO, José Fernando. **Direito civil**: direito de família, 6. ed., rev. e atual. Rio de Janeiro: Forense; São Paulo: Método, 2011. v. 5, p. 53.

[109] SILVA, Eduardo. A dignidade da pessoa humana e a comunhão plena de vida. In: MARTINS-COSTA, Judith (org.). **A reconstrução do direito privado:** reflexos dos princípios, diretrizes e direitos fundamentais constitucionais de direito privado. São Paulo: Revista dos Tribunais, 2002, p. 469.

A possibilidade de reconhecimento de outros laços afetivos para além da filiação é uma novidade recente na realidade nacional, como os pleitos de *irmandade socioafetiva* e *avosidade socioafetiva*.

O reconhecimento de um vínculo socioafetivo como passível de estabelecer um parentesco já é algo sedimentado na doutrina e na jurisprudência brasileira. Os vínculos mais conhecidos e reiterados certamente são os de paternidade, que deram impulso a essa temática, mas também se tornaram comuns os casos de maternidade socioafetiva. Usualmente, temos a maioria das referências atreladas aos laços filiais.

Entretanto, recentes decisões judiciais têm declarado outros vínculos socioafetivos para além da filiação, como o caso de uma mulher de Minas Gerais que teve declarada uma "avosidade socioafetiva" estabelecida com a neta biológica de seu marido[110]. Em outra situação recente o STJ declarou ser possível a postulação judicial de uma "irmandade socioafetiva"[111].

O consolidado reconhecimento da afetividade como um princípio do Direito de Família brasileiro demonstra que, em abstrato, é possível a postulação de outras espécies de vínculos de parentesco lastreados no mesmo elo, como é o caso dessas relações acima citadas. A doutrina especializada já defende isso há algum tempo e percebemos, agora, que os casos vêm chegando com mais frequência aos tribunais, o que é mais uma projeção concreta da afetividade.

A necessária correlação entre Direito e sociedade indica que, para corresponder às expectativas da coletividade, devem sempre ser observadas as características sociais consolidadas em determinado momento histórico, visto que muitas delas poderão ressoar na seara jurídica. Assim, hodiernamente importa buscar a adequada valoração da afetividade, inequivocamente presente nos relacionamentos familiares, para que o Direito possa contribuir com respostas que sejam conceitualmente claras, mas também sem resultar em soluções ficcionais ou excessivamente formais.

---

[110] Disponível em: https://ibdfam.org.br/noticias/9291. Acesso em: 14 abr. 2023.

[111] Disponível em: https://www.stj.jus.br/sites/portalp/Paginas/Comunicacao/Noticias/2022/11102022-E-juridicamente-possivel-o-reconhecimento-de-parentesco-socioafetivo-entre-irmaos--mesmo-apos-a-morte-de-um-deles.aspx. Acesso em: 14 abr. 2023.

SEÇÃO V. ASSIMILAÇÃO DA AFETIVIDADE PELA DOUTRINA BRASILEIRA DE DIREITO DE FAMÍLIA

Sintonia para pressa e presságio

Escrevia no espaço.
Hoje, grafo no tempo,
na pele, na palma, na pétala,
luz do momento.
Soo na dúvida que separa
o silêncio de quem grita
do escândalo que cala,
no tempo, distância, praça,
que a pausa, asa, leva
para ir do percalço ao espasmo.
Eis a voz, eis o deus, eis a fala,
eis que a luz se acendeu na casa
e não cabe mais na sala."

Paulo Leminski

O desenvolvimento dessas relações pessoais subjetivas e a importância crescente conferida à afetividade não foram tempestivamente acompanhados pela legislação do direito de família de matiz moderna, engessado no corpo codificado e na ideia de que sua única fonte era a lei. Como visto, a leitura positivista que predominou durante longo período no Brasil em nada contribuiu para a superação desse descompasso[112].

Apesar disso, não era possível obnubilar o contexto a ponto de não reconhecer que, como a experiência concreta se alterou, e esta precede o Direito; era o mundo jurídico que necessitava rever seus conceitos, e não o contrário, como se chegou a afirmar. Em outras palavras, se havia alguma crise, esta não poderia ser imputada à família ou à realidade concreta[113].

---

[112] BITTAR, Eduardo C. B. Razão e afeto, justiça e direito humanos: dois paralelos cruzados para a mudança paradigmática. Reflexões frankfurtianas e a revolução pelo afeto. **Revista Mestrado em Direito**, Unifeo – Centro Universitário FIEO, Osasco, Edifeo, ano 8, n. 1, p. 99-128, 2008, p. 101.

[113] LEITE, Eduardo de Oliveira. **Tratado de direito de família**: origem e evolução do casamento. Curitiba: Juruá, 1991, p. 355.

O que ocorreu, na realidade, foi uma mudança de paradigma nos relacionamentos familiares, com a afetividade assumindo o papel que outrora fora destinado à família legítima, ao matrimônio, às orientações religiosas e à "verdade" biológica. Quem descreveu a alteração foi Paulo Lôbo:

> Como a crise é sempre perda dos fundamentos de um paradigma em virtude do advento de outro, a família atual está matrizada em paradigma que explica sua função atual: a afetividade. Assim, enquanto houver *affectio* haverá família, unida por laços de liberdade e responsabilidade, e desde que consolidada na simetria, na colaboração, na comunhão de vida.[114]

Toda alteração paradigmática exige que sejam revistas as categorias, tarefa que a partir de então coube ao Direito que tratava das questões de família. Nas últimas décadas, foi possível perceber que os esforços tanto da doutrina como da jurisprudência, mesmo muitas vezes com opiniões divergentes, estavam centrados em procurar elaborar respostas para os conflitos decorrentes desse novo paradigma familiar.

No Brasil, quem precursoramente atentou para tal questão foi João Baptista Vilella que, em estudo publicado em 1979, tratou do tema da afetividade a partir da paternidade, no qual sustentou expressamente que o parentesco não restava restrito a uma questão meramente biológica, visto que "a paternidade em si mesma não é um fato da natureza, mas um fato cultural"[115]. Sua tese partia de uma constatação que poderia ser até conhecida em outras ciências, mas restava estranha aos juristas até aquele momento: a distinção entre as figuras de genitor e pai, pois "uma coisa, com efeito, é a responsabilidade pelo ato da coabitação sexual, de que pode resultar a gravidez. Outra, bem diversa, é a decorrente do estatuto da paternidade"[116]. Essa percepção, que nos dias de hoje pode parecer singela, foi de grande valia para elucidar as possibilidades jurídicas a partir daquele momento, uma vez que apresentava um novo caminho diverso do biologismo que imperava altaneiro até então[117].

---

[114] LÔBO, Paulo Luiz Netto. **Direito civil: famílias**. São Paulo: Saraiva, 2008, p. 1.

[115] VILLELA, João Baptista. A desbiologização da paternidade. **Revista da Faculdade de Direito da Universidade Federal de Minas Gerais**, Belo Horizonte, UFMG, ano XXVII, n. 21, maio 1979, p. 402.

[116] VILLELA, João Baptista. A desbiologização da paternidade. **Revista da Faculdade de Direito da Universidade Federal de Minas Gerais**, Belo Horizonte, UFMG, ano XXVII, n. 21, maio 1979, p. 404.

[117] VILLELA, João Baptista. A desbiologização da paternidade. **Revista da Faculdade de Direito da Universidade Federal de Minas Gerais**, Belo Horizonte, UFMG, ano XXVII, n. 21, maio 1979, p. 407.

Cap. II · AS FAMÍLIAS E A AFETIVIDADE NO DIREITO | 71

A partir dessa distinção entre pai e genitor, João Baptista Villela esclarecia o que determinaria então a paternidade (já que ela não estaria vinculada apenas ao critério biológico), momento no qual tornava a palmar a vinculação entre paternidade e a noção de afetividade:

> Qual seria, pois, esse *quid* específico que faz de alguém um pai, independentemente de geração biológica? Se se prestar atenta escuta às pulsações mais profundas da longa tradição cultural da humanidade, não será difícil identificar uma persistente intuição que associa a paternidade antes com o serviço que com a procriação. Ou seja, ser pai ou ser mãe não está tanto no fato de gerar quando na circunstância de amar ou servir.[118]

Essa argumentação em favor da *desbiologização da paternidade* é uma das prenunciadoras da relevância da afetividade quando da análise das questões de parentesco. A consciência do autor da mudança de paradigma que se processava pode ser percebida pela extensão do critério afetivo para análise da família em geral, indo além das questões de parentesco, o que fica claro quando afirmava que

> As transformações mais recentes por que passou a família, deixando de ser unidade de caráter econômico, social e religioso para se afirmar fundamentalmente como grupo de *afetividade* e companheirismo, imprimiram considerável reforço ao esvaziamento biológico da paternidade[119]. (grifos nossos)

A sensibilidade dessa análise percebia – já na década de 70 do século passado – o declínio do critério biológico e o avultamento da importância que era destinada ao critério afetivo[120]. A partir de então, de forma crescente, a doutrina passou a sustentar a necessidade de assimilação pelo Direito da distinção das funções de genitor e de pai, bem como a aceitação da afetividade

---

[118] VILLELA, João Baptista. A desbiologização da paternidade. **Revista da Faculdade de Direito da Universidade Federal de Minas Gerais**, Belo Horizonte, UFMG, ano XXVII, n. 21, maio 1979, p. 408-409.

[119] VILLELA, João Baptista. A desbiologização da paternidade. **Revista da Faculdade de Direito da Universidade Federal de Minas Gerais**, Belo Horizonte, UFMG, ano XXVII, n. 21, maio 1979, p. 413.

[120] VILLELA, João Baptista. Família hoje. Entrevista concedida a Leonardo de Andrade Mattietto. In: BARRETTO, Vicente (org.). **A nova família**: problemas e perspectivas. Rio de Janeiro: Renovar, 1997, p. 85.

como relevante também na análise da conjugalidade e das demais questões da família[121].

No continente europeu ocidental, um dos primeiros a tratar do tema foi Guilherme de Oliveira[122], no início da década de 1980, em análise que partiu de um estudo historiográfico, perpassou longamente pelo estudo da legislação portuguesa e aportou no contemporâneo (com reflexão sobre as técnicas científicas desenvolvidas que permitiam indicação precisa do vínculo biológico). Nas suas investigações históricas, verificou que o fato de o Código Francês de 1804 ter privilegiado a família legítima e prescrito prazos expressos definidores das presunções de estabelecimento da paternidade tem raízes em uma crítica à jurisprudência do direito medieval[123].

Também destacou seu estudo o fato de o critério biológico não ser de todo prevalente[124], eis que a preocupação reitora do *Code* era com a família

---

[121] VILLELA, João Baptista. Família hoje. Entrevista concedida a Leonardo de Andrade Mattietto. In: BARRETTO, Vicente (org.). **A nova família**: problemas e perspectivas. Rio de Janeiro: Renovar, 1997, p. 71-72.

[122] OLIVEIRA, Guilherme de. **Critério jurídico da paternidade.** Reimp. Coimbra: Almedina, 2003.

[123] Segundo informa Guilherme de Oliveira, no período do direito comum as decisões eram casuísticas, embasadas nos conhecimentos médicos disponíveis. A busca pela definição da paternidade nesse período girava em torno da averiguação da data da concepção e do nascimento, que determinariam então a paternidade. Segundo apurado pelo autor, algumas decisões do período medieval (século XIV e ss.) concederam a paternidade a partir de gestações estimadas em onze, quinze e até dezessete meses. A medicina de então já possuía conhecimento para saber que tais períodos não eram clinicamente sustentáveis. Essas decisões pontuais (tidas como inadmissíveis por muitos juristas) foram superestimadas pelos redatores do *Code*, que preocupados com isso resolveram taxar rigorosamente os prazos de presunção da paternidade, seguindo a mentalidade que imperava no período. Para o autor: "Aqui se encontra a origem do laxismo jurisprudencial alegado pelos redactores do Código francês de 1804 e que serviu de justificação para o sistema rígido adotado nesta altura" (OLIVEIRA, Guilherme de. **Critério jurídico da paternidade.** Reimp. Coimbra: Almedina, 2003, p. 5).

[124] O autor cita o caso da perfilhação, segundo a qual só quem poderia ser reconhecido como filho poderia investigar uma paternidade. Assim, se afastavam os incestuosos e adulterinos, que eram tidos como imperfilhados. Com isso, "Em conclusão, dir-se-á que a imperfilhabilidade dos adulterinos e dos incestuosos tinha por consequência que nem toda filiação biológica era juridicamente relevante; isto acontecia por razões ligadas à defesa do casamento monogâmico e da exogamia. A verdade biológica era ocultada por uma razão nupcialista" (OLIVEIRA, Guilherme de. **Critério jurídico da paternidade.** Reimp. Coimbra: Almedina, 2003, p. 87). No Brasil, era possível a conclusão semelhante sob o prisma do Código Civil de 1916: "O sistema do Código,

legítima (contra a qual não se admitia sequer a verdade biológica), o que evidenciava que o critério biológico não tinha a supremacia absoluta e a naturalidade histórica que muitos sustentavam[125]. Firme nessa posição, afirmou que não poderia ser tido como único ou inquestionável do ponto de vista histórico o critério biológico na questão da filiação, visto que certamente ele era – e sempre foi – apenas um deles.

A ascendência do critério biológico como o definidor da paternidade é creditada à segunda metade do século XX, no cenário português, quando houve, entre outros, a redução da importância conferida à proteção da família legítima e a crescente preocupação com a proteção do filho ilegítimo (até então desprotegido e discriminado). Diante disso, "nestas condições o progenitor e o *pater* tendiam para a coincidência, a paternidade biológica foi convertida pelo sistema cultural em paternidade jurídica"[126]. O estudo por ele desenvolvido demonstrou o paradoxo que se apresentava, pois, ao mesmo tempo que evoluíam técnicas para descoberta do vínculo biológico, crescia na sociedade o que era conceituado naquele estudo como a *verdade sociológica da filiação.*

> Já foi internacionalmente reconhecido o "paradoxo" de, a par de um biologismo crescente, se atribuir maior importância aos vínculos afetivos, "o fato de uma criança viver no seio de uma família". Esta realidade digna de tutela jurídica – dentro ou fora do casamento – costuma designar-se pela "verdade sociológica" da filiação; e inspira normas que garantem a estabilidade da família constituída, supondo que o interesse do filho é, ou pode bem ser, o de ficar onde está[127].

---

ainda que quisesse buscar através da regra *pater is est* a coincidência entre a paternidade biológica e a paternidade jurídica, na ocorrência de dúvida entre a verdade da filiação e a suposta paz familiar, sacrifica a primeira em favor da segunda. Daí, assim, preferência a um critério 'nupcialista da paternidade' (segundo o qual é reconhecido como pai aquele que contraiu núpcias com a mãe) e não a um critério 'biologista da paternidade', que atende à filiação do ponto de vista biológico" (FACHIN, Luiz Edson. **Estabelecimento da filiação e paternidade presumida**. Porto Alegre: Fabris, 1992, p. 33).

[125] OLIVEIRA, Guilherme de. **Critério jurídico da paternidade.** Reimp. Coimbra: Almedina, 2003, p. 29.

[126] OLIVEIRA, Guilherme de. **Critério jurídico da paternidade.** Reimp. Coimbra: Almedina, 2003, p. 94-95.

[127] OLIVEIRA, Guilherme de. **Critério jurídico da paternidade.** Reimp. Coimbra: Almedina, 2003, p. 436-437.

PRINCÍPIO DA AFETIVIDADE NO DIREITO DE FAMÍLIA – *Ricardo Calderón*

A análise de Guilherme de Oliveira sobre a paternidade percebeu a importância da afetividade na questão filial (por ele nominada como *verdade sociológica da filiação*). Levando isso em conta, ao final chegou à conclusão que o critério biológico era apenas um dos possíveis, e mais, ressaltou que não foi sempre o utilizado, o que lhe fazia questionar a naturalidade com que o tema era tratado[128]. Resumidamente, concluiu sua tese afirmando que a paternidade poderia envolver outros critérios que não o biológico. "Concluído o estudo, parece-me ter encontrado fundamento bastante para defender a tese de que a paternidade jurídica não foi, nem é, forçosamente determinada pela verdade biológica do parentesco"[129].

A constatação da *verdade sociológica* da filiação refletia a relevância da afetividade nas questões de parentescos[130], de modo que esse estudo – publicado em Portugal na década de 1980 do século passado – teve grande influência no direito luso-brasileiro, uma vez que foi divulgado em época na qual o biologismo avançava entre os juristas. A semelhança da legislação entre os dois países sobre o tema auxiliou na difusão dessa teoria entre os autores brasileiros[131].

A partir dessas análises, desenvolveram-se diversos estudos jurídicos no sentido de dissociar a figura do *genitor* da figura *paterna* (e também materna), o que abriu novas oportunidades de reflexão sobre os vínculos que sustentariam as relações de parentesco[132]. Também a revisão dos dados históricos evidenciou que o biologismo não possuía a naturalidade e a solidez que muitos sustentavam. Ou seja, houve uma alteração de rumo no discurso jurídico, que passou a não ser unívoco na defesa estrita da adoção do critério biológico na fixação da parentalidade, visto que a complexidade fática não indicava tal medida.

---

[128] Interessante que no início da sua obra o próprio Guilherme de Oliveira destaca que foi estudar o tema partindo da sua própria adesão ao mandamento da verdade biológica do parentesco: "Quando comecei a estudar o direito da filiação aderi, sem reservas, ao mandamento do respeito pela verdade biológica do parentesco" (OLIVEIRA, Guilherme de. **Critério jurídico da paternidade**. Reimp. Coimbra: Almedina, 2003, p. XIX).

[129] OLIVEIRA, Guilherme de. **Critério jurídico da paternidade**. Reimp. Coimbra: Almedina, 2003, p. XXI.

[130] OLIVEIRA, Guilherme de. **Estabelecimento da filiação**: notas aos artigos 1796º – 1873º do Código Civil. 1. ed., 6. reimp. Coimbra: Almedina, 2001, p. 134.

[131] Esse é o motivo que justifica a análise pormenorizada da tese de Guilherme de Oliveira, português, em capítulo que trata da análise da afetividade pela doutrina brasileira.

[132] PAULO, Beatrice Marinho. Ser mãe nas novas configurações familiares: a maternidade psicoafetiva. **Revista Brasileira de Direito das Famílias e Sucessões**, Porto Alegre: Magister; Belo Horizonte: IBDFam, v. 9, abr./maio 2009, p. 57.

A afetividade, que não era corrente entre os juristas até então, a partir dos estudos de João Baptista Villela, Guilherme de Oliveira e outros autores, passou cada vez mais a figurar com constância na análise jurídica do tema. Em paralelo, decrescia a relevância que era concedida à família legítima (vinculada ao matrimônio) e crescia o número de uniões que se apresentavam na sociedade (mantidas apenas por laços de afeto). As categorias formais clássicas – retratadas na legislação codificada anterior – passavam, assim, a ser questionadas pela própria realidade.

Quem também contribuiu para a construção de uma doutrina que acolhesse a afetividade no direito de família foi Luiz Edson Fachin, que a analisou principalmente sob o enfoque da parentalidade[133]. Em uma de suas primeiras reflexões sobre a paternidade, datada do ano de 1992, questionou tanto as presunções fictícias da legislação como o biologismo crescente. Nessa obra, o autor colocava em xeque a prevalência e os obstáculos que se punham ao questionamento da presunção *pater is est* (adotada pelo sistema brasileiro de 1916), bem como declarava insuficiente a mera inclusão do critério biológico no sistema de filiação, conforme suscitado por algumas reformas legislativas que se processavam.

Sustentava, então, uma abertura que comportasse o reconhecimento da paternidade oriunda da *posse de estado de filho*[134] (para a qual concorreriam três critérios *nomen, tractatus, fama*), ou seja, uma paternidade consubstanciada pela realidade concreta (portanto, em certo aspecto, também *sociológica*). Ainda sob a égide do Código de 1916, que não acolhia a *posse de estado* e era rígido no respeito à presunção *pater is est*, afirmava: "percebe-se, de fato, que é saliente o seu valor instrumental, isto é, a posse de estado serve para revelar

---

[133] Inicialmente o tema veio à baila em duas obras suas, a primeira de 1992 e a segunda de 1996: FACHIN, Luiz Edson. **Estabelecimento da filiação e paternidade presumida**. Porto Alegre: Fabris, 1992; e FACHIN, Luiz Edson. **Da paternidade**: relação biológica e afetiva. Belo Horizonte: Del Rey, 1996. Mais tarde também passou a figurar em diversos trabalhos seus, inclusive com maior amplitude.

[134] Registre-se que Guilherme de Oliveira também via com bons olhos o reforço na utilização da posse de estado de filho, com o objetivo de arrefecer o biologismo crescente e atenuar o rigor das presunções legais: "Usei propositadamente a expressão vaga de 'consolidação da família' ou a do «nascimento da verdade sociológica» sem me referir ao meio técnico idôneo para captar essa realidade fulcral na economia do regime – e pensava na posse de estado. É um conceito velho, bem conhecido da doutrina e da jurisprudência portuguesa, e que, por este motivo, colheria uma boa aceitação do foro; é, além disso, um conceito maleável, capaz de exprimir subtilmente a realidade da vida familiar e dos interesses que se confrontam" (OLIVEIRA, Guilherme de. **Critério jurídico da paternidade**. Reimp. Coimbra: Almedina, 2003, p. 445).

a face socioafetiva da filiação"[135]. A leitura de Luiz Edson Fachin auxiliou a percepção do caráter tríplice que envolvia a questão da paternidade: aspecto biológico, afetivo e jurídico, e contribuiu para a difusão da afetividade presente em tais relações a partir da defesa da utilização do critério da *posse de estado*[136]:

> A efetiva relação paterno-filial requer mais que a natural descendência genética e não se basta na explicação jurídica dessa informação biológica. Busca-se, então, a verdadeira paternidade. Assim, para além da paternidade biológica e da paternidade jurídica, à completa integração pai-mãe-filho agrega-se um elemento a mais. Esse outro elemento se revela na afirmação de que a *paternidade se constrói*; não é apenas um dado: ela se faz. O pai já não pode ser apenas aquele que emprestou sua colaboração na geração genética da criança; também pode não ser aquele a quem o ordenamento jurídico presuntivamente atribui a paternidade. Ao dizer que a paternidade se constrói, toma lugar de vulto, na relação paterno-filial, uma verdade socioafetiva, que, no plano jurídico, recupera a noção da posse de estado de filho.[137]

Na sua segunda obra sobre a questão da paternidade (intitulada *Da Paternidade: relação biológica e afetiva* – a presença no título já indicava a dignidade que era conferida à relação afetiva), transparecia sua orientação para uma convivência entre as esferas biológica e afetiva, em decorrência do que era firme na defesa da necessidade de reforma do sistema de filiação com o fito de corresponder às transformações trazidas pela Constituição, e pelas quais passou a própria noção de família "a construção de um novo sistema de filiação emerge como imperativa, visto que a alteração da concepção jurídica de família conduz necessariamente à mudança da ordenação jurídica da filiação"[138].

O indicativo da sua tese era pela convivência entre as esferas biológica e afetiva, apontando para a superação do embate entre os defensores de cada uma delas, eis que ambas deveriam conviver em um sistema de filiação coe-

---

[135] FACHIN, Luiz Edson. **Estabelecimento da filiação e paternidade presumida**. Porto Alegre: Fabris, 1992, p. 160.

[136] BARBOZA, Heloisa Helena. Efeitos jurídicos do parentesco socioafetivo. **Revista Brasileira de Direito das Famílias e Sucessões**. Porto Alegre, Magister; Belo Horizonte: IBDFam, v. 9, abr./maio 2009, p. 27.

[137] FACHIN, Luiz Edson. **Estabelecimento da filiação e paternidade presumida**. Porto Alegre: Fabris, 1992, p. 23.

[138] FACHIN, Luiz Edson. **Da paternidade**: relação biológica e afetiva. Belo Horizonte: Del Rey, 1996, p. 55.

rente com o estágio social alcançado[139]. Dizia o autor: "é tempo de encontrar, na tese (conceito biologista) e na suposta antítese (conceito socioafetivo), espaço de convivência e também de dissociação"[140]. Para Luiz Edson Fachin, a alteração de paradigma que se processou na família exigia a revisão de muitas das concepções tidas como sólidas até então, muitas delas no sentido de acolher o vínculo afetivo:

> Na transformação da família e de seu Direito, o transcurso apanha uma "comunidade de sangue" e celebra, ao final deste século, a possibilidade de uma "comunidade de afeto". Novos modos de definir o próprio Direito de Família. Direito esse não imune à família como refúgio afetivo, centro de intercâmbio pessoal e emanador da felicidade possível[141].

No decorrer de suas obras, sempre a partir de uma perspectiva civil--constitucional, passou a ser corrente a citação da afetividade como elemento relevante no trato das várias questões do direito de família, não apenas na temática da relação filial. A constitucionalização do direito de família como um todo envolveria, juntamente com a obediência aos princípios constitucionais, a observância da questão da afetividade. Ou seja, na sua leitura, a afetividade perpassaria vários aspectos da tutela da família, sempre com relevância ímpar, mas sem qualquer pretensão de supremacia ou impositividade[142].

Outro autor que argumentou com propriedade no mesmo sentido foi Zeno Veloso, ao dissertar sobre o *Direito brasileiro da filiação e da paternidade* (obra de 1997), quando poeticamente afirmou que "a voz do sangue nem sempre fala mais alto do que os apelos do coração"[143], em clara ode em defesa da afetividade. Mais adiante, o civilista paraense afirma:

> O "pai de criação" tem posse de estado com relação a seu "filho de criação". Há nesta relação uma realidade sociológica e afetiva que o direito

---

[139] FACHIN, Luiz Edson. **Direito de família**: elementos críticos à luz do novo Código Civil brasileiro. 2. ed. Rio de Janeiro: Renovar, 2003, p. 302-321.

[140] FACHIN, Luiz Edson. Paternidade e ascendência genética. In: FACHIN, Luiz Edson. **Direito de família:** elementos críticos à luz do novo Código Civil brasileiro. 2. ed. Rio de Janeiro: Renovar, 2003, p. 172.

[141] FACHIN, Luiz Edson. **Direito de família**: elementos críticos à luz do novo Código Civil brasileiro. 2. ed. Rio de Janeiro: Renovar, 2003, p. 317-318.

[142] FACHIN, Luiz Edson. **Direito de família**: elementos críticos à luz do novo Código Civil brasileiro. 2. ed. Rio de Janeiro: Renovar, 2003, p. 323.

[143] VELOSO, Zeno. **Direito brasileiro da filiação e paternidade**. São Paulo: Malheiros, 1997, p. 180.

tem de enxergar e socorrer. O que cria, o que fica no lugar do pai, tem direitos e deveres para com a criança, observado o que for melhor para os interesses desta. [...] Certamente, há hipóteses em que se deve ceder à "desbiologização da paternidade", prevalecendo a paternidade socioafetiva. [...] O princípio da verdade tem um duplo aspecto: biológico e afetivo; sanguíneo e sociológico. Tem-se de fazer um balanço, alcançar a proporção, estabelecer o equilíbrio entre estes critérios, priorizando, sempre, os interesses da criança, a estabilidade da família[144].

Nessa mesma linha, um autor para quem a afetividade é um tema muito caro é Paulo Luiz Netto Lôbo, a tal ponto que, na sua análise, após a Constituição de 1988, ela deve ser vista sob a forma de princípio[145], visto que "o princípio da afetividade tem fundamento constitucional; não é petição de princípio, nem fato exclusivamente sociológico ou psicológico"[146]. Quer dizer, nessa abordagem, a afetividade não incidiria apenas pontualmente, ao tratar de uma questão específica do direito de família (como a filiação, por exemplo), mas sim sobressairia a tal ponto que passaria em revista todos os institutos de direito de família, consistindo em verdadeiro princípio norteador[147]. Nesse sentido, sob as vestes de princípio jurídico na concepção que lhe concedeu o constitucionalismo contemporâneo, influenciaria todo o direito de família, refletindo o novo paradigma familiar vigente. A repersonalização desse ramo do Direito, portanto, dar-se-ia a partir da adoção do princípio da afetividade.

A família, ao converter-se em espaço de realização de afetividade humana e da dignidade de cada um de seus membros, marca o deslocamento da função econômico-político-religioso-procracional para essa nova função. Essas linhas de tendência enquadram-se no fenômeno jurídico-social

---

[144] VELOSO, Zeno. **Direito brasileiro da filiação e paternidade**. São Paulo: Malheiros, 1997, p. 214-221.

[145] Uma das primeiras manifestações nesse sentido data de menos de um ano após a promulgação de 1988, na qual já sustentava a afetividade como princípio implícito no texto constitucional (LÔBO, Paulo Luiz Netto. O exame de DNA e o princípio da dignidade humana. **Revista Brasileira de Direito de Família**, Porto Alegre, Síntese, v. 1, p. 67-73, abr./jun. 1999, p. 70).

[146] LÔBO, Paulo Luiz Netto. Entidades familiares constitucionalizadas: para além do *numerus clausus*. **Revista Brasileira de Direito de Família**, Porto Alegre, Síntese, v. 3, n. 12, IBDFam, jan./mar. 2002, p. 46.

[147] LÔBO, Paulo Luiz Netto. Socioafetividade em família e a orientação do Superior Tribunal de Justiça. In: FRAZÃO, Ana; TEPEDINO, Gustavo (coords.). **O Superior Tribunal de Justiça e a reconstrução do direito privado**. São Paulo: Revista dos Tribunais, 2011, p. 645-646.

denominado *repersonalização das relações civis*, que valoriza o interesse da pessoa humana mais do que suas relações patrimoniais. O anacronismo da legislação sobre família revelou-se em plenitude com o despontar dos paradigmas das entidades familiares[148].

Essa perspectiva principiológica da afetividade lhe conferiu maior corpo e permitiu que fosse aplicada em todos os ramos do direito de família, com inequívoca centralidade. Paulo Lôbo desenvolveu sua tese extraindo o princípio da afetividade a partir do princípio da solidariedade, o que também demonstrava a superação do individualismo moderno de outrora e refletia a aplicação do solidarismo constitucional. A análise da filiação a partir desse novo princípio resultava em novas possibilidades[149], o mesmo podendo ocorrer com cada um dos institutos jusfamiliares. Para além disso, as consequências da leitura sob a forma de princípio foram várias[150]:

> A doutrina jurídica brasileira tem vislumbrado aplicação do princípio da afetividade em variadas situações do direito de família, nas dimensões: a) da solidariedade e da cooperação; b) da concepção eudemonista; c) da funcionalização da família para o desenvolvimento da personalidade e de seus membros; d) do redirecionamento dos papéis masculino e feminino e da relação entre legalidade e subjetividade; e) dos efeitos jurídicos da reprodução humana medicamente assistida; f) da colisão de direitos fundamentais; g) da primazia do estado da filiação, independentemente da origem biológica ou não biológica[151].

A concessão de uma dignidade principiológica à afetividade pode ser considerada uma marca da análise desenvolvida na sua obra, reconhecida,

---

[148] LÔBO, Paulo Luiz Netto. A repersonalização das relações de família. **Revista Brasileira de Direito de Família**, Porto Alegre, Síntese, IBDFam, v. 6, n. 24, jun./jul. 2004.

[149] LÔBO, Paulo Luiz Netto. Socioafetividade em família e a orientação do Superior Tribunal de Justiça. In: FRAZÃO, Ana; TEPEDINO, Gustavo (coords.). **O Superior Tribunal de Justiça e a reconstrução do direito privado**. São Paulo: Revista dos Tribunais, 2011, p. 644.

[150] LÔBO, Paulo Luiz Netto. A socioafetividade no direito de família: a persistente trajetória de um conceito fundamental. **Revista Brasileira de Direito das Famílias e Sucessões**. Porto Alegre, Magister; Belo Horizonte, IBDFam, v. 5, ago./set. 2008, p. 21.

[151] LÔBO, Paulo Luiz Netto **Direito civil: famílias**. São Paulo: Saraiva, 2008, p. 51-52. Em nota de rodapé a essa afirmação, o autor cita os doutrinadores que dariam guarida à sua afirmação. Seriam eles: Giselda Maria Fernandes Novaes Hironaka, Luiz Edson Fachin, Gustavo Tepedino, Rodrigo da Cunha Pereira, Belmiro Pedro Welter e Maria Celina Bodin de Moraes.

entre outros, por Rodrigo da Cunha Pereira: "[...] foi Paulo Luiz Netto Lôbo quem deu ao afeto o *status* de princípio jurídico [...]"[152]. A aceitação da sua tese pode ser constatada pela disseminação do estudo da afetividade como princípio no direito de família brasileiro, o que sobressai tanto na doutrina como na jurisprudência.

É possível afirmar que o diferencial conferido pela análise da afetividade sob o prisma de Paulo Lôbo é a sua classificação como princípio de direito de família, o que reflete a centralidade que o tema assumiu na família e, consequentemente, no direito de família hodierno. Nessa leitura principiológica, a afetividade perpassa todos os temas do direito de família com relevância ímpar, refletindo a alteração paradigmática processada na família, no Direito.

Inúmeros são os autores que discorrem sobre a temática da afetividade no direito de família[153]. Recentemente, é possível perceber um número crescente doutrinadores que adotam a perspectiva principiológica ao analisar o tema[154]. Entretanto, cumpre registrar que ainda há autores que resistem a

---

[152] PEREIRA, Rodrigo da Cunha. **Princípios fundamentais norteadores para o direito de família.** Belo Horizonte: Del Rey, 2005, p. 3.

[153] Registre-se, aqui, que se optou pela análise pormenorizada da obra de quatro doutrinadores (João Baptista Villela, Guilherme de Oliveira, Luiz Edson Fachin, Zeno Veloso e Paulo Luiz Netto Lôbo) pela relevância conferida às suas obras na construção dessa temática, mas há diversos outros autores com sólidas análises sobre a questão da afetividade.

[154] Apenas para citar alguns deles: DINIZ, Maria Helena. **Curso de direito civil brasileiro.** 26. ed. São Paulo: Saraiva, 2011. v. 5: Direito de Família, p. 38; MADALENO, Rolf. **Curso de direito de família.** 5. ed., rev. atual. ampl. Rio de Janeiro: Forense, 2013, p. 95; DIAS, Maria Berenice. **Manual de direito das famílias.** 11. ed. rev. atual. ampl. São Paulo: Revista dos Tribunais, 2016, p. 67; TARTUCE, Flávio; SIMÃO, José Fernando. **Direito civil:** direito de família, 6. ed., rev. e atual. Rio de Janeiro: Forense; São Paulo: Método, 2011. v. 5, p. 50; GONÇALVES, Carlos Roberto. **Direito civil brasileiro.** 8. ed., rev. e atual. São Paulo: Saraiva, 2011. v. 6: Direito de Família, p. 24 (este autor o nomina como princípio da comunhão plena de vida baseada da afeição); GAMA, Guilherme Calmon Nogueira da. **Princípios constitucionais do direito de família:** família, criança, adolescente e idoso. São Paulo: Atlas, 2008, p. 82; GAGLIANO, Pablo Stolze; PAMPLONA FILHO, Rodolfo. **Novo curso de direito civil:** direito de família. São Paulo: Saraiva, 2011. v. VI, p. 87; MOTTA, Carlos Dias. **Direito matrimonial e seus princípios jurídicos.** 2. ed. rev., atual. e ampl. São Paulo: Revista dos Tribunais, 2009, p. 358; PEREIRA, Rodrigo da Cunha. **Princípios fundamentais norteadores para o direito de família.** Belo Horizonte: Del Rey, 2005, p. 179; FARIAS, Cristiano Chaves de; ROSA, Conrado Paulino da. **Teoria geral do afeto.** Salvador: JusPodivm, 2020.

admitir a afetividade como princípio jurídico[155]. O que merece destaque é que, a par de se vincular a afetividade à categoria de princípio ou não, após a Constituição de 1988, os juristas pátrios passaram a conceder um papel de destaque à afetividade na análise dos temas de direito de família. Essa centralidade permitiu que a partir do seu desdobramento fossem sustentados diversos direitos[156] e garantias[157] em várias frentes[158].

Nessa breve análise do percurso percorrido pela afetividade é possível notar que a doutrina brasileira refletiu a passagem que envolveu desde o seu reconhecimento (da margem) até sua sustentação como vetor das relações familiares contemporâneas (ao centro). A sintonia com o caminho trilhado pela própria sociedade no que refere aos relacionamentos familiares restou evidente.

Para além disso, é necessária a verificação de como a legislação brasileira enfrentou a transição paradigmática acima descrita, pois a lei sempre exerceu forte influência na construção do direito civil em geral, o que – apesar de algumas peculiaridades próprias – não será muito diferente relativamente ao direito de família.

---

[155] Uma autora com posições externadas nesse sentido: Regina Beatriz Tavares da Silva (na atualização da obra de Washington de Barros Monteiro) ao comentar o Projeto de Lei do Estatuto das Famílias.

[156] DIAS, Maria Berenice. **União homoafetiva**: o preconceito & justiça. 4. ed., rev., atual. e ampl. São Paulo: Revista dos Tribunais, 2009, p. 129.

[157] SCHREIBER, Anderson. Famílias simultâneas e redes familiares. In: EHRHARDT JÚNIOR, Marcos; ALVES, Leonardo Barreto Moreira (coords.). **Leituras complementares**: direitos das famílias. Salvador: Podivm, 2010, p. 142-143.

[158] MATOS, Ana Carla Harmatiuk. **As famílias não fundadas no casamento e a condição feminina**. Rio de Janeiro: Renovar, 2000, p. 98.

Capítulo III

PERFIL E CONTEÚDO DO PRINCÍPIO DA AFETIVIDADE

SEÇÃO I. A AFETIVIDADE NAS DIVERSAS ALTERAÇÕES RECENTES DA LEGISLAÇÃO BRASILEIRA

A afetividade não é efetivamente tratada de forma categórica como princípio pela nossa legislação expressa, eis que, como visto, está implícita no texto constitucional, e é citada pontualmente no texto codificado em vigor (ou seja, sem sua qualificação explícita como *princípio de direito de família*).

Entretanto, como dito no início desta obra, a hermenêutica tópico--sistemática ora adotada deve partir da noção de sistema jurídico como um todo, que é formado por diversos elementos normativos, no qual o Código e a Constituição são dois deles, relevantes, mas não os únicos. Para além disso, essa hermenêutica também não se limita a ler os textos expressos de lei, uma vez que sua análise envolve também o conteúdo que está subjacente a tais normas jurídicas. Assim, para que reste viável uma análise tópico-sistemática do sistema jurídico brasileiro, com o intuito de apurar se a afetividade é princípio implícito do direito de família, pode não ser suficiente a averiguação apenas dos textos do Código e da Constituição.

Entre os demais elementos integrantes do sistema, encontram-se as leis infraconstitucionais esparsas atinentes ao ramo do Direito sob análise, no caso, as leis sobre direito de família e temas correlatos que possam contribuir nessa seara. Certamente que elas são várias em um cenário de vastidão legislativa como o que vivenciamos, mas devem ser interpretadas harmoniosamente na unicidade do ordenamento. Ademais, para seguir a coerência da doutrina tópico-sistemática, uma interpretação escorreita exigiria que se partisse de um caso concreto (do problema) para então se aventurar na pesquisa do ordenamento (no sistema), procedimento que já seria realizado de acordo com as premissas do *caso decidendo*[1].

---

[1] Feitas essas ressalvas, esclarece-se que não se discorrerá sobre todas as leis esparsas do nosso ordenamento que envolvem temas de direito de família, pois não cabem no espaço

84 PRINCÍPIO DA AFETIVIDADE NO DIREITO DE FAMÍLIA – *Ricardo Calderón*

Ainda assim parece relevante a análise, mesmo que pontual, de algumas leis esparsas recentes que passaram a legislar sobre aspectos das relações familiares. Isso porque muitas delas trouxeram expressamente a afetividade agasalhada em suas disposições, o que pode contribuir para o estudo sistemático que se desenvolve.

Algumas alterações legislativas processadas nos últimos anos fazem referências ao afeto e à afetividade no próprio texto de lei, o que é um certo avanço de técnica legislativa e indica – além de certa sensibilidade – uma possível tendência. Isso pode ser percebido na chamada *Lei Maria da Penha*[2] (2006), nas *Leis da Guarda Compartilhada*[3] (2008 e 2014), na nova *Lei da Adoção*[4] (2009) e na *Lei da Alienação Parental*[5] (2010).

A chamada *Lei Maria da Penha* (Lei Federal nº 11.340/2006) traz interessante definição de família, ao estipular quais relações estariam atingidas pelas suas disposições, e, a seguir, as estende também a quaisquer relações íntimas de afeto. Essas conceituações constam do art. 5º, incs. II e III, da referida lei.

> Lei nº 11.340/2006 – *Lei Maria da Penha*
>
> Art. 5º Para os efeitos desta Lei, configura violência doméstica e familiar contra a mulher qualquer ação ou omissão baseada no gênero que lhe cause morte, lesão, sofrimento físico, sexual ou psicológico e dano moral ou patrimonial:
>
> I – no âmbito da unidade doméstica, compreendida como o espaço de convívio permanente de pessoas, com ou sem vínculo familiar, inclusive as esporadicamente agregadas;

---

restrito deste trabalho. A título exemplificativo, analisar-se-ão brevemente aspectos isolados de algumas leis específicas, estritamente no que se referem à afetividade.

[2] BRASIL, Lei Federal nº 11.340/2006, art. 5º, III. Faz remissão expressa à relação afetiva ao definir as relações com incidência de suas disposições.

[3] BRASIL, Lei Federal nº 11.698/2008. Estipula novos requisitos para a definição do regime de guarda, sendo um deles o afeto. Esta lei alterou expressamente os arts. 1.583 e 1.584 do Código Civil brasileiro. Incluiu parágrafo segundo no art. 1.583; BRASIL, Lei Federal nº 13.058/2014. Altera os arts. 1.583, 1.584, 1.585 e 1.634 do Código Civil brasileiro, para estabelecer o significado da expressão "guarda compartilhada" e dispor sobre a sua aplicação.

[4] BRASIL, Lei Federal nº 12.010/2009. Cita expressamente a afetividade como critério de identificação da família extensa ou ampliada (art. 25, parágrafo único) e também como fator relevante na definição da família substituta (art. 28, § 3º).

[5] BRASIL, Lei Federal nº 12.318/2010. Regula e traz punições aos casos de Síndrome da Alienação Parental. Dentre os fatores que a caracterizam inclui atos que prejudiquem a relação de afeto dos filhos com um dos genitores (art. 3º).

II – no âmbito da família, compreendida como a *comunidade formada por indivíduos que são ou se consideram aparentados, unidos por laços naturais, por afinidade ou por vontade expressa;*

III – em qualquer *relação íntima de afeto*, na qual o agressor conviva ou tenha convivido com a ofendida, independentemente de coabitação.

Parágrafo único. As relações pessoais enunciadas neste artigo independem de orientação sexual. (grifos nossos)

É possível perceber a referência expressa ao afeto na caracterização das relações que estariam cobertas pela referida lei. Como o objetivo expresso é abarcar situações de violência familiar, no inc. III engloba todos os casos que envolvem "relação íntima de afeto", ou seja, recorre ao afeto para qualificar os relacionamentos que quer proteger. Percebe-se também que no inc. II o legislador previu um conceito elastecido de família ao incluir nele toda *comunidade formada por indivíduos unidos por vontade expressa*, no que se correlaciona indiretamente a um vínculo afetivo (que estaria englobado nessa *vontade expressa de viver em família*)[6]. A abertura conferida por tal definição de família já não traz os problemas de muitas outras conceituações restritas ou precipuamente formais. Digna de elogio, também, o alerta que a lei se aplica independentemente de orientação sexual[7].

A primeira *Lei da Guarda Compartilhada* (Lei Federal nº 11.698/2008), inovação que introduziu o instituto no Brasil, incentivava a estipulação da guarda compartilhada dos filhos menores após a dissolução do vínculo entre os pais. Na verdade, ela alterou dois dispositivos do próprio Código Civil que tratavam da guarda (arts. 1.583 e 1.584)[8], prevendo o novo regime da guarda compartilhada, que de certa forma era incentivado por essa legislação, mas ainda permanecia facultativo. Esse regramento já foi alterado pela Lei nº 13.058/2014 (que trouxe o regime da guarda compartilhada como prioritário e será adiante analisada), mas registre-se, apenas, que esta legislação do ano de 2008 trazia, nos dois artigos do código por ela alterados, remissão expressa ao afeto (art. 1.583, § 2º, I) e à afetividade (art. 1.584, § 5º). Na perspectiva de então, o papel exercido pela afetividade na definição da guarda se constitui em um critério decisório no momento de escolha do guardião, com guarida

---

[6]   DIAS, Maria Berenice. **União homoafetiva**: o preconceito & justiça. 4. ed. rev., atual. e ampl. São Paulo: Revista dos Tribunais, 2009, p. 141.

[7]   Em decorrência dessa disposição se verifica a extensão da lei a casais homoafetivos e, recentemente, até mesmo a transexuais (pessoa trans).

[8]   Essas disposições já foram citadas quando da análise sobre o tratamento conferido pelo Código à afetividade.

de expressa previsão legal. Como se vê, na perspectiva dessa lei, a afetividade deveria ser apurada no caso concreto para fornecer subsídios ao julgador para definir eventual conflito evolvendo a guarda do filho. Entretanto, alguns desses dispositivos foram alterados e não estão mais em vigor.

Em 2014 foi aprovada a Lei nº 13.058, chamada por alguns de lei da "guarda compartilhada obrigatória", que traz esse regime como prevalecente no direito brasileiro. Ou seja, procura impor o compartilhamento como regra para as deliberações de guarda de filhos, em sistema que comportaria pou-quíssimas exceções. Para tanto, alterou expressamente os arts. 1.583, 1.584, 1.585 e 1.634 do Código Civil (que têm suas atuais redações por traçados por essa lei). Conforme já exposto, essa alteração legislativa implementada pela Lei nº 13.058 extirpou os critérios expressos que até então constavam dos dispositivos do Código Civil sobre guarda (entre esses critérios figurava expressamente a afetividade, prevista no revogado § 2º do art. 1.583, CC). O intuito do novo regramento é impor o compartilhamento da guarda de forma cogente e objetiva, o que vem sendo admitido e, de certa forma, concretizado. Mesmo com tal orientação, a afetividade deve seguir figurando como um dos fatores de influência na definição da guarda e dos períodos de convivência com cada um dos pais[9]. Isso porque, o melhor interesse do filho exige que seja observado no caso concreto qual é a modalidade de convívio que melhor o representa. Para tanto, é inafastável se imiscuir minimamente no vínculo afetivo entre filhos, pais e mães para obter os elementos de deliberação[10].

Desde a redação originária do Código Civil de 2002 que o direito de família brasileiro utiliza a afetividade como critério para definição da guarda e fixação dos períodos de convivência. No texto primevo do código, ela era extraída a partir da locução "melhores condições", que constava no art. 1.584 do CC/2002, como bem explica Flávio Tartuce:

---

[9]   TEIXEIRA, Ana Carolina Brochado. **Família, guarda** e **autoridade parental**. 2. ed. Rio de Janeiro: Renovar, 2009, p.136-137.

[10]   "Os dispositivos legais que regulam a guarda compartilhada devem ser interpretados sistematicamente, e o 'espírito da mediação' é a ética esperada para uma visão ampla das relações familiares, com fundamento no conhecimento interdisciplinar, para permitir que cada núcleo familiar projete o futuro de acordo com suas características, suas limitações, suas possibilidades. Ademais, a guarda conjunta deve ser concebida para repartir os encargos na criação da prole, para criar espaço às questões de gênero, afinal, o superior interesse da criança é de ter seu lugar no mosaico familiar, e que seus pais possam refazer a vida afetiva." BARBOSA, Águida Arruda. Guarda compartilhada e mediação familiar: uma parceria necessária. **Revista Nacional de Direito de Famílias e Sucessões**. v. 1, p. 20-36 jul/ago 2014. Porto Alegre: Magister, 2014, p. 36.

A expressão melhores condições, constante da redação originária do art. 1.584 do CC/2002, sempre foi como uma cláusula geral. E para preenchê-la a doutrina nacional reiteradamente propunha o atendimento do maior interesse da criança e do adolescente. Nesse contexto, Maria Helena Diniz, com base na doutrina francesa, sempre apontou a existência de três critérios, três referenciais de continuidade, que poderiam auxiliar o juiz na determinação da guarda, caso não fosse possível um acordo entre os cônjuges. O primeiro deles seria o *continuum* de afetividade, pois o filho deve ficar com quem se sente melhor, sendo interessante ouvi-lo, sempre que isso for possível. O segundo é o *continuum* social, pois a criança ou adolescente deve permanecer onde se sente melhor, levando-se em conta o ambiente social, as pessoas que o cercam. Por fim, cabe destacar o *continuum* espacial, eis que deve ser preservado o espaço do filho, o "envoltório espacial de sua segurança", conforme ensina a professora Titular da PUC/SP1. Justamente por esses três critérios é que, geralmente, quem já exercia a guarda unilateral sempre teve maiores chances de mantê-la. Até então a guarda unilateral com regulamentação de visitas era a única opção prevista expressamente em lei[11].

Na reforma da Lei nº 11.698 de 2008 o critério da afetividade passou a constar expressamente como critério de deliberação da guarda, a partir do texto do inc. I do § 2º do art. 1.583 do CC (redação da Lei nº 11.698/2008). Consequentemente, a partir de então a afetividade se popularizou ainda mais como critério orientador da decisão sobre a guarda de filhos. Ainda que a alteração da Lei nº 13.058 de 2014 não traga a afetividade expressamente como critério para fixação da guarda entre os pais (estando sua previsão expressa restrita aos casos de destinação da guarda à terceiros, no § 5º do art. 1.584, CC), a sua leitura principiológica não pode ser ignorada.

Em face desse histórico sedimentado na cultura jurídica jusfamiliarista brasileira, bem como por estar em harmonia com os demais princípios e regras que incidem na espécie, sustenta-se que a afetividade deve prosseguir como critério balizador das decisões relativas à guarda e à convivência familiar dos pais com seus filhos[12]. Portanto, mesmo a partir da nova legislação

---

[11]   TARTUCE, Flávio. A lei da guarda compartilhada (ou alternada) obrigatória. Análise crítica da Lei 13.058/14 – Parte I. **Migalhas**, 25 fev. 2015. Disponível em: http://www.migalhas.com.br/FamiliaeSucessoes/104,MI215990,51045-A+Lei+da+Guarda+Compartilhada+ou+alternada+obrigatoria+Analise. Acesso em: 14 abr. 2023.

[12]   "É necessário manter os laços de afetividade, minorando os efeitos que o divórcio ou a dissolução da união acarreta nos filhos." DIAS, Maria Berenice. Novo conceito de compartilhamento: igualdade parental. **Revista IBDFam: Famílias e Sucessões**, v. 7, p. 11-22, Belo Horizonte: IBDFam, jan./fev. 2015, p. 23.

sobre guarda e convivência familiar (com as alterações incluídas em 2014), nada impede que o critério da afetividade prossiga orientando as decisões de guarda e convivência familiar, seja pela equipe interdisciplinar, seja pelos operadores do Direito[13]. A abertura ao caso concreto nas questões de guarda e convivência (visitas) dos filhos será conferida pelos princípios do melhor interesse da criança e do adolescente e pelo princípio da afetividade.

Também a denominada *Lei da Adoção* (Lei Federal nº 12.010/2009), ao prever as condições que serão levadas em conta para estipulação da família extensa ou substituta, trouxe em seu texto duas remissões expressas à afetividade, que passa, então, a ser critério balizador do julgador no momento de definir o destino do adotando.

> Lei nº 12.010/2009 – Lei da Adoção
>
> Art. 25. Entende-se por família natural a comunidade formada pelos pais ou qualquer deles e seus descendentes.
>
> Parágrafo único. Entende-se por família extensa ou ampliada aquela que se estende para além da unidade pais e filhos ou da unidade do casal, formada por parentes próximos com os quais a criança ou o adolescente convive e mantém vínculos de afinidade e *afetividade*.
>
> Art. 28. A colocação em família substituta far-se-á mediante guarda, tutela ou adoção, independentemente da situação jurídica da criança ou adolescente, nos termos desta Lei.
>
> § 1º Sempre que possível, a criança ou o adolescente será previamente ouvido por equipe interprofissional, respeitado seu estágio de desenvolvimento e grau de compreensão sobre as implicações da medida, e terá sua opinião devidamente considerada.
>
> § 2º Tratando-se de maior de 12 (doze) anos de idade, será necessário seu consentimento, colhido em audiência.
>
> § 3º Na apreciação do pedido levar-se-á em conta o grau de parentesco e a relação de afinidade ou de afetividade, a fim de evitar ou minorar as consequências decorrentes da medida. (grifos nossos)

No processo de adoção, a definição de família extensa ou substituta eleita é um momento central, sendo que, para tal contexto, o legislador houve por bem incluir a afetividade como um dos critérios que orientarão a análise dos

---

[13] "A guarda jurídica compartilhada define os dois genitores, do ponto de vista legal, como iguais detentores da autoridade parental para tomar todas as decisões que afetem os filhos. Sua proposta é manter os laços de afetividade, buscando abrandar os feitos que o fim da sociedade conjugal pode acarretar aos filhos." ROSA, Conrado Paulino da. **Nova lei da guarda compartilhada**. São Paulo: Saraiva, 2015, p. 63.

responsáveis pela decisão (juntamente com os demais critérios da própria lei e sempre em atenção ao princípio constitucional do melhor interesse da criança e do adolescente). Há clara indicação da lei no sentido de que a afetividade será fator relevante a ser levado em conta no momento decisivo do processo de adoção (o que parece correto e indicado, em face das peculiaridades das relações envolvidas em questões do estilo)[14].

O que merece ser destacado tanto na Lei nº 12.010/2009 como na Lei nº 11.698/2008 é a inclusão da afetividade como critério decisório direcionado ao julgador no momento do acertamento de um caso concreto específico[15]. Ou seja, tais disposições não trazem a afetividade apenas de maneira genérica, retórica ou de algum modo *programática*, muito pelo contrário, as reformas legislativas a incluíram como critério a ser concretamente observado na solução do caso *sub judice*. Nesses textos não paira qualquer dúvida sobre a *força normativa da afetividade*, o que evidencia ser possível se extrair a necessária objetividade jurídica, mesmo a partir de um tema que possui uma inerente subjetividade[16]. Ou seja, o legislador não viu qualquer óbice na utilização da afetividade até mesmo como um dos critérios objetivos a ser levado em conta no momento da decisão de processos judiciais (que pode envolver litígios e lida com situações que merecem especial atenção por envolver crianças e adolescentes). Não se percebe qualquer retração, dúvida ou cautela com uma suposta "subjetividade" ou "abstração" inerente à afetividade, o que, para os que argumentam nesse sentido, impediria o Direito de trabalhar com tal conceito (como muitos sustentam).

Há que se registrar, ainda, que tanto a atual lei da adoção como a lei da guarda compartilhada estão há alguns anos em vigor e não se percebeu qualquer caos jurisdicional com a utilização da afetividade judicialmente, e muito menos críticas doutrinárias ou jurisprudenciais contundentes contra seu uso, eis que essas leis até sofrem críticas, mas não nesse aspecto[17]. O uso

---

[14] MADALENO, Rolf. **Curso de direito de família**. 5. ed., rev. atual. ampl. Rio de Janeiro: Forense, 2013, p. 612.

[15] BIRCHAL, Alice de Souza. Novos Paradigmas Jurídicos da Filiação e da Adoção: a afetividade como perfil da Lei nº 12.010, de 03 de agosto de 2009. In: EHRHARDT JÚNIOR, Marcos; ALVES, Leonardo Barreto Moreira (coords.). **Leituras complementares**: direitos das famílias. Salvador: Podivm, 2010, p. 339.

[16] ASSIS, Marli Martins de. A distorção teórica dos elementos subjetivos nas decisões judiciais. **Revista Brasileira de Direito das Famílias e Sucessões**, Porto Alegre, Magister; Belo Horizonte, IBDFam, v. 21, abr./maio 2011, p. 84.

[17] AZAMBUJA, Maria Regina Fay de. A adoção sob a perspectiva da proteção integral. In: ZIMERMAN, David; COLTRO, Antônio Carlos Mathias (orgs.). **Aspectos psicológicos na prática jurídica**. 3. ed. Campinas: Millenium, 2010, p. 312.

equilibrado da afetividade em processos judiciais, mediante clara fundamentação e recurso a equipes multiprofissionais, quando necessário, indica que não há óbice na sua utilização pelo Direito. Resta evidenciado, com isso, a possibilidade de se utilizar a afetividade no meio jurídico de maneira objetiva, sem que exista qualquer incompatibilidade *a priori*.

Outra alteração legislativa que tratou do afeto de modo expresso foi a chamada *Lei da Alienação Parental* (Lei Federal nº 12.318/2010), que tem como objetivo reprimir condutas que prejudiquem a relação dos filhos com os pais (geralmente um deles). Ao definir os fundamentos que justificariam a repressão à alienação parental, a lei traz a tutela do afeto de modo expresso no seu texto.

> Lei nº 12.318/2010 – Lei da Alienação Parental
>
> Art. 3º. *A prática de ato de alienação parental fere direito fundamental da criança ou do adolescente de convivência familiar saudável*, prejudica a realização de afeto nas relações com genitor e com o grupo familiar, constitui abuso moral contra a criança ou o adolescente e descumprimento dos deveres inerentes à autoridade parental ou decorrentes de tutela ou guarda. (grifos nossos)

A proteção da afetividade na relação parental resta claramente como um dos objetivos principais da novel legislação[18], o que está de acordo com o movimento que protege e valora a afetividade nas relações familiares. Com a legislação prevendo até mesmo medidas repressivas para atos que injustificadamente afrontem relações parentais afetivas, resta difícil, nesse estágio, sustentar que o ordenamento não acolhe a afetividade, seja como princípio, seja como valor relevante, no trato das relações familiares[19].

O projeto de *Estatuto das Famílias*[20] (Projeto de Lei nº 2.285/2007), em trâmite no Congresso Federal brasileiro, visa criar um estatuto que trate das regras de direito de família, o que conferiria maior especificidade e permitiria

---

[18] "De acordo com Ana Carolina Madaleno a alienação parental decorre de um trabalho incessante, silencioso e sutil do alienador, que precisa de tempo para pôr em prática sua estratégia para eliminar vínculos afetivos do filho com o progenitor alienado." (MADALENO, Rolf. **Curso de direito de família**. 5. ed., rev. atual. ampl. Rio de Janeiro: Forense, 2013, p. 449).

[19] A temática será desdobrada na Seção IX do Capítulo IV desta edição.

[20] Tramita no Congresso Nacional brasileiro o Projeto de Lei nº 2.285/2007, Relatoria do Deputado Federal Sergio Barradas Carneiro, atualmente em trâmite na Câmara dos Deputados do Congresso Nacional do Brasil, texto base elaborado pelo Instituto Brasileiro de Direito de Família.

melhor regulação dos princípios e das regras que devem balizar tais relações. A técnica legislativa adotada merece destaque, pois a proposta de Estatuto traz expressamente quais são os princípios fundamentais que o orientam:

> Art. 5º Constituem princípios fundamentais para a interpretação e aplicação deste Estatuto a dignidade da pessoa humana, a solidariedade familiar, a igualdade de gêneros, de filhos e das entidades familiares, a convivência familiar, o melhor interesse da criança e do adolescente e a *afetividade*. (grifos nossos)

É inegável que os redatores do Estatuto constataram a relevância da afetividade, tanto que a adotaram de forma expressa no rol de princípios que devem balizar sua interpretação, consagrando-a como um dos pilares fundamentais (a proposta de estatuto também prevê vários outros princípios específicos do direito de família: dignidade, solidariedade, igualdade, convivência familiar e melhor interesse da criança). É possível notar que a proposta classifica expressamente a afetividade como princípio, o que, embora não seja estritamente necessário, auxiliaria a demover as resistências que são atualmente encontradas para aceitar a afetividade como princípio do direito de família.

O estatuto também inova ao regular a questão do parentesco[21], tema que ainda hoje gera dúvidas com a redação atual do Código Civil, pelo que inclui também expressamente o parentesco decorrente da socioafetividade como um dos elos possíveis.

> Art. 10. *O parentesco resulta da consanguinidade*, da socioafetividade ou da afinidade. (grifos nossos)

Na questão da parentalidade, a proposta do estatuto incorpora o que atualmente tem agasalho apenas doutrinário e jurisprudencial (respaldado ainda pelos enunciados das Jornadas de Direito Civil[22]). Por esses aspectos, o Projeto de Lei nº 2.285/2007 se mostra adequado ao tratamento do direito de família brasileiro, pois reconhece a importância da adoção de princípios

---

[21]   Anote-se que tanto o princípio da afetividade constante do art. 5º como o parentesco por socioafetividade constante do art. 10 do Estatuto restaram mantidos no projeto de lei, mesmo após os debates e as emendas que foram processados nas comissões legislativas do Congresso Brasileiro até o presente momento.

[22]   O que se verifica no Enunciado 108 da I Jornada de Direito Civil: "Enunciado 108 – Art. 1.603: no fato jurídico do nascimento, mencionado no art. 1.603, compreende-se, à luz do disposto no art. 1.593, a filiação consanguínea e também a socioafetiva".

para tentar melhor responder às demandas das complexas famílias do novo milênio e, entre eles, inclui explicitamente a afetividade[23].

A proposta de positivação da afetividade como princípio fundamental – tal como consta no Estatuto das Famílias – poderá contribuir para sua difusão de forma ainda mais vigorosa e profícua[24], entretanto, cabe deixar claro que não se trata apenas de defender uma proposta *de lege ferenda*, como a constante no projeto de lei acima exposto, pois já há elementos no tecido normativo para sustentar a afetividade como princípio *de lege lata*[25].

Além das disposições citadas (cujo rol é meramente exemplificativo), poderiam ser analisadas várias outras leis que trazem a tutela de uma dimensão afetiva de modo implícito ou indireto, como pode ser percebido na Emenda Constitucional nº 66/2010[26] (Emenda do Divórcio), eis que, o que se percebe na *ratio legis* é a priorização da liberdade da pessoa, permitindo que exerça livremente seu projeto pessoal afetivo[27]. Essa verificação de quais valores visam ser protegidos pela legislação pode permitir encontrar um incontável número de dispositivos legais nesse sentido, corroborando a crescente assimilação legislativa da mudança de paradigma na família como ora se sustenta[28].

Alguns autores ainda destacam a tutela da afetividade presente no Estatuto da Pessoa Idosa (Lei nº 10.741/2003, art. 3º), conforme acentua Tânia da Silva Pereira

> no âmbito da velhice, a afetividade adquire contornos cada vez mais notórios, envolvendo não somente os vínculos estabelecidos entre avós e

---

[23] DIAS, Maria Berenice. O estatuto da ética. IBDFam, 22. dez. 2010. Disponível em: http://www.ibdfam.org.br/?artigos&artigo=698. Acesso em: 14 abr. 2023.

[24] PEREIRA, Rodrigo da Cunha. **Princípios fundamentais norteadores para o direito de família**. Belo Horizonte: Del Rey, 2005, p. 12.

[25] CALDERÓN, Ricardo L. Famílias: afetividade e contemporaneidade –– para além dos Códigos. In: TEPEDINO, Gustavo; FACHIN, Luiz Edson (orgs.). **Pensamento crítico do direito civil brasileiro**. Curitiba: Juruá, 2011, p. 279.

[26] BRASIL, Emenda Constitucional nº 66, de 2010. Regula o divórcio no sistema brasileiro extinguindo prazos de separação como requisitos para sua realização.

[27] PEREIRA, Rodrigo da Cunha. **Divórcio**: teoria e prática. São Paulo: GZ, 2011, p. 48.

[28] Apenas como exemplo, cita-se a Lei federal nº 11.924/2009 (apelidada de "Lei Clodovil"), que permite a alteração do patronímico para que o "enteado/a" reste com o mesmo sobrenome do padrasto ou da madrasta. Essa legislação permite a regularização da questão do nome nos diversos casos de posse de estado de filho, demonstrando que, de certo modo, tutela aspecto de uma relação socioafetiva.

Cap. III · PERFIL E CONTEÚDO DO PRINCÍPIO DA AFETIVIDADE | 93

netos, como também aqueles decorrentes dos relacionamentos amorosos entre os mais velhos[29].

A temática da afetividade também vem perfilando nos projetos de lei que pretendem cuidar de temas familiares e sucessórios, por exemplo, o Projeto de Lei nº 3.212/2015, que "Altera a Lei nº 8.069, de 13 de julho de 1990 (ECA), para caracterizar o abandono afetivo como ilícito civil"[30]. A proposta visa regulamentar o dever de assistência afetiva, detalhando-a, além de prever expressamente a possibilidade de fixação de indenização por abandono afetivo[31]. Para tanto, o referido projeto de lei propõe alterações, dentre outros, nos arts. 4º, 5º e 22 do ECA.

Art. 1º A Lei nº 8.069, de 13 de julho de 1990 (ECA), passa a vigorar com as seguintes alterações:

> "Art. 4º [...]
>
> § 2º Compete aos pais, além de zelar pelos direitos de que trata o art. 3º desta Lei, **prestar aos filhos assistência afetiva**, seja por convívio, seja por visitação periódica, que permita o acompanhamento da formação psicológica, moral e social da pessoa em desenvolvimento.
>
> § 3º Para efeitos desta Lei, **compreende-se por assistência afetiva**:
>
> I – orientação quanto às principais escolhas e oportunidades profissionais, educacionais e culturais;
>
> II – solidariedade e apoio nos momentos de intenso sofrimento ou dificuldade;
>
> III – presença física espontaneamente solicitada pela criança ou adolescente e possível de ser atendida." (NR)

> "Art. 5º [...]
>
> Parágrafo único. Considera-se conduta ilícita, sujeita a reparação de danos, sem prejuízo de outras sanções cabíveis, a ação ou a omissão que ofenda direito fundamental de criança ou adolescente previsto nesta Lei, **incluindo os casos de abandono afetivo**." (NR)

---

[29] PEREIRA, Tânia da Silva. A importância da convivência familiar e social para o idoso. In: PEREIRA, Tânia da Silva; OLIVEIRA, Guilherme; COLTRO, Antonio Carlos Mathias (orgs.). **Cuidado e afetividade**: projeto Brasil/Portugal – 2016-2017. São Paulo: Atlas, 2017, p. 623.

[30] O projeto já foi aprovado no Senado Federal (PLS 700/2007) e atualmente está em trâmite na Câmara Federal atualmente como Projeto de Lei nº 3.212/2015.

[31] Sobre abandono afetivo, ver Seção IX do Cap. IV.

"Art. 22. Aos pais incumbe o dever de sustento, guarda, convivência, **assistência material e afetiva** e educação dos filhos menores, cabendo-lhes ainda, no interesse destes, a obrigação de cumprir e fazer cumprir as determinações judiciais." (NR)

O objeto central dessa proposta legislativa é impor o dever de cuidado (assistência afetiva) pelos pais, prevendo inclusive a possibilidade de reparação em casos de abandono afetivo, na esteira do que já deliberou o Superior Tribunal de Justiça (STJ) (ao fixar precedente quanto a possibilidade de abandono afetivo[32]).

As reiteradas remissões à afetividade nessas disposições certamente são indicativos de que, a par da ausência de univocidade discursiva legislativa, há, até o momento, um rumo indicado pelo legislador que reafirma seu caráter principiológico e consagra sua relevância quando do trato das relações familiares. Logicamente que essas regras devem ser inseridas em uma análise unitária do ordenamento, a partir de uma leitura civil-constitucional, com os valores constitucionais como unificadores do sistema. Entretanto, o que se percebe em tal análise sistemática axiológico-constitucional não é nenhuma contradição, ao contrário, sobressai uma perfeita harmonia entre elas no que se refere ao acolhimento da afetividade, legislativa e constitucionalmente.

Há, assim, um conjunto de elementos que externa a relevância da afetividade no nosso sistema jurídico a indicar que diversas disposições legais visam tutelar situações afetivas existenciais. Esse movimento legislativo, entre avanços e retrocessos, e apesar de estar aquém do que se demanda dele na atualidade, parece estar alinhado com a transição constatada na própria família brasileira. Também não ignoram e não se afastam desse posicionamento a jurisprudência e a doutrina pátrias, que há muito fazem coro no sentido de reconhecer paulatinamente a afetividade.

SEÇÃO II. A CRESCENTE ACEITAÇÃO JURISPRUDENCIAL E DOUTRINÁRIA DA AFETIVIDADE

A jurisprudência desempenhou um papel fundamental na consolidação da categoria jurídica da afetividade no sistema brasileiro, eis que, muito antes de qualquer dispositivo legislativo expresso, já reconhecia a afetividade em diversos casos. São inúmeras decisões que, mais incisivamente a partir da última década, concederam efeitos jurídicos à afetividade em diversas situações concretas.

---

[32] STJ, REsp 1.159.242, Rel. Min. Nancy Andrigui.

Como dito alhures, a tardia introdução da afetividade nos textos de lei conferiu maior relevância ao seu reconhecimento jurisprudencial, eis que, muito antes da adoção expressa pelo legislador, a jurisprudência já se dedicava ao tema[33]. Um caso emblemático foi julgado pelo Tribunal de Justiça do Estado do Paraná, em 2001, no qual se discutia uma relação paterno-filial consolidada faticamente, mas que, no decorrer do litígio, se comprovou ausente o vínculo genético. Ao deliberar sobre o caso, o tribunal decidiu pela manutenção do vínculo parental mesmo sem o vínculo biológico, declarando que reconhecia *in casu* uma "paternidade socioafetiva".

> Negatória de paternidade. "Adoção à brasileira". Confronto entre a verdade biológica e A socioafetiva. Tutela da dignidade da pessoa humana. Procedência. Decisão reformada. A ação negatória de paternidade é imprescritível, na esteira do entendimento consagrado na Súmula 149/STF, já que a demanda versa sobre o estado da pessoa, que é emanação do direito da personalidade. 2. No confronto entre a verdade biológica, atestada em exame de DNA, e a verdade socioafetiva, decorrente da denominada "adoção à brasileira" (isto é, da situação de um casal ter registrado, com outro nome, menor, como se deles filho fosse) e que perdura por quase quarenta anos, há de prevalecer a solução que melhor tutele a dignidade da pessoa humana. 3. A paternidade *socioafetiva*, estando baseada na tendência de personificação do direito civil, vê a família como instrumento de realização do scr humano; aniquilar a pessoa do apelante, apagando-lhe todo o histórico de vida e condição social, em razão de aspectos formais inerentes à irregular "adoção à brasileira", não tutelaria a dignidade humana, nem faria justiça ao caso concreto, mas, ao contrário, por critérios meramente formais, proteger-se-iam as artimanhas, os ilícitos e as negligências utilizadas em benefício do próprio apelado[34]. (grifos nossos)

Essa decisão distingue expressamente as figuras do ascendente genético e do pai, reconhecendo no caso concreto vínculo paterno-filial decorrente

---

[33] O reconhecimento jurisprudencial gradativo conferido às uniões estáveis antes de 1988 pode ser considerado uma das formas de reconhecimento jurídico de uma relação precipuamente afetiva, mesmo sem legislação expressa que a agasalhasse. Em que pese a timidez do trato e as críticas que atualmente podem ser postas, é possível perceber que a jurisprudência passou a reconhecer de algum modo aquelas relações antes tidas como "invisíveis" ao direito. Sobre a evolução jurisprudencial desta matéria, ver: VILLAÇA, Álvaro. **Estatuto da família de fato**. 3. ed. São Paulo: Atlas, 2011, p. 183 e ss.

[34] TJPR, Apelação Cível 108.417-9, 2ª Vara de Família, Curitiba. Apelante: G.S. / Apelado: A.F.S. / Relator: Desembargador Accácio Cambi, j. 12.12.2001.

de uma relação socioafetiva, construído faticamente (na relação que restou conhecida como "adoção à brasileira", ou seja, uma espécie de adoção informal com a criação de menor como filho sem as formalidades do processo judicial de adoção). O que merece destaque no *decisum* é que foi proferido ainda sob as égides do Código de 1916, que trazia uma racionalidade mais áspera para o acolhimento de situações subjetivas afetivas.

Na esteira dessa decisão, inúmeras outras foram proferidas no mesmo sentido, passando a ser recorrente o reconhecimento de paternidades socioafetivas, muitas delas fundamentadas no conceito de posse de estado de filho. A jurisprudência estendeu o papel que inicialmente foi destinado à socioafetividade, aplicando-a em diversos casos, não a restringindo à questão da paternidade, de tal sorte que é possível afirmar que a construção da afetividade no sistema brasileiro deve-se, em grande parte, ao esforço jurisprudencial. Diversos tribunais estaduais passaram a reconhecer situações afetivas como geradoras de vínculos parentais, que seriam consubstanciados pelos fatos sociais e pela doutrina que lhes respaldava[35].

Nesse contexto, o STJ assumiu papel relevante ao legitimar tais decisões. Na função de unificador das decisões jurisprudenciais e guardião das leis infraconstitucionais, o STJ foi firme em respaldar tais julgados reconhecedores da afetividade nas relações familiares, muitas vezes sem lei expressa que lhes respaldassem. Ao proferir seu voto no REsp 119.346/GO, o Ministro Ruy Rosado do Aguiar se manifestou no sentido de reconhecer um vínculo parental afetivo que perdurava por muitos anos, ao qual nominou como um "parentesco social":

> [...] a fundamentação do voto do eminente Ministro-Relator é importante porque aplica a teoria que dá relevância ao fato da "paternidade social", ou da "maternidade social", que é o caso dos autos e muito raro no Foro. A maternidade que se apresenta e se consolida durante quarenta anos cria um estado afetivo, social, familiar, e mesmo jurídico que, em princípio, não deve ser desfeito[36].

---

[35] Vários tribunais estaduais passaram a reconhecer a afetividade em seus julgados, de modo que o tema surge inicialmente nas instâncias inferiores e, na sequência, chega aos tribunais superiores. Sem minimizar a importância destas decisões dos colegiados locais este trabalho optará por centralizar sua análise em alguns julgados do Superior Tribunal de Justiça, face a relevância das suas decisões em nosso sistema judicial. Além disso, a presente edição propõe verticalizar o reconhecimento da afetividade em diferentes temáticas no Capítulo IV.

[36] STJ, REsp 119.346/GO. Rel. Min. Barros Monteiro, 4ª Turma, unânime, j. 1º.04.2003. Trecho do voto do ministro Ruy Rosado do Aguiar proferido neste julgamento.

Esse posicionamento foi gradativamente adotado pela Corte Superior e refletiu, de certo modo, a transição paradigmática vivenciada pela sociedade e pelo direito de família. Anteriormente ao reconhecimento de efeitos jurídicos a relações afetivas, os tribunais restavam adstritos a questões formais quando da análise de tais casos concretos, muitas vezes realizando grande esforço para tutelar uma situação em pauta apenas com base em presunções legais e requisitos de tempestividade e legitimidade[37]. Após o reconhecimento expresso de efeitos jurídicos a relações fáticas meramente afetivas, percebeu-se um outro momento jurisprudencial.

A paulatina guarida concedida pelo Superior Tribunal foi essencial para a solidificação do reconhecimento da afetividade no direito brasileiro. Diversas decisões consolidaram a distinção que era sustentada por João Baptista Villela entre ascendente genético e pai, com o STJ em muitos casos permitindo que se averiguasse eventual liame genético sem desconstituir o parentesco socioafetivo muitas vezes consolidado (como no REsp 813.604/SC[38] e REsp 127.541[39]).

Em 2009 o Min. Luis Felipe Salomão já era firme em sustentar deliberações com base na afetividade como princípio, em decisões de casos concretos, nos quais afirmava que "o que deve balizar o conceito de 'família' é, sobretudo, o princípio da afetividade, que fundamenta o direito de família na estabilidade das relações socioafetivas e na comunhão de vida, com primazia sobre as considerações de caráter patrimonial ou biológico"[40].

Em consonância com tal entendimento diversas decisões passaram a reconhecer vínculos parentais socioafetivos, ou seja, relações consubstanciadas exclusivamente por laços afetivos. Exemplo disso é o seguinte julgado:

---

[37] O que pode ser percebido nos julgamentos dos seguintes recursos: REsp 215.249, Rel. Min. Menezes Direito, 3ª Turma, unânime, j. 03.10.2002 e REsp 91.825, Rel. Min. Menezes Direito, 3ª Turma, unânime, j. 09.05.2000 (ambas as ações de investigação de paternidade foram extintas por ilegitimidade da parte autora).

[38] STJ, REsp 813.604/SC, Rel. Min. Nancy Andrighi, 3ª Turma, unânime, j. 16.08.2007. No caso, a decisão permitiu a uma criança adotada a averiguação de seu ascendente genético e, em face das peculiaridades do caso concreto em pauta, concedeu a possibilidade de ela pleitear alimentos ao genitor, mesmo com a adoção que havia sido regularmente celebrada. Relatório e voto deste julgado são inequívocos em adotar a distinção entre as figuras de pai/mãe e dos ascendentes genéticos.

[39] STJ, REsp 127.541, Rel. Min. Eduardo Ribeiro, 3ª Turma, unânime, j. 10.04.2000. Decisão reconhece a possibilidade de criança adotada investigar sua origem genética, sem que isso altere seu estado adotivo, distinguindo expressamente o vínculo parental da origem biológica.

[40] STJ, REsp 645.283, Rel. Min. Luis Felipe Salomão, 4ª Turma, unânime, j. 15.09.2009.

Registro civil. Reconhecimento de paternidade via escritura pública. Intenção livre e consciente. Assento de nascimento de filho não biológico. Retificação pretendida por filha do *de cujus*. Art. 1.604 do Código Civil. Ausência de vícios de consentimento. Vínculo socioafetivo. Ato de registro da filiação. Revogação. Descabimento. Arts. 1.609 e 1.610 do Código Civil.

1. Estabelecendo o art. 1.604 do Código Civil que "ninguém pode vindicar estado contrário ao que resulta do registro de nascimento, salvo provando-se erro ou falsidade de registro", a tipificação das exceções previstas no citado dispositivo verificar-se-ia somente se perfeitamente demonstrado qualquer dos vícios de consentimento, que, porventura, teria incorrido a pessoa na declaração do assento de nascimento, em especial quando induzido a engano ao proceder o registro da criança.

2. Não há que se falar em erro ou falsidade se o registro de nascimento de filho não biológico efetivou-se em decorrência do reconhecimento de paternidade, via escritura pública, de forma espontânea, quando inteirado o pretenso pai de que o menor não era seu filho; porém, materializa-se sua vontade, em condições normais de discernimento, movido pelo vínculo socioafetivo e sentimento de nobreza.

3. "O reconhecimento de paternidade é válido se reflete a existência duradoura do vínculo socioafetivo entre pais e filhos. A ausência de vínculo biológico é fato que por si só não revela a falsidade da declaração de vontade consubstanciada no ato do reconhecimento. A relação socioafetiva é fato que não pode ser, e não é, desconhecido pelo Direito. Inexistência de nulidade do assento lançado em registro civil" (REsp 878.941/DF, Terceira Turma, Relatora Ministra Nancy Andrighi, DJ de 17.09.2007).

4. O termo de nascimento fundado numa paternidade socioafetiva, sob autêntica posse de estado de filho, com proteção em recentes reformas do direito contemporâneo, por denotar uma verdadeira filiação registral – portanto, jurídica —, conquanto respaldada pela livre e consciente intenção do reconhecimento voluntário, não se mostra capaz de afetar o ato de registro da filiação, dar ensejo a sua revogação, por força do que dispõem os arts. 1.609 e 1.610 do Código Civil.

5. Recurso especial *provido*.[41] (grifos nossos)

---

[41] STJ, REsp 709.608/MS (2004/0174616-7), Rel. Min. João Otávio de Noronha, 4ª Turma, unânime, j. 05.11.2009. Trecho do voto do relator torna cristalino o reconhecimento da paternidade socioafetiva no caso em testilha: "Em casos como o presente, o termo de nascimento fundado numa paternidade socioafetiva, sob autêntica posse de estado de filho, com proteção em recentes reformas do direito contemporâneo, por denotar uma verdadeira filiação registral – portanto, jurídica –, conquanto respaldada pela livre e consciente intenção do reconhecimento voluntário, não se mostra capaz de afetar o ato de registro da filiação, dar ensejo à sua revogação, por força do que dispõem os arts. 1.609 e 1.610 do Código Civil de 2002".

Percebe-se, no caso, que o tribunal manteve uma paternidade registral corroborada por uma longa relação socioafetiva, mesmo ausente o vínculo genético. Essa decisão confirma o reconhecimento jurisprudencial que vinha sendo conferido à paternidade socioafetiva, consolidando o tema na órbita do STJ, em sintonia com o próprio precedente citado (da Min. Nancy Andrighi), cuja ementa merece transcrição:

> Reconhecimento de filiação. Ação declaratória de nulidade. Inexistência de relação sanguínea entre as partes. Irrelevância diante do vínculo socioafetivo.
>
> – Merece reforma o acórdão que, ao julgar embargos de declaração, impõe multa com amparo no art. 538, par. único, CPC se o recurso não apresenta caráter modificativo e se foi interposto com expressa finalidade de prequestionar. Inteligência da Súmula 98, STJ.
>
> – O reconhecimento de paternidade é *válido se reflete a existência duradoura do vínculo socioafetivo entre pais e filhos. A ausência de vínculo biológico é fato que por si só não revela a falsidade da declaração de vontade consubstanciada no ato do reconhecimento. A relação socioafetiva é fato que não pode ser, e não é, desconhecido pelo Direito. Inexistência de nulidade do assento lançado em registro civil.*
>
> – O STJ vem dando prioridade ao critério biológico para o reconhecimento da filiação naquelas circunstâncias em que há dissenso familiar, onde a relação socioafetiva desapareceu ou nunca existiu. Não se pode impor os deveres de cuidado, de carinho e de sustento a alguém que, não sendo o pai biológico, também não deseja ser pai socioafetivo. A *contrario sensu*, se o afeto persiste de forma que pais e filhos constroem uma relação de mútuo auxílio, respeito e amparo, é acertado desconsiderar o vínculo meramente sanguíneo, para reconhecer a existência de filiação jurídica. Recurso conhecido e provido.[42]

Esse julgado é expresso em reconhecer a paternidade socioafetiva como um fato social que merece reconhecimento pelo Direito, demonstrando concretamente a força construtiva dos fatos sociais[43]. O trecho do voto da

---

[42] STJ, REsp 878.941/DF (2006/0086284-0), Rel. Min. Nancy Andrighi, j. 21.08.2007.

[43] Outros julgados retratam o posicionamento consolidado do STJ no sentido de que, em pretensas anulações de registros (e vínculos) parentais, apenas com base na ausência de laços biológicos, deve prevalecer a realidade socioafetiva consolidada (somado ao melhor interesse da criança nos casos que envolvem menores), como no seguinte: STJ, REsp 1.078.285, Rel. Massami Uyeda, 3ª Turma, unânime, j. 13.10.2009. No mesmo sentido: STJ, REsp 234.833, Rel. Min. Helio Quaglia Barbosa, 4ª Turma, unânime, j. 25.09.2007; STJ, REsp 833.712/RS, Rel. Min. Nancy Andrighi, 3ª Turma, j. 17.05.2007; STJ, REsp 1.003.628, 3ª Turma, Rel. Min. Nancy Andrighi, unânime, j. 14.10.2008.

PRINCÍPIO DA AFETIVIDADE NO DIREITO DE FAMÍLIA – *Ricardo Calderón*

ministra relatora aclara o reconhecimento da relação socioafetiva: "[...] a paternidade socioafetiva pode estar, hoje, presente em milhares de lares brasileiros. O julgador não pode fechar os olhos a esta realidade que se impõe e o direito não deve deixar de lhe atribuir efeitos"[44]. Outro recente julgado do STJ vincula a possibilidade de reconhecimento do parentesco socioafetivo à cláusula geral de tutela da personalidade[45], o que constou, nesses termos, na ementa: "A filiação socioafetiva encontra amparo na cláusula geral de tutela da personalidade humana, que salvaguarda a filiação como elemento fundamental na formação da identidade e definição da personalidade da criança"[46].

Esse reconhecimento da afetividade pelo STJ restou reiterado de modo expresso no voto do Ministro Massami Uyeda, ao julgar o REsp 1.088.157/PB: "A família, nos tempos modernos, não se perfaz apenas por aquelas pessoas com as quais se têm ligações biológicas, senão também com aquelas outras pelas quais se mantêm um elo de afetividade"[47].

As possibilidades conferidas por tal perspectiva jurisprudencial são inúmeras e algumas delas já são sentidas atualmente. Como exemplo, a decisão do próprio STJ que reconheceu uma relação de maternidade socioafetiva (mesmo quando ausente o vínculo biológico), consagrando a relação afetiva entre mãe e filho. Confira-se trecho da ementa do REsp 100.356/SP:

> Direito civil. Família. Recurso Especial. Ação de anulação de registro de nascimento. Ausência de vício de consentimento. *Maternidade socioafeti-*

---

[44] Trecho do voto da Min. Nancy Andrigui proferido no julgamento do REsp 878.941/ DF (2006/0086284-0), Rel. Min. Nancy Andrighi, j. 21.08.2007.

[45] PERLINGIERI, Pietro. **La persona e i suoi diritti: problemi del diritto civile.** Napoli: Edizioni Scientifiche Italiane, 2005, p. 38.

[46] STJ, REsp 450.566/RS, Rel. Min. Nancy Andrigui, 3ª Turma, unânime, j. 03.05.2011. Trecho extraído da ementa deste julgado.

[47] STJ, REsp 1.088.157/PB, Rel. Min. Massami Uyeda, 3ª Turma, unânime, j. 23.06.2009. Ementa: "Recurso especial – Ação declaratória de nulidade de registro civil – Negativa de prestação jurisdicional – Alegação de violação genérica – Recurso especial, no ponto, deficientemente fundamentado – Aplicação da súmula 284/STF – Adoção à brasileira – paternidade socioafetiva – Impossibilidade, na espécie de desfazimento – Recurso especial improvido. 1. O conhecimento do recurso especial Exige a clara indicação do dispositivo, em tese, violado, bem assim em que medida o aresto a quo teria contrariado lei federal, o que *in casu* não ocorreu com relação à pretensa ofensa ao art. 535 do Código de processo Civil (Súmula 284/STF). 2. Em se tratando de adoção à brasileira, a melhor solução consiste em só permitir que o pai-adotante busque a nulidade do registro de nascimento, quando ainda não tiver sido constituído o vínculo de socioafetividade com o adotado. 3. Recurso especial improvido". A ementa torna patente o reconhecimento do vínculo de socioafetividade como suficiente a embasar vínculo familiar, o que foi reconhecido *in casu*.

va. Situação consolidada. Preponderância da preservação da estabilidade familiar. [...] – *Assim, ainda que despida de ascendência genética, a filiação socioafetiva constitui uma relação de fato que deve ser reconhecida e amparada juridicamente.* Isso porque a maternidade que nasce de uma decisão espontânea deve ter guarida no Direito de Família, assim como os demais vínculos advindos da filiação. – Como fundamento maior a consolidar a acolhida da filiação socioafetiva no sistema jurídico vigente, erige-se a cláusula geral de tutela da personalidade humana, que salvaguarda a filiação como elemento fundamental na formação da identidade do ser humano.[48] (grifos nossos)

Ou seja, os vínculos paterno e materno filiais não se restringem a elos biológicos, restando clara a culturalidade da relação, que pode restar consubstanciada apenas em laços afetivos. Em reiteradas decisões, o STJ vem conferindo importância crescente à afetividade nas relações familiares, nos mais diversos aspectos[49], demonstrando que ela não se restringe a questões de parentesco[50]. A importância da afetividade nos relacionamentos restou externada no voto do Ministro Luis Felipe Salomão, proferido no REsp 1.122.547/MG, no qual cita expressamente o aspecto principiológico do tema:

[...] Por fim, cabe lembrar que o *princípio fundamental, em sede de direito de família, é o afeto e a proteção dos direitos dos seus membros* – reciprocamente considerados e ligados por um laço socioafetivo –, devendo se considerar, hodiernamente, que a manutenção de um rol de deveres conjugais é absolutamente inócua, tendo em vista que, durante a existência do vínculo conjugal, o qual é pautado, sobretudo, na afetividade, tais comandos mostram-se inoperantes. Prestam-se apenas a aparelhar uma separação litigiosa, quando a relação conjugal e, *a fortiori,* o afeto, já

---

[48] STJ, REsp1.000.356/SP, Rel. Min. Nancy Andrighi, 3ª Turma, unânime, j. 25.05.2010.

[49] STJ, REsp 889.852/RS, Rel. Min. Luis Felipe Salomão, 4ª Turma, unânime, j. 27.04.2010. Nesta decisão o tribunal reconheceu adoção por casal homossexual, ressaltando a situação fática consolidada: o melhor interesse da criança e o vínculo afetivo estabelecido. O trecho da ementa afirmou: "É incontroverso que existem fortes vínculos afetivos entre a recorrida e os menores – sendo a afetividade o aspecto preponderante a ser sopesado numa situação como a que ora se coloca em julgamento".

[50] Como no REsp 1.106.637, STJ, Rel. Min. Nancy Andrighi, 3ª Turma, unânime, j. 1º.06.2010. Este julgado reconheceu a legitimidade de pessoa que possuía vínculo socioafetivo com determinada criança para propor ação de desconstituição dos vínculos biológicos daquela infante (preparatória ao processo de adoção). Outras decisões reconhecem que relações afetivas podem estender as restrições de elegibilidade da lei eleitoral para estes parentes socioafetivos, o que vem sendo reconhecido judicialmente.

chegaram ao fim, o que deveria permanecer velado pela inviolabilidade da "intimidade da vida privada" (LÔBO, Paulo. *Famílias*. 2. ed. São Paulo: Saraiva, 2009. p. 119). É certo que não se obriga a amar por via legislativa e não se paga o desamor com indenizações.[51] (grifos nossos)

A assimilação da afetividade como princípio está consolidada no âmbito do STJ, sendo expressamente citada em diversas decisões, como no excerto de lavra do Min. Moura Ribeiro "a doutrina especializada, com suporte principalmente nos *princípios* da dignidade da pessoa humana, da *afetividade* e da proteção integral da criança e do adolescente, é quase unânime no sentido de afirmar que a ausência do dever legal de manter a convivência familiar pode causar danos a ponto de comprometer o desenvolvimento pleno e saudável do filho, razão pela qual o pai omisso deve indenizar o mal causado"[52]. (grifos nossos)

Também o Min. Marco Aurélio Bellizze já decidiu um caso de pleito de maternidade socioafetiva, fundamentando a sua deliberação com base na afetividade como princípio "efetivamente, em atenção às novas estruturas familiares, *baseadas no princípio da afetividade jurídica* (a permitir, em última análise, a realização do indivíduo como consectário da dignidade da pessoa humana), a coexistência de relações filiais ou a denominada multiplicidade parental, compreendida como expressão da realidade social, não pode passar despercebida pelo direito".[53] (grifos nossos)

O Min. Mauro Campbell Marques inclusive já deliberou questão previdenciária com base no princípio da afetividade, quando inclusive foi explícito em reconhecer a sua natureza constitucional "Dentre os princípios constitucionais do Direito Civil no âmbito familiar, merece relevância e destaque o princípio da afetividade, pelo qual o escopo precípuo da família passa a ser a solidariedade social para a realização das condições necessárias ao aperfeiçoamento e progresso humano, regendo o núcleo familiar pelo afeto."[54]

---

[51] STJ, REsp 1.122.547, Rel. Min. Luis Felipe Salomão, 4ª Turma, unânime, j. 10.11.2009. Esta decisão negou pedido de indenização ajuizado por marido traído em face do cúmplice (amante) da esposa. O cabeçalho da ementa restou com a seguinte redação: "Responsabilidade Civil. Dano Moral. Adultério. Ação ajuizada pelo marido traído em face do cúmplice da esposa. Ato ilícito. Inexistência. Ausência de violação de norma posta".

[52] STJ, REsp 1.557.978/DF, 3ª Turma, Rel. Min. Moura Ribeiro, unânime, j. 03.11.2015.

[53] STJ, REsp 1.328.3802-MS. 3ª Turma, Rel. Min. Marco Aurélio Bellizze, unânime, j. 21.10.2014.

[54] STJ, REsp 1.574.859-SP, 2ª Turma, Rel. Min. Mauro Campbell Marques, unânime, j. 08.11.2016.

Essa sólida construção jurisprudencial foi edificada durante vários anos, com contribuições de diversos juízes e tribunais, a ponto de ser possível afirmar que há jurisprudência consolidada – inclusive no âmbito do STJ – que respalde o reconhecimento jurídico da afetividade como princípio de direito de família (ainda que muitas vezes os tribunais não utilizem esta terminologia, mas com claro reconhecimento de que tratam de vínculos afetivos). Os tribunais têm procurado se aproximar das relações fáticas que são travadas na sociedade contemporânea, o que, inevitavelmente, os têm levado ao encontro da afetividade que é imanente a tais relações.

O STF também tem acolhido expressamente a afetividade em seus julgados, o que indica a sua proeminência no acertamento de vários casos relevantes também naquele colegiado. Diversos julgados do STF, dotados de repercussão geral, fizeram remissão explícita à temática da afetividade na edificação de soluções familiares e sucessórias. Para citar apenas três deles, todos com decisões de relevância ímpar para a comunidade jurídica brasileira: o reconhecimento das uniões homoafetivas (ADPF 132, j. 2011); o acolhimento da multiparentalidade (RG 622, j. 2016) e a equiparação do regime sucessório dos cônjuges e dos companheiros (RE 878.694, j. 2017).

Todos esses temas serão detalhadamente apreciados no último capítulo desta obra, entretanto, no momento importa asseverar que em todos esses precedentes a afetividade foi utilizada como razão de decidir pelos ministros relatores. No caso das uniões de pessoas do mesmo sexo, sua relevância foi tanta que passou a fazer parte do significante e ser definidas como *homoafetividade*. Em dado momento, o Rel. Min. Ayres Brito asseverou que "o Século XXI já se marcaria pela preponderância da afetividade sobre a biologicidade"[55]. No caso da multiparentalidade, a referência à afetividade foi uma constante entre os ministros, com o Min. Celso de Mello tendo feita expressa referência ao "princípio da afetividade" quando da sua manifestação no plenário nesse caso específico[56]. A afetividade também já foi citada no STF até mesmo para

---

[55] STF, ADPF 132, Informativo 625.

[56] O Min. Edson Fachin já aplicou a tese da multiparentalidade, aprovada na RG 622/STF, para decidir um caso concreto de pedido de reconhecimento de maternidade socioafetiva (em ação rescisória), em multiparentalidade: "dou provimento ao recurso extraordinário para julgar procedente o pedido da ação rescisória e reconhecer o vínculo socioafetivo entre os Recorrentes e sua madrasta, em razão de ação declaratória de adoção póstuma, bem como todos os direitos daí decorrentes" (STF, ARE 933.945/GO, Rel. Min. Edson Fachin, j. 1º.02.2017. No mesmo sentido, deu provimento a um pleito de multiparternidade: STF, ARE 940.490, Rel. Min. Edson Fachin, j. 1º.12.2016.

impedir a expulsão de estrangeiro do país, em face do vínculo afetivo que ele possuía com um filho brasileiro, oportunidade na qual, mais uma vez, restou reafirmada a sua índole constitucional

> Há a destacar, no entanto, o outro requisito cuja satisfação se apresenta, de modo autônomo, bastante por si só, como causa impeditiva do ato de expulsão. Refiro-me ao vínculo de *afetividade* que deve conformar, para tal efeito, as relações entre o súdito estrangeiro e o seu filho brasileiro. *Isso significa considerar o afeto como valor jurídico impregnado de natureza constitucional*, em ordem a valorizar, sob tal perspectiva, esse novo paradigma como núcleo conformador do próprio conceito de família e foco de irradiação de direitos e deveres resultantes de vínculos fundados no plano das relações familiares. Cabe enfatizar, por isso mesmo, que esse entendimento – no sentido de que o afeto representa um dos fundamentos mais significativos da família moderna, qualificando-se, para além de sua dimensão ética, como valor jurídico impregnado de perfil constitucional – tem o beneplácito de expressivo magistério doutrinário[57]. (grifos nossos)

Explicitou-se, ainda, sua força em acórdão do STJ que tratou de filiação, no qual o tribunal afirmou expressamente que a presença da afetividade torna irrelevante a ausência de vínculo biológico entre pai e filha, a qual restou comprovada nos autos com o resultado do exame negativo em DNA. Ainda assim, manteve-se a filiação com a vinculação expressa da afetividade com a dignidade da pessoa humana:

> Recurso especial. Direito de família. Socioafetividade. Art. 1.593 do Código Civil. Possibilidade. Paternidade. Reconhecimento espontâneo. Registro. Art. 1.604 do Código Civil. Erro ou falsidade. Inexistência. Anulação. Impossibilidade. Princípio do melhor interesse da criança. 1. A socioafetividade é contemplada pelo art. 1.593 do Código Civil, no sentido de que o parentesco é natural ou civil, conforme resulte da consanguinidade ou outra origem. [...] 3. A paternidade socioafetiva realiza a própria dignidade da pessoa humana por permitir que um indivíduo tenha reconhecido seu histórico de vida e a condição social ostentada, valorizando, além dos aspectos formais, como a regular adoção, a verdade real dos fatos. [...] 6. Aplicação do princípio do melhor interesse da criança, que não pode ter a manifesta filiação modificada pelo pai registral e socioafetivo,

---

[57] STF, HC 114.901, Rel. Min. Celso de Mello. Medida liminar deferida para impedir a expulsão do paciente até final decisão do *Habeas Corpus*. Decisão citada no informativo nº 690 do STF.

afigurando-se irrelevante, nesse caso, a verdade biológica. 7. Recurso especial não provido[58].

Outro julgado do mesmo tribunal, ao deliberar sobre um pedido de anulação de uma paternidade, manteve o vínculo de filiação em face da presença da afetividade e a ausência de demonstração de qualquer vício de consentimento no momento do registro:

> Direito civil. Família. Recurso especial. Ação negatória de paternidade c/c anulação de registro de nascimento. Ausência de vício de consentimento. Relação socioafetiva. Existência. Julgamento: CPC/2015. 1. Ação negatória de paternidade cumulada com anulação de registro de nascimento [...] 2. O propósito recursal é definir se é possível a declaração de nulidade do registro de nascimento do menor em razão de alegada ocorrência de erro e de ausência de vínculo biológico com o registrado. 3. O art. 1.604 do CC/02 dispõe que "ninguém pode vindicar estado contrário ao que resulta do registro de nascimento, salvo provando-se erro ou falsidade do registro". [...] 4. *Esta Corte consolidou orientação no sentido de que para ser possível a anulação do registro de nascimento, é imprescindível a presença de dois requisitos, a saber: (i) prova robusta no sentido de que o pai foi de fato induzido a erro, ou ainda, que tenha sido coagido a tanto e (ii) inexistência de relação socioafetiva entre pai e filho.* Assim, a divergência entre a paternidade biológica e a declarada no registro de nascimento não é apta, por si só, para anular o registro. Precedentes. 5. Na hipótese, apesar da inexistência de vínculo biológico entre a criança e o pai registral, o recorrente não se desincumbiu do ônus de comprovar a existência de erro ou de outra espécie de vício de consentimento a justificar a retificação do registro de nascimento do menor. Ademais, o quadro fático-probatório destacado pelo Tribunal local revela a *existência de nítida relação socioafetiva entre o recorrente e a criança.* Nesse cenário, permitir a desconstituição do reconhecimento de paternidade amparado em relação de afeto teria o condão de extirpar da criança preponderante fator de construção de sua identidade e de definição de sua personalidade. 6. Recurso especial conhecido e desprovido.
> (STJ REsp 1.814.330-SP 2019/0133138-0, Rel. Min. Nancy Andrighi, j. 14.09.2021, 3ª Turma, *DJe* 28.09.2021).

Ao apreciar um pleito de maternidade socioafetiva o Min. Marco Aurélio Belizze afirmou: "em atenção às novas estruturas familiares, baseadas no *princípio da afetividade* jurídica (a permitir, em última análise, a realização do

---

[58] STJ, REsp 1.613.641/MG, Rel. Min. Ricardo Villas Bôas Cueva, 3ª Turma, j. 23.05.2017.

indivíduo como consectário da dignidade da pessoa humana), a coexistência de relações filiais ou a denominada multiplicidade parental, compreendida como expressão da realidade social, não pode passar despercebida pelo direito".[59] A leitura principiológica da afetividade pelos nossos tribunais é reiterada em decisões até mesmo de outras searas, como uma na qual o STJ deliberava sobre tema de direito previdenciário (pleito de pensão pelos avós em face da morte do neto), quando asseverou:

> A Constituição da República de 1988 inseriu acentuadas transformações no conceito de família, influenciadoras sobre o Código Civil de 2002, que redimensiona as relações familiares no contexto do Estado Democrático de Direito. Dentre os princípios constitucionais do Direito Civil no âmbito familiar, merece relevância e destaque o princípio da *afetividade*, pelo qual o escopo precípuo da família passa a ser a solidariedade social para a realização das condições necessárias ao aperfeiçoamento e progresso humano, regendo o núcleo familiar pelo afeto[60].

Em todos esses paradigmáticos casos concretos, a afetividade foi utilizada como argumento ou razão de decidir por vários ministros, sendo tranquila e incontroversa a sua leitura jurídica para a nossa mais alta corte de julgamento. Inexistiu qualquer divergência quanto a sua assimilação pelo Direito brasileiro ou quanto ao seu perfil principiológico, tendo sido as remissões à afetividade, de certa forma, aprovadas por "unanimidade" por esses julgadores.

O transpasse da afetividade repercute na deliberação dos mais variados temas familiares e sucessórios, conforme será exposto no último capítulo desta obra, de modo que essa sua ampla abrangência é outra demonstração do seu perfil principiológico, o que vem constando de diversas decisões, inclusive dos nossos tribunais superiores.

As relevantíssimas decisões do STF e do STJ envolvendo a afetividade, os julgados descritos e as diversas decisões judiciais acima colacionadas evidenciam a profícua fase do direito de família brasileiro hodierno, o qual, entre outras importantes questões, faz emergir a valoração jurisprudencial atualmente conferida à afetividade.

Apesar de muitas decisões judiciais não citarem explicitamente seu reconhecimento como princípio, muitas delas deixam transparecer o caráter principiológico da afetividade, eis que sua incidência não é pontual e especí-

---

[59] STJ, REsp 1.328.380/MS, Rel. Min. Marco Aurélio Bellizze, 3ª turma, j. 21.10.2014.

[60] STJ, REsp 1.574.859-SP, Rel. Min. Mauro Campbell Marques, 2ª turma, por unanimidade, j. 08.11.2016, **DJe** 14.11.2016.

fica – como corrente no trato de regras –, mas é possível notar sua utilização como verdadeiro mandamento de otimização, que pode ter maior ou menor amplitude de acordo com cada situação fática em apreço. O acolhimento da afetividade pela jurisprudência brasileira permite perceber sua aceitação como princípio implícito do direito de família, que se irradia nas diversas relações familiares, sempre que presente em determinada situação subjetiva.

Quanto ao reconhecimento doutrinário, muito já foi dito a partir da análise detalhada da obra de quatro autores que contribuíram para a construção teórico-jurídica da afetividade jurídica: João Baptista Vilella, Guilherme de Oliveira, Luiz Edson Fachin, Zeno Veloso e Paulo Luiz Netto Lôbo. A partir das sementes lançadas em suas obras, outros estudos foram sendo gradativamente apresentados.

Uma autora que argumenta em favor do reconhecimento jurídico da afetividade é Silvana Maria Carbonera (que enfrentou o tema quando apenas incipiente doutrina tratava do assunto e grande parte dela não via com bons olhos a valoração de um tema tão abstrato pelo Direito), para ela, "o afeto, que começou como um sentimento unicamente interessante para aqueles que o sentiam, passou a ter importância externa e ingressou no meio jurídico"[61]. A autora relacionou a necessidade do reconhecimento jurídico do afeto com as transformações pelas quais passaram a família:

> Contudo, após inúmeras transformações sociais, neste momento histórico, com os valores atualmente privilegiados, não é concebível que se mantenham os mesmos contornos de família. Assim sendo, foram valorizadas a dignidade, a igualdade e a liberdade, o que permitiu ao afeto ocupar maior espaço nas relações familiares contemporâneas[62].

O que se percebeu foi um movimento da doutrina para que o Direito passasse a discorrer sobre o tema. Tanto é verdade que hodiernamente parte expressiva dos autores brasileiros trata da afetividade quando analisa o direito de família, visto que muitos dos seus temas acabam por remeter de algum modo à afetividade (ainda que sob o termo socioafetividade ou até mesmo com outros significantes que se refiram ao mesmo significado).

---

[61]   CARBONERA, Silvana Maria. O papel jurídico do afeto nas relações de família. In: FACHIN, Luiz Edson (coord.). **Repensando os fundamentos do direito civil contemporâneo**. Rio de Janeiro: Renovar, 1998, p. 274.

[62]   CARBONERA, Silvana Maria. O papel jurídico do afeto nas relações de família. In: FACHIN, Luiz Edson (coord.). **Repensando os fundamentos do direito civil contemporâneo**. Rio de Janeiro: Renovar, 1998, p. 309-310.

É possível ver um movimento crescente de obras jurídicas que passam a admitir a afetividade como princípio do direito de família. Atualmente é possível distinguir as duas principais correntes doutrinárias: a primeira sustenta expressamente a afetividade como princípio do direito de família[63], a segunda reconhece a importância da afetividade, mas a restringe à categoria de valor relevante[64] (sem qualificá-la como princípio)[65]. Com o intuito de ilustrar alguns dos defensores de cada uma das correntes descrevem-se autores representativos dessas linhas teóricas e alguns dos principais argumentos postos.

Para a primeira corrente, a afetividade é princípio do direito de família brasileiro, o que reflete a sua centralidade nas relações familiares e deve ser observado. Essa perspectiva vem ganhando adeptos e se mostra majoritária na nossa doutrina. Entre seus principais defensores estão:

---

[63] Conforme citado, um dos precursores dessa corrente doutrinária é Paulo Luiz Netto Lôbo. Em face da relevância de suas considerações, elas serão analisadas mais detidamente na próxima seção.

[64] Nessa categoria foram agrupados doutrinadores com diversos posicionamentos, sendo o traço comum apenas o reconhecimento da importância da afetividade no direito de família e sua não classificação expressa como princípio jurídico.

[65] Na primeira edição desta obra, fez-se referência a uma terceira corrente doutrinária, a qual argumentava que o afeto não deveria ser objeto do Direito, entretanto, essa posição arrefeceu ao ponto de não mais reverberar com intensidade que justifique a sua inclusão como corrente doutrinária, na atualidade. Outra observação: procurou-se agrupar as diversas opiniões sobre a controvérsia em linhas teóricas apenas para viabilizar uma análise global da visão doutrinária, sem descuidar que há distinções pontuais entre os autores (o que, se consideradas, poderiam alargar as correntes em um número bem mais elevado). Há também autores que simplesmente não tratam detidamente da afetividade (ao menos expressamente) ao discorrer sobre os diversos temas do direito de família, como as lições de Carlos Alberto Bittar – que mesmo na sua obra atualizada não discorre sobre o afeto e suas consequências jurídicas (BITTAR. Carlos Alberto. **Direito de família**. 2. ed., atualizada por Carlos Alberto Bittar Filho e Márcia Sguizzardi Bittar. Rio de Janeiro: Forense, 2006); Silvio Rodrigues, que também não verticaliza o assunto (RODRIGUES, Silvio. **Direito civil**. 28. ed., rev. e atual. por Francisco José Cahali. São Paulo: Saraiva, 2004. Direito de Família, v. 6.); e Arnaldo Rizzardo, outro autor que não confere relevância expressa à afetividade (RIZZARDO, Arnaldo. **Direito de família**. 8. ed. Rio de Janeiro: Forense, 2011). Como não contribuem para o debate ora em análise, não se discorrerá sobre as obras de direito de família que passam ao largo da temática afetividade (o que era mais intenso ainda quando da análise do direito civil clássico, sob a égide da codificação de 1916, mas ainda restam presentes algumas obras com esse perfil).

Maria Berenice Dias	Confere importância ímpar ao afeto que, para além de princípio, se constituiria em verdadeiro direito fundamental: "Com a consagração do afeto a direito fundamental, resta enfraquecida a resistência dos juristas que não admitem a igualdade entre a **filiação** biológica e a socioafetiva. O princípio jurídico da afetividade faz despontar a igualdade entre irmãos biológicos e adotivos e o respeito a seus direitos fundamentais"[66].
Rolf Madaleno	Classifica a afetividade com princípio, eis que para ele, "[...] o afeto é mola propulsora dos laços familiares e das relações interpessoais movidas pelo sentimento e pelo amor, para ao fim e ao cabo dar sentido e dignidade à existência humana. A afetividade deve estar presente nos vínculos de filiação e de parentesco, variando tão somente na sua intensidade e nas especificidades do caso concreto. Necessariamente os vínculos consanguíneos não se sobrepõem aos liames afetivos, podendo até ser afirmada a prevalência desses sobre aqueles. O afeto decorre da liberdade que todo o indivíduo deve ter de afeiçoar-se um a outro, decorre das relações de convivência do casal entre si e destes para com seus filhos, entre os parentes, como está presente em outras categorias familiares, não sendo o casamento a única entidade familiar"[67].
Rodrigo da Cunha Pereira	Vincula a alteração no bojo da família ao subsequente reconhecimento da afetividade pelo Direito. Sua leitura destaca a modalidade de afeto que é relevante para o Direito e a importância da diretiva principiológica: "Diante dessa nova estrutura, a família passou a se vincular e a se manter preponderantemente por elos afetivos [...]. Para que haja uma entidade familiar, é necessário um afeto especial ou, mais precisamente, um afeto familiar, que pode ser conjugal ou parental." E mais adiante ressalta a sua relevância como princípio: "Independentemente do embate entre velhas e novas concepções, assim caminha

---

[66] DIAS, Maria Berenice. **Manual de direito das famílias**. 11. ed. rev. atual. ampl. São Paulo: Revista dos Tribunais, 2016, p. 67.

[67] MADALENO, Rolf. **Curso de direito de família**. 5. ed., rev. atual. ampl. Rio de Janeiro: Forense, 2013, p. 95.

	a família. Em outras palavras, a afetividade ascendeu a um novo patamar no Direito de Família, de valor e princípio. Isto porque a família atual só faz sentido se for alicerçada no afeto, razão pela qual perdeu suas antigas características: matrimonializada, hierarquizada, que valoriza a linhagem masculina, como já dissemos aqui várias vezes"[68].
Heloisa Helena Barbosa	"Parece razoável, diante de tais considerações, entender que a afetividade, nos termos que têm sido colocados pela doutrina e pela jurisprudência, configura um princípio jurídico, que tutela o afeto como valor jurídico"[69].
Maria Helena Diniz	"[...] princípio da afetividade, corolário do respeito da dignidade da pessoa humana, como norteador das relações familiares e da solidariedade familiar"[70].
Luiz Edson Fachin	Sustenta a afetividade como princípio do direito de família, destacando a necessidade de equilíbrio na sua utilização ante a atual complexidade hodierna: "E pensar sobre a *socioafetividade* inevitavelmente acarreta uma reflexão sobre o conteúdo principiológico da *afetividade*. Se a nova ordem constitucional engendrou propositalmente maior atenção aos princípios, e se aqui propugnamos uma leitura principiológica de índole constitucional da codificação, certo é que essas ponderações igualmente importam à *afetividade*, cuja dimensão jurídica é igualmente reconhecida. Nessa medida é que, à luz do que se disse, não podem os princípios, com especial atenção ao tema da *afetividade*, serem efetivados em uma hermenêutica racional e sistemática que o conduzam ao exagero ou a insignificância, mesmo porque a complexidade

---

[68] PEREIRA, Rodrigo da Cunha. **Princípios fundamentais norteadores para o direito de família**. Belo Horizonte: Del Rey, 2005, p.179-180 e 190.

[69] BARBOZA, Heloisa Helena. Perfil jurídico do cuidado e da afetividade nas relações familiares. In: PEREIRA, Tânia da Silva; OLIVEIRA, Guilherme; COLTRO, Antonio Carlos Mathias (orgs.). **Cuidado e Afetividade: projeto Brasil/Portugal – 2016-2017.** São Paulo: Atlas, 2017.

[70] DINIZ, Maria Helena. **Curso de direito civil brasileiro**. 26. ed. São Paulo: Saraiva, 2011. v. 5: Direito de família, p. 38.

	hodierna dos fatos não espera do Direito a adoção de posturas extremas ou absolutas. A palavra que vinca o tempo presente é *equilíbrio*, e por tal razão não pode um princípio como o da *afetividade* ser *menos*, tal qual um conteúdo hipossuficiente, nem *mais*, como resultado de uma espécie de *panprincipialismo*"[71].
Flávio Tartuce e José Fernando Simão	Citam expressamente o princípio da afetividade e afirmam que "o afeto talvez seja apontado, atualmente, como o principal fundamento das relações familiares [...] a afetividade é um dos principais regramentos do Novo Direito de Família que desponta e que a parentalidade socioafetiva é uma tese que ganha força na doutrina e na jurisprudência"[72].
Giselle Groeninga	Adota o perfil principiológico: "Cada vez mais se dá importância ao afeto nas considerações das relações familiares; aliás, um outro princípio do Direito de Família é o da afetividade"[73].
Caio Mário da Silva Pereira	Na obra atualizada por Tânia da Silva Pereira, elenca expressamente a afetividade entre os princípios de direito de família, fundamentando-o do seguinte modo: "O *princípio jurídico da afetividade*, em que pese não estar positivado no texto constitucional, pode ser considerado um princípio jurídico, à medida que seu conceito é construído por meio de uma interpretação sistemática da CF/1988 (art. 5º, § 2º); princípio é uma das grandes conquistas advindas da família contemporânea, receptáculo de reciprocidade de sentimentos e responsabilidades. Pode-se destacar um anseio social à formação de relações familiares afetuosas, em detrimento da preponderância.

---

[71] FACHIN, Luiz Edson. questões controvertidas da jurisprudência sobre paternidade socioafetiva. In: CONFERÊNCIA NACIONAL DA ORDEM DOS ADVOGADOS DO BRASIL, 21., 2011, Curitiba. **Anais** [...]. Curitiba, 2011, p. 12.

[72] TARTUCE, Flávio; SIMÃO, José Fernando. **Direito civil:** direito de família, 6. ed., rev. e atual. Rio de Janeiro: Forense; São Paulo: Método, 2011. v. 5, p. 50-53.

[73] GROENINGA, Giselle Câmara. Direito de família. In: BARBOSA, Águida Arruda; VIEIRA, Claudia Stein (orgs.). **Direito civil**. São Paulo: Revista dos Tribunais, 2008. v. 7, p. 28.

	Ao enfatizar o afeto, a família passou a ser uma entidade plural, calcada na dignidade da pessoa humana, embora seja, *ab initio*, decorrente de um laço natural marcado pela necessidade de os filhos ficarem ligados aos pais até adquirirem sua independência e não por coerção de vontade, como no passado. Com o decorrer do tempo, cônjuges e companheiros se mantêm unidos pelos vínculos da solidariedade e do afeto, mesmo após os filhos assumirem suas independências. Essa é a verdadeira diretriz prelecionada pelo princípio da afetividade"[74].
Jorge Shiguemitsu Fujita	Cita a afetividade como princípio jurídico. "A pós-modernidade traz a marca da maior sensibilidade e afetividade na relação paterno-materno-filial, a ponto de podermos, na atualidade, falar do afeto não mais como valor ético, mas também como valor ou princípio jurídico." Em outra parte, prossegue: "[...] Além de ser um sentimento ligado à nossa vida psíquica e moral, tendo, pois, um valor ético, o afeto também possui um valor jurídico"[75].
Adriana Caldas do Rego Freitas Dabus Maluf	Adere à corrente principiológica: "Também o princípio da afetividade permeia as relações familiares, pois se encontra diretamente jungido ao princípio da dignidade da pessoa humana. É o princípio que fundamenta o direito de família na estabilidade das relações socioafetivas e na comunhão de vida. Evidencia-se este princípio, mesmo não inserto diretamente no texto constitucional, tanto na forma de composição do núcleo familiar quanto na prevalência da paternidade socioafetiva, que, hoje, é muito comum entre os doutrinadores do Direito de Família"[76].
Dimas Messias de Carvalho	"O princípio da afetividade não se encontra expresso, mas está implícito no texto constitucional como elemento agregador e inspirador da família, conferindo comunhão de vidas e estabilidade nas relações afetivas"[77].

---

[74] PEREIRA, Caio Mário da Silva. **Instituições de direito civil**. 19. ed., rev. e atual. por Tânia da Silva Pereira. Rio de Janeiro: Forense, 2011. v. 5: Família, p. 58-59.

[75] FUJITA, Jorge Shiguemitsu. **Filiação**. São Paulo: Atlas, 2009, p.16 e 108.

[76] MALUF, Adriana Caldas do Rego Freitas Dabus. **Novas modalidades de família na pós-modernidade**. São Paulo: Atlas, 2010, p. 43.

[77] CARVALHO, Dimas Messias de. **Direito das famílias**. 4. ed. rev. atual. ampl. São Paulo: Saraiva, 2015, p. 98.

Carlos Roberto Gonçalves	Nomina o afeto como princípio da comunhão plena de vida baseada na afeição entre os cônjuges ou conviventes: "Tal dispositivo tem relação com o aspecto espiritual do casamento e com o companheirismo que nele deve existir. [...] Os novos rumos conduzem à família socioafetiva, onde prevalecem os laços de afetividade sobre os elementos meramente formais"[78].
Pablo Stolze Gagliano e Rodolfo Pamplona Filho	Reconhecem seu aspecto principiológico e também sua complexidade: "Todo o moderno Direito de Família gira em torno do princípio da afetividade. [...] Mas o fato é que o amor – a afetividade – tem muitas faces e aspectos e, nessa multifária complexidade, temos apenas a certeza inafastável de que se trata de uma força elementar, propulsora de todas as nossas relações de vida"[79].
Carlos Dias Motta	Elabora extensa classificação dos princípios de direito de família, na qual inclui o da afetividade entre os *princípios matrimoniais de natureza pessoal, relacionados aos filhos*: "O princípio da afetividade ganhou peso em confronto com outros, prevalecendo em algumas situações ou, mesmo não prevalecendo, limitando ou ajustando o peso dos princípios concorrentes. Veio, portanto, recolocar as coisas nos seus lugares, procurando reequilibrar as questões que envolvem o estabelecimento da paternidade"[80].
Guilherme Calmon Nogueira da Gama	Reconhece o aspecto principiológico e ainda lhe confere índole constitucional: "Outro princípio constitucional específico de Direito de Família é o *princípio da afetividade*, que pode ser considerado hipótese de princípio constitucional implícito. Tal princípio também considerado como o da prevalência do elemento anímico da *affectio* nas relações familiares, pode ser extraído da interpretação sistemática e teleológica dos arts. 226, §§ 3º e 6º, 227, *caput* e § 1º, ambos da Constituição Federal"[81].

---

[78] GONÇALVES, Carlos Roberto. **Direito civil brasileiro**. 8. ed., rev. e atual. São Paulo: Saraiva, 2011. v. 6: Direito de família, p. 24.

[79] GAGLIANO, Pablo Stolze; PAMPLONA FILHO, Rodolfo. **Novo curso de direito civil**: direito de família. São Paulo: Saraiva, 2011. v. VI, p. 87.

[80] MOTTA, Carlos Dias. **Direito matrimonial e seus princípios jurídicos**. 2. ed., rev., atual. e ampl. São Paulo: Revista dos Tribunais, 2009, p. 359.

[81] GAMA, Guilherme Calmon Nogueira da. **Princípios constitucionais do direito de família**: família, criança, adolescente e idoso. São Paulo: Atlas, 2008, p. 82.

Gustavo Tepedino	"O afeto torna-se, nessa medida, elemento definidor de situações jurídicas, ampliando-se a relação de filiação pela posse de estado de filho e flexibilizando-se, com benfazeja elasticidade, os requisitos para a constituição da família. O direito de família passa a atribuir particular importância (não à afetividade como declaração subjetiva ou obscura reserva mental de sentimentos não demonstrados, mas) à percepção do sentimento do afeto na vida familiar e na alteridade estabelecida no seio da vida comunitária"[82].

Como visto, a corrente doutrinária que advoga a defesa da afetividade como princípio no direito de família tem defensores que a sustentam por diversos aspectos, a maioria deles ligados à mudança paradigmática da família e das relações pessoais, às novas diretrizes constitucionais e às características atuais do direito de família. Atualmente, é ampla a aceitação da afetividade como um princípio contemporâneo do direito de família, contando com a adesão de representativos doutrinadores.

Por outro lado, há uma segunda corrente da doutrina trata do direito de família, que acolhe a afetividade, mas sem classificá-la como princípio, de modo a citá-la como um valor relevante a ser observado, embora sem sua inclusão no rol dos princípios do direito de família. Traço característico dessa corrente é que seus seguidores não argumentam contrariamente ao reconhecimento crescente que vem sendo conferido à afetividade, ao contrário, aderem à necessidade de sua observância pelo Direito. Entre esses autores é possível arrolar:

Fábio Ulhoa Coelho	Após discorrer sobre a evolução histórica da família, percebe a relevância contemporânea da atual *função afetiva da família*: "A família, no ponto de chegada dessa história de perdas, parece finalmente destinar-se para sua vocação de espaço de afetividade. Nessa função, ela representa uma organização social insubstituível. Por enquanto"[83].

---

[82] TEPEDINO, Gustavo. Novas famílias: entre autonomia existencial e tutela de vulnerabilidades. **IBDCivil.** Disponível em: https://www.ibdcivil.org.br/image/data/revista/volume6/ibdcivil_volume_6_editorial_000.pdf. A edição anterior desse trabalho referenciava que esse autor reconhecia a afetividade nos relacionamentos familiares, porém, não a qualificava como um princípio jurídico. É possível afirmar uma mudança de posicionamento de Gustavo Tepedino, com manifestação explícita dessa nova orientação a partir da Conferência de Abertura que proferiu no X Congresso Brasileiro de Direito de Família, ocorrido entre os dias 23 e 25 de outubro de 2015, em Belo Horizonte.

[83] COELHO, Fábio Ulhoa. **Curso de direito civil**: família, sucessões. 4. ed., rev. e atual. São Paulo: Saraiva, 2011. v. 5, p. 20.

Cristiano Chaves de Farias e Nelson Rosenvald	Destacam a importância do afeto na família do novo milênio, mas o consideram um *valor jurídico tutelável:* "A família do novo milênio, ancorada na segurança constitucional, é *igualitária*, democrática e *plural* (não mais necessariamente casamentária), protegido todo e qualquer modelo de vivência afetiva e compreendida como estrutura socioafetiva, forjada em laços da solidariedade"[84].
Paulo Nader	Reconhece o afeto presente nas relações familiares, mas não confere aspecto central ao tema: "Em sua formação mais comum – *união de casal para uma comunhão de vida* –, a família é uma instituição guiada pela ordem natural das coisas, pela natureza, e tem o seu curso ditado pelo afeto, instinto e razão. A necessidade de desenvolver a afetividade e o sexo aproxima os casais, proporcionando continuidade da espécie, mas é a razão, associada à experiência, que os orienta no planejamento da vida em comum, na criação e educação dos filhos"[85].
Arnoldo Wald e Priscila M. P. Corrêa da Fonseca	Não tratam a afetividade como princípio, embora citem o parentesco socioafetivo e destaquem a importância crescente que vem sendo conferida ao afeto nas relações parentais: "O afeto, com efeito, revela-se hoje muito mais significativo para o direito do que a mera ciência genética. Chega-se, atualmente, a afirmar que o registro de nascimento deve espelhar muito mais a verdade socioafetiva do que a biológica"[86].
Eduardo de Oliveira Leite	Reconhece a relevância contemporânea do afeto e da socioafetividade, mas também não a define como princípio jurídico, mas é expresso ao constatar que "[...] no cenário de um novo Direito de Família que surge, pujante, viril e livre, não mais atrelado ao estéril formalismo, reprodutor de fórmulas ultrapassadas, mas vinculados às novas conquistas de um ser humano preocupado com a supremacia do afeto, da sensibilidade e do Amor"[87].

---

[84] FARIAS, Cristiano Chaves de; ROSENVALD, Nelson. **Direito das famílias.** 2. ed., rev., ampl. e atual. Rio de Janeiro: Lumen Juris, 2010, p. 10.

[85] NADER, Paulo. **Curso de direito civil**: direito de família. 5. ed., rev. e atual. Rio de Janeiro: Forense, 2011. v. 5, p. 6.

[86] WALD, Arnoldo; FONSECA, Priscila M P. Corrêa da; **Direito civil**: direito de família. 17. ed., rev. São Paulo: Saraiva, 2009. v. 5, p. 2.

[87] LEITE, Eduardo de Oliveira. **Direito civil aplicado**. São Paulo: Revista dos Tribunais, 2005. v. 5: Direito de família, p. 195.

116 | PRINCÍPIO DA AFETIVIDADE NO DIREITO DE FAMÍLIA – *Ricardo Calderón*

Como é possível perceber, as duas correntes doutrinárias com manifestações expressivas na doutrina do direito de família brasileiro estão a acolher a afetividade quando do trato dos temas familiares e sucessórios. Há apenas uma distinção ainda quanto a sua classificação, visto que a primeira corrente é explícita em citá-la como princípio do direito de família, e a segunda não a classifica como tal.

Atualmente, é reduzido e decrescente o número de autores a sustentar que a afetividade não deve ser tratada pelo Direito. Alguns dos seus defensores, com escritos nesse sentido, são Regina Beatriz Tavares da Silva[88], Marco Túlio de Carvalho Rocha[89] e Roberto Senise Lisboa[90]. Os argumentos contrários à

---

[88] MONTEIRO, Washington de Barros. **Curso de direito civil.** Atualizada por Regina Beatriz Tavares da Silva. 41. ed. São Paulo: Saraiva, 2011. v. 2: Direito de família, p. 35 e 43. É taxativa em repelir o reconhecimento jurídico da afetividade, menos ainda como princípio; discorrendo sobre o tema na análise do projeto de lei do Estatuto das Famílias (PL 2.285/2007, que traz o princípio da afetividade nas suas disposições, especificamente no seu art. 5º), onde assevera: "Note-se que o artigo em análise faz referência à solução 'mais conveniente e oportuna' e cita os princípios do próprio Estatuto, que são baseados na afetividade (art. 5º), o que é um sentimento e não um princípio de solução de conflitos jurídicos. [...] O afeto é relevante nas relações de família, mas não se pode olvidar que o direito de família tem embasamento em direitos e deveres e não em sentimentos e emoções, que a família brasileira é monogâmica, que não podem ser eliminadas as sanções pelo descumprimento dos deveres e pela violação aos direitos familiares sob pena de tais deveres e direitos serem transformados em meras recomendações, que a união estável merece toda a proteção jurídica, mas que sua natureza na constituição e na dissolução é diversa do casamento, e que o poder familiar dos pais é de extrema relevância na formação dos filhos. Não se pode esquecer que o direito serve à solução de conflitos, ainda mais quando estamos diante de relações de família, de modo que quando o conflito se instalou no seio de uma família, não existe mais afeto, sentimento que não oferece saída para os litígios já instalados".

[89] ROCHA, Marco Túlio Carvalho. O **conceito** de **família** e **suas implicações jurídicas:** teoria sociojurídica do direito de família. Rio de Janeiro: Elsevier, 2009, p. 61. Estende-se na crítica do que nomina como disseminação de uma "teoria do afeto", eis que no seu entender não seria possível ao Direito assimilar o afeto, pois se trata simplesmente de um sentimento: "Um dado da bibliografia jurídica ligada à 'teoria do afeto' surpreende: a ausência de considerações sobre o conceito de 'afeto'. Uma maior ênfase no conteúdo teórico do 'afeto' era de se esperar numa doutrina que pretende tê-lo como núcleo do direito de família. A necessidade de estudar o significado de 'afeto' torna-se ainda maior se se tem em conta a ambivalência do termo: na linguagem comum, o afeto é sinônimo de carinho, simpatia, amizade, ternura, amor; na Filosofia e na Psicologia, contudo, possui significado bem diferente: é sinônimo de sentimento, emoção, paixão. [...] Uma vez que no sentido filosófico-científico 'afeto' tem consonância com 'sentimento', o Direito não pode ser chamado a protegê-lo incondicionalmente, uma vez que muitas de suas manifestações contrariam os valores fundamentais da ordem jurídica. Além disso, o Direito somente regula a conduta humana exteriorizada".

[90] LISBOA, Roberto Senise. **Manual de direito civil.** 6. ed. São Paulo: Saraiva, 2010. v. 5: Direito de família e sucessões, p. 46. Também repele a concessão de juridicidade

consideração da afetividade como princípio citam o fato de o afeto ser um sentimento (o que impediria sua apreensão pelo Direito), a constatação de que é constante nas relações familiares justamente a falta de afeto (o que inviabilizaria conferir à afetividade qualquer papel central), a ausência de objetividade do tema que permita seu tratamento nos litígios jurídicos (eis que até mesmo possui outro sentido em outras ciências) e, ainda, a ausência de um conceito jurídico de afeto. Em que pese a profundidade e relevância dos questionamentos, não parecem, de per si, inviabilizar por completo a construção de uma categoria principiológica da afetividade.

Um maior aprofundamento do que se entende por afetividade jurídica pode, de algum modo, contribuir para a superação desses obstáculos. De todo modo, merecem atenção os questionamentos lançados (muitos repisados por diversos autores), mas parece que não inviabilizam a valoração do afeto pelo Direito, desde que superados alguns dos empecilhos já postos.

A afetividade jurídica que ora se sustenta não resta apegada às questões de sentimento ou meramente subjetivas, mas sim se refere a fatos que externem determinadas relações intersubjetivas, nas quais, em vista disso, seria presumida a manifestação afetiva subjetiva[91]. A constante falta de afeto também não se mostraria como óbice à sua utilização pelo Direito, pois é usual que muitos institutos jurídicos sejam inobservados na realidade fática (sem que isso afete seu uso pelo Direito). O que importa, nesses casos, é prever claramente quais as consequências dessas condutas (que podem ser distintas, conforme a situação em pauta)[92]. Finalmente, a alegação de falta de

---

à afetividade (ou afeição, como prefere): "Analisada em seu sentido estrito, a afeição não é um dever legal estabelecido para cada membro da família. De fato, não há como obrigar uma pessoa a ter apreço pela outra. A afeição é um sentimento que se tem em relação à determinada pessoa ou a algum bem. Afeiçoar-se significa identificar-se, ter afeto, amizade ou amor. Os membros de uma família, em sua maioria, possuem laços de afeição uns com os outros. Entretanto, isso não é uma realidade absoluta. Há entidades familiares desgraçadas por inimizades capitais e por relacionamentos praticamente nulos, ora, nenhuma pessoa pode ser compelida a afeiçoar-se a outra, pouco importando se há entre elas algum parentesco ou não. Bom seria se todos tivessem afeto uns pelos outros, cumprindo assim o mandamento bíblico e de outras religiões não cristãs. Todavia, a complexidade das relações interpessoais muitas vezes leva a situações que impedem ou mesmo enfraquecem esse nível de relacionamento. E não há qualquer poder temporal capaz de modificar esse quadro, compelindo uma pessoa a se afeiçoar a outra. [...] No seu sentido lato, a afeição e o respeito possuem, conforme definido, um sentido diferente. Não são propriamente critérios jurídicos a serem utilizados para a fundamentação de solução jurídica dada a um problema familiar".

91 Conforme será exposto mais detidamente na próxima seção.

92 Exemplificando: o fato de o Código Civil fazer constar em seu texto a cláusula da boa-fé, não significa que inexistia má-fé na sociedade, ou seja, que a boa-fé imperava

objetividade do conceito também não é exclusividade da afetividade (visto que diversos outros assuntos tratados pelo Direito são também profundamente subjetivos) e pode ser minimizada com os contributos da doutrina e da jurisprudência.

Sem adentrar nos pormenores da discussão nesse momento, é possível concluir momentaneamente que o reconhecimento jurídico da afetividade pelo direito de família tem amplo respaldo legislativo, jurisprudencial e doutrinário, o que possibilita sua assimilação e valoração pelo sistema jurídico. As críticas lançadas à perspectiva principiológica merecem atenção e reflexão, entretanto, não parecem ser intransponíveis, pois muitas delas apontam não uma incompatibilidade ontológica, mas apenas referem a uma suposta falta de sustentação ou maior esclarecimento nesse sentido[93].

O breve percurso descrito demonstrou que doutrina e jurisprudência tiveram um papel fundamental na construção da categoria jurídica da afetividade no sistema brasileiro, uma vez que muito antes de qualquer dispositivo legislativo expresso já reconheciam a afetividade em diversos casos.

É possível sustentar a afetividade como princípio jurídico, com amplo lastro a sustentar isso. Entretanto, é possível, em certo aspecto, compreender a crítica que alega que o tratamento conceitual doutrinário e jurisprudencial inicialmente conferido à afetividade não reflete a importância que pretendem lhe conferir no sistema. Ainda assim, em que pese parte da doutrina não se

---

em todas as relações, e por isso foi adotada pelo direito. Longe disso. Mesmo com sua presença no ordenamento há vários anos e sua utilização diária pelos juristas, isso não indica que inexistam casos de ausência de boa-fé, sendo esta justamente uma das finalidades e utilidades do instituto. Do mesmo modo, o simples fato de inexistir afetividade em muitas das relações, tal circunstância não pode, de per si, constituir óbice para a sua introdução no discurso jurídico.

[93] "Porém, o reconhecimento da vinculação dos particulares à Constituição suscita um risco que não pode ser ignorado: o de imposição às pessoas, supostamente em nome de valores constitucionais, de comportamento e estilos de vida que elas próprias rejeitam, em detrimento da sua liberdade existencial. Para dar um exemplo bem tosco, seria terrível se o Direito, em nome do princípio da solidariedade social, pudesse impor às pessoas que demonstrassem afetos e sentimentos que elas não possuem genuinamente. Ou se, em nome da isonomia, pretendesse interferir nas escolhas subjetivas e emocionais que os indivíduos fazem nas suas vidas privadas. A constitucionalização, neste sentido, poderia converter-se num pretexto para o exercício de um paternalismo antiliberal, em que pessoas seriam forçadas a conformarem-se às expectativas sociais forjadas a partir de pautas de ação 'politicamente corretas', com apoio na Constituição" (SARMENTO, Daniel. O neoconstitucionalismo no Brasil: riscos e possibilidades. In: SARMENTO, Daniel. (coord.). **Filosofia e teoria constitucional contemporânea.** Rio de Janeiro: Lumen Juris, 2009, p. 145).

estenda sobre as justificavas e sobre os contornos da categoria jurídica cabível à afetividade, é possível notar um número crescente de autores que passa a classificá-la como princípio jurídico.

A expressiva manifestação da afetividade nos relacionamentos familiares do meio social, seu gradativo tratamento legislativo e o seu paulatino reconhecimento doutrinário e jurisprudencial permitem aderir à corrente que entende a afetividade como princípio jurídico do direito de família brasileiro contemporâneo. A partir da sua força representativa no "mundo dos fatos", passando pela sua presença cada vez mais marcante no "mundo do Direito", é possível vislumbrar densidade jurídica que confira ares principiológicos à afetividade no nosso sistema.

Ante a alegação de parte da doutrina que não restam claros os conceitos, conteúdo e balizas inerentes à afetividade, o que deve servir mais como alerta do que como óbice, cumpre discorrer sobre alguns destes aspectos na tentativa de contribuir com o debate.

SEÇÃO III. DA SUBSIDIARIEDADE DOS PRINCÍPIOS GERAIS DO DIREITO AO PAPEL CENTRAL CONFERIDO AOS PRINCÍPIOS

Uma das principais consequências do fenômeno da constitucionalização do Direito foi a alteração sobre a concepção, sentido e papel conferido aos princípios, que de meros coadjuvantes passaram a protagonistas deste novo cenário jurídico. Historicamente os princípios gozaram de distintos momentos no que diz respeito à relevância com que eram tratados pelo Direito[94]. A antiquíssima categoria dos *princípios gerais do Direito* viu alterar sua relação com a aplicação do Direito em diversos modos, nas mais variadas épocas[95].

Parte da doutrina divide a temática dos princípios em três grandes períodos, com diferentes concepções sobre o seu significado e papel no

---

[94] Sobre uma análise histórica dos princípios gerais do Direito, remete-se o leitor à obra de Limongi França, cuja primeira edição data de 1963, e que recebeu recente atualização e publicação: FRANÇA, R. Limongi. **Princípios gerais do direito**. 3. ed., rev. e atual. Atualização de Antonio de S. Limongi França e Flávio Tartuce. São Paulo: Revista dos Tribunais, 2010. Especialmente o Título I "Dos Princípios Gerais de Direito, como regra normativa, no Direito dos Povos Cultos", p. 29-85.

[95] FRANÇA, R. Limongi. **Princípios gerais do direito**. 3. ed., rev. e atual. Atualização de Antonio de S. Limongi França e Flávio Tartuce. São Paulo: Revista dos Tribunais, 2010, p. 38.

sistema, que poderiam ser assim denominados: jusnaturalista, positivista e pós-positivista[96].

A fase jusnaturalista entendia os princípios a partir de uma visão abstrata e metafísica[97], vinculados a uma dimensão ético-valorativa do Direito[98]. Sustentava a existência de um direito anterior à própria lei. No campo da *praxis*, concedia certo espaço para aplicação dos princípios gerais de direito de forma incidental, mas era feito de modo imprevisível e assistemático[99].

Entretanto, com a implantação do projeto jurídico moderno, recrudesceu a importância conferida à lei, esta no sentido de direito expressamente positivado, restando pouco espaço para o campo dos princípios gerais do Direito[100]. O paulatino distanciamento do Direito da moral (alardeado pela escola da exegese e sacramentado pelo positivismo jurídico) acabou por minimizar a importância dos princípios a partir do século XIX.

Maria Celina Bodin de Moraes descreve que,

> [...] embora a ideia de "princípios gerais de direito" tenha raízes profundas, uma vez que sob a concepção jusnaturalista os princípios eram emanações de um direito ideal, abstrato e metafísico, e no contexto positivista eram considerados fontes subsidiárias – como consta no art. 4º da ainda vigente Lei de Introdução ao Código Civil [...].[101]

---

[96] Periodização adotada por Paulo Bonavides: "A juridicidade dos princípios passa por três distintas fases: a jusnaturalista, a positivista e a pós-positivista" (BONAVIDES, Paulo. **Curso de direito constitucional**. 25. ed., atual. São Paulo: Malheiros, 2010, p. 259). Ainda que com outra terminologia, esses três grandes períodos são destacados na obra do professor Rubens Limongi França: "Assim, no que concerne à etiologia dos Princípios Gerais de Direito como norma coercitiva, vemos que respectiva linha de evolução, por assim dizer, veio a trifurcar-se" (FRANÇA, R. Limongi. **Princípios gerais do direito**. 3. ed., rev. e atual. Atualização de Antonio de S. Limongi França e Flávio Tartuce. São Paulo: Revista dos Tribunais, 2010, p. 40).

[97] BONAVIDES, Paulo. **Curso de direito constitucional**. 25. ed., atual. São Paulo: Malheiros, 2010, p. 259.

[98] ROTHENGURG, Walter Claudius. **Princípios constitucionais**. Porto Alegre: Sergio Antonio Fabris, 1999. p. 13.

[99] FRANÇA, R. Limongi. **Princípios gerais do direito**. 3. ed., rev. e atual. Atualização de Antonio de S. Limongi França e Flávio Tartuce. São Paulo: Revista dos Tribunais, 2010, p. 37.

[100] BONAVIDES, Paulo. **Curso de direito constitucional**. 25. ed., atual. São Paulo: Malheiros, 2010, p. 263.

[101] MORAES, Maria Celina Bodin de. **Princípios do direito civil contemporâneo**. Rio de Janeiro: Renovar, 2006, p. VII.

Nesse segundo período, denominado positivista, os princípios eram considerados uma fonte subsidiária integrativa do sistema de direito positivo. Restavam basicamente vinculados a uma dimensão axiológica, ética, ausentes de normatividade efetiva, e distantes de uma aplicação direta no caso concreto. Havia uma distinção entre normas e princípios, de modo que aos últimos não lhes era conferida a aura da normatividade. A única remissão aos princípios era como forma subsidiária a ser utilizada apenas em casos de lacuna da lei, quando exerceriam certa função integrativa.

Exemplo claro dessa percepção sobre princípios pode ser demonstrado pela análise da forma de interpretação e aplicação do Direito sustentada pela civilística brasileira clássica (prevalecente no início e em grande parte do século XX). Por esse entendimento, era admitido apenas o recurso subsidiário à categoria dos denominados *princípios gerais do Direito*, ou seja, somente quando da ausência de lei expressa e de outros elementos que auxiliassem na decisão. O recurso aos *princípios gerais do Direito* na solução do caso concreto deveria ser evitado, ocorrendo apenas pontualmente, quando inexistisse outra opção prévia eleita pelo legislador, sendo tímido e delimitado seu papel.

No Brasil, essa configuração restava externada pela própria redação da então denominada Lei de Introdução ao Código Civil (atualmente Lei de Introdução às Normas do Direito Brasileiro)[102]:

> Art. 4º. Quando a lei for omissa, o juiz decidirá o caso de acordo com a analogia, os costumes e os princípios gerais do direito.

Ou seja, apenas na inexistência de legislação a respeito do tema, na impossibilidade de utilização da analogia e na ausência de esclarecimento com o recurso aos costumes é que se recorreria, em último caso, aos princípios gerais do Direito[103]. Prevalecia na doutrina o entendimento de que a ordem prevista na legislação deveria ser gradativamente utilizada, e, apenas não se encontrando a solução nas categorias anteriores, é que seria possível a utilização dos *princípios gerais do Direito*, conforme descreve Carlos Maximiliano:

> Relativamente ao Direito escrito, como também aos usos, costumes e atos jurídicos, seguir-se-á a gradação clássica, formulada, em parte, pelo Código Civil: depois de apurar a inutilidade, para o caso vertente, dos

---

[102] Decreto-lei nº 4.567, de 4 de setembro de 1942, com a denominação alterada pela Lei nº 12.376, de 30 de dezembro de 2010.

[103] DINIZ, Maria Helena. Lei de Introdução ao Código Civil Brasileiro interpretada. 16. ed., rev. e atual. São Paulo: Saraiva, 2011, p. 147.

métodos adotados para descobrir o sentido e alcance dos textos, e de verificar também que os caracteres da hipótese em apreço não comportam o emprego do processo analógico; terá pleno cabimento, em último grau, o recurso aos princípios gerais do Direito[104].

Portanto, entendiam-se tais princípios como meros recursos subsidiários, utilizados apenas em situações limitadíssimas, que muitas vezes significavam apenas invocação de um brocardo jurídico ou de uma expressão latina. O papel conferido aos *princípios gerais do Direito* nessa formatação – que bem representava a leitura positivista – era efetivamente pouco expressivo.

A *Teoria pura do direito* de Hans Kelsen[105] praticamente não tratava dos princípios, o que refletia a baixa relevância que era conferida aos princípios jurídicos nessa tese. Apesar de não discorrer sobre os princípios na sua teoria jurídica, Kelsen até admitia a utilização de outros elementos no momento da aplicação da norma (tais como valores, justiça etc.), mas estes estariam para além do campo jurídico, ou seja, não gozariam de normatividade[106]. Cumpre registrar também que, embora Hans Kelsen negasse normatividade aos princípios (daí o motivo de não os considerar na sua teoria do Direito), não ignorava o tema, eis que chegou a travar debates doutrinários sobre princípios com diversos autores em outras obras suas (sempre negando sua juridicidade).

Durante longo período de vigência do direito moderno, apenas tímida e subsidiariamente se admitia o recurso aos princípios, sempre de modo restrito para os casos de lacuna na ausência de lei expressa. Nesse contexto, prevalecia ainda a denominação *princípios gerais do Direito*, que indicava sua utilização pontual e sempre de modo secundário.

A teoria positivista de Herbert Hart[107], certamente já mais sofisticada do que a de seu antecessor, consiste em obra que agrega o desenvolvimento relevante da *norma de reconhecimento*, avança na distinção entre *normas primárias* e *secundárias* e discorre sobre a discricionariedade no momento do julgamento do caso concreto. Essa versão da teoria positivista foi inegavelmente uma das mais refinadas do ponto de vista teórico. Entretanto, sua

---

[104] MAXIMILIANO, Carlos. **Hermenêutica e aplicação do direito.** Rio de Janeiro: Forense, 2009, p. 246.

[105] KELSEN, Hans. **Teoria pura do direito.** 8. ed. Trad. João Baptista Machado. São Paulo: Martins Fontes, 2009, p. 33-60.

[106] KELSEN, Hans. **Teoria pura do direito.** 8. ed. Trad. João Baptista Machado. São Paulo: Martins Fontes, 2009, p. 393.

[107] HART, Herbert L. A. **O conceito de direito.** São Paulo: Martins Fontes, 2009, p. 344 e ss.

estruturação inicial não contemplava de modo expresso os princípios[108].
Apenas após a ferrenha crítica proferida por Ronald Dworking[109], para quem
a assimilação dos princípios seria incompatível com os pressupostos da
regra de reconhecimento (de modo que a aceitação dos princípios acabaria
por colocar em xeque as vigas centrais dessa teoria), é que Hart discorre
detidamente sobre o tema.

No pós-escrito da obra *O conceito de Direito*, seu autor respondeu às
críticas recebidas, tecendo algumas considerações sobre princípios, e expressamente admitiu esse defeito em sua obra inicial[110]. Nessa *separata*, Hart
aceitou a inserção explícita dos princípios, bem como não viu problema em
que fossem admitidos pela regra de reconhecimento que orienta sua tese,
eis que estes poderiam ser capturados por critérios de *pedigree*, concluindo
que "assim, a incompatibilidade que Dworkin postula, entre a admissão dos
princípios como parte do Direito e a doutrina de uma norma de reconhecimento, certamente não existe"[111].

Nos debates com seus críticos, Hart admitiu expressamente os princípios
e defendeu sua distinção com as regras, que se daria mesmo em uma questão
de *grau*, considerando até que os próprios princípios exigiriam a existência de
uma regra de reconhecimento para sua correta percepção no sistema. Herbert
Hart não via qualquer incompatibilidade na utilização dessa concepção de
princípios jurídicos (com uma leitura que lhe confere maior corpo e certa
relevância) com o seu *soft positivism*[112], eis que, com as adaptações que realizou, inexistiria qualquer incompatibilidade entre a utilização dos princípios
e os critérios centrais da sua teoria.

---

[108] Embora Hart registre que sua teoria admitia a inserção de valores (e não apenas
fatos, como o acusam): "Em primeiro lugar, como já deixei afirmado, a minha teoria
não é uma teoria meramente factual do positivismo, uma vez que, entre os critérios
do direito, admite valores e não apenas «meros» factos" (HART, Herbert L. A. **O
conceito de direito**. Trad. Antônio de Oliveira Sette-Câmara. São Paulo: Martins
Fontes, 2009, p. 310).

[109] DWORKIN, Ronald. **Levando os direitos a sério**. São Paulo: Martins Fontes, 2002,
p. 69.

[110] HART, Herbert L. A. **O conceito de direito**. Trad. Antônio de Oliveira Sette-Câmara.
São Paulo: Martins Fontes, 2009, p. 334.

[111] HART, Herbert L. A. **O conceito de direito**. Trad. Antônio de Oliveira Sette-Câmara.
São Paulo: Martins Fontes, 2009, p. 342.

[112] Essa adjetivação da teoria positivista de H. Hart – considerada tênue na comparação
com as demais desenvolvidas naquele período – foi cunhada por parte da doutrina
e aceita pelo seu destinatário, que chega a citá-la expressamente no seu célebre pós-
-escrito.

PRINCÍPIO DA AFETIVIDADE NO DIREITO DE FAMÍLIA – *Ricardo Calderón*

Ainda que seja um avanço e sinalize aspecto seminal do que aparecerá nas doutrinas que vão se desenvolver a partir de então, Hart não se estendeu sobre as demais consequências que adviriam da aceitação de uma teoria dos princípios forte sobre seus postulados teóricos. Ou seja, admitia e discorria sobre a categoria dos princípios jurídicos; apesar disso, ainda mantinha os princípios como categoria de certo modo tímida e compartimentada, que também estaria sujeita a uma regra própria de reconhecimento (a adoção pelos tribunais) e teria papel dogmático limitado e restrito.

A *teoria do ordenamento* de Norberto Bobbio[113] ainda mantinha os princípios sobre a pálida categoria de *princípios gerais do Direito*, como mero elemento de autointegração do sistema, mas lhes reconhecia normatividade, eis que para esse autor italiano seriam normas do sistema: "para mim não resta dúvida: os princípios gerais são normas como todas as outras"[114]. Ao analisar a legislação italiana (que também trazia os princípios como um dos elementos integrativos em casos de lacuna do sistema), Bobbio declara que, na sua concepção, tal previsão legal se destinaria aos princípios não expressos (visto que para os expressos tal previsão legal seria despicienda, porque eles já seriam normas). Seu posicionamento, admitindo até mesmo princípios implícitos, fica claro na seguinte passagem:

> Ao lado dos princípios gerais expressos existem os não expressos, ou seja, aqueles que podem ser extraídos por abstração de normas específicas ou ao menos não muito gerais: são princípios, ou seja, normas generalíssimas, formuladas pelo intérprete, que busca compreender, comparando normas aparentemente diferentes entre si, aquilo que comumente se chama de espírito do sistema. Perguntamo-nos se os princípios gerais de que fala o art. 12 são apenas os não expressos ou também os expressos: consideramos que são apenas os não expressos. O art. 12 se refere às lacunas e aos meios para completá-las: uma vez que os princípios gerais são expressos; uma vez que, como dissemos, são normas como todas as outras, não se pode falar de lacunas[115].

---

[113] Republicada no Brasil em obra própria, que engloba também a sua teoria da norma: BOBBIO, Norberto. **Teoria geral do direito**. Trad. Denise Agostinetti. São Paulo: Martins Fontes, 2008.

[114] BOBBIO, Norberto. **Teoria geral do direito**. Trad. Denise Agostinetti. São Paulo: Martins Fontes, 2008, p. 297.

[115] BOBBIO, Norberto. **Teoria geral do direito**. Trad. Denise Agostinetti. São Paulo: Martins Fontes, 2008, p. 298.

Cap. III · PERFIL E CONTEÚDO DO PRINCÍPIO DA AFETIVIDADE | **125**

O reconhecimento da normatividade dos princípios por parte da teoria do ordenamento de Bobbio merece relevo, bem como a aceitação que se refere especificamente aos ditos princípios não expressos (implícitos), que poderiam representar o "espírito do sistema". Em que pesem tais avanços pontuais para o momento jurídico de então, ainda era restrita sua utilização para os casos lacunosos, ou seja, apenas quando o sistema não trouxesse regramento explícito sobre o tema[116].

O primeiro teórico do Direito a conceber explicitamente um papel central aos princípios na teoria do Direito foi Ronald Dworkin[117], que em sua obra passou a defender a distinção entre princípios e regras[118], bem como concedeu um papel vital aos primeiros na assimilação, interpretação e aplicação do Direito (até então vistos como momentos distintos). Esse autor sustentou que existem dois tipos de normas jurídicas (regras e princípios) havendo uma diferente dimensão entre elas. As regras se aplicariam na lógica do tudo-ou-nada, ou seja, ou incidem integralmente em certa questão ou não incidem.

> A diferença entre princípios jurídicos e regras é de natureza lógica. Os dois conjuntos de padrões apontam para decisões particulares acerca da obrigação jurídica em circunstâncias específicas, mas distinguem-se quanto à natureza da orientação que oferecem. As regras são aplicadas à maneira do tudo ou nada. Dados os fatos que uma regra estipula, então ou a regra é válida, e neste caso a resposta que ela fornece deve ser aceita, ou não é válida, e neste caso em nada contribui para a decisão[119].

Já os princípios poderiam incidir com maior ou menor intensidade em determinada situação, amoldando-se de acordo com o caso concreto em análise. Ou seja, os princípios poderiam incidir com maior ou menor intensidade, ou até mesmo não incidir, sem que isso afetasse sua estrutura ou papel no ordenamento.

---

[116] Registre-se que Norberto Bobbio (tal como Kelsen) também discorria em vários escritos seus sobre a importância dos valores e diversos outros temas correlatos, entretanto, não os agasalhava com intensidade na explicitação inicial da sua teoria jurídica (a teoria do ordenamento jurídico) – o que refletia suas leituras positivistas do direito.

[117] DWORKIN, Ronald. **Levando os direitos a sério**. Trad. Nelson Boeira. São Paulo: Martins Fontes, 2002, p. 23 e ss.

[118] DWORKIN, Ronald. **Levando os direitos a sério**. Trad. Nelson Boeira. São Paulo: Martins Fontes, 2002, p. 113-125.

[119] DWORKIN, Ronald. **Levando os direitos a sério**. Trad. Nelson Boeira. São Paulo: Martins Fontes, 2002, p. 39.

> Os princípios possuem uma dimensão que as regras não têm – a dimensão de peso ou importância. Quando os princípios se intercruzam [...] aquele que vai resolver o conflito tem de levar em conta a força de cada um. [...] As regras não têm essa dimensão[120].

Toda a tese dos direitos de Dworkin foi desenvolvida com base na centralidade que ele concedia aos princípios jurídicos, alterando o entendimento secundário que lhe era conferido anteriormente. O papel vital proporcionado aos princípios nessa teoria alterou o modo de leitura e aplicação do ordenamento na sua totalidade[121]. Os princípios não passariam mais a atuar apenas em casos lacunosos, mas deveriam ser analisados prioritariamente na análise e acertamento dos casos, com outras estruturas e funções, sendo a relevância dos princípios jurídicos marca indelével da teoria do *Direito como integridade*[122].

Prosseguindo com essa distinção entre princípios e regras, Robert Alexy[123] aprimorou ainda mais o conceito, definindo princípios como *mandamentos de otimização*, e discorreu sobre como se daria a diferenciação.

> O ponto decisivo na distinção entre regras e princípios é que princípios são normas que ordenam que algo seja realizado na maior medida possível, dentro das possibilidades jurídicas e fáticas existentes. Princípios são, por conseguinte, mandamentos de otimização, que são caracterizados por poderem ser satisfeitos em graus variados e pelo fato de que a medida

---

[120] DWORKIN, Ronald. **Levando os direitos a sério.** Trad. Nelson Boeira. São Paulo: Martins Fontes, 2002, p. 42-43.

[121] Ao explicitar sua tese do direito como integridade, o autor esclarece a importância do tema. "O direito como integridade pede que os juízes admitam, na medida do possível, que o direito é estruturado por um conjunto coerente de princípios sobre a justiça, a equidade e o devido processo legal adjetivo, e pede-lhes que os apliquem nos novos casos que se lhes apresentem, de tal modo que a situação de cada pessoa seja justa e equitativa segundo as mesmas normas." (DWORKIN, Ronald. **O império do direito**. 2. ed. Trad. Jefferson Luiz Camargo. São Paulo: Martins Fontes, 2007, p. 291).

[122] Essa tese – do direito como integridade – foi desenvolvida por Ronald Dworkin e sustenta, entre outros, que o direito deve ser visto como um processo em desenvolvimento, construído de acordo com os pressupostos contemporâneos e opções eleitas por aquela coletividade envolvida. A análise do direito, na sua integridade, envolve de forma inarredável a consideração central dos princípios. (DWORKIN, Ronald. **O império do direito.** 2. ed. Trad. Jefferson Luiz Camargo. São Paulo: Martins Fontes, 2007, p. 312-313).

[123] ALEXY, Robert. **Teoria dos direitos fundamentais.** São Paulo: Malheiros, 2008, p. 90-91.

devida de tal satisfação não depende somente das possibilidades fáticas, mas também das possibilidades jurídicas. O âmbito das possibilidades jurídicas é determinado pelos princípios e regras colidentes[124].

Ou seja, é possível notar um aprofundamento da distinção entre princípios e regras suscitada por Dworkin, com um refinamento teórico de como se daria na prática. Para ressaltar a especificidade que seria inerente às regras e não se perceberia nos princípios, Alexy definiu regras como determinações fáticas e jurídicas.

> Já as regras são normas que são sempre ou satisfeitas ou não satisfeitas. Se uma regra vale, então, deve se fazer exatamente aquilo que ela exige; nem mais nem menos. Regras contêm, portanto, determinações no âmbito daquilo que é fática e juridicamente possível. Isso significa que a distinção entre regras e princípios é uma distinção qualitativa, e não uma distinção de grau. Toda norma é ou uma regra ou um princípio[125].

Portanto, para Robert Alexy, a distinção entre regras e princípios seria qualitativa e não quantitativa, prosseguindo com a análise da diferenciação defendida a partir do estudo dos *conflitos de regras* e *colisões de princípios*. O tema é tratado por Dworkin e Alexy, sendo que ambos sustentaram que a solução se dará de modo diverso para cada uma das espécies de norma.

Em um caso de *conflito de regras* (duas regras prescrevendo comandos conflitantes), a única solução possível seria a inclusão de uma cláusula de exceção em uma delas, ou, então, uma delas deveria ser excluída do ordenamento (em face da sua incompatibilidade com a outra). Já no caso de *colisão entre princípios*, a solução dar-se-ia de modo totalmente diverso.

> As colisões entre princípios devem ser solucionadas de forma completamente diversa. Se dois princípios colidem – algo é proibido de acordo com um princípio e, de acordo com outro, permitido –, um dos princípios terá que ceder. Isso não significa, contudo nem que o princípio cedente deva ser declarado inválido, nem que nele deverá ser introduzida uma cláusula de exceção[126].

---

[124] ALEXY, Robert. **Teoria dos direitos fundamentais**. São Paulo: Malheiros, 2008, p. 90.

[125] ALEXY, Robert. **Teoria dos direitos fundamentais**. São Paulo: Malheiros, 2008, p. 91.

[126] ALEXY, Robert. **Teoria dos direitos fundamentais**. São Paulo: Malheiros, 2008, p. 93.

PRINCÍPIO DA AFETIVIDADE NO DIREITO DE FAMÍLIA – *Ricardo Calderón*

O que ocorreria com os princípios é que um deles poderia ter mais prevalência que outro em determinado caso concreto, "tem precedência em face do outro sob determinadas condições", nas palavras do próprio Alexy. Princípios teriam pesos diferentes e os com maior peso teriam precedência sobre os outros, naquela determinada situação específica (aqui resta claro como Alexy adota a dimensão de peso de Dworkin).

Pode-se afirmar que, para ambos os autores, conflitos entre regras ocorreriam na dimensão da validade; já colisões entre princípios ocorreriam na dimensão de peso, sendo esta a distinção essencial para espantar qualquer dúvida quanto ao tratamento diferenciado dessas duas categorias[127].

As distinções entre princípios e regras poderiam ser sustentadas sob diversos aspectos[128]: do ponto de vista do seu *conteúdo* (os princípios tratariam geralmente de um valor; já as regras de uma conduta), da sua *estrutura* (regras descreveriam o ato e as consequências; já os princípios apenas preveriam certo *estado ideal*) e ainda quanto à *aplicação* (regras se aplicariam na lógica do tudo ou nada, basicamente pela subsunção; já os princípios funcionariam como mandamentos de otimização, acertando-se pela ponderação[129]).

Na teoria analítica de Alexy, é possível notar a forte influência da tese de Dworkin, que, de certo modo, é recebida e aprimorada. Os dois autores podem ser considerados precursores desse novo entendimento que se disseminou nas teorias do Direito sobre princípios jurídicos, pelo qual estes passam a exercer um papel cada vez mais relevante no sistema jurídico[130].

Após a difusão de tais aportes teóricos, é possível vislumbrar a fase pós-positiva dos princípios. A partir de então os princípios foram vistos

---

[127] CANOTILHO, José Joaquim Gomes. Princípios: entre a sabedoria e a aprendizagem. **Boletim da Faculdade de Direito da Universidade de Coimbra**, v. LXXXII. Coimbra: Coimbra Ed., 2006, p. 13.

[128] Sobre a distinção entre princípios e regras: FREITAS, Juarez. **A interpretação sistemática do direito**. 5. ed. São Paulo: Malheiros, 2010, p. 229-231.

[129] Diversos estudos passam a verticalizar a análise da ponderação, o que foi intenso também no Brasil. Registre-se a posição de: BARCELLOS, Ana Paula de. Ponderação, racionalidade e atividade jurisdicional. In: BARROSO, Luís Roberto (org.). **A reconstrução democrática do direito público no Brasil**. Rio de Janeiro: Renovar, 2007, p. 264-281.

[130] BARCELLOS, Ana Paula de; BARROSO, Luís Roberto. O começo da História. A nova interpretação constitucional e o papel dos princípios no direito brasileiro. In: BARROSO, Luís Roberto (org.). **A nova interpretação constitucional**: ponderação, direitos fundamentais e relações privadas. 2. ed., rev. e atual. Rio de Janeiro: Renovar, 2006, p. 338.

Cap. III · PERFIL E CONTEÚDO DO PRINCÍPIO DA AFETIVIDADE | **129**

de outro modo, com novos papéis, e passaram a ser admitidos nas teses de diversos outros autores. Até mesmo parte da doutrina positivista cedeu e conferiu certo espaço para os princípios, embora tenha sempre procurado delimitá-los à estrutura rígida que sustenta.

Os próprios críticos das teses de Dworkin e Alexy – que não são poucos – reconhecem, de certo modo, que a nova formatação adotada por diversos ordenamentos, bem como a aplicação do Direito efetuada a partir da metade do século passado, certamente perpassa pela nova roupagem que é conferida aos princípios[131].

Houve a passagem da importância periférica dos *princípios gerais do Direito*, que restavam limitados a uma aplicação subsidiária em casos de lacuna, para a centralidade do sistema jurídico (o que se manifesta de forma patente no caso dos princípios constitucionais)[132]. Essa concepção central conferida aos princípios nas teorias do Direito foi paradigmática e refletiu o momento que ficou conhecido como pós-positivista. Paulo Bonavides trata do tema a partir da perspectiva constitucional:

A terceira fase, enfim, é a do pós-positivismo, que corresponde aos grandes momentos constituintes das últimas décadas do século XX. As novas Constituições promulgadas acentuam a hegemonia axiológica dos princípios, convertidos em pedestal normativo sobre o qual se assenta todo o edifício jurídico dos novos sistemas constitucionais.[133]

A alteração no entendimento do que sejam princípios, bem como a assimilação de que exercem um papel diferenciado no ordenamento e na aplicação do Direito ao caso concreto[134], trouxe consequências nos debates

---

[131] Digna de nota é a tese desenvolvida por Humberto Ávila, a qual sustenta que além das regras e princípios deve-se compreender uma terceira categoria dogmática, a dos postulados normativos: "Enquanto a doutrina refere-se à proporcionalidade e à razoabilidade ora como princípios, ora como regras, este trabalho critica estas concepções e, aprofundando trabalho anterior, propõe uma nova categoria, denominada categoria dos postulados normativos aplicativos" (ÁVILA, Humberto. **Teoria dos princípios:** da definição à aplicação da teoria dos princípios. 8. ed. São Paulo: Malheiros, 2008, p. 27).

[132] ROTHENGURG, Walter Claudius. **Princípios constitucionais**. Porto Alegre: Sergio Antonio Fabris, 1999, p. 15.

[133] BONAVIDES, Paulo. **Curso de direito constitucional**. 25. ed., atual. São Paulo: Malheiros, 2010, p. 264.

[134] CANOTILHO, José Joaquim Gomes. Princípios: entre a sabedoria e a aprendizagem. **Boletim da Faculdade de Direito da Universidade de Coimbra**, v. LXXXII. Coimbra: Coimbra Ed., 2006, p. 9.

desenvolvidos a partir de então[135]. Não se pode negar que a perspectiva principiológica desenvolvida permitiu uma retomada da interlocução do Direito com a moral e, de certo modo, com a filosofia, a sociologia e a política. A ativação desse saudável influxo interdisciplinar permitiu a possibilidade de busca pela superação da antiga dicotomia direito positivo × direito natural, com os princípios exercendo o papel de tradutor nesse diálogo.

A abertura concedida pelo novo formato dos princípios viabiliza o contato do ordenamento jurídico com os objetivos e valores daquela sociedade, que restou um pouco esquecido nos anos em que imperou a defesa de uma suposta pureza e neutralidade da ciência jurídica[136]. O percurso percorrido é destacado por Luís Roberto Barroso:

> Como já assinalado, os princípios jurídicos, especialmente os de natureza constitucional, viveram um vertiginoso processo de ascensão, que os levou de fonte subsidiária do Direito, nas hipóteses de lacuna legal, ao centro do sistema jurídico. No ambiente pós-positivista de reaproximação entre o Direito e a Ética, os princípios constitucionais se transformaram na porta de entrada dos valores dentro do universo jurídico. Há consenso na dogmática jurídica contemporânea de que princípios e regras desfrutam igualmente do *status* de norma jurídica, distinguindo-se uns dos outros por critérios variados [...][137].

O estudo do Direito, paulatinamente, passou a se aproximar da filosofia, da sociologia e da política, sendo saudavelmente influenciado pelas inovações resultantes das novas teorias que se desenvolvem também nessas searas. A superação do modelo positivista puro pode permitir a desejável intercomunicação entre o Direito e os axiomas e objetivos eleitos como relevantes por

---

[135] SCHIER, Paulo Ricardo. Novos desafios da filtragem constitucional no momento do neoconstitucionalismo. In: SOUZA NETO, Cláudio Pereira de; SARMENTO, Daniel (coords.). **A constitucionalização do direito**: fundamentos teóricos e aplicações específicas. Rio de Janeiro: Lumen Juris, 2007, p. 259.

[136] Esta é a percepção de Eros Roberto Grau; "O projeto de (re)construção de um direito que se possa ver, ensinar e aplicar como o lídimo sistema normativo do Estado Democrático supõe a substituição da racionalidade formal do direito por outra, que, segundo penso, repousa sobre os princípios. Neles, o conteúdo das formas jurídicas". Afirmação constante do prefácio da primeira edição da obra de Juarez Freitas: FREITAS, Juarez. **A interpretação sistemática do direito**. 5. ed. São Paulo: Malheiros, 2010, p. 15.

[137] BARROSO, Luís Roberto. **Curso de direito constitucional contemporâneo**: os conceitos fundamentais e a construção do novo modelo. São Paulo: Saraiva, 2009, p. 317.

determinada comunidade, sendo que nesse *mister* os princípios têm relevante função. Tal ordem de ideias possibilita afirmar que "o reconhecimento de normatividade aos princípios e sua distinção qualitativa em relação às regras é um dos símbolos do pós-positivismo"[138].

A partir disso, a doutrina passou a verticalizar o estudo sobre a teoria dos princípios, a ponto de perceber outras características possíveis de serem agregadas a esse instituto, na sua leitura pós-positivista. Entre as diversas consequências que resultaram dessas teses principiológicas ora descritas, duas delas merecem breve consideração: a primeira diz respeito ao reconhecimento da *relatividade* dos princípios jurídicos; a segunda refere-se à aceitação de uma principiologia implícita.

A primeira decorre do fato de que a partir destes pressupostos teóricos não é possível mais sustentar que os princípios jurídicos reflitam conceitos metafísicos, perenes, fixos ou a-históricos, como se chegou a pensar. Na esteira das lições dos autores acima descritos – merecendo destaque as concepções de R. Dworkin –, fica evidente que os princípios retratam opções de determinada sociedade em dado momento histórico. Os entendimentos sobre quais são e o que refletem os princípios jurídicos são transitórios, e variáveis de acordo com diversos elementos que caracterizam e influenciam cada corpo social[139].

Os princípios – tais quais os demais institutos jurídicos, mas quiçá aqueles com maior intensidade – sofrem influxos políticos, filosóficos, sociológicos, sociais e econômicos de determinada coletividade. Consequentemente, são objeto de construção no embate cotidiano das ideias, conforme lição de Mota Pinto, ao discorrer sobre princípios no direito civil:

> O direito civil vigente, modelado segundo determinados princípios, *não está dotado de uma validade eterna e universal*, à semelhança do tão discutido *direito natural*. Nem sequer os seus princípios fundamentais se podem pretender, com segurança, válidos para todos os ordenamentos jurídicos e em todas as épocas. [...] Por outro lado, este quadro de princípios, que fundamenta e retrata sinteticamente o direito civil atual, *não brotou por espontânea geração* no solo da vida social de hoje. Trata-se de um *produto histórico*, em cuja gestação concorrem opções fundamentais sobre a organização econômica e social e mesmo sobre a concepção do

---

[138] BARROSO, Luís Roberto **Curso de Direito Constitucional Contemporâneo**: os conceitos fundamentais e a construção do novo modelo. São Paulo: Saraiva, 2009, p. 310.

[139] GRAU, Eros Roberto. **Ensaio e discurso sobre a interpretação/aplicação do direito**. 5. ed. rev. e ampl. São Paulo: Malheiros, 2009, p. 282.

Homem. Opções, cuja gestação, por sua vez, é determinada pelos dados sociológicos, culturais e históricos que condicionam toda a organização da sociedade em cada momento e em cada lugar.[140]

O reconhecimento de que os princípios são objeto de construção do discurso jurídico é vital para compreensão do seu papel na contemporaneidade. A *gestação* de um princípio se faz no embate teórico-jurisprudencial, sendo o resultado destas discussões o que dita quais princípios são vigentes ou não para determinado sistema jurídico e, ainda, o que significam tais princípios adotados para aquela comunidade naquele momento.

A segunda consequência aqui propositadamente ressaltada diz respeito à principiologia implícita, que sustenta a possibilidade da existência de princípios jurídicos que não estejam expressamente positivados no ordenamento, mas que podem ser extraídos dele[141]. Partindo da ideia de que o Direito não se expressa apenas com a lei posta, sendo possível assimilar outras formas de expressões a partir do ordenamento, e para além dele, Robert Alexy admite tal possibilidade ao desenvolver sua teoria.

> A contraposição dos princípios enquanto normas "desenvolvidas", às normas "criadas" deve-se à desnecessidade de que os princípios sejam estabelecidos de forma explícita, podendo decorrer de uma tradição de positivação detalhada e decisões judiciais que, em geral, expressam concepções difundidas sobre o que deve ser o direito.[142]

Essa "decorrência" do sistema jurídico é uma das características dos princípios implícitos, que seriam extraídos em um processo hermenêutico, que parte do ordenamento sem restar limitado ao seu texto. Papel relevante nessa construção dos princípios deve ser tributado à jurisprudência, que poderá contribuir decisivamente nesse processo, eis que está constantemente realizando uma interlocução do ordenamento com a realidade concreta.

Um dos autores brasileiros que dedica especial atenção ao tema é Eros Roberto Grau, que sustenta a existência da categoria dos princípios implícitos.

---

[140] PINTO, Carlos Alberto da Mota. **Teoria geral do direito civil**. 4. ed. atual. por António Pinto Monteiro e Paulo da Mota Pinto. Coimbra: Coimbra Ed., 2005, p. 96.

[141] PINTO, Carlos Alberto da Mota. **Teoria geral do direito civil**. 4. ed. atual. por António Pinto Monteiro e Paulo da Mota Pinto. Coimbra: Coimbra Ed., 2005, p. 96-97.

[142] ALEXY, Robert. **Teoria dos direitos fundamentais**. Trad. Virgílio Afonso da Silva. São Paulo: Malheiros, 2008, p. 109.

Cap. III · PERFIL E CONTEÚDO DO PRINCÍPIO DA AFETIVIDADE | 133

> Em síntese, a ordem axiológica ou teleológica que o direito é compreende os princípios *explícitos* e os *implícitos*. Os primeiros são recolhidos do texto da Constituição ou da lei. Os segundos, *implícitos*, são descobertos em textos normativos do *direito posto* ou no *direito pressuposto* de uma determinada sociedade. Estes últimos são chamados de princípios gerais de direito. Não se confundem, insista-se, com os chamados princípios gerais do direito; a diferença entre ambos é qualitativa – ao cogitarmos de princípios de direito penetramos no plano do *discurso do direito*, deste direito; já ao cogitarmos dos princípios do direito estaremos situados no plano do *discurso jurídico*[143].

Essa análise deixa clara a compreensão de que o Direito não envolve apenas a lei expressamente positivada, pelo Estado, mas sim engloba relações *pressupostas* que fundariam a ordem jurídica adotada pelo ente público, preexistindo a este direito formal-estatal[144]. Entre estas, se encontrariam os princípios implícitos (nesta classificação, princípios gerais de direito).

Tais princípios implícitos teriam a mesma normatividade, aplicação e relevância dos ditos explícitos, sendo passíveis de utilização na concretização do Direito[145]. A revelação de um princípio implícito não é livre, devendo necessariamente estar lastreada no conjunto de expressões do Direito daquela determinada coletividade. Essa assunção leva à divisão dos princípios em dois grandes grupos: explícitos (expressamente adotados pelo ordenamento) e implícitos (que poderiam ser extraídos do sistema).

> Consciência tomada da historicidade e de seu domicílio na intimidade do próprio ordenamento jurídico – vale dizer, a rejeição da visão mistificadora que enxerga os princípios enquanto máximas absolutas, transcendentes da própria humana contingência e situados para além e acima do Direito posto (nesse sentido Canotilho e Moreira 1997:71-2) –, percebe-se que

---

[143] GRAU, Eros Roberto. **Ensaio e discurso sobre a interpretação/aplicação do direito.** 5. ed. rev. e ampl. São Paulo: Malheiros, 2009, p. 147.

[144] "Tenho assim o conceito de que princípio jurídico é um valor estabelecido pela lógica e pela racionalidade, que nos conduz, quando confrontados com a realidade, na direção daquilo que deve ser [...]. É, em outras palavras, uma diretriz genérica com a função intrínseca de nortear o entendimento, a escolha, a decisão, que devemos adotar em face de uma situação específica." RAMOS, Gisela Gondin. **Princípios:** conceitos, fundamentos e distinções necessárias. Belo Horizonte: Forum, 2012, p. 25.

[145] CANOTILHO, José Joaquim Gomes. Princípios: Entre a Sabedoria e a Aprendizagem. **Boletim da Faculdade de Direito da Universidade de Coimbra**, v. LXXXII. Coimbra: Coimbra Ed., 2006, p. 6.

eles podem apresentar-se explícitos (com maior nitidez e segurança, embora então limitados pelas possibilidades da linguagem) ou implícitos, mas, numa formulação como na outra, exercendo idêntica importância sistemática e axiológica.[146]

A compreensão dos princípios como objeto de construção do discurso jurídico, a partir da realidade e das demandas de determinada comunidade, bem como a aceitação de princípios implícitos ao ordenamento, permite a aceitação da afetividade como princípio implícito do direito de família brasileiro. Cabe, então, à doutrina e à jurisprudência definir o conteúdo e os contornos desse princípio, sempre de acordo com o nosso atual quadro civil-constitucional.

A análise do sistema em sua totalidade permitiria perceber quais princípios foram implicitamente adotados por ele, consagrando a abertura axiológica que foi pretendida com o desenvolvimento da concepção sobre princípios jurídicos[147]. A principiologia implícita é uma característica resultante do aprofundamento dos estudos sobre princípios, e, embora não seja pacífica – eis que há forte resistência na doutrina à sua aceitação –, vem à baila nos debates que passam a ser travados sobre o tema[148].

Na esteira do exposto, parece adequado o sentido de princípio adotado por Paulo Luiz Netto Lôbo:

> O princípio, por seu turno, indica suporte fático hipotético necessariamente indeterminado e aberto, dependendo a incidência dele da mediação concretizadora do intérprete, por sua vez orientado pela regra instrumental da equidade, entendida segundo formulação grega clássica, sempre atual, de justiça ao caso concreto. [...] Os princípios constitucionais são expressos ou implícitos. Estes últimos podem derivar da interpretação do sistema constitucional adotado ou podem brotar da interpretação harmonizadora

---

[146] ROTHENGURG, Walter Claudius. **Princípios constitucionais**. Porto Alegre: Sergio Antonio Fabris, 1999, p. 54.

[147] Paulo Lôbo também admite normatividade aos princípios implícitos: "Um dos maiores avanços do direito brasileiro, principalmente após a Constituição de 1988, é a consagração da força normativa dos princípios constitucionais, explícitos e implícitos, superando o efeito simbólico que a doutrina tradicional a eles destinava" (LÔBO, Paulo Luiz Netto. **Direito civil**: parte geral. 2. ed. São Paulo: Saraiva, 2010, p. 74.)

[148] MELLO, Marcos Bernardes de. **Teoria do fato jurídico**: plano da existência. 16. ed. São Paulo: Saraiva, 2010, p. 30.

de normas constitucionais específicas (por exemplo, o princípio da afetividade nas relações de família).[149]

O entendimento hodierno conferido à categoria dos princípios jurídicos indica uma saudável abertura do sistema jurídico e viabiliza sua aproximação da realidade concreta, o que adquire especial importância no trato das relações familiares[150].

Todo esse desenrolar teórico-pragmático permite concluir que o fato de a temática dos princípios estar na ordem do dia dos juristas não pode ser negado a partir desse estágio, o que é percebido – embora criticamente – por Humberto Ávila:

> Hoje, mais do que ontem, importa construir o sentido de delimitar a função daquelas normas que, sobre prescreverem fins a serem atingidos, servem de fundamento para a aplicação do ordenamento constitucional – os princípios jurídicos. É até mesmo plausível afirmar que a doutrina constitucional vive, hoje, a euforia do que se convencionou chamar de *Estado Principiológico.*[151]

Uma das críticas contundentes que são direcionadas às concepções desenvolvidas pelas teorias principiológicas – muitas vezes não sem razão – envolve a falta de apuro metodológico na forma de aplicação e ausência de critérios racionais de definição do conteúdo dos princípios[152]. Apesar dessas críticas e de alguns possíveis excessos pontuais, é inegável que os temas trazidos com esse renovado entendimento sobre o conteúdo e papel dos princípios jurídicos, principalmente a partir dos princípios constitucionais, irão se incorporar à doutrina jurídica contemporânea[153]. Ao adentrar na seara

---

[149] LÔBO, Paulo Luiz Netto. **Direito Civil**: parte geral. 2. ed. São Paulo: Saraiva, 2010, p. 74-77.

[150] ALBUQUERQUE, Fabíola Santos. Os princípios constitucionais e sua aplicação nas relações jurídicas de família. In: ALBUQUERQUE, Fabíola Santos; EHRHARDT JR., Marcos; OLIVEIRA, Catarina Almeida de (coord.). **Famílias no direito contemporâneo**. Recife: Podivm, 2010, p. 45.

[151] ÁVILA, Humberto. **Teoria dos princípios**: da definição à aplicação da teoria dos princípios. 8. ed. São Paulo: Malheiros, 2008,p. 23.

[152] CANOTILHO, José Joaquim Gomes. Princípios: entre a sabedoria e a aprendizagem. **Boletim da Faculdade de Direito da Universidade de Coimbra**, v. LXXXII. Coimbra: Coimbra, 2006, p. 13.

[153] SILVA, Virgílio Afonso da. **A constitucionalização do direito:** os direitos fundamentais nas relações entre particulares. São Paulo: Malheiros, 2005, p. 27.

constitucional, os princípios gerarão outros desdobramentos, irradiando-se para todo o sistema[154].

No quadro do pós-positivismo[155], a principiologia constitucional gozará de uma centralidade de tal monta que não permitirá que ela seja ignorada pelas outras áreas do Direito, exigindo – a partir de então – tratamento dos temas por ela trazidos pelos diversos ramos. Um deles certamente é o relativo aos direitos fundamentais, particularmente sobre sua incidência nas relações privadas.

SEÇÃO IV. SUBSTRATO JURÍDICO E PERFIL PRINCIPIOLÓGICO

A afetividade como princípio jurídico do direito de família é uma citação cada vez mais constante, o que se percebe intensamente nos últimos anos no direito brasileiro, conforme anteriormente verificado. Inicialmente, cabe registrar que a escolha preferencial pelo termo *afetividade* é recente, de modo que parte da doutrina muitas vezes ainda se utiliza de outros significantes para se referir ao mesmo significado. Diversas referências a amor, afeição, paixão, carinho afeto, *affectio*, "paternidade/verdade sociológica", socioafetividade, "parentesco social" podem, muitas vezes, ser tidas como referentes ao que se está a adotar como afetividade. Uma padronização terminológica poderia facilitar a compreensão do tema e viabilizar uma construção conceitual mais consentânea.

No pertinente ao Direito, é possível sustentar que o termo que melhor reflete o conjunto de fatores que essas relações pessoais visam externar é o denominador *afetividade*[156], no sentido de expressar manifestações que

---

[154] Sobre princípios constitucionais: ESPÍNDOLA, Ruy Samuel. **Conceito de princípios constitucionais**: elementos teóricos para uma formulação dogmática constitucionalmente adequada. 2. ed., rev. atual. ampl. São Paulo: Revista dos Tribunais, 2002, p.109-159.

[155] BARCELLOS, Ana Paula de; BARROSO, Luís Roberto. O começo da História. A nova interpretação constitucional e o papel dos princípios no direito brasileiro. In: BARROSO, Luís Roberto (org.). **A nova interpretação constitucional**: ponderação, direitos fundamentais e relações privadas. 2. ed., rev. e atual. Rio de Janeiro: Renovar, 2006, p. 336.

[156] Seu significado comum e o sentido geral para a psicologia podem ser vistos no verbete afetividade do Dicionário Aurélio: "afetividade. [De afetivo + (i)dade.] S. f. 1. Qualidade ou caráter de afetivo. 2. Psic. Conjunto de fenômenos psíquicos que se manifestam sob a forma de emoções, sentimentos e paixões, acompanhados sempre de impressão de dor e prazer, de satisfação ou insatisfação, de agrado ou desagrado, de alegria ou tristeza" (FERREIRA, Aurélio Buarque de Holanda. Novo Aurélio Século XXI: o dicionário da língua portuguesa. 3. ed., rev. e ampl. Rio de Janeiro: Nova Fronteira, 1999, p. 62).

indiquem a existência de afeto intersubjetivo. Sua apresentação no meio social, portanto, restaria representada pelo significante *socioafetividade*. As constantes remissões doutrinárias e jurisprudenciais parecem corroborar esta opção, de modo que a familiaridade com o que o termo *afetividade* adquiriu entre os juristas é outro fator a ressaltar sua preferencial adoção.

Como visto nos capítulos anteriores, é possível dizer que há respaldo doutrinário, legal e jurisprudencial a embasar o argumento em favor de leitura principiológica da afetividade. Apesar disso, para o bem do próprio princípio, parece prudente verificar quais seriam as balizas que o delimitariam, de modo a evitar que sua abertura extrema acabe por inviabilizá-lo ou enfraquecê-lo. Dito de outro modo, mesmo com um tema sabidamente subjetivo, há que se demarcar objetivamente seus limites jurídicos, para que possa ser considerado efetivamente uma categoria do Direito.

Não parece haver qualquer óbice intransponível em tal tarefa, eis que há muito o Direito assimila termos comuns a outras áreas, eminentemente subjetivos, e lhes confere um recorte jurídico, com definições que permitam sua utilização na lógica e racionalidade do sistema. Essa conceituação jurídica não exclui a que lhes conferem outras áreas, que seguem com sua autonomia própria, nem mesmo impede o contato interdisciplinar quando necessário. As definições das balizas jurídicas pela doutrina e jurisprudência viabilizam o uso pelos operadores do Direito a partir de então.

Exemplo disso pode ser tido pelo conceito de *dignidade da pessoa humana*, que certamente não é termo exclusivo dos juristas e menos ainda pode ser dito que tenha sido criado por eles[157]. Mesmo assim, a relevância que o tema assumiu o fez aportar no "mundo do Direito", com uma leitura jurídica que viabilizou sua utilização[158]. Ou seja, o fato de este ser um tema muito caro à filosofia e à religião não impediu que o Direito o acolhesse e lhe concedesse uma definição jurídica[159]. Não se pode negar a subjetividade inerente a um

---

[157] FACHIN, Luiz Edson. Direitos da personalidade no Código Civil Brasileiro. In: FACHIN, Luiz Edson. **Direito Civil** – direito patrimonial e direito existencial. São Paulo: Método, 2006, p. 631.

[158] TEPEDINO, Gustavo. **Temas de direito civil**. Rio de Janeiro: Renovar, 2006. t. II, p. 42.

[159] CASTRO, Carlos Roberto Siqueira. Dignidade da pessoa humana: o princípio dos princípios constitucionais. In: SARMENTO, Daniel; GALDINO, Flávio (org.). **Direitos fundamentais**: estudos em homenagem ao professor Ricardo Lobo Torres. Rio de Janeiro: Renovar, 2006, p. 161.

termo como "dignidade da pessoa humana", nem por isso restou inviável seu uso pelo Direito, que hoje é pacífico e usual[160].

O mesmo pode ser dito da questão da solidariedade[161], tema que pode receber vastas conceituações, sobre diferentes aspectos e áreas do conhecimento. Novamente está longe de ser um termo criado ou de uso exclusivo do Direito, entretanto, diversos ordenamentos (inclusive nossa Constituição) trabalham tranquilamente com o princípio jurídico da solidariedade[162]. Nem se diga que não há subjetividade e dificuldade de assimilação no que se entende por solidariedade de modo geral, ainda mais se levado ao entendimento do que cada pessoa tem de solidariedade. Ainda assim, é corrente que o seu significado para o Direito é o significado jurídico, apurado de acordo com a coerência de cada sistema.

Outro exemplo pode ser verificado no próprio direito civil com a noção de boa-fé[163], termo de subjetividade evidente, que é utilizado por diversas áreas há muito tempo e, é possível dizer, não há consenso entre as pessoas comuns sobre o que signifique. A primeira impressão que advém da expressão "boa-fé" traz consigo a percepção de que haveria um aspecto volitivo que seria traduzido na apuração da presença do que se entende por "má-fé". Entretanto, o Direito compreendeu relevante e cabível sua inclusão no ordenamento, enfrentou isso e resolveu a questão com parcimônia e equilíbrio[164]. Nem mesmo o fato de a origem do termo advir de regras morais impede seu uso pelo Direito[165], visto que como assevera Teresa Ancona Lopez "o princípio

---

[160] Em entrevista concedida no dia 04.11.2011, o constitucionalista Luís Roberto Barroso afirmou que o termo dignidade da pessoa humana "é um dos mais ambíguos no direito atual". Em decorrência disso, desenvolveu pesquisa no primeiro semestre de 2011, como pesquisador visitante na Universidade de Harvard, para procurar aclarar o seu significado (Entrevista concedida ao jornal Gazeta do Povo, edição do dia 04 de novembro de 2011).

[161] DENNINGER, Erhard. "Segurança, diversidade e solidariedade" ao invés de "liberdade, igualdade e fraternidade". **Revista Brasileira de Estudos Políticos**, Belo Horizonte, n. 88, dez. 2003, p. 36.

[162] MORAES, Maria Celina Bodin de. O princípio da solidariedade In: MATOS, Ana Carla Harmatiuk (org.). **A construção dos novos direitos**. Porto Alegre: Núria Fabris, 2008, p. 255.

[163] AGUIAR JÚNIOR, Ruy Rosado. A boa-fé na relação de consumo. **Revista de Direito do Consumidor**, São Paulo, v. 14, p. 24, abr./jun. 1995.

[164] MARTINS-COSTA, Judith. **A boa-fé no direito privado**. São Paulo: Revista dos Tribunais, 2000, p. 517.

[165] DENNINGER, Erhard. "Segurança, diversidade e solidariedade" ao invés de "liberdade, igualdade e fraternidade". **Revista Brasileira de Estudos Políticos**, Belo Horizonte, n. 88, dez. 2003, p. 37.

Cap. III · PERFIL E CONTEÚDO DO PRINCÍPIO DA AFETIVIDADE | 139

da boa-fé, apesar de ter como fundamento regra moral, se impõe indubitavelmente como regra jurídica fundamental no direito contemporâneo"[166]. Inequivocamente, há um conceito jurídico do significado de boa-fé, tanto é que muitos juristas passaram a centrar sua análise no que denominaram boa-fé objetiva.

O que se pretende sustentar é que não há impedimento na utilização pelo Direito de um tema apenas pelo fato de ele ser utilizado por outras áreas ou ter uma noção enraizada na sociedade que possa não ser unívoca. Por outro lado, também não há impossibilidade de captação de um sentido que possa ter uma subjetividade inicial, pois o Direito pode lhe conferir uma definição jurídica que lhe conceda a objetividade que entenda necessária. Os casos citados auxiliam a corroborar o argumento[167].

Há, ainda, que se ressaltar que a percepção da *historicidade* e da *relatividade* dos institutos jurídicos é de conhecimento corrente na atualidade, o que é mais presente e intenso ainda quando se trata de temas tão próximos à sociedade como o direito de família[168]. Ou seja, tais características são inerentes aos próprios institutos jurídicos, de modo que não podem, nem de longe, ser utilizadas como argumentos para obstar o uso de algum valor por parte do Direito[169].

Esses argumentos parecem afastar muitos dos óbices que são postos à utilização da afetividade pelo Direito, eis que não se utilizará a definição da filosofia, da psicologia ou da psiquiatria, embora estas possam fornecer alguns elementos, mas, mesmo que se parta de uma análise interdisciplinar, se aportará sempre em uma definição jurídica. Para tornar claro, sustenta-se que se adjetive a afetividade para que seja utilizada pelos juristas: sempre que se falar de afetividade para fins legais se estaria fazendo remissão a uma *afetividade jurídica*: "o que interessa, e é seu objeto próprio de conhecimento,

---

[166] LOPEZ, Teresa Ancona. Princípios Contratuais. In: FERNANDES, Wanderley (coord.). **Contratos empresariais**: fundamentos e princípios dos contratos empresariais. São Paulo: Saraiva, 2007, p. 41-42.

[167] MARQUES, Claudia Lima. Direito na pós-modernidade e a teoria de Erik Jayme. In: OLIVEIRA JUNIOR, José Alcebíades de (org.). **Faces do multiculturalismo**: teoria – política – direito. Santo Ângelo: Ediuri, 2007, p. 29.

[168] GOMES, Orlando. **O novo direito de família**. Porto Alegre: Sergio Antonio Fabris Editor, 1984, p. 61-62.

[169] RUZYK, Carlos Eduardo Pianovski; FACHIN, Luiz Edson. Direitos fundamentais, dignidade da pessoa humana e o novo Código Civil: uma análise crítica. In: SARLET, Ingo Wolfgang (org.). Constituição, **Direitos fundamentais e direito privado**. Porto Alegre: Livraria do Advogado, 2003, p. 99.

são as relações sociais de natureza afetiva que engendram condutas suscetíveis de merecerem a incidência de normas jurídicas. Esse é o mundo da cultura, que é o mundo do Direito"[170].

Com tal proceder, o afeto continuaria sendo um sentimento que as pessoas percebem e manifestam de diversos modos, o desafeto restaria presente (eis que é o outro lado do próprio afeto), as outras áreas seguiriam com suas definições sobre a afetividade, mas, quando se tratasse do tema juridicamente, ter-se-ia a nítida percepção de que se fala da leitura jurídica que é concedida à afetividade. Esse esclarecimento afasta algumas das críticas que são postas à utilização da afetividade pelo Direito e, ademais, não parece que seja inovador ou vanguardista[171].

Restando possível, portanto, a utilização, pelo Direito, da afetividade como categoria jurídica, a quem caberia estabelecer seu conteúdo? Como corrente na teoria geral do direito, caberá à doutrina, legislação e jurisprudência externarem o que determinado sistema jurídico compreende por aquele significante. Consequência disso é que cada sistema jurídico pode conceder um contorno próprio à determinada expressão[172].

Na esteira desses argumentos, o que se defende é que muito mais do que procurar negar a possibilidade de utilização da afetividade como categoria jurídica, em face de sua subjetividade e relatividade, doutrina e jurisprudência devem passar a contribuir para a construção sólida do seu substrato jurídico. A farta remissão anteriormente descrita parece suficiente para indicar isso. Parte da doutrina brasileira sustenta a afetividade como princípio há mais de duas décadas; a jurisprudência vem dando sinais de seu acolhimento de maneira crescente, e até mesmo a legislação recente passou a utilizá-la como critério objetivo em temas relevantes do direito de família. Em consequên-

---

[170] LÔBO, Paulo Luiz Netto. Socioafetividade em família e a orientação do Superior Tribunal de Justiça. **Revista Brasileira de Direito das Famílias e Sucessões.** Porto Alegre, Magister; Belo Horizonte, IBDFam, v. 5, ago./set. 2008, p. 645.

[171] Isto porque, conforme visto, é prática há muito adotada pelo Direito com diversos outros temas e expressões sem que as dificuldades existentes impeçam sua leitura jurídica.

[172] O que se defende é que, por exemplo, a noção do significado de dignidade da pessoa humana no Brasil, de acordo com nosso sistema jurídico, pode ser diverso do que se entende sobre o mesmo significante na Suécia, no Canadá ou na Arábia Saudita, sem qualquer prejuízo à sua utilização. Mesmo que se parta de uma base comum, cada ordenamento contribuirá para o contorno final de certo termo jurídico. As balizas de cada sistema jurídico influenciam na definição do conteúdo e do papel dos institutos jurídicos.

cia, parece que o melhor caminho a seguir é se debruçar sobre o tema e lhe fornecer as balizas jurídicas.

Um autor que possui consistente proposta nesse sentido é Paulo Luiz Netto Lôbo, na qual esclarece o recorte jurídico que apresenta, o distingue de outras áreas[173] e ainda classifica a afetividade como princípio. Sua análise parte da distinção da afetividade como fenômeno social da sua leitura como fenômeno jurídico (o que já responde a muitas das críticas que lhe são postas):

> O termo "socioafetividade" conquistou as mentes dos juristas brasileiros, justamente porque propicia enlaçar o fenômeno social com o fenômeno normativo. De um lado há o fato social e de outro o fato jurídico, no qual o primeiro se converteu após a incidência da norma jurídica. A norma é o princípio jurídico da afetividade. As relações familiares e de parentesco são socioafetivas, porque congrega o fato social (*socio*) e a incidência do princípio normativo (*afetividade*)[174].

Com essa definição, as relações familiares afetivas se tornam reconhecidas pelo Direito, principalmente pela incidência do princípio da afetividade. A compreensão da relação entre a manifestação fática socioafetiva e sua classificação jurídica permite uma distinção que evita alguns embaraços no trato do assunto que, no fundo, inexistem. Em consequência dessa classificação, o princípio teria, no campo do Direito, uma diretriz de dever jurídico[175]. Essa percepção permite afastar qualquer confusão entre o afeto como sentimento do trato conferido pelo direito à afetividade jurídica:

> A afetividade, como dever jurídico, não se confunde com a existência real do afeto, porquanto pode ser presumida se a este faltar na realidade das relações; assim, a afetividade é dever imposto aos pais em relação aos

---

[173] LÔBO, Paulo Luiz Netto. Socioafetividade em família e a orientação do Superior Tribunal de Justiça. In: FRAZÃO, Ana; TEPEDINO, Gustavo (coords.). **O Superior Tribunal de Justiça e a reconstrução do direito privado**. São Paulo: Revista dos Tribunais, 2011, p. 647.

[174] LÔBO, Paulo Luiz Netto. Socioafetividade em família e a orientação do Superior Tribunal de Justiça. In: FRAZÃO, Ana; TEPEDINO, Gustavo (coords.). **O Superior Tribunal de Justiça e a reconstrução do direito privado**. São Paulo: Revista dos Tribunais, 2011, p. 646-647.

[175] LÔBO, Paulo Luiz Netto. Socioafetividade no direito de família: a persistente trajetória de um conceito fundamental. **Revista Brasileira de Direito das Famílias e Sucessões**. Porto Alegre, Magister; Belo Horizonte, IBDFam, v. 5, ago./set. 2008, p. 455.

filhos e destes em relação àqueles, ainda que haja desamor ou desafeição entre eles. O dever jurídico da afetividade entre pais ou filhos apenas deixa de haver com o falecimento de um dos sujeitos ou se houver perda do poder familiar ou autoridade parental. Na relação entre cônjuges ou companheiros, o princípio da afetividade incide enquanto houver afetividade real, pois esta é pressuposto da convivência. Até mesmo a afetividade real, sob o ponto de vista do Direito, tem conteúdo conceptual mais estrito (o que une duas pessoas com objetivo de constituição de família) do que o empregado nas ciências da psique, na filosofia, nas ciências sociais, que abrange tanto o que une quanto o que desune (amor e ódio, afeição e desafeição, sentimentos de aproximação e de rejeição). Na psicopatologia, por exemplo, a afetividade é o estado psíquico global com que a pessoa se apresenta e vive em relação às outras pessoas e aos objetos, compreendendo "o estado de ânimo ou humor, os sentimentos, as emoções e as paixões e reflete sempre a capacidade de experimentar sentimentos e emoções". Evidentemente que essa compreensão abrangente do fenômeno é inapreensível pelo direito, que opera selecionando os fatos da vida que devem receber a incidência da norma jurídica.[176]

Diversas são as consequências de uma leitura da afetividade como a acima descrita. Uma que parece implícita em seus termos, mas é merecedora de destaque, é a *dupla face do princípio da afetividade*. A primeira delas é voltada para os que já possuem algum vínculo familiar estabelecido, reconhecido pelo sistema (de parentalidade, de conjugalidade[177] ou de qualquer união familiar); para estas pessoas reflete a *face de dever jurídico* (ou seja, uma imposição conferida pelo princípio nesse sentido). Já a segunda face é voltada para pessoas que não possuam vínculo familiar já reconhecido pelo Direito, para as quais a reflete a *face geradora de vínculo familiar*, pela qual consubstanciaria uma relação de parentalidade ou de conjugalidade, aspecto que englobaria a noção da *posse de estado* (seja de filho, seja do estado de casados/companheiros, seja de qualquer outra relação parental)[178]. Ou seja,

---

[176] LÔBO, Paulo Luiz Netto. Socioafetividade em família e a orientação do Superior Tribunal de Justiça. In: FRAZÃO, Ana; TEPEDINO, Gustavo (coord.). **O Superior Tribunal de Justiça e a reconstrução do direito privado**. São Paulo: Revista dos Tribunais, 2011, p. 646-647.

[177] Nestas relações se compreendem não apenas as relações matrimoniais, mas todas as uniões livres (homo ou heteroafetivas) de algum modo reconhecidas pelo sistema jurídico.

[178] Uma única divergência com trecho da definição de Paulo Lôbo seria quando o autor afirma que "Na relação entre cônjuges ou companheiros, o princípio da afetividade incide enquanto houver afetividade real, pois esta é pressuposto da convivência".

para as pessoas que não possuam qualquer relação de parentalidade ou de conjugalidade estabelecida prevalecerá, inicialmente, a *face geradora de vínculo familiar do princípio da afetividade*, pela qual se verificará se as relações fáticas subjacentes àquela relação são suficientes para caracterizar um liame jurídico (seja parental ou de qualquer relação conjugal ou de união estável).

Obviamente que, após a configuração de uma relação pela incidência da face do princípio da afetividade geradora de vínculo familiar, incidirá para as pessoas envolvidas, a partir de então, a outra face do princípio, ou seja, o dever jurídico de afetividade. Como visto, as duas faces do princípio não se confundem e não são excludentes. Muitas análises acabam por realizar certa confusão entre as duas faces do princípio, o que não contribui para sua perfeita compreensão. Com o intuito de esclarecer a abrangência e a incidência do princípio da afetividade, parece oportuno ressaltar estas duas faces: a primeira, de dever jurídico, que prevalece para as pessoas que já possuem algum vínculo

---

Não parece esclarecedora a afirmação da forma como posta, em que pese acertado seu conteúdo, pela utilização da expressão "afetividade real". A possível imputação de circularidade na afirmação, bem como o risco de remeter ao afeto anímico (que escapa ao direito), permite sugerir a substituição do termo "afetividade real" por outro. Com o mesmo sentido, prefere-se uma expressão que indique que "na relação entre cônjuges e companheiros, o princípio jurídico da afetividade incide, com sua face de dever jurídico, sempre que reconhecida uma relação de conjugalidade". Esta expressão pretende deixar menor margem a questionamentos, substituindo o termo "afetividade real" que pode levar a dúvidas e trazer problemas (como a questão de se perguntar, *a contrario sensu*, se existiria, portanto, uma afetividade que não seria real ou, ainda, como o direito assimilaria esta 'afetividade real'). Para evitar isso, se sugere a substituição da expressão "afetividade real" por "sempre que reconhecida uma relação de conjugalidade", incluídas aí as uniões estáveis homo e heteroafetivas. Outra sugestão se refere à substituição do termo "enquanto" da definição de Paulo Lôbo, eis que o próprio autor admite que o dever de afetividade entre cônjuges e companheiros pode se estender para além do período da relação (portanto, além do período de manifestação da "afetividade real"). Entende-se que a expressão "sempre que reconhecida uma relação" é suficiente, pois poderia deixar o seu término para a análise do caso concreto. Ou seja, transmitiria a noção de que, sempre que reconhecida uma relação de conjugalidade, incidiria o dever de afetividade, a perdurar até o final do relacionamento, de modo geral, ou, em situações específicas, podendo ter os seus efeitos prolongados (como, por exemplo, nos casos do dever alimentar entre cônjuges e companheiros que persiste mesmo após o término da relação). É possível perceber que a complexidade atual não permite a apuração de respostas aprioristicas, sendo que apenas a situação fática específica permitirá sua melhor elucidação (LÔBO, Paulo Luiz Netto. Socioafetividade em família e a orientação do Superior Tribunal de Justiça. In: FRAZÃO, Ana; TEPEDINO, Gustavo (coords.). **O Superior Tribunal de Justiça e a reconstrução do direito privado.** São Paulo: Revista dos Tribunais, 2011, p. 646-647).

familiar configurado; e a segunda, como geradora de vínculo familiar, para as pessoas que não possuem ainda um vínculo familiar reconhecido pelo Direito. A partir dessa distinção, resta possível detalhar os aspectos de cada uma delas, sem cair em algumas contradições terminológicas.

Procurando excluir a averiguação pelo direito da parte eminentemente subjetiva, visto que esta infalivelmente lhe escapa, Paulo Lôbo objetiva a afetividade (de modo similar ao que foi feito, *mutatis mutandis*, com a boa-fé). Com isso, não importa o sentimento que a pessoa internamente tenha, mas sim os atos que demonstra em determinada situação subjetiva. Para enaltecer esse aspecto, seria possível falar de um princípio da *afetividade objetiva*, que se concentra na averiguação da manifestação de atos e fatos que possam caracterizar sua presença[179]. Ou seja, não interessa se a pessoa efetivamente nutre afeto ou não, eis que esta é uma questão totalmente estranha ao Direito, interessa apenas a averiguação de atos e fatos que sejam significativos no sentido de externar isso. Portanto, caso determinada pessoa crie um filho como seu durante vários anos, dando-lhe educação, alimentação, cuidado, suporte físico-psíquico e se apresente como pai publicamente, poderá ver declarada uma paternidade socioafetiva (ou seja, incide o princípio da afetividade como formador de vínculo familiar). Note-se que não se questiona se o declarado pai tem intimamente afeto pela criança ou não (é possível até que não o tenha, ou que esse sentimento varie com o tempo, mas isso não é captável pelo Direito), essa parte subjetiva restou implícita e presumida a partir da constatação de fatos jurídicos que levaram à caracterização da presença de uma afetividade objetiva.

O mesmo pode ser visto sob a ótica de uma relação de união estável, em que pese possua outras peculiaridades; tome-se um exemplo: duas pessoas sem qualquer grau de parentesco convivendo por alguns anos, coabitando, com entreajuda constante, auxílio mútuo na subsistência, carinho, relacionamento sexual e apresentação conjunta publicamente. Teoricamente, é possível que não exista o sentimento do afeto, que a união apenas se sustente por outros fatores (econômicos, sexuais etc.), mas isso não será relevante ao Direito. Nesse caso hipotético, é possível sustentar uma relação afetiva para fins jurídicos com chances de declaração de uma união estável entre ambos (e todas as suas consequências). Novamente incidirá o princípio jurídico da

---

[179] OLIVEIRA, Catarina Almeida de. Refletindo o afeto nas relações de família. In: ALBUQUERQUE, Fabíola Santos; EHRHARDT JR., Marcos; OLIVEIRA, Catarina Almeida de (coord.). **Famílias no direito contemporâneo**. Recife: Podivm, 2010, p. 58-59.

afetividade com sua faceta formadora de vínculo familiar (o sentimento de afeto restará automaticamente presumido a partir daquele conjunto fático).

Relevantes seriam, nesse sentido, o que podem ser denominados como *fatos signo-presuntivos da afetividade*[180] (novamente, esta não parece ser uma distinção estranha ao Direito[181]). A expressão pretende indicar que, estando presente um determinado conjunto de fatos, resta presumida desde logo a ocorrência da afetividade para fins jurídicos[182]. Dito de outro modo, na constatação de certos fatos tidos como relevantes e representativos da afetividade, para o Direito resta presumida a dimensão subjetiva da afetividade jurídica[183]. Esse proceder permitiria ao Direito trabalhar a afetividade com certa previsibilidade, clareza e segurança[184]. Ressalte-se, desde já, que tal presunção não será absoluta, uma vez que, ao figurar como princípio, poderá ou não prevalecer a afetividade de acordo com cada *fattispecie*.

A pergunta que vem a seguir, quase de modo automático, é: quais seriam esses fatos, portanto? Não há resposta prévia ou única neste sentido, eis que dependerá da situação concreta em apreço. A complexidade e a instabilidade atuais não permitem sua estipulação precisa, de modo abstrato, em face das incontáveis e imprevisíveis possibilidades que podem se apresentar. Obviamente, a partir de um caso concreto específico, é possível perceber se ali há fatos que justifiquem uma relação afetiva existencial ou não.

---

[180] Expressão que pretende indicar que a presença de certos fatos pode significar para o direito a presunção da existência de uma relação afetiva. Ou seja, determinado conjunto fático significaria para o direito a presunção de um sentimento de afeto, fazendo incidir, portanto, a afetividade jurídica naquela *fattispecie*. Esta presunção seria, obviamente, relativa, aceitando demonstrações contrárias pelos envolvidos.

[181] A expressão é difundida, por exemplo, no direito tributário, seara a qual muitos autores se inspiram na Semiologia para desenvolver seus argumentos, por todos: CARVALHO, Paulo de Barros. **Direito tributário**, linguagem e método. 2. ed. São Paulo: Noeses, 2008, p. 35.

[182] LÔBO, Paulo Luiz Netto. Socioafetividade no direito de família: a persistente trajetória de um conceito fundamental. **Revista Brasileira de Direito das Famílias e Sucessões**. Porto Alegre, Magister; Belo Horizonte, IBDFam, v. 5, ago./set. 2008, p. 457.

[183] LÔBO, Paulo Luiz Netto. Socioafetividade em família e a orientação do Superior Tribunal de Justiça. In: FRAZÃO, Ana; TEPEDINO, Gustavo (coord.). **O Superior Tribunal de Justiça e a reconstrução do direito privado**. São Paulo: Revista dos Tribunais, 2011, p. 647.

[184] OLIVEIRA, Catarina Almeida de. Refletindo o Afeto nas Relações de Família. In: ALBUQUERQUE, Fabíola Santos; EHRHARDT JR., Marcos; OLIVEIRA, Catarina Almeida de (coord.). **Famílias no direito contemporâneo**. Recife: Podivm, 2010, p. 66.

Ana Carla Harmatiuk Matos discorre sobre quais seriam as características da afetividade familiar, ao tratar das uniões homoafetivas:

> A égide do sistema rígido positivista deve abrir-se às transformações das práticas sociais. Cabe, então, verificar se as características próprias da afetividade familiar estão presentes. Isso porque é dentro da família que os sujeitos oferecem e recebem suporte psicológico, fazem companhia uns aos outros nas atividades privadas e sociais; há auxílio econômico mútuo, com o consequente amparo nas adversidades financeiras; ocorre a divisão das atribuições necessárias no atendimento da casa, da alimentação e das demais atividades cotidianas; verifica-se o apoio de um para conceder a possibilidade de desenvolvimento profissional ao outro; há troca de afetividade entre os parceiros e entre eles e os filhos, bem como comum se torna a divisão das tarefas de socialização das crianças. Estes fatores estão presentes nos diversos modelos de entidades familiares. Há, portanto, uma relação indissociável entre o princípio da pluralidade familiar e o direito ao livre desenvolvimento da personalidade, visto ser a união afetiva parte essencial dos valores personalísticos como os anteriormente mencionados[185].

Os fatos descritos nesta análise permitem concluir que é possível ao Direito buscar se aproximar da realidade que pretende tutelar (o que restou esquecido por algum tempo), ou seja, o Direito pode conter as diretrizes dos institutos que indicam certos efeitos jurídicos. Entretanto, os pormenores concretos serão apurados em cada situação fática, o que desde logo permite concluir que o trato da afetividade como princípio é o mais adequado no cenário atual. Esse entendimento se coaduna com as diretrizes do direito de família da pós-modernidade lançadas por Erik Jayme:

> Podemos terminar a primeira parte introdutiva desta conferência sobre o direito de família pós-moderno e constatar que há quatro critérios característicos da pós-modernidade, que podem servir para ilustrar as tendências contemporâneas do direito de família: o pluralismo; a narração; a comunicação; o regresso dos sentimentos. [...] Os desenvolvimentos recentes do direito de família estão de acordo com certas características do pós-modernismo. Admitir alternativas, sentimentos, narrações no âmbito jurídico pode parecer caótico e uma ameaça à segurança jurídica, mas

---

[185] MATOS, Ana Carla Harmatiuk. Perspectiva civil constitucional. In: DIAS, Maria Berenice (coord.). **Diversidade sexual e direito homoafetivo**. São Paulo: Revista dos Tribunais, 2011, p. 139.

tem a vantagem de bem corresponder à complexidade da vida de hoje, e reflete mais precisamente os desejos da sociedade atual.[186]

As características das sociedades e das relações contemporâneas (fragmentalidade, complexibilidade e instabilidade) indicam que o mais acertado é trabalhar com a afetividade sob a perspectiva de princípio jurídico, como um verdadeiro mandamento de otimização, que poderá ter maior ou menor amplitude de acordo com cada situação específica[187]. Eventual abertura imanente à afetividade – mesmo sob sua veste jurídica e já lida sob a ótica objetiva – se enquadra perfeitamente na sua utilização sob a forma de princípio, categoria que não possui óbice algum a tais características (aliás, todos os princípios possuem uma textura aberta) e mantém hígida a sua normatividade[188].

Essa abstração é inerente a todos os princípios jurídicos, de modo que não deve trazer qualquer perplexidade (quem se arriscaria a arrolar abstratamente quais atos significam ofensa à dignidade humana? Ou, então, ao revés, quem se arriscaria a arrolar todos os requisitos que devem ser observados para que seja considerada respeitada a dignidade humana?). Se a resposta em tese é difícil, a partir de um caso concreto específico certamente é possível extrair uma posição sobre a ofensa ou não o seu conteúdo. Do mesmo modo, somente a partir de um caso concreto é possível perceber ou não a manifestação (ou ofensa) da *afetividade jurídica*.

Por outro lado, a diretriz constitucional é claramente pela liberdade, igualdade, respeito às escolhas pessoais e inclusão no que é pertinente às relações familiares; exemplo disso é a não taxatividade de entidades familiares no texto constitucional. Consequentemente, cabe ao direito de família concretizar este indicativo, laborando no sentido de permitir a concretização

---

[186] JAYME, Erik. Pós-modernismo e direito de família. **Boletim da Faculdade de Direito de Coimbra**, v. LXXVIII. Coimbra: Universidade de Coimbra, 2002, p. 214-220.

[187] Diversas situações instigantes da atualidade têm levado vários autores a argumentar que o conceito de família no direito de família contemporâneo deve ser tutelado preferencialmente por normas abertas (como os princípios e as cláusulas gerais), de modo a permitir sua concretização de acordo com a realidade concreta, que tem apresentado variadas colorações (RODRIGUES, Renata de Lima; TEIXEIRA, Ana Carolina Brochado. Multiparentalidade como fenômeno jurídico contemporâneo. **Revista Brasileira de Direito das Famílias e Sucessões**, Porto Alegre, Magister; Belo Horizonte, IBDFam, v. 14, fev./mar. 2010, p. 106).

[188] ALBUQUERQUE, Fabíola Santos. Incidência dos princípios constitucionais do direito de família. In: DIAS, Maria Berenice (org.). **Direito das famílias**: contributo do IBDFam em homenagem a Rodrigo da Cunha Pereira. São Paulo: Revista dos Tribunais, 2009, p. 24.

da almejada inclusão constitucional. Na unidade do ordenamento, o direito de família deve refletir essas escolhas, de modo a não destoar dessas linhas centrais. Consequência direta é que a técnica legislativa adotada deve ser inclusiva nesse particular, o que indica como possível (e até mesmo aconselhável) a sua tutela por princípios (como o da afetividade) e não apenas por regras (mais objetivas e restritivas)[189].

Inexiste óbice, portanto, à utilização da técnica dos princípios da tutela do direito de família, sendo até mesmo aconselhável a sua utilização em um quadro de realidade como o contemporâneo, no qual inexiste um modelo único de família e há, até mesmo, dificuldade na sua conceituação[190]. É possível sustentar que o reconhecimento do princípio da afetividade na seara do direito de família está de acordo com a contemporaneidade e pode viabilizar e facilitar a concretização dos princípios e direitos fundamentais constitucionais[191].

Essa característica não impede que se descrevam alguns sentidos subjacentes ao que se entende por princípio da afetividade, sem que sejam exaustivos nem muito menos taxativos. Entende-se que afetividade jurídica envolve atos de cuidado, entreajuda, respeito, comunhão de vida, convivência, manutenção da subsistência, educação, proteção, ou seja, comportamentos inerentes a uma relação familiar[192].

---

[189] PERLINGIERI, Pietro. **La persona e i suoi diritti**: problemi del diritto civile. 2. ed. Napoli: Edizioni Scientifiche Italiane, 2005, p. 412. Em tradução livre: "A tal ponto o problema investe também na escolha da técnica legislativa, através da qual atua uma símile tutela. Desde sempre se debate sobre a oportunidade de atuar neste campo uma legislação por princípios ou, ao contrário, de usar uma técnica rigidamente regulamentar. Provavelmente, o problema é apresentado diversamente: lá onde se quer garantir e facilitar (art. 3, parágrafo 2) o desenvolvimento da pessoa, não pode utilizar-se senão de uma técnica por princípios, por cláusulas gerais. Enquanto, lá onde se quer colocar limites às situações, por assim dizer, existenciais, a técnica pode e deve ser do tipo regulamentar, mas deve sempre se inspirar na mesma *ratio*, isto é, na possibilidade do desenvolvimento da pessoa humana; em outras palavras, deve tender sempre à realização do princípio e não à sua negação, lá existe uma reserva de lei ordinária sobre a própria enunciação do princípio".

[190] PERLINGIERI, Pietro. **La persona e i suoi diritti**: problemi del diritto civile. 2. ed. Napoli: Edizioni Scientifiche Italiane, 2005, p. 413.

[191] PERLINGIERI, Pietro. **La persona e i suoi diritti**: problemi del diritto civile. 2. ed. Napoli: Edizioni Scientifiche Italiane, 2005, p. 379-380.

[192] BARBOSA, Águida Arruda. Por que estatuto das famílias. In: DIAS, Maria Berenice (org.). **Direito das famílias**: contributo do IBDFam em homenagem a Rodrigo da Cunha Pereira. São Paulo: Revista dos Tribunais, 2009, p. 45.

Paulo Luiz Netto Lôbo, a partir da teoria do fato jurídico de Pontes de Miranda, traz sua proposta de suporte fático a embasar a afetividade, quando se refere ao estado de filiação (portanto, se referindo à face geradora de vínculos do princípio):

> No plano da teoria do direito, a hipótese normativa ou suporte fático (para utilizarmos as categorias disseminadas por Pontes de Miranda) constitui--se de elementos compostos, cuja concreção no mundo dos fatos provoca a incidência da norma jurídica, notadamente a que determina o estado de filiação: a) pessoas que se comportam como pai e mãe e outra pessoa que se comporta como filho; b) convivência familiar; c) estabilidade do relacionamento; d) afetividade[193].

Importa registrar que tal proposta de suporte fático, embora seja de base teórica distinta, não parece dissonar da proposta de Luiz Edson Fachin, centrada no conceito de *posse de estado* (*nomen, tractatus, fama*). A partir de duas premissas distintas, ambos os autores chegam a uma mesma conclusão, eis que uma leitura flexível dos requisitos de *posse de estado*, como a sustentada por Fachin, parece coincidir com uma análise aberta e moderada de suporte fático gerador de estado da filiação, como a sustentada por Paulo Lôbo. O que as teses concluem é que será a realidade fático-concreta que indicará a presença ou não dos elementos que possam indicar um vínculo socioafetivo (desnudando a face geradora de vínculos do princípio da afetividade)[194].

A *posse de estado de filiação* restaria, portanto, abarcada pela faceta do princípio da afetividade *geradora de vínculos familiares*. Ambas não colidem e se completam, visto que a percepção desta face do princípio da afetividade pode facilitar sua extensão para geração de outros vínculos que não os de filiação.

Desde logo, há que se destacar que os fatos descritos como geradores de um vínculo socioafetivo não são cumulativos ou de rigor extremado, uma vez que a demonstração de um ou alguns deles pode ser suficiente para embasar determinada relação afetiva. Também podem surgir outras espécies de atos/

---

[193] LÔBO, Paulo Luiz Netto. Socioafetividade no direito de família: a persistente trajetória de um conceito fundamental. **Revista Brasileira de Direito das Famílias e Sucessões.** Porto Alegre, Magister; Belo Horizonte, IBDFam, v. 5, ago./set. 2008, p. 454.

[194] RODRIGUES, Renata de Lima; TEIXEIRA, Ana Carolina Brochado. Multiparentalidade como fenômeno jurídico contemporâneo. **Revista Brasileira de Direito das Famílias e Sucessões**, Porto Alegre: Magister; Belo Horizonte: IBDFam, v. 14, p. 89-106, fev./mar. 2010, p. 98.

fatos que sejam considerados dignos de caracterizar uma relação afetiva, eis que, como visto, é impossível prever todas as situações fáticas, ainda mais quando se trata de direito de família[195]. O importante é que se tenha percepção das características centrais do princípio, e ciência do seu substrato principal, pois o restante será apurado em caso concreto apresentado.

Outra peculiaridade é que os fatos jurídicos representativos do princípio variam conforme a situação objeto de análise: seja uma relação de *parentalidade* ou de uma relação de *conjugalidade* (eis que cada modalidade é caracterizada por um conjunto fático distinto). Também o período de incidência do princípio (na sua face de dever jurídico) se altera conforme se tratar de cada uma delas: para as relações de *parentalidade*, o dever jurídico persiste sem prazo fixo, já que é inerente à própria relação parental. Já quanto às relações de *conjugalidade*, o dever jurídico, de modo geral, persiste enquanto perdurar a relação, embora em alguns casos possa ter alguns efeitos postergados até mesmo para um período posterior ao relacionamento (desde que devidamente justificáveis, por exemplo, a obrigação de prestar alimentos).

Na proposta que ora se sustenta, o *princípio da afetividade jurídica objetiva* está presente no nosso sistema jurídico com incidência no direito de família brasileiro. Sua objetivação exclui da análise do Direito aspectos subjetivos da afetividade e centra sua verificação da presença de *fatos signo-presuntivos* que a manifestem. Seu substrato envolve relações de cuidado[196], entreajuda, respeito, comunhão de vida, convivência, manutenção da subsistência, educação, proteção, carinho etc.[197]

Adere-se, aqui, portanto, ao sentido jurídico de afetividade sustentado por Paulo Luiz Netto Lôbo visto que, em que pese possa merecer um outro aprimoramento (o que será uma constante), parece adequado ao estágio histórico-social vivido e plenamente de acordo com as premissas de nosso sistema jurídico. Conforme visto, os significados dos princípios são resultados do debate doutrinário jurisprudencial em certo momento, a partir de

---

[195] CARBONERA, Silvana Maria. O papel jurídico do afeto nas relações de família. In: FACHIN, Luiz Edson (coord.). **Repensando os fundamentos do direito civil contemporâneo**. Rio de Janeiro: Renovar, 1998, p. 487-488.

[196] PEREIRA, Tânia da Silva; COLTRO, Antônio Carlos Mathias. A socioafetividade e o cuidado: o direito de acrescer o sobrenome do padrasto. In: DIAS, Maria Berenice (org.). **Direito das famílias**: contributo do IBDFam em homenagem a Rodrigo da Cunha Pereira. São Paulo: Revista dos Tribunais, 2009, p. 350.

[197] GIORGIS, José Carlos Teixeira. **Direito de família contemporâneo**. Porto Alegre: Livraria do Advogado, 2010, p. 94.

Cap. III · PERFIL E CONTEÚDO DO PRINCÍPIO DA AFETIVIDADE | **151**

um dado sistema jurídico. As conclusões de Paulo Lôbo sobre afetividade, ressalvados outros entendimentos, parecem refletir isso[198].

Em decorrência dessas considerações, é possível fazer algumas distinções, ainda que breves, de modo a procurar aclarar o recorte jurídico do princípio da afetividade que se sustenta. A primeira delas pode ser realizada com a noção de afeto, que não possuiria uma conceituação estritamente jurídica, restando, com isso, como conceito restrito às ciências que tratam dos sentimentos humanos. Afetividade seria a manifestação do afeto, seu reflexo no mundo dos fatos[199]. O Direito trabalha com fatos e os valora, daí a opção pela eleição da afetividade, que, na leitura jurídica, seria a expressão fática de um sentimento de afeto. A noção jurídica de afetividade, portanto, seria distinta da de afeto, que não possuiria conceituação pelo Direito[200].

Uma segunda distinção possível seria entre as duas dimensões da afetividade: subjetiva e objetiva. A *dimensão subjetiva* restaria vinculada ao psíquico de cada pessoa (ao afeto em si), de modo que não interessa ao Direito averiguá-la. Para a seara jurídica, essa dimensão subjetiva fica implícita sempre que presente a sua dimensão objetiva. Por outro lado, a *dimensão objetiva* envolve fatos da realidade concreta que permitam a constatação de uma manifestação da afetividade. Estando presentes tais fatos indicativos (dimensão objetiva), seria possível constatar desde logo a afetividade, visto que a outra esfera (dimensão subjetiva) seria sempre implícita. Ou seja, o Direito não estaria regulando sentimentos, mas sim apenas valorando fatos representativos tidos como relevantes para o ordenamento, no caso, a afetividade. Estando presente determinado conjunto fático, a afetividade seria tida por manifesta, o sentimento em si restaria presumido pelo Direito.

Nas palavras de Maria Berenice Dias:

> A afetividade não é indiferente ao Direito, pois é o que aproxima as pessoas, dando origem aos relacionamentos que geram relações jurídicas, fazendo jus ao *status* de família. Cabe lembrar o diálogo entre Hans Kelsen e Cossio

---

[198] Com as observações ora descritas (princípio jurídico da afetividade objetiva) sempre que se fizer remissão à afetividade considerar-se-ão implícitos tais aportes, acrescidos das observações aqui expostas.

[199] ANDRADE, Renata Cristina Othon Lacerda de Andrade. Aplicabilidade do princípio da afetividade às relações paterno-filiais: a difícil escolha entre os laços de sangue e o afeto sem vínculos. In: ALBUQUERQUE, Fabíola Santos; EHRHARDT JR., Marcos; OLIVEIRA, Catarina Almeida de (coord.). **Famílias no direito contemporâneo**. Recife: Podivm, 2010, p. 73.

[200] Quanto às remissões legais ao afeto, deveriam ser lidas sob o prisma da afetividade.

perante a congregação da Universidade de Buenos Aires. Cossio, autor da teoria egológica, desafiou Kelsen a citar um exemplo de relação inter-subjetiva que estivesse fora do Direito. Kelsen respondeu: *Oui, monsieur, l'amour*. O Direito não regula sentimentos, mas as uniões que associam afeto a interesses comuns e que, ao terem relevância jurídica, merecem proteção legal, independentemente da orientação sexual do par[201].

Outro detalhamento relevante seria o relativo ao significado do termo socioafetividade, que significa fato jurídico[202], refletor da manifestação social da afetividade (como visto, que é captado apenas na sua dimensão objetiva). Sempre que externados publicamente fatos identificadores da afetividade, resta caracterizada a socioafetividade.

Com os esclarecimentos que foram postos, parece possível sustentar a aplicabilidade do princípio da afetividade, de modo que seria, assim, possível aos juristas utilizar tal princípio na normalidade do sistema, bem como resta viabilizada a sua correta fundamentação. Ao esmiuçar esses aspectos, o que se pretende são esclarecimentos para auxiliar a distinguir a afetividade jurídica de outros conceitos, de modo a permitir sua utilização corrente pelo Direito e viabilizar seu consequente controle racional na lógica do sistema.

A procura por tais distinções e definições objetiva afastar o risco de enfraquecimento do próprio princípio por excessiva subjetividade e ausência de fundamentação. Há que se aplicar o princípio da afetividade com parcimô-nia e equilíbrio, sem excessos que o banalizem, mas também sem restrições injustificáveis que o inviabilizem.

Registre-se, desde já, que não se sustenta qualquer viés formalista ou dogmatista na construção do princípio da afetividade[203]. Entretanto, parece que, para que a afetividade jurídica mantenha o vigor e a relevância no sistema que dela se espera, são necessários tais aportes teóricos, que viabilizam sua precisa fundamentação.

Destaca-se também que, apesar do longo percurso percorrido, a tarefa de construção das balizas e dos contornos do princípio da afetividade pode ser constantemente aprimorada (não há uma meta finita), visto que o sentido

---

[201] DIAS, Maria Berenice. **União homoafetiva**: o preconceito & justiça. 4. ed. rev., atual. e ampl. São Paulo: Revista dos Tribunais, 2009, p. 129.

[202] LÔBO, Paulo Luiz Netto. A Socioafetividade no Direito de Família: a persistente trajetória de um conceito fundamental. In: DIAS, Maria Berenice et al. (coord.). **Afeto e estruturas familiares**. Belo Horizonte: Del Rey, 2009. p. 454.

[203] PERLINGIERI, Pietro. **La persona e i suoi diritti**: problemi del diritto civile. 2. ed. Napoli: Edizioni Scientifiche Italiane, 2005. p. 378.

de um princípio é objeto de construção e reconstrução constantes, sendo aconselhável uma dedicação da doutrina e da jurisprudência nesta persecução. O que impende anotar é que os obstáculos postos ao reconhecimento da afetividade pelo Direito não parecem instransponíveis, mas merecem consideração no sentido de alcançarem uma convincente superação.

A partir desses esclarecimentos e com uma assunção escorreita da afetividade como princípio jurídico as possibilidades são várias, e aqui não se adentrará nelas[204]. Apenas a título exemplificativo, é possível citar algumas situações em que esta leitura pode contribuir: os recentes casos de multiparentalidade que chegam ao Judiciário[205]; a concessão dos direitos inerentes à família às uniões homoafetivas; a possibilidade de reconhecimento de outras entidades familiares, tais como a família solidária[206]; famílias reconstituídas[207]; famílias simultâneas[208]; famílias monoparentais, família poliafetivas; tutelar os casos de multiparentalidade; bem como formular melhores respostas aos casos de procriações assistidas (principalmente quando presentes litígios); entre diversas outras possibilidades.

Por outro lado, não se nega que diversos desafios do direito de família da atualidade não serão respondidos apenas pelas considerações da afetividade, visto que demandam outras considerações teórico-práticas que não podem deixar de ser realizadas[209]. Também há que se registrar que a afetividade será sempre apreciada no conjunto do sistema, com base em uma hermenêutica

---

[204] SOARES, Ricardo Maurício Freire. O direito de família pós-moderno: breves apontamentos. **Revista Brasileira de Direito das Famílias e Sucessões**, Porto Alegre, Magister; Belo Horizonte, IBDFam, v. 3, abr./maio 2008, p. 19.

[205] POZZI, Cláudia E. (Trans)fronteiras da parentalidade – os olhares epistemológicos de Grossi e Arnaud no Campo das Família. In: TEPEDINO, Gustavo; FACHIN, Luiz Edson (org.). **Pensamento crítico do direito civil brasileiro**. Curitiba: Juruá, 2011, p. 45.

[206] MATOS, Ana Carla Harmatiuk. "Novas" Entidades Familiares. In: MATOS, Ana Carla Harmatiuk (org.). **A construção dos novos direitos**. Porto Alegre: Núria Fabris, 2008, p. 30.

[207] GRISARD FILHO, Waldyr. **Famílias reconstituídas**: novas uniões depois da separação. São Paulo: Revista dos Tribunais, 2007, p. 188.

[208] RUZYK, Carlos Eduardo Pianovski. **Famílias simultâneas**: da unidade codificada à pluralidade constitucional. Rio de Janeiro: Renovar, 2005, p. 144.

[209] Como as controvertidas questões da responsabilidade civil nas relações familiares. Certamente envolvem diversos outros aspectos fáticos e jurídicos, entretanto, clareza e solidez na definição da categoria jurídica da afetividade podem trazer alguns elementos úteis ao debate. O tema da responsabilidade civil nas relações familiares, ainda que conectado, não está no escopo do presente trabalho.

tópico-sistemática, de modo que não sustenta qualquer supremacia ou hierarquia ao referido princípio. Serão os valores constitucionais que orientarão a unicidade do sistema, o que permite antever uma convivência harmônica e equilibrada da afetividade com as demais categorias do direito de família. Certamente que mesmo a consideração da afetividade como princípio não será a panaceia do direito de família, visto que a complexidade atual está a exigir respostas cada vez mais difíceis do sistema jurídico[210]. Há também que se atentar para os limites da sua aplicação, pois uma valoração exacerbada ou desarrazoada da afetividade poderá resultar em interferência indevida do Estado nas relações dos particulares[211]. Mesmo com essas ressalvas, parece necessário que o Direito atente para o aspecto afetivo das relações:

> Sendo o direito de família, ou melhor, das famílias, uma tentativa de regulamentação e organização de relações de afeto e das consequências patrimoniais daí decorrentes, que são também da ordem da sexualidade, o princípio da afetividade passou a ser fundamental e essencial, refletindo todos os seus campos e servindo como base para os outros princípios, tais como o da dignidade da pessoa humana, da solidariedade e da responsabilidade[212].

A incidência do princípio da afetividade pode, portanto, trazer reflexos de várias ordens, influenciando desde a estrutura da família brasileira até mesmo a sua função, com várias construções possíveis[213]. Exemplo disso é a definição de entidade familiar de Paulo Lôbo, que consiste basicamente de três elementos: afetividade, estabilidade e convivência pública e ostensiva[214].

---

[210] PERLINGIERI, Pietro; FEMIA, Pasquale. **Nozioni introduttive e princípi fondamentali del diritto civile.** 2. ed., ampl., riv. ed agg. Napoli: Edizioni Scientifiche Italiane, 2004, p. 4.

[211] CARBONERA, Silvana. **Reserva da intimidade** – uma possível tutela da dignidade no espaço relacional da conjugalidade. Rio de Janeiro: Renovar, 2008, p. 296.

[212] PEREIRA, Rodrigo da Cunha. Princípio da afetividade. In: DIAS, Maria Berenice (coord.). **Diversidade sexual e direito homoafetivo.** São Paulo: Revista dos Tribunais, 2011, p. 197.

[213] PEREIRA, Rodrigo da Cunha. Uma principiologia para o direito de família. In: EHRHARDT JÚNIOR, Marcos; ALVES, Leonardo Barreto Moreira (coord.). **Leituras complementares:** direitos das famílias. Salvador: Podivm, 2010, p. 50.

[214] Após citar várias modalidades de entidades familiares, o autor afirma: "Em todos os tipos acima referidos há características comuns, sem as quais não configuram entidades familiares, a saber: a) afetividade, como fundamento e finalidade da entidade, com desconsideração do móvel econômico e do escopo indiscutível de constituição de família; b) estabilidade, excluindo-se os relacionamentos casuais, episódicos ou

Inegavelmente diverge – em muito – da conceituação clássica de família oriunda da codificação de 1916, conferindo uma abertura à família decalcada pela presença da afetividade.

A repersonalização do direito de família brasileiro perpassa, necessariamente, pela questão da afetividade. As constantes remissões doutrinárias, legislativas e jurisprudenciais demonstram esse influxo, seja nas questões de parentalidade, seja nas de conjugalidade.

A perspectiva principiológica da afetividade decorre da leitura civil-constitucional do nosso sistema jurídico, restando possível sustentar que é uma categoria adequada para bem tutelar as situações subjetivas existenciais da família brasileira. A presença marcante da afetividade no nosso sistema jurídico demonstra a relevância que a temática adquire no trato dos litígios neste início de século[215], de modo que sua compreensão pode contribuir para que se edifique, cada vez mais, um direito de família a serviço da vida[216].

SEÇÃO V. SIGNIFICADO DO PRINCÍPIO

A afetividade é um dos principais vetores dos relacionamentos interpessoais contemporâneos[217]. Conforme exposto nos capítulos anteriores[218], restou demonstrado que a sociedade adotou o vínculo afetivo no estabelecimento das relações familiares, o que se percebeu com mais intensidade a partir do final do século XX[219]. Mesmo com o avanço científico na apuração dos vínculos

---

descomprometidos, sem comunhão de vida; c) convivência pública e ostensiva, o que pressupõe uma unidade familiar que se apresente assim publicamente." (LÔBO, Paulo Luiz Netto. **Direito civil:** famílias. São Paulo: Saraiva, 2008, p. 57-58).

[215] Não é só o direito civil que analisa a premente questão do afeto e suas consequências jurídicas, reflexões filosóficas também sustentam sua consideração em outros ramos (BITTAR, Eduardo C. B. Razão e afeto, justiça e direito humanos: dois paralelos cruzados para a mudança paradigmática. Reflexões frankfurtianas e a revolução pelo afeto. **Revista Mestrado em Direito**, Unifeo – Centro Universitário FIEO, Osasco, Edifieo, ano 8, n. 1, p. 99-128, 2008, p. 109).

[216] FACHIN, Luiz Edson. **Teoria crítica do direito civil.** 2. ed., rev. e atual. Rio de Janeiro: Renovar, 2003, p. 332.

[217] HIRONAKA, Giselda Maria Fernandes Novaes. Sobre peixes e afetos – um devaneio acerca da ética no direito, In: PEREIRA, Rodrigo da Cunha (org.). **Anais do V Congresso Brasileiro de Direito de Família.** São Paulo: IOB Thompson, 2006.

[218] Conforme já exposto: CALDERÓN, Ricardo Lucas. Afetividade. Verbete. In: LAGRASTA NETO, Caetano; SIMÃO, José Fernando. (coord.). **Dicionário de Direito de Família.** v. 1 (A-H). São Paulo: Atlas, 2015, p. 39-45.

[219] OLIVEIRA, Guilherme de. **Critério jurídico da paternidade.** Reimp. Coimbra: Almedina, 2003.

biológicos, identificados pela técnica do exame em DNA (que se popularizou a partir da década de 1990), concomitantemente, a ligação afetiva foi adotada como socialmente suficiente[220]. O ditado popular brasileiro "pai é quem cria" é uma demonstração do que se está a sustentar[221].

Hodiernamente, as situações existenciais intersubjetivas estão caracterizadas pela indelével marca da afetividade[222], de modo que a importância que lhe foi paulatinamente conferida no plano fático implicou sua subsequente assimilação jurídica. Em um período não muito distante imperavam outros critérios no reconhecimento jurídico de uma relação familiar de conjugalidade ou de parentalidade (os conhecidos vínculos matrimoniais, biológicos e registrais). No cenário atual, figura ao seu lado e com proeminência o elo afetivo, identificado como merecedor de reconhecimento jurídico e tutela.

A jurisprudência brasileira desempenhou um papel fundamental na valoração jurídica da afetividade, pois anteriormente a qualquer previsão legislativa diversas decisões judiciais a acolheram na solução de casos concretos. O STJ foi o protagonista na sua consolidação jurisprudencial, principalmente no reconhecimento do vínculo parental decorrente da denominada socioafetividade. Também o STF tem proferido emblemáticas decisões envolvendo a temática da afetividade, reforçando a sua atual proeminência: a primeira, que reconheceu as uniões homoafetivas como uniões estáveis (STF, ADIN 4.277/DF e ADPF 132/RJ); a segunda, a que reconheceu a multiparentalidade (RG 622/STF).

Ainda que lastreada também em outros princípios e valores constitucionais, é possível perceber uma contribuição da afetividade para o resultado final obtido no julgamento da união das pessoas do mesmo sexo, visto que foi citada em quase todos os votos proferidos, inclusive vindo a fazer parte do vocábulo eleito para definir as relações entre pessoas do mesmo sexo (*homoafetividade*). A recente decisão do STF acolhendo a multiparentalidade no direito brasileiro (RG 622/STF) é mais uma manifestação que demonstra a leitura atual da afetividade pelos nossos tribunais superiores, pois é a partir

---

[220] VILLELA, João Baptista. A desbiologização da paternidade. **Revista da Faculdade de Direito da Universidade Federal de Minas Gerais**, Belo Horizonte, UFMG, ano XXVII, n. 21, maio 1979.

[221] FACHIN, Luiz Edson. **Estabelecimento da filiação e paternidade presumida.** Porto Alegre: Fabris, 1992.

[222] PERLINGIERI, Pietro. **Perfis do direito civil**: introdução ao direito civil-constitucional. Trad. Maria Cristina de Cicco. 3. ed. Rio de Janeiro: Renovar, 2002.

Cap. III • PERFIL E CONTEÚDO DO PRINCÍPIO DA AFETIVIDADE | **157**

do acolhimento de uma parentalidade socioafetiva que se deságua nessas relações multiparentais[223].

A literatura jurídica brasileira foi profícua em contribuir no avanço dos contornos jurídicos da afetividade, exercendo papel de vanguarda nessa relevante temática[224]. A nossa doutrina de direito de família assimila juridicamente a afetividade[225]. O conceito de afeto constante do Dicionário de Rodrigo da Cunha Pereira é esclarecedor do que se está a afirmar:

> Afeto – Do latim *affectus*. Para a Psicanálise é a expressão que designa a quantidade de energia pulsional e exprime qualquer estado afetivo, agradável ou desagradável. Para a Filosofia é o que diz respeito aos sentimentos, às emoções, aos estados de alma e, sobretudo, ao amor. Espinosa diz que somos construídos por nossos afetos e pelos laços que nos unem a outros seres. [...] Desde que a família deixou de ser, preponderantemente, um núcleo econômico e de reprodução, e as uniões conjugais passaram a se constituir, principalmente em razão do amor, a família tornou-se menos hierarquizada e menos patrimonializada. O afeto, tornou-se, então, um valor jurídico e passou a ser o grande vetor e catalisador de toda a organização jurídica da família. [...] O afeto ganhou tamanha importância no ordenamento jurídico brasileiro que recebeu força normativa, tornando-se o princípio da afetividade o balizador de todas as relações jurídicas da família[226].

Percebe-se a centralidade que a afetividade assumiu no direito de família brasileiro contemporâneo, com projeções legislativas, doutrinárias e jurisprudenciais. Importa assimilar essa amplitude e, em paralelo, avançar no sentido de uma adequada verticalização na sua tradução jurídica.

Atualmente tramita no Congresso Nacional brasileiro projeto de lei que propõe o Estatuto das Famílias (PLS 470/2013 do Senado Federal), o qual prevê expressamente a afetividade no rol dos princípios, entretanto, uma hermenêutica do direito civil à luz da CF/1988parece indicar, desde logo, para a assimilação da afetividade como princípio contemporâneo do direito de família brasileiro.

---

[223] PAIANO, Daniela Braga. **A família atual e as espécies de filiação: possibilidade jurídica da multiparentalidade.** Rio de Janeiro: Lumen Juris, 2017.

[224] LÔBO, Paulo Luiz Netto. A socioafetividade no direito de família: a persistente trajetória de um conceito fundamental. In: DIAS, Maria Berenice et al. (coord.). **Afeto e estruturas familiares.** Belo Horizonte: Del Rey, 2009.

[225] VELOSO, Zeno. **Direito brasileiro da filiação e paternidade.** São Paulo: Malheiros, 1997.

[226] PEREIRA, Rodrigo da Cunha. **Dicionário de direito de família e sucessões:** ilustrado. São Paulo: Saraiva, 2015, p. 69.

No espectro legislativo, a CF/1988 foi, sem dúvida, o marco inicial desse novo tema no Direito brasileiro, sendo possível constatar o reconhecimento implícito da afetividade nas suas disposições (arts. 226, § 4º, 227, *caput*, §§ 5º e 6º). O Código Civil, por sua vez, tutela situações afetivas em diversos dos seus dispositivos (por exemplo: art. 1.511, 1.583, § 2º, 1.584, § 5º, 1.593). A legislação esparsa subsequente é recorrente na remissão à afetividade quando da regulação dos conflitos familiares, o que pode ser percebido claramente na Lei "Maria da Penha" (Lei nº 11.340/2006), na Lei da Adoção (Lei nº 12.010/2009), na Lei da Alienação Parental (Lei nº 12.318/2010) e também na denominada Lei "Clodovil" (Lei nº 11.924/2010).

A sociedade brasileira alterou a sua feição familiar, com a passagem do período em que se apresentava pela "família clássica/tradicional" (do final do século XIX até meados do séculoulo XX), para o que se apresenta hoje como "famílias contemporâneas" (do final do séculoulo XX até esse início de séculoulo XXI). Uma das principais características dessa transformação foi justamente a eleição do vínculo afetivo como o mais relevante elo familiar, seja para as relações de conjugalidade, seja para as relações de parentalidade[227].

A alteração socialmente processada ocasionou a inserção da afetividade no meio jurídico, o que gerou repercussões de tal ordem que a virada do século protagonizou uma verdadeira transição paradigmática no direito de família brasileiro, com a passagem do paradigma da *legitimidade* (que vigia no momento anterior); para o paradigma da *afetividade* (que se estabeleceu e está a se consolidar). Em outras palavras, é possível asseverar que o princípio da afetividade é o paradigma atual do direito de família brasileiro contemporâneo.

A qualificação da afetividade na categoria de princípio jurídico é a que se mostra mais adequada, com o respaldo de manifestações doutrinárias e judiciais recentes que reforçam esse perfil. Conforme sustenta Heloisa Helena Barbosa "parece razoável, diante de tais considerações, entender que a afetividade, nos termos que têm sido colocados pela doutrina e pela jurisprudência, configura um princípio jurídico, que tutela o afeto como valor jurídico"[228].

---

[227] CARBONERA, Silvana Maria. O papel jurídico do afeto nas relações de família. In: FACHIN, Luiz Edson (coord.). **Repensando os fundamentos do direito civil contemporâneo**. Rio de Janeiro: Renovar, 1998.

[228] BARBOZA, Heloisa Helena. Perfil jurídico do cuidado e da afetividade nas relações familiares. In: PEREIRA, Tânia da Silva; OLIVEIRA, Guilherme; COLTRO, Antonio Carlos Mathias. (org.). **Cuidado e afetividade: projeto Brasil/Portugal – 2016-2017**. São Paulo: Atlas, 2017.

Uma das exigências que decorrem desse novo contexto é a busca por uma apuração escorreita do sentido jurídico da afetividade. Aspecto basilar, que não pode ser ignorado, tange à definição que o Direito atribuirá a afetividade, certamente distinta do conceito que outras áreas lhe conferem (tais como a psicologia, a psiquiatria e até mesmo a psicanálise, conforme expõe – entre outros – Rodrigo da Cunha Pereira). Cabe ao Direito observar a realidade e dialogar com as outras ciências, mas deve, inexoravelmente, aportar em um conceito jurídico de afetividade para que reste possível a sua utilização pelos juristas, com as ferramentas que estão ao seu dispor na atualidade.

As manifestações exteriorizadas de afeto podem ser captadas pelos filtros do Direito, pois fatos jurídicos representativos de uma relação afetiva são assimiláveis. Por outro lado, é inegável que o afeto em si é efetivamente um sentimento anímico, inapreensível de forma direta pelo atual sistema jurídico, o que desaconselha que os juristas se aventurem na sua apuração. Consequentemente, resta tratar juridicamente apenas das atividades exteriorizadoras de afeto (afetividade), afastando-se da temática do amor. Impede distinguir os significantes, afeto, afetividade e socioafetividade, para um melhor tratamento jurídico do tema.

AMOR	– é estranho ao Direito e às suas atuais categorias jurídicas.
AFETO	– sentimento anímico de aspecto subjetivo (inapreensível de forma direta pelo Direito).
AFETIVIDADE	– atividade exteriorizadora de afeto; conjunto de atos concretos representativos de um dado sentimento afetivo por outrem (esses atos concretos são captáveis pelo Direito, pelos seus meios usuais de prova).
SOCIOAFETIVIDADE	– reconhecimento no meio social de uma dada manifestação de afetividade, percepção por uma dada coletividade de uma relação afetiva (repercussão também captável pelo Direito, pelos seus meios usuais de prova).

Stefano Rodotà em uma das suas últimas obras, *Diritto D'amore*[229], descreve, com a maestria que lhe é peculiar, como o Direito paulatinamente criou barreiras para o reconhecimento jurídico das relações amorosas, afetivas e sentimentais, e como elas o afastaram da realidade dos relacionamentos

---

[229] RODOTÁ, Stefano. **Diritto D'amore**. Bari: Laterza, 2015, p. 7.

humanos. Um equívoco que merece ser revisto. Para o mestre italiano, ao ignorar e restringir esse aspecto subjetivo das pessoas o Direito suprime um traço relevantíssimo do ser humano, o que é inapropriado. A leitura jurídica da afetividade segue a essa orientação. Entretanto, importa reconhecer que as barreiras postas pelo formato atual do Direito são, no momento, intransponíveis para uma leitura jurídica do amor de forma direta. Por tudo isso, sugere-se que os juristas laborem com as categorias da afetividade e da socioafetividade.

Ainda que se parta de uma análise transdisciplinar é inarredável aportar em uma tradução jurídica da afetividade, que não deve restar atrelada a aspectos subjetivos ou inapreensíveis concretamente. Em face de o Direito laborar com fatos jurídicos concretos, estes devem ser os alicerces que demarcarão a significação jurídica da afetividade.

A leitura jurídica da afetividade deve ser realizada com uma lente objetiva, a partir da persecução de fatos concretos que permitam sua averiguação no plano fático: uma *afetividade jurídica objetiva*. A partir disso, parece possível distinguir os sentidos de alguns significantes muitas vezes confundidos: amor, afeto, afetividade e socioafetividade. O amor é estranho ao Direito (no seu formato atual). Há que se afastar qualquer confusão com o amor quando da significação da afetividade, posto ser o primeiro um sentimento subjetivo que escapa ao Direito, enquanto a afetividade se manifesta por intermédio de uma atividade concreta exteriorizadora que é cognoscível juridicamente.

Corolária disso, a percepção que o princípio da afetividade jurídica possui duas dimensões: a *objetiva*, que é retratada pela presença de eventos representativos de uma expressão de afetividade, ou seja, fatos sociais que indiquem a presença de uma manifestação afetiva; e a *subjetiva*, que refere ao afeto anímico em si, o sentimento propriamente dito. A verificação dessa dimensão subjetiva certamente foge ao Direito e, portanto, será sempre presumida, o que permite dizer que, constatada a presença da *dimensão objetiva* da afetividade, restará desde logo presumida a sua *dimensão subjetiva*. Em outras palavras, "nessas situações, é possível até presumir a presença do sentimento de afeto. Sendo ação, a conduta afetiva é um dever e pode ser imposta pelo Judiciário, presente ou não o sentimento"[230].

A obra clássica de Caio Mário da Silva Pereira, *Instituições de Direito Civil*, a partir da sua 22ª edição (2014, v. 5. Família), refere a essa proposição

---

[230] PEREIRA, Rodrigo da Cunha. **Dicionário de direito de família e sucessões:** ilustrado. São Paulo: Saraiva, 2015, p. 70.

de leitura objetiva da afetividade jurídica, com remissão expressa ao presente trabalho:

> O princípio jurídico da afetividade, em que pese não estar positivado no texto constitucional, pode ser considerado um princípio jurídico, à medida que seu conceito é construído por meio de uma interpretação sistemática da CF/1988 (art. 5º, § 2º) princípio é uma das grandes conquistas advindas da família contemporânea, receptáculo de reciprocidade de sentimentos e responsabilidades. [...] Para Ricardo Lucas Calderón, o princípio da afetividade possui duas dimensões: uma objetiva e outra subjetiva[231].

A partir desses pressupostos é possível sustentar que a socioafetividade representa o reconhecimento no meio social de manifestações afetivas concretas. Em que pese inicialmente possa parecer árduo ao Direito lidar com um tema tão subjetivo, não raro alguns institutos jurídicos igualmente subjetivos são apurados de maneira similar (*v.g.* a boa-fé). Eventos que podem evidenciar a afetividade são manifestações especiais de cuidado, entreajuda, afeição explícita, comunhão de vida, convivência mútua, mantença alheia, coabitação, projeto de vida em conjunto, existência ou planejamento de prole comum, proteção recíproca, acumulação patrimonial compartilhada, entre outros.

Evidentemente, esses caracterizadores deverão se manifestar com intensidade inerente aos referidos relacionamentos familiares, seja de *parentalidade* (como na análise da *posse de estado* de filho) ou seja de *conjugalidade* (como na apuração de uma união estável). Os efeitos da inserção da afetividade no direito de família são diversos e seguem se revelando, por vezes, até mesmo de forma inovadora.

Entre suas projeções, alguns exemplos: a ressignificação do conceito de *família*[232], a consolidação do parentesco socioafetivo, a distinção entre *ascendência genética* e *filiação*[233], a viabilidade ou a inviabilidade do reconhecimento da filiação *post mortem* apenas para fins sucessórios (STF, ARE 692.186 RG/PB, Rel. Min. Luiz Fux), a possibilidade do reconhecimento da *multiparen-*

---

[231] PEREIRA, Caio Mário da Silva. **Instituições de direito civil. Família.** 22. ed. rev. atual. ampl. Rio de Janeiro: Forense, 2014. v. 5: Família, p. 65-66.

[232] PEREIRA, Rodrigo da Cunha. **Dicionário de direito de família e sucessões**: ilustrado. São Paulo: Saraiva, 2015.

[233] LOBO, Paulo Luiz Netto. Direito ao estado de filiação e direito à origem genética: uma distinção necessária. **Revista CEJ**, Brasília, n. 27, p. 47-56, out./dez. 2004.

talidade[234] (STF, RG 622), as soluções demandadas pelos casos de *reprodução assistida*[235] e os novos litígios do *biodireito*[236], as controvérsias resultantes da temática do *abandono afetivo*[237] (STJ, REsp 1.159.242/SP, Rel. Min. Nancy Andrighi, 3ª Turma, j. 24.04.2012) e os debates sobre a *poliafetividade*[238].

O princípio da afetividade vem despontando, também, em diversos enunciados aprovados pelos Instituto Brasileiro de Direito de Família – IBDFam, com vários deles trazendo relações afetivas subjacentes ao seu conteúdo. Confiram-se:

Enunciado 6	Do reconhecimento jurídico da filiação socioafetiva decorrem todos os direitos e deveres inerentes à autoridade parental.
Enunciado 7	A posse de estado de filho pode constituir paternidade e maternidade.
Enunciado 8	O abandono afetivo pode gerar direito à reparação pelo dano causado.
Enunciado 9	A multiparentalidade gera efeitos jurídicos.
Enunciado 10	É cabível o reconhecimento do abandono afetivo em relação aos ascendentes idosos.
Enunciado 21	O reconhecimento voluntário da parentalidade socioafetiva de pessoa que não possua parentalidade registral estabelecida poderá ser realizado diretamente no ofício de registro civil, desde que não haja demanda em curso e independentemente de homologação judicial.
Enunciado 33	O reconhecimento da filiação socioafetiva ou da multiparentalidade gera efeitos jurídicos sucessórios, sendo certo que o filho faz jus às heranças, assim como os genitores, de forma recíproca, bem como dos respectivos ascendentes e parentes, tanto por direito próprio como por representação.

---

[234] CASSETTARI, Christiano. **Multiparentalidade e parentalidade socioafetiva:** efeitos jurídicos. São Paulo: Atlas, 2014.

[235] MEIRELLES, Jussara. **Gestação por outrem e determinação da maternidade:** mãe de aluguel. Curitiba: Gênesis, 1998.

[236] GAMA, Guilherme Calmon Nogueira da. **A nova filiação, o biodireito e as relações parentais.** Rio de Janeiro: Renovar, 2003.

[237] GHILARDI, Dóris. **Economia do afeto:** análise econômica do direito no direito de família. Rio de Janeiro: Lumen Juris, 2015.

[238] DIAS, Maria Berenice. **Manual de direito das famílias.** 4. ed. rev., atual. e ampl. São Paulo: Revista dos Tribunais, 2007.

Enunciado 35	Nas hipóteses em que o processo de adoção não observar o prévio cadastro, e sempre que possível, não deve a criança ser afastada do lar em que se encontra sem a realização de prévio estudo psicossocial que constate a existência, ou não, de vínculos de socioafetividade.
Enunciado 36	As famílias acolhedoras e os padrinhos afetivos têm preferência para adoção quando reconhecida a constituição de vínculo de socioafetividade.
Enunciado 43	É desnecessária a manifestação do Ministério Público nos reconhecimentos extrajudiciais de filiação socioafetiva de pessoas maiores de dezoito anos.
Enunciado 44	Existindo consenso sobre a filiação socioafetiva, esta poderá ser reconhecida no inventário judicial ou extrajudicial.

Como se percebe, vários enunciados do IBDFam estão a descrever situações afetivas com a sua respectiva consequência jurídica, em clara expressão do acolhimento da afetividade como princípio. Cumpre registrar, inclusive, que o consagrado instituto é um dos artífices da sua edificação, visto que diversos dos seus integrantes tiveram um papel central na consolidação dessa leitura principiológica.

A partir desse sentido conferido ao princípio da afetividade, ora detalhado, resta possível analisar detidamente algumas dessas projeções que estão a ser percebidas concretamente, em casos jurisprudenciais paradigmáticos, que certamente irão auxiliar na compreensão da sua relevância e do seu próprio significado.

Capítulo IV

PROJEÇÕES DA AFETIVIDADE NO DIREITO DE FAMÍLIA

Os capítulos pretéritos evidenciaram que a força construtiva dos fatos sociais tensiona o Direito, levando a uma compreensão da sua função prospectiva. Demonstrou-se que teoria e prática se complementam e se nutrem reciprocamente, em uma relação dialética que deságua em uma profilática ressignificação dos institutos jurídicos.

Argumentou-se por um *direito das famílias*[1] *para além dos códigos*, de modo a ressaltar a total dimensão do Direito, que não se restringe à lei posta, especialmente no direito de família. A percepção da importância e da utilidade das demais formas que o expressam, bem como a adoção de uma metodologia condizente com as exigências que se apresentam no momento da sua realização, evidenciam a complexidade do "mundo jurídico". Essa perspectiva será relevante na confrontação dos mutantes conflitos hodiernos com a racionalidade do discurso jurídico brasileiro (precipuamente formal), que traz à tona, em *ultima ratio*, a relação entre o Direito e as famílias.

A partir dessa percepção, este capítulo tem o propósito de apresentar algumas projeções concretas que vêm sendo sentidas na realidade brasileira, todas envolvendo temas de amplo interesse social e jurídico e conectadas com a afetividade.

Os casos selecionados se comunicam e estão relacionados à parentalidade, à conjugalidade e às sucessões, encontrando na afetividade o seu *leitmotiv*. A variedade de assuntos a seguir comentados evidencia o perfil principiológico da afetividade que – de forma transversal – perpassa todo o direito de família brasileiro, vindo a servir de bússola e farol a quem queira ser seu intérprete[2].

---

[1] Opta-se neste título pelo significante *direito* das *famílias*, no plural, com o intuito de ressaltar a necessidade de reconhecimento da atual pluralidade de entidades e de relacionamentos familiares.

[2] TEPEDINO, Gustavo. O papel atual da doutrina do direito civil entre o sujeito e a pessoa. In: ALMEIDA, Vitor; TEIXEIRA, Ana Carolina B.; TEPEDINO, Gustavo (coord.). **O direito civil entre o sujeito e a pessoa:** estudos em homenagem ao professor Stefano Rodotà. Belo Horizonte: Fórum, 2016, p. 21.

Nas próximas seções, trataremos de temas concretos que estão sendo solucionados juridicamente a partir de uma forte influência do princípio da afetividade. Em vista disso, as 17 seções desse último capítulo são autônomas e independentes, com cada uma delas cuidando de um assunto específico, com uma análise que se inicia, se desenvolve e se finda no próprio tópico. Também estão colacionados diversos outros trabalhos do autor já publicados[3], que nesta obra são agrupados[4]. Essa opção metodológica permite que o leitor possa consultar cada seção de forma apartada, para conhecer especificamente do caso concreto que é nela retratado.

SEÇÃO I. UM NOVO CONCEITO DE FAMÍLIA A PARTIR DA ASSIMILAÇÃO DA AFETIVIDADE

Para quem viaja ao encontro do sol é sempre madrugada.

Helena Kolody

O reconhecimento de que a afetividade é o novo vetor dos relacionamentos familiares leva à percepção da alteração paradigmática que está a ocorrer, não só no Direito, mas principalmente na realidade social, respingando também em outras searas. Em um curto período de tempo, para uma perspectiva histórica, houve alterações significativas na forma de viver em família, o que levou os teóricos a revisar seus conceitos sobre o tema.

Inicialmente, importa destacar que a alteração despontou primeiramente na sociedade, enquanto manifestação social. A partir disso, coube aos estudiosos compreender tais mudanças e reescrever seus conceitos. Essa tarefa incumbiu ao Direito, mas também as diversas outras áreas das ciências sociais. Exemplo dessa mutação é percebida na definição do que se entende por família, isso porque "o seu conceito tem sofrido variações ao longo do tempo. Embora a antropologia, sociologia e psicanálise já tivessem estabelecido um conceito mais aberto de família conjugal, no

---

[3] Alguns em coautoria, sempre devidamente informadas, com o registro do devido agradecimento aos coautores.

[4] Em vista disso, algumas introduções e mediações destas seções podem se repetir no decorrer destas análises, mas estas reiterações são propositalmente mantidas, de forma a permitir uma leitura individualizada de cada uma destas seções.

Direito esteve restrito, até a Constituição da República de 1988, ao casamento (art. 226)"[5].

Nas últimas décadas, as pessoas houveram por bem em utilizar a afetividade como suficiente vínculo conjugal ou parental, o que se mostrou uma grande alteração social. O critério afetivo foi o eleito de forma preponderante, por exemplo, para eleição do par conjugal (seja no casamento, na união estável ou em qualquer outro formato[6]). Da mesma forma, o vínculo afetivo passou a ser marcante também nas relações parentais, pois, mesmo nos casos onde o elo biológico está presente, travar uma relação afetiva passou a se mostrar necessário, o que também resta exemplificado pelo ditado popular *pai é quem cria*.

A afetividade passou a prevalecer sobre os critérios econômicos, políticos, religiosos, sociais, de interesse do grupo familiar, enfim, preponderou sobre os demais fatores que influenciavam os vínculos familiares até então. O critério afetivo – que figurava como coadjuvante no período da família clássica – foi alçado a protagonista na família contemporânea, tanto para as suas relações de conjugalidade, como para as suas relações de parentalidade.

Para uma melhor compreensão, sugere-se um recorte temporal: compararemos as atuais entidades familiares com a família enquanto instituição que se apresentava há cem anos no cenário brasileiro, de modo a procurar perceber quais as principais alterações que ocorreram nesse período. Para facilitar, tome-se por base a família retratada pelo Código Civil de 1916 (uma *família clássica*), a seguir, compare-se com a família que se apresenta nesse início de Século, em meados de 2016, por exemplo (uma *família contemporânea*), cujas entrelinhas já estavam descritas na CF/1988.

A sociedade brasileira do início do século XX era totalmente distinta da sociedade brasileira que inaugurou o séculoulo XXI, e tais alterações reverberam intensamente no modo de viver em família, como não poderia deixar de ser. Em consequência, o que se entendia por família em meados de 1916 é algo muito diverso do que se compreende por família nos dias atuais.

Para ilustrar, confira-se no quadro abaixo as principais distinções que se percebem entre a denominada *família clássica* (descrita pelo CC/1916) e a família contemporânea (descrita pela CF/1988):

---

[5] PEREIRA, Rodrigo da Cunha. **Dicionário de direito de família e sucessões**: ilustrado. São Paulo: Saraiva, 2015, p. 287.

[6] Como veremos a seguir, até mesmo as relações poliafetivas são lastreadas pela afetividade.

FAMÍLIA CLÁSSICA	• Do final do século XIX à metade do século XX • "Grande família" (vários participantes, muitos filhos e agregados) • Transpessoal (prevalecia a família sobre os interesses dos seus integrantes) • Matrimonializada (só existia pelo casamento civil) • Patriarcal (o homem era detentor do poder) • Hierarquizada (o homem estava acima da mulher, que estava acima dos filhos) • Patrimonializada (o patrimônio era a preocupação central) • Subserviente à religião (forte influência da igreja) • Formal (só o registro estatal a validava) • Retratada no Código Civil de 1916 (família *tradicional*) • ***Legitimidade é o centro da preocupação*** *(mulher legítima, filhos legítimos, relacionamento legítimo)*
FAMÍLIA CONTEMPORÂNEA	• Do fim do século XX aos dias de hoje • "Família nuclear" e possíveis variações (poucos filhos, poucos integrantes) • Eudemonista – prioridade na realização das pessoas sobre os interesses da família • Menor número – maior proximidade (há uma integração mais efetiva entre os integrantes) • Maior subjetividade – esfera mais respeitada (pessoas são o centro) • Famílias não fundadas no casamento (admite outras entidades familiares, p. ex.: união estável, família monoparental etc.) • Tendência à isonomia (entre homem e mulher, igualdade entre os filhos, igualdade entre casamento e união estável) • Pouca pressão da religião e demais fatores externos (decrescem drasticamente de importância) • Descrita nas entrelinhas da CF/1988 (família *democrática*) • ***AFETIVIDADE assume o protagonismo*** (filiação socioafetiva; homoafetividade; poliafetividade)

Como se percebe, as alterações fático-jurídicas são profundas e demonstram dois modelos claramente diversos. A partir dessas distinções, emerge a alteração paradigmática que se está a descrever: no período clássico é possível afirmar que a família se regia pelo *paradigma da legitimidade*; por outro lado, a família contemporânea é claramente regida pelo *paradigma da afetividade*.

A alteração de paradigma retrata alterações de monta na família enquanto realidade social, o que exigiu que as definições que os teóricos apresentavam para a família clássica de outrora fossem revistas, pois não mais se amoldavam ao que se apresenta como família no momento contemporâneo. Em vista disso, até mesmo o conceito jurídico de família houve de ser revisitado.

As alterações da sociedade levaram os juristas a rever o seu conceito de família, de modo a procurar uma definição que abarque as manifestações sociais que atualmente são tidas como relacionamentos familiares pela nossa sociedade. Como a principal alteração foi a assimilação da afetividade como novo vetor desses agrupamentos, é possível até mesmo asseverar que a afetividade levou a uma revisão do conceito de família, o que é deveras relevante.

Para ilustrar, confiram-se algumas definições de cada período, com conceitos de dicionários jurídicos que retratavam o conceito de família clássica em comparação com algumas definições de família que atualmente trazem os dicionários jurídicos contemporâneos.

Confira-se o constante na conhecida obra de Oscar Joseph de Plácido e Silva, que traz uma definição reduzida e conceitual que bem representa a visão sobre o sentido conferido a dita *família clássica*:

> Família: Derivado do latim família, de *famel* (escravo, doméstico), é geralmente tido, sem sentido restrito, como a sociedade conjugal. Nesse sentido então, família compreende simplesmente os cônjuges e sua progênie. E se constitui, desde logo, pelo casamento. Mas, em sentido lato, família quer significar todo "conjunto de pessoas ligadas pelo vínculo da consanguinidade" (Clóvis Beviláqua). Representa-se, pois, pela totalidade de pessoas que descendem de um tronco ancestral comum, ou seja, provindas do mesmo sangue, correspondendo a *gens* dos romanos e aos *genos* dos gregos. No sentido constitucional mais amplo, confunde-se com a expressão "entidade familiar". É a comunhão familiar, onde se computam todos os membros de uma mesma família, mesmo daquelas que se estabeleçam pelos filhos, após morte dos pais. Na tecnologia do direito civil, no entanto, exprime simplesmente a sociedade conjugal, atendida no seu caráter de legitimidade, que a distingue de todas as relações jurídicas desse gênero. E, assim, compreende somente a reunião de pessoas ligadas entre si pelo vínculo de consanguinidade, de afinidade ou de parentesco, até os limites prefixados em lei. Família. Entre os romanos, além do sentido de conjunto de pessoas submetidas ao poder de um cidadão independente

(*homo sui juris*), no qual se compreendiam todos os bens que às mesmas pertencem, era sinônimo de patrimônio, propriamente aplicado aos bens deixados pelo de cujus. E, nesta razão, dava-se o nome de *actio familiae erciscundae* à ação de divisão de uma herança[7].

Outro autor que traz uma definição que auxilia a compreender a visão dos juristas sobre a denominada família clássica é Eduardo Espínola, em obra que data de 1954:

> Em acepção ampla, a palavra família compreende as pessoas unidas pelo casamento, as provenientes dessa união, as que descendem de um tronco ancestral comum e as vinculadas por adoção. Em sentido restritivo, correspondendo ao que os romanos denominavam *domus*, a família compreende apenas os cônjuges e dos filhos. Algumas disposições do Código Civil, como acontece também nos vários sistemas legislativos, aplicam-se à família em sentido mais ou menos lato, considerando certas relações de parentesco. Outras, porém, visam tão somente as relações entre os cônjuges e entre estes e os filhos, isto é, aplicam-se às duas pessoas unidas pelo casamento e seus descendentes.[8]

Nessas definições, afere-se claramente a prevalência do paradigma da *legitimidade* no conceito de família acima descrito, com a família se atrelando precipuamente ao matrimônio e aos vínculos de sangue, todos vetores representativos do período em que imperava a família clássica. Mesmo a visão dita "ampla" para a época é deveras restrita se confrontada com o que se compreende atualmente.

Em comparação, confira-se abaixo um conceito contemporâneo de Família, descrito em dicionário por Luiz Edson Fachin:

> Família: os signos da linguagem e em especial o discurso jurídico cooptam o conceito de família, exposto nos laços dos paradoxos sociais permeados pela cultura e pela economia, e o traduz, no transcurso histórico, em variadas interpretações que, no campo do Direito, tomam assento na Doutrina, na jurisprudência e na legislação. [...] O vínculo jurídico que dela surge não é elemento constituinte necessário, pois a família ocupa posição anterior ao Direito, a que lhe dá a forma e o conteúdo jurídico.

---

[7] DE PLÁCIDO E SILVA, Oscar Joseph. **Vocabulário jurídico**. Atualizadores: Nagib Slaibi Filho e Gláucia Carvalho. 23. ed. Rio de Janeiro: Forense, 2003, p. 567.

[8] ESPÍNOLA, Eduardo. **A família no direito civil brasileiro.** Rio de Janeiro: Gazeta Judiciária, 1954, p. 7-9.

Cap. IV • PROJEÇÕES DA AFETIVIDADE NO DIREITO DE FAMÍLIA | 171

> [...] Portanto, a família – e sua leitura contemporânea – é baldrame social, derivada do afeto e não apenas da ordem jurídica constituída. A família, como fato cultural, está antes (e acima) do Direito e nas entrelinhas do fato jurídico. Trata de uma situação jurídica subjetiva, individual ou coletiva, e vislumbrá-la por meio do ordenamento é apenas enxergá-la sem vê-la em sua totalidade [...][9].

Nessa descrição é possível perceber as características da família contemporânea, com um destaque para que o Direito a reconheça como fato social (visto que a família precede ao Direito). Ainda, constata-se forte incidência da afetividade, vetor e paradigma do período atual.

Outra definição ampla e bem representativa do atual conceito de família é a de Rodrigo da Cunha Pereira, no seu *Dicionário Ilustrado*:

> Família – [...] Com a Carta Magna, ela deixou sua forma singular e passou a ser plural, estabelecendo-se aí um rol exemplificativo de constituições de família, tais como o casamento, união estável e qualquer dos pais que viva com seus descendentes (famílias monoparentais). Novas estruturas parentais e conjugais estão em curso, como as famílias mosaicos, famílias geradas por meio de processos artificiais, famílias recompostas, famílias simultâneas, famílias homoafetivas, filhos com dois pais ou duas mães, parcerias de paternidade, enfim, *as suas diversas representações sociais atuais, que estão longe do tradicional conceito de família, que era limitada à ideia de um pai, uma mãe, filhos, casamento civil e religioso*[10]. (grifos nossos)

Merece destaque a percepção do autor de que o sentido atual de família é muito diverso do que se entendia como família há alguns anos (na chamada família clássica ou tradicional), de modo que essa alteração não pode ser ignorada. A atual amplitude do conceito o deixa longe do conceito restrito que até então imperava, o que é uma das principais características da(s) família(s) do presente, tanto é que se prefere o termo no plural, de modo a destacar essa peculiaridade. Muito dessa abertura foi colmatada justamente pelo vetor da afetividade que está a imperar.

Essa amplitude do sentido hodierno de família também é destaque na definição de família de Giselda Hironaka e Flávio Tartuce, ao descrever o termo em um conceituado *Dicionário de Direito de Família*:

---

[9] FACHIN, Luiz Edson. Família. In: FACHIN, Luiz Edson. **Dicionário de filosofia do direito**. Rio de Janeiro: Renovar/Unisinos, 2006, p. 314-316.

[10] PEREIRA, Rodrigo da Cunha. **Dicionário de direito de família e sucessões**: ilustrado. FACHIN, Luiz Edson, p. 287.

172 | PRINCÍPIO DA AFETIVIDADE NO DIREITO DE FAMÍLIA – *Ricardo Calderón*

No Direito de Família contemporâneo, há uma tendência a ampliar o conceito de família para outras situações não tratadas especificamente pela Constituição. Em outras palavras, tem-se afirmado no âmbito doutrinário e jurisprudencial que o rol exposto é meramente exemplificativo (*numerus apertus*) e não taxativo (*numerus clausus*)[11].

A CF/1988 foi sensível ao novo modelo de família que já dava sinais de manifestação no último quarto do século passado, traçando alguns dos seus contornos. Maria Celina Bodin de Moraes descreve essa família como representativa de um modelo *democrático*:

> Esse processo foi acompanhado de perto pela legislação e pela jurisprudência brasileiras que tiveram nas duas últimas décadas, inegavelmente, um papel promocional na construção do novo modelo de familiar. Tal modelo vem sendo chamado, por alguns especialistas em sociologia, de "democrático", correspondente, em termos históricos, a uma significativa novidade, em decorrência da inserção, no ambiente familiar, de princípios como igualdade e liberdade[12].

O atual conceito de família deve envolver, inevitavelmente, o elemento da afetividade, como percebe Maria Berenice Dias "o novo modelo da família funda-se sobre os pilares da repersonalização, da afetividade e do *eudemonismo*, impingindo nova roupagem axiológica ao direito das famílias"[13]. É possível afirmar que "o que deve balizar o conceito de 'família' é, sobretudo, o princípio da afetividade, que fundamenta o direito de família na estabilidade das relações socioafetivas e na comunhão de vida, com primazia sobre as considerações de caráter patrimonial ou biológico"[14].

Essa atual amplitude do conceito de família e a inafastável pluralidade de entidades familiares que deve ser acolhida pelo direito brasileiro, máxime após a CF/1988, também é assentida pelos tribunais. Por todos, confira-se a manifestação do Min. Luis Felipe Salomão

---

[11]   HIRONAKA, Giselda M.F.N.; TARTUCE, Flávio. Famílias contemporâneas (pluralidade de modelos). In: LAGRASTA NETO, Caetano; SIMÃO, José Fernando. (coord.). **Dicionário de Direito de Família**. v 1 (A–H). São Paulo: Atlas, 2015, p. 415-416.

[12]   MORAES, Maria Celina Bodin de. A família democrática. In: PEREIRA, Rodrigo da Cunha (org.). **Anais do V Congresso Brasileiro do Direito de Família**. São Paulo: IOB Thomson, 2006, p. 615.

[13]   DIAS, Maria Berenice. **Manual de direito das famílias**. 4. ed. rev., atual. e ampl. São Paulo: Revista dos Tribunais, 2007, p. 138.

[14]   STJ, REsp 645.283, 4ª Turma, Rel. Min. Luis Felipe Salomão, unânime, j. 15.09.2009.

Cap. IV · PROJEÇÕES DA AFETIVIDADE NO DIREITO DE FAMÍLIA | 173

> [...] Inaugura-se com a Constituição Federal de 1988 uma nova fase do direito de família e, consequentemente, do casamento, baseada na adoção de um explícito poliformismo familiar em que arranjos multifacetados são igualmente aptos a constituir esse núcleo doméstico chamado "família", recebendo todos eles a "especial proteção do Estado". Assim, é bem de ver que, em 1988, não houve uma recepção constitucional do conceito histórico de casamento, sempre considerado como via única para a constituição de família e, por vezes, um ambiente de subversão dos ora consagrados princípios da igualdade e da dignidade da pessoa humana. Agora, a concepção constitucional do casamento – diferentemente do que ocorria com os diplomas superados – deve ser necessariamente plural, porque plurais também são as famílias e, ademais, não é ele, o casamento, o destinatário final da proteção do Estado, mas apenas o intermediário de um propósito maior, que é a proteção da pessoa humana em sua inalienável dignidade. 4. O pluralismo familiar engendrado pela Constituição – explicitamente reconhecido em precedentes tanto desta Corte quanto do STF – impede se pretenda afirmar que as famílias formadas por pares homoafetivos sejam menos dignas de proteção do Estado, se comparadas com aquelas apoiadas na tradição e formadas por casais heteroafetivos. 5. O que importa agora, sob a égide da Carta de 1988, é que essas famílias multiformes recebam efetivamente a "especial proteção do Estado", e é tão somente em razão desse desígnio de especial proteção que a lei deve facilitar a conversão da união estável em casamento, ciente o constituinte que, pelo casamento, o Estado melhor protege esse núcleo doméstico chamado família.[15]

A partir dessas premissas, tarefa inafastável é rever os elementos estruturais do que se entende por família na atualidade, sempre ciente do desafio de apontar fatores que sejam possíveis de verificar nos mais variados modelos que se apresentam na sociedade.

Embora a tarefa não seja singular, quem bem responde à questão é Paulo Luiz Netto Lobo, que descreve adequadamente quais seriam os três elementos estruturais da família na contemporaneidade, entre os quais, inclui primordialmente a afetividade, assimilando o novo paradigma regente. Confira-se esses três elementos:

a) Afetividade, como fundamento e finalidade da entidade, com desconsideração do móvel econômico e escopo indiscutível de constituição de família.

---

[15] STJ, REsp 1.183.378/RS, Rel. Min. Luis Felipe Salomão.

b) Estabilidade, excluindo-se os relacionamentos casuais, episódicos ou descomprometidos, sem comunhão de vida.

c) Convivência pública e ostensiva, o que pressupõe uma unidade familiar que se apresente assim publicamente[16].

Esses elementos estruturais estão presentes nas diversas entidades familiares que estão a se apresentar, bem como permitem uma amplitude que os defina sem ser reducionista ou excludente. A precisão conceitual dessa proposta é tão intensa que vem sendo adotada por diversos outros autores.

Pablo Stolze Gagliano e Rodolfo Pamplona Filho arriscam um outro conceito de família, que também confere centralidade aos vínculos afetivos, no qual procuram adequar a sua definição ao paradigma atualmente vigente. Esses autores definem família a partir dos seguintes elementos:

a) Núcleo existencial composto por mais de uma pessoa: a ideia é que, para ser família, é requisito fundamental a presença de, no mínimo, duas pessoas.

b) Vínculo socioafetivo: é a afetividade que forma e justifica o vínculo entre os membros da família, constituindo-a. A família é um fato social, que produz efeitos jurídicos.

c) Vocação para a realização pessoal de seus integrantes: seja qual for a intenção para a constituição de uma família (dos mais puros sentimentos de amor e de paixão, passando pela emancipação e convivência social, ou até mesmo ao extremo mesquinho dos interesses puramente econômicos), formar uma família tem sempre a finalidade de concretizar as aspirações dos indivíduos, na perspectiva da função social[17].

Como se percebe, todas as conceituações contemporâneas de família concedem um espaço especial para a temática da afetividade.

As mudanças estruturais são evidentes. É possível asseverar que essas definições se mostram adequadas a comportar os múltiplos relacionamentos familiares que se apresentam atualmente na sociedade brasileira, claramente de acordo com o atual paradigma vigente. Percebe-se que, diferentemente dos autores que retratavam a denominada *família clássica*, para os últimos

---

[16] LÔBO, Paulo Luiz Netto. **Direito civil:** famílias. São Paulo: Saraiva, 2008, p. 58.

[17] GAGLIANO, Pablo Stolze; PAMPLONA FILHO, Rodolfo. **Manual de direito civil.** Volume único. São Paulo: Saraiva, 2017, p. 1123.

autores citados, os vínculos matrimoniais ou biológicos não são essenciais. A abertura dos referidos elementos possibilita comportar as mais variadas conjugações familiares que estão a desfilar, o que demonstra o acerto da definição, sendo demonstrativa das *famílias contemporâneas*.

A alteração paradigmática é de tal monta que não se limita a conformar uma nova estrutura para a família (como a acima descrita), mas também reverbera na sua função. Ou seja, atualmente não prevalecem mais as funções religiosas, políticas, procracionais e econômicas que, em momentos anteriores, foram conferidas à família. A função prevalecente das famílias no atual estágio histórico é ser um instrumento de realização afetiva dos seus integrantes. A função afetiva da família é o que está a imperar, com proeminência crescente[18]. Em vista disso, é possível afirmar que, atualmente, a afetividade perfila tanto na estrutura como na função das famílias hodiernas.

É possível constatar que os jusfamiliaristas brasileiros não ignoraram a relevante alteração social que ocorreu com as famílias brasileiras o que os levou, acertadamente, a alterarem os seus conceitos para bem retratar o novo sentido de família, apto à realidade contemporânea. A partir da Constituição de 1988 outra não poderia ser a tradução de família senão uma que levasse em conta os seus princípios e valores.

Para além disso, a percepção dessa mudança paradigmática extrapolou os livros jurídicos, passando pelas variadas ciências sociais e, recentemente, chegou até mesmo aos clássicos dicionários de língua portuguesa, o que mostra a relevância da transformação e, também, evidencia a aceitação social do novo significado de família.

Exemplo disso, a alteração realizada pelo *Dicionário Houaiss*, no ano de 2016, uma das maiores referências da língua portuguesa, que a partir de então traz uma nova significação para o verbete *família*. Até então, o conceito antigo segundo o Houaiss era:

> 1. grupo de pessoas, formado esp. por pai, mãe e filhos(s), que vivem sobre o mesmo teto. 2. grupo de pessoas ligadas entre si pelo casamento ou qualquer parentesco.

---

[18] "As funções religiosa e política praticamente não deixaram traços na família atual, mantendo apenas interesse histórico, na medida em que a rígida estrutura hierárquica foi substituída pela coordenação e comunhão de interesses e de vida. A família atual busca sua identificação na solidariedade (art. 3º, I, da Constituição), como um dos fundamentos da afetividade, após o individualismo triunfante dos últimos dois séculos, ainda que não retome o papel predominante que exerceu no mundo antigo" (LÔBO, Paulo Luiz Netto. **Direito civil:** famílias. São Paulo: Saraiva, 2008, p. 2-3).

Como se percebe no conceito acima, utilizado até 2016, ainda havia clara referência a um modelo de família clássica, tradicional: heteroafetiva, com filhos, lastreada pelo casamento ou pelo parentesco. A referência a pai, mãe e filho é, atualmente, deveras reducionista. Certamente esse sentido restrito de família deixa de fora diversas conjugações familiares que hoje são acolhidas tanto social como juridicamente (por todas, o exemplo das homoafetivas).

Sensível a estas mudanças, o *Dicionário Houaiss* passou a trazer a partir de 2016 um conceito de família mais aberto e arejado, que retrata de forma mais apropriada o que vem se entendendo desse vocábulo:

> Família: Núcleo social de pessoas unidas por laços afetivos, que geralmente compartilham o mesmo espaço e mantém entre si relação solidária.

Percebe-se a centralidade conferida ao vínculo afetivo na referida proposta, aliada à amplitude que está embutida na respectiva definição. Com isso, permite abarcar diversos dos modelos familiares que se apresentam na sociedade atual. Não constam mais as remissões a pai/mãe/filho, nem mesmo uma forte vinculação apenas ao casamento.

A alteração processada pelo referido dicionário é prova contundente do que se está a afirmar: a assimilação da relevância atualmente conferida à afetividade leva a uma alteração do significado de família. Isso foi percebido tanto pelos juristas como, agora, também pelos léxicos. Merece destaque que esse movimento partiu da sociedade para a teoria, dos fatos para direito e para as demais ciências sociais, alterando também o próprio dicionário.

A sociedade líquida e hipermoderna do presente não pode ser descrita por conceitos estanques, vinculados a paradigmas do passado. Novas famílias exigem novos conceitos: para um novo corpo não servem velhas roupas. A instabilidade é uma das características dessa quadra histórica, de modo que esse contínuo caminhar social exige um revisitar permanente das conceituações. As molduras do passado não podem querer delimitar os fatos do presente e o porvir do futuro; se as definições não estão mais guardando correspondência com a realidade, não é a última que deve mudar.

Nessa perspectiva, as ressignificações do que se entende por família, processadas tanto pelos juristas como pelos teóricos de outras áreas, se mostram bem-vindas e adequadas aos desafios que ora se desvelam.

> *Nada se pierde;*
> *Todo se transforma.*
> *Jorge Drexler*

SEÇÃO II. AFETIVIDADE E CUIDADO SOB AS LENTES DO DIREITO

O que se opõe ao descuido e ao descaso é o cuidado.
Cuidar é mais que um ato; é uma atitude.
Portanto, abrange mais que um momento de atenção.
Representa uma atitude de ocupação, preocupação, de responsabilização
e de envolvimento afetivo com o outro.

Leonardo Boff

As famílias contemporâneas e seus atuais vetores

Os agrupamentos familiares sempre alteraram o seu formato no passar do tempo, o que é evidente, mas o que se mostra peculiar nessa quadra histórica é a intensidade e a velocidade com que se processaram as recentes mudanças[19]. Esse movimento é representativo no momento atual, de modo a desnudar a relevância da afetividade e do cuidado para os relacionamentos familiares[20].

A família que se apresenta neste início do século XXI tem características próprias, típicas desta era dita de uma "modernidade líquida", visto que se mostram complexas, instáveis e fragmentadas, predicados claramente pós-modernos que desafiam os pesquisadores que buscam conceituá-la e classificá-la (muitas vezes com critérios e categorias ainda demarcadas pelas formas da modernidade). Os antigos elos religiosos, patrimoniais, étnicos e formais decresceram de importância, de modo que cederam espaço para outros vínculos eleitos como relevantes pelos integrantes dos agrupamentos familiares[21].

Uma fotografia das relações da atualidade permitiria perceber a relevância da alteração que se está a descrever: decrescem as preocupações com as

---

[19] Conforme já exposto em obra coletiva: CALDERÓN, Ricardo Lucas. Afetividade e cuidado sob as lentes do direito. In: PEREIRA, Tânia da Silva; OLIVEIRA, Guilherme; COLTRO, Antonio Carlos Mathias (orgs.). **Cuidado e afetividade: projeto Brasil/ Portugal – 2016-2017**. São Paulo: Atlas, 2017, p. 511-526.

[20] LIPOVETSKY, Gilles. **A sociedade pós-moralista**: o crepúsculo do dever e a ética indolor dos novos tempos democráticos. Trad. Armando Braio Ara. Barueri: Manole, 2005, p. xxxiiii.

[21] BAUMAN, Zygmunt. **Amor líquido:** sobre a fragilidade dos laços humanos. Trad. Carlos Alberto Medeiros. Rio de Janeiro: Zahar, 2004. p. 12-13.

formalizações dos vínculos pelo matrimônio ou pelos outros registros estatais formais (típicas do paradigma da legitimidade). Por outro lado, assumem relevo outros critérios no estabelecimento desses vínculos familiares, como a afetividade (o que sinaliza a égide do paradigma da afetividade). Exemplos disso são o número crescente de uniões estáveis (na conjugalidade) e a projeção dos casos de filiação socioafetiva (na parentalidade): ambas as relações tipicamente fáticas, lastreadas por um vínculo eminentemente afetivo e que não contam com uma prévia chancela estatal. Ainda assim, são relações concretas que geram efeitos jurídicos.

Em outras palavras, é possível afirmar que as relações familiares estão a demonstrar uma transição paradigmática, pela qual deixam em um segundo plano o paradigma da legitimidade (clássico)[22] para passar a conceder maior relevo para o paradigma da afetividade (contemporâneo). Como é típico dos momentos de transição, ambos os paradigmas ainda se mostram presentes e influenciam essas relações, mas com claro decréscimo do paradigma que está a perder força e, por outro lado, paulatino relevo para o paradigma que está a se espraiar.

O que merece destaque é que essa alteração se mostra no "mundo dos fatos", ou seja, as pessoas optaram por conviver desta forma, em decorrência da liberdade que lhes foi conferida. Ao abrir espaço para uma maior subjetividade, germinaram a afetividade e o cuidado nessas dadas relações sociais. Diante disso, cabe ao Direito e às ciências que pretendam compreender e estudar a sociedade atual atentar para esta mudança e, como não poderia deixar de ser, passar a laborar com os novos elementos que se mostraram presentes neste início de século.

Uma análise detida dos vínculos que passam a caracterizar as relações familiares contemporâneas deixará perceber, de pronto, que a afetividade e o cuidado são vetores relevantes para o estabelecimento e a manutenção de tais relações. Ambos são fatores que se mostraram presentes, emergindo com força tal que exigem sua apreciação pelo Direito.

Conforme sustenta Luiz Edson Fachin, a "força construtiva dos fatos sociais" faz com que muitos eventos exijam a sua consequente apreciação jurídica:

> Esse quadro não possui cores tão bem definidas, pois é precisamente a demanda suscitada pela realidade que impinge ao Direito uma providência, sendo que esta muitas vezes pode não se encontrar definida na

---

22 Exemplo disso, o direito de família retratado no Código Civil de 1916.

codificação, porém convencionada na jurisprudência e na doutrina. *São fatos, portanto,* que originariamente se encontram fora dessa moldura, mas que gradativamente no interior dela vão se compondo[23]. (grifos nossos)

A complexidade inerente ao líquido cenário contemporâneo certamente é um elemento que dificulta divisões claras e estanques, o que desafia a sua compreensão e regulação[24]. A mentalidade típica da pós-modernidade abandona a busca pela segurança, certeza e objetividade (que era o objetivo da mentalidade característica da modernidade). Aceitar certa dose de subjetividade inerente a alguns institutos jurídicos pode até mesmo facilitar o trabalho do jurista como intérprete das complexas relações hodiernas.

Para Erik Jayme, uma das características da cultura pós-moderna a influenciar o Direito seria justamente um retorno dos sentimentos, de modo que o reconhecimento jurídico da afetividade estaria de acordo com tais premissas[25].

Desse modo, inarredável aos juristas do presente focar as lentes do Direito para os liames temáticos subjetivos que são representativos para os atuais relacionamentos familiares – no caso, a afetividade e o cuidado – visto que apenas assim poderão bem compreender as relações familiares do presente para, então, conceber as respostas que estas relações estão a exigir.

A afetividade jurídica

Na esteira do que vem sendo exposto, o atual grande vetor das relações familiares é a afetividade, o que exige que o Direito que pretenda regular tais relações perceba esta peculiaridade. A assimilação jurídica da afetividade contribuirá na construção das respostas que esses atuais conflitos requisitam.

---

[23] FACHIN, Luiz Edson. **Teoria crítica do direito civil.** 2. ed., rev. e atual. Rio de Janeiro: Renovar, 2003, p. 39.

[24] BAUMAN, Zygmunt. **Modernidade líquida.** Trad. Plínio Dentzien. Rio de Janeiro: Zahar, 2001, p. 100.

[25] "Por fim, a quarta característica da cultura pós-moderna a afetar a ciência do direito é o que Jayme denomina 'retour des sentiments'. Seria, de um lado, a volta de uma certa 'emocionalidade' no discurso jurídico; de outro lado, é o imponderável, a procura de novos elementos sociais, ideológicos, religiosos e/ou fora do sistema, que passam a incluir a argumentação e as decisões jurídicas, criando forte insegurança e imprevisibilidade quanto à solução a ser efetivamente encontrada" (MARQUES, Claudia Lima. Direito na pós-modernidade e a teoria de Erik Jayme. In: OLIVEIRA JUNIOR, José Alcebíades de (org.). **Faces do multiculturalismo**: teoria – política – direito. Santo Ângelo: Ediuri, 2007, p. 29).

As atuais e complexas relações pessoais apresentam características próprias, muito diversas da família tradicional de outrora[26], sendo possível perceber que estão indelevelmente decalcadas pelo amálgama da afetividade. Corolária disso é a inarredável construção dos contornos jurídicos do que se entende por afetividade, para fins de se obter uma adequada regulação de tais relações. Ou seja, ainda que outras áreas possuam seu conceito e sentido de afetividade, importa ao Direito conferir o significado jurídico de afetividade para utilização na sua área de conhecimento[27].

As situações existenciais intersubjetivas estão caracterizadas pela afetividade, de modo que a importância que lhe foi paulatinamente conferida no plano fático implicou na sua subsequente assimilação jurídica. A jurisprudência brasileira desempenhou um papel fundamental na valoração jurídica da afetividade, pois, anteriormente a qualquer previsão legislativa, diversas decisões judiciais a acolheram na solução de casos concretos. Por exemplo, os casos de parentalidade socioafetiva consolidados no STJ[28], o emblemático julgado do STF que reconheceu as uniões homoafetivas como entidades familiares, no qual diversos ministros fizeram remissão explícita à afetividade ao tratar do tema[29] e o recente precedente também do STF que reconheceu a multiparentalidade[30].

A literatura jurídica brasileira foi profícua em contribuir no avanço dos contornos jurídicos da afetividade, exercendo papel de vanguarda nesta relevante temática. Atualmente a nossa doutrina é quase uníssona em conferir valor jurídico à afetividade[31].

---

[26] As alterações são de tal monta que parte considerável da doutrina prefere utilizar o termo famílias, no plural, para bem destacar este novo momento. Uma das precursoras dessa opção terminológica é a professora Maria Berenice Dias (como exemplo: DIAS, Maria Berenice. **Manual de direito das famílias.** 4. ed. rev., atual. e ampl. São Paulo: Revista dos Tribunais, 2007).

[27] CALDERÓN, Ricardo Lucas; Afetividade. Verbete. In: LAGRASTA NETO, Caetano; SIMÃO, José Fernando (coord.) **Dicionário de Direito de Família.** v. 1 (A-H). São Paulo: Atlas, 2015, p. 39.

[28] CALDERÓN, Ricardo Lucas. Maternidade socioafetiva: possibilidade jurídica reconhecida pelo Superior Tribunal de Justiça. **Revista IBDFam: Famílias e Sucessões.** Belo Horizonte, v. 15, p. 157-176, maio/jun. 2016, p. 157.

[29] STF, ADPF 132/2011. A relevância da afetividade nessa questão foi tamanha que veio inclusive a fazer parte do vocábulo eleito para definir as relações entre pessoas do mesmo sexo: homoafetividade, conforme lançou precursoramente Maria Berenice Dias.

[30] STF, RG 622, j. 2016.

[31] VELOSO, Zeno. **Direito brasileiro da filiação e paternidade.** São Paulo: Malheiros, 1997.

No espectro legislativo, a CF/1988 foi, sem dúvida, o marco inicial desse novo tema no Direito brasileiro, sendo possível constatar o reconhecimento implícito da afetividade nas suas disposições (arts. 226, § 4º, 227, *caput*, §§ 5º e 6º). O Código Civil, por sua vez, tutela situações afetivas em diversos dos seus dispositivos (por exemplo: art. 1.511, 1.583, § 2º, 1.584, § 5º, 1.593). A legislação esparsa subsequente é recorrente na remissão à afetividade quando da regulação dos conflitos familiares, o que pode ser percebido claramente na Lei "Maria da Penha" (Lei nº 11.340/2006), na Lei da Adoção (Lei nº 12.010/2009), na Lei da Alienação Parental (Lei nº 12.318/2010) e também na denominada Lei "Clodovil" (Lei nº 11.924/2010).

Aspecto basilar, que não pode ser ignorado, tange à definição que o Direito atribuirá a afetividade, certamente distinta do conceito que outras áreas lhe conferem (tais como a psicologia, a psiquiatria e até mesmo a psicanálise). Ainda que se parta de uma análise transdisciplinar, é inarredável aportar em uma tradução jurídica, que não deve restar atrelada a aspectos inapreensíveis concretamente. Tendo em vista que o Direito labora com fatos jurídicos concretos, estes devem ser os alicerces que demarcarão a significação jurídica da afetividade.

Dito de outro modo, a leitura jurídica da afetividade deve ser realizada com uma lente objetiva, a partir da persecução de dados concretos que permitam sua averiguação no plano fático: uma afetividade jurídica objetiva. A afetividade se manifesta por intermédio de uma atividade concreta exteriorizadora que é cognoscível juridicamente. Essas manifestações de afeto, quando exteriorizadas, podem ser captadas pelos filtros do Direito, pois fatos jurídicos representativos de uma relação afetiva são assimiláveis. Por outro lado, é inegável que o afeto em si é efetivamente um sentimento anímico, inapreensível diretamente pelo atual sistema jurídico, o que desaconselha que os juristas se aventurem na sua apuração com as suas métricas atuais. Consequentemente, resta atentar juridicamente para as atividades exteriorizadoras de afeto (afetividade).

A partir dessa observação, é possível destacar que o princípio da afetividade jurídica tem duas dimensões: uma objetiva, que é retratada pela presença de eventos representativos de uma expressão de afetividade, ou seja, fatos sociais que indiquem a presença de uma manifestação afetiva; e outra subjetiva, que refere ao afeto anímico em si, o sentimento propriamente dito. A verificação dessa dimensão subjetiva certamente foge ao Direito e, portanto, será sempre presumida, o que permite dizer que, uma vez constatada a presença da dimensão objetiva da afetividade, restará desde logo presumida a sua dimensão subjetiva.

A partir destes pressupostos é possível sustentar que a socioafetividade representa o reconhecimento no meio social de manifestações afetivas concretas. Em que pese inicialmente possa parecer árduo ao Direito lidar com um tema tão subjetivo, não raro alguns institutos jurídicos igualmente subjetivos são apurados de maneira similar (*v.g.* a boa-fé).

Eventos que podem evidenciar a afetividade são manifestações especiais de cuidado, entreajuda, afeição explícita, comunhão de vida, convivência mútua, mantença alheia, coabitação, projeto de vida em conjunto, existência ou planejamento de prole comum, proteção recíproca, acumulação patrimonial compartilhada, entre outros. Evidentemente, esses caracterizadores deverão se manifestar com intensidade inerente aos referidos relacionamentos familiares, seja de parentalidade (como na análise da posse de estado de filho), seja de conjugalidade (como na apuração de uma união estável).

As projeções da afetividade no direito de família são diversas e seguem se revelando, por vezes, até mesmo de forma inovadora. Alguns exemplos: a ressignificação do conceito de família, a consolidação do parentesco socioafetivo, a distinção entre ascendência genética e filiação, a viabilidade ou a inviabilidade do reconhecimento da filiação post mortem apenas para fins sucessórios (STF, ARE 692186 RG/PB, Rel. Min. Luiz Fux), a possibilidade do reconhecimento da multiparentalidade (STF, RG 622), as soluções demandadas pelos casos de reprodução assistida e os novos litígios do biodireito (Gama, 2003), as controvérsias resultantes da temática do abandono afetivo (STJ, REsp 1.159.242/SP, Rel. Min. Nancy Andrighi, 3ª Turma, j. 24.04.2012) e os debates sobre a poliafetividade[32].

Uma adequada tradução jurídica do que se entende por afetividade é vital para a seriedade e tecnicidade que o tema exige, de modo a evitar confusões e obscuridade de sentidos que em nada contribuem para o avanço da matéria. A verticalização na apuração da afetividade levará, inexoravelmente, a percepção da temática do cuidado, visto que ambos estão imbricados nestas situações fáticas.

A leitura do cuidado pelo Direito

Uma análise detida dos relacionamentos familiares contemporâneos fará emergir, ao lado da afetividade, a percepção da presença do cuidado como vetor relevante nesses tratos familiares do presente. A realidade social

---

[32] Entende-se poliafetividade como a leitura jurídica das relações poliamorísticas. Entretanto, nos termos do que é sustentado nesta obra, parece mais adequada juridicamente a adoção da expressão poliafetividade do que poliamor.

apresenta também o cuidado ao Direito e, com isso, exige sua assimilação e consequente regulação.

O cuidado vem sendo objeto de estudos crescentes e possui proximidade com a afetividade, tanto no campo fático como nos desafios da sua tradução jurídica. Inicialmente, parece possível afirmar que o cuidado é uma das expressões da afetividade, com relevância tal que exige uma particular análise de suas implicações. Ainda que com sentido e percepções próprias, há uma estreita correlação entre a afetividade e o cuidado, o que reforça a relevância de ambos os significantes.

Essa imbricação é apontada por uma das precursoras no estudo da temática do cuidado como valor jurídico no cenário brasileiro, Tânia da Silva Pereira:

> A partir da percepção e convencimento de que o afeto e as relações socioafetivas foram reconhecidas de forma significante pelo Direito de Família, não podemos afastar a possibilidade de também incluir o cuidado no âmbito do Direito[33].

Heloisa Helena Barboza discorre sobre um sentido possível de cuidado em uma relação paterno-filial:

> Ações concretas, atitudes e valores devem evidenciar o cuidado com os filhos, desde o que diz respeito ao seu conforto físico e psíquico, a higiene do corpo e do ambiente, o apoio emocional e espiritual, até a proteção no sentido de segurança. Aqui também estão presentes diferentes significados de cuidado, como aceitação, compaixão, envolvimento, preocupação, respeito, proteção, amor, paciência, presença, ajuda, compartilhamento[34].

A dificuldade na definição do que seja efetivamente cuidado nas relações parentais já denota uma das características do direito de família deste terceiro milênio: a impossibilidade de uma conceituação finita, estanque, única para todos os casos. Ante a instabilidade, complexidade e fragmentalidade das relações familiares, mostra-se difícil uma resposta única, pronta, genérica, a priori. Cabe ao jurista do presente ter ciência dessas características. Ainda

---

[33] PEREIRA, Tânia da Silva. Prefácio. In: PEREIRA, Tânia da Silva; OLIVEIRA, Guilherme de (coords.). **O cuidado como valor jurídico**. Rio de Janeiro: Forense, 2008.

[34] BARBOZA, Heloisa Helena. Paternidade responsável: o cuidado como dever jurídico. In: PEREIRA, Tânia da Silva (coord.). **Cuidado e responsabilidade**. São Paulo: Atlas, 2011, p. 93.

184 | PRINCÍPIO DA AFETIVIDADE NO DIREITO DE FAMÍLIA – *Ricardo Calderón*

assim, doutrina e jurisprudência trazem as balizas necessárias para aplicação do cuidado no acertamento desses casos concretos[35].

Nesse sentido, é possível antever um crescente estudo da temática do cuidado[36], o que é recomendável e será salutar para o direito de família brasileiro, tendo em vista que, a partir da sua aceitação, deverá se fazer presente em um número cada vez maior de casos judiciais.

A decisão paradigmática sobre cuidado no STJ foi a que concedeu, de forma precursora, uma reparação por abandono afetivo. Este acórdão, de relatoria da Min. Nancy Andrighi[37], no REsp 1.159.242/SP, utilizou o cuidado como ponto nodal da supracitada decisão judicial. A partir do descumprimento do dever jurídico de cuidado apuraram-se as demais consequências jurídicas, culminando com a caracterização do abandono afetivo.

Nesse julgado, merece destaque a declaração judicial da presença do dever de cuidado no nosso ordenamento[38], que estaria implícito[39] no sistema jurídico. Na fundamentação da decisão é possível perceber uma interpretação tópico-sistemática que resultou na constatação da conduta ofensiva por parte do pai ao não observar o referido dever implícito de cuidado, que está presente no Direito brasileiro.

---

[35] Em artigo sobre o tema, Tânia da Silva Pereira cita três tribunais que se utilizaram do cuidado para julgar casos concretos de direito de família, conferindo contornos possíveis ao seu sentido jurídico a luz da *fattispecie* em apreço, são eles: *(i)* TJSP, 5ª Câmara da Seção de Direito Privado, Apelação 445.343.4, j. 18.09.2006, Rel. Des. Antônio Carlos Mathias Coltro; *(ii)* TJRJ, 12ª Câmara Cível, Apelação Cível 2005.001.52599, j. 29.08.2006, Rel. vencida Des. Nanci Mahfuz, Rel. p/ acórdão Des. Rev. Siro Darlan de Oliveira; *(iii)* STJ, 3ª Turma, REsp 1.106.637, **DJ** 1º.07.2010, Rel. Min. Nancy Andrighi (PEREIRA, Tânia da Silva (coord.). **Cuidado e responsabilidade**. São Paulo: Atlas, 2011, p. 351-372).

[36] BOFF, Leonardo. **Saber cuidar**. 18. ed. Petrópolis: Vozes, 2012.

[37] STJ, REsp 1.159.242/SP, Rel. Min. Nancy Andrighi.

[38] O que vem sendo sustentado por crescente doutrina pátria, em estudos desenvolvidos em parceria com Guilherme de Oliveira (Coimbra, Portugal).

[39] "Reconhecido como valor implícito do ordenamento jurídico, o cuidado vincula as relações de afeto, de solidariedade, de responsabilidade não só familiar, pois é 'preciso identificar o cuidado dentre as responsabilidades do ser humano como pessoa e como cidadão'. Nesse sentido o cuidado conduz a compromissos efetivos e ao envolvimento necessário com o outro, como norma ética da convivência. Entendido como 'valor informado da dignidade da pessoa humana e da boa-fé objetiva nas situações existenciais', tem importante papel da interpretação e aplicação das normas jurídicas" (BARBOZA, Heloisa Helena. Paternidade responsável: o cuidado como dever jurídico. In: PEREIRA, Tânia da Silva (coord.). **Cuidado e responsabilidade**. São Paulo: Atlas, 2011, p. 88).

Aspecto central da decisão do julgado sobre o abandono afetivo foi a constatação de uma ofensa ao dever de cuidado[40], que estaria presente em nosso sistema jurídico, ainda que não de modo expresso, mas sim com outras denominações:

> Essa percepção do cuidado como tendo valor jurídico já foi, inclusive, incorporada em nosso ordenamento jurídico, não com essa expressão, mas com locuções e termos que manifestam suas diversas desinências, como se observa no art. 227 da Constituição Federal. [...] Aqui não se fala ou discute o amar e, sim, a imposição biológica e legal de cuidar, que é dever jurídico, corolário da liberdade das pessoas de gerarem ou adotarem filhos[41].

A Ministra relatora foi taxativa ao reafirmar o cuidado como valor jurídico, passível inclusive de se extrair consequências nos casos do seu não atendimento. Toda a análise parte da possível ofensa ao dever jurídico de cuidado por parte do genitor na situação fática descrita nos autos. Ou seja, restou patente a correlação entre afetividade e cuidado.

Interessante também é a distinção entre cuidado e amor, que perpassa o voto e afasta os óbices que muitas vezes eram postos ao reconhecimento da possibilidade de reparação por abandono afetivo. A repetida frase da Min. Nancy Andrighi é esclarecedora: "Em suma, amar é faculdade, cuidar é dever".

Ao analisar o que a relatora considera como inerente ao dever de cuidado, é possível vislumbrar interessante leitura objetiva de sua tradução, sem resvalar para questões psíquicas ou subjetivas, na esteira do que sustenta o presente trabalho relativamente à afetividade:

> O cuidado, distintamente, é tisnado por elementos objetivos, distinguindo-se do amar pela possibilidade de verificação e comprovação de seu cumprimento, que exsurge da avaliação das ações concretas: presença; contato, mesmo que não presenciais; ações voluntárias em favor da prole; comparações entre o tratamento dado aos demais filhos – quando existirem –entre outras fórmulas possíveis que serão trazidas à apreciação do julgador, pelas partes[42].

---

[40] Na esteira das diversas obras coletâneas organizadas por Tânia da Silva Pereira e Guilherme de Oliveira, inclusive citadas no voto da relatora, cujas obras são feitas referências nesta seção.

[41] Trecho do voto da Rel. Min. Nancy Andrighi, no REsp 1.159.242/SP.

[42] Trecho do voto da Rel. Min. Nancy Andrighi, no REsp 1.159.242/SP.

Ou seja, resta patente que a análise do cuidado para fins jurídicos se dá de forma objetiva, com base em elementos concretos apurados faticamente, de modo a tornar esta realidade apreensível pelo Direito. Correta a abordagem do tema a partir dessa perspectiva, visto que o direito de família, ao tratar de temas como a afetividade e o cuidado, deve atentar para essa dimensão objetiva, concreta, fática.

A subjetividade inerente ao amor[43] impede que, na atualidade, este seja tratado de forma direta como categoria jurídica, face as suas estreitas vias atualmente concebidas, visto que o Direito atual ainda exige, para sua fundamentação e aplicação, um mínimo de objetividade[44]. Conforme bem destacou a ministra, amar é uma coisa, cuidar, outra[45].

Mais adiante, no voto, restou destacado que há situações específicas que podem dificultar a convivência paterno-filial, em decorrência de diversos fatores (entre outros, alienação parental), situações que devem ser sopesadas caso a caso. Outrossim, é indiscutível que existe, sim, uma esfera mínima de cuidado que deve restar atendida, mesmo quando os pais se separam ou se distanciam dos filhos (arts. 1.632 e 1.634 do Código Civil; arts. 3º, 4º, 19, 22 e 23 do ECA).

---

[43] "O 'amor', e é bom que se volte a ele, definitivamente, não é jurídico. Sua juridicização pode até ocorrer, o que realmente se deu em casos excepcionais na legislação nacional e estrangeira. Assim, em resposta ao problema, tem-se que as fronteiras do amor e do Direito devem ser mantidas, ainda que exceções sirvam apenas para confirmar a diferença de planos. O 'amor' não pode ser o novo 'deus' laico. Ele é sublime demais para se conspurcar com o Direito, que só é nobre quando seus realizadores conseguem sê- lo" (RODRIGUES JUNIOR, Otavio Luiz. As linhas que dividem amor e Direito nas constituições. **Conjur**, 27 dez. 2012. Disponível em: https://www.conjur. com.br/2012-dez-27/direito-comparado-linhas-dividem-amor-direito-constituicoes. Acesso em: 20 abr. 2023.

[44] RODRIGUES JUNIOR, Otavio Luiz. As linhas que dividem amor e Direito nas constituições. **Conjur**, 27 dez. 2012. Disponível em: https://www.conjur.com.br/2012--dez-27/direito-comparado-linhas-dividem-amor-direito-constituicoes. Acesso em: 20 abr. 2023.

[45] Merece elogios a distinção adotada pela Ministra Relatora, que afasta confusões e equívocos como as apresentadas nas obras dos autores que igualam afetividade e amor, tratando ambos indistintamente, o que apenas obscurece e dificulta o tratamento da temática. Conforme exposto nos capítulos anteriores, o amor, como um sentimento inevitavelmente subjetivo, é tema que compete à psiquiatria e áreas correlatas, escapando ao Direito. Por outro lado, é possível e recomendável aos juristas considerar a afetividade jurídica, objetiva, lastreada em fatos concretos, e vital para apreensão das relações familiares contemporâneas.

A julgadora optou por denominar essa esfera como núcleo mínimo de cuidados parentais e faz uma ligação direta desse núcleo com a necessária afetividade parental; confira-se:

> Apesar das inúmeras hipóteses que poderiam justificar a ausência de pleno cuidado de um dos genitores em relação à sua prole, não pode o julgador se olvidar que deve existir um núcleo mínimo de cuidados parentais com o menor que, para além do mero cumprimento da lei, garantam aos filhos, *ao menos quanto à afetividade*, condições para uma adequada formação psicológica e inserção social[46]. (grifos nossos)

Note-se que a afirmação da própria ministra relatora possibilita perceber a estreita imbricação entre cuidado e afetividade, tornando possível afirmar que, efetivamente, o cuidado é uma das expressões da afetividade. Inegável que em algumas *fattispecie* o cuidado possa assumir destaque de tal ordem que exija uma análise detida das suas delineações. Ainda assim, restará atrelado ao significante da afetividade, que possui maior amplitude.

Essa proximidade entre o cuidado e a afetividade permite indicar que a constatação do atendimento ou não deste núcleo mínimo de cuidados deve se dar objetivamente, com base em fatos jurídicos concretos, averiguados naquela relação parental objeto de análise, afastando-se de questões meramente abstratas e estranhas ao Direito[47].

Heloisa Helena Barboza afirma que

> o dever de cuidado nas relações familiares pode ser entendido como o conjunto de atos que ser praticados pelos integrantes da família para proteção daqueles que são suscetíveis de vulneração, em razão de suas circunstâncias individuais[48].

A temática do cuidado já chegou até mesmo ao STF, quando foi citada expressamente pela Min. Carmen Lúcia, do STF, ao votar no caso da RG 622, que tratou da tese que acolheu a multiparentalidade. Ao se manifestar no caso, a ministra afirmou textualmente que "amor não se impõe, mas cuidado

---

[46] Trecho do voto da Rel. Min. Nancy Andrighi, no REsp 1.159.242/SP.

[47] TEIXEIRA, Ana Carolina Brochado. **Família, guarda e autoridade parental.** 2. ed., rev. e atual. Rio de Janeiro: Renovar, 2009, p. 140-141.

[48] BARBOZA, Heloisa Helena. . Perfil jurídico do cuidado e da afetividade nas relações familiares. In: PEREIRA, Tânia da Silva; OLIVEIRA, Guilherme; COLTRO, Antonio Carlos Mathias (org.). **Cuidado e afetividade:** Projeto Brasil/Portugal – 2016-2017. São Paulo: Atlas, 2017, p. 184.

PRINCÍPIO DA AFETIVIDADE NO DIREITO DE FAMÍLIA – *Ricardo Calderón*

sim, e esse cuidado me parece ser do quadro de direitos que são assegurados, especialmente no caso da paternidade e maternidade responsável"[49].

Um tratamento denso por parte da doutrina e da jurisprudência, com vistas a conferir o substrato e o sentido jurídico ao tema do cuidado, a partir de um viés necessariamente objetivo, pode aclarar seus limites e suas possibilidades nas relações parentais e, por fim, afastar muitas das objeções que atualmente lhe são – injustamente – lançadas[50].

Conclusões parciais

Stefano Rodotà, em sua obra *Il Diritto de Avere Diritti*,[51] sustenta uma constitucionalização da pessoa, proposta na qual ele sustenta que é a pessoa concreta quem deve passar a ser o centro de referência com vistas à materialização dos direitos. Para tanto, defende como necessária uma redução da abstração das categorias jurídicas para que se procure uma aproximação com a realidade fática.

Essa observação é crucial para os que pretendam bem tutelar os relacionamentos familiares do presente, visto que não se admitem mais as severas abstrações das categorias jurídicas de outrora, que acabaram por afastar o Direito da realidade vivida. Essa abstração desmedida tornou o Direito de Família clássico anacrônico em muitos aspectos essenciais, o que deve servir de lição e alerta.

É o momento de atentar para os ensinamentos de Stefano Rodotà quando defende que se levantem esses obstáculos jurídicos impostos ao amor, permitindo ao Direito cuidar de temas subjetivos, mas que são nobres para as pessoas concretas (de onde podemos extrair para a nossa realidade: a afetividade e o cuidado). Para o professor italiano, nas relações familiares, a orientação é por uma "baixa institucionalização", ou seja, uma postura includente e preceptora das diferenças, sem muros intransponíveis que sejam excludentes e possuam um viés preconceituoso[52].

---

[49] STF, RG 622.

[50] Parece recomendável um cuidado com a fundamentação conferida à temática do cuidado, de modo a sedimentar seu sentido atual e viabilizar seu tratamento jurídico. Uma leitura objetiva, próxima a que se sustenta para a afetividade, afastada de questões subjetivas como o amor, pode consolidar seu reconhecimento pelo direito de família brasileiro.

[51] RODOTÀ, Stefano. **Il diritto di avere diritti**. Bari: Laterza, 2015, p. 140.

[52] Essas ideias são verticalizadas, com um detalhamento temático específico, em outra obra mais recente do mesmo autor: RODOTÀ, Stefano. **Diritto d'amore**. Bari: Laterza, 2015, p. 96-97.

A partir dessas lições, é possível perceber que se apresenta como necessária uma maior abertura do Direito ao acolhimento dos temas da afetividade e do cuidado, visto que são vetores centrais dos relacionamentos que estão a exigir uma adequada tradução jurídica.

A constitucionalização prospectiva defendida por Luiz Edson Fachin[53] lança propostas que parecem impulsionar as ideias acima descritas, visto que afirma que "prospectiva é a dimensão propositiva e transformadora desse modo de constitucionalizar, como um atuar de construção de significados"[54]. Ou seja, apresenta um processo de constitucionalização permanente, em uma construção contínua que assimile fatos sociais que se projetam sobre o Direito.

E é justamente esse revisitar contínuo dos fatos sociais pelos juristas do presente que leva ao avanço no tratamento jurídico das categorias da afetividade e do cuidado, pois são esses vetores que permitirão a edificação das soluções jurídicas para as demandas da atualidade (e do futuro). Há crescente reconhecimento doutrinário e jurisprudencial tanto da afetividade como do cuidado, o que merece elogios. Da mesma forma, nas mais diversas alterações legislativas é possível perceber a sensibilidade do legislador para estas questões, visto que estão sendo realizadas remissões a esses termos nos mais diversos textos legais que cuidam das relações familiares. Um contínuo movimento de valoração jurídica da afetividade e do cuidado é percebido no direito de família brasileiro.

Impende anotar que a busca deve ser pela confecção dos contornos adequados do que se entende por afetividade e cuidado para fins jurídicos, de modo a conferir a objetividade mínima necessária para o labor dos juristas com tais elementos. Entretanto, não se deve ceder à tentação de elaborar conceitos herméticos e finitos, que se constituam em reducionismos incompatíveis com tais significantes.

Os juristas devem buscar a sensibilidade necessária para compreender e traduzir o atual "mundo dos afetos", mas com a ciência que é necessário evitar confeccionar camisas de força conceituais na tentativa de aprisionar tais elementos que são, eminentemente, subjetivos.

---

[53] FACHIN, Luiz Edson. A construção do direito privado contemporâneo na experiência crítico-doutrinária brasileira. In: TEPEDINO, Gustavo (org.). **Anais do Congresso Internacional de Direito Civil-Constitucional da Cidade do Rio de Janeiro**. São Paulo: Atlas, 2008, 2008, p. 15.

[54] FACHIN, Luiz Edson. **Direito civil**: sentidos, transformações e fim. Rio de Janeiro: Renovar, 2015, p. 9.

Arguta a provocação de Stefano Rodotà ao afirmar que a relevância dos sentimentos nos relacionamentos é de tal ordem que, na atualidade, seria o caso de acrescentar ao conhecido cogito cartesiano a seguinte expressão: "amo, logo existo"[55].

SEÇÃO III. FILIAÇÃO NO DIREITO DE FAMÍLIA BRASILEIRO: RESSIGNIFICAÇÃO A PARTIR DA AFETIVIDADE[56]

Às vezes, você tem que viajar para muito longe para descobrir e aceitar o que está próximo de você.

Wim Wenders

Filiação à luz do Código Civil de 1916

A codificação civil brasileira aprovada no início do século XX refletiu as ideias que prevaleciam na sociedade daquela época, retratando o que se entendia como família no texto codificado. O Código Beviláqua vinculava o reconhecimento da família ao casamento civil, fora dele não era possível vislumbrar alguma outra entidade familiar[57].

Diversas disposições suas procuravam demonstrar a prevalência do homem sobre a mulher. Ao primeiro cabiam as principais funções jurídicas da família, já para a segunda restava apenas a administração doméstica e outras questões tidas como menores (sob o ponto de vista de então). Para além disso, originariamente o casamento era indissolúvel. Entre algumas características do direito de família codificado era possível destacar que o texto era precipuamente patriarcal, matrimonial e patrimonial.

No regramento da filiação o Código Civil de 1916 se preocupava mais com a tutela da família enquanto instituição do que com a proteção dos in-

---

[55] RODOTÀ, Stefano. Diritto d'amore. Bari: Laterza, 2015, p. 114.

[56] Esse artigo foi publicado originalmente em CALDERÓN, Ricardo Lucas. Filiação no direito de família brasileiro: ressignificação a partir da posse de estado e da socioafetividade. In: EHRHARDT JUNIOR, Marcos; CORTIANO JUNIOR, Eroulths (coord.). **Transformações no direito privado nos 30 anos da Constituição**: estudos em homenagem a Luiz Edson Fachin. Belo Horizonte: Fórum, 2019, p. 655. A referida obra foi compilada em homenagem ao prof. Luiz Edson Fachin.

[57] MATOS, Ana Carla Harmatiuk. **As famílias não fundadas no casamento e a condição feminina.** Rio de Janeiro: Renovar, 2000.

divíduos enquanto pessoa. Prova disso, a odiosa distinção entre duas grandes categorias de filhos: os legítimos (havidos do casamento) e os ilegítimos (havidos fora do casamento, que subdividiam em naturais e espúrios – incestuosos/adulterinos)[58].

Vigorava fortemente a presunção *pater is est* (pai é o marido da mãe), o que reforçava a prevalência do vínculo formal do matrimônio no estabelecimento dos laços de filiação. Em paralelo, na redação originária do antigo *Codex* havia vedação para a averiguação de paternidade de possíveis filhos extramatrimoniais, sob o pálido argumento que isso poderia abalar a "família enquanto instituição"[59].

O vínculo de filiação estava fortemente atrelado ao prévio matrimônio e as suas diversas presunções, de modo que possuía uma base estritamente formal. Nas entrelinhas dessas dicções, constatava-se uma intenção de proteção ao vínculo biológico, ainda que de forma indireta.

Havia uma evidente preocupação em se tutelar a linhagem decorrente da descendência genética, tida como prevalecente. Portanto, sob a égide do Código de 1916, na filiação prevaleciam claramente os vínculos decorrentes das presunções legais relacionadas ao matrimônio e aos elos biológicos.

Nesse contexto, praticamente inexistiam espaços para o reconhecimento de vínculos subjetivos que pudessem constituir laços de parentesco (impensável se aventar sobre vínculos de socioafetividade, por exemplo). Essa estrutura imperou durante a primeira metade do século passado, ainda que atenuada com algumas alterações legislativas pontuais (mas que não alteraram o paradigma formal-biologista da filiação)[60].

Após a Segunda Guerra Mundial, houve uma paulatina mudança na forma de viver em família, percebida inicialmente nos países europeus. Passaram a avolumar relacionamentos de pares na forma da união estável, emergiram casos de rompimentos de casamentos e surgiram, o que hoje denominamos, famílias recompostas. O que estava subjacente a tudo isso era um inequívoco alargamento da subjetividade, com as escolhas afetivas passando a imperar quando do estabelecimento dos vínculos familiares (tanto na conjugalidade, como na parentalidade).

---

[58] MADALENO, Rolf. **Curso de direito de família.** 5. ed., rev. atual. ampl. Rio de Janeiro: Forense, 2013.

[59] FACHIN, Luiz Edson. **Direito de família**: elementos críticos à luz do novo Código Civil brasileiro. 2. ed. Rio de Janeiro: Renovar, 2003.

[60] LÔBO, Paulo Luiz Netto. **Direito civil**: famílias. São Paulo: Saraiva, 2008.

No Brasil, essa realidade passa a ser percebida com maior vigor a partir dos anos 1970 e 1980, quando tais relacionamentos se apresentaram de forma mais intensa na nossa sociedade. Após a Lei do Divórcio (aprovada em 1977), avolumaram-se as situações de novas uniões e, com isso, influenciou-se, até mesmo, os vínculos de filiação, que também passaram a ser decalcados por tratos mais afetivos.

Entretanto, mesmo com essas profundas mudanças na realidade social, quando os liames fáticos claramente indicavam por uma prevalência de elos mais subjetivos, com escolhas afetivas se propagando largamente, a estrutura da filiação e o direito de família clássico seguiam profundamente herméticos, categoriais, formais, quase sem espaço para o reconhecimento de relações precipuamente subjetivas (como a união estável e as relações socioafetivas, que já se apresentavam na realidade concreta, mas eram solenemente ignorados pelo direito legislado)[61]. As linhas centrais desenhadas pelo legislador de 1916 ainda eram a viga mestra da legislação jusfamiliar.

Em vista disso, no último quarto do século XX houve uma profunda clivagem entre uma efervescente realidade social e um direito de família estanque e formal. Enquanto muitos relacionamentos familiares passavam a ser decalcados apenas por elos subjetivos, as categorias jusfamiliares seguiam reconhecendo apenas vínculos objetivos (como as presunções atreladas ao casamento e o elo biológico). Assim, muitas relações familiares presentes na realidade brasileira não tinham agasalho jurídico, o que, aliado a uma aplicação silogística das regras codificadas, acabava por gerar muita injustiça[62].

Sob a égide do vetusto Código Civil de 1916 quase não havia espaços para elos subjetivos. Como a corrente hermenêutica que campeava era fortemente influenciada por um positivismo normativista, restava árido o terreno para qualquer abertura que permitisse o acolhimento dessas relações afetivas que se mostravam presentes (exemplo disso, a ausência de chancela jurídica para as uniões estáveis).

Esse distanciamento do direito de família clássico para a nova realidade fez com que algumas regras sobre filiação restassem anacrônicas, em descompasso com muitas das aspirações sociais daquela quadra histórica, o que se percebeu intensamente durante as duas últimas décadas do século.

---

[61] OLIVEIRA, Guilherme de. **Critério jurídico da paternidade.** Reimp. Coimbra: Almedina, 2003.

[62] FACHIN, Luiz Edson. **Da paternidade**: relação biológica e afetiva. Belo Horizonte: Del Rey, 1996.

Posse de estado de filho

Nesse contexto de descompasso entre o Direito e a realidade, surgiram alguns corajosos doutrinadores que não se conformaram com o quadro de injustiças que estava a se apresentar e passaram a buscar alternativas para arrefecer esta distância. Ante a ausência de reformas legislativas nesse sentido, criativamente passaram a perscrutar outras alternativas[63].

Um autor que desempenhou papel central nessa cruzada por uma abertura da filiação no direito brasileiro certamente foi Luiz Edson Fachin. Umas das suas primeiras preocupações foi desvelar o quadro de então, que ao priorizar presunções formais como a *pater ist est* acabava por afastar o direito da realidade. Defensor da força construtiva dos fatos sociais, não fez ouvidos moucos para o conhecido ditado popular "pai é quem cria".

Entre as premissas que incentivaram tais reflexões estavam as precursoras constatações de João Baptista Villela, com seu trabalho intitulado a *Desbiologização da paternidade* (datado de 1979)[64], no qual o professor mineiro sustentou que o vínculo da paternidade é um dado muito mais cultural e social, do que apenas decorrente de um elo biológico. Essas lições auxiliaram na desconstrução de um dos pilares do regime de filiação que vigorava até então e, assim, abriu espaço para outras possibilidades.

A partir disso, Edson Fachin foi além e disseminou o que se passou a designar como posse de estado de filiação, baseado no conhecido instituto romano. Essa locução procurava viabilizar o reconhecimento de uma filiação preexistente na realidade concreta, mesmo sem o atendimento dos rigorosos requisitos formais previstos em lei (era a semente que faria germinar um necessário espaço de subjetividade no direito de família brasileiro, no qual floresceria a afetividade).

Uma das suas primeiras reflexões sobre a paternidade é datada do ano de 1992, em obra na qual questionava tanto as presunções fictícias da legislação como o "biologismo" crescente. Nessa obra, o autor colocava em xeque a prevalência e os obstáculos que se punham ao questionamento da presunção *pater is est* (adotada pelo sistema brasileiro de 1916), bem como declarava insuficiente a mera inclusão do critério biológico no sistema de filiação, conforme suscitado por algumas reformas legislativas que se processavam.

---

[63] VELOSO, Zeno. **Direito brasileiro da filiação e paternidade**. São Paulo: Malheiros, 1997.

[64] VILLELA, João Baptista. A desbiologização da paternidade. **Revista da Faculdade de Direito da Universidade Federal de Minas Gerais**, Belo Horizonte, UFMG, ano XXVII, n. 21, maio 1979.

Sustentava, então, uma abertura que comportasse o reconhecimento da paternidade oriunda da posse de estado de filho[65] (para a qual concorreriam três critérios: *nomen, tractatus, fama*), ou seja, uma paternidade consubstanciada pela realidade concreta (portanto, em certo aspecto, também sociológica).

Ainda sob a égide do Código de 1916, que não acolhia a posse de estado e era rígido no respeito à presunção *pater is est*, afirmava: "percebe-se, de fato, que é saliente o seu valor instrumental, isto é, a posse de estado serve para revelar a face socioafetiva da filiação"[66]. A leitura de Luiz Edson Fachin auxiliou a percepção do caráter tríplice que envolvia a questão da paternidade: o aspecto biológico, o afetivo e o jurídico, o que viria a contribuir para a difusão da afetividade presente em tais relações a partir da defesa da utilização do critério da posse de estado:

> A efetiva relação paterno-filial requer mais que a natural descendência genética e não se basta na explicação jurídica dessa informação biológica. Busca-se, então, a verdadeira paternidade. Assim, para além da paternidade biológica e da paternidade jurídica, à completa integração pai-mãe-filho agrega-se um elemento a mais. Esse outro elemento se revela na afirmação de que a paternidade se constrói; não é apenas um dado: ela se faz. O pai já não pode ser apenas aquele que emprestou sua colaboração na geração genética da criança; também pode não ser aquele a quem o ordenamento jurídico presuntivamente atribui a paternidade. Ao dizer que a paternidade se constrói, toma lugar de vulto, na relação paterno-filial, uma verdade socioafetiva, que, no plano jurídico, recupera a noção da posse de estado de filho.[67]

---

[65] Registre-se que Guilherme de Oliveira também via com bons olhos o reforço na utilização da *posse de estado de filho*, com o objetivo de arrefecer o biologismo crescente e atenuar o rigor das presunções legais: "Usei propositadamente a expressão vaga de 'consolidação da família' ou a do 'nascimento da verdade sociológica' sem me referir ao meio técnico idôneo para captar essa realidade fulcral na economia do regime – e pensava na *posse de estado*. É um conceito velho, bem conhecido da doutrina e da jurisprudência portuguesa, e que, por este motivo, colheria uma boa aceitação do foro; é, além disso, um conceito maleável, capaz de exprimir subtilmente a realidade da vida familiar e dos interesses que se confrontam" (OLIVEIRA, Guilherme de. **Critério jurídico da paternidade.** Reimp. Coimbra: Almedina, 2003, p. 445).

[66] FACHIN, Luiz Edson. **Estabelecimento da filiação e paternidade presumida.** Porto Alegre: Fabris, p. 160.

[67] FACHIN, Luiz Edson. **Estabelecimento da filiação e paternidade presumida.** Porto Alegre: Fabris, p. 23.

Na sua segunda obra específica sobre a questão da paternidade (intitulada *Da paternidade: relação biológica e afetiva*, de 1996 – a presença no título já indicava a dignidade que era conferida à relação afetiva), transparecia a sua orientação para uma convivência entre as esferas biológica e afetiva, em decorrência do que era firme na defesa da necessidade de reforma do sistema de filiação com o fito de corresponder às transformações trazidas pela Constituição, e pelas quais passou a própria noção de família "a construção de um novo sistema de filiação emerge como imperativa, posto que a alteração da concepção jurídica de família conduz necessariamente à mudança da ordenação jurídica da filiação"[68].

O indicativo da sua tese era pela convivência entre as esferas biológica e afetiva, apontando para a superação do embate entre os defensores de cada uma delas, eis que ambas deveriam conviver em um sistema de filiação coerente com o estágio social alcançado[69]. Dizia o autor: "é tempo de encontrar, na tese (conceito biologista) e na suposta antítese (conceito socioafetivo), espaço de convivência e também de dissociação"[70]. Para Luiz Edson Fachin, a alteração de paradigma que se processou na família exigia a revisão de muitas das concepções tidas como sólidas até então, muitas delas no sentido de acolher o vínculo afetivo:

> Na transformação da família e de seu *Direito*, o transcurso apanha uma "comunidade de sangue" e celebra, ao final deste século, a possibilidade de uma "comunidade de afeto". Novos modos de definir o próprio Direito de Família. Direito esse não imune à família como refúgio afetivo, centro de intercâmbio pessoal e emanador da felicidade possível[71].

No decorrer de suas obras, a partir de uma perspectiva civil-constitucional, passou a ser corrente a citação da afetividade como elemento relevante no trato das várias questões do direito de família, não apenas na temática da relação filial. A constitucionalização do direito de família como um todo

---

[68] FACHIN, Luiz Edson. **Da paternidade**: relação biológica e afetiva. Belo Horizonte: Del Rey, 1996, p. 55.

[69] FACHIN, Luiz Edson. **Direito de família:** elementos críticos à luz do novo Código Civil brasileiro. 2. ed. Rio de Janeiro: Renovar, 2003, p. 302-321.

[70] FACHIN, Luiz Edson. Paternidade e ascendência genética. In: FACHIN, Luiz Edson. **Direito de família:** elementos críticos à luz do novo Código Civil brasileiro. 2. ed. Rio de Janeiro: Renovar, 2003, p. 172.

[71] FACHIN, Luiz Edson. **Direito de família:** elementos críticos à luz do novo Código Civil brasileiro. 2. ed. Rio de Janeiro: Renovar, 2003, p. 317-318.

envolveria, juntamente com a obediência aos princípios constitucionais[72], uma abertura que veio a viabilizar a leitura jurídica da afetividade.

Para Luiz Edson Fachin a afetividade perpassaria vários aspectos da tutela da família, sempre com relevância ímpar, mas sem qualquer pretensão de supremacia ou impositividade[73]. A partir dessas premissas, a doutrina brasileira impulsionou o tema, desenhando uma travessia que teve a sua partida no seu reconhecimento (na margem) até sua sustentação como vetor das relações familiares contemporâneas (ao centro).

Essa abertura do direito de família para questões subjetivas como a afetividade permitiu, paulatinamente, uma aproximação das categorias jurídicas com a realidade concreta. A partir de então foi possível perceber, de certo modo, alguma sintonia com o caminho trilhado pela própria sociedade no que refere aos relacionamentos familiares.

Assim, fica patente a relevância destas lições na ressignificação da temática da filiação no direito brasileiro, visto que essas premissas conferiram a base para o, hoje consagrado, princípio da afetividade no direito de família.

Como visto, muitas das colaborações doutrinárias de Luiz Edson Fachin serviram de argamassa para a edificação da significação jurídica da afetividade, o que merece ser destacado.

Leitura jurídica da afetividade

A assimilação da posse de estado de filho foi a porta de entrada para que a afetividade obtivesse assento no direito de família brasileiro. A imbricação entre as referidas temáticas é evidente, com a última dotada de uma maior amplitude.

A CF/1988traz relevantes diretrizes sobre a filiação, o que deve ser observado no acertamento dos casos concretos[74]. Por sua vez, o Código Civil de

---

[72] TEPEDINO, Gustavo. A disciplina civil-constitucional das relações familiares. In: COMAILLE, Jacques et al. **A nova família:** problemas e perspectivas. Rio de Janeiro: Renovar, 1997.

[73] FACHIN, Luiz Edson. **Direito de família:** elementos críticos à luz do novo Código Civil brasileiro. 2. ed. Rio de Janeiro: Renovar, 2003, p. 323.

[74] CF, art. 226: "§ 5º Os direitos e deveres referentes à sociedade conjugal são exercidos igualmente pelo homem e pela mulher".

CF, art. 226: "§ 7º Fundado nos princípios da dignidade da pessoa humana e da paternidade responsável, o planejamento familiar é livre decisão do casal, competindo ao Estado propiciar recursos educacionais e científicos para o exercício desse direito, vedada qualquer forma coercitiva por parte de instituições oficiais ou privadas".

Cap. IV · PROJEÇÕES DA AFETIVIDADE NO DIREITO DE FAMÍLIA | 197

2002 também traz uma regulação que acolhe a socioafetividade nas relações de parentalidade[75].

Atualmente, a afetividade se tornou o novo vetor dos relacionamentos familiares[76], o que exigiu do Direito a sua consequente tradução jurídica. Uma das exigências que decorrem desse novo contexto é a busca por uma apuração escorreita do sentido jurídico da afetividade, de modo a viabilizar a sua aplicação no acertamento de casos concretos.

As manifestações exteriorizadas de afeto podem ser captadas pelos filtros do Direito, pois fatos jurídicos representativos de uma relação afetiva são assimiláveis no curso de um processo judicial. Por outro lado, é inegável que o afeto em si é efetivamente um sentimento anímico, inapreensível de forma direta pelo atual sistema jurídico, o que desaconselha que os juristas se aventurem na sua apuração. Consequentemente, resta tratar juridicamente apenas das atividades exteriorizadoras de afeto (afetividade), um conjunto de atos concretos representativos de um dado sentimento afetivo por outrem (esses atos concretos são captáveis pelo Direito, por intermédio dos seus meios usuais de prova). Finalmente, é possível sustentar que a socioafetividade se constitui no reconhecimento no meio social de uma dada manifestação de

---

CF, art. 227: § 6º Os filhos, havidos ou não da relação do casamento, ou por adoção, terão os mesmos direitos e qualificações, proibidas quaisquer designações discriminatórias relativas à filiação".

[75] CC, "Art. 1.593. O parentesco é natural ou civil, conforme resulte de consanguinidade ou outra origem".
CC, "Art. 1.596. Os filhos, havidos ou não da relação de casamento, ou por adoção, terão os mesmos direitos e qualificações, proibidas quaisquer designações discriminatórias relativas à filiação".
CC, "Art. 1.597. Presumem-se concebidos na constância do casamento os filhos:
I – nascidos cento e oitenta dias, pelo menos, depois de estabelecida a convivência conjugal;
II – nascidos nos trezentos dias subsequentes à dissolução da sociedade conjugal, por morte, separação judicial, nulidade e anulação do casamento;
III – havidos por fecundação artificial homóloga, mesmo que falecido o marido;
IV – havidos, a qualquer tempo, quando se tratar de embriões excedentários, decorrentes de concepção artificial homóloga;
V – havidos por inseminação artificial heteróloga, desde que tenha prévia autorização do marido".

[76] HIRONAKA, Giselda Maria Fernandes Novaes. Sobre peixes e afetos um devaneio acerca da ética no direito. In: PEREIRA, Rodrigo da Cunha (org.). **Anais do V Congresso Brasileiro de Direito de Família.** São Paulo: IOB Thompson, 2006.

afetividade, percepção por uma dada coletividade de uma relação afetiva (repercussão também captável pelo Direito, pelos seus meios usuais de prova).

Stefano Rodotà descreveu, com a maestria que lhe é peculiar, como o Direito paulatinamente criou barreiras para o reconhecimento jurídico das relações amorosas, afetivas e sentimentais, e como elas o afastaram da realidade dos relacionamentos humanos. Um equívoco que merece ser revisto. Para o mestre italiano, ao ignorar e restringir esse aspecto subjetivo das pessoas, o Direito suprime um traço relevantíssimo do ser humano, o que é inapropriado[77].

Ainda que se parta de uma análise transdisciplinar, é inarredável aportar em uma tradução jurídica da afetividade, que não deve restar atrelada a aspectos subjetivos ou inapreensíveis concretamente. Em face de o Direito laborar com fatos jurídicos concretos estes devem ser os alicerces que demarcarão a significação jurídica da afetividade.

A leitura jurídica da afetividade deve ser realizada sempre com uma lente objetiva, a partir da persecução de fatos concretos que permitam sua averiguação no plano fático: uma afetividade jurídica objetiva. Corolário disso, a percepção que o princípio da afetividade jurídica possui duas dimensões: a objetiva, que é retratada pela presença de eventos representativos de uma expressão de afetividade, ou seja, fatos sociais que indiquem a presença de uma manifestação afetiva; e a subjetiva, que refere ao afeto anímico em si, o sentimento propriamente dito. A verificação dessa dimensão subjetiva certamente foge ao Direito e, portanto, será sempre presumida, o que permite dizer que, constatada a presença da dimensão objetiva da afetividade, restará desde logo presumida a sua dimensão subjetiva. Em outras palavras, "nessas situações, é possível até presumir a presença do sentimento de afeto. Sendo ação, a conduta afetiva é um dever e pode ser imposta pelo Judiciário, presente ou não o sentimento"[78].

As últimas edições da obra clássica de Caio Mário da Silva Pereira aderem a essa proposição de leitura objetiva da afetividade jurídica:

> O princípio jurídico da afetividade, em que pese não estar positivado no texto constitucional, pode ser considerado um princípio jurídico, à medida que seu conceito é construído por meio de uma interpretação sistemática da CF/1988(art. 5º, § 2º, CF) princípio é uma das grandes conquistas advindas da família contemporânea, receptáculo de reciprocidade de

---

[77] RODOTÀ, Stefano. **Diritto d'amore**. Bari: Laterza, 2015, p. 7.

[78] PEREIRA, Rodrigo da Cunha. **Dicionário de direito de família e sucessões**: ilustrado. São Paulo: Saraiva, 2015. p. 70.

sentimentos e responsabilidades. [...] o princípio da afetividade possui duas dimensões: uma objetiva e outra subjetiva[79].

A partir desses pressupostos é possível sustentar que a socioafetividade representa o reconhecimento no meio social de manifestações afetivas concretas. Em que pese inicialmente possa parecer árduo ao Direito lidar com um tema tão subjetivo, não raro alguns institutos jurídicos igualmente subjetivos são apurados de maneira similar (*v.g.* a boa-fé). Eventos que podem evidenciar a afetividade são manifestações especiais de cuidado, entreajuda, afeição explícita, carinho, comunhão de vida, convivência mútua, mantença alheia, coabitação, projeto de vida em conjunto, existência ou planejamento de prole comum, proteção recíproca, acumulação patrimonial compartilhada, entre outros.

O STJ foi um dos precursores na edificação do sentido de socioafetividade para o Direito de Família brasileiro, visto que acolhe essa categoria há mais de duas décadas, mesmo quando inexistia qualquer lei expressa a respeito dessa temática. Essa categoria foi consolidada em um profícuo diálogo travado entre a literatura jurídica de direito de família (entre outros: João Baptista Vilella[80], Luiz Edson Fachin, Zeno Veloso[81] e Paulo Luiz Netto Lôbo) e a jurisprudência (em particular, do próprio STJ)[82].

O conceito de filiação de Paulo Lôbo envolve o vínculo decorrente da socioafetividade, expresso mediante a noção da posse de estado:

> Filiação é conceito relacional; é a relação de parentesco que se estabelece entre duas pessoas, uma das quais nascida da outra, ou adotada, ou vinculada mediante posse de estado de filiação ou por concepção derivada de inseminação artificial heteróloga[83].

Impende destacar que os vínculos socioafetivos passam a refletir, até mesmo nos conceitos jusfamiliares dos doutrinadores brasileiros: como na definição de família, parentesco e filiação. Muitas dessas conceituações veiculam claramente elementos atrelados aos elos afetivos.

---

[79] PEREIRA, Caio Mário da Silva. **Instituições de direito civil.** 22. ed., rev. atual. ampl. Rio de Janeiro: Forense, 2014. v. 5: Família, p. 65-66.

[80] VILLELA, João Baptista. A desbiologização da paternidade. **Revista da Faculdade de Direito da Universidade Federal de Minas Gerais,** Belo Horizonte, UFMG, ano XXVII, n. 21, maio 1979.

[81] VELOSO, Zeno. **Direito brasileiro da filiação e paternidade.** São Paulo: Malheiros, 1997.

[82] LÔBO, Paulo Luiz Netto. Socioafetividade no direito de família: a persistente trajetória de um conceito fundamental. **Revista Brasileira de Direito das Famílias e Sucessões.** Porto Alegre, Magister; Belo Horizonte, IBDFam, v. 5, ago./set. 2008.

[83] LÔBO, Paulo Luiz Netto. **Direito civil: famílias.** São Paulo: Saraiva, 2008. p. 192.

O avanço da afetividade nas questões familiares é percebido também no direito comparado, como se percebe nas palavras de Pietro Perlingieri:

> O sangue e o afeto são razões autônomas de justificação para o momento constitutivo da família, mas o perfil consensual e a *affectio* constante e espontânea exercem cada vez mais o papel de denominador comum de qualquer núcleo familiar. O merecimento de tutela da família não diz respeito exclusivamente às relações de sangue, mas, sobretudo, àquelas afetivas que se traduzem em comunhão espiritual e de vida[84].

Atualmente é amplamente reconhecido o princípio da afetividade como diretriz contemporânea a ser observada quando do trato das relações familiares, o que tem respaldo doutrinário e jurisprudencial. Nesse tema, também é patente a contribuição das pioneiras lições de Luiz Edson Fachin, que semearam o que hoje se está a colher.

Direito de filiação x direito ao conhecimento da ascendência genética

Outra projeção relevante é a distinção entre o direito de filiação e o direito de conhecer a ascendência genética[85], tese também há muito sustentada por Luiz Edson Fachin, ao lado de outros autores[86].

Paulatinamente o direito civil assimila esta distinção, que vem sendo citada em várias obras e, também, veiculada em muitas decisões judiciais. Exemplo disso, as deliberações que indicam na manutenção de uma filiação socioafetiva, mesmo com a comprovação da ausência do vínculo biológico[87], em total acordo com o sentido civil-constitucional de filiação apurado pelo direito de família contemporâneo, que é uníssono em afirmar que a paternidade não decorre apenas da descendência genética[88].

---

[84] PERLINGIERI, Pietro. **Perfis do direito civil**: introdução ao direito civil-constitucional. Trad. Maria Cristina de Cicco. 3. ed. Rio de Janeiro: Renovar, 2002, p. 244.

[85] FACHIN, Luiz Edson. Paternidade e ascendência genética. In: LEITE, Eduardo de Oliveira (coord.). **Grandes temas da atualidade:** DNA como meio de prova da filiação. Rio de Janeiro: Forense, 2002.

[86] CALDERÓN, Ricardo. Socioafetividade na filiação: análise da decisão proferida pelo STJ no REsp 1.613.641/MG. **Revista Brasileira de Direito Civil – RBDCivil**, Belo Horizonte, v. 13, p. 141-154, jul./set. 2017.

[87] STJ, REsp nº 1.330.404/RS, 3ª Turma, Rel. Min. Marco Aurélio Bellizze.

[88] "A paternidade socioafetiva é a relação paterno-filial que se forma a partir do afeto, do cuidado, do carinho, da atenção e do amor que, ao longo dos anos, se constrói em convivência familiar, em assistência moral e compromisso patrimonial. O sólido relacionamento afetivo paterno-filial vai formando responsabilidades e referenciais,

Para uma exata compreensão do que se está a discutir, merece destaque a distinção entre parentesco e ascendência genética, sustentada por parte substancial da doutrina jusfamiliarista brasileira[89]. Essa diferenciação se extrai a partir do disposto no art. 227, § 6º, da CF, no art. 1.596 do Código Civil, e também é retrato da evolução das relações familiares na própria sociedade. O reconhecimento da socioafetividade como suficiente vínculo parental permite perceber que nem sempre a filiação estará atrelada à descendência genética[90].

No que concerne aos vínculos paterno-filiais, tal ordem de ideias resultou na edificação da distinção entre o direito ao conhecimento da origem genética e o direito de ver reconhecida uma relação parental (tidas como distintas por grande parte dos autores e da jurisprudência)[91].

O estado de filiação não está – direta e necessariamente – ligado aos vínculos biológicos. Não raro, os pais não são, necessariamente, os respectivos ascendentes genéticos. O estado de filiação também pode restar presente por intermédio de um vínculo socioafetivo, registral, adotivo, em decorrência da incidência das presunções legais ou, ainda, pelas hipóteses de reprodução assistida.

Assim, existindo um estado de filiação estabelecido de forma hígida e regular, em regra este não pode ser impugnado judicialmente apenas com base na alegação de ausência de vínculo biológico. Em outras palavras, nem todas as paternidades estão consubstanciadas em vínculos biológicos[92].

Resulta disso a percepção de que o estado de filiação possui um sentido civil-constitucional plural que não pode ser objeto de uma leitura reducionista, sob pena de se incorrer até mesmo em reprovável inconstitucionalidade[93].

---

inculcando, pelo exercício da paternagem, elementos fundamentais e preponderantes na formação, construção e definição da identidade da pessoa. E assim, a relação paterno--filial vai sendo reconhecida não só entre os parentes do grupo familiar, mas também entre terceiros (padrinhos, vizinhos e colegas)" (PORTANOVA, Rui. **Ações de filiação e paternidade socioafetiva.** Porto Alegre: Livraria do Advogado, 2016, p. 19).

[89] MADALENO, Rolf. **Curso de direito de família.** 5. ed., rev. atual. ampl. Rio de Janeiro: Forense, 2013, p. 485.

[90] GAMA, Guilherme Calmon Nogueira da. **A nova filiação, o biodireito e as relações parentais, de acordo com o novo Código Civil.** Rio de Janeiro: Renovar, 2003, p. 907.

[91] TJRS, AC 70031164676, 8ª C.C., Rel. Des. Rui Portanova, **DJERS** 24.09.2009.

[92] OLIVEIRA, Guilherme de. **Critério jurídico da paternidade.** Reimp. Coimbra: Almedina, 2003.

[93] TEPEDINO, Gustavo. A disciplina civil-constitucional das relações familiares. In: COMAILLE, Jacques et al. **A nova família:** problemas e perspectivas. Rio de Janeiro: Renovar, 1997.

Como visto, os vínculos de filiação podem ser biológicos, presuntivos, adotivos, registrais ou socioafetivos. Essa especial relação de parentesco tem seu contorno delineado pelo direito de família, nem sempre agregada ao elo biológico, como visto. Diante disso, particular destaque deve merecer a análise dos fatos concretos que consubstanciam uma dada relação parental.

Outro sentido teria o que se denomina como *direito ao conhecimento à origem genética*, típico direito da personalidade, que envolve o direito da pessoa – a qualquer tempo – ter ciência da sua ancestralidade biológica, mas sem necessariamente se estenderem daí os efeitos do parentesco[94]. Ou seja, é direito de todos averiguar judicialmente seu ascendente genético, mas não deriva daí, necessariamente, qualquer relação de parentesco, máxime quando esta já estiver estabelecida com outrem. A vinculação biológica pode – ou não – influir na relação de filiação, sempre a depender das peculiaridades do caso concreto.

Conforme assevera Paulo Luiz Netto Lôbo[95], "pai é quem cria, ascendente quem gera", e prossegue:

> O estado de filiação, que decorre da estabilidade dos laços afetivos construídos no cotidiano de pai e filho, constitui fundamento essencial de atribuição de paternidade e maternidade. Nada tem a ver com o direito de cada pessoa ao conhecimento de sua origem genética. São duas situações distintas, tendo a primeira natureza de direito de família e a segunda, de direito da personalidade. As normas de regência e os efeitos jurídicos não se confundem nem se interpenetram.

Muito mais do que apenas um dado objetivo (biológico), sedimentou-se o entendimento de que a parentalidade se constitui um dado cultural (sociológico)[96], e, consequentemente, ser pai ou mãe nos dias de hoje é uma função[97].

---

[94] FACHIN, Luiz Edson. Do direito de família. Do direito pessoal. Das relações de parentesco. Arts. 1.591 a 1.638. In: TEIXEIRA, Sálvio de Figueiredo (coord.). **Comentários ao novo Código Civil**. Rio de Janeiro: Forense, 2008. v. XVIII, p. 112-113.

[95] LÔBO, Paulo Luiz Netto. Direito ao estado de filiação e direito à origem genética: uma distinção necessária. In: PEREIRA, Rodrigo da Cunha (org.). In: CONGRESSO BRASILEIRO DE DIREITO DE FAMÍLIA, 4., 2004, Belo Horizonte. **Anais [...]** Belo Horizonte: Del Rey, 2004, p. 523.

[96] Na esteira das embrionárias lições de João Baptista Villela, no Brasil, e de Guilherme de Oliveira em Portugal; mais recentemente, os autores Luiz Edson Fachin, Paulo Luiz Netto Lôbo e Zeno Veloso (entre tantos outros) são alguns que argumentam no mesmo sentido na literatura jurídica brasileira.

[97] BARBOZA, Heloisa Helena. Entrevista. **Informativo IBDFam**, n. 74, maio/jun. 2012, p. 3.

O entendimento prevalecente é que sem prova de qualquer vício do consentimento quando do registro da filiação, deve ser mantido o vínculo filial, ainda que ausente a descendência genética.

Na esteira do que se está a afirmar, a averiguação da desconstituição ou não de uma dada paternidade exige muito mais do que a mera comprovação da ausência de descendência biológica, no exato entendimento externado pelo acórdão do STJ ora comentado. Os elos socioafetivos e registrais regularmente constituídos são mais que suficientes para sustentar uma filiação.

Multiparentalidade

Em meados de 2016 o STF, em julgamento do qual tive a honra de participar, proferiu uma decisão paradigmática sobre filiação ao deliberar sobre o tema da RG 622, na qual restou acolhida a possibilidade jurídica da multiparentalidade[98]. Esse tema será tratado mais detidamente em uma seção específica[99] adiante, entretanto, desde logo adiantam-se alguns apontamentos sobre essa matéria.

A dinâmica do Direito fez com que o acolhimento da posse de estado de filho e dos vínculos afetivos trouxessem o seguinte questionamento: seria possível acumular de forma concomitante mais de dois vínculos de paternidade (uma biológica e outra afetiva)? A resposta do STF foi positiva.

Ao acolher a multiparentalidade, o STF aprovou uma relevante tese sobre direito de família, delineando o sentido da parentalidade no atual cenário jurídico brasileiro. O tema da RG 622[100], de relatoria do Min. Luiz Fux, envolvia a análise de uma eventual "prevalência da paternidade socioafetiva em detrimento da paternidade biológica[101]". Ao deliberar sobre o mérito da questão, o STF optou por não afirmar nenhuma prevalência entre as referidas modalidades de vínculo parental, apontando para a possibilidade de coexistência de ambas.

Como previsto, a decisão foi realmente emblemática, visto que redefiniu os contornos da filiação no nosso direito de família, tanto é que segue reverberando na doutrina e na jurisprudência, com projeções de várias ordens.

---

[98] CALDERÓN, Ricardo. Multiparentalidade acolhida pelo STF: análise da decisão proferida no RE 898.060-SC. **Revista IBDFam família e sucessões**, v. 22, p. 169-194, 2017.

[99] Seção VI deste capítulo.

[100] A sessão que fixou a tese foi realizada no dia 21.09.2016, em deliberação do pleno do STF. O caso que balizou a apreciação do tema foi o RE 898.060/SC, no qual o IBDFam atuou como *amicus curiae*, sendo que tive a felicidade de fazer a sustentação oral na tribuna do STF representando o instituto.

[101] Esse trecho constava no acórdão do plenário virtual que reconheceu a repercussão geral do tema.

O caso paradigma envolvia uma situação na qual se discutia o reconhecimento tardio de uma paternidade biológica não vivenciada, em substituição a uma paternidade socioafetiva registral e concretamente vivenciada. Após deliberar sobre o referido caso concreto aquele tribunal aprovou a seguinte tese:

> A paternidade socioafetiva, declarada ou não em registro público, não impede o reconhecimento do vínculo de filiação concomitante baseado na origem biológica, com os efeitos jurídicos próprios.[102]

A disposição é explícita em afirmar a possibilidade de cumulação de uma paternidade socioafetiva concomitantemente com outra paternidade biológica, mantendo-se ambas em determinado caso concreto, admitindo a existência jurídica de dois pais, com vínculos de filiação reconhecidos com todos os efeitos jurídicos. Ao prever expressamente a pluralidade de vínculos familiares, nossa Corte Suprema consagra um importante avanço: o reconhecimento da multiparentalidade. A manifestação de um tribunal superior pela possibilidade de reconhecimento jurídico de ambas as paternidades, socioafetiva e biológica, de maneira concomitante, merece destaque, pois deixou novamente o Brasil na vanguarda mundial do direito de família.

Outro aspecto digno de nota é que a conclusão do STF foi extraída a partir de uma hermenêutica civil-constitucional, robustecida por princípios e valores constitucionais, o que se mostra adequado e necessário, já que para edificar a solução do caso, o Supremo partiu do problema concreto ao sistema jurídico, a seguir analisou o conjunto de normas do nosso ordenamento a partir da Constituição Federal, perpassando pelas disposições do Código Civil e demais leis pertinentes. Ao final, chegou-se a interessante solução, para a qual inexistia legislação prévia explícita a respeito.

A perspectiva hermenêutica aplicada ao caso permitiu que, mesmo sem lei que preveja expressamente a multiparentalidade no direito brasileiro, o STF acolhesse essa possibilidade jurídica. Com isso, forneceu aos operadores do Direito mais uma opção ao "cardápio de soluções jurídicas".

Registro extrajudicial da filiação socioafetiva

O Conselho Nacional de Justiça aprovou os Provimentos nº 63 (em 2017) e nº 83 (em 2019), pelos quais passou a permitir o registro extrajudicial da filiação socioafetiva. Essas regras foram um importante avanço e benefi-

---

[102] STF/RG 622.

ciaram um grande número de pessoas. Até então, as relações socioafetivas exigiam uma ação judicial para que pudessem ter reconhecimento jurídico, ainda que o pleito fosse consensual. Essa temática é descrita de forma ampla e detalhada em seção específica desta obra[103], mas desde logo se adiantam algumas informações.

A possibilidade de registro de paternidade e maternidade socioafetivas diretamente nos Cartórios de Registro Civil é prova representativa da assimilação da afetividade no direito de família brasileiro. Os vínculos filiais representados pela posse de estado de filho não demandam mais uma ação judicial para a sua formalização, pois quando tal pleito for consensual poderá ser concretizado diretamente na serventia cartorial (desde que cumpra alguns requisitos formais detalhados na referida normativa).

Os provimentos permitem, inclusive, o registro de relações multiparentais consensuais diretamente no cartório (até dois pais e até duas mães). As disposições aprovadas facilitam o registro de filiação para um contingente enorme de pessoas.

O movimento de extrajudicialização do direito civil justifica a natureza das medidas implementadas. Esse regramento é mais um capítulo da trajetória iniciada com o acolhimento da posse de estado de filho e bem retrata o dinamismo do direito de família brasileiro.

Considerações parciais

Esse percurso auxilia na compreensão de algumas das atuais decisões paradigmáticas do direito de família brasileiro, muitas delas lastreadas pelo amálgama da afetividade.

Em arremate, rememora-se mais uma bela lição de Luiz Edson Fachin:

> "Eis que se impõe um desafio ao Direito Civil contemporâneo: (re)pensar as transformações da família, as novas formas de convivência familiar, o afeto e a solidariedade com pontos nodais de uma estrutura cujo futuro próximo já arrosta no porvir buscando superar o formalismo e reaproximar o Direito da realidade"[104].

---

[103] Seção XIII deste capítulo.
[104] FACHIN, Luiz Edson. Prefácio. CALDERÓN, Ricardo. **Princípio da afetividade no direito de família.** 2. ed. rev. atual. e ampl. Rio de Janeiro: Forense, 2017, p. XVI.

206 | PRINCÍPIO DA AFETIVIDADE NO DIREITO DE FAMÍLIA – *Ricardo Calderón*

SEÇÃO IV. SOCIOAFETIVIDADE NA FILIAÇÃO: ESTADO DA ARTE

> *O leite alimenta o corpo; o afeto alimenta a alma.*
>
> Içami Tiba

Contornos da parentalidade: um tema em discussão nos tribunais

As alterações nas famílias contemporâneas nos últimos anos resultaram em mudanças que refletiram em diversas categorias jurídicas, e uma delas envolve a redefinição do sentido atual de *parentalidade*, o que vem sendo assimilado paulatinamente pelo direito de família brasileiro[105].

Durante muito tempo, restringiu-se o reconhecimento de relações parentais apenas aos vínculos biológicos ou registrais (com a adoção como parentesco civil)[106]. Entretanto, o progressivo reconhecimento do elo socioafetivo como suficiente elemento formador de um vínculo parental alterou o cenário e complexificou o debate[107].

O STJ desempenhou papel central no reconhecimento jurídico das relações socioafetivas como suficiente vínculo parental – construção essa que foi eminentemente jurisprudencial. Há diversos precedentes que consolidaram o vínculo afetivo como densificador de uma relação filial, lastreado no instituto da posse de estado de filho. Consequentemente, além dos conhecidos vínculos biológicos e registrais, o elo socioafetivo também passou a ser merecedor de relevo para o Direito.

Tal ordem de ideias acabou por trazer novos desafios aos juristas. Isso porque inúmeras situações acabaram por demonstrar a existência de uma dada relação parental afetiva com determinada pessoa, mas conhecimento do vínculo biológico com outra pessoa (um era o pai socioafetivo, outro era o ascendente genético). Ou seja, como ao lado dos vínculos biológicos e registrais se passou a reconhecer o liame socioafetivo como consubstanciador de uma relação parental, em muitas situações havia a dissociação de tais elos.

---

[105] OLIVEIRA, José Lamartine Corrêa de; MUNIZ, Francisco José Ferreira. **Curso de direito de família**. 4. ed. Curitiba: Juruá, 2008, p. 54.

[106] MONTEIRO, Washington de Barros. **Curso de direito civil:** direito de família. Atual. por Regina Beatriz Tavares da Silva. 41. ed. São Paulo: Saraiva, 2011, v. 2, p. 222.

[107] FACHIN, Luiz Edson. **Estabelecimento da filiação e paternidade presumida.** Porto Alegre: Fabris, 1992, p. 169.

Cap. IV · PROJEÇÕES DA AFETIVIDADE NO DIREITO DE FAMÍLIA | 207

A partir disso, passaram a surgir conflitos nos quais se discutia qual ligação parental deveria prevalecer nos casos de dissenso: a parentalidade afetiva ou a parentalidade biológica.

Desaguaram nos tribunais demandas requerendo a prevalência de uma ou outra espécie de vínculo de filiação, sendo que as decisões vacilaram entre as diversas modalidades de vínculo (biológico, afetivo ou registral) de acordo com a situação fática envolvida. Ante o seu caráter inovador, as decisões que consagravam a prevalência do parentesco socioafetivo sobre o vínculo biológico mereceram destaque e divulgação[108].

Nos últimos anos, o progressivo reconhecimento jurídico de paternidades socioafetivas foi objeto de celebração por grande parte da literatura jurídica e da própria jurisprudência[109]. Por outro lado, é inegável que seguiram presentes outras tantas decisões judiciais que houveram por bem manter a prevalência do elo biológico, mesmo contrariando uma consolidada relação socioafetiva[110].

A resposta sobre qual das modalidades de vínculo parental deve prevalecer quando instaurada essa dissociação foi objeto de ampla discussão no Direito brasileiro. Há diversas decisões dos tribunais sobre a questão, mas nem sempre com a mesma fundamentação ou com um mesmo indicativo final de deliberação.

A temática da parentalidade está atualmente imbricada com diversos outros aspectos do direito de família, tais como: qual o papel e a importância da afetividade na sua definição; a distinção entre parentesco e ascendência genética[111]; o reconhecimento da questão da multiparentalidade[112], entre tantas outras.

---

[108] Como exemplo, no STJ, os seguintes Recursos Especiais: REsp 878.954/RS, REsp 119.346/GO, REsp 1.098.036/GO, REsp 1.059.214/RS, REsp 1.000.356/SP, REsp 1.088.157/PB e REsp 11.89889.663/RS.

[109] LÔBO, Paulo Luiz Netto. Socioafetividade em família e a orientação do Superior Tribunal de Justiça. In: FRAZÃO, Ana; TEPEDINO, Gustavo (coords.). **O Superior Tribunal de Justiça e a reconstrução do direito privado**. São Paulo: Revista dos Tribunais, 2011, p. 644-645.

[110] Exemplos também do Superior Tribunal de Justiça: REsp 1.167.993, REsp833.712 e REsp 1.059.214.

[111] GAMA, Guilherme Calmon Nogueira da. **A nova filiação, o biodireito e as relações parentais**. Rio de Janeiro: Renovar, 2003, p. 907.

[112] CASSETTARI, Christiano. Multiparentalidade e parentalidade socioafetiva: efeitos jurídicos. **Revista Brasileira de Direito das Famílias e Sucessões**, Porto Alegre, Magister; Belo Horizonte, IBDFam, v. 34, p. 138, jun./jul. 2013.

208 | PRINCÍPIO DA AFETIVIDADE NO DIREITO DE FAMÍLIA – *Ricardo Calderón*

Neste capítulo, pretende-se descrever como a afetividade vem sendo valorada nos litígios nos quais se discute a prevalência ou do vínculo biológico ou do vínculo socioafetivo em uma dada relação parental.

Parentalidade: significado atual

Hodiernamente, vivencia-se um momento peculiar nas relações familiares, com o reconhecimento do afeto como verdadeiro vetor dessas situações existenciais subjetivas. O amálgama da afetividade[113] se espraia tanto nas relações de *conjugalidade* como nas relações de *parentalidade*, agregando importante elemento fático que deve ser – de algum modo – considerado pelo Direito que as pretende tutelar[114].

Há algum tempo, a literatura jurídica brasileira de direito de família sustenta que as relações paterno-filiais podem estar vincadas por elos eminentemente afetivos[115]. Houve paulatina construção teórica e jurisprudencial para consolidar tal entendimento[116], o que se denominou *paternidade socioafetiva*[117].

O elo socioafetivo passou a desfilar ao lado dos já conhecidos vínculos biológicos e registrais[118]. A coexistência dessas modalidades, com observância do caso concreto para eleger qual a prevalência indicada àquela dada relação parental, passou a ser sustentada por diversos autores[119] e refletiu nas decisões dos tribunais.

---

[113] CARBONERA, Silvana Maria. O papel jurídico do afeto nas relações de família. In: FACHIN, Luiz Edson (coord.). **Repensando os fundamentos do direito civil contemporâneo**. Rio de Janeiro: Renovar, 1998, p. 274.

[114] HIRONAKA, Giselda Maria Fernandes Novaes. Sobre peixes e afetos – um devaneio acerca da ética no direito. In: PEREIRA, Rodrigo da Cunha (org.). **Anais do V Congresso Brasileiro de Direito de Família**. São Paulo: IOB Thompson, 2006p. 436.

[115] VILLELA, João Baptista. A desbiologização da paternidade. **Revista da Faculdade de Direito da Universidade Federal de Minas Gerais**, Belo Horizonte, UFMG, ano XXVII, n. 21, maio 1979, p. 402.

[116] OLIVEIRA, Guilherme de. **Critério jurídico da paternidade.** Reimp. Coimbra: Almedina, 2003, p. 445.

[117] FACHIN, Luiz Edson. **Da paternidade:** relação biológica e afetiva. Belo Horizonte: Del Rey, 1996, p. 36-37.

[118] LÔBO, Paulo Luiz Netto. O exame de DNA e o Princípio da dignidade humana. **Revista Brasileira de Direito de Família**, Porto Alegre, Síntese, v. 1, Dignidade Humana, p. 70, abr./jun. 1999.

[119] FACHIN, Luiz Edson. **Direito de família:** elementos críticos à luz do novo Código Civil brasileiro. 2. ed. Rio de Janeiro: Renovar, 2003, p. 323.

É possível anotar que, atualmente, o Brasil exerce papel de vanguarda no tratamento de alguns dos complexos litígios familiares da sociedade contemporânea[120], muito em decorrência da valoração jurídica da afetividade. Exemplo disso é a sólida construção da categoria do parentesco socioafetivo e o próprio reconhecimento jurisprudencial das uniões homoafetivas, mesmo sem qualquer alteração legislativa expressa a reconhecê-la[121], entre outros.

Conforme descrito nos capítulos anteriores, a afetividade se densificou a tal ponto que erigiu como um verdadeiro princípio do direito de família brasileiro, refletindo e alterando os contornos da parentalidade e da própria conjugalidade. Como visto, a jurisprudência pátria desempenhou papel central na construção da categoria da socioafetividade, com respaldo em diversas decisões do STJ.

O reconhecimento jurídico da socioafetividade como suficiente vínculo parental tem acolhida em grande parte dos nossos tribunais, o que merece destaque, encontrando cada vez menos resistência, mas a orientação sobre em quais casos esse vínculo deve prevalecer quando em conflito com o vínculo biológico segue ainda um tema em aberto.

Uma das questões ainda debatidas pelos tribunais diz respeito a uma possível tensão entre uma paternidade biológica (comprovada, mas não exercida) e uma paternidade socioafetiva (comprovada e exercida concretamente por longos anos), com litígio entre as partes envolvidas. Estando presente tal dissociação e instaurado o conflito, qual das modalidades deve prevalecer: o parentesco biológico ou o socioafetivo? Restaria viável o reconhecimento de ambas, concomitantemente?

Quanto à eventual prevalência de uma ou outra espécie de vínculo, é possível identificar no direito de família brasileiro três principais correntes, a partir das decisões dos nossos tribunais[122]. A primeira corrente indica no sentido de consagrar a predominância de uma relação parental afetiva,

---

[120] COLTRO, Antônio Carlos Mathias. O fundamento constitucional da filiação socioafetiva. **Revista do Advogado**, São Paulo, AASP, n. 117, p. 17, out. 2012.

[121] STF, ADI 4277 e ADPF 132; sobre o tema: DIAS, Maria Berenice. **União homoafetiva:** o preconceito & justiça. 4. ed. rev., atual. e ampl. São Paulo: Revista dos Tribunais, 2009, p. 129.

[122] Obviamente que tal divisão é meramente didática, a partir da impressão pessoal do autor, sem uma análise estatística ou empírica mais aprofundada. Tais correntes estão implicitamente disseminadas em diversas decisões judiciais, sob inúmeros fundamentos e vincadas por pormenores fáticos, até mesmo com algumas aproximações específicas (que serão adiante explicitadas). Tendo em vista a relevância da multiparentalidade, será apreciada em seção apartada.

concreta, vivenciada pelas partes (pública, contínua, estável e duradoura), ou seja, sustenta a prevalência do vínculo socioafetivo (quando presente) sobre o vínculo biológico. Uma segunda corrente, a *contrario sensu*, sustenta que, mesmo perante tal realidade socioafetiva presente e consolidada, deve predominar o vínculo parental biológico sobre o socioafetivo (por mais que tenha inexistido qualquer convivência fática com o ascendente genético). Já a terceira corrente, alega ser possível o reconhecimento de ambos os vínculos, em concomitância, no que vem se denominando como multiparentalidade (essa terceira corrente será analisada em seção específica sobre esse tema).

Avançar no sentido de compreender as aproximações e os distanciamentos de tais correntes jurisprudenciais, com o intuito de apontar critérios mínimos que orientem os operadores jurídicos na tarefa de assimilar em quais casos concretos cada modalidade de vínculo parental deverá imperar, é uma tarefa da ordem do dia do direito de família brasileiro.

Nesse trilhar, importa destacar que tais conflitos ainda não encontraram sua solução expressamente legislada. Uma leitura sistemática do ordenamento, a partir de uma perspectiva civil-constitucional/crítico-prospectiva, com especial análise da literatura jurídica e da jurisprudência de direito de família nesta temática, será de importância ímpar na busca de alguma orientação.

Especial consideração deve ser conferida à relevante construção da distinção entre parentesco e ascendência genética[123]. Essa diferenciação se extrai a partir do disposto no art. 227, § 6º, da CF, no art. 1.596 do Código Civil, e também é retrato da evolução das relações familiares na própria sociedade. No que concerne aos vínculos paterno-filiais, tal ordem de ideias resultou na distinção entre o direito fundamental ao reconhecimento da origem genética e o Direito de ver reconhecida uma relação parental (coisas tidas como distintas por grande parte dos autores e da jurisprudência)[124].

Assume relevo o entendimento de que o estado de filiação não está – direta e necessariamente – ligado aos vínculos biológicos. Não raro, os pais não são, necessariamente, os respectivos ascendentes genéticos. O estado de filiação também pode restar presente por intermédio de um vínculo socioafetivo, adotivo, em decorrência da incidência das presunções legais, ou ainda pelas hipóteses de reprodução assistida. Assim, existindo um estado de filiação estabelecido, este não pode ser impugnado judicialmente apenas com base na alegação de ausência de vínculo biológico.

---

[123] MADALENO, Rolf. **Curso de direito de família**. 4. ed. rev., atual. e ampl. Rio de Janeiro: Forense, 2011, p. 504.

[124] TJRS, AC 70031164676, 8ª C.C., Rel. Des. Rui Portanova, **DJERS** 24.09.2009.

Corolária disso é a percepção de que o estado de filiação possui um sentido civil- constitucional atual que não pode ser confundido ou distorcido, sob pena de se incorrer até mesmo em reprovável inconstitucionalidade. Essa especial relação de parentesco tem seu contorno delineado pelo direito de família e nem sempre está agregada ao elo biológico, como visto. Diante disso, particular destaque deve merecer a análise dos fatos concretos que consubstanciam aquela relação parental.

Outro sentido teria o que se denomina direito ao conhecimento à origem genética, típico direito da personalidade, que envolve o direito da pessoa – a qualquer tempo – ter ciência da sua ancestralidade biológica, mas sem necessariamente se estender daí os efeitos do parentesco[125]. Ou seja, é direito de todos averiguar judicialmente seu ascendente genético, mas não deriva daí – necessariamente – qualquer relação de parentesco, máxime quando esta já estiver estabelecida com outrem. Conforme assevera Paulo Luiz Netto Lôbo[126], "pai é quem cria, ascendente quem gera", e prossegue

> O estado de filiação, que decorre da estabilidade dos laços afetivos construídos no cotidiano de pai e filho, constitui fundamento essencial de atribuição de paternidade e maternidade. Nada tem a ver com o direito de cada pessoa ao conhecimento de sua origem genética. São duas situações distintas, tendo a primeira natureza de direito de família e a segunda, de direito da personalidade. As normas de regência e os efeitos jurídicos não se confundem nem se interpenetram.

Muito mais do que apenas um dado objetivo (biológico), sedimentou-se o entendimento de que a parentalidade se constitui um dado cultural (sociológico)[127], e, consequentemente, ser pai ou mãe nos dias de hoje é uma *função*[128].

---

[125] FACHIN, Luiz Edson. Do direito de família. Do direito pessoal. Das relações de parentesco. Arts. 1.591 a 1.638. In: TEIXEIRA, Sálvio de Figueiredo (coord.). **Comentários ao novo Código Civil**. Rio de Janeiro: Forense, 2008. v. XVIII, p. 112-113.

[126] LÔBO, Paulo Luiz Netto. Direito ao estado de filiação e direito à origem genética: uma distinção necessária. In: PEREIRA, Rodrigo da Cunha (org.). **Anais do V Congresso Brasileiro do Direito de Família**. Belo Horizonte: Del Rey, 2004, p. 523.

[127] Na esteira das embrionárias lições de João Baptista Villela, no Brasil, e de Guilherme de Oliveira em Portugal; mais recentemente, os autores Luiz Edson Fachin, Paulo Luiz Netto Lôbo e Zeno Veloso (dentre tantos outros) são alguns que argumentam no mesmo sentido na literatura jurídica brasileira.

[128] BARBOZA, Heloisa Helena. Entrevista. **Informativo IBDFam**, n. 74, maio/jun. 2012, p. 3.

Também podem contribuir para o sentido atual de parentalidade que se está a buscar os contributos advindos dos denominados casos de multiparentalidade, complexas relações que redundam na possibilidade de admissão de mais de um pai ou uma mãe em dadas situações concretas, questão que abre a possibilidade de novas soluções.

Essas novéis construções teóricas são centrais na temática da parentalidade e podem contribuir para a elaboração de critérios de decisão que busquem orientar o indicativo da prevalência de uma ou de outra espécie de vínculo na definição do parentesco[129].

Em grande parte das situações, a percepção da solução mais apropriada exige uma detida análise do caso concreto, o que faz ressaltar a importância da *fattispecie* em apreço. A diversidade e a complexidade do mundo dos fatos exigem que o Direito responda a outras questões, avançando no detalhamento do que se entende como parentalidade para os dias de hoje[130].

Exemplo disso são justamente as discussões relativas à prevalência dos vínculos parentais afetivos, biológicos ou registrais nas relações de parentesco, atualmente em embate nos nossos tribunais. Conforme precursoramente anunciou Luiz Edson Fachin "é tempo de encontrar, na tese (conceito biologista) e na suposta antítese (conceito socioafetivo), espaço de convivência e também de dissociação"[131].

É possível afirmar que a tradução exata do sentido de parentalidade para o direito de família brasileiro segue em reconstrução e em rediscussão[132], o que incentiva uma tentativa de ilustração do seu retrato atual, ainda que a partir de certo tempo e espaço, para uma melhor reflexão.

Precedentes do STJ nos conflitos entre a prevalência do vínculo biológico e socioafetivo

Há diversas decisões do STJ relativamente a conflitos que discutem a prevalência de uma ou outra modalidade de parentesco (biológico, afetivo ou

---

[129] Ambos os temas possuem incontáveis desdobramentos, seja no direito de família, seja no das sucessões (para citar apenas dois deles), e podem auxiliar na elucidação do sentido de parentalidade que se está a edificar.

[130] VELOSO, Zeno. **Direito brasileiro da filiação e paternidade.** São Paulo: Malheiros, 1997, p. 221.

[131] FACHIN, Luiz Edson. Paternidade e ascendência genética. In: LEITE, Eduardo de Oliveira (coord.). **Grandes temas da atualidade**: DNA como meio de prova da filiação. Rio de Janeiro: Forense, 2002, p. 172.

[132] LÔBO, Paulo Luiz Netto. **Direito civil:** famílias. São Paulo: Saraiva, 2008, p. 181.

registral). É possível constatar que tanto a posição que indica pela prevalência dos vínculos biológicos, quando presente o conflito com outras espécies de vínculo de parentesco[133], como a posição que indica pelo predomínio do vínculo socioafetivo, quando em conflito com o vínculo biológico[134], estão presentes nas decisões do tribunal. Ou seja, em dadas situações fáticas de litígios de filiação, o STJ deliberou pela prevalência do vínculo socioafetivo sobre o biológico, em outras deliberou pela prevalência do vínculo biológico sobre o socioafetivo[135].

Isso posto, é possível citar alguns acórdãos representativos da controvérsia no STJ, oriundos das suas turmas com competência para o tema (Terceira e Quarta Turmas), que permitem a demonstração do que se está a sustentar. Para esse *mister*, foram eleitos quatro julgados desse tribunal, dois de cada turma, de dois ministros distintos: Min. Luis Felipe Salomão, da Quarta Turma, e Min. Massami Uyeda, da Terceira Turma. Serão apreciados dois processos de relatoria de cada um desses julgadores[136], todos cuidando do mesmo tema (conflitos de parentalidade que envolviam a prevalência de uma outra modalidade de parentesco, basicamente conflitos entre o vínculo socioafetivo e o vínculo biológico).

A Quarta Turma do STJ deliberou sobre o tema em dois processos que serão aqui analisados, julgados em um espaço de poucos meses, ambos de relatoria do Ministro Luis Felipe Salomão, REsp 1.059.214[137] e REsp 1.167.993[138], cujas discussões são deveras elucidativas.

Ambas as causas tratavam de demandas negatórias de paternidade, com a comprovação de inexistência de vínculo biológico naquela relação, mas com presença consolidada de um vínculo paterno-filial afetivo por muitos anos (o que era incontroverso). A tensão entre o vínculo biológico (ausente) e o vínculo socioafetivo (presente) se mostrava evidente, e havia dissenso entre

---

[133] STJ, REsp 833.712, 3ª Turma, Rel. Min. Nancy Andrighi, unânime, **DJ** 04.06.2007.

[134] STJ, REsp 878.941, 3ª Turma, Rel. Min. Nancy Andrighi, unânime, j. 21.08.2007.

[135] Não se ignora que tais conflitos são fortemente influenciados por dados fáticos, de modo que cada situação concreta em apreço influencia a decisão final a ser tomada, admitindo-se acertos finais distintos para situações que, a princípio, se mostrem assemelhadas. Ainda assim, alguns elementos e algumas assertivas comuns podem ser extraídos ou, por outro lado, podem ser confrontados com outras proferidas em situações análogas.

[136] Os processos são: REsp 1.059.214 e REsp 1.167.993 (de relatoria do Min. Luis Felipe Salomão); REsp 1.203.874 e REsp 1.088.157 (de relatoria do Min. Massami Uyeda).

[137] STJ, REsp 1.059.214, 4ª turma, Rel. Min. Luis Felipe Salomão, unânime, j. 16.02.2012.

[138] STJ, REsp 1.167.993, 4ª turma, Rel. Min. Luis Felipe Salomão, por maioria, j. 18.12.2012.

as partes. Ante o questionamento e pedido de anulação do vínculo paterno esses dois casos chegaram ao STJ.

Essas duas causas negatórias de parentalidade tiveram como relator o Min. Luis Felipe Salomão e foram julgadas pela Quarta Turma do STJ no decorrer do ano de 2012. Como visto, em ambas as ações inexistia vínculo biológico entre as partes (afastados por exames negativos em DNA), mas restava incontente a presença de longa e incontroversa relação paterno-filial afetiva travada durante anos de forma pública e notória. Diante do impasse, foram ambos os casos para julgamento, com a questão da prevalência do vínculo biológico ou do vínculo afetivo subjacente ao mérito das causas.

Na primeira demanda (REsp 1.059.214), o posicionamento da Quarta Turma do STJ foi pela prevalência do vínculo socioafetivo:

> Direito de família. Ação negatória de paternidade. Exame de DNA negativo. Reconhecimento de paternidade socioafetiva. Improcedência do pedido. 1. Em conformidade com os princípios do Código Civil de 2002 e da Constituição Federal de 1988, o êxito em ação negatória de paternidade depende da demonstração, a um só tempo, da inexistência de origem biológica e também de que não tenha sido constituído o estado de filiação, fortemente marcado pelas relações socioafetivas e edificado na convivência familiar. Vale dizer que a pretensão voltada à impugnação da paternidade não pode prosperar, quando fundada apenas na origem genética, mas em aberto conflito com a paternidade socioafetiva. 2. No caso, as instâncias ordinárias reconheceram a paternidade socioafetiva (ou a posse do estado de filiação), desde sempre existente entre o autor e as requeridas. *Assim, se a declaração realizada pelo autor por ocasião do registro foi uma inverdade no que concerne à origem genética, certamente não o foi no que toca ao desígnio de estabelecer com as então infantes vínculos afetivos próprios do estado de filho, verdade em si bastante à manutenção do registro de nascimento e ao afastamento da alegação de falsidade ou erro.* 3. Recurso especial não provido (STJ, REsp 1.059.214, 4ª Turma, Rel. Min. Luis Felipe Salomão, unânime, j. 16.02.2012). (grifos nossos)

Essa primeira decisão considerou o vínculo afetivo como suficiente a justificar a manutenção de uma relação paterno-filial, mesmo ausente o vínculo biológico, de modo que julgou improcedente o pedido de anulação do registro (consagrando a prevalência do vínculo afetivo vivenciado durante anos pelas partes envolvidas)[139].

---

[139] O voto do relator é firme nesse sentido: "Hoje em dia é clara a diferença entre o vínculo parental fundado na hereditariedade biológica – que constitui, é verdade,

Já o segundo caso apreciado pela Quarta Turma (REsp 1.167.993), com litígio e dados fáticos muitos próximos ao antes descrito, a solução final foi em sentido diverso, com deliberação pela prevalência do vínculo biológico:

> 1. A tese segundo a qual a paternidade socioafetiva sempre prevalece sobre a biológica deve ser analisada com bastante ponderação, e depende sempre do exame do caso concreto. É que, em diversos precedentes desta Corte, a prevalência da paternidade socioafetiva sobre a biológica foi proclamada em um contexto de ação negatória de paternidade ajuizada pelo pai registral (ou por terceiros), situação bem diversa da que ocorre quando o filho registral é quem busca sua paternidade biológica, sobretudo no cenário da chamada "adoção à brasileira". 2. De fato, é de prevalecer a paternidade socioafetiva sobre a biológica para garantir direitos aos filhos, na esteira do princípio do melhor interesse da prole, sem que, necessariamente, a assertiva seja verdadeira quando é o filho que busca a paternidade biológica em detrimento da socioafetiva. No caso de ser o filho – o maior interessado na manutenção do vínculo civil resultante do liame socioafetivo – quem vindica estado contrário ao que consta no registro civil, socorre-lhe a existência de "erro ou falsidade" (art. 1.604 do CC/02) para os quais não contribuiu. Afastar a possibilidade de o filho pleitear o reconhecimento da paternidade biológica, no caso de "adoção à brasileira", significa impor-lhe que se conforme com essa situação criada à sua revelia e à margem da lei. 3. *A paternidade biológica gera, necessariamente, uma responsabilidade não evanescente e que não se desfaz com a prática ilícita da chamada "adoção à brasileira", independentemente da nobreza dos desígnios que a motivaram. E, do mesmo modo, a filiação socioafetiva desenvolvida com os pais registrais não afasta os direitos da filha resultantes da filiação biológica, não podendo, no caso, haver equiparação entre a adoção regular e a chamada "adoção à brasileira".* 4. Recurso especial provido para julgar procedente o pedido deduzido pela autora relativamente ao reconhecimento da paternidade e maternidade, com todos os consectários legais, determinando-se também a anulação do registro de nascimento para que figurem os réus como pais da requerente (STJ, REsp 1.167.993/RS, 4ª Turma, Rel. Min. Luis Felipe Salomão, por maioria, j. 18.12.2012). (grifos nossos)

---

atributo pertencente aos direitos da personalidade -, e o estado da filiação derivado da relação socioafetiva construída entre pais e filhos – biológicos ou não-, dia a dia na convivência familiar. Com efeito a paternidade atualmente deve ser considerada gênero do qual são espécies a paternidade biológica e a socioafetiva. [...] Vale dizer que a pretensão voltada à impugnação da paternidade não pode prosperar quando fundada apenas na origem genética, mas em aberto conflito com a paternidade socioafetiva" – trechos do REsp 1.059.214, p. 4.

216 | PRINCÍPIO DA AFETIVIDADE NO DIREITO DE FAMÍLIA – *Ricardo Calderón*

A decisão final fez prevalecer no caso concreto o vínculo parental biológico, com intensidade tal que fulminou o vínculo socioafetivo e registral já estabelecido anteriormente com outrem. O comando judicial determinou o estabelecimento da filiação com o referido ascendente genético, para todos os efeitos, anulando o registro de nascimento anterior (como os pais registrais e afetivos já estavam falecidos quando do manejo da referida ação anulatória pela filha, a decisão fez com que quem tenha vivido e morrido como pai e mãe passassem, de uma hora para outra, a não ser mais pais)[140].

O fato de esse processo ter sido julgado por maioria suscitou interessantes debates entre os ministros, que permitem melhor perceber as teses divergentes adotadas por cada um deles. Em defesa da prevalência da verdade socioafetiva, o voto divergente do Min. Marco Buzzi destaca a distinção entre os sentidos de filiação e o ireito ao conhecimento da ascendência genética:

> Esta Corte de Justiça possui entendimento sedimentado acerca da viabilidade do reconhecimento da paternidade socioafetiva, e a preponderância desta sobre o vínculo biológico, nos casos em que presentes os requisitos necessários à sua caracterização [...] Na verdade, o que assiste à autora da ação é o direito ao conhecimento da sua origem genética, faculdade jurídica que não se confunde com o direito de investigação de filiação ou paternidade, e não restou postulado na presente demanda. Com efeito, a viabilidade do conhecimento da origem biológica decorre do direito da personalidade, como já dito, haja vista que os dados da ancestralidade corroboram para a manutenção e preservação da via do descendente, pois permite ao seu conhecedor valer-se das medidas profilácticas adequadas para a manutenção de sua saúde[141].

Em sentido contrário, argumentando em favor da prevalência do vínculo biológico é o voto da Ministra Maria Isabel Gallotti:

---

[140] Confira-se a descrição fática em trecho do volto do Min. Relator: "1. C. C. S. (Claudete) ajuizou ação de investigação de paternidade e maternidade cumulada com anulação de registro em face de A. L. (Álvaro) e F.S. C. (Fredalina), alegando a autora que, com 6 (seis) meses de vida, foi entregue ao casal C. A. C. e A. M. C., que a registraram como se filha biológica fosse. Na adolescência, soube, na verdade, que sua mãe biológica era Fredalina, sua madrinha, mas que seus pais 'adotivos' desconheciam quem era o pai biológico da autora, uma vez que esta fora-lhes entregue somente por sua genitora. Somente seis anos depois da morte de seus pais registrais, a autora, com 47 (quarenta e sete) anos de idade, conseguiu saber a identidade de seu pai biológico (Álvaro) e, assim, propôs a presente ação.

[141] Trechos do voto divergente do Min. Marco Buzzi no REsp 1.167.993, p. 8-14.

Penso que a paternidade é um dado objetivo. Deve-se determinar, como regra, pelo critério sanguíneo. [...] A paternidade é direito derivado da filiação e o seu reconhecimento, quando buscado pelo filho, não depende de considerações de ordem moral ou subjetiva, como o vínculo afetivo entre o investigante e seus pais registrais ou a convivência pregressa e sentimentos em relação ao pai biológico[142].

Em um primeiro momento, deve ser destacada a posição manifestada no segundo julgado, que afirma que a definição da presença ou não de uma relação paterno-filial depende, em *ultima ratio*, de quem solicita a sua declaração judicial (se o pai ou o filho)[143].

Em muitos casos, o STJ vinha acolhendo a tese de que *se o apontado como pai vem a juízo* para tentar anular uma paternidade por ausência de respaldo biológico, mas com presença de vivência paterno-filial socioafetiva consolidada, o pedido na demanda deve ser julgado improcedente. Ou seja, nessas hipóteses, prevaleceria a relação parental afetiva vivenciada pelas partes, ainda que contrariamente aos dados biológicos (prevaleceria, portanto, o vínculo afetivo sobre o biológico nessas hipóteses de ação negatória de paternidade manejadas pelo indigitado pai).

Por outro lado, em diversos outros casos, o STJ agasalhou a tese de que, *caso seja o filho quem postule* a declaração de nulidade do registro de uma dada relação parental, com o fundamento exclusivo na inexistência de vínculo biológico, mesmo perante prolongada e inegável relação parental socioafetiva vivenciada entre as partes, a anulação seria procedente. Ou seja, ainda que contra uma relação afetiva e registral consolidada por muitos anos, o simples fato de o pedido advir do filho faria com que prevalecesse a declaração de ausência do vínculo biológico, desconsiderando-se por completo, nessas hipóteses, o vínculo afetivo.

Tais posicionamentos também podem ser constatados em dois outros casos similares julgados pelo STJ, na sua Terceira Turma, com relatoria do Min. Massami Uyeda. No REsp 1.203.874[144], houve deliberação pela prevalência do vínculo biológico, mesmo estando presente estável vínculo afetivo; já em

---

[142] Trechos do voto da Min. Maria Isabel Gallotti no REsp 1.167.993, p. 1-2.

[143] A ação pediu e viu deferida a anulação da paternidade e também da maternidade (registrais e afetivas). Aspecto relevante a observar é que essa decisão pela prevalência do vínculo biológico sobre o afetivo foi proferida em um caso concreto no qual havia incontroversa relação paterno/materno-filial afetiva e registral entre pais e filha por mais de 40 anos.

[144] STJ, 3ª turma, REsp 1.203.874/PB, Rel. Min. Massami Uyeda, unânime, j. 09.08.2011.

PRINCÍPIO DA AFETIVIDADE NO DIREITO DE FAMÍLIA – *Ricardo Calderón*

um segundo caso do mesmo relator, no REsp 1.088.157[145], a decisão foi pela prevalência do elo afetivo consolidado, mesmo ausente vínculo biológico[146].

Consequentemente, esse entendimento bifronte nos casos de declaração de existência ou inexistência de vínculos paterno-filiais – que vincula a sorte do pedido a quem manejou a postulação (se o pai ou filho), está subjacente no processo que embasa o caso em registro de nascimento por ausência de vínculo biológico, mas está presente vínculo afetivo, a ação deve ser julgada improcedente. Já se o pedido de anulação do registro por ausência de respaldo biológico é manejado pelo filho, por mais que exista consolidado vínculo paterno-filial afetivo, ele deve ser desconstituído, de modo que prevalece nessas situações o vínculo biológico.

O aspecto central a se observar é que a prevalência do elo biológico sobre o afetivo, nessas circunstâncias, foi declarada de modo expresso, inclusive com a afirmação de que a decisão não desconhece o sentido e a importância atual do vínculo socioafetivo para o parentesco, mas com a ressalva de que esse elo afetivo não deve se sobrepor ao biológico nos casos em que o pedido é apresentado pelo filho. Tal entendimento foi adotado de modo expresso pela Terceira Turma do STJ, em decisão unânime[147].

Em resumo, acolhidas tais premissas, extrai-se o seguinte indicativo a partir do STJ: nos casos em que a iniciativa da anulação da filiação partisse do filho (ainda que adulto), deveria prevalecer o vínculo biológico sobre o afetivo. Já nas situações em que o pai viesse a juízo para anular a relação parental ante uma ausência de ligação biológica, mesmo com a presença de vínculo afetivo, deveria prevalecer, nessas hipóteses, o vínculo afetivo sobre o

---

[145] STJ, 3ª turma, REsp 1.088.157/PB, Rel. Min. Massami Uyeda, unânime, j. 23.06.2009.

[146] Também nestes casos o critério utilizado pelo Tribunal para divergir da conclusão vincula a existência ou inexistência do vínculo paterno-filial a autoria do pedido judicial. Ou seja, se é o pai quem pede a anulação do registro de nascimento por ausência de vínculo biológico, mas está presente vínculo afetivo, a ação deve ser julgada improcedente. Já se o pedido de anulação do registro por ausência de respaldo biológico é manejado pelo filho, por mais que exista consolidado vínculo paterno--filial afetivo ele deve ser desconstituído, de modo que prevalece nestas situações o vínculo biológico.

[147] Confira-se um trecho do *decisum*: "Por fim, deve-se esclarecer que não se desconhece o valor jurídico que emerge do vínculo sócio afetivo. Todavia, nos termos dos precedentes deste Superior Tribunal de Justiça, ao filho-adotado assiste o direito de, a qualquer tempo, vindicar judicialmente a nulidade do registro em vista à obtenção do estabelecimento da verdade real, ou seja, da paternidade biológica". Trecho do Acórdão que julgou os declaratórios no REsp 1.203.874, p. 12.

Cap. IV · PROJEÇÕES DA AFETIVIDADE NO DIREITO DE FAMÍLIA | **219**

biológico. Essas são as posições que se extraem dos referidos julgados supracitados, nos termos acolhidos pelo referido tribunal também em outros casos.

Conclusão similar foi a obtida em amplo estudo qualitativo realizado por Simone Tassinari Cardoso, que, ao final da sua pesquisa, asseverou que

> em todos os casos em que se privilegiou o vínculo biológico, observou-se que as ações foram manejadas pelos próprios filhos, ou seja, em seu interesse direto, conforme se vê nas células escurecidas da tabela. De outro lado, quando as mesmas ações foram manejadas, ou pelo pai ou por outro parente com interesse (irmãos), no interesse de ser declarado prevalente o vínculo biológico, não houve sucesso. Naqueles casos, em sua integralidade, reconheceu-se a força jurígena da filiação socioafetiva[148].

Há que se admitir, desse modo, que o STJ vinha deliberando no sentido de que, quando um filho (adulto) postula judicialmente a invalidade do registro com seus pais socioafetivos e pede a declaração judicial de reconhecimento de parentesco com seus ascendentes biológicos, esse pedido deve prevalecer. Com isso, para o STJ, poderia ser – a qualquer tempo – declarado e registrado o vínculo parental com o ascendente genético do filho, mesmo contra um parentesco socioafetivo reconhecido e consolidado por longos anos[149].

Impende anotar que diversos outros julgados do próprio STJ já indicaram no sentido de prevalência da paternidade socioafetiva em questões similares e, ainda, fizeram a distinção entre o direito ao reconhecimento da origem genética e o direito ao reconhecimento do vínculo de parentesco[150].

Não se ignora que a prevalência judicial de vínculos socioafetivos na configuração de relação de parentesco está presente em muitos dos acór-

---

[148] CARDOSO, Simone Tassinari. Notas sobre parentalidade socioafetiva. Trabalho aprovado e apresentado no II Congresso Brasileiro de Direito Civil, do Instituto Brasileiro de Direito Civil-IBDCivil. Evento realizado em Curitiba, em 2014.

[149] Há um precedente no qual um irmão solicitou a declaração de nulidade do registro e declaração de ausência de vínculo paterno da sua irmã com o falecido pai. A alegação era a ausência de vínculo biológico dela com o pai (embora fosse filha socioafetiva e registral). Tal pedido foi realizado quando esta irmã estava com 60 anos de idade. A decisão do STJ foi no sentido de que no caso de pedido oriundo de irmão deve prevalecer a paternidade socioafetiva consolidada e exercida pelo pai (STJ, 3ª Turma, REsp 1.259.460/SP, Rel. Min. Nancy Andrighi, unânime, j. 19.06.2012).

[150] LÔBO, Paulo Luiz Netto. Colisão de direitos fundamentais nas relações de família. In: PEREIRA, Rodrigo da Cunha (coord.). In: CONGRESSO NACIONAL DO IBDFAM. Família: entre o público e o privado, 8., 2012, Porto Alegre. **Anais [...]** Porto Alegre: Magister; IBDFam, 2012, p. 294- 295.

dãos do próprio STJ[151]. Entretanto, persistem outros tantos precedentes do mesmo tribunal no sentido da prevalência dos vínculos biológicos em determinados casos, argumentando em sentido contrário ao que sustentam outras decisões[152].

Esse era o cenário que refletia o tratamento jurídico da socioafetividade nas relações de parentalidade a partir do STJ, entretanto, cumpre destacar que essa temática sofreu grande alteração a partir da decisão do STF no caso do tema de Repercussão Geral 622, quando deliberou pela possibilidade jurídica da multiparentalidade[153]. Como visto, as complexas questões da parentalidade têm um novo contorno a partir da possibilidade jurídica da declaração de multiparentalidade, sendo prudente, a partir de então, analisar as posições do STJ com observância do deliberado pelo STF, com força de repercussão geral.

Desafios para edificação do sentido contemporâneo de parentalidade

Até pouco tempo atrás transparecia em muitas dessas decisões a adoção da seguinte tese: em casos de dissenso na parentalidade a realidade socioafetiva serviria apenas como defesa do filho em demanda anulatória manejada pelo pai (que não o biológico), com o que o vínculo socioafetivo prevaleceria sobre o biológico. A *contrario sensu*, caso a ação anulatória de vínculo seja manejada pelo filho contra os apontados como pais, não prevaleceria a verdade socioafetiva (por mais que consolidada por longos anos), pois o filho teria o direito de ver declarado o vínculo parental biológico a qualquer tempo, inclusive com a consequente anulação do registro anterior do pai afetivo e constituição de novo assento de nascimento com o pai biológico[154] – mesmo com total inexistência de relação concreta entre as partes (hipótese nas quais não prevaleceria a verdade afetiva, por mais sólida e antiga que

---

[151] Como exemplo: STJ, REsp 1.259.460, 3ª Turma, Rel. Min. Nancy Andrighi, unânime, j. 19.06.2012.
[152] Para ilustrar: STJ, REsp 833.712/RS, 3ª Turma, Rel. Min. Nancy Andrighi, unânime, j. 17.05.2007.
[153] Sobre o tema, vide a Seção VI do Cap. IV.
[154] Anote-se que os litígios narrados não envolveram crianças ou adolescentes, pois os filhos supracitados nestas causas postularam em juízo já na sua idade adulta. Em vista disso, não serão tecidas considerações sobre o princípio do melhor interesse da criança e do adolescente na presente análise, com a ciência que este princípio pode iluminar decisões de demandas que envolvem esses vulneráveis.

Cap. IV · PROJEÇÕES DA AFETIVIDADE NO DIREITO DE FAMÍLIA | **221**

fosse, nem mesmo persistiria o vínculo registral, com prevalência total do elo biológico)[155].

A tese resumida trazia, de pronto, algumas inquietações. A existência ou inexistência de uma dada relação parental como a paterno-filial deve restar atrelada apenas à autoria do pedido (se manejado pelo pai ou pelo filho)? Ou seja, uma mesma e idêntica situação fática pode ser declarada como constitutiva ou desconstitutiva de uma relação de filiação apenas porque pleiteada pelo filho, sendo que se os mesmos fatos tivessem o pai como autor da demanda teriam solução totalmente diversa? Atualmente, a existência de vínculo parental socioafetivo, vivenciado pelas partes por longos anos, pode restar subvalorizada a tal ponto de sucumbir perante um elo biológico que nunca tenha sido concretamente vivenciado?

O questionável entendimento esposado na tese anteriormente resumida desconsidera as atuais distinções entre parentesco e ascendência genética; aplica indistintamente critérios utilizados para estabelecer um vínculo de filiação (nos casos em que inexista estado de filiação fixado) como critérios para invalidar um estado de filiação já consolidado (o que é distinto); subvaloriza o vínculo socioafetivo; vincula a sorte de uma relação parental a quem seja o autor do pedido (o pai ou o filho); faz, muitas vezes, remissão ao instituto da adoção (o que não parece ser o caso, pois não se trata tecnicamente de adoção); remete a uma suposta nulidade de registro (o que soa estranho, pois o vínculo biológico não é requisito de validade do assento de nascimento ou elemento constitutivo do estado de filiação); acaba por fazer menoscabo do vínculo socioafetivo, vinculando a verdade real na filiação ao vínculo biológico (o que a coloca – *a priori* – a um patamar de prevalência acima dos demais elos) – entre outros.

Tal ordem de ideias acabava por não contribuir na apuração de indicativos mais claros sobre a prevalência ou coexistência dos elos biológico, afetivo ou registral nas referidas *fattispecie*[156], o que se torna ainda mais distante quando não se esclarecem as premissas necessárias para uma assertiva dessa magnitude.

---

[155] Frise-se que os casos cuidavam de litígios manejados por filhos maiores de idade, adultos, que após muitos anos de convivência socioafetiva resolveram demandar contra seus pais biológicos o que, em um primeiro momento, afasta qualquer cogitação do princípio do melhor interesse da criança e do adolescente.

[156] Ainda que compreensível a variação de resultados finais de acordo com os dados fáticos apresentados, parece recomendável que as referidas decisões indiquem –na sua fundamentação – um sentido comum que possa ser elucidativo do que se está sustentar.

PRINCÍPIO DA AFETIVIDADE NO DIREITO DE FAMÍLIA – *Ricardo Calderón*

Esses questionamentos sugerem uma análise atenta no que diz respeito à apuração de qual modalidade de parentesco deve prevalecer e, até mesmo, quando podem coexistir, de modo a se evitar confusões e posições que possam parecer conflitantes, quiçá, até mesmo indicar certo retrocesso na nossa cultura jurídica familiarista[157].

O entendimento que levava em conta muito mais a autoria do pedido judicial anulatório do estado de filiação (se oriundo do pai ou do filho) do que a realidade subjacente àquela relação familiar, não parece hodiernamente se justificar[158]. Tal tese também não assimila a distinção entre o estado de filiação e o direito ao conhecimento da ascendência genética, degrau já alcançado pelo direito de família brasileiro e de relevantes consequências[159].

Como se não bastasse, essa conclusão tratava indistintamente casos de investigação de filiação (nas situações de ausência de tais apontamentos com quem quer que seja) como demandas de pedidos de anulação de vínculos socioafetivos consolidados e registrados (situações nas quais há tal relação estabelecida), o que não parecia indicado.

Entende-se que a discussão inerente a tais conflitos da parentalidade não se resume a eleger, *a priori*, a prevalência de uma ou outra modalidade de vínculo (socioafetiva ou biológica), mas sim compreender o estágio atual das categorias jurídicas do parentesco, da filiação e do distinto direito ao conhecimento da ascendência genética. Uma exata assimilação de tais relevantes aspectos do direito de família fará emergir, com maior clareza, qual a melhor solução em um dado caso concreto.

---

[157] HIRONAKA, Giselda Maria Fernandes Novaes. Sobre peixes e afetos – um devaneio acerca da ética no direito. In: PEREIRA, Rodrigo da Cunha (org.). **Anais do V Congresso Brasileiro de Direito de Família.** São Paulo: IOB Thompson, 2006, p. 436-437.

[158] "O cumprimento de funções paternas e maternas, por outro lado, é o que pode garantir uma estruturação biopsíquica saudável de alguém. Por isso, a família não é apenas um dado natural, genético ou biológico, mas cultural, insista-se" (PEREIRA, Rodrigo da Cunha. **Princípios fundamentais norteadores para o direito de família.** Belo Horizonte: Del Rey, 2005, p. 216).

[159] "No estágio em que se encontram as relações familiares no Brasil, ante a evolução do direito, do conhecimento científico e cultural e dos valores sociais, não se pode confundir estado de filiação e origem biológica. Esta não mais determina aquele, pois desapareceram os pressupostos que a fundamentavam, a saber, a exclusividade da família matrimonializada, a legitimidade da filiação, o interesse prevalecente dos pais, a paz doméstica e as repercussões patrimoniais" (LÔBO, Paulo Luiz Netto. Direito ao estado de filiação e direito à origem genética: uma distinção necessária. In: PEREIRA, Rodrigo da Cunha (org.). **Anais do V Congresso Brasileiro do Direito de Família.** Belo Horizonte: Del Rey, 2004, p. 527).

Cap. IV · PROJEÇÕES DA AFETIVIDADE NO DIREITO DE FAMÍLIA | 223

Quando se constatar uma filiação socioafetiva consolidada, por muitos anos, de forma pública, contínua e duradoura, não é possível desconsiderar essa realidade fática subjacente[160]. Ainda que eventual pedido anulatório advenha do filho, dever-se-á manter a filiação socioafetiva já registrada (máxime quando for postulado após a morte dos pais socioafetivos, com indicativo de interesses patrimoniais sucessórios). Nas palavras de Rolf Madaleno:

> Foi o ascendente socioafetivo quem desempenhou a função parental e atuou como educador irradiador do afeto, amizade e compreensão. Foi ele quem, sem vacilar, emprestou seu nome para completar a personalidade civil daquele que acolheu por amor, não sendo aceitável que um decreto judicial atue como prenúncio da morte e da afeição, entre personagens ausentes [...] Uma demanda ajuizada para desconstituir a relação afetiva e dar lugar ao frio vínculo puramente biológico, intentada depois da morte do genitor consanguíneo não deve encontrar respaldo na jurisprudência nacional, quando o investigante sempre teve pais socioafetivos e registrais, e não desconhecia a desconexão biológica dos seus pais do coração. [...] Ainda que pudesse ser evidenciada a possibilidade de ser investigada a filiação biológica quando preexistente vinculação socioafetiva, esta investigação processual precisa ser limitada aos direitos da personalidade, sem interferir no já existente estado de filiação proveniente da estabilidade fática ou registral dos laços afetivos, sobremodo quando construídos no cotidiano papel de genitor e prole[161].

A socioafetividade deve ser acolhida de modo pleno e não restar limitada à matéria de defesa do filho. A realidade vivenciada por décadas entre as partes naquela dada relação existencial não pode ser ignorada quando se trata de deliberar sobre a validade ou invalidade de determinado estado de filiação e parentesco (que está presente, repita-se, nas espécies registrais e socioafetivas)[162]. Nessas situações, caso seja comprovado outro vínculo de filiação biológica com outrem, deve se analisar a viabilidade ou não de se declarar a multiparentalidade, mas sem apagar uma parentalidade socioafetiva consolidada.

---

[160] FACHIN, Luiz Edson. Do direito de família. Do direito pessoal. Das relações de parentesco. Arts. 1.591 a 1.638. In: TEIXEIRA, Sálvio de Figueiredo (coord.). **Comentários ao novo Código Civil**. Rio de Janeiro: Forense, 2008. v. XVIII, p. 96-97.

[161] MADALENO, Rolf. Filiação Sucessória. **Revista Brasileira de Direito das Famílias e Sucessões**, Porto Alegre, Magister; Belo Horizonte, IBDFam, v. 1, p. 25-41, dez. 2007/jan. 2008, p. 30-35.

[162] FUJITA, Jorge Shiguemitsu. **Filiação**. São Paulo: Atlas, 2009, p. 150-151.

PRINCÍPIO DA AFETIVIDADE NO DIREITO DE FAMÍLIA – *Ricardo Calderón*

A vinculação da declaração de existência ou de inexistência de uma relação parental à autoria do pedido (se oriundo do pai ou do filho) dificultava sobremaneira a percepção de alguma orientação pela prevalência ou biológica, ou afetiva ou registral nessas situações jurídicas existenciais. Ademais, tal entendimento acabava por apequenar o sentido jurídico da afetividade nas relações parentais, quase a remetendo para uma zona da ilicitude, o que não parece apropriado.

O tratamento jurídico das demandas de invalidação de determinado estado de filiação não pode utilizar os mesmos critérios dos casos de estabelecimento de uma filiação ainda não reconhecida. Quando ausente qualquer filiação e comprovado o ascendente genético, é indicado o estabelecimento de filiação com esse genitor, por mais que ausente qualquer relação afetiva. Entretanto, caso esteja estabelecido no assento de nascimento um estado de filiação (afetivo e registral, portanto), a análise de eventual invalidade do registro deve ser realizada com cautela e, certamente, com o sopesamento de outros critérios além do mero vínculo genético. A mera inexistência de descendência genética não é suficiente para a desconstituição de um estado de filiação estabelecido, pois a "invalidade do registro assim obtido não pode ser considerada quando atingir estado de filiação, por longos anos estabilizado na convivência familiar"[163].

Essas questionáveis conclusões, que perpassam muitas das decisões acima colacionadas, dificultam a percepção contemporânea do que vem a consubstanciar efetivamente um vínculo paterno-filial para o direito brasileiro, embaralhando o sentido atual de filiação e parentesco com o direito ao conhecimento da ascendência genética (típico direito da personalidade).

> Assim, é necessário impor a distinção entre origem biológica e paternidade/maternidade, pois a filiação não é um determinismo biológico, ainda que seja da natureza humana o impulso à procriação. Na maioria dos casos, a filiação deriva-se da relação biológica. Todavia, ela emerge de uma construção cultural e afetiva permanente, que se faz na convivência e na responsabilidade. [...] Apresentamos como hipótese a possibilidade da configuração da parentalidade socioafetiva, quando houver, entre as pessoas, ligações que estabeleçam vínculos afetivos, estabelecendo igualdade com os irmãos biológicos e adotivos, em veneração ao princípio da afetividade[164].

---

[163] LÔBO, Paulo Luiz Netto. Direito ao estado de filiação e direito à origem genética: uma distinção necessária. In: PEREIRA, Rodrigo da Cunha (org.). **Anais do V Congresso Brasileiro do Direito de Família**. Belo Horizonte: Del Rey, 2004, p. 512.

[164] CASSETTARI, Christiano. Multiparentalidade e parentalidade socioafetiva: efeitos jurídicos. **Revista Brasileira de Direito das Famílias e Sucessões**, Porto Alegre, Magister; Belo Horizonte, IBDFam, v. 34, jun./jul. 2013, p.135-136.

Há que se adotar especial cautela principalmente quando os pedidos de declarações de parentalidade envolverem interesses sucessórios prevalecentes, de modo a se evitar uma patrimonialização indevida dessas relações existenciais[165]. Paulo Luiz Netto Lôbo é taxativo ao afirmar que "a sucessão aberta não é razão suficiente para a desconstituição de filiação socioafetiva consolidada, para fins de inclusão forçada de descendente ou descendentes biológicos e da consequente aquisição da herança"[166].

A corrente que indicava no sentido da prevalência do vínculo biológico sobre o socioafetivo, nesses moldes, sem considerar a necessária distinção entre o sentido contemporâneo de parentesco e o direito ao conhecimento da origem genética, subjugava a socioafetividade, vinculando-a a uma inexistente ilegalidade e desconsidera o papel central que ela desenvolve nas relações familiares contemporâneas, estando desacoplada do atual estágio do direito de família brasileiro.

Por tudo isso, foi de relevância ímpar a decisão do STF, proferida em 2016, ao declarar a possibilidade jurídica do reconhecimento da multiparentalidade no direito de família brasileiro, visto que superou alguns dos óbices acima descritos (STF, Repercussão Geral 622). Nessa perspectiva, é possível vislumbrar um avanço na temática a partir da deliberação da nossa Corte Suprema.

Considerações parciais a respeito da socioafetividade nos precedentes do STJ

A centralidade conferida à afetividade nos vínculos familiares está a exigir uma valoração mais adequada quando constatada sua presença nas relações parentais. Os desafios contemporâneos que batem à porta dos tribunais exigem uma leitura apurada das categorias jurídicas, visto que muitas delas sofreram recentes e relevantes alterações.

A tese que sustenta a prevalência dos laços biológicos na consubstanciação do vínculo parental apenas pelo pedido judicial advir do filho (adotada em diversos julgados) é deveras questionável e pode acabar por subjugar a relevância do vínculo socioafetivo.

Não se mostra razoável apagar uma realidade parental (registral e socioafetiva) que prevaleceu faticamente e foi vivenciada pelas partes por décadas, de forma pública, harmoniosa, contínua e duradoura. Por mais que o pedido de

---

[165] MADALENO, Rolf. Filiação sucessória. **Revista Brasileira de Direito das Famílias e Sucessões**, Porto Alegre: Magister; Belo Horizonte: IBDFam, v. 1, p. 25-41, dez. 2007/jan. 2008, p. 35.

[166] LÔBO, Paulo Luiz Netto. **Direito civil:** sucessões. São Paulo: Saraiva, 2013, p. 113.

declaração de nulidade parta do filho (adulto), a situação deve ser apreendida como um todo, a partir da realidade fática inerente àquele caso concreto.

Foi a partir de situações como essas que se edificou a distinção entre uma relação parental e o direito a investigação e conhecimento do seu ascendente genético, conquista já alcançada pelo direito brasileiro. Tanto o reconhecimento jurídico do vínculo socioafetivo como suficiente elo parental, como a distinção entre o direito ao conhecimento da ancestralidade biológica e o direito de ver uma relação parental declarada, são conquistas que não podem ser ignoradas, sob risco de se incorrer em um reprovável retrocesso. Há sólidos estudos que sustentam que a paternidade e a maternidade são, atualmente, uma função, mais do que mero elemento objetivo[167].

Em vez de vincular a sorte de uma demanda parental apenas a quem a manejou, parece indicado atentar para a realidade vivenciada pelas partes no referido caso concreto, o que, nas situações examinadas, pode indicar pela prevalência do vínculo parental socioafetivo (apenas com o direito ao conhecimento do ascendente genético, mas sem qualquer efeito parental). Conforme alerta Paulo Luiz Netto Lôbo:

> Daí, é de se repelir o entendimento que toma corpo nos tribunais brasileiros de se confundir estado de filiação com origem biológica, em grande medida em virtude do fascínio enganador exercido pelos avanços científicos em torno do DNA. Não há qualquer fundamento jurídico para tal desvio hermenêutico restritivo, pois a Constituição estabelece exatamente o contrário, abrigando generosamente o estado de filiação de qualquer natureza, sem primazia de um sobre outro[168].

O acertamento de tais casos exige a percepção da distinção entre o instituto do parentesco e o direito ao conhecimento da origem genética,

---

[167] "Respeitando-se os limites e potencialidades herdados pela genética, mas descartada a existência de um sentimento materno universal, necessário e predeterminado, o vínculo biológico/consanguíneo muito pouca influência terá na determinação de uma criança e, consequentemente, na sua constituição enquanto sujeito. Por isso mesmo, a psicanálise moderna não fala mais especificamente em 'mãe' e 'pai', mas sim em 'funções maternas' e 'funções paternas', não necessariamente desempenhadas pelos pais biológicos" (PAULO, Beatrice Marinho. Ser pai nas novas configurações familiares: a paternidade psicoafetiva. **Revista Brasileira de Direito das Famílias e Sucessões**, Porto Alegre: Magister; Belo Horizonte: IBDFam, v.10, jun./jul. 2009, p. 57).

[168] LÔBO, Paulo Luiz Netto. Direito ao estado de filiação e direito à origem genética: uma distinção necessária. In: PEREIRA, Rodrigo da Cunha (org.). **Anais do V Congresso Brasileiro do Direito de Família**. Belo Horizonte: Del Rey, 2004, p. 528.

bem como indica no sentido de considerar as diferenças inerentes aos casos de estabelecimento de uma relação filial, ainda não declarada, dos casos de anulação de uma relação parental socioafetiva consolidada e, muitas vezes, inclusive registrada[169]. A possibilidade da solução da declaração de multiparentalidade, nesses casos, é mais uma alternativa que merece ser mais bem detalhada pelo direito de família brasileiro.

É imperativo avançar na tradução contemporânea do exato sentido de tais categorias jurídicas, com o fito de confrontá-las com a fundamentação das respectivas decisões judiciais, tudo com o intuito de alcançar adequadas soluções aos litígios que afligem as relações de parentalidade das famílias contemporâneas[170].

Conforme sustenta Luiz Edson Fachin,

> na característica construtiva das relações familiares um espaço para o refúgio e o afeto, na família pluriparental nascente, informado na base ambivalente (socioafetiva e biológica) das relações familiares, os desafios dessa travessia[171].

SEÇÃO V. MATERNIDADE SOCIOAFETIVA: POSSIBILIDADE JURÍDICA, ASPECTOS MATERIAIS E PROCESSUAIS

MÃE...
São três letras apenas,
As desse nome bendito:
Três letrinhas, nada mais...
E nelas cabe o infinito
E palavra tão pequena
Confessam mesmo os ateus
És do tamanho do céu
E apenas menor do que Deus!

Mario Quintana

---

[169] LÔBO, Paulo Luiz Netto. Direito ao estado de filiação e direito à origem genética: uma distinção necessária. In: PEREIRA, Rodrigo da Cunha (org.). **Anais do V Congresso Brasileiro do Direito de Família**. Belo Horizonte: Del Rey, 2004, p. 528.

[170] FACHIN, Luiz Edson. Paternidade e ascendência genética. In: FACHIN, Luiz Edson. **Direito de família:** elementos críticos à luz do novo Código Civil brasileiro. 2. ed. Rio de Janeiro: Renovar, 2003, p. 172.

[171] FACHIN, Luiz Edson. **Direito de família:** elementos críticos à luz do novo Código Civil brasileiro. 2. ed. Rio de Janeiro: Renovar, 2003, p. 323.

Socioafetividade materna

Como visto, as relações de filiação passaram a apresentar novas configurações nos últimos anos, o que reverberou inclusive nas relações materno-filiais. A realidade evidenciou que diversas espécies de vínculos podem vir a consubstanciar uma relação de filiação (biológicos, afetivos, adotivos, registrais), visto que as famílias brasileiras houveram por bem em escolher outros critérios como suficientes. Essa peculiaridade incidiu até mesmo nos casos de maternidade.

Inúmeras situações fáticas demonstram o que se denomina por *maternidade socioafetiva*, ou seja, relações materno-filiais lastreadas apenas pelo vínculo socioafetivo entre mãe e filho. Para discorrer sobre o tema, partir-se-á de um caso concreto julgado pelo STJ, REsp 1.291.357, que é prova do que se está a afirmar.

A ementa do acórdão do STJ que deliberou sobre o tema é a seguinte:

> Recurso especial – Direito civil e processual civil – Família – Ação declaratória de maternidade socioafetiva – Instâncias ordinárias que extinguiram o feito, sem resolução do mérito, sob o fundamento de impossibilidade jurídica do pedido. Insurgência recursal da autora. Condições da ação – Teoria da asserção – Pedido que não encontra vedação no ordenamento pátrio – possibilidade jurídica verificada em tese – Recurso especial provido. Ação declaratória de maternidade ajuizada com base com os laços de afetividade desenvolvidos ao longo da vida (desde os dois dias de idade até o óbito da genitora) com a mãe socioafetiva, visando ao reconhecimento do vínculo de afeto e da maternidade, com a consequente alteração do registro civil de nascimento da autora. 1. O Tribunal de origem julgou antecipadamente a lide, extinguindo o feito, sem resolução do mérito, por ausência de uma das condições da ação, qual seja, a possibilidade jurídica do pedido. 1.1. No exame das condições da ação, considera-se juridicamente impossível o pedido, quando este for manifestamente inadmissível, em abstrato, pelo ordenamento jurídico. Para se falar em impossibilidade jurídica do pedido, como condição da ação, deve haver vedação legal expressa ao pleito da autora. 2. Não há óbice legal ao pedido de reconhecimento de maternidade com base na socioafetividade. O ordenamento jurídico brasileiro tem reconhecido as relações socioafetivas quando se trata de estado de filiação. 2.1. A discussão relacionada à admissibilidade da maternidade socioafetiva, por diversas vezes, chegou à apreciação desta Corte, oportunidade em que restou demonstrado ser o pedido juridicamente possível e, portanto, passível de análise pelo Poder Judiciário, quando proposto o debate pelos litigantes. 3. *In casu*, procede a alegada ofensa ao disposto no inc. VI do art. 267 do Código de Processo

Cap. IV • PROJEÇÕES DA AFETIVIDADE NO DIREITO DE FAMÍLIA | 229

Civil e ao art. 1.593 do Código Civil, visto que o Tribunal de origem considerou ausente uma das condições da ação (possibilidade jurídica do pedido), quando, na verdade, o pedido constante da inicial é plenamente possível, impondo-se a determinação de prosseguimento da demanda. 4. Recurso especial **provido**, para, reconhecendo a possibilidade jurídica do pedido, determinando-se o retorno dos autos à instância de origem, de modo a viabilizar a constituição da relação jurídica processual e instrução probatória, tal como requerido pela parte (REsp 1.291.357/SP, Rel. Min. Marco Buzzi, 4ª Turma, j. 20.10.2015, *DJe* 26.10.2015).

No referido caso concreto, a autora da ação afirma que, em razão do falecimento da sua genitora logo após o seu nascimento, veio a ser criada como filha pela sua mãe socioafetiva desde os seus primeiros dias de vida até a data em que essa "mãe de fato" veio a óbito. Esta situação concreta teria perdurado por várias décadas, constituindo-se em inegável relação materno-filial estável e pública, ainda que ausente entre elas qualquer vínculo biológico ou registral.

Mesmo com o advento e a popularização do exame em DNA, que permitiu atestar com alto grau de acerto a descendência genética, ainda assim se percebeu que esta não passou a ser vista como a única forma possível de se atestar uma filiação. Enquanto a ciência avançou e indicou na possibilidade de pôr fim a essas dúvidas filiais, acaso aceito o biologicismo que ganhava relevo, a realidade das famílias apontou em um sentido diverso. Em uma infinidade de situações fáticas, mesmo se podendo afirmar tecnicamente a inexistência de descendência genética, ainda assim se percebia presente uma relação de fato de paternidade ou maternidade tão intensa que não era passível de ser ignorada pelo Direito.

Exatamente conforme descrito no caso julgado pelo STJ, relações socioafetivas de filiação vivenciadas por longos períodos prosseguiram sendo percebidas na realidade brasileira, com densidade tal, que exigiram que fossem acolhidas juridicamente. A força construtiva dos fatos sociais levou à edificação da socioafetividade como suficiente vínculo parental, o que já resta consagrado no direito de família brasileiro. O ditado popular "pai é quem cria" não deixa dúvidas do que se está a afirmar, de modo que a posse de estado de filho consagra esta relação afetiva na filiação. Essa situação deve se estender também para a maternidade, conforme deliberou o acórdão acima transcrito.

Inúmeras são as situações nas quais uma criança acaba por ser criada como filha por pais e mães de fato, que não são seus ascendentes genéticos e nem mesmo são seus pais registrais. Não raro, essa relação de filiação fática se estende por toda uma vida e seja pública e notória, restando inequívoca a relação de filiação socioafetiva naquele dado caso concreto.

Inicialmente, foram nos pedidos de reconhecimento de paternidade que se consolidaram os parentescos por socioafetividade, entretanto, recentemente avolumaram pedidos de reconhecimento de maternidades socioafetivas. Ou seja, pleitos judiciais que requerem que o Poder Judiciário declare uma relação de maternidade de fato, conferindo efeitos jurídicos para uma relação materno-filial afetiva estável.

As peculiaridades da maternidade fazem com que o número desses casos seja infinitamente menor que os casos de paternidade, ainda assim não se pode deixar de conferir efeitos jurídicos também para essas situações. Acertou o STJ quando considerou passível de apreciação jurisdicional o pedido de declaração de maternidade socioafetiva.

Esse conflito demonstra que, no atual estágio do direito de família brasileiro, não há como ignorar tais pleitos de maternidade socioafetiva. Não é possível virar as costas para essas situações, sob o argumento genérico da "impossibilidade jurídica do pedido", como deliberaram as instâncias inferiores que apreciaram este conflito. Até mesmo porque inexistem óbices legais a essa pretensão[172].

A deliberação da nossa Corte Especial foi no sentido de que essa relevante manifestação familiar exige uma análise escorreita, à luz do direito material e do direito processual, o que leva a sua apreciação de mérito. Os fundamentos desse julgado são esclarecedores, tanto do ponto de vista do direito de família, como do direito processual civil.

Fundamentos de direito material

O reconhecimento de uma relação de maternidade socioafetiva pelo STJ é mais uma projeção que decorre do acolhimento da afetividade como princípio do direito de família brasileiro.

Como já visto, a CF/1988 e o Código Civil de 2002 são exemplos de estatutos que abriram espaço para o reconhecimento jurídico da filiação socioafetiva. O disposto no § 6º do art. 227 da nossa Carta Magna é expresso ao afirmar: "Os filhos, havidos ou não da relação do casamento, ou por adoção, terão os mesmos direitos e qualificações, proibidas quaisquer designações discriminatórias relativas à filiação". Também a redação do art. 1.593 do Código Civil brasileiro não deixa margem a dúvidas: "O parentesco é natural ou civil, conforme resulte de consanguinidade ou outra origem".

---

[172] CASSETTARI, Christiano. Multiparentalidade e parentalidade socioafetiva: efeitos jurídicos. **Revista Brasileira de Direito das Famílias e Sucessões**, Porto Alegre, Magister; Belo Horizonte, IBDFam, v. 34, jun./jul. 2013, p. 79.

A doutrina e a jurisprudência firmaram entendimento no sentido de que a socioafetividade tem previsão legal no Direito brasileiro, em especial que está acolhida na locução "outra origem" da parte final do art. 1.593 do CC, de modo que há respaldo legal para o seu reconhecimento como vínculo parental. Percebe-se, assim, que a legislação, a doutrina e a jurisprudência pátria acolhem o parentesco socioafetivo.

Os casos de paternidade socioafetivas são há muito conhecidos dos nossos Tribunais, mas, recentemente, há também pleitos de maternidade socioafetivas que clamam por deliberação. Inequívoco que esses casos maternos se apresentam com menor intensidade, mas ainda assim são manifestações sociais que merecem consideração.

Desde logo, importa destacar que, do ponto de vista jurídico, essa questão não merece destinação diversa da que a já edificada para as situações de paternidade. Em que pesem as relações paternas e as maternas possuam as suas peculiaridades, no que se refere ao vínculo socioafetivo para consubstanciar uma situação de filiação, tanto os casos de paternidade como os de maternidade merecem a mesma conclusão.

Ou seja, os mesmos fundamentos jurídicos que sustentaram a consagração da paternidade socioafetiva são hígidos para sustentar os pleitos de maternidade socioafetivas, desde que presentes os seus requisitos. Não há como ter conclusão distinta, visto que os dispositivos que tratam de modo distinto a paternidade e a maternidade não são óbices para tal reconhecimento.

Também as situações materno-filiais devem observar a edificação já alcançada pelo direito brasileiro que distingue o direito ao conhecimento à descendência genética do direito de filiação. Diante disso, mesmo quando ausente o vínculo biológico, é possível ver declarada uma relação de filiação materna lastreada apenas pelo vínculo socioafetivo. Conforme já sustentamos, a afetividade jurídica deve ser verificada de forma objetiva, ou seja, com a análise da presença de fatos jurídicos que comprove a existência de uma dada relação afetiva.

A situação narrada nos autos do caso ora em apreço descrevia uma relação de maternidade socioafetiva vivenciada por 52 anos, mas sem qualquer registro ou pedido formal de sua declaração durante este período. Na descrição apresentada havia o detalhamento de uma relação materno-filial afetiva, pública e duradoura entre "mãe" e filha. Diante disso, aparentemente estão presentes os requisitos para o processamento e apreciação deste pedido de reconhecimento de parentesco socioafetivo. A decisão do STJ foi expressa em afirmar ser possível juridicamente este pleito, contando inclusive com vasta citação legal, doutrinária e jurisprudencial a dar guarida a tal entendimento.

A robustez do relatório e do voto apresentado não deixam margem a dúvidas sobre a possibilidade jurídica dessa pretensão, visto que foram afastados tantos os óbices de natureza material como processual. Em consequência, pode-se afirmar que o pedido de declaração judicial de reconhecimento de relação de maternidade socioafetiva é juridicamente possível.

Não há como deixar de observar que essa ordem de ideias demonstra o decréscimo da relevância do ditado *mater semper certa est* (a mãe é sempre certa). Tanto os casos de reprodução assistida como os dessas relações de filiação de fato são fatores que tensionam para a redução da importância do brocardo latino e conferem relevo para a afetividade.

À luz do direito de família brasileiro contemporâneo, percebe-se a viabilidade jurídica dos pleitos de reconhecimento de maternidades socioafetivas, sendo esta uma relação de parentalidade que deve receber guarida judicial quando presentes os seus pressupostos e critérios legais.

Fundamentos de direito processual

Aspecto de relevo na decisão ora em análise envolveu a questão processual, que assumiu certa preponderância *in casu* pelo fato de as instâncias inferiores optarem por extinguir a ação alegando a impossibilidade jurídica do pedido.

O juízo de primeiro grau e o tribunal estadual que julgaram a causa entenderam por bem extinguir o feito sem julgamento do mérito, com base no art. 267, VI, do CPC/1973 (VI – quanto não ocorrer qualquer das condições da ação, como a possibilidade jurídica do pedido, a legitimidade de partes e o interesse processual). O entendimento era de que não haveria possibilidade jurídica do pedido, o que inviabilizava o seu processamento.

Consequentemente, um dos pontos centrais na decisão do STJ foi justamente cuidar da análise da presença, ou não, das condições da ação nesse pleito de reconhecimento de maternidade socioafetiva. Especificamente, haveria impossibilidade jurídica dessa pretensão conforme haviam entendido as instâncias inferiores. Nas palavras do Ilustre Relator: "Cinge-se a controvérsia em saber se a pretensão deduzida pela ora recorrente encontra amparo, ao menos em tese, no ordenamento jurídico brasileiro, vale afirmar, se está presente a condição da ação consistente na possibilidade jurídica do pedido".

O argumento utilizado pelas instâncias inferiores para sustentar como impossível o pedido, seria o fato de que a mãe socioafetiva não havia externado em vida a sua intenção de "adotar" a postulante, nem mesmo havia deixado testamento com tal manifestação de vontade, o que tornaria impossível atender o pleito após o seu óbito. Tal era a relevância desse aspecto para a conclusão que foi lançada, que até mesmo era citada na ementa elaborada pelo respectivo tribunal estadual para resumir sua conclusão para o caso.

Cap. IV · PROJEÇÕES DA AFETIVIDADE NO DIREITO DE FAMÍLIA | 233

Com a devida vênia, não parece a melhor solução adotar este entendimento. Isso porque, acaba por confundir alguns aspectos de direito material e também de direito processual, chegando à conclusão de que não tutela de forma apropriada a lide ora em pauta. Uma análise detida da situação narrada, com a adequada aplicação dos dispositivos legais incidentes, permite perceber que não há óbice legal ao processamento do pedido que era apresentado. Nesse aspecto, foi esclarecedora a decisão do STJ, pois jogou luz tanto sobre as questões de direito material, como sobre as de direito processual, conferindo um tratamento jurídico adequado ao caso em concreto, de modo a concluir pela possibilidade jurídica do pedido em apreço.

Relativamente às questões específicas de direito processual, percebe-se que o ministro relator andou bem ao apreciar a presença ou não da condição da ação que estava sendo questionada: a possibilidade jurídica do pedido (de acordo com as balizas constantes no CPC/1973, em vigor à época dos fatos. Isso porque, no momento da análise das condições da ação, esta deve ser realizada levando em conta as alegações da parte requerente em tese e não de modo a exigir prova *ab initio* de tudo que ela está a sustentar, ou seja, deve considerar seus argumentos hipoteticamente. Em outras palavras, deve refletir de modo a ver se é passível de se atender o pleito judicial apresentado caso sejam verídicas as alegações que são narradas. Essas são as premissas da teoria da asserção que é adotada de forma *inconteste* pelo direito processual civil brasileiro. Realizando-se a verificação da demanda a partir desta perspectiva, percebe-se de plano que, no caso em julgamento, não se podem afirmar ausentes as condições da ação como fizeram as instâncias inferiores. Isso porque, caso consideradas abstratamente verídicas as alegações apresentadas pela postulante, seria passível de deferimento o pedido de declaração de maternidade socioafetiva que era manejado.

Outro aspecto esclarecedor da decisão do STJ, foi o fato de deixar consignar que apenas são considerados impossíveis juridicamente os pedidos em face dos quais exista óbice legal expresso ao seu acolhimento, ou seja, quando presente vedação legal explícita ao pleito. *A contrario sensu*, inexistindo tal vedação legal é admissível de apreciação o pedido. Conforme assentado, inexiste óbice legal ao pedido de reconhecimento de maternidade socioafetiva, de modo que também esse argumento não poderia prevalecer para evitar o processamento da referida ação. Nas palavras do Min. Marco Buzzi "No caso em apreço, infere-se que não há vedação legal ao pedido de reconhecimento da maternidade com base na socioafetividade. Diversamente, o ordenamento jurídico brasileiro tem reconhecido, cada vez com mais ênfase, as relações socioafetivas quando se tratar de estado da filiação".

Para corroborar com tal afirmação, o voto desfila diversas decisões do próprio STJ que acolheram pedidos de reconhecimento judicial de maternidades socioafetivas, inclusive citando casos nos quais esse pedido foi acolhido *post mortem*, ou seja, quando a mãe socioafetiva já havia falecido. Os fundamentos expostos nessas decisões comprovam a sensibilidade daquela Corte para o atual estágio do nosso direito de família, em especial para os efeitos decorrentes da afetividade. Existem vários julgados que reconheceram maternidades socioafetivas, o que comprova de forma cristalina a sua viabilidade jurídica.

Outra questão que foi bem esclarecida na decisão do STJ diz respeito à natureza do pedido específico que foi apresentado. O relato não deixa dúvidas de que o pleito apresentado cuidava de um pedido de declaração judicial do reconhecimento de maternidade socioafetiva com a consequente alteração do respectivo registro de nascimento. Esse pedido de declaração de relação parental já vivenciada faticamente, em claro parentesco socioafetivo, não pode ser confundido com um pedido de adoção judicial (que possui tratamento específico nos termos da Lei nº 12.010/2009). O processo judicial de adoção tem lei, formalidades e critérios próprios, dos quais não se está a tratar na situação *sub judice*.

Não se pode confundir o pleito apresentado na lide em pauta com um processo formal de adoção, como fez o juízo de primeiro grau e o tribunal estadual ao julgar o caso (tanto é que a própria ementa dessa corte estadual não deixa dúvidas disso, pois faz remissão expressa à adoção e a alguns dos seus critérios). Como bem asseverou o ministro relator, até mesmo a adoção permite que seu processamento seja realizado após a morte do adotante, na chamada adoção póstuma. Ainda assim, não é aconselhável vincular o pleito que era apresentado a um processo de adoção, visto que não é exatamente disso que se está a tratar.

Mesclar requisitos e formalidades inerentes à adoção em um pedido de reconhecimento judicial de uma relação parental socioafetiva, pode vir a se constituir em grave equívoco, o que apenas dificultará o acertamento da causa. É evidente que existem pressupostos e critérios para que se viabilize o reconhecimento de uma relação parental socioafetiva e estes deverão ser averiguados no respectivo caso concreto, inclusive com maior rigor por envolver pedido *post mortem*. Mesmo assim, não se pode misturar requisitos materiais e formais de um processo de adoção com os requisitos de um pleito de reconhecimento de maternidade socioafetiva. As peculiaridades inerentes a um processo de adoção não permitem que seus requisitos sejam transportados para outras demandas indistintamente.

A conclusão do ministro relator é firme no sentido de declarar a viabilidade jurídica do pleito que era apresentado, de modo a reformar as decisões anteriores, proferindo comando para que o feito seja instruído e seu mérito apreciado. Diante dos fatos relatados, parece escorreita essa decisão que leva a análise do mérito do pedido. Também parece estar em consonância com os postulados adotados pelo novo Código de Processo Civil, visto que uma das metas da nova codificação é justamente a primazia da apreciação do mérito das causas (princípio da primazia da decisão de mérito).

É relevante a manifestação do STJ no sentido de afirmar a possibilidade jurídica dos pedidos de reconhecimento de maternidades socioafetivas. Os sólidos fundamentos expostos na análise dessa demanda também merecem destaque, visto que tratam da legislação processual e do direito material.

Há inclusive um precedente de reconhecimento de maternidade socioafetiva no STF, no qual o Rel. Min. Edson Fachin, a partir da tese da multiparentalidade (aprovada na RG 622/STF), deferiu o pleito de maternidade socioafetiva "dou provimento ao recurso extraordinário para julgar procedente o pedido da ação rescisória e reconhecer o vínculo socioafetivo entre os Recorrentes e sua madrasta, em razão de ação declaratória de adoção póstuma, bem como todos os direitos daí decorrentes"[173].

Também florescem casos de pares homoafetivos femininos que estão a pleitear registros de maternidades que não estão previstos de modo expresso pela nossa legislação, mas que parecem merecer acolhida.

Por exemplo, o caso de duas mulheres de Lajeado/RS que mantinham relacionamento de união estável entre si e desejavam ter um filho. Como não tinham muitos recursos realizaram uma inseminação artificial caseira (sem uma clínica médica responsável), com o material masculino doado por um amigo comum, realizando tudo informalmente. Uma delas engravidou e gestou o filho. Essa opção informal não lhes permitia utilizar os regramentos legais atinentes a reprodução humana assistida, que permitiria o registro do filho em nome de ambas as mães, visto que essas regras se aplicam apenas para inseminações registradas e formais (o que não era o caso). Após o nascimento da criança ela foi registrada apenas em nome da mulher que a pariu, de modo que a outra companheira teve que recorrer ao Poder Judiciário para poder ver o seu nome na certidão de nascimento como uma segunda mãe. Felizmente, mesmo que ausente qualquer vínculo biológico do filho com esta companheira, o seu pedido foi deferido pela Justiça[174], passando ambas a figurar como mães.

---

[173] STF, ARE 933.945/GO, Rel. Min. Edson Fachin, j. 1º.02.2017.

[174] Autos 57.2020.8.21.0017/RS. Vara de Família e Sucessões da Comarca de Lajeado/RS. Decisão divulgada em maio de 2020.

Em outro caso, duas crianças brasileiras foram registradas apenas com o pai registral, sem qualquer mãe no assento de nascimento, o que parece inusitado, mas bem retrata o momento atual de mudanças. A situação ocorreu em São Paulo, tratava-se de um homem solteiro (Eduardo) que fez sozinho um processo formal de reprodução assistida, o qual foi deferido pelo Conselho de Medicina (ou seja, mediante processo formal de reprodução humana assistida). O procedimento se deu mediante o óvulo de uma doadora e uma barriga em substituição para a gestação ("barriga de aluguel"). Ao final, nasceram duas gêmeas que, portanto, tinham apenas um pai (Eduardo) sem mãe. O registro foi viabilizado com as regras previstas no Provimento 63 do CNJ.

Esses casos citados favorece percebermos a "desbiologização da maternidade", o que se alcança quarenta anos depois do visionário artigo chamado a "desbiologização da paternidade", publicado em 1979 pelo professor mineiro João Baptista Villela.

Espera-se que essas orientações possam melhor contribuir para uma adequada tutela dos noveis conflitos das famílias brasileiras contemporâneas.

SEÇÃO VI. MULTIPARENTALIDADE: A TESE APROVADA PELO STF E SEUS EFEITOS EXISTENCIAIS E PATRIMONIAIS

Mas sempre vos direi que o legislador não cria a família,
como o jardineiro não cria a primavera.
[...] soberano não é o legislador, soberana é a vida.
Virgílio de Sá Ferreira

Uma das relevantes questões que decorre do reconhecimento jurídico da afetividade é a temática da multiparentalidade[175]: situações existenciais nas quais uma pessoa tem vínculo de filiação com dois ou mais pais (ou duas ou mais mães) concomitantemente. Inúmeros casos concretos com essa peculiaridade passaram a bater à porta dos tribunais solicitando uma resposta jurídica, mesmo sem prévia lei expressa que a preveja. Essa se apresenta, certamente, como uma das principais questões do direito de família contemporâneo. O tema, por exemplo, vem sendo discutido em outros países como a Bélgica,

---

[175] Ou pluriparentalidade, como utilizado por alguns autores, inclusive pelo Min. Luiz Fux, STF.

onde a "a concepção de filiação no Direito belga sempre tem repousado sobre uma busca de equilíbrio entre a verdade genética e a verdade afetiva"[176].

Para exemplificar: uma pessoa possui um "pai socioafetivo" por longos anos, com essa figura paterna registrada no assento de nascimento e consolidada faticamente, e, entretanto, em um dado momento, descobre que o seu "pai biológico" é outro (com comprovação por exame em DNA, inclusive). Ou seja, o seu "pai socioafetivo" não é o seu ascendente genético, o que significa que esse filho terá um "pai socioafetivo" e outro "biológico"; duas figuras paternas com duas espécies distantes de vínculos. Isso leva à possibilidade de que esse filho pretenda ver reconhecida judicialmente a paternidade biológica, mas sem abrir mão da paternidade socioafetiva que já tem, mantendo as duas paternidades concomitantemente, lado a lado. Caracterizada, assim, uma situação de multiparentalidade.

Observa-se, então, que o reconhecimento jurídico das filiações socioafetivas aumentou a possibilidade de cumulação de paternidades e maternidades, justamente por uma espécie de vínculo não mais excluir outras. A peculiaridade do parentesco poder estar decalcado em várias espécies de vínculos (como os biológicos, presuntivos, registrais, adotivos ou socioafetivos) faz com que mais de uma espécie de paternidade (ou maternidade) possa coexistir com outra em uma dada situação concreta.

A superação do *fetiche* de que a filiação é somente de origem biológica[177] descortinou a possibilidade de reconhecimento da multiparentalidade com primazia para os casos de pluripaternidades (embora o mesmo se aplique para os casos de maternidade). As famílias brasileiras admitem, há muito, que uma paternidade esteja lastreada em outros vínculos que não o biológico. Prova disso: o conhecido ditado popular "pai é quem cria" (com a maestria que lhe é peculiar, Paulo Lôbo acrescenta: *ascendente é quem gera*). Assim, o respeito a uma filiação socioafetiva consolidada e registrada pode vir a permitir que uma pessoa venha a ter também o seu "pai biológico" reconhecido formalmente, como uma segunda figura paterna.

A evolução da sociedade brasileira acabou por considerar elos *biológicos, afetivos*[178], *presuntivos, registrais e adotivos* como suficientes para o estabele-

---

[176] PORTANOVA, Rui. **Ações de filiação e paternidade socioafetiva**. Porto Alegre: Livraria do Advogado, 2016, p. 194.

[177] VELOSO, Zeno. **Direito brasileiro da filiação e paternidade**. São Paulo: Malheiros, 1997.

[178] VILLELA, João Baptista. A desbiologização da paternidade. **Revista da Faculdade de Direito da Universidade Federal de Minas Gerais**, Belo Horizonte, UFMG, ano XXVII, n. 21, maio 1979.

cimento da filiação e do parentesco. A filiação socioafetiva possui agasalho constitucional, a partir da previsão de igualdade entre todos os filhos (art. 227, § 6º, CF[179]; repisado no art. 1.596, CC), e legal, a partir da parte final do art. 1.593 do Código Civil[180] (quando assevera que o parentesco pode ser de *outra origem*); entre diversos outros dispositivos do nosso ordenamento. Tanto é que esta filiação lastreada exclusivamente no vínculo socioafetivo está consolidada na literatura e jurisprudência brasileiras há mais de três décadas[181].

O STJ foi o precursor na construção da categoria da socioafetividade como elo parental, o que lhe conferiu certa intimidade com esta peculiar espécie de vínculo, cujo acolhimento contribuiu para o quadro atual[182] na medida em que a possibilidade de uma grande pluralidade de vínculos coexistir em determinados casos concretos passou a desafiar as categorias clássicas da filiação e do parentesco. Entre os casos julgados pelo STJ, mencionam-se o REsp 813.604/SC[183] e o REsp 127.541[184], que mantiveram o vínculo socioafetivo, ainda que com investigação de paternidade promovida por outra pessoa.

Outro fator que fomentou a possibilidade de casos de multiparentalidade certamente foi o número crescente de famílias recompostas, cada vez mais frequentes. Observe-se o seguinte modelo familiar: um casal heteroafetivo

---

[179] Art. 227, § 6º, CF/88: "Os filhos, havidos ou não da relação do casamento, ou por adoção, terão os mesmos direitos e qualificações, proibidas quaisquer designações discriminatórias relativas à filiação".

[180] Art. 1.593, CC: "O parentesco é natural ou civil, conforme resulte de consanguinidade ou outra origem".

[181] CALDERÓN, Ricardo Lucas. A socioafetividade nas relações de parentalidade: estado da arte nos tribunais superiores. **Revista Brasileira de Direito das Famílias e Sucessões.** v. 36 (out./nov. 2013). Porto Alegre: Magister; Belo Horizonte: IBDFam, 2007, p. 37-62, p. 51-52.

[182] CARDOSO, Simone Tassinari. Notas sobre parentalidade socioafetiva. Notas sobre parentalidade socioafetiva. In: CONGRESSO BRASILEIRO DE DIREITO CIVIL, 2., Curitiba, 2014. **Anais [...].** Curitiba: Instituto Brasileiro de Direito Civil-IBDCivil, 2014.

[183] STJ, REsp 813.604/SC, 3ª Turma, Rel. Min. Nancy Andrighi, unânime, j. 16.08.2007. No caso, a decisão permitiu a uma criança adotada a averiguação de seu ascendente genético e, em face das peculiaridades do caso concreto em pauta, concedeu a possibilidade de ela pleitear alimentos ao genitor, mesmo com a adoção que havia sido regularmente celebrada. Relatório e voto deste julgado são inequívocos em adotar a distinção entre as figuras de pai/mãe e dos ascendentes genéticos.

[184] STJ, REsp 127.541, 3ª Turma, Rel. Min. Eduardo Ribeiro, j. 10.04.2000, unânime. Decisão reconhece a possibilidade de criança adotada investigar sua origem genética, sem que isso altere seu estado adotivo, distinguindo expressamente o vínculo parental da origem biológica.

jovem tem um filho logo no início do relacionamento. Pouco tempo depois, o casal se divorcia, e o filho continua residindo com a mãe, já distante do pai biológico. A seguir, a mãe estabelece uma nova relação com um outro homem (seu novo companheiro), que passa a conviver diariamente com a mãe e o filho dela de maneira afetiva, pública e duradoura, por longo tempo, assumindo a função paterna de fato (socioafetiva). Por consequência, esse filho terá duas referências paternas: um "pai biológico" (o genitor) e outro "pai socioafetivo" (o novo companheiro da sua mãe).

Inúmeras situações fáticas, como a exemplificada, passaram a exigir uma resposta jurídica e as demandas de multiparentalidade começaram a figurar na literatura especializada de direito de família. Essa pluralidade de vínculos filiais é típico exemplo da atual complexidade das relações familiares, que no cenário brasileiro ainda não encontra regulamentação em lei expressa. Ainda assim, doutrina e jurisprudência passaram a acolher a possibilidade jurídica dessa pluriparentalidade, de modo a permitir que uma pessoa venha a ter, reconhecidamente, dois pais (ou duas mães) concomitantemente.

Como já mencionado, a consolidação do reconhecimento jurídico da parentalidade socioafetiva fez desaguar no desafio da multiparentalidade, objeto de tratamento doutrinário e de reiteradas decisões judiciais no Brasil nos últimos anos[185]. Na literatura jurídica, Christiano Cassettari foi um dos precursores no desenvolvimento do tema, com relevante contribuição na definição dos seus contornos jurídicos[186]. Judicialmente, o magistrado Sérgio Kreuz, do Paraná, foi um dos primeiros a proferir decisão nesse sentido, na qual reconheceu uma situação de multiparentalidade paterna[187].

O princípio da parentalidade responsável, previsto no § 7º, art. 226, CF[188], auxilia na compreensão da temática da multiparentalidade, visto

---

[185] TEIXEIRA, Ana Carolina Brochado, RODRIGUES, Renata de Lima. A multiparentalidade como nova estrutura de parentesco na contemporaneidade. **E-Civitas – Revista Científica do Departamento de Ciências Jurídicas, Políticas e Gerenciais do UNIBH**, Belo Horizonte, v. VI, n. 2, dez. 2013.

[186] CASSETTARI, Christiano. Multiparentalidade e parentalidade socioafetiva: efeitos jurídicos. **Revista Brasileira de Direito das Famílias e Sucessões**, Porto Alegre, Magister; Belo Horizonte, IBDFam, v. 34, jun./jul. 2013.

[187] Autos 0038958-54.2012.8.16.0021, Vara da Infância e Juventude de Cascavel/PR, em 20.02.2013.

[188] Art. 226, § 7º, CF/88: "Fundado nos princípios da dignidade da pessoa humana e da paternidade responsável, o planejamento familiar é livre decisão do casal, competindo ao Estado propiciar recursos educacionais e científicos para o exercício desse direito, vedada qualquer forma coercitiva por parte de instituições oficiais ou privadas".

que traz expressa a diretriz da responsabilidade, basilar quando se trata da questão da filiação[189]. A responsabilidade dos pais sobre sua prole não pode ser escusada, de modo que mesmo o mero ascendente genético pode vir a ter deveres para com aquele que gerou. Essa orientação é ponto central na escorreita compreensão das relações multiparentais.

Para Christiano Cassettari, "o fundamento da multiparentalidade é a igualdade das parentalidades biológica e socioafetiva, pois entre elas não há vínculo hierárquico e uma não se sobrepõe a outra, podendo elas coexistirem, harmoniosamente, sem problemas algum"[190].

Na esteira disso, nas questões de filiação, vivencia-se um momento de superação da lógica binária de exclusão, que admitia apenas uma espécie de filiação em cada caso concreto (em geral, ou a socioafetiva ou a biológica, tendo-se que optar por uma ou outra), passando-se a adotar uma lógica que também possa ser plural em determinadas situações fáticas (permitindo a coexistência de duas filiações em determinados casos concretos).

Rodrigo da Cunha Pereira define Multiparentalidade como

> o parentesco constituído por múltiplos pais, isto é, quando o filho estabelece uma relação de paternidade/maternidade com mais de um pai e/ou com uma mãe. Os casos mais comuns são os padrastos e madrastas que também se tornam pais/mães pelo exercício das funções paternas e maternas ou em substituição a eles. A multiparentalidade é comum, também, nas reproduções medicamente assistidas, que contam com a participação de duas ou mais pessoas no processo reprodutivo, como por exemplo, quando o material genético de um homem e uma mulher é gestado no útero de outra mulher. A multiparentalidade, ou seja, a dupla maternidade/paternidade, tornou-se uma realidade dinâmica jurídica impulsionada pela dinâmica da vida e pela compressão de que a paternidade e a maternidade são funções exercidas[191].

A partir da atual tessitura do Direito brasileiro, vislumbra-se a possibilidade jurídica de declaração de multiparentalidade mediante a presença

---

[189] GAMA, Guilherme Calmon Nogueira da. Princípios constitucionais do direito de família: família, criança, adolescente e idoso. São Paulo: Atlas, 2008.

[190] CASSETTARI, Christiano. Multiparentalidade e parentalidade socioafetiva: efeitos jurídicos. **Revista Brasileira de Direito das Famílias e Sucessões**, Porto Alegre, Magister; Belo Horizonte, IBDFam, v. 34, jun./jul. 2013, p. 138.

[191] PEREIRA, Rodrigo da Cunha. **Dicionário de direito de família e sucessões**: ilustrado. São Paulo: Saraiva, 2015, p. 470-471.

de elementos concretos que justifiquem a manutenção dessa pluralidade de vínculos filiais, com a incidência dos correlatos efeitos jurídicos[192].

Aspecto central nessa temática é que o caso concreto em si deverá indicar qual a decisão mais acertada para aquela situação fático-jurídica, o que não recomenda que se adotem soluções apriorísticas. Apenas a análise da situação em pauta poderá permitir concluir se naquele caso específico deve prevalecer uma dada modalidade de filiação ou, ainda, se devem coexistir ambas as modalidades em multiparentalidade. A manutenção de vínculos concomitantes passa a ser mais uma opção que se oferta para o acertamento de casos concretos que envolvam essa questão.

Havia um amplo debate doutrinário e jurisprudencial[193] sobre qual seria a solução mais indicada para esses conflitos, que inicialmente se apresentaram como um suposto embate entre os vínculos biológicos *versus* os socioafetivos. Em dado momento, as discussões eram se deveria ser adotado um vínculo prevalecente de modo apriorístico (em tese, abstratamente), ou, ao contrário, se apenas em cada caso concreto deveria ser constatada qual modalidade de vínculo prevaleceria. Outro aspecto que estava em pauta: deve prevalecer sempre o vínculo socioafetivo; deve prevalecer sempre o vínculo biológico; ou, então, podem eles eventualmente coexistir.

Como não havia solução legislativa prévia, coube tal tarefa aos tribunais. Inicialmente, o STJ foi o primeiro e engendrar uma proposta de solução: para esse tribunal, era possível apontar a prevalência de um critério aprioristica-mente e apenas um vínculo deveria persistir em cada caso concreto, cabendo

---

[192] CAMACHO, Michele Vieira. **Multiparentalidade e seus efeitos sucessórios.** Dissertação (Mestrado em Direito) – Faculdade de Direito, Universidade de São Paulo, São Paulo, 2018, p. 218-219.

[193] A divisão entre duas correntes jurisprudenciais é meramente didática e surge a partir da impressão pessoal do autor, sem uma análise estatística ou empírica mais aprofundada. Tais correntes estão implicitamente disseminadas em diversas decisões judiciais, sob inúmeros fundamentos e vincadas por pormenores fáticos, até mesmo com algumas aproximações específicas (que serão adiante explicitadas). A primeira corrente indica no sentido de consagrar a predominância de uma relação parental afetiva, concreta, vivenciada pelas partes (de forma pública, contínua, estável e duradoura), ou seja, sustenta a prevalência do vínculo socioafetivo (quando presente) sobre o vínculo biológico. Uma segunda corrente, *a contrario sensu*, sustenta que, mesmo perante tal realidade socioafetiva presente e consolidada, deve predominar o vínculo parental biológico sobre o socioafetivo (por mais que tenha inexistido qualquer convivência fática com o ascendente genético). Para mais detalhes e comentários sobre os posicionamentos, consultar a Seção II "Socioafetividade na filiação: estado da arte no direito brasileiro", deste Capítulo IV.

242 | PRINCÍPIO DA AFETIVIDADE NO DIREITO DE FAMÍLIA – *Ricardo Calderón*

sempre ao filho eleger qual o vínculo de filiação que gostaria que prevalecesse. Assim, o entendimento do STJ era de que, se o filho manejasse uma investigação de paternidade para ver reconhecida uma paternidade biológica, mesmo diante da existência de uma socioafetiva consolidada, essa filiação biológica deveria ser declarada, prevalecendo inclusive de modo a excluir a paternidade socioafetiva (visto ser esse o interesse do filho). Por outro lado, se o pai pretendesse rever uma paternidade socioafetiva por ausência de vínculo biológico, o pedido poderia ser negado, prevalecendo, nessa hipótese, a paternidade socioafetiva (visto ser a demanda proposta pelo pai)[194].

A questão chegou ao STF na RG 622, quando, precursoramente, enfrentou um dos grandes desafios da parentalidade contemporânea, descortinando novas possibilidades. A decisão da Corte Suprema se afastou um pouco da solução engendrada pelo STJ e, de maneira inovadora, reconheceu a possibilidade jurídica da multiparentalidade no direito de família brasileiro. Ao julgar a RG 622, o STF desenhou alguns contornos da parentalidade contemporânea.

A relevância do precedente justifica que sejam apreciados, pormenorizadamente, os principais aspectos do caso concreto que balizou referida repercussão geral, bem como a própria tese aprovada ao final do respectivo julgamento.

Entendimento do STF acolhendo a Multiparentalidade no Direito Brasileiro

Em setembro de 2016, o STF expressamente acolheu a possibilidade da multiparentalidade no atual cenário jurídico brasileiro. Tive a honra de participar pessoalmente desse emblemático julgamento perante o STF, representando e fazendo a sustentação oral em nome do IBDFam na causa. A manifestação do STF contribui para a tradução contemporânea das categorias da filiação e parentesco, sendo paradigmática[195].

O tema de RG 622[196], de relatoria do Min. Luiz Fux, trazia a análise de uma eventual "prevalência da paternidade socioafetiva em detrimento da

---

[194] Para melhor compreensão do tema: CALDERÓN, Ricardo Lucas. A socioafetividade nas relações de parentalidade: estado da arte nos tribunais superiores. **Revista Brasileira de Direito das Famílias e Sucessões**. v. 36 (out./nov. 2013). Porto Alegre: Magister; Belo Horizonte: IBDFam, 2007, p. 37-62.

[195] Para melhor compreensão do tema se recomenda um programa da TV Justiça disponível no seu canal do YouTube, na série Grandes Julgamentos do STF, capítulo "Paternidade biológica e socioafetiva – 18.10/2016".

[196] A sessão que fixou a tese foi realizada no dia 21.09.2016, em deliberação do pleno do STF. O caso que balizou a apreciação do tema foi o RE 898.060/SC, no qual o IBDFam atuou como *amicus curiae*.

paternidade biológica"[197]. O caso paradigma envolvia uma situação na qual se discutia o reconhecimento tardio de uma paternidade biológica – não vivenciada, em substituição a uma paternidade socioafetiva e registral – concretamente vivenciada. Ao deliberar sobre o mérito da questão, o STF optou por não afirmar nenhuma prevalência entre as referidas modalidades de vínculo parental (biológica × socioafetiva), apontando para a possibilidade de coexistência de ambas as paternidades. Assim, o caso concreto foi julgado e ainda aprovada uma tese em repercussão geral sobre o tema (com efeito vinculante).

No complexo, fragmentado e líquido cenário da atualidade, a possibilidade de pluralidade de vínculos parentais é uma realidade fática que exige uma acomodação jurídica, de modo que agiu bem o STF ao acenar para a coexistência ao invés de optar por alguma prevalência.

O caso concreto subjacente

O caso concreto que balizou a decisão do STF era oriundo do Estado de Santa Catarina[198] e envolvia o pedido de uma filha, que tinha um pai socioafetivo e registral consolidado (mais de 18 anos de convivência), mas em um dado momento foi informada que ele não era seu ascendente genético[199]. A sua mãe lhe confirmou que o seu "pai biológico" era efetivamente outro homem, que não o seu "pai socioafetivo" (a filha não travava convivência com esse ascendente genético).

Diante disso, com 19 anos de idade, a filha demandou em juízo para pleitear o reconhecimento jurídico da sua filiação perante o "pai biológico", com todos os efeitos decorrentes dessa filiação (registro, nome, alimentos, herança etc.). Para tanto, ajuizou uma ação de reconhecimento de paternidade em face do seu ascendente genético ("pai biológico"), requerendo a declaração da paternidade biológica. À época do ajuizamento da demanda, não houve pedido expresso de multiparentalidade por parte da filha requerente (até mesmo porque o tema era incipiente naquele momento, meados de 2003), de modo que o pedido envolvia excluir o então pai socioafetivo do seu assento de nascimento.

---

[197] Esse trecho constava no acórdão do plenário virtual que reconheceu a repercussão geral do tema.

[198] RE 898.060/SC.

[199] Conforme noticiado pela mídia local: *Diário Catarinense*, edição digital, 22.09.2016.

A defesa do "pai biológico", que resistiu à pretensão, alegou que a filha já tinha outro "pai socioafetivo" há muitos anos, inclusive registrado no seu assento de nascimento, de maneira que isso impediria o provimento do seu pedido, pois seria impossível declarar uma segunda paternidade. Além disso, sustentou que, em respeito à filiação socioafetiva, consolidada no Direito brasileiro, não seria nem o caso de substituir o "pai socioafetivo" pelo "pai biológico", mas sim de apenas indeferir o pleito. Ao final, alegava que, como a filha inclusive já era maior de idade, seria evidente que a sua postulação era exclusivamente patrimonial (pensão e herança), o que não deveria prevalecer em uma questão balizada por interesses existenciais. Assim, pedia a defesa do "pai biológico" a improcedência total dos pedidos feitos na causa.

No decorrer do processo, a descendência genética dela para com o demandado ficou comprovada por exames em DNA, o que fortalecia seu argumento e tornava a questão da descendência genética incontroversa. Por outro lado, também restou inequívoca a existência de uma outra paternidade socioafetiva e registral por longa data, visto que foi admitida por todos no processo (inclusive pela autora, até mesmo com oitiva do "pai socioafetivo" em juízo, que confirmou essa relação, mas afirmou que não se opunha ao pedido da filha perante o "pai biológico"). Com ambas as espécies de vínculos comprovadas, restava então deliberar o caso concreto, qual paternidade deveria prevalecer: a socioafetiva ou a biológica?

Em primeira instância, o feito foi julgado procedente, com a declaração de reconhecimento da paternidade biológica, com todos os seus efeitos, em substituição a paternidade socioafetiva, inclusive com determinação de alteração do registro de nascimento (decisão proferida no ano de 2003). O "pai biológico" recorreu ao Tribunal de Justiça de Santa Catarina, que, em um primeiro momento, deu provimento a sua apelação, por maioria, para reformar a decisão de primeiro grau, negando o pedido da filha[200]. O acórdão negava o reconhecimento da paternidade biológica pleiteada, com a alegação de que isso não seria possível em face da existência de uma paternidade socioafetiva consolidada. Portanto, o caso seria apenas de declaração da descendência genética que restou comprovada pelo DNA, mas sem reconhecer a filiação com esse "pai biológico" (ou seja, julgando improcedentes os pedidos postos na demanda). Ante a divergência, foram opostos embargos infringentes pela filha perante o próprio TJSC (desta

---

[200] TJSC, 4ª Câmara de Direito Civil, Rel. Des. Luiz Fernando Boller.

feita, no Grupo de Câmaras de Direito Civil do TJSC[201]), que, em 2013, ao julgar o recurso, deu provimento aos referidos infringentes para reformar o acórdão anterior do próprio tribunal, de modo a manter incólume a decisão de primeiro grau (pela prevalência da paternidade biológica). Nesse passo, a decisão final do TJSC quanto ao mérito[202] foi no sentido de manter a decisão de primeira instância, que julgava procedente o pedido da filha para ver declarada a paternidade biológica comprovada nos autos processuais[203] – em substituição à paternidade socioafetiva e registral anterior.

Contra essa decisão final do TJSC (que privilegiava a paternidade biológica), foi manejado o competente recurso extraordinário pelo "pai biológico", que pediu ao STF a reforma da decisão, por ofensa aos princípios e regras constitucionais atinentes à família e à filiação. Sustentou o recorrente que não se poderia excluir o pai socioafetivo anterior, bem como alegou que deveria ser declarada apenas a sua ascendência genética, sem os efeitos da filiação, declarando-se a improcedência dos mencionados pedidos meritórios. O recurso foi admitido e chegou até o STF para deliberação, sendo que por decisão do Rel. Min. Luiz Fux passou a balizar a repercussão geral que cuidava do tema (RG 622/STF – paternidade socioafetiva × biológica)[204].

A decisão do STF para o referido caso concreto

Ao deliberar sobre o caso, em setembro de 2016, o plenário do STF houve por bem em negar provimento ao recurso extraordinário manejado pelo "pai biológico". Por maioria, restou aprovado o voto do Rel. Min. Luiz Fux, que negava provimento à insurgência do pai biológico, mantendo a

---

[201] TJSC, Grupos de Câmara de Direito Civil, Rel. Des. Raulino Jaco Bruning.

[202] As partes discutiam outras questões paralelas nos autos, como verbas alimentares e afins, que não serão tratadas nesta análise.

[203] Anote-se que neste julgamento houve apenas uma declaração de divergência de voto de um desembargador estadual, que opinava no sentido de se reconhecer a paternidade socioafetiva, mas manter no registro o nome do pai socioafetivo e registral (ou seja, de alguma forma restariam mantidas ambas as paternidades). Percebe-se que foi ventilada nos autos, nesse momento, a questão da multiparentalidade, mas apenas em manifestação de divergência da minoria, visto que não foi aprovada pela maioria do colegiado estadual, de modo que formalmente essa questão não chegou a constar do comando que balizava o acertamento do caso.

[204] Impende anotar que inicialmente o caso que balizava a referida Repercussão Geral 622 era outro, oriundo da Paraíba, ARE 692.186/PB.

decisão que havia sido deliberada nas instâncias inferiores[205] (pelo reconhecimento da paternidade biológica, com todos os efeitos).

O voto do ministro relator, entretanto, deixava clara a possibilidade de que essa paternidade biológica persistisse de forma cumulada com a paternidade socioafetiva preexistente, concomitantemente. Ou seja, o voto foi expresso ao permitir a possibilidade de pluriparentalidade para o respectivo caso concreto subjacente, mantendo-se ambas as paternidades simultaneamente, o que foi aprovado pela maioria dos Ministros, de acordo com a ementa seguinte:

> Ementa: Recurso Extraordinário. Repercussão geral reconhecida. Direito civil e constitucional. Conflito entre paternidades socioafetiva e biológica. Paradigma do casamento. Superação pela constituição de 1988. Eixo central do direito de família: deslocamento para o plano constitucional. Sobre princípio da dignidade humana (art. 1º, III, da CRFB). Superação de óbices legais ao pleno desenvolvimento das famílias. Direito à busca da felicidade. Princípio constitucional implícito. Indivíduo como centro do ordenamento jurídico-político. Impossibilidade de redução das realidades familiares a modelos pré-concebidos. Atipicidade constitucional do conceito de entidades familiares. União estável (art. 226, § 3º, CRFB) e família monoparental (art. 226, § 4º, CRFB). Vedação à discriminação e hierarquização entre espécies de filiação (art. 227, § 6º, CRFB). Parentalidade presuntiva, biológica ou afetiva. Necessidade de tutela jurídica ampla. Multiplicidade de vínculos parentais. Reconhecimento concomitante. Possibilidade. Pluriparentalidade. Princípio da paternidade responsável (art. 226, § 7º, CRFB). Recurso a que se nega provimento. Fixação de tese para aplicação a casos semelhantes.[206]

A deliberação pela possibilidade de manutenção de ambas as paternidades, em pluriparentalidade, foi inovadora e merece destaque, visto que foi uma solução engendrada a partir do próprio STF. Essa temática não constou de pedido explícito da parte requerente, nem mesmo foi objeto de debate verticalizado nos autos processuais. Ainda assim, a deliberação foi claramente pelo improvimento do recurso extraordinário do pai biológico, mas com a declaração de que era possível a manutenção de ambas as paternidades concomitantemente (socioafetiva e biológica), em coexistência.

---

[205] Nesta primeira votação que deliberou sobre o caso concreto, restaram vencidos os Ministros Edson Fachin e Teori Zavaski, mas a maioria votou com o relator Min. Luiz Fux.

[206] STF, RE 898.060/SC, Rel. Min. Luiz Fux.

A decisão do STF declarou a possibilidade de manutenção de ambas as paternidades com todos os efeitos jurídicos correlatos, acolhendo a multiparentalidade para a situação que estava em apreço. Em consequência, a segunda paternidade (a biológica) deverá ser registrada e produzirá todos os efeitos jurídicos inerentes à filiação, mas sem exclusão da paternidade já existente (a socioafetiva).

A tese aprovada em repercussão geral

Ao apreciar a temática envolta na referida repercussão geral, o plenário do STF, por maioria, houve por bem em aprovar uma diretriz que servirá de parâmetro para casos semelhantes. A tese aprovada tem o seguinte teor: "A paternidade socioafetiva, declarada ou não em registro público, não impede o reconhecimento do vínculo de filiação concomitante baseado na origem biológica, com os efeitos jurídicos próprios". O texto foi proposto pelo Min. Relator Luiz Fux, tendo sido aprovado por ampla maioria, restando vencidos nesta votação sobre a tese apenas os Ministros Dias Toffoli e Marco Aurélio, que discordavam parcialmente da redação final sugerida.

A tese é explícita em afirmar a possibilidade de cumulação de uma paternidade socioafetiva concomitantemente com uma paternidade biológica em determinado caso concreto, admitindo, com isso, a possibilidade da existência jurídica simultânea de dois pais. Ao prever expressamente a possibilidade jurídica da pluralidade de vínculos familiares, nossa Corte Suprema consagra um importante avanço: o reconhecimento da multiparentalidade, um dos novíssimos temas do direito de família[207]. Essa deliberação traz a reboque diversas consequências e indagações.

Principais reflexos da decisão do STF

A tese estabelecida na RG 622 permite destacar alguns aspectos principais.

i)   O reconhecimento jurídico da afetividade

Ficou consagrada a leitura jurídica da afetividade, tendo ela perfilado expressamente a manifestação de diversos ministros. No julgamento da RG

---

[207] O julgamento pode ser assistido na íntegra no canal do STF no YouTube, em dois vídeos publicados no dia 22.09.2016, sob o título: Pleno – Paternidade socioafetiva não exime de responsabilidade o pai biológico.

622, houve ampla aceitação do reconhecimento jurídico da afetividade pelo colegiado, o que resta patente pela paternidade socioafetiva referendada na tese final aprovada. A afetividade, inclusive, foi citada expressamente como princípio na manifestação do Min. Celso de Mello, na esteira do que defende ampla doutrina do Direito de Família. Não houve objeção alguma ao reconhecimento da socioafetividade pelos Ministros, o que indica a sua tranquila assimilação naquele Tribunal[208].

A necessidade de o Direito contemporâneo passar a acolher as manifestações afetivas que se apresentam na sociedade está sendo cada vez mais destacada, inclusive no direito comparado, como na recente obra de Stefano Rodotà, lançada em 2015, denominada *Diritto d'amore*[209]. Em suas afirmações, o professor italiano sustenta que um novo *cogito* poderia ser escrito na atualidade, com o seguinte teor: *amo, ergo sum*, ou seja, *amo, logo existo*, tamanha a atual centralidade conferida para a dimensão afetiva nos relacionamentos interpessoais deste início de século[210].

Na esteira disso, a necessidade de compreensão e de um tratamento jurídico escorreito da afetividade se impõe. Cabe avançar nos contornos da afetividade a partir das balizas conferidas pelo direito brasileiro. Nesse sentido, a tese aprovada pelo STF parece, de algum modo, contribuir para uma adequada significação jurídica da afetividade e dos seus consectários.

ii) Vínculo socioafetivo e biológico em igual grau de hierarquia jurídica

O segundo aspecto que merece destaque se refere ao reconhecimento da presença, no cenário brasileiro, de ambas as paternidades, socioafetiva e biológica, em condições de igualdade jurídica. Ou seja, ambas as modalidades de vínculo parental foram reconhecidas com o mesmo *status*, sem qualquer hierarquia apriorística (em abstrato). Esta equiparação é importante e se constitui em um grande avanço para o direito de família. A partir disso, não resta possível afirmar, aprioristicamente, que uma modalidade prevalece sobre

---

[208] O que também já era admitido pelo STJ: "O que deve balizar o conceito de 'família' é, sobretudo, o princípio da afetividade, que 'fundamenta o direito de família na estabilidade das relações socioafetivas e na comunhão de vida, com primazia sobre as considerações de caráter patrimonial ou biológico'" (STJ, REsp 945.283/RN, Rel. Min. Luis Felipe Salomão, 4ª Turma, **DJ** 28.09.2009).

[209] RODOTÁ, Stefano. Diritto d'amore. Bari: Laterza, 2015.

[210] Salientamos que a presente obra distingue os significados de "afeto", "afetividade", "amor" e "socioafetividade". Para maiores esclarecimentos, vide Seções I e II do Capítulo III, "Perfil e conteúdo do princípio da afetividade".

Cap. IV · PROJEÇÕES DA AFETIVIDADE NO DIREITO DE FAMÍLIA | **249**

a outra, de modo que apenas o caso concreto apontará a melhor solução para a situação fática em análise.

O tema gerava dissenso e, até então, imperava a posição do STJ, no sentido de uma prevalência do vínculo biológico sobre o socioafetivo nos casos de pedido judicial de reconhecimento de paternidade apresentados pelos filhos[211]. A decisão do STF alterou esse quadro e merece elogios ao acolher a equiparação dentre as modalidades de vínculos[212]. A manifestação do ministro relator, ao julgar o caso concreto que balizou a repercussão geral, não deixa dúvidas quanto a essa igualação:

> Se o conceito de família não pode ser reduzido a modelos padronizados, nem é lícita a hierarquização entre as diversas formas de filiação, afigura-se necessário contemplar sob o âmbito jurídico todas as formas pelas quais a parentalidade pode se manifestar, a saber: (i) pela presunção decorrente do casamento ou outras hipóteses legais (como a fecundação artificial homóloga ou a inseminação artificial heteróloga – art. 1.597, III a V, do Código Civil de 2002); (ii) pela descendência biológica; ou (iii) pela afetividade[213].

Com isso, fica consolidado o *status* da parentalidade socioafetiva como suficiente vínculo parental, categoria edificada pelo professor Guilherme de Oliveira, em Portugal, e, no Brasil, corroborada pelos professores João Baptista Vilella, Zeno Veloso, Luiz Edson Fachin e Paulo Lôbo, entre outros[214]. Essa equiparação prestigia o princípio da igualdade entre os filhos, previsto no art. 227, § 6º, CF, e reiterado no art. 1.596 do Código Civil[215] e art. 20 do ECA, mostrando-se adequada e merecedora de cumprimentos.

Em relevante decisão o STJ vedou qualquer tratamento diferenciado entre a filiação socioafetiva e a biológica, inclusive para fins de registro civil e nos efeitos sucessórios. Uma decisão de um tribunal estadual havia deferido

---

[211] Conforme demonstra: CARDOSO, Simone Tassinari. Notas sobre parentalidade socioafetiva. In: CONGRESSO BRASILEIRO DE DIREITO CIVIL, 2., Curitiba, 2014. **Anais [...]**. Curitiba: IBDCivil, 2014.

[212] O que já é adotado expressamente no direito belga, conforme informa Rui Portanova na sua recente obra: **Ações de filiação e paternidade socioafetiva**. Porto Alegre: Livraria do Advogado, 2016.

[213] Trecho do voto do Min. Rel. Luiz Fux, ao julgar o RE 898.060/SC, p. 14.

[214] Os posicionamentos destes e outros autores estão aprofundados na Seção II, "A crescente aceitação jurisprudencial e doutrinária da afetividade", Capítulo III.

[215] Art. 1.596, CC: "Os filhos, havidos ou não da relação de casamento, ou por adoção, terão os mesmos direitos e qualificações, proibidas quaisquer designações discriminatórias relativas à filiação".

uma filiação socioafetiva em multiparentalidade, mas com a determinação que essa adjetivação constasse expressamente no registro, e, ainda, que tal situação não conferisse os respectivos direitos sucessórios. Como não poderia deixar de ser, o Rel. Min. Antonio Carlos Ferreira destacou que a CF/1988garante a igualdade entre os filhos, bem como lembrou que o mesmo foi garantido pelo STF e pelo próprio CNJ. Com base nisso, a 4ª Turma do STJ reformou a decisão local e vedou qualquer tratamento diferenciado[216].

iii) Possibilidade jurídica da ***Multiparentalidade***

O acolhimento expresso da possibilidade jurídica de pluriparentalidade/ multiparentalidade, certamente um dos maiores avanços alcançados com a tese aprovada pelo STF, se apresenta como um dos novos temas do Direito de Família, objeto de debate em diversos países[217].

A aceitação da possibilidade de concomitância de dois pais foi objeto de intenso debate na sessão plenária que cuidou do tema, face uma divergência do Min. Marco Aurélio, mas ficou aprovada por ampla maioria. Com isso, inequívoco que a tese aprovada acolhe a possibilidade jurídica da multiparentalidade.

O voto do Min. Luiz Fux é firme no sentido do reconhecimento da pluriparentalidade, com um amplo estudo a partir do direito comparado. Em dado momento, afirma:

> Da mesma forma, nos tempos atuais, descabe pretender decidir entre a filiação afetiva e a biológica quando o melhor interesse do descendente é o reconhecimento jurídico de ambos os vínculos. [...] Por isso, é de rigor o reconhecimento da dupla parentalidade[218].

Essas situações de manutenção de dois pais ou duas mães já apareciam como objeto de algumas decisões judiciais e figuravam com intensidade na

---

[216] **Notícias do STJ**, 04.10.2021. Número do processo não divulgado. Disponível em: https://www.stj.jus.br/sites/portalp/Paginas/Comunicacao/Noticias/04102021- -Quarta-Turma-veda-tratamento-diferente-entre-pais-biologico-e-socioafetivo-no- -registro-civil-multiparental.aspx. Acesso em: 17 abr. 2023.

[217] Para ler mais sobre multiparentalidade, em uma perspectiva pretérita, consulte a coluna de Maria Berenice Dias, Proibição das famílias multiparentais só prejudica os filhos. **Conjur**, 1º maio 2016. Disponível em: http://www.conjur.com.br/2016- -mai-01/processo-familiar-proibicao-multiparentalidade-prejudica-filhos. Acesso em: 17 abr. 2023.

[218] Trecho do voto do Min. Rel. Luiz Fux, ao julgar o RE 898.060/SC, p. 17-19.

doutrina. Há, inclusive, um enunciado do IBDFam aprovado sobre o assunto: Enunciado nº 09 – "A multiparentalidade gera efeitos jurídicos", do X Congresso Brasileiro de Direito de Família.

O acolhimento da possibilidade dessa multiplicidade de vínculos familiares, exclusivamente, pela via de uma decisão do nosso Tribunal Constitucional, coloca – mais uma vez – o STF na vanguarda do Direito de Família.

iv) Princípio da parentalidade responsável

O comando constitucional que orientou intensamente a decisão tomada é o que prevê a parentalidade responsável, princípio previsto expressamente no art. 226, § 7º, CF[219]. Por muitos também denominado princípio da paternidade responsável[220], essa disposição impõe a responsabilidade aos pais pela sua prole, o que não pode ser olvidado.

No caso julgado pelo STF, houve clara deliberação pela prevalência da responsabilidade do pai biológico, mesmo sem que tenha havido no caso qualquer convivência familiar com ele e, ainda, mesmo tendo havido outra figura paterna socioafetiva que tenha assumido a referida filha. Diante desse cenário, importava deliberar se seria possível ainda assim declarar o vínculo de filiação com o pai biológico e, com isso, de alguma forma responsabilizá-lo; ou, ao contrário, se tendo em vista a ausência de convivência fática paterno-filial, bem como a existência de outro pai socioafetivo, se esses fatores impediriam o reconhecimento da paternidade biológica e, também, obstariam qualquer responsabilização desse ascendente genético.

A decisão do STF foi francamente pela primeira hipótese, ou seja, prevalece a paternidade responsável do pai biológico, mesmo que este não tenha convivido com o filho e mesmo que tenha havido outro pai socioafetivo que tenha assumido a criança em outro momento. Como decorrência, entendeu o julgado que poderia ser reconhecida a filiação biológica, com

---

[219] Art. 226, § 7º, CF/88: "Fundado nos princípios da dignidade da pessoa humana e da paternidade responsável, o planejamento familiar é livre decisão do casal, competindo ao Estado propiciar recursos educacionais e científicos para o exercício desse direito, vedada qualquer forma coercitiva por parte de instituições oficiais ou privadas".

[220] "Ainda, a Constituição de 1988 escreve o princípio da paternidade responsável e o respectivo planejamento familiar (art. 226, § 7º). O Código Civil de 2002 complementou e estendeu esses princípios, mas, sem dúvida, a verdadeira revolução legislativa em matéria de direito privado e especificamente de direito de família já ocorrera antes, com essa Constituição" (VENOSA, Sílvio de Salvo. **Direito civil:** família. 17. ed. São Paulo: Atlas, 2017, p. 7).

todos os seus consectários, mantendo-se ao lado a filiação socioafetiva já existente. O tribunal houve por bem em dar interpretação extensiva ao relevante princípio constitucional, fazendo imperar a responsabilidade dos envolvidos[221]. Houve deliberação pela responsabilização do pai biológico, com todos os efeitos inerente à filiação, o que deve ser a nova baliza para casos do estilo.

A decisão responsabiliza a paternidade biológica e respeita a paternidade socioafetiva consolidada, evitando que, para fazer valer seus direitos perante o ascendente genético, o filho tenha que afastar a paternidade socioafetiva com a qual já conviveu há muitos anos. Ao assim decidir, também se evita que a paternidade socioafetiva de outrem seja indevidamente utilizada como "escudo de defesa" apenas para irresponsabilizar o pai biológico, o que não parece adequado. Nesse aspecto, parece acertada a decisão, que se constitui em mais uma opção a ser adotada. A responsabilização do ascendente genético apontada pela decisão paradigma quando declara a filiação biológica, mesmo que ao lado de outra filiação socioafetiva, delineia o retrato atual da extensão do princípio da parentalidade responsável.

Efeitos a partir da tese fixada

A tese aprovada na RG 622 traz à lume alguns efeitos jurídicos decorrentes, eis que foi explícita ao afirmar que a paternidade em pauta era reconhecida com os efeitos jurídicos próprios, ou seja, com todos os consectários jurídicos decorrentes de uma filiação.

Cabe aqui recordar o consagrado princípio da igualdade da filiação, de modo que não se pode aventar de filhos aos quais não lhes sejam conferidos alguns direitos, sob pena de flagrante inconstitucionalidade (por exemplo, não se pode cogitar de um filho sem direito a alimentos ou um filho sem direito à herança, como chegou a existir no Brasil, pela redação originária do Código Civil de 1916).

Marcos Catalan destaca alguns dos possíveis efeitos jurídicos da multiparentalidade ao afirmar que "é factível conceber que a aceitação pelo Direito do fenômeno da multiparentalidade promoverá a imposição e o delineamento

---

[221] Sobre o tema da responsabilidade nas relações familiares, recomenda-se a excelente dissertação de mestrado de Fernanda Sanches, defendida no Programa de Pós-graduação da UFPR, sob a orientação de Luiz Edson Fachin. SANCHES, Fernanda Karam de Chueiri. A **responsabilidade** no **direito** de **família brasileiro contemporâneo**: do jurídico à ética. 2013. Dissertação (Mestrado em Direito) –Faculdade de Direito da Universidade Federal do Paraná, Curitiba, 2013.

– tão importante – de deveres como os de sustento e de cuidado, a cogestão no exercício das autoridades parentais [...], conformando, ainda, aspectos atados à guarda compartilhada (ou não) e ao exercício do dever de visitas"[222]. Muitos desses efeitos decorrentes da declaração de multiparentalidade poderão demandar uma maior elaboração teórica, mas desde já podem ser aventados alguns desdobramentos.

a) Alteração do nome e registro da dupla filiação

O reconhecimento da multiparentalidade exige que essa nova filiação seja averbada no registro de nascimento do respectivo filho em adição à paternidade anterior. Isso porque a filiação produz diversos outros efeitos jurídicos[223], de modo que é essencial que essa relação de parentesco esteja formalizada, tanto para segurança jurídica das partes como para de terceiros.

Assim, deverão ser acrescidos no assento de nascimento do filho (e demais documentos correlatos) o nome do novo pai reconhecido (se for esse o caso), também com a adição dos respectivos novos avós. Essa providência deverá ser determinada na mesma decisão que reconhece a relação multiparental e, como visto, independente da vontade da parte.

Situação diversa ocorre com o nome do filho em questão, que pode sofrer ou não alteração a partir desse reconhecimento. Por ser o nome uma expressão da identidade e da subjetividade da pessoa (nos termos do que vem admitindo o STJ), um típico direito da personalidade, pode sofrer ou não alteração a partir dessa decisão, conforme o caso concreto. Logo, a alteração do nome ou não para inclusão do patronímico do novo pai reconhecido dependerá do interesse do filho em ver processada tal alteração ou não[224].

b) Guarda e convivência familiar

É possível cogitar no compartilhamento da guarda entre os dois pais reconhecidos em multiparentalidade, incluindo-se a mãe, para as situações

---

[222] CATALAN, Marcos. Um ensaio sobre a multiparentalidade: explorando no ontem pegadas que levarão ao amanhã. **Revista da faculdade de Direito UFPR,** v. 55, p. 146-163, 2012. Disponível em: http://revistas.ufpr.br/direito/article/view/31491/20093. Acesso em: 17 abr. 2023, p. 158.

[223] Por exemplo: impedimentos para o matrimônio, restrições a doações, restrições relacionados ao nepotismo, peculiaridades em tipos penais etc.

[224] Inclusive esse entendimento foi externado pelo Min. Luiz Fux durante o julgamento da RG 622, nos debates que ocorreram sobre o tema.

que envolvam crianças e adolescentes. Como o atual regime indicado de guarda é, sempre que possível e mais adequado para cada caso concreto, o compartilhado[225], tudo indica por buscar o compartilhamento também para os casos de multiparentalidade, ainda que isso implique envolver três pessoas nessa divisão (por exemplo, dois pais e duas mães). Não parece haver qualquer impeditivo para tal compartilhamento entre três ou mais pessoas, embora isso possa envolver uma maior complexidade, mas certamente é uma questão que demandará maiores reflexões dos familiaristas.

O mesmo se aplica ao regime de convivência familiar (outrora denominada de "visitação"), visto que todos os reconhecidos como pais terão direito a convivência com os filhos, de modo que essa convivência também deverá ser compartilhada entre todos, sempre com prevalência do melhor interesse da criança e do adolescente, obviamente.

c) Alimentos ao filho

A verba alimentar também poderá sofrer influxos a partir do reconhecimento de uma situação multiparental. Para esse dever, parece que as balizas atuais já fornecem elementos suficientes para a devida modulação: necessidade, possibilidade, proporcionalidade; tudo sempre vinculado ao melhor interesse da criança e do adolescente.

A partir da declaração de multiparentalidade, a verba alimentar (quando existente) deverá ser arbitrada de acordo com essa nova realidade (mais um pai), mas sempre com observância do melhor interesse do filho e com respeito às balizas tradicionais da obrigação alimentar.

Mais uma vez, apenas o caso concreto poderá ditar a melhor solução, inexistindo solução única apriorística. Por exemplo, em algumas situações, nas quais a verba antes fixada para mãe e pai já seja suficiente para o bem-estar do filho, é possível que o valor outrora dividido entre os dois pais seja agora apenas dividido entre os três (mantendo-se a mesma quantia). Para outras situações, pode parecer mais indicado fixar um valor adicional para ser arcado pelo novo pai que foi recentemente reconhecido, em acréscimo ao que já era pago pelos outros (aumentando a quantia originária). Caso isso possa reverter em um benefício a mais ao filho, quando parecer indicado

---

[225] O sentido de compartilhamento ora referido segue o posicionamento do professor Waldyr Grisard Filho, **Guarda compartilhada**: um novo modelo de responsabilidade parental. 7. ed. rev. atual. ampl. São Paulo: Revista dos Tribunais, 2014.

(por exemplo, para lhe permitir cursar uma língua estrangeira), essa pode ser uma solução.

Como visto, apenas os casos concretos dirão qual a melhor alternativa, mas parece que as balizas atuais que orientam a fixação de verba alimentar se constituem limites seguros para se evitar abusos e desvios.

d) Alimentos aos pais idosos a eventualmente serem pagos pelo filho

A declaração do vínculo parental de filiação é uma via reciprocidade e, a partir da sua declaração, todos os efeitos dela decorrem. Como não poderia deixar de ser, inclusive incide o eventual dever de alimentos a serem prestados aos pais pelos filhos, caso aqueles venham a necessitar.

Assim, quem tiver declarada uma situação de multiparentalidade poderá vir a ter que prestar alimentos a todos os pais com os quais possui vinculação, o que pode vir a ocorrer no fim da vida desses pais. Ou seja, quem tiver dois pais e uma mãe declarados, poderá ter que prestar alimentos aos três em dado momento da vida. Também esse aspecto deverá ser sopesado por quem pretender ver reconhecida uma situação multiparental.

e) Direito de herdar de ambos os pais (socioafetivo e biológico)

Um dos aspectos mais polêmicos que decorre da multiparentalidade é a possibilidade de um filho herdar de dois pais (e futuramente também herdar de sua mãe, se houver). Com isso, ao contrário do usual, esse filho de uma relação multiparental exercerá eventual direito de herança em face de três ascendentes (e não apenas de dois, como de estilo).

O espanto decorre do paradigma atual com o qual estamos vinculados, pois é ele quem nos delimita o campo de reflexão e nos impele a estranhar o que destoe do que nos é visto como "costumeiro". Inequívoco que a maior presença social é de famílias nas quais as pessoas tenham dois ascendentes, na maioria, um pai e uma mãe (embora seja crescente o número de famílias homoafetivas com filhos). De todo modo, seja em famílias homo ou heteroafetivas, o comum é que as pessoas tenham dois ascendentes e eventualmente herdem, portanto, de duas pessoas. Esse é o paradigma com o qual estamos habituados e tudo que se afasta disso nos causa certa perplexidade, que é o que está a ocorrer com os efeitos sucessórios múltiplos dos casos de multiparentalidade.

Filhos de relação multiparental terão três (ou mais) ascendentes, de modo que naturalmente deverão exercer direito de herança em face desses três (ou mais) ascendentes, respeitando-se o princípio da igualdade na filiação (art. 227, § 6º, CF[226]). O direito de herança decorre diretamente da filiação, o que não poderá ser diferente nos casos de filiação múltipla. Como visto, não se pode cogitar de filho sem direito à herança no nosso atual sistema civil-constitucional, bem como inexiste limitação constitucional ao número de vezes que esse direito pode ser exercido. Ainda, há que se observar que o direito de herança também tem agasalho constitucional (art. 5º, XXX, CF), o que exige sua estrita observância.

Por tudo isso, os filhos de relações multiparentais poderão sim exercer seu direito de herança em face de três ascendentes, se for o caso. Em outras palavras, poderão herdar de dois pais e de uma mãe (se essa for a sua formação familiar).

A propósito, o STJ já decidiu nesse sentido ao permitir que um homem recebesse herança de seu pai socioafetivo mesmo ele já tendo recebido herança do seu pai biológico. Citando expressamente a tese do STF na RG 622, a 3ª Turma do STJ lhe concedeu esse direito de "dupla-herança"[227]. O entendimento foi que o reconhecimento da filiação biológica lhe conferiria todos os naturais direitos patrimoniais correlatos, inclusive o de herança, sendo que o mero fato de o interessado possuir outra paternidade socioafetiva não lhe retiraria o direito de receber herança também dessa paternidade biológica. Concluiu afirmando que o recorrente não precisaria abrir mão da sua paternidade socioafetiva apenas para poder fazer seu direito de herança em face de seu pai biológico. Em razão disso, o STJ deferiu a dupla-herança, também com fundamento nos princípios constitucionais e nos comandos jusfamiliares do Código Civil.

Essa solução, embora possa chamar a atenção em um primeiro momento, é a única possível para manter a coerência do nosso sistema familiar e sucessório, à luz do atual direito civil-constitucional, visto não se mostrar adequado permitir o reconhecimento de filho sem direito a herança (o que pode indicar um perigoso retrocesso).

Zeno Veloso, um dos maiores especialistas do Brasil em matéria sucessória, é um dos que afirma pela possibilidade de cumulação de heranças em decorrência do reconhecimento de multiparentalidade, que seria adequada do nosso sistema familiar-sucessório, inexistindo qualquer descompasso ou equívoco na medida:

---

[226] Art. 227, § 6º, CF/88: "Os filhos, havidos ou não da relação do casamento, ou por adoção, terão os mesmos direitos e qualificações, proibidas quaisquer designações discriminatórias relativas à filiação".

[227] STJ, 3ª Turma, Rel. Min. Villas Bôas Cueva, REsp 1.618.230/RS, unânime.

O filho socioafetivo é tão filho quanto o filho biológico, e tem todos os direitos – e deveres! – de um outro filho, qualquer que seja a natureza da filiação. Por exemplo: o filho socioafetivo tem pleno direito à herança de seu pai. Mesmo que já tenha recebido, antes, ou tenha a expectativa de receber, futuramente, herança, de um outro parente, inclusive, de seu pai biológico. É fácil explicar: se o sujeito tem dois pais, com a paternidade juridicamente estabelecida, terá direito a duas heranças, às heranças de cada um de seus pais. Aliás, vou mais longe: observada a evolução desta matéria, a pessoa até poderá ter três (03) pais: um biológico, um registral e um terceiro, socioafetivo. O filho, com certeza, tem aspiração sucessória e será herdeiro de cada um deles, dos três pais que tem[228].

No momento atual, há a possibilidade jurídica no recebimento de herança de mais de um pai (ou mais de uma mãe) para as situações de morte em relações de multiparentalidade, com precedentes doutrinários e jurisprudenciais nesse sentido[229].

f) Divisão da herança entre os ascendentes em caso de morte do filho

Uma dúvida que emerge da multiparentalidade é como dividir a herança eventualmente deixada pelo filho para os múltiplos ascendentes. Imagine-se um filho com dois pais e uma mãe. Caso esse filho venha a falecer, sem ter descendentes, deixará a sua herança para os seus três ascendentes. Nessa hipótese, Anderson Schreiber levanta a questão:

> Há muitas perguntas em aberto: por exemplo, se uma pessoa pode receber herança de dois pais, o que ocorre caso o filho venha a falecer antes dos pais, sem deixar descendentes? A resposta da lei brasileira sempre foi de que o pai recebia a metade dos bens, e a mãe, a outra metade. Agora, indaga-se como será feita a distribuição nessa hipótese: a mãe recebe metade, e cada pai recebe um quarto da herança? Ou se divide a herança igualmente entre os três?[230]

---

[228] VELOSO, Zeno. Requisitos da união estável. **O Liberal**, Belém, 06 maio 2017.

[229] Outro que também aponta para a possibilidade de cumulação é Luiz Paulo Vieira de Carvalho: "No campo do direito sucessório, contudo, está se apresentando a seguinte questão; uma pessoa pode herdar mais de uma vez de pais (ou mães) diferentes, isto é, pode ser vocacionado e recolher o benefício sucessório legal de dois pais ou duas mães diferentes? Entendemos que sim [...]". CARVALHO, Luiz Paulo Vieira de. **Direito das sucessões**. 3. ed. rev. atual. ampl. São Paulo: Atlas, 2017, p. 330.

[230] SCHREIBER, Anderson. O direito cai na real. **O Globo**, 06 out. 2016. Disponível em: http://oglobo.globo.com/opiniao/o-direito-cai-na-real-20243167. Acesso em: 17 abr. 2023.

Novamente não há lei prévia a respeito, de modo que caberá à doutrina e aos tribunais confeccionarem a melhor resposta para essa equação. Inicialmente, parece que a solução mais indicada seja a divisão da herança igualmente entre todos os ascendentes.

Contudo, a doutrina sobre direito das sucessões já se divide a respeito da melhor solução[231]. Em observância estrita à atual legislação em vigor, Luiz Paulo Vieira de Carvalho afirma que, nesse caso, a divisão entre os ascendentes deve ser realizada com respeito à divisão por linhas prevista no art. 1.836 do CC, metade para a linha paterna e metade para a linha materna

> Assim, em existindo dois pais estes recolherão a metade da quota cabível aos ascendentes, na proporção de metade para cada um, e a mãe, integralmente, a outra metade; em existindo duas mães estas dividirão entre si a metade da parte cabível aos ascendentes, e o pai receberá a outra metade por inteiro, sem que se possa arguir qualquer inconstitucionalidade, pois a eventual discrepância de valores só não pode ser permitida em se tratando de diferenciação entre filhos do falecido (art. 227, § 6º, CF)[232].

Essa controvérsia é outro incentivo a uma revisão das regras atuais do direito sucessório, mediante projetos de lei que possam colmatar os reflexos advindos das recentes decisões que STF que alteram sobremaneira o campo das sucessões.

g) Direitos previdenciários e securitários

A inovação da possibilidade de pluralidade de pais pode reverberar até mesmo em outras searas, como a previdenciária ou securitária, o que pode exigir alguns remanejamentos e alguma fase de transição. O que importa destacar é que a filiação plúrima deve ser plena, com todos os efeitos jurídicos decorrentes, sem que isso venha a se constituir em abusos ou excessos.

Obviamente que essa filiação multiparental respingará no direito previdenciário e securitário, o que não poderia deixar de ser. Assim, se dois pais venham a falecer deixando pensão previdenciária, o filho terá direito a ambas, salvo regra em contrário do órgão previdenciário. Deverá ser respeitado o

---

[231] Para conhecer a controvérsia, recomenda-se artigo de Felipe Quintella, Repensando o direito civil brasileiro. **GEN Jurídico**, 31 mar. 2017. Disponível em: http://genjuridico.com.br/2017/03/31/repensando-o-direito-civil-brasileiro-16-efeitos-sucessorios-da--pluriparentalidade/. Acesso em: 16 abr. 2023.

[232] CARVALHO, Luiz Paulo Vieira de. **Direito das sucessões**. 3. ed. rev. atual. ampl. São Paulo: Atlas, 2017, p. 333-334.

regramento específico sobre cumulação e demais eventuais observações, mas o direito a ambas as pensões não poderá ser negado sem justificativa. Também as verbas securitárias deverão ser entregues de acordo com essa nova situação plúrima, quando for o caso, o que pode exigir maior cautela e informação prévia.

Por outro lado, cumpre anotar que cabe aos envolvidos nessa relação plural anotar e informar previamente os órgãos responsáveis sobre essa situação, em respeito à boa-fé. Também é provável que a situação de multiparentalidade incida sobre as verbas a pagar a título de contribuição previdenciária ou securitária, o que deve ser objeto de cálculo atuarial e repasse aos envolvidos, na forma usual.

Avanço e cautela

Muitas são as análises e consequências possíveis a partir da paradigmática decisão proferida nessa repercussão geral[233]. Por ora, registram-se apenas as primeiras impressões, com o intuito de destacar os principais avanços e conquistas advindos de referida tese aprovada, principalmente os relacionados à temática da afetividade (escopo central dessa obra).

Inegável que houve significativo progresso com a referida decisão, conforme também entendem, entre outros, Flávio Tartuce[234], Anderson Schreiber[235] e Rodrigo da Cunha Pereira[236]. Não se nega que alguns pontos

---

[233] "Acreditamos, até, que com esse reconhecimento é possível a admissão da multiparentalidade diretamente no Cartório de Registro civil das pessoas naturais, sem necessidade de ação judicial e advogado, bastando ter a concordância do filho reconhecido, se maior, ou , se menor, da mãe ou de quem conste no registro" CASSETTARI, Christiano. Multiparentalidade e parentalidade socioafetiva: efeitos jurídicos. **Revista Brasileira de Direito das Famílias e Sucessões**, Porto Alegre, Magister; Belo Horizonte, IBDFam, v. 34, jun./jul. 2013, p. 194.

[234] TARTUCE, Flávio. Breves e iniciais reflexões sobre o julgamento do STF sobre parentalidade socioafetiva. **Jusbrasil**, 22 set. 2016. Disponível em: http://flaviotartuce. jusbrasil.com.br/noticias/387075289/breves-e-iniciais-reflexoes-sobre-o-julgamento-do-stf-sobre-parentalidade-socioafetiva. Acesso em: 16 abr. 2023.

[235] Artigo de Anderson Schreiber, O direito cai na real. **O Globo**, 06 out. 2016. Disponível em: http://oglobo.globo.com/opiniao/o-direito-cai-na-real-20243167. Acesso em: 16 abr. 2023.

[236] Tese anunciada pela ministra Cármen Lúcia reconhece multiparentalidade. **IBDFam**, 22 set. 2016. Disponível em: http://www.ibdfam.org.br/noticias/6119/Tese+anunciada+pela+ministra+C%C3%A1rmen+L%C3%BAcia+reconhece+multiparentalidade. Acesso em: 16 abr. 2023.

não restaram expressamente acolhidos, como a distinção entre o papel de genitor e pai, bem destacado no voto divergente do Min. Edson Fachin, ao deliberar sobre o caso concreto, mas que não teve aprovação do plenário. Essa é uma questão que seguirá em pauta para ser mais bem esclarecida, e caberá à doutrina digerir o resultado do julgamento a partir de então.

Merecem ouvidos os alertas de José Fernando Simão[237], a respeito do risco de se abrir a porta para demandas frívolas, que visem puramente o patrimônio contra os pais biológicos. Essa possibilidade merece atenção especial por parte dos operadores do Direito, mas não parece alarmante e, muito menos, intransponível.

O parecer do Ministério Público Federal apresentado no caso concreto que balizou a repercussão geral também traz esses alertas, mas confia na existência de salvaguardas dentro do próprio sistema: "De todo modo, os riscos de indolência e excesso nas questões alimentícias são controlados pelo binômio necessidade-possibilidade, que obsta o enriquecimento ilícito dos envolvidos na multiparentalidade. [...] Eventuais abusos podem e devem ser controlados no caso concreto. Porém, esperar que a realidade familiar se amolde aos desejos de um ideário familiar não é só ingênuo, é inconstitucional".

A maturidade do Direito de Família brasileiro saberá evitar que excessos puramente patrimoniais venham a desbordar dos limites que as situações existenciais devem resguardar. Entretanto, não se pode negar que há legítimos interesses patrimoniais que devem ser tutelados, mesmo diante de casos de multiparentalidade como o apreciado pelo STF. Inúmeras outras situações familiares geram efeitos patrimoniais (aliás, reflexo esse que é deveras comum no direito de família, diga-se de passagem)[238]. Em vista disso, os filhos de relações multiparentais poderão fazer valer seus direitos patrimoniais perante os seus pais biológicos se assim pretenderem, o que não parece destoar do nosso sistema[239].

---

[237] SIMÃO, José Fernando. A multiparentalidade está admitida e com repercussão geral. Vitória ou derrota do afeto? **Jornal Carta Forense,** São Paulo, 03 jan. 2017. Disponível em: https://professorsimao.com.br/a-multiparentalidade-esta-admitida--e-com-repercussao-geral-vitoria-ou-derrota-do-afeto/. Acesso em: 16 abr. 2023.

[238] Sobre os efeitos da multiparentalidade: PAIANO, Daniela Braga. **A família atual e as espécies de filiação:** possibilidade jurídica da multiparentalidade. Rio de Janeiro: Lumen Juris, 2017.

[239] "O certo é que a casuística determinará daqui para a frente, os resultados do julgamento em tela, o certo é que a boa-fé, norteadora das relações privadas, haverá de preponderar para a inadmissão de pretensões de cunho meramente financeiro haja vista que, em nosso sentir, não podemos ter um parentesco do afeto e outro do

Cap. IV · PROJEÇÕES DA AFETIVIDADE NO DIREITO DE FAMÍLIA | 261

Cumpre anotar que a tese do STF proferida nesta repercussão geral não deverá incidir indistintamente nos casos de adoção ou de reprodução assistida (com doação anônima de material genético), visto que não foi esta a matriz constante da *ratio decidendi* da referida deliberação judicial. Ou seja, a diretriz da RG 622 deverá ser aplicada apenas para casos similares ao que foi deliberado, que não guarda qualquer correlação com situações de adoção ou de reprodução assistida. A aplicação da tese para casos totalmente estranhos não parece guardar qualquer sentido. Além do mais, a temática da possibilidade de conhecimento da identidade genética por parte do adotado possui comando legislativo próprio (art. 48 do ECA[240]), o mesmo ocorrendo com a filiação decorrente dos casos de reprodução assistida[241] (regulados pelo art. 1.597 do Código Civil[242]).

O Min. Edson Fachin já aplicou a tese da multiparentalidade, aprovada na RG 622/STF, para decidir um caso concreto de pedido de reconhecimento de maternidade socioafetiva. A pretensão havia sido negada pelo tribunal estadual, chegando ao STF em recurso extraordinário constante de ação rescisória. Ao deliberar sobre o caso, monocraticamente o Rel. Min. assim deliberou:

> O tema discutido nos autos é a prevalência da maternidade socioafetiva em detrimento da maternidade biológica. Em julgamento semelhante, o Supremo Tribunal Federal já se manifestou sobre o tema discutido neste recurso. No exame do RE 898.060, de relatoria do Luiz Fux (Tema 622), *DJe* 29.09.2016, o Plenário desta Corte fixou a seguinte tese: "A paternidade socioafetiva, declarada ou não em registro público, não impede o reconhecimento do vínculo de filiação concomitante baseado na origem

---

dinheiro. Assim, comungamos do pensamento de que demandas que buscam tão somente o vínculo financeiro devem ser repelidas, quando, por óbvio, algumas das modalidades de parentalidade esteja vigente" (ROSA, Conrado Paulino da. **Curso de direito de família contemporâneo**. 2. ed. Salvador: Juspodivm, 2016, p. 282).

[240] Art. 48. O adotado tem direito de conhecer sua origem biológica, bem como de obter acesso irrestrito ao processo no qual a medida foi aplicada e seus eventuais incidentes, após completar 18 (dezoito) anos.

[241] MEIRELLES, Jussara. **Gestação por outrem e determinação da maternidade**: mãe de aluguel. Curitiba: Gênesis, 1998.

[242] Art. 1.597. Presumem-se concebidos na constância do casamento os filhos: [...] III – havidos por fecundação artificial homóloga, mesmo que falecido o marido; IV – havidos, a qualquer tempo, quando se tratar de embriões excedentários, decorrentes de concepção artificial homóloga; V – havidos por inseminação artificial heteróloga, desde que tenha prévia autorização do marido.

biológica, com os efeitos jurídicos próprios". Ante o exposto, com base no art. 21, § 2º, do RISTF, dou provimento ao recurso extraordinário para julgar procedente o pedido da ação rescisória e reconhecer o vínculo socioafetivo entre os Recorrentes e sua madrasta, em razão de ação declaratória de adoção póstuma, bem como todos os direitos daí decorrentes[243].

Esse reconhecimento de uma maternidade socioafetiva em multiparentalidade com uma maternidade biológica é um bom exemplo concreto de uma das possíveis extensões da tese aprovada.

Para Flávio Tartuce, é a

> multiparentalidade um caminho sem volta do Direito de Família Contemporâneo, consolidando-se as novas teorias e os princípios constitucionais nesse campo do pensamento jurídico. A decisão do STF é o fim do caminho. A regra passou a ser a multiparentalidade, nos casos de dilemas entre a parentalidade socioafetiva e a biológica. Uma não exclui a outra, devendo ambas conviver em igualdade plena[244].

Para Paulo Lôbo, a multiparentalidade é uma realidade da vida, cuja complexidade o Direito não conseguiu lidar satisfatoriamente até agora em nenhum país do mundo[245]. Ante a incerteza sobre muitas das respostas que deverão advir deste novo cenário, calha aqui lembrar um trecho do célebre poema espanhol "*caminante, no hay camino, se hace camino al andar*"[246].

Conclusões parciais

Entre limites e possibilidades, importa debater a decisão do STF e destacar a participação do Instituto Brasileiro de Direito de Família como *amicus curiae* nesse emblemático caso. Como acertadamente constatou Anderson Schreiber, com essa decisão o Direito *cai na real*, sem embargo das outras questões que advêm do novo cenário.

---

[243] STF, ARE 933.945/GO, Rel. Min. Edson Fachin, j. 1º.02.2017.

[244] TARTUCE, Flávio. **Direito civil**. 12. ed. rev. atual. ampl. Rio de Janeiro: Forense, 2017. v. 5: Direito de família, p. 455.

[245] IBDFam. Jurista comenta repercussão da tese sobre multiparentalidade fixada pelo STF. 28 set. 2016. Disponível em: http://www.ibdfam.org.br/noticias/6123/Jurista+comenta+repercuss%C3%A3o+da+tese+sobre+multiparentalidade++fixada+pelo+STF. Acesso em: 16 abr. 2023.

[246] Trecho do poema do espanhol Antonio Machado.

Por tudo isso, parece que os ganhos foram muitos e merecem destaque para que reverberem adequadamente na avançada doutrina jusfamiliarista brasileira. É alvissareira a decisão do STF, que certamente remete a outras questões e a novos desafios, mas nos traz a esperança de uma nova primavera para o Direito de Família brasileiro[247]. Esse movimento faz lembrar o poema de Clarice Lispector "Sejamos como a primavera que renasce cada dia mais bela... Exatamente porque nunca são as mesmas flores".

SEÇÃO VII. PROJEÇÕES DA MULTIPARENTALIDADE NO DIREITO SUCESSÓRIO

Ricardo Calderón

Camila Grubert

Se o homem é imperfeito e as leis vigentes visam à perfeição, terão de se suceder umas às outras como "um mal eterno" como está no Fausto, de Goethe.

Orozimbo Nonato

Introdução[248]

Uma das relevantes questões que decorreu do reconhecimento jurídico da afetividade foi a temática da multiparentalidade: situações existenciais nas quais uma pessoa possui vínculo de filiação com mais de dois ascendentes de primeiro grau de modo concomitante (por exemplo, dois pais e uma mãe, três no total).[249] Inúmeros casos concretos com essa peculiaridade passaram

---

[247] "Essa renovada estruturação familiar abriu as portas à compreensão e ao reconhecimento de inúmeros outros tons, a rigor sem modelos excludentes, resultado de uma série de transformações sociais, especialmente ocorridas aos anos que sucederam a gênese da nova ordem constitucional" (FACHIN, Luiz Edson. **Direito Civil**. Sentidos, transformações e fim. Rio de Janeiro: Renovar, 2015, p. 162).

[248] O presente artigo foi escrito em coautoria com a professora Camila Grubert e foi originalmente publicado na obra **Arquitetura do planejamento sucessório**, de Daniele Chaves Teixeira (TEIXEIRA, Daniele Chaves (coord.). **Arquitetura do planejamento sucessório**. 2. ed. rev., ampl. e atual. Belo Horizonte: Fórum, 2019).

[249] Ou seja, dado filho que teria uma mãe e dois pais, sendo um biológico e outro socioafetivo.

a "bater à porta" dos tribunais solicitando uma resposta jurídica, mesmo sem prévia lei expressa que previsse tal situação. Os tribunais não se esquivaram do desafio e passaram a tratar do tema em diversas decisões judiciais.

No ano de 2016 coube ao STF traçar novos contornos para a nossa parentalidade contemporânea, quando aprovou a tese da RG 622, pela qual acolheu a possibilidade de pluriparentalidade. A partir disso consagrou-se um importante avanço, novamente pela via jurisprudencial: o acolhimento da multiparentalidade no direito de família brasileiro.

O seu caráter inovador a torna um campo fértil para polêmicas, pois a ausência de um estatuto jurídico próprio sobre o instituto faz brotar controvérsias. Neste trabalho cuidaremos dos seus possíveis efeitos sucessórios, com destaque para o atual entendimento doutrinário e jurisprudencial sobre algumas dessas projeções.

O protagonismo da multiparentalidade faz emergir a questão de como se darão os seus efeitos sucessórios, visto que a ausência de legislação específica sobre esta temática deixa ampla margem para debate e, também, algumas dúvidas.

Efeitos sucessórios da multiparentalidade

Direito de herança do filho em relação aos seus múltiplos ascendentes

A primeira questão que decorreu da aprovação da RG 622/STF foi quanto à possibilidade (ou não) de um filho herdar de múltiplos ascendentes, isto é, se um filho tivesse reconhecidos dois pais e uma mãe, teria direito a três heranças? Após certo espanto inicial, atualmente o entendimento caminha no sentido da admissibilidade dessa "tripla herança"[250].

É possível asseverar que um filho pode herdar de todos os seus múltiplos ascendentes[251] a partir de dois direitos de índole constitucional: o de herança e o de igualdade filial. O direito constitucional de herança (art. 5º, XXX, da CF)[252] está imbricado com a filiação, não parecendo possível sustentar que

---

[250] Ou seja, por exemplo, direito de herdar de dois pais reconhecidos, sendo um biológico e outro socioafetivo.

[251] Também apontam para possibilidade de cumulação de heranças os autores Zeno Veloso e Luiz Paulo Vieira de Carvalho (VELOSO, Zeno. Requisitos da união estável. **O Liberal**, Belém, 06 maio 2017; CARVALHO, Luiz Paulo Vieira de. **Direito das sucessões.** 3. ed. rev., atual. e ampl. São Paulo: Altas, 2017, p. 330).

[252] Possui garantia constitucional e decorre diretamente da filiação, parece que devem ser múltiplas heranças proporcionais à respectivas filiações.

um filho de dada espécie não tenha direito de herança ou, então, que haja um limite de vezes para que esse direito seja exercido.

Também à luz do princípio da igualdade entre os filhos (art. 227, § 6º, da CF), não parece possível defender a existência de alguma modalidade filial que não tenha o seu consequente direito sucessório (o que já ocorreu em momentos pretéritos na realidade brasileira). Se a Constituição diz que todos os filhos são iguais, portanto, também devem ter iguais direitos, inclusive os sucessórios.

A partir disso, não resta viável sustentar que o filho em situação multiparental tenha alguma restrição nos seus direitos sucessórios. Consequentemente, um filho que tenha dois pais e uma mãe poderá vir a ter direito a três heranças.

Confira-se:

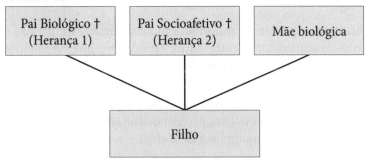

Nesta situação multiparental o filho poderá ter direito a postular três heranças.

O STJ já reconheceu isso por meio do REsp 1.618.230/RS[253]. de relatoria do Ministro Villas Bôas Cueva, aplicando textualmente a tese da RG 622 aprovada pelo STF[254]. No caso concreto, o STJ reconheceu a multiparentalidade e, como consectário lógico, o exercício do direito à herança do

---

[253] REsp 1.618.230/RS. Rel. Min. Ricardo Villas Bôas Cueva, 3ª Turma, j. 28.03.2017. DJe 10.05.2017.

[254] Conforme depreende-se da leitura do acórdão, no caso concreto, o recorrente, à época com 61 anos de idade, demandou contra seu suposto pai biológico que, falecido antes de ser citado na ação, contou-lhe em vida que era seu pai biológico. O recorrente foi criado pela irmã de seu suposto pai biológico e por seu pai registral e socioafetivo (este também falecido, em 16.04.1960, quando o recorrente tinha 12 anos de idade). O tribunal *a quo* julgou ser possível o reconhecimento de sua origem genética, mas sem reconhecer os direitos patrimoniais e sem possibilitar a alteração do registro civil, vez que o recorrente já tinha exercido os direitos decorrentes da filiação registral e socioafetiva, inclusive com recebimento de herança deixada pelo seu pai registral e socioafetivo. A decisão do tribunal *a quo* foi reformada pelo STJ.

pai biológico, mesmo já tendo o filho recebido herança do pai registral e socioafetivo. Também, no AgInt no AREsp 962.969/RJ[255], de relatoria do Min. Lázaro Guimarães, o STJ reafirmou o entendimento exarado na RG 622/STF, asseverando que a paternidade socioafetiva concomitante com a biológica produz efeitos patrimoniais e extrapatrimoniais.[256]

A possibilidade de o filho receber herança de seus múltiplos ascendentes também foi tema de debates na VIII Jornada de Direito Civil, promovida pelo Conselho da Justiça Federal (CJF). Na ocasião, restou aprovado o Enunciado nº 632, que dispõe:

> Nos casos de reconhecimento de multiparentalidade paterna ou materna, o filho terá direito à participação na herança de todos os ascendentes reconhecidos.[257]

Atualmente, a doutrina majoritária também admite esse direito a múltiplas heranças sem hesitar[258] (entre outros: Zeno Veloso, José Fernando Simão, Ana Nevares, Anderson Schreiber etc.).

Em conclusão, considerando a legislação constitucional e infraconstitucional vigente, a doutrina especializada e as primeiras inclinações dos tribunais superiores sobre o tema, parece possível afirmar que um filho pode herdar de todos os seus múltiplos ascendentes.

Uma nota apenas: parte da doutrina vê com preocupação algumas hipóteses nas quais haveria exclusivo interesse patrimonial no pedido de reconhecimento de uma situação multiparental (socioafetiva ou biológica) – por exemplo, nos casos de pleito *post mortem* apenas para fazer valer uma pretensão sucessória. Essa perspectiva será abordada adiante[259].

---

[255] AgInt no AREsp 962.969/RJ, Rel. Min. Lázaro Guimarães (Des. Conv. TRF 5ª Região), 4ª Turma, j. 18.09.2018. **DJe** 24.09.2018.

[256] Conforme depreende-se da leitura do acórdão, para fundamentar a decisão, o ministro relator invocou os julgados AgInt no REsp 1.622.330/RS. Rel. Min. Ricardo Villas Bôas Cueva, 3ª Turma, j. 12.12.2017, **DJe** 02.02.2018; e REsp 1.618.230/RS. Rel. Min. Ricardo Villas Bôas Cueva, 3ª Turma, j. 28.03.2017. **DJe** 10.05.2017.

[257] Enunciados encontrados em Conselho da Justiça Federal, VIII Jornada de Direito Civil.

[258] *Vide* Zeno Veloso e Luiz Paulo Vieira de Carvalho (VELOSO, Zeno. Requisitos da união estável. **O Liberal**, Belém, 06 maio 2017; CARVALHO, Luiz Paulo Vieira de. **Direito das sucessões**. 3. ed. rev., atual. e ampl. São Paulo: Altas, 2017, p. 330).

[259] Caso se identifique abusividade ou ofensa ao princípio da boa-fé objetiva, uma solução possível para esta peculiar situação seria juntamente apenas reconhecer a ascendência genética sem declarar a filiação. Cuidaremos destes temas nos próximos capítulos deste texto.

Direito de herança dos múltiplos ascendentes em relação ao filho

Nos casos de multiparentalidade passam a haver diversas linhas sucessórias ascendentes de primeiro grau. Por exemplo, no caso de dois pais e uma mãe teremos três linhas ascendentes em face desse filho.

Em consequência, todos os múltiplos ascendentes poderão vir a ser herdeiros do seu descendente[260]. Outra dúvida que decorreu da aprovação da RG 622/STF foi quanto à forma da divisão do quinhão hereditário nessas hipóteses de entrega da herança aos ascendentes.

Imagine-se a situação de um filho com dois pais (um socioafetivo e um biológico) e uma mãe, ou seja, multiparentalidade com três ascendentes de primeiro grau. Na hipótese de esse filho falecer deixando patrimônio, mas sem que tenha descendentes ou cônjuge/companheiro, a herança será destinada integralmente aos seus ascendentes de primeiro grau – que são três.

A partir disso surgiu a dúvida de como dividir a herança entre estes três ascendentes. A doutrina se divide em duas correntes: a primeira corrente, defendida por Luiz Paulo Vieira de Carvalho, entende que deve haver a observância estrita da atual legislação em vigor, de modo que a divisão entre os ascendentes deve ser realizada com respeito à divisão por linhas prevista no art. 1.836 do Código Civil, ou seja, metade para a linha paterna e metade para a linha materna, independentemente do número de pais e/ou mães. Esse entendimento faz com que a herança acabe por ser dividida de forma desigual entre os ascendentes.

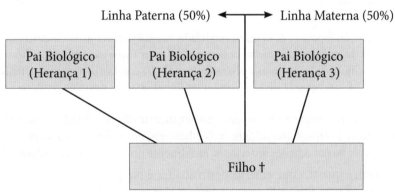

Na figura, por exemplo, cada pai receberia 25% da herança e a mãe receberia 50%, consagrando-se uma divisão desigual.

---

[260] Considerando a ausência de descendentes, sendo que os ascendentes concorrerão com eventual cônjuge e/ou companheiro sobrevivente (art. 1.829, II, CC).

Nesse sentido, Luiz Paulo Vieira de Carvalho aduz:

> Assim, em existindo dois pais estes recolherão a metade da quota cabível aos ascendentes na proporção de metade para cada um, e a mãe, integralmente, a outra metade; em existindo duas mães estas dividirão entre si a metade da parte cabível aos ascendentes, e o pai receberá a outra metade por inteiro, sem que se possa arguir qualquer inconstitucionalidade, pois eventual discrepância de valores só não pode ser permitida em se tratando de diferenciação entre filhos do falecido[261].

Já a segunda corrente, da qual fazem parte, entre outros, os autores Ana Luiza Maia Nevares e Anderson Schreiber, entende que a herança do descendente deve ser igualmente dividida entre os múltiplos pais e/ou mães. Ou seja, se forem três ascendentes, um terço da herança deverá ser entregue para cada um deles.

Esse entendimento parte da premissa de que o Código Civil vigente buscou a igualdade entre as linhas paternas e maternas, de modo que a função da regra seria justamente a divisão igualitária da herança entre os ascendentes. Diante disso, mais do que apenas a estrutura, dever-se-ia atentar para a sua função, o que levaria a uma interpretação de que também na divisão da herança entre três (ou mais) ascendentes a divisão deve ser igualitária entre todos eles.

A controvérsia também foi objeto de debates na VIII Jornada de Direito Civil, promovida pelo CJF, ocasião na qual restou aprovado o Enunciado nº 642, que dispõe:

> Nas hipóteses de multiparentalidade, havendo o falecimento do descendente, com o chamamento de seus ascendentes à sucessão legítima, se houver igualdade em graus e diversidade em linha entre os convocados a herdar, a herança será dividida em tantas linhas quantos sejam os genitores[262].

Ou seja, prevaleceu a tese de que a herança deveria ser dividida em partes iguais entre todos os ascendentes reconhecidos, entendimento que, revendo nossa posição nas edições anteriores, atualmente nos parece o mais adequado.

Outra questão que emerge dessa análise é no questionamento da pertinência de se seguir utilizando os termos clássicos "linha paterna" e "linha materna". O atual estágio do nosso direito de família e sucessões indica no

---

[261] CARVALHO, Luiz Paulo Vieira de. **Direito das sucessões**. 3. ed. rev., atual. e ampl. São Paulo: Altas, 2017, p. 333-334.

[262] Enunciados encontrados em Justiça Federal, VIII Jornada de Direito Civil.

sentido de utilizarmos, a partir de agora, apenas a denominação "linhas ascendentes" (e não mais linhas "paternas" e/ou "maternas")[263].

Isso porque o reconhecimento da união homoafetiva (STF, ADPF 132 e ADI 4.277) faz com que nem sempre se apresente a divisão clássica de "pai" e "mãe", visto que o par pode ser formado apenas por "dois pais" ou por apenas "duas mães". Ademais, o reconhecimento dos direitos da pessoa trans (STF, ADI 4.275) também é outro fator que mostra que, na atualidade, não é aconselhável utilizar termos como "linha materna" e "linha paterna", pois também em casos envolvendo pessoa trans ter-se-iam dificuldades. Ante essas considerações, sugere-se a utilização apenas da nomenclatura "linhas ascendentes".

Descendência genética *versus* filiação

Outra dúvida que acirrou a partir da aprovação da tese na RG 622/STF foi quanto ao tratamento a ser dado nos casos em que, consolidada a filiação registral e socioafetiva, há o pleito posterior de reconhecimento da filiação biológica em face de outra pessoa.

Não raro, são apresentadas demandas com pleitos multiparentais que buscam o reconhecimento de uma filiação biológica sem que tenha havido qualquer convívio socioafetivo com o referido ascendente genético, e mesmo com o postulante tendo tido outro pai registral e socioafetivo por toda uma vida (muitas vezes por décadas). Muitos desses casos são apresentados apenas após a morte do referido "pai biológico", sem que ele tenha tido sequer conhecimento de sua prole. Nessas situações, resta evidente que o objetivo da declaração da filiação é tão só buscar um quinhão de uma herança.

É possível perceber que diversas demandas evidenciam um exclusivo e excessivo interesse patrimonial sucessório no ajuizamento de um pedido de reconhecimento de paternidade biológica, mesmo em multiparentalidade[264].

---

[263] Desde 11.07.2019 tramita no Senado Federal o Projeto de Lei nº 3.799, de 2019, que visa alterar o Livro V da Parte Especial da Lei nº 10.406, de 10.01.2002, e o Título III do Livro I da Parte Especial da Lei nº 13.105, de 16.03.2015, para dispor sobre a sucessão em geral, a sucessão legítima, a sucessão testamentária, o inventário e a partilha. No referido projeto de lei consta que o § 2º do art. 1.836 do Código Civil passará a ter a seguinte redação: "havendo igualdade em grau e diversidade em linha, a herança deverá ser dividida em tantas linhas quantos sejam os pais".

[264] Como naqueles nos quais, ainda que sabendo deste vínculo há muito tempo, dado filho espera o óbito do seu ascendente genético para, somente então, pleitear e reconhecimento desta filiação. Emergiria daí um interesse quase que exclusivamente sucessório com este pleito, com a postulação do reconhecimento desta filiação biológica *post mortem* apenas para obter direito à respectiva herança.

Há algum tempo que a doutrina do direito de família brasileiro debate esse tema, discutindo a possibilidade de se distinguir entre o estabelecimento do direito de filiação e apenas a declaração da descendência genética. Nessa perspectiva, em alguns casos seria possível apenas declarar a vinculação genética sem estabelecer a filiação. Essa solução resta possível em face do atual estágio de evolução da parentalidade brasileira, que já admite um desacoplamento da filiação com o liame biológico.

A aprovação da multiparentalidade fomenta ainda mais essa questão, visto que também em situações multiparentais pode ser necessária essa discussão de se declarar (ou não) o vínculo de filiação decorrente de um comprovado elo biológico. Ou seja, se toda e qualquer descendência genética comprovada deve gerar a filiação (se assim postulada), ou – ao contrário – se se deveria analisar detidamente o contexto e apreciar se, em alguns casos, não se deveria apenas declarar a vinculação genética sem elo filial.

Parte da doutrina, da qual faz parte Luiz Paulo Vieira de Carvalho[265], entende que uma vez reconhecida a descendência genética haveria automaticamente o reconhecimento da filiação que é postulada, com todos os seus feitos jurídicos, inclusive patrimoniais e sucessórios.

Por outro lado, parte da doutrina entende que pode haver sim a dissociação entre o direito ao reconhecimento da descendência genética com o direito de filiação, como há muito defende, entre outros, Paulo Lôbo[266]. Para essa segunda corrente, da qual também faz parte Rolf Madaleno[267], em alguns casos seria possível reconhecer a descendência genética sem, no entanto, estabelecer-se a filiação (e os seus consectários).

A distinção entre parentesco e ascendência genética é sustentada por parte substancial dos jusfamiliaristas brasileiros[268]. Essa diferenciação se extrai a partir do disposto no art. 227, § 6º, da Constituição Federal, e no art. 1.596 do Código Civil. O reconhecimento da socioafetividade permitiu perceber de maneira ainda mais cristalina que nem sempre a filiação estará atrelada

---

[265] Defende esse posicionamento o autor Luiz Paulo Vieira de Carvalho (CARVALHO, Luiz Paulo Vieira de. **Direito das sucessões**. 3. ed. rev., atual. e ampl. São Paulo: Altas, 2017, p. 321).

[266] *Vide* LÔBO, Paulo Luiz Netto. **Direito civil:** famílias. São Paulo: Saraiva, 2008, p. 203-204.

[267] *Vide* Rolf Madaleno (MADALENO, Rolf. Filiação sucessória. **Revista Brasileira de Direito das Famílias e Sucessões**, Porto Alegre; Belo Horizonte, v. 1, p. 25-41, dez. 2007/jan. 2008).

[268] MADALENO, Rolf. **Curso de direito de família**. 5. ed. rev., atual. e ampl. Rio de Janeiro: Forense, 2013, p. 485.

à descendência genética[269]. Resulta disso a percepção de que o estado de filiação possui um sentido civil-constitucional plural que não pode ser objeto de uma leitura reducionista, sob pena de incorrer até mesmo em reprovável inconstitucionalidade[270].

Outro sentido teria o que se denomina direito ao conhecimento à origem genética, típico direito da personalidade, que envolve o direito de a pessoa – a qualquer tempo – ter ciência da sua ancestralidade biológica, mas sem necessariamente estenderem daí os efeitos do parentesco[271]. Ou seja, é direito de todos averiguar judicialmente seu ascendente genético, mas não deriva daí – necessariamente – qualquer relação de parentesco, máxime quando esta já estiver estabelecida com outrem. A vinculação biológica pode – ou não – influir na relação de filiação, sempre a depender das peculiaridades do caso concreto.

Parece possível asseverar que o acolhimento da multiparentalidade não põe fim ao caminho que estava seguindo a doutrina brasileira. Em outras palavras, mesmo após a aprovação da tese na RG 622/STF, resta adequado refletir em quais casos deve ser declarada uma filiação biológica com todos os seus efeitos jurídicos e, por outro lado, em quais casos deve apenas ser declarada a descendência genética.

A distinção entre o direito de filiação (categoria do direito de família) e o direito ao conhecimento da ancestralidade genética (categoria do direito da personalidade) pode ser um bom freio para que se evite uma excessiva e indesejável patrimonialização das relações.

Ações abusivas

A partir da aprovação da RG 622 pelo STF, uma grande preocupação doutrinária que surgiu diz respeito às ações aforadas para reconhecimento

---

[269] GAMA, Guilherme Calmon Nogueira da. **A nova filiação, o biodireito e as relações parentais, de acordo com o novo Código Civil.** Rio de Janeiro: Renovar, 2003, p. 907.

[270] TEPEDINO, Gustavo. A disciplina civil-constitucional das relações familiares. In: COMAILLE, Jacques et al. **A nova família:** problemas e perspectivas. Rio de Janeiro: Renovar, 1997.

[271] FACHIN, Luiz Edson. Do direito de família. Do direito pessoal. Das relações de parentesco. Arts. 1.591 a 1.638. In: TEIXEIRA, Sálvio de Figueiredo (coord.). **Comentários ao Novo Código Civil.** Rio de Janeiro: Forense, 2008. v. XVIII, p. 112-113.

da filiação biológica apenas para fins patrimoniais e sucessórios, as chamadas demandas abusivas[272], frívolas ou argentárias[273].

Não raro se apresentam demandas nas quais o pleito de reconhecimento de uma filiação biológica tem o fito exclusivo de interesse patrimonial sucessório[274]. Muitas vezes o filho há muito tem ciência do vínculo biológico, mas nada faz e espera o seu ascendente biológico falecer para – apenas então – ajuizar o pedido de investigação de paternidade.

Rui Portanova conceitua as ditas ações investigatórias abusivas[275], como as em que o investigante renuncia a uma paternidade socioafetiva para buscar o reconhecimento de outra paternidade apenas com o fito de receber seus efeitos patrimoniais. Nessas hipóteses, os cenários possíveis são os mais variados e complexos; um deles seria este: a busca meramente patrimonial e sucessória do filho que nunca conviveu com seu pai biológico por ter sido criado por outro pai registral e socioafetivo (e dele já ter recebido herança)[276].

Justamente em razão desses cenários possíveis é que parte da doutrina entende que não seria possível o reconhecimento desta "filiação sucessória", com interesse meramente patrimonial, sendo indicada, nesses casos, apenas a declaração de descendência genética, sem reconhecer a filiação e, assim, com a consequente negativa do respectivo direito de herança[277]. Nesse sentido, Rolf Madaleno sustenta:

---

[272] PORTANOVA, Rui. **Ações de filiação e paternidade socioafetiva.** 2. ed. Porto Alegre: Livraria do Advogado, 2018, p. 18.

[273] *Demanda frívola* é uma denominação de Anderson Schreiber, enquanto *demanda argentária* é uma denominação de José Fernando Simão. *Vide* TARTUCE, Flávio. Da ação vindicatória de filho – Análise diante da recente decisão do STF sobre a parentalidade socioafetiva. **Migalhas,** 29 ago. 2018. Disponível em: https://www.migalhas.com.br/FamiliaeSucessoes/104,MI286476,91041-Da+acao+vindicatoria+de+filho+Analise+diante+da+recente+decisao+do. Acesso em: 16 abr. 2023.

[274] É verdade que o mesmo pode se dar com o pleito de reconhecimento de uma filiação socioafetiva.

[275] PORTANOVA, Rui. **Ações de filiação e paternidade socioafetiva.** 2. ed. Porto Alegre: Livraria do Advogado, 2018, p. 189.

[276] *Vide* CASSETTARI, Christiano. **Multiparentalidade e parentalidade socioafetiva:** efeitos jurídicos. 3. ed. São Paulo: Atlas, 2017, p. 342; PORTANOVA, Rui. **Ações de filiação e paternidade socioafetiva.** 2. ed. Porto Alegre: Livraria do Advogado, 2018, p. 115-116; SIMÃO, José Fernando. A multiparentalidade está admitida e com repercussão geral. Vitória ou derrota do afeto? **Carta Forense,** São Paulo, 3 jan. 2017. Coluna Direito Civil.

[277] *Vide* item anterior do presente artigo.

Para essas ações abusivas e de restrito cunho econômico-financeiro descabe atribuir efeitos jurídicos diante de mero direito ao conhecimento da ancestralidade (ECA, art. 48), sem nenhum outro efeito jurídico, em especial à sucessão do genitor de cunho mera e restritamente biológico, ressentindo de qualquer função ou papel parental que foi durante toda a existência de investigante preenchido por outro progenitor socioafetivo, e por vezes também registral.[278]

Em sentido contrário, Michele Vieira Camacho entende:

Muito embora não exista herança de pessoa viva, negar o reconhecimento a um direito líquido e certo (filiação), por uma expectativa de direito (herança), baseada em mero juízo de valor, nos parece ser tanto injusto quanto ilegal. Mais que isso: excluir direitos constitucionalmente previstos baseados em suposições de imorais proveitos patrimoniais é um retrocesso do qual não podemos nos valer. É como não permitir a investigação de paternidade com receio de perturbação do lar conjugal, como outrora era legalizado e hoje é recriminado veementemente.[279]

A atual maturidade do direito de família brasileiro e os seus demais princípios e regras apresentam elementos que permitem evitar que excessos puramente patrimoniais venham a desbordar dos limites que as situações existenciais devem resguardar.

Não se pode negar que há legítimos interesses patrimoniais que devem ser tutelados, mesmo diante de casos de multiparentalidade. Inúmeras outras situações familiares geram efeitos patrimoniais (aliás, reflexo esse que é deveras comum nas relações familiares, diga-se de passagem).

Ou seja, os filhos de relações multiparentais poderão fazer valer seus direitos patrimoniais perante os seus pais biológicos se assim pretenderem, desde que não haja má-fé ou abuso, e sempre com respeito aos demais institutos do direito civil, como boa-fé, vedação ao enriquecimento ilícito e vedação ao *venire contra factum proprium*.

Nesse sentido, Anderson Schreiber pontua:

Há, ainda, o generalizado receio de que a posição adotada pelo STF possa gerar demandas mercenárias, baseadas em puro interesse patrimonial.

---

[278] MADALENO, Rolf. **Sucessão legítima**. Rio de Janeiro: Forense, 2019, p. 533.

[279] CAMACHO, Michele Vieira. **Multiparentalidade e seus efeitos sucessórios**. 2018. Dissertação (Mestrado em Direito) – Faculdade de Direito, Universidade de São Paulo, São Paulo. 2018, p. 218-219.

Argumenta-se que a corte teria aberto as portas do Judiciário para filhos que somente se interessam pelos pais biológicos no momento de necessidade ou ao se descobrirem como potenciais herdeiros de fortunas. Nesse particular, competirá aos juízes e tribunais separar, como sempre, o joio do trigo, empregando os mecanismos disponíveis na ordem jurídica brasileira para se evitar o exercício de uma situação jurídica subjetiva em descompasso com seu fim axiológico-normativo. O abuso do direito e a violação à boa-fé objetiva têm plena aplicação nesse campo, sendo de se lembrar que são instrumentos que atuam não apenas no interesse particular, mas também no interesse público de evitar a manipulação de remédios que são concedidos pelo ordenamento não de modo puramente estrutural, mas sempre à luz de uma finalidade que se destinam a realizar[280].

Importa não olvidar que o direito de família também é afeito a outros princípios e regras do nosso ordenamento, de modo que a boa-fé, a vedação ao enriquecimento ilícito e outros limites do nosso sistema civil também devem ser observados nos litígios jusfamiliares.

Essa compreensão levará à distinção dos casos nos quais haveria patente ofensa às demais balizas do nosso sistema jurídico, o que poderia levar a outras soluções no acertamento dessas demandas, sempre de modo a se respeitar a harmonia e unidade do nosso direito civil-constitucional.

Considerações finais

O contínuo caminhar do direito de família brasileiro contemporâneo vem causando impactos de relevo no direito das sucessões, com repercussões não antes pensadas ou previstas. A incerteza é uma das características da pós-modernidade, de modo que também os juristas devem se acostumar a laborar em ambientes de insegurança e instabilidade constante.

Conforme pontua Eroulths Cortiano Junior[281], "o projeto desenhado pelo regramento da sucessão *mortis causa*, então, seria o de preservação da família – *rectius*: do modelo de família recortado pelo direito – através da manutenção da riqueza do de cujus no seio familiar". O desafio é que o cenário atual altera o próprio sentido de família, que recebe especial coloração a partir do reconhecimento de relações socioafetivas, em especial na filiação.

---

[280] SCHREIBER, Anderson. STF, Repercussão Geral 622: a multiparentalidade e seus efeitos. **Carta Forense,** São Paulo, 26 set. 2016. Coluna Direito de Família.

[281] CORTIANO JUNIOR, Eroulths; RAMOS, André Luiz Arnt. Liberdade de testar versus sucessão forçada: anotações preliminares sobre o direito sucessório brasileiro. **Revista de Estudos Jurídicos e Sociais.** Cascavel, n. 4, p. 41-74, maio 2015. Disponível em https://www.univel.br/sites/default/files/revistajuridica/revista_04_edition.pdf.

É inegável que o reconhecimento jurídico da multiparentalidade traz novos elementos à equação sucessória, muitos ainda em edificação. Também em razão disso Heloísa Helena Barboza prescreve um criterioso juízo no reconhecimento do parentesco com base na socioafetividade, pois encobre terceiros que não estão necessariamente envolvidos na relação socioafetiva[282].

Ainda que o atual quadro de transição e impermanência não recomende, parece possível destacar algumas conclusões. A primeira é que é possível um filho herdar de todos os seus múltiplos ascendentes. A segunda é que a divisão da herança entre os ascendentes em caso de morte do filho deve ocorrer de maneira igualitária entre eles. A terceira é que deve seguir sendo observada a distinção entre o direito de filiação e o direito ao conhecimento da ascendência genética, cabendo analisar profundamente cada caso concreto para se apurar a melhor solução. A quarta, e última, é que se faz necessário atentar para as demandas abusivas, as quais podem vir a exigir uma solução distinta, que não estabeleça filiação, à luz dos demais princípios e regras da juscivilística brasileira.

Na esteira do que foi exposto, é possível perceber que muitas das questões ora comentadas estão sendo objeto de intenso debate na doutrina e até mesmo na jurisprudência, de modo que há incerteza em grande parte das repercussões sucessórias das relações multiparentais. Esse quadro pode fazer com que um caso concreto com essa matiz tenha que enfrentar anos de discussões judiciais (o que certamente não é desejado).

Também por isso, a necessidade de planejar a sucessão é ainda maior para os envoltos em situações do estilo. Aconselha-se fortemente que as pessoas que vivam situações de multiparentalidade planejem a sua sucessão, pensando em arranjos sucessórios equilibrados, mormente a partir de um planejamento eficaz, que possa contemplar os interesses de cada membro da família.

Muitas das projeções multiparentais ora debatidas podem ser mais bem equacionadas a partir da utilização dos mais variados instrumentos de planejamento sucessório[283]. Calha aqui recordar da conhecida frase, a qual nos lembra que "é durante a vida que devemos pensar na morte, e não depois"[284].

---

[282] BARBOZA, Heloísa Helena Gomes. Efeitos jurídicos do parentesco socioafetivo. In: PEREIRA, Rodrigo da Cunha (coord.). **Família e solidariedade:** teoria e prática do direito de família. Rio de Janeiro: Lumen Juris; IBDFam, 2008, p. 229.

[283] Para saber mais sobre planejamento sucessório e instrumentos de planejamento sucessório, *vide* TEIXEIRA, Daniele Chaves. **Planejamento sucessório:** pressupostos e limites. Belo Horizonte: Fórum, 2017; e TEIXEIRA, Daniele Chaves (coord.). **Arquitetura do planejamento sucessório.** Belo Horizonte: Fórum, 2019.

[284] Autor desconhecido. Alguns atribuem a frase ao escritor José Saramago.

SEÇÃO VIII. ALIENAÇÃO PARENTAL: PROTEÇÃO DO VÍNCULO AFETIVO ENTRE PAIS E FILHOS

Eu moro com a minha mãe
Mas meu pai vem me visitar
Eu moro na rua, não tenho ninguém
Eu moro em qualquer lugar
Já morei em tanta casa que nem me lembro mais
Eu moro com meus pais

É preciso amar as pessoas
Como se não houvesse amanhã
Porque se você parar pra pensar
Na verdade não há

Sou uma gota d'água
Sou um grão de areia
Você me diz que seus pais não entendem
Mas você não entende seus pais
Você culpa seus pais por tudo
Isso é absurdo
São crianças como você
O que você vai ser
Quando você crescer

Legião Urbana

Umas das alterações legislativas do direito de família brasileiro que guarda pontos de contato com a afetividade foi a aprovação da chamada Lei da Alienação Parental[285], que, em apertada síntese, pretende coibir atos de um dos pais que visem a dificultar o contato afetivo "do outro pai com o filho" (aqui neste capítulo se utiliza a expressão pais em sentido *lato*, incluindo tanto pais como mães, até mesmo os de casais homoafetivos e os de famílias multiparentais[286]).

---

[285] Lei nº 12.318/2010.

[286] "Seja qual a estrutura familiar originada de casamento, união estável, relacionamento concubinária ou relacionamentos afetivos de outra ordem, exige-se responsabilidade das partes, compreensão e afeto humano, para que se preserve o convívio saudável com os filhos menores na comunidade de origem" (OLIVEIRA, Euclides de. Alienação parental

A descoberta da alienação parental é imputada ao pesquisador Richard Gardner (Universidade de Columbia), em estudos iniciados em 1985. Em suas análises, Gardner percebeu que o afastamento conjugal dos pais muitas vezes provocava nos filhos peculiares sentimentos de medo, angústia, traição, abandono, rejeição, entre outros. Ao averiguar os motivos disso, constatou que se devia, em grande parte, a condutas inapropriadas de um dos pais para com a imagem do outro, o que obstava o relacionamento do alienado com a prole comum. Ou seja, através da atuação sobre o psicológico dos filhos, um dos pais empregava meios discursivos para atingir o outro em meio ao litígio.

Pesquisas mais profundas atestaram o que Gardner sustentou, solidificando o que se denominou chamar de síndrome da alienação parental (SAP), que seria representada por um conjunto de atos destinados a "programar uma criança para que odeie um dos seus genitores"[287]. Ou seja, um dos pais praticava uma "lavagem cerebral" no filho para desestimular a sua relação afetiva com o outro. Desde então, o tema se disseminou na psicologia, psiquiatria, pediatria e, recentemente, aportou no Direito[288]. O mencionado autor conceitua a síndrome da alienação parental (SAP), como

> um distúrbio da infância que aparece quase exclusivamente no contexto de disputas de custódia de crianças. Sua manifestação preliminar é a campanha denegritória contra um dos genitores, uma campanha feita pela própria criança e que não tenha nenhuma justificação. Resulta da combinação das instruções de um genitor (o que faz a "lavagem cerebral, programação, doutrinação") e contribuições da própria criança para caluniar o genitor-alvo. Quando o abuso e/ou a negligência parentais verdadeiros estão presentes, a animosidade da criança pode ser justificada, e assim a explicação de Síndrome de Alienação Parental para a hostilidade da criança não é aplicável[289].

---

e as nuances da parentalidade. Guarda e convivência familiar. In: PEREIRA, Rodrigo da Cunha (org.). **Tratado de Direito das Famílias.** Belo Horizonte: IBDFam, 2015, p. 278.

[287] GARDNER, Richard. **O DSM-IV tem equivalente para o diagnóstico de Síndrome de Alienação Parental (SAP).** Trad. Rita Rafaeli.

[288] Para saber mais sobre o tema se recomenda o vídeo do filme "A morte inventada", disponível no site YouTube, que trata do relato de pais e filhos que viveram em ambiente de alienação parental. Para além dos emocionantes relatos, o filme ainda traz o depoimento de especialistas.

[289] GARDNER, Richard. **O DSM-IV tem equivalente para o diagnóstico de Síndrome de Alienação Parental (SAP).** Trad. Rita Rafaeli.

Como as últimas pesquisas comprovam que são crescentes os números de casais que se separam[290], o ambiente para a eventual ocorrência de alienação parental é certamente maior na atualidade. Com um maior número de casais separados, maior a chance de que em alguns deles ocorram atos de alienação parental[291]. A realidade parece comprovar essa previsão, visto que são crescentes os números de registros de casos de alienação parental. Conforme assevera Eduardo de Oliveira Leite

> Sob qualquer ângulo que se examine as duas tendências é, porém, forçoso reconhecer, que o processo de alienação decorre da ruptura, mais precisamente, do divórcio que gera a disputa pela guarda (na primeira perspectiva) ou o inconformismo pela perda do parceiro (na segunda tendência). Mas sempre o divórcio como determinador do fenômeno[292].

A maior ocorrência de casos de alienação parental na sociedade exigiu reações para além da área da saúde, fazendo com o que o direito de família também se manifestasse sobre o tema. Para tanto, diversos países passaram a legislar a respeito, visando coibir e reprimir o alienador com diversas penalidades.

Em 2006, foi realizado na Espanha o I Simpósio Nacional sobre a Síndrome da Alienação Parental, no qual uma das conclusões foi que deveriam ser empreendidos esforços para uma atuação conjunta da área médica, psiquiátrica, psicológica e jurídica para que combater exitosamente a prática.

> A manipulação dos filhos por parte de um cônjuge, ou do meio familiar deste, com a intenção de que ele rejeite o seu progenitor é um tipo de violência psicológica que constitui um mau-trato infantil. *É necessário*

---

[290] Em dez anos, o número de divórcios cresceu mais de 160% no Brasil, conforme dados da Pesquisa de Estatísticas de Registro Civil do IBGE, do ano de 2015.

[291] "Movidos por um desejo de vingança, sentimentos de abandono, raiva, amor reprimido, comportamentos patológicos ou simples imaturidade, pais e mães não pensam em seus filhos, usando-os apenas para destruir o ex-parceiro ou obter atenção exclusiva, criando adultos que terão problemas de adaptação ou serão adultos problemas para a sociedade, com transtornos antissociais, isto se sobreviverem até a idade adulta, pois muitas crianças cujos pais incutiram a Síndrome da Alienação Parental cometem inclusive o suicídio" (MADALENO, Ana Carolina Carpes; MADALENO, Rolf. Síndrome da **Alienação parental: importância da detecção, aspectos legais e processuais.** Rio de Janeiro: Forense, 2013, p. 67).

[292] LEITE, Eduardo de Oliveira. **Alienação** parental: do mito à realidade. São Paulo: Revista dos Tribunais, 2015, p. 241.

*potencializar a investigação destas ações nos âmbitos jurídico, médico, psiquiátrico e psicológico, com o objetivo de criar ferramentas de conhecimento que procurem **prevenir** seu desenvolvimento, interferir na sua elaboração e abordar seu tratamento. As escolas de advogados, médicos psicólogos do Estado devem prestar atenção a este tipo de mau-trato infantil no sentido de evitar a sua elaboração, processo de instauração, formando os seus profissionais no seu conhecimento, dentro do compromisso social, ético e humano que regem suas práticas profissionais [...]*[293].

O Brasil adentrou cedo no debate sobre esse assunto com a edição da Lei 12.318 de 2010, que dispõe sobre a alienação parental, caracterizando o instituto e prevendo as respectivas penalidades. Essa lei é objeto de elogio de outros países, o que comprova, mais uma vez, a vanguarda do direito de família brasileiro.

A referida legislação inicia descrevendo o que entende por ato de alienação parental

> **Art. 2º** Considera-se *ato de alienação parental* a interferência na formação psicológica da criança ou do adolescente promovida ou induzida por um dos genitores, pelos avós ou pelos que tenham a criança ou adolescente sob a sua autoridade, guarda ou vigilância para que repudie genitor ou que cause prejuízo ao estabelecimento ou à manutenção de vínculos com este.
>
> Parágrafo único. São formas exemplificativas de alienação parental, além dos atos assim declarados pelo juiz ou constatados por perícia, praticados diretamente ou com auxílio de terceiros:
>
> I – realizar campanha de desqualificação da conduta do genitor no exercício da paternidade ou maternidade;
>
> II – dificultar o exercício da autoridade parental;
>
> III – dificultar contato de criança ou adolescente com genitor;
>
> IV – dificultar o exercício do direito regulamentado de convivência familiar;
>
> V – omitir deliberadamente a genitor informações pessoais relevantes sobre a criança ou adolescente, inclusive escolares, médicas e alterações de endereço;

---

[293] Conforme consta da obra: AGUILAR, José Manuel. **Síndrome de alienação parental**. Casal de Cambra: Caleidoscópio, 2008.

VI – apresentar falsa denúncia contra genitor, contra familiares deste ou contra avós, para obstar ou dificultar a convivência deles com a criança ou adolescente;

VII – mudar o domicílio para local distante, sem justificativa, visando a dificultar a convivência da criança ou adolescente com o outro genitor, com familiares deste ou com avós. (grifos nossos)

Uma análise do conjunto de atos descritos como representativos de alienação parental permite constatar que, em *ultima ratio*, o que a lei visa preservar é o vínculo afetivo com ambos os pais quando do desenlace da relação de conjugalidade. Novamente sobressai a relevância da afetividade no cenário presente, visto que a sua preservação na respectiva relação filial é a verdadeira função da referida legislação.

Para além dos consagrados princípios do melhor interesse[294] e da proteção integral da criança e do adolescente[295], os comandos da lei lastreiam-se no direito fundamental à convivência familiar[296] e na preservação da afetividade[297], como expressamente afirma o texto legal ao delinear o bem jurídico que protege:

> **Art. 3º** A prática de ato de alienação parental fere *direito fundamental* da criança ou do adolescente de convivência familiar saudável, *prejudica a realização de afeto nas relações com genitor* e com o grupo familiar, constitui abuso moral contra a criança ou o adolescente e descumprimento dos deveres inerentes à autoridade parental ou decorrentes de tutela ou guarda. (grifos nossos)

---

[294] CUNHA, Rogério Sanches; LÉPORE, Paulo Eduardo; ROSSATO, Luciano Alves. **Estatuto da Criança e do Adolescente (Lei 8.069/90):** comentado artigo por artigo. 7. ed. São Paulo: Saraiva, 2015.

[295] "A Alienação Parental configura descumprimento dos deveres inerentes a autoridade parental e precisa ser identificada para tornar efetivo o comando constitucional que assegura a crianças e adolescentes proteção integral com absoluta prioridade" (DIAS, Maria Berenice. **Alienação parental:** um crime sem punição. In: DIAS, Maria Berenice (coord.). **Incesto e alienação parental.** 3. ed. rev. atual. ampl. São Paulo: Revista dos Tribunais, 2013. p. 19.

[296] KREUZ, Sergio Luiz. **Direito à convivência familiar da criança e do adolescente.** Curitiba: Juruá, 2012, p. 76-77.

[297] CALDERÓN, Ricardo Lucas. Afetividade e Cuidado sob as lentes do Direito. In: PEREIRA, Tânia da Silva; OLIVEIRA, Guilherme; COLTRO, Antonio Carlos Mathias (org.). **Cuidado e afetividade:** projeto Brasil/Portugal – 2016-2017. São Paulo: Atlas, 2017.

A proteção do vínculo afetivo dos pais com os seus filhos justifica a atenção dedicada pelo legislador, inclusive com legislação extravagante para tratar das questões atinentes à alienação parental. A reivindicação social favorável a uma legislação sobre o tema é outra demonstração do paradigma da afetividade que está a imperar na nossa sociedade.

A lei ainda prevê a penalidade e as medidas de repressão para tais atos, que podem vir a afetar até mesmo o instituto da guarda e o da autoridade parental.

> Art. 6º Caracterizados atos típicos de alienação parental ou qualquer conduta que dificulte a convivência de criança ou adolescente com genitor, em ação autônoma ou incidental, o juiz poderá, cumulativamente ou não, sem prejuízo da decorrente responsabilidade civil ou criminal e da ampla utilização de instrumentos processuais aptos a inibir ou atenuar seus efeitos, segundo a gravidade do caso:
>
> I – declarar a ocorrência de alienação parental e advertir o alienador;
>
> II – ampliar o regime de convivência familiar em favor do genitor alienado;
>
> III – estipular multa ao alienador;
>
> IV – determinar acompanhamento psicológico e/ou biopsicossocial;
>
> V – determinar a alteração da guarda para guarda compartilhada ou sua inversão;
>
> VI – determinar a fixação cautelar do domicílio da criança ou adolescente.

Percebe-se a centralidade conferida para a relação afetiva entre pais e filhos, de tal modo que a prática de atos que possam obstar ou atrapalhar essa relação recebe contundente repulsa do ordenamento. Tal ordem de ideias está em perfeita harmonia com o princípio da afetividade e também com o princípio da parentalidade responsável, ambos de índole civil-constitucional.

Quanto ao foro adequado para alegação e discussão "tratando-se de alienação parental em ação autônoma, a competência é da Vara da Infância e da Juventude, entretanto, se incidental, ocorrendo no curso do processo de família, como o divórcio, é da Vara de Família"[298].

Na esteira da lei aprovada, a jurisprudência pátria tem proferido diversas decisões aplicando os dispositivos legais às situações de alienação parental, conforme os trechos de ementas a seguir selecionadas:

---

[298] CARVALHO, Dimas Messias de. **Direito das famílias.** 4. ed. rev. atual. ampl. São Paulo: Saraiva, 2015, p. 520.

[...] desenha-se sim é *uma situação de risco devido a forte presença de sintomas de alienação parental, quadro sério do ponto de vista emocional e que pode trazer consequências devastadoras e permanentes* (STJ, REsp 1.523.283, 3ª Turma, Rel. Min. Ricardo Villas Boas Cueva, j. 16.06.2015).

A Lei 12.318/2010 prevê que o reconhecimento da alienação parental pode se dar em ação autônoma ou incidentalmente, sem especificar, no entanto, o recurso cabível, impondo, neste aspecto, a aplicação das regras do CPC. 4. O ato judicial que resolve, incidentalmente, a questão da alienação parental tem natureza de decisão interlocutória (§ 2º do art. 162 do CPC); em consequência, o recurso cabível para impugná-lo é o agravo (art. 522 do CPC). Se a questão, todavia, for resolvida na própria sentença, ou se for objeto de ação autônoma, o meio de impugnação idôneo será a apelação, porque, nesses casos, a decisão encerrará a etapa cognitiva do processo na primeira instância [...] (STJ, REsp 1.330.172-MG, 3ª Turma, Rel. Min. Nancy Andrighi, *DJe* 17.03.2014).

A sentença prolatada pelo Juízo *a quo*, após exaustiva dilação probatória, reconheceu a prática de ato de alienação parental, tendo como alienador a própria mãe da menor. *Tal ato fere o direito fundamental da criança a uma convivência familiar saudável, prejudicando a criação e manutenção do afeto nas relações com genitor e com o grupo familiar,* constituindo abuso moral contra a criança e descumprimento dos deveres inerentes à autoridade parental ou decorrentes de tutela ou guarda (TJPR, AI 1.133.388-3, 11ª Câmara Cível, Rel. Renato Lopes de Paiva, j. 04.06.2014).

Agravo de instrumento. Ação de alimentos cumulada com regulamentação de visitas. Alienação parental. Inversão da guarda. *Evidenciada a prática da alienação parental, correta a decisão que determinou a inversão da guarda do infante, cujas necessidades são melhores atendidas pelo genitor.* Negaram provimento ao recurso (TJRS, AG 70065839755, 8ª Câmara Cível, Rel. Alzir Felippe Schmitz, j. 10.09.2015).

Civil e processual civil. Guarda de menor. Sentença que atribui a guarda da criança unilateralmente ao genitor. Alegação da parte autora/apelante de que a criança sofreu abuso sexual do pai. Não comprovação. Existência de pelo menos 3 laudos/relatórios psicossociais que refutam a acusação. Arquivamento do inquérito policial a pedido do ministério público. Processo de alienação parental promovido pela genitora. Evidências do envolvimento desta com o uso e/ou comercialização de drogas. Negligência nos cuidados com o filho, que era impedido de conviver com outras crianças e ainda foi privado do direito à educação. Guarda unilateral em favor do pai que se mostra mais adequada. Inteligência dos seguintes dispositivos: art. 227 da Constituição Federal; arts. 4º e 22 do ECA; arts. 1.583 e 1.634, inc. I, do Código Civil. Conhecimento e improvimento do recurso. Precedente. "é dever da família, da sociedade e do estado assegurar à criança, ao adolescente e ao jovem, com absoluta prioridade

Cap. IV · PROJEÇÕES DA AFETIVIDADE NO DIREITO DE FAMÍLIA | 283

o direito à vida, à saúde, à alimentação, ao lazer, à profissionalização, à cultura, à dignidade, ao respeito, à liberdade e à convivência familiar e comunitária, além de colocá-los a salvo de toda forma de negligência, discriminação, exploração, violência, crueldade e opressão" (art. 227 da CRFB/88). O Código Civil vigente, ao disciplinar a proteção da pessoa dos filhos, aduz em seu art. 1.583 que a guarda será unilateral ou compartilhada, compreendendo-se por guarda unilateral a atribuída a um só dos genitores ou alguém que o substitua, e por compartilhada a responsabilização conjunta e o exercício de direitos e deveres do pai e da mãe que não vivam sob o mesmo teto, concernentes ao poder familiar dos filhos comuns (§ 1º). A guarda compartilhada é incentivada pelos juízes e operadores do Direito, por conceder ao menor a convivência diária e contínua com os dois genitores, todavia, existem casos em que a guarda unilateral é mais adequada, através da qual um dos cônjuges, ou alguém que o substitua, tem a guarda, enquanto o outro tem, a seu favor, a regulamentação de visitas, tudo de modo a atender às necessidades específicas do filho. *Resta sobejamente evidenciado que o genitor reúne melhores condições de cuidar adequadamente da criança, oferecendo-lhe suporte não só material, mas sobretudo afetivo e social, não sendo o caso de atribuição da guarda compartilhada, tendo em vista a inequívoca alienação parental praticada pela genitora, num grau extremo a ponto de envolver seu filho em acusações de abuso sexual supostamente praticadas pelo genitor* (TJRN, AC 2015.020607-9, 3ª Câmara Cível, Rel. Des. João Rebouças, *DJRN* 29.07.2016) (grifos nossos)

Como se percebe, a jurisprudência vem aplicando reiteradamente a Lei de Alienação Parental em diversos casos concretos, concretizando os referidos dispositivos legais e procurando inclusive apontar algumas soluções inovadoras. Por óbvio, são poucos os casos que chegam à justiça e muitos ainda não obtêm uma adequada deliberação, todavia, reitera-se a existência de ferramentas no sistema que permitem a sua aplicação.

Portanto, parece adequada a regulação proposta na referida lei, que já vem recebendo tratamento jurisprudencial, instigando uma busca pela sua maior efetivação. Um dos desafios do presente é disseminar para a sociedade os riscos e as severidades que os atos de alienação parental provocam nas crianças e adolescentes.

Para tanto, vislumbra-se recomendável um avanço nas pesquisas e dados a respeito dos respectivos atos e suas consequências, de modo a elevar a segurança dos diagnósticos e medidas repressivas propostas. Também os núcleos de apoio dos fóruns de família podem desempenhar um relevante papel nessa temática, com tabelamentos, dados e estatísticas apuradas que possam subsidiar decisões e proposições.

PRINCÍPIO DA AFETIVIDADE NO DIREITO DE FAMÍLIA – *Ricardo Calderón*

Aspecto singular no exame de casos de alienação parental é, muito mais do que pensar na sua repressão, dedicar medidas de prevenção à sua ocorrência. Ou seja, uma atuação de todos com vistas a evitá-la, pois, após consolidada, os prejuízos às crianças e adolescentes já estarão postos e, em grande parte, poderão apenas ser minimamente atenuados.

O fato de a alienação parental demandar uma análise de diversas áreas exige sempre uma leitura transdisciplinar que construa o diálogo entre Direito, Psicologia, Medicina e Serviço Social[299]. Embora desafiador, esse parece ser um objetivo que não pode ser abandonado pelos envolvidos[300].

A adoção do regime prioritário da guarda compartilhada[301] no direito de família brasileiro (Lei nº 13.058/2014) pode contribuir para um menor espaço de incidência da alienação parental. Rolf Madaleno e Rafael Madaleno afirmam:

> Doutos defendem a adoção da guarda compartilhada física para o enfrentamento da alienação parental [...], cuja atuação poderá ser ostensivamente minimizada se for estabelecido um regime equilibrado de convivência entre os pais com os seus filhos, porquanto o menor já não fica prati-

---

[299] "A alienação parental revelou, de forma abrangente e cabal, que este fenômeno complexo e de difícil apreensão necessita sim do aporte de diversos segmentos do Poder Judiciário (diretos e indiretos) para enfrentar o desafio de uma realidade que não consegue ser cantonada nos estritos limites de uma ordem jurídica tradicional que se considera plenamente válida e autossuficiente. A escalada sempre maior da alienação parental revelou as fissuras e fragilidades de um sistema que começa a dar sinais de esgotamento e por isso precisa da contribuição de outros saberes e de outras competências capazes de minorar os efeitos desastrosos do fenômeno" (LEITE, Eduardo de Oliveira. **Alienação parental:** do mito à realidade. São Paulo: Revista dos Tribunais, 2015, p. 441-442).

[300] "Embora as provas da alienação parental não sejam simples, em razão da sua alta carga de subjetividade e sutileza, o simples fato de já ter dado nome a esta maldade humana e estabelecido como uma conduta antijurídica, inclusive, por meio da Lei 12.318/2010, já começa a produzir efeitos didáticos e pedagógicos de grande alcance. A partir desta consciência e compreensão, pode-se evitar, ou diminuir, as alienações parentais. Nunca pôde, mas agora é proibido falar mal do outro genitor para o filho. Os efeitos nocivos da maldade de quem pratica a alienação parental tem consequências nefastas para criança que, na vida adulta, dificilmente conseguirá transpor o abismo criado pelo alienador contra o alienado." PEREIRA, Rodrigo da Cunha. Alienação parental: uma inversão da relação sujeito e objeto. In: DIAS, Maria Berenice (coord.). **Incesto e alienação parental.** 3ª ed. rev. atual. ampl. – São Paulo: Revista dos tribunais, 2013, p. 40.

[301] Sobre o tema, a precursora obra de GRISARD FILHO, Waldyr. Guarda **Compartilhada.** *Op. cit.*

camente isolado[302] e em notória situação de perigo por sua convivência quase exclusiva ao lado do genitor alienador.

Finalmente, os desafiantes casos envolvendo alienação parental podem incentivar o uso das técnicas da conciliação e da mediação[303], quando o caso concreto assim permitir e as partes aceitarem participar desses métodos. Isso porque, para os sensibilizantes casos concretos, muitas vezes, a solução final não é obtida apenas com uma decisão jurisdicional adjudicada. A compreensão e colaboração dos pais para um ambiente saudável é inafastável.

Não se ignora que alguns casos não recomendarão essas vias chamadas atualmente *adequadas* de solução de conflito, pela gravidade e severidade que podem estar a afetar as crianças envolvidas. Há situações, ainda, que demandam uma medida de urgência inicial para, apenas então, tornar viável uma tentativa de conciliação ou mediação. Mesmo assim, parece que não se deve afastar – de plano – as técnicas de conciliação e da mediação na tentativa de aplacar os casos de alienação parental.

O estudo dessa temática é um campo a se desbravar e verticalizar. Prova viva dessa afirmação são os chamados casos de *autoalienação parental*, descritas por Rolf Madaleno como a "causada pelo progenitor destituído da guarda dos filhos [...] pais podem estar tão obcecados interpretando como ato de deslealdade do outro genitor, dado ao fato de as coisas não estarem funcionando da forma desejada [...][304]. A complexidade das relações familiares exige aprimoramento e estudo constante, o que se mostra singular na temática em apreço.

Em conclusão, tamanha é a centralidade da afetividade nos relacionamentos familiares contemporâneos que, nas relações paterno/materno filiais, há até lei própria com o fim de preservar o enlace afetivo entre pais e filhos. Tal regramento é mais uma manifestação legislativa representativa do paradigma da afetividade que está, sem dúvida alguma, a imperar.

---

[302] MADALENO, Rafael; MADALENO, Rolf. Guarda **Compartilhada**: física e jurídica. São Paulo: Revista dos Tribunais, 2015, p. 146.

[303] TARTUCE, Fernanda. **Mediação nos conflitos civis**. 3. ed. rev. atual. ampl. São Paulo: Método, 2016.

[304] MADALENO, Rolf. Autoalienação parental. In: PEREIRA, Tânia da Silva; OLIVEIRA, Guilherme de; COLTRO, Antonio Carlos Mathias. **Cuidado e afetividade:** projeto Brasil-Portugal/2016-2017. São Paulo: Atlas, 2017, p. 547-568.

SEÇÃO IX. ABANDONO AFETIVO A PARTIR DO ENTENDIMENTO DO STJ: LIMITES E POSSIBILIDADES

Trem-bala

Não é sobre ter todas as pessoas do mundo pra si
É sobre saber que em algum lugar, alguém zela por ti
[...]
Não é sobre tudo que o seu dinheiro é capaz de comprar
E sim sobre cada momento, sorriso a se compartilhar
Também não é sobre correr contra o tempo pra ter sempre mais
Porque quando menos se espera, a vida já ficou pra trás

Segura teu filho no colo
Sorria e abraça os teus pais enquanto estão aqui
Que a vida é trem bala, parceiro
E a gente é só passageiro prestes a partir
[...]
Ana Vilela

Um dos temas mais palpitantes e polêmicos no direito de família brasileiro, na atualidade, diz respeito à temática da possível reparação civil nos casos do denominado abandono afetivo[305]. A decisão do STJ que concedeu a reparação monetária em um caso de abandono afetivo paterno[306], inovadora nos tribunais superiores, é objeto de intensa discussão doutrinária e jurisprudencial[307].

---

[305] Alguns autores o denominam "abandono moral", por exemplo: CASABONA, Marcial Barreto. Responsabilidade civil no direito de família. In: NERY, Rosa Maria de Andrade; DONNINI, Rogério (coords.). **Responsabilidade civil**: estudos em homenagem ao professor Rui Geraldo Camargo Viana. São Paulo: Revista dos Tribunais, 2009, p. 350-368.

[306] STJ, REsp 1.159.242/SP, Rel. Min. Nancy Andrigui, 3ª Turma, j. 24.04.2012, **DJe** 10.05.2012.

[307] Ciente disso, a presente análise parte dos seus pontos de contato com a afetividade, prossegue com considerações gerais sobre o tema em si e, ao final, discorre sobre alguns aspectos da responsabilidade civil. Anota-se, desde logo, a ciência de que outras questões relevantes poderiam ser levantadas no tratamento da questão, entretanto, como remetem a assuntos que fogem ao objeto do presente estudo, não serão apreciadas.

Não é possível afirmar, no atual estágio, que exista um entendimento pacificado sobre o tema, tendo em vista decisões de diversas ordens que seguem sendo proferidas e os distintos entendimentos externados sobre o assunto[308]. No quadro atual de complexidade das relações familiares e diversidade de decisões sobre situações aparentemente similares, influenciadas pelas peculiaridades do caso concreto em pauta, quiçá não se chegue a um lugar comum sobre a questão (ao menos em um período próximo). As particularidades fáticas inerentes ao tema podem permitir que se encontrem soluções distintas para situações vistas como próximas, embaralhando os fatores envolvidos, mas ainda assim algumas premissas comuns podem ser extraídas[309].

Cumpre destacar a importância do referido julgado do STJ que reconheceu a possibilidade de reparação civil por abandono afetivo, sem embargo dos desafios que surgem a partir dessa percepção, muitos deles de difícil resposta. Permitir a análise da questão de fundo dos casos de abandono afetivo pelo Poder Judiciário (seja para conceder ou negar o pedido) demonstra um tratamento técnico da demanda mais acertado que o constatado no cenário anterior, impregnado por decisões que indicavam a impossibilidade de se tutelar temas tão subjetivos[310]. O Direito certamente *no puede ofrecer respuestas muertas a problemas vivos*[311].

---

[308] Flávio Tartuce divide a doutrina sobre abandono afetivo paterno-filial em dois grandes grupos: o primeiro favorável à reparação (Paulo Lôbo, Giselda M. F. N. Hironaka, Rolf Madaleno); o segundo contrário à reparação (Regina Beatriz Tavares da Silva, Judith Martins-Costa, Murilo Sechiero Costa Neves). Ao final, o autor se filia à corrente favorável (TARTUCE, Flávio. O princípio da solidariedade e algumas das suas implicações em Direito de Família. **Revista Brasileira de Direito das Famílias e Sucessões**, Porto Alegre, Magister; Belo Horizonte, IBDFam, v. 30, p. 5-34. out./nov. 2012, p. 11).

[309] HIRONAKA, Giselda Maria Fernandes Novaes. Responsabilidade civil: estado da arte no declínio do segundo milênio e alguns sabores de um novo tempo. In: NERY, Rosa Maria de Andrade; DONNINI, Rogério (orgs.). **Responsabilidade civil: estudos em homenagem ao Professor Rui Geraldo Camargo Viana**. São Paulo: Revista dos Tribunais, 2009, p. 194.

[310] Como exemplo: "Responsabilidade civil. Dano moral. Abandono moral. Reparação não caracterizada. A indenização por dano moral pressupõe a prática de ato ilícito, não rendendo ensejo à aplicabilidade da norma do art. 159 do Código Civil de 1916 o abandono afetivo, incapaz de reparação pecuniária. 2. Recurso especial conhecido e provido. Por sua vez, outra corrente defende que não existe obrigação legal de companhia e afeto" (STJ, REsp 757.411/MG, Rel. Min. Fernando Gonçalves, 4ª Turma, **DJ** 27.03.2006). Apelação não provida. (TJPR, 10ª C.C., AC 639544-4, Foro Central da Comarca da Região Metropolitana de Curitiba, Rel. Nilson Mizuta, unânime, j. 04.03.2010).

[311] MORSELLO, Augusto Mario. **Derecho de daños:** dimensiones actuales y trayectorias. La Plata: LEP, 1997, p. 4-5.

288 | PRINCÍPIO DA AFETIVIDADE NO DIREITO DE FAMÍLIA – *Ricardo Calderón*

Uma questão que preliminarmente salta aos olhos é que o simples fato de o *abandono afetivo* ser um dos pontos relevantes no atual estudo do direito de família brasileiro é representativo da importância que a *afetividade* alcançou[312]. O questionamento sobre as consequências da sua ausência nas relações familiares inegavelmente é reflexo da crescente aceitação desta *afetividade jurídica*, materializando o percurso que se descreveu nos capítulos anteriores desta obra[313].

A partir do supracitado acórdão paradigma[314] (STJ, REsp 1.159.242/ SP), é possível analisar como o litígio decorrente de abandono afetivo paterno foi tratado por aquele colegiado e quais as extensões possíveis deste entendimento[315].

O conflito apreciado nesse processo judicial é retrato típico dos complexos desafios familiares contemporâneos, e as relevantes questões ventiladas nesse julgamento permitem refletir sobre temas centrais de direito de família na atualidade.

Abandono afetivo: caso concreto apreciado no julgado do STJ

A situação fática envolvia uma filha extramatrimonial que demandava contra seu pai biológico ante o seu reiterado abandono afetivo por longos anos, ou seja, o seu genitor (tardiamente reconhecido e registrado como tal), em que pese lhe prestasse assistência material a partir do reconhecimento (pagando

---

[312] Na Argentina, desde 1993, há precedentes indicando a reparação civil por danos morais de pais que se recusaram a reconhecer a paternidade de seus filhos. Conforme conclusão do III Congreso Internacional de Derecho de Daños, Buenos Aires, Facultad de Derecho y Ciencias Sociales, UBA, 1993. Também acolhido judicialmente: "*La falta de reconocimiento del hijo propio engendra un hecho ilícito que hace nacer, a su vez, el derecho a obtener resarcimiento en razón de daño moral. La filiación extramatrimonial no reconocida espontáneamente es reprochable jurídicamente y crea el derecho a un resarcimiento del agravio moral*" (CNCiv., Sala L, 14-IV-1994, L.L., 1995-C-405).

[313] Também já destacada em outro artigo sobre o tema: CALDERÓN, Ricardo L. Famílias: afetividade e contemporaneidade – para além dos Códigos. In: TEPEDINO, Gustavo; FACHIN, Luiz Edson (orgs.). Pensamento crítico do direito civil brasileiro. Curitiba: Juruá, 2011, p. 265-281.

[314] Observa-se, em que pese se tratar de um julgado isolado de uma turma do Superior Tribunal de Justiça sem qualquer efeito vinculante, que a relevância de suas conclusões na análise do tema (concedendo o pedido de forma precursora naquele colegiado) justifica sua eleição como paradigma deste ponto do trabalho.

[315] As próximas referências ao acórdão eleito como paradigma serão sempre relativas ao litígio julgado no REsp 1.159.242/SP, STJ.

os alimentos estipulados) não realizou qualquer contato afetivo com a filha durante sua infância e adolescência. Ainda, como o referido pai tinha mais uma filha oriunda de outro relacionamento, conferia tratamento totalmente distinto para as duas (relacionando-se afetivamente e com proximidade com essa outra filha e mantendo-se ausente e distante da filha-autora).

Diante de tal conduta, essa filha renegada pelo pai chegou até a idade adulta sem ver desenvolvida a relação afetiva que se espera desse vínculo familiar. Configurada a situação de *abandono afetivo*, sustentou essa filha que sofreu danos decorrentes da ausência dessa relação paterno-filial, em vista do que demandava uma reparação financeira pelo dano que sofreu em virtude da conduta omissa do seu pai[316].

Ementa do Acórdão-Paradigma: STJ – REsp 1.159.242/SP

A decisão do E. STJ, de forma precursora naquele tribunal, concedeu a reparação a uma situação de abandono afetivo (caso Luciane Souza), como demonstra a ementa abaixo:

> Civil e processual civil. Família. Abandono afetivo. Compensação pelo dano moral. Possibilidade. 1. Inexistem restrições legais à aplicação das regras concernentes à responsabilidade civil e o consequente dever de indenizar/compensar no Direito de Família. 2. O cuidado como valor jurídico objetivo está incorporado no ordenamento jurídico brasileiro não com essa expressão, mas com locuções e termos que manifestam suas diversas desinências, como se observa do art. 227 da CF/88. 3. Comprovar que a imposição legal de cuidar da prole foi descumprida implica em se reconhecer a ocorrência da ilicitude civil, sob a forma de omissão. Isso porque o *non facere*, que atinge um bem juridicamente tutelado, leia-se, o necessário dever de criação, educação e companhia – de cuidado – importa em vulneração da imposição legal, exsurgindo, daí, a possibilidade de se pleitear a compensação por danos morais por abandono psicológico. 4. Apesar das inúmeras hipóteses que minimizam a possibilidade de pleno cuidado de um dos genitores em relação à sua prole, existe um núcleo

---

[316] Julgada improcedente em primeiro grau, foi reformada a sentença em grau recursal e julgada parcialmente procedente a ação pela 7ª Câmara B de Direito Privado do Tribunal de Justiça do Estado de São Paulo, que fixou a indenização em R$ 415.000,00 (quatrocentos e quinze mil reais). O genitor apresentou Recurso Especial e, por esta via, chegou o caso ao Superior Tribunal de Justiça (TJSP, 7ª Câmara B de Direito Privado, AC 9066223-40.2004.8.26.00, Rel. Daise Fajardo Nogueira Jacot, **DJe** 20.01.2009).

mínimo de cuidados parentais que, para além do mero cumprimento da lei, garantam aos filhos, ao menos quanto à afetividade, condições para a adequada formação psicológica e inserção social. 5. A caracterização do abandono afetivo, a existência de excludentes ou, ainda, fatores atenuantes – por demandarem revolvimento de matéria fática – não podem ser objeto de reavaliação na estreita via do recurso especial. 6. A alteração do valor fixado a título de compensação por danos morais é possível, em recurso especial, nas hipóteses em que a quantia estipulada pelo Tribunal de origem revela-se irrisória ou exagerada. 7. Recurso especial parcialmente provido (STJ, REsp 1.159.242/SP, Rel. Min. Nancy Andrighi, 3ª Turma, j. 24.04.2012, *DJe* 10.05.2012)[317]

Prevaleceu no caso concreto o *decisum* ora transcrito que, ao negar provimento ao pedido principal do recurso especial manejado pelo pai, entendeu procedente a fixação de reparação monetária decorrente daquele abandono afetivo[318].

Litígios de abandono afetivo: retrato da contemporaneidade

Inicialmente, importa anotar como esse relevante julgamento evidencia o momento de travessia no qual se encontram tanto o direito de família como a doutrina que estuda a responsabilidade civil brasileira. Isso porque os estudos em ambos os campos do direito civil não mais se limitam a uma análise restrita do texto legal, mas, com base em uma leitura civil-constitucional, criam espaço para a construção de outras respostas a partir das situações concretas apresentadas, como no caso em apreço.

O julgamento da supracitada situação de abandono afetivo exigiu a análise de valores, de princípios e de regras constitucionais, de direitos fundamentais, dos direitos da personalidade, da parte geral do direito civil, da responsabilidade civil e do direito de família. A tarefa do jurista perante tais

---

[317] O julgamento foi por maioria de votos: acompanharam o voto da relatora os Ministros Sidnei Beneti, Paulo de Tarso Sanseverino e Ricardo Villas Bôas Cueva; votou vencido o Min. Massami Uyeda (que fez declaração de voto na qual dava provimento ao Recurso Especial para afastar a condenação). O Ministro Sidnei Beneti inaugurou divergência apenas quanto ao valor da indenização, em sugestão de redução do valor que fora fixado pelo tribunal local. Esta proposta foi aceita e inclusive incorporada no voto da relatora, restando consagrada ao final do julgado. Acórdão, ementa e votos dos ministros neste processo disponíveis em: www.stj.gov.br.

[318] A procedência parcial foi apenas quanto à redução do valor fixado.

casos não é singela: exige dedicação e uma ampla compreensão da complexidade na qual se constitui o direito contemporâneo.

Uma rápida leitura da ementa do julgado estampa a insuficiência das categorias clássicas rígidas, lidas por um viés meramente formalista, analisadas de forma compartimentada, para tutelar conflitos hodiernos dessa estirpe. Para além das normativas próprias de cada disciplina, é possível notar que o acertamento de casos como o abandono afetivo põe em relevo uma análise sistemática, considerando princípios e regras constitucionais, dispositivos legais dos diversos ramos do direito civil, valores implícitos e outras influentes questões de hermenêutica e sistema jurídico[319].

Em outras palavras, uma resposta jurisdicional que não estivesse em sintonia com momento atual da nossa sociedade e da nossa cultura jurídica – restrita a uma leitura estritamente dogmática e legalista das categorias da responsabilidade civil e dos institutos do direito de família – poderia afastar, *a priori*, a possibilidade de o Poder Judiciário responder à questão de fundo do referido caso concreto (como ocorreu em diversos casos similares que bateram à porta do Judiciário anteriormente a esse julgado e tiveram respostas que esbarravam nas condições da ação ou em outros óbices formais levantados abstratamente)[320].

Para compreensão do litígio envolvido no caso ora em análise, há que se reiterar a necessidade de uma interpretação das diversas categorias jurídicas condizentes com o tempo presente, sempre com atenção à realidade que se está a tutelar e, quando necessário, com observância da *força construtiva dos fatos sociais*[321], única forma de se enfrentar adequadamente as questões trazidas pelos casos complexos.

Aplicar pontual e isoladamente as categorias clássicas de ato ilícito, imprudência, negligência, imperícia, culpa, nexo causal e dano[322], a partir de

---

[319] Conforme sustentado no Capítulo III deste livro.

[320] Como exemplo, a conclusão proferida no REsp 757.411/MG, no qual o STJ negou o pedido, asseverando que o abandono afetivo era incapaz de gerar reparação pecuniária: "Responsabilidade Civil – Abandono Moral – Reparação – Danos morais – Impossibilidade. 1. A indenização por dano moral pressupõe a prática de ato ilícito, não rendendo ensejo à aplicabilidade da norma do art. 159 do Código Civil de 1916 o abandono afetivo, incapaz de reparação pecuniária. 2. Recurso Especial conhecido e provido" (STJ, Rel. Min. Fernando Gonçalves, j. 29.11.2005, **DJ** 27.03.2006).

[321] FACHIN, Luiz Edson. **Teoria crítica do direito civil.** 2. ed., rev. e atual. Rio de Janeiro: Renovar, 2003, p. 39.

[322] DIAS, José de Aguiar de. **Da responsabilidade civil.** 12. ed., rev., atual., aum. por Rui Berford Dias. Rio de Janeiro: Lumen Juris, 2011.

conceitos estáticos de família, parentesco e poder familiar[323] (lidos de acordo com o que entende parte da doutrina, muitas vezes sem considerar tanto a realidade concreta como os princípios e os valores constitucionais atinentes), pode não contribuir para a construção de soluções adequadas aos casos de abandono afetivo[324].

Isso implica ter ciência da importância dos institutos clássicos, da estrutura e função das categorias jurídicas, da contribuição dos doutrinadores e dos limites da inarredável técnica jurídica, mas sem olvidar a necessária contextualização ao momento presente na efetivação do direito contemporâneo[325].

Parte considerável da doutrina e da jurisprudência vem contribuindo para atualização constante dos institutos de direito de família e das categorias da responsabilidade civil[326], ramos que são objeto de profícua reconstrução contemporânea no cenário jurídico brasileiro, o que foi bem captado pelo acórdão paradigma em questão.

Entre o público e o privado

Relevante aspecto implícito no debate sobre o cabimento ou não de indenização decorrente de abandono afetivo refere ao espaço público e privado[327] nas relações familiares[328]. É inegável que nesse ramo do Direito há

---

[323] BEVILÁQUA, Clóvis. **Código Civil dos Estados Unidos do Brasil comentado**. Rio de Janeiro: Editora Rio, 1940. v. I – Edição Histórica.

[324] CORTIANO JUNIOR, Eroulths. No prefácio da obra: ALTHEIM, Roberto. **Direito de danos**: pressupostos contemporâneos do dever de indenizar. Curitiba: Juruá, 2010, p. 9.

[325] MORAES, Maria Celina Bodin de. A constitucionalização do direito civil e seus efeitos da responsabilidade civil, p. 317-342. In: MORAES, Maria Celina Bodin de. **Na medida da pessoa humana**. Rio de Janeiro: Renovar, 2010, p. 323.

[326] HIRONAKA, Giselda Maria Fernandes Novaes. Responsabilidade civil: estado da arte no declínio do segundo milênio e alguns sabores de um novo tempo. In: NERY, Rosa Maria de Andrade; DONNINI, Rogério (orgs.). **Responsabilidade civil**: estudos em homenagem ao professor Rui Geraldo Camargo Viana. São Paulo: Revista dos Tribunais, 2009, p. 193.

[327] Inexiste atualmente uma distinção nítida entre essas esferas, inter-relacionadas constantemente. Constata-se que "no jardim exista algo de praça, e que a praça tenha algo de jardim" (SALDANHA, Nelson. **O jardim e a praça**: o privado e o público na vida social e histórica. 2. ed., rev. e atual. Rio de Janeiro: Atlântica, 2005, p. 154). Com essa advertência, será feita uma breve análise das relações familiares a partir de cada um dos respectivos espaços, com o intuito de que seja útil para a reflexão que se pretende.

[328] TARTUCE, Fernanda. **Processo civil aplicado ao direito de família**. Rio de Janeiro: Forense; São Paulo: Método, 2012, p. 17.

amplo espaço para livre eleição da melhor forma de viver em família pelos particulares, restando resguardada aos participantes dessa relação a decisão sobre a melhor forma de convivência e a deliberação sobre o seu planejamento familiar[329].

Por outro lado, existe indicativo legal expresso no sentido da prevalência da proteção do interesse de crianças e adolescentes, de idosos e de diversos vulneráveis, de modo que, nas questões atinentes a essas pessoas singulares, há que se permitir uma atuação do poder público, mesmo no ambiente da esfera familiar, com o intuito de preservar seus interesses juridicamente garantidos[330].

Uma distinção entre as relações familiares em si auxilia a melhor compreender esta questão: na convivência familiar se desenvolvem relações de conjugalidade (entre os cônjuges) e de parentalidade (entre os demais integrantes, decorrentes da filiação e parentesco). A intervenção deve ser muito menor nas situações de conjugalidade, admitindo-se maior ação estatal quando envolvida uma situação de parentalidade com um vulnerável. Ou seja, a dinâmica pública ou privada nos conflitos familiares irá variar conforme a modalidade da relação envolvida.

> A relação entre a esfera pública e a esfera privada, neste ambiente, aliás, também é diferenciada. Na conjugalidade, tal relação caracteriza-se atualmente por uma substancial aceitação das escolhas e da autonomia dos indivíduos, bem como pela renúncia à exigência e ao cumprimento coercitivo dos direitos e deveres entre os cônjuges. Na parentalidade, por outro lado, distingue-se pela ampliação, cada vez maior, das intervenções jurídicas nas relações da filiação, com vistas à proteção dos menores[331].

A diferenciação das relações familiares em relações de conjugalidade e de parentalidade, algumas delas envolvendo crianças e adolescentes, auxilia sobremaneira a percepção dessa maior ou menor possibilidade de atuação

---

[329] CF/1988: "Art. 226, § 7º Fundado nos princípios da dignidade da pessoa humana e da paternidade responsável, o planejamento familiar é livre decisão do casal, competindo ao Estado propiciar recursos educacionais e científicos para o exercício desse direito, vedada qualquer forma coercitiva por parte de instituições oficiais e privadas".

[330] Há dispositivos de proteção a crianças e adolescentes na Constituição Federal, no Código Civil, no ECA e em diversas convenções e tratados internacionais das quais o Brasil é signatário.

[331] MORAES, Maria Celina Bodin de. Danos Morais em Família? Conjugalidade, parentalidade e responsabilidade civil. In: MORAES, Maria Celina Bodin de. **Na medida da pessoa humana.** Rio de Janeiro: Renovar, 2010, p. 447.

estatal. Luiz Edson Fachin é esclarecedor ao prescrever as hipóteses de intervenção e não intervenção em questões de direito de família:

> Assim, propor a intervenção desmesurada do ente estatal na ambiência familiar, espaço onde deve ocorrer o livre desenvolvimento da personalidade humana, importa inevitavelmente em aceder ao cerceamento da construção dessa personalidade própria das pessoas que pretendem se realizar, em coexistencialidade, naquele espaço familiar. Mas ao mesmo tempo em que é necessária a configuração de um "Estado ausente", permitindo que as pessoas constituam suas relações segundo uma liberdade vivida, é igualmente necessário que determinados direitos sejam tutelados pela presente intervenção do ente estatal, mormente em face daqueles que se encontram mais vulneráveis e desamparados. Nesse sentido, intervir é necessário quando verificada a potencialidade lesiva à constituição da personalidade de uma pessoa, sendo ela jurídica ou faticamente mais vulnerável devido às suas condições pessoais, o que ocorre, à guisa de exemplo, com a criança, o adolescente, o incapaz, o idoso e aqueles que sofrem com a violência familiar[332].

Deve-se buscar o equilíbrio entre a liberdade do espaço privado, conferida para as pessoas deliberarem como viverão em família e, de certo modo, como criarão e educarão seus filhos, e o respeito aos comandos legais oriundos da esfera pública nas relações familiares, que impõem alguns limites quando envolvidas pessoas em situações de vulnerabilidade[333] (por exemplo, os deveres inerentes ao poder parental). É nessa ambiência entre o público e o privado que se desenvolve a vida em família, sendo a partir dela que devem ser apreciados os conflitos jusfamiliares.

Assim, há maior possibilidade de intervenção estatal quando envolvida a defesa dos interesses de crianças e adolescentes, com prevalência dos dispositivos legais atinentes a essas pessoas em estado de vulnerabilidade (como o dever de cuidado). De modo que:

> Sempre que os direitos da criança e do adolescente forem violados ou mesmo estiverem sob ameaça de violação, faz-se necessária, aí sim, a pronta

---

[332] FACHIN, Luiz Edson. Famílias: entre o público e o privado. In: VIII CONGRESSO NACIONAL DO IBDFAm. 8., 2012, Porto Alegre. Família: entre o público e o privado. **Anais [...]**. PEREIRA, Rodrigo da Cunha (Coord.). Porto Alegre: Magister/; IBDFam, 2012, p. 158-169.

[333] MARQUES, Claudia Lima; MIRAGEM, Bruno. **O novo direito privado e a proteção dos vulneráveis**. São Paulo: Revista dos Tribunais, 2012, p. 117.

intervenção estatal, assegurando que essa pessoa ainda em desenvolvimento venha a ter a possibilidade concreta de construir a sua personalidade pelas suas próprias escolhas, com a garantia da sua liberdade positiva[334].

É nesse aspecto que adquire relevo a temática do abandono afetivo, pois trata de questão ínsita à esfera pública, vinculada a ela e sujeita à sua intervenção, exatamente por envolver os direitos e os deveres perante uma criança ou um adolescente. Há que se destacar que a possibilidade de uma maior averiguação estatal dos conflitos de abandono afetivo decorre justamente de o fato envolver uma criança ou um adolescente (restando inviabilizada a sua discussão nas relações entre adultos). Dito de outro modo, o que legitima a intervenção na espécie é o fato de tratar de direitos existenciais relativos a essas pessoas em estado de vulnerabilidade.

Impende anotar que essa atuação estatal será pontual, restrita aos casos de omissão total do dever parental e que causem prejuízos efetivos à pessoa vulnerável que é objeto de proteção, o que não significa que o ente público poderá se imiscuir na esfera privada das relações familiares onde tal dever é, ainda que de certo modo, atendido. Nas relações parentais nas quais se desenvolvem relações afetivas concretamente é reprovável uma interferência pública de tal magnitude, o que é inclusive vedado constitucionalmente.

A necessária delimitação entre o espaço público e o privado nas relações familiares foi suscitada no caso paradigma que tratou do abandono afetivo, conforme se percebe no relevante alerta expresso no voto do Ministro Paulo de Tarso Sanseverino:

> Ressalto, todavia, que apenas o abandono completo e notório do filho tem o condão de gerar a responsabilidade civil dos pais. De fato, na educação e na criação dos filhos, não há um molde perfeito a ser observado, pois não há como medir o grau de atenção, de carinho e de cuidados dispensados pelos pais à sua prole, pois cada componente de célula familiar tem também sua história pessoal. Felizmente, dispõe-se de uma larga margem de liberdade para educar e criar os filhos do modo que melhor se aprouver, sendo que desvios, percalços e falhas são inerentes ao processo de educação e criação. O dever de cuidado, pois, apresenta um conteúdo inegavelmente subjetivo. Assim, imprescindível apoiar-se sobre firme substrato e esclarecer que o abandono afetivo apenas ocorre quando o

---

[334] FACHIN, Luiz Edson. Famílias: entre o público e o privado. In: VIII CONGRESSO NACIONAL DO IBDFAm. 8., 2012, Porto Alegre. Família: entre o público e o privado. **Anais [...]**. PEREIRA, Rodrigo da Cunha (Coord.). Porto Alegre: Magister/; IBDFam, 2012, p. 164.

progenitor descumpre totalmente seu dever de cuidado, infringindo flagrantemente as mais comezinhas obrigações para com seu filho. Evita-se, desse modo, eventual abuso por parte de filhos que, insatisfeitos com episódios específicos da sua criação, pleiteiam a indenização por danos supostamente sofridos[335].

Vê-se, assim, que se apresenta necessária uma delimitação de quais situações fáticas seriam passíveis de resultar em abandono afetivo, o que parece prudente. Com essas observações, é possível sustentar que o tratamento jurídico dos casos de abandono afetivo se enquadra perfeitamente na seara sujeita à apreciação pela esfera pública, ou seja, situação de omissão parental passível de averiguação pelo Poder Judiciário por cuidar de pessoa em estado de vulnerabilidade.

Emergem, na espécie, os princípios da parentalidade responsável e da proteção integral da criança e adolescente[336], que indicam clara possibilidade de intervenção. Isso porque, ao não atender em nada tal dever de cuidado o pai-ofensor infringe um comando legal que envolve direitos de um vulnerável, que gozam de ampla proteção, de modo que pode vir a ter que responder pelos efeitos decorrentes da sua conduta.

Não compete ao poder público detalhar e determinar como esse cuidado deve ser exercido nas situações concretas nas quais está materializada uma convivência parental afetiva; esta escolha é afeita à liberdade de planejamento familiar dos particulares e envolve sua esfera privada, o que deve ser respeitado.

Nessa ordem de ideias, é possível afirmar que os casos de abandono afetivo parental durante a infância e a adolescência estão sujeitos à verificação jurisdicional estatal[337]. Isso demonstra que o que "permanece é a urgente necessidade de se pensar e refletir, dada a complexidade contemporânea, como o Direito se projetará nessa contemplação que entrevê as famílias na interlocução do público e do privado"[338].

---

[335] Trecho do voto do Ministro Paulo de Tarso Sanseverino.

[336] GAMA, Guilherme Calmon Nogueira da. **Princípios constitucionais do direito de família:** família, criança, adolescente e idoso. São Paulo: Atlas, 2008, p. 77-78.

[337] MARQUES, Claudia Lima; MIRAGEM, Bruno. **O novo direito privado e a proteção dos vulneráveis.** São Paulo: Revista dos Tribunais, 2012, p. 106.

[338] FACHIN, Luiz Edson. Famílias: entre o público e o privado. In: VIII CONGRESSO NACIONAL DO IBDFAm. 8., 2012, Porto Alegre. Família: entre o público e o privado. **Anais [...].** PEREIRA, Rodrigo da Cunha (Coord.). Porto Alegre: Magister/; IBDFam, 2012, p. 168.

Cap. IV · PROJEÇÕES DA AFETIVIDADE NO DIREITO DE FAMÍLIA | 297

Liberdade × solidariedade

Observa-se que a questão do abandono afetivo exige a análise prévia de uma possível tensão entre dois princípios constitucionais, e isso complexifica ainda mais sua apreciação. Incidem na espécie os princípios constitucionais da *liberdade*[339] e da *solidariedade*[340].

A convergência e a possível colisão dos referidos princípios são comuns, e esse tema é objeto de diversos estudos por parte da doutrina, pois, como a partir da segunda metade do século XX, tanto a liberdade como a solidariedade passaram a figurar com papel de destaque nas constituições, são inevitáveis algumas situações de aparente embate. Nas palavras de Maria Celina Bodin de Moraes:

> Ao direito de liberdade da pessoa, porém, será sempre contraposto – ou com ele sopesado – o dever de solidariedade social, no sentido que se exporá a seguir, mas já definitivamente marcado pela consciência de que, se, por um lado, não se pode conceber o indivíduo como um *homo clausus* – concepção mítica e ilusória elaborada por Rousseau –, por outro lado, tampouco podem existir direitos que se reconduzam a essa figura ficcional[341].

Atualmente, é recorrente o reconhecimento da incidência dos direitos fundamentais nas relações interprivadas, sendo inescapável essa percepção quando da busca de respostas para os casos difíceis de direito de família – como podem ser classificados os de abandono afetivo[342].

Denota-se a conexão entre o exercício da liberdade[343] (nesta situação positiva, material) e a subsequente responsabilidade que dele resulta, pois

---

[339] MORAES, Maria Celina Bodin de. O princípio da dignidade da pessoa humana. In: MORAES, Maria Celina Bodin de. **Na medida da pessoa humana.** Rio de Janeiro: Renovar, 2010, p. 108.

[340] LÔBO, Paulo Luiz Netto. O princípio constitucional da solidariedade nas relações de família. In: CONRADO, Marcelo (org.). **Direito privado e constituição**: ensaios para uma recomposição valorativa da pessoa e do patrimônio. Curitiba: Juruá, 2009, p. 327.

[341] MORAES. Maria Celina Bodin de. O princípio da dignidade da pessoa humana. In: MORAES, Maria Celina Bodin de. **Na medida da pessoa humana.** Rio de Janeiro: Renovar, 2010, p. 109.

[342] CALDERÓN, Ricardo Lucas. Direitos fundamentais e relações interprivadas: reflexos no direito de família contemporâneo. In: CONGRESSO NACIONAL DE PESQUISA E PÓS-GRADUAÇÃO EM DIREITO, 19., 2010, Florianópolis. **Anais** [...]. Florianópolis: Conpedi, 2010.

[343] RUZYK, Carlos Eduardo Pianovski. **Institutos fundamentais de direito civil e liberdade(s):** repensando a dimensão funcional do contrato, da propriedade e da família. Rio de Janeiro: GZ, 2011, p. 325.

[...] *si no se adoptan las debidas precauciones para evitar el embarazo, los princípios de la paternidad y la maternidad responsables son los que deben prevalecer. La mera circunstancia de no haber adoptado esas medidas es fuente de responsabilidad*[344].

O que está subjacente a esta reflexão, sob o prisma constitucional, é mais uma vez a recomendável busca pela conciliação dos princípios da liberdade e da solidariedade.

> A tarefa doutrinária de hoje e a legislativa de amanhã têm encontrado seu campo de maior densidade quando o tema é o estabelecimento desta saudável convivência entre liberdade e solidariedade, exatamente na mensuração ou quantificação do peso de cada um destes valores, em cada caso concreto. A imposição de certos limites à liberdade individual não está a significar, absolutamente, uma 'sobrerrelevância' do atributo valorativo da solidariedade social. Nem vice-versa é possível registrar nenhuma certeza[345].

Eventual ponderação entre a liberdade do genitor em exercer (ou não) seus deveres de pai/mãe e os direitos de esse menor vulnerável ver atendidas suas necessidades existenciais certamente privilegiaria a tutela deste (a partir, até mesmo, dos princípios constitucionais da paternidade responsável e proteção integral da criança)[346]. Nesse hipotético conflito, a ponderação a partir dos dispositivos legais indica a prevalência da proteção do infante. Ademais, ainda que se efetue a análise com base nos dados da realidade concreta, provavelmente prevalecerá o interesse do menor vulnerável[347].

O voto-condutor do julgamento do caso de abandono afetivo enfrentou a tensão entre liberdade e solidariedade, entendendo que no caso em pauta de-

---

[344] BÍSCARO, Beatriz R. Daños Derivados de la falta de reconocimiento del hijo. In: GHERSI, Carlos (coord.). **Derecho de daños:** economía, mercado, derechos personalísimos. Buenos Aires: Abeledo-Perrot, 1999, p. 438.

[345] HIRONAKA, Giselda Maria Fernandes Novaes. Responsabilidade civil: estado da arte no declínio do segundo milênio e alguns sabores de um novo tempo. In: NERY, Rosa Maria de Andrade; DONNINI, Rogério (orgs.). **Responsabilidade civil:** estudos em homenagem ao professor Rui Geraldo Camargo Viana. São Paulo: Revista dos Tribunais, 2009, p. 193.

[346] SCHREIBER, Anderson. **Novos paradigmas da responsabilidade civil:** da erosão dos filtros da reparação à diluição dos danos. 4. ed. São Paulo: Atlas, 2012, p. 181.

[347] MORAES, Maria Celina Bodin de. Danos morais em família? Conjugalidade, parentalidade e responsabilidade civil. In: MORAES, Maria Celina Bodin de. **Na medida da pessoa humana.** Rio de Janeiro: Renovar, 2010, p. 449.

veria prevalecer o último. Isso se percebe nas considerações da Ministra Nancy Andrighi sobre o vínculo existente entre liberdade e responsabilidade, ao transcrever doutrina a respeito, demonstrando a ciência da necessidade de atenção ao princípio da liberdade e sua inevitável conexão com o princípio da solidariedade (nesse momento, representado pela sua faceta de responsabilidade)[348].

A solução dos casos de abandono afetivo exige a superação dessa possível tensão entre os princípios da liberdade e da solidariedade, mas a própria Constituição indica a solução que deve prevalecer. Uma leitura de todo o sistema a partir de uma perspectiva civil-constitucional também desnudará os aportes que permitirão a construção da resposta adequada a cada caso concreto.

Responsabilidade civil e direito de família: searas em travessia

O campo da responsabilidade civil em geral vem sofrendo profundas modificações no direito brasileiro, conforme se percebe em estudos recentes: crescente objetivação[349], ocaso da culpa e erosão dos filtros[350], morte da culpa na responsabilidade contratual[351], fala-se atualmente até mesmo em um embrionário *direito de danos*[352].

Ao desaguarem no direito de família, esses novos aportes da responsabilidade por danos encontram, inexoravelmente, os pulsantes temas contemporâneos da *afetividade jurídica* e da *responsabilidade familiar*, reflexos do produtivo movimento que se percebe no direito de família brasileiro (que na atualidade exerce um papel de vanguarda)[353].

---

[348] O voto da ministra relatora transcreve doutrina de Fernando Campos Scaff, na qual ele discorre sobre as responsabilidades advindas para a pessoa após o exercício da sua liberdade (p. 5 do voto).

[349] TARTUCE, Flávio. **Responsabilidade civil objetiva e risco:** a teoria do risco concorrente. São Paulo: Método, 2011.

[350] SCHREIBER, Anderson. **Novos paradigmas da responsabilidade civil:** da erosão dos filtros da reparação à diluição dos danos. 4. ed. São Paulo: Atlas, 2012.

[351] CATALAN, Marcos Jorge. **A morte da culpa na responsabilidade contratual**. Tese. (Doutorado em Direito) – Programa de Pós-Graduação em Direito da Faculdade de Direito da Universidade de São Paulo, São Paulo, 2011.

[352] TEPEDINO, Gustavo; BARBOZA, Heloísa Helena; MORAES, Maria Celina Bodin de. **Código Civil interpretado:** conforme a Constituição da República. Rio de Janeiro: Renovar, 2006. v. II, p. 927.

[353] O que pode ser constatado no farto material disponível no sítio eletrônico do Instituto Brasileiro de Direito de Família – IBDFam: www.ibdfam.org.br, que demonstra as diversas possibilidades construídas pela doutrina e jurisprudência brasileiras na atualidade.

Essa confluência entre a responsabilidade civil e o direito de família não se percebeu apenas no Brasil, como demonstra Beatriz Bíscaro que descreve o cenário no direito argentino:

> Estamos asistiendo en la actualidad a una modificación entre los límites del derecho de familia y el derecho de daños, mostrando un avance de éste sobre aquel, lo cual no significa que la doctrina y la jurisprudencia se muestren pacíficas frente al tema. Diversas voces se alzan, ya sea para aprobarlos tomando en cuenta los vínculos familiares, donde el deber de no dañar adquiere su máxima expresión, mientras que otros teniendo en cuenta esos vínculos pretenden desalentarlos creyendo que estas acciones podrían llegar a poner en crisis a la familia como núcleo social[354].

Ou seja, tanto o direito de família como a responsabilidade civil são objeto de releituras contemporâneas, que se adaptam para melhor corresponder aos desafios da atualidade. Ao mesmo tempo, esses dois ramos do direito civil se aproximam e passam a se conectar intensamente, de forma inovadora. Essa percepção é vital para melhor compreensão dos julgados sobre abandono afetivo, que nos mostram que o encontro entre searas do direito civil em evidentes processos de mutação certamente não é tranquilo, embora possa ser promissor.

Um retrato do que foi exposto pode ser verificado na alteração do entendimento jurisprudencial do STJ conferido aos casos de *abandono afetivo*, demonstrando que, ainda que nossa jurisprudência navegue em águas revoltas, também não deixa de se movimentar.

A recente mudança de posicionamento desse tribunal sobre as possibilidades jurídicas decorrentes das situações de abandono afetivo demonstra uma provável transição de um momento inicial de negação *a priori* (vivido até hoje, que pode ser bem representado pelo REsp 757.411/MG, *DJ* 27.03.2006[355]) para uma fase de possível aceitação de reparações em alguns desses casos (que se anuncia a partir do REsp 1.159.242/SP, *DJe* 10.05.2012[356]). Essa é a aparente travessia, no que se refere ao tratamento jurisprudencial do abandono afetivo.

A nova postura do nosso STF tem alguns aspectos que podem ser vistos desde logo como positivos, pois supera a posição anterior que negava qualquer

---

[354] BÍSCARO, Beatriz R. Daños Derivados de la Falta de Reconocimiento del Hijo. In: GHERSI, Carlos (coord.). **Derecho de daños:** economía, mercado, derechos personalísimos. Buenos Aires: Abeledo-Perrot, 1999, p. 436.

[355] STJ, REsp 757.411/MG, Rel. Min. Fernando Gonçalves, 4ª Turma, **DJ** 27.03.2006.

[356] STJ, REsp 1.159.242/SP, Rel. Min. Nancy Andrighi, 3ª Turma, **DJe** 10.05.2012.

possibilidade de reparação apenas com óbices genéricos e formais (como a alegação de que *abandono afetivo não era apto a ser considerado como ato ilícito*), a qual não se mostrava mais condizente com o atual momento vivido pelo direito civil brasileiro.

Por outro lado, a novel orientação jurisprudencial pode trazer consigo algumas inquietudes quanto às delimitações jurídicas que poderiam ser conferidas a tais situações fáticas, pois certamente as reparações pecuniárias não devem se estender a todo e qualquer caso de distanciamento parental. Cabe, portanto, à doutrina e à jurisprudência enfrentá-las.

Afetividade, responsabilidade e o abandono afetivo

As questões da *responsabilidade* e *afetividade*, em nível infraconstitucional, podem se constituir em paradigmas orientadores das famílias do presente e, especificamente na questão do abandono afetivo, podem se consubstanciar nas balizas para construção das respostas que esses conflitos requisitam.

Os estudiosos do direito de família são uníssonos em destacar as profundas alterações processadas nas famílias nas últimas décadas: vivencia-se um outro momento no presente, com uma multiplicidade de entidades familiares que deságuam em complexas relações pessoais e demonstram características próprias, muito diversas da família tradicional de outrora[357]. Atualmente, conforme já reiterado nessa obra, o vetor das relações familiares é a *afetividade*.

Apesar disso, percebe-se certa instabilidade doutrinária e jurisprudencial na tradução do que consiste a *afetividade*[358] para fins jurídicos, ou seja, qual o sentido e a extensão do chamado *princípio jurídico da afetividade*, o que, inevitavelmente, exige certa homogeneidade e objetividade para a adequada aplicação aos casos concretos.

Sobre esse aspecto, o referido posicionamento do STJ contribuiu para superar muitos dos equívocos e objeções que eram lançados sobre a leitura

---

[357] As alterações são de tal monta que parte considerável da doutrina prefere utilizar o termo famílias, no plural, para bem destacar este novo momento. Uma das precursoras dessa opção terminológica é a professora Maria Berenice Dias (como exemplo: DIAS, Maria Berenice. **Manual de direito das famílias**. 11. ed. rev. atual. ampl. São Paulo: Revista dos Tribunais, 2016). Sobre o tema, *vide* Capítulo V – Afetividade nas relações familiares.

[358] LÔBO, Paulo Luiz Netto. A socioafetividade no direito de família: a persistente trajetória de um conceito fundamental. In: DIAS, Maria Berenice et al. (coord.). **Afeto e estruturas familiares**. Belo Horizonte: Del Rey, 2009.

jurídica da afetividade, pois afastou qualquer confusão com o amor[359] (como muitos faziam até então) e ainda o aplicou de forma eminentemente objetiva (como defendido nesta obra)[360].

Embora seja cada vez mais recorrente a remissão à afetividade tanto pela doutrina como pela jurisprudência de direito de família, ainda não se percebe a consolidação e a estabilização do seu sentido jurídico na atualidade, o que pode ser um dos motivadores das inquietações advindas do referido julgado sobre *abandono afetivo*. É recomendável o enfrentamento do tema pelos juristas para verticalização desses significados, na esteira do que – de certo modo e ainda que brevemente – fez o acórdão que é objeto da presente análise.

Em paralelo, o tratamento jurídico conferido à temática da *responsabilidade* pela majoritária doutrina de direito de família segue muito restrito e não retrata sua dimensão ética[361], limitando-se, em geral, a destacar apenas o aspecto da responsabilidade civil[362] (no sentido estrito da busca de um responsável por determinado ato pretérito). Essa percepção, embora útil e relevante, se mostra insuficiente para tutela plena das relações familiares.

Para o direito de família, o significante *responsabilidade* envolve outras dimensões ainda não exploradas de modo satisfatório pelo Direito brasi-

---

[359] RODRIGUES JUNIOR, Otavio Luiz. As linhas que dividem amor e direito nas constituições. **Conjur**, 27 dez. 2012. Disponível em: http://www. conjur.com.br/2012-dez-27/direito-comparado-linhas-dividem-amor-direito- constituicoes. Acesso em: 28 abr. 2023.

[360] Afetividade não se confunde com o amor, visto que este último escapa ao Direito; já a afetividade decorre de uma atividade concreta exteriorizadora de uma manifestação de afeto. Ao ser reconhecida pelo direito, assume o perfil de afetividade jurídica a partir das balizas que lhe são impostas. Para um melhor tratamento jurídico da afetividade deve ser destacada tal distinção. Nesse sentido: TARTUCE, Flávio. O princípio da afetividade no direito de família: breves considerações. Disponível em: www.ibdfam.org.br. Embora se reconheça que existam autores jurídicos que pensem em sentido contrário, com recentes obras sustentando as "possíveis projeções jurídicas do amor", dos quais, respeitosamente, discordamos. Por todos, citamos Adriana Caldas do Rego Freitas Dabus Maluf: "No mundo jurídico alcança o amor o status de direito fundamental" (MALUF, Adriana. **Direito das famílias:** amor e bioética. Rio de Janeiro: Elsevier, 2012, p. 3).

[361] JONAS, Hans. **O princípio responsabilidade**: ensaio de uma ética para a civilização tecnológica. Trad. Marijane Lisboa e Luiz Barros Montez. Rio de Janeiro: Contraponto; Ed. PUC-Rio, 2006.

[362] CAVALIERI FILHO, Sergio. **Programa de responsabilidade civil.** 8. ed., rev. e ampl. São Paulo: Atlas, 2008, p. 1-6.

leiro[363], ou seja, ao se referir à *responsabilidade* nas relações familiares[364], é possível remetê-la a outras dimensões que não a mera responsabilidade civil. No caso, interessa sobremaneira sua dimensão ética[365].

> Essa dimensão de responsabilidade traz em si o sentido de alteridade, na medida em que é radicalmente comprometida com o outro. Este outro que não se restringe ao indivíduo ao lado, ao filho, ao pai ou ao marido, mas que se estende às gerações futuras. Nessa dimensão ética a responsabilidade não se limita às consequências dos atos do passado, não se esgota numa relação de causa e efeito, não há uma perfeita reciprocidade entre direitos e deveres. O sujeito responsável pode ter deveres sem a respectiva contraprestação de direitos. É o que acontece, por exemplo, com o dever de preservar o meio ambiente para as gerações futuras. Ou ainda, na relação dos pais para com os filhos, em que aqueles têm deveres para com estes independentemente de uma prévia exigência, ou de se saber se, na vida adulta, os filhos retribuirão os cuidados dos pais[366].

Ainda que timidamente, é possível vislumbrar que parte da fundamentação do referido acórdão[367] margeia essa dimensão ética da responsabilidade. Ao descrever a relação paterno-filial, a relatora afirma que, em decorrência dela, "há preconização constitucional e legal de obrigações mínimas" e assevera:

> Sendo esse elo fruto, *sempre*, de ato volitivo, emerge, para aqueles que concorreram com o nascimento ou adoção, a responsabilidade decorrente de suas ações e escolhas, vale dizer, a criação da prole[368].

---

[363] SANCHES, Fernanda Karam de Chueiri. **A responsabilidade no direito de família brasileiro contemporâneo:** do jurídico à ética. 2013. Dissertação (Mestrado em Direito) –Faculdade de Direito da Universidade Federal do Paraná, Curitiba, 2013, p. 157.

[364] LÔBO, Paulo Luiz Netto. Famílias contemporâneas e as dimensões da responsabilidade. **Revista Brasileira de Direito de Família e Sucessões,** Porto Alegre; Belo Horizonte, Magister, v. 12, p. 5-22, 2009.

[365] Não se discorrerá profundamente sobre esta questão, fazendo-se remissão às obras citadas neste capítulo de Paulo Luiz Netto Lôbo e Fernanda Karam de Chueiri Sanches.

[366] SANCHES, Fernanda Karam de Chueiri. **A responsabilidade no direito de família brasileiro contemporâneo:** do jurídico à ética. 2013. Dissertação (Mestrado em Direito) –Faculdade de Direito da Universidade Federal do Paraná, Curitiba, 2013, p. 160.

[367] STJ, REsp 1.159.242/SP.

[368] Trecho do voto da Rel. Min. Nancy Andrighi, no REsp 1.159.242/SP, p. 5.

Claramente a responsabilidade que decorre para os genitores com sua prole não se restringe à mera responsabilidade civil, voltada ao passado, com finalidade reparadora, mas envolve também a dimensão ética da responsabilidade, voltada a uma conduta futura desejável, dirigida para a criação e cuidados dos filhos.

Essa dimensão ética de responsabilidade deve orientar o tratamento a ser conferido aos casos de abandono afetivo, constituindo-se em força motriz na busca da conscientização quanto às consequências do comportamento omisso parental nas relações familiares. Muito mais do que apenas reparar o dano, há que se empreender esforços na tentativa de procurar evitar a ocorrência desse dano existencial[369].

Todavia, quando presente um dano à esfera existencial de um menor vulnerável decorrente de abandono afetivo dos genitores, deve-se analisar o cabimento ou não do consequente dever reparatório.

Fundamentos específicos do julgado

O resumo dos argumentos vencedores no caso que demarca o novo entendimento do STJ sobre o tema, o qual consagra a possibilidade da condenação ao pagamento de reparação monetária por abandono afetivo, pode ser bem apreciado no trecho a seguir[370]:

> Danos morais. Abandono afetivo. Dever de cuidado. O abandono afetivo decorrente da omissão do genitor no dever de cuidar da prole constitui elemento suficiente para caracterizar dano moral compensável. Isso porque o *non facere* que atinge um bem juridicamente tutelado, no caso, o necessário dever de cuidado (dever de criação, educação e companhia), importa em vulneração da imposição legal, gerando a possibilidade de pleitear compensação por danos morais por abandono afetivo. Consignou-se que não há restrições legais à aplicação das regras relativas à responsabilidade civil e ao consequente dever de indenizar no Direito de Família e que o cuidado como valor jurídico objetivo está incorporado no ordenamento pátrio não com essa expressão, mas com locuções e termos que manifestam suas diversas concepções, como se vê no art. 227 da CF. O descumprimento comprovado da imposição legal de cuidar da prole

---

[369] Esta é uma tarefa de todos: dos próprios partícipes das relações familiares, juízes, promotores, advogados, psicólogos, assistentes sociais, órgãos integrantes da administração da justiça, entre outros.

[370] Noticiado pelo próprio tribunal ao informar sobre o resultado daquele julgamento.

acarreta o reconhecimento da ocorrência de ilicitude civil sob a forma de omissão. É que, tanto pela concepção quanto pela adoção, os pais assumem obrigações jurídicas em relação à sua prole que ultrapassam aquelas chamadas *necessarium vitae*. É consabido que, além do básico para a sua manutenção (alimento, abrigo e saúde), o ser humano precisa de outros elementos imateriais, igualmente necessários para a formação adequada (educação, lazer, regras de conduta etc.). O cuidado, vislumbrado em suas diversas manifestações psicológicas, é um fator indispensável à criação e à formação de um adulto que tenha integridade física e psicológica, capaz de conviver em sociedade, respeitando seus limites, buscando seus direitos, exercendo plenamente sua cidadania. A Min. Relatora salientou que, na hipótese, não se discute o amar – que é uma faculdade – mas sim a imposição biológica e constitucional de cuidar, que é dever jurídico, corolário da liberdade das pessoas de gerar ou adotar filhos. Ressaltou que os sentimentos de mágoa e tristeza causados pela negligência paterna e o tratamento como filha de segunda classe, que a recorrida levará *ad perpetuam*, é perfeitamente apreensível e exsurgem das omissões do pai (recorrente) no exercício de seu dever de cuidado em relação à filha e também de suas ações que privilegiaram parte de sua prole em detrimento dela, caracterizando o dano *in re ipsa* e traduzindo-se, assim, em causa eficiente à compensação. Com essas e outras considerações, a Turma, ao prosseguir o julgamento, por maioria, deu parcial provimento ao recurso apenas para reduzir o valor da compensação por danos morais de R$ 415 mil para R$ 200 mil, corrigido desde a data do julgamento realizado pelo tribunal de origem (**REsp 1.159.242/SP**, Rel. Min. Nancy Andrighi, j. 24.04.2012)[371].

O acórdão analisou o caso a partir da perspectiva constitucional, do *caput* do art. 227, que traz o dever de convivência familiar[372], entre outros deveres parentais (alguns reiterados no art. 229 da Constituição[373]). Acertada a análise do tema a partir dessa perspectiva civil-constitucional; as respostas para conflitos oriundos de relações privadas devem sempre partir dos princípios, das

---

[371] Informativo de Jurisprudência do STJ n. 496, de 04.05.2012, disponível no sítio eletrônico: www.stj.gov.br.

[372] "Art. 227. É dever da família, da sociedade e do Estado assegurar à criança, ao adolescente e ao jovem, com absoluta prioridade, o direito à vida, à saúde, à alimentação, à educação, ao lazer, à profissionalização, à cultura, à dignidade, ao respeito, à liberdade e à convivência familiar e comunitária, além de colocá-los a salvo de toda forma de negligência, discriminação, exploração, violência, crueldade e opressão."

[373] "Art. 229. Os pais têm o dever de assistir, criar e educar os filhos menores, e os filhos maiores têm o dever de ajudar e amparar os pais na velhice, carência ou enfermidade."

PRINCÍPIO DA AFETIVIDADE NO DIREITO DE FAMÍLIA – *Ricardo Calderón*

regras e dos valores constitucionais, máxime quando ausente regra específica que já tenha traduzido seus comandos para a seara específica do direito civil.

Como usual, não basta a consideração apenas dos dispositivos constitucionais para solução dos casos de abandono afetivo, sendo necessária uma análise também dos relevantes elementos infraconstitucionais do nosso sistema.

Responsabilidade civil nas relações familiares

Preambularmente à análise do caso em si, a relatora foi taxativa em reafirmar a possibilidade de responsabilização civil nas relações familiares[374], ainda que apenas por dano moral (extrapatrimonial), acertadamente refutando a tese dos que pensam em sentido contrário[375]: "Contudo, não existem restrições legais à aplicação das regras relativas à responsabilidade civil e o consequente dever de indenizar/compensar"[376].

A seguir, o voto rechaça, também, o argumento de que a única penalidade prevista no nosso ordenamento para os casos de abandono afetivo seria a perda do poder familiar, conforme insistiam algumas vozes. Novamente, nesse ponto, andou bem o *decisum*, desfazendo confusões entre os institutos que muitas vezes eram trazidas à baila.

> Nota-se, contudo, que a perda do pátrio poder não suprime, nem afasta, a possibilidade de indenizações ou compensações, porque tem como objetivo primário resguardar a integridade do menor, ofertando-lhes, por outros meios, a criação e educação negada pelos genitores, e nunca compensar os prejuízos advindos do malcuidado recebido pelos filhos[377].

---

[374] SCHREIBER, Anderson. **Novos paradigmas da responsabilidade civil:** da erosão dos filtros da Reparação à diluição dos danos. 4. ed. São Paulo: Atlas, 2012, p. 93.

[375] Paulo Nalin e Anassilvia Santos Antunes resumem em três os argumentos dos defensores da tese de que não se aplicariam às relações familiares as regras gerais da responsabilidade civil: *(i)* ausência de previsão legal específica; *(ii)* ocorrência de *bis in idem* (por já haver penalidades na legislação de direito de família para os atos infratores dessa seara); *(iii)* contrariedade à moral e aos bons costumes, possibilidade de busca por um "enriquecimento *ilícito*" pela suposta vítima (NALIN, Paulo; SANTOS, Anassilvia. Direito de família e responsabilidade civil: objeções e hipóteses de ocorrência. In: NALIN, Paulo; VIANNA, Guilherme Borba. **Direito em movimento.** Curitiba: Juruá, 2007, p. 15-59).

[376] Trecho do voto da Relatora, Min. Nancy Andrighi, no REsp 1.159.242/SP, p. 3.

[377] Trecho do voto da Relatora, Min. Nancy Andrighi, no REsp 1.159.242/SP, p. 4.

Dessa forma, é inegável que as regras da responsabilidade civil também se aplicam aos conflitos decorrentes das relações familiares, na esteira do que restou bem lançado no referido voto da relatora e ementa do julgado.

Entretanto, cumpre observar que as relações familiares têm peculiaridades próprias que não podem ser ignoradas quando da aplicação de institutos de outros campos do direito civil nas relações *jusfamiliares*. Não se deve aplicar indistintamente aos conflitos familiares (situações existenciais) regras inicialmente desenhadas para as relações contratuais em geral ou mesmo para os casos de responsabilidade extranegociais (situações patrimoniais)[378]. As vicissitudes das relações familiares exigem que a responsabilização civil nas suas tratativas seja apreciada com *modus in rebus*, com o temperamento que a vida em família acaba por exigir dos institutos que pretendam tutelá-la.

O voto do Ministro Paulo de Tarso Sanseverino no caso em comento traz interessantes observações que vão ao encontro do que se sustenta.

> Inicialmente, ressalto que, a meu sentir, a responsabilidade civil por dano moral no Direito de Família deve ser analisada com cautela. As relações travadas no seio da família, por afetarem a esfera mínima das pessoas, são especialmente carregadas de sentimentos. De um lado, representam o aspecto mais espontâneo do humano e, de outro, tendem a causar, em aparente contradição, mais fortúnios e infortúnios do que em qualquer outra espécie de relação. Assim, pela própria natureza delicada dos relacionamentos familiares, a responsabilidade civil no Direito de Família não pode ser equiparada à responsabilidade civil extracontratual em geral, sob pena de se exigir, no trato familiar diário, uma cautela incompatível com as relações que se firmam no âmbito da família, além de se conduzir a uma indesejável patrimonialização das relações pessoais, justamente em seu viés mais íntimo[379].

A aplicação indiscriminada de categorias de outras áreas do direito civil para os litígios inerentes às relações familiares pode trazer dificuldades[380],

---

[378] Adota-se a distinção de Pietro Perlingieri entre situações subjetivas existenciais e situações subjetivas patrimoniais: PERLINGIERI, Pietro. **O direito civil na legalidade constitucional.** Trad. Maria Cristina de Cicco. Rio de Janeiro: Renovar, 2008, p. 760.

[379] Trecho do voto-vista do Min. Paulo de Tarso Sanseverino.

[380] Calha aqui a observação de Anderson Schreiber sobre uma tendente aplicação indistinta da boa-fé objetiva nas relações familiares: "Não se pode, em síntese, renunciar à aplicação dos princípios constitucionais, nem tampouco escapar ao importante debate sobre os meios adequados à sua concretização, mediante um recurso aberto

daí o alerta de que a reparação civil em casos de direito de família deva ser objeto de detida análise e, quando aplicada, precisa ser efetivada com especial atenção para as peculiaridades inerentes às situações existenciais familiares[381].

Percebe-se que o acórdão ora em comento procurou apreciar o tema com ciência dessa necessidade de não olvidar que está a julgar – em *ultima ratio* – uma situação subjetiva existencial envolvida em uma relação familiar (o que transpassa todo o voto vencedor).

O dever de cuidado

Aspecto nodal da decisão foi a constatação de uma ofensa ao dever de cuidado[382], que estaria presente em nosso sistema jurídico, ainda que não de modo expresso, mas sim com outras denominações:

> Essa percepção do cuidado como tendo valor jurídico já foi, inclusive, incorporada em nosso ordenamento jurídico, não com essa expressão, mas com locuções e termos que manifestam suas diversas desinências, como se observa no art. 227 da Constituição Federal. [...] Aqui não se fala ou discute o amar e, sim, a imposição biológica e legal de cuidar, que é dever jurídico, corolário da liberdade das pessoas de gerarem ou adotarem filhos[383].

---

e generalizado da boa-fé objetiva, como espécie de panaceia para todos os casos. Cumpre ao contrário, ter atenção às fronteiras da boa-fé objetiva, cuidando para que o instituto, por mais apaixonante que seja o seu percurso na transformação do direito contemporâneo, não venha a afetar a tutela de interesses existenciais constitucionalmente protegidos. Tudo pela simples razão de que cada paixão tem seu papel" (SCHREIBER, Anderson. O princípio da boa-fé objetiva no direito de família. In: MORAES, Maria Celina Bodin de (coord.). **Princípios do direito civil contemporâneo**. Rio de Janeiro: Renovar, 2006, p. 458). *Mutatis mutandis*, o mesmo alerta deve ser feito quanto à tendência crescente de se atribuir papel destacado ao tema da responsabilidade civil nas relações familiares.

[381] Viver em família é totalmente distinto de travar uma relação comercial, trabalhista ou mesmo de receber um ato administrativo de determinado ente público. Entre as incontáveis distinções, em regra, as relações familiares são para grande parte da vida da pessoa, se dão na base da confiança, na oralidade, informalidade, se espraiam no tempo, enfim, são diferentes de grande parte das outras relações que são tuteladas pelo direito civil.

[382] Na esteira das diversas obras coletâneas organizadas por Tânia da Silva Pereira e Guilherme de Oliveira, inclusive citadas no voto da relatora, e a cujas obras são feitas referências neste capítulo.

[383] Trecho do voto da Rel. Min. Nancy Andrighi, no REsp 1.159.242/SP.

Cap. IV • PROJEÇÕES DA AFETIVIDADE NO DIREITO DE FAMÍLIA | 309

A ministra relatora foi taxativa ao reafirmar o *cuidado como valor jurídico*, passível inclusive de extrair consequências nos casos do seu não atendimento. Toda a análise parte da possível ofensa ao dever jurídico de cuidado por parte do genitor na situação fática descrita nos autos.

Merece destaque a declaração judicial da presença do dever de cuidado no nosso ordenamento[384], que estaria implícito[385] no sistema jurídico[386]. Aqui também é possível perceber uma interpretação tópico-sistemática que resulta na constatação da conduta ofensiva por parte do agente ao não observar o referido dever implícito de cuidado.

Heloisa Helena Barboza discorre sobre um sentido possível de cuidado em uma relação paterno-filial:

> Ações concretas, atitudes e valores devem evidenciar o cuidado com os filhos, desde o que diz respeito ao seu conforto físico e psíquico, a higiene do corpo e do ambiente, o apoio emocional e espiritual, até a proteção no sentido de segurança. Aqui também estão presentes diferentes significados de cuidado, como aceitação, compaixão, envolvimento, preocupação, respeito, proteção, amor, paciência, presença, ajuda, compartilhamento[387].

A dificuldade na definição do que seja efetivamente cuidado nas relações parentais já denota uma das características do direito de família deste terceiro milênio: a impossibilidade de uma conceituação finita, estanque, única para todos os casos. Ante a instabilidade, complexidade e fragmentalidade das relações familiares, se mostra difícil uma resposta única, pronta, genérica, *a priori*. Cabe ao jurista do presente ter ciência dessas características. Ainda

---

[384] O que vem sendo sustentado por crescente doutrina pátria, em estudos desenvolvidos em parceria com Guilherme de Oliveira (Coimbra, Portugal).

[385] BARBOZA, Heloisa Helena. Paternidade responsável: o cuidado como dever jurídico. In: PEREIRA, Tânia da Silva (coord.). **Cuidado e responsabilidade**. São Paulo: Atlas, 2011, p. 88.

[386] A relação de proximidade entre a afetividade e o cuidado é reconhecida, entre outros, por Tânia da Silva Pereira, no prefácio da primeira obra coletiva sobre o tema: "A partir da percepção e convencimento de que o afeto e as relações socioafetivas foram reconhecidos de forma significante no Direito de Família, não podemos afastar a possibilidade de também incluir o cuidado no âmbito do Direito" (PEREIRA, Tânia da Silva. Prefácio. In: PEREIRA, Tânia da Silva; OLIVEIRA, Guilherme de (coord.). **O cuidado como valor jurídico**. Rio de Janeiro: Forense, 2008).

[387] BARBOZA, Heloisa Helena. Paternidade responsável: o cuidado como dever jurídico. In: PEREIRA, Tânia da Silva (coord.). **Cuidado e responsabilidade**. São Paulo: Atlas, 2011, p. 93.

assim, doutrina e jurisprudência trazem as balizas necessárias para aplicação do cuidado no acertamento desses casos concretos[388].

Nesse sentido, é possível antever um crescente estudo da temática do cuidado[389], o que é recomendável e será salutar para o direito de família brasileiro, tendo em vista que a partir da sua aceitação como fundamento nesse julgado do STJ deverá se fazer presente em um número cada vez maior de casos judiciais.

Interessante também é a distinção entre cuidado e o amor, que perpassa o voto e afasta os óbices que muitas vezes eram postos ao reconhecimento da possibilidade de reparação por abandono afetivo. A repetida frase da Ministra Nancy Andrighi é esclarecedora: "Em suma, amar é faculdade, cuidar é dever".

Ao analisar o que a relatora considera inerente ao dever de cuidado, é possível vislumbrar interessante leitura objetiva de sua tradução, sem resvalar para questões psíquicas ou subjetivas, na esteira do que sustenta o presente trabalho relativamente à afetividade:

> O cuidado, distintamente, é tisnado por elementos objetivos, distinguindo-se do amar pela possibilidade de verificação e comprovação de seu cumprimento, que exsurge da avaliação das ações concretas: presença; contato, mesmo que não presenciais; ações voluntárias em favor da prole; comparações entre o tratamento dado aos demais filhos – quando existirem –, entre outras fórmulas possíveis que serão trazidas à apreciação do julgador, pelas partes[390].

Ou seja, resta patente que a análise do cuidado para fins jurídicos se dá de forma objetiva, com base em elementos concretos apurados faticamente, de modo a tornar esta realidade apreensível pelo Direito. Correta a abordagem do tema a partir dessa perspectiva, visto que o direito de família, ao tratar com temas como a *afetividade* e o *cuidado*, deve atentar para esta dimensão

---

[388] Em artigo sobre o tema, Tânia da Silva Pereira cita três tribunais que se utilizaram do cuidado para julgar casos concretos de direito de família, conferindo contornos possíveis ao seu sentido jurídico a luz da *fattispecie* em apreço, são eles: *(i)* TJSP, 5ª Câmara da Seção de Direito Privado, Apelação 445.343.4, Rel. Des. Antônio Carlos Mathias Coltro, j. 18.09.2006; *(ii)* TJRJ, 12ª Câmara Cível, Apelação Cível 2005.001.52599, Rel. vencida Des. Nanci Mahfuz, Rel. p/ acórdão Des. Rev. Siro Darlan de Oliveira, j. 29.08.2006; *(iii)* STJ, 3ª Turma, REsp 1.106.637, Relª. Minª. Nancy Andrighi, **DJ** 1º.07.2010 (PEREIRA, Tânia da Silva Silva (coord.). **Cuidado e responsabilidade**. São Paulo: Atlas, 2011, p. 351-372).

[389] BOFF, Leonardo. **Saber cuidar**. 18. ed. Petrópolis: Vozes, 2012.

[390] Trecho do voto da Rel. Min. Nancy Andrighi, no REsp 1.159.242/SP.

objetiva, concreta, fática, que se afasta da dimensão subjetiva do amor ou desamor[391].

A subjetividade inerente ao amor[392] impede que este seja tratado como categoria jurídica[393], visto que o Direito exige, para sua fundamentação e aplicação, um mínimo de objetividade[394]. Conforme bem destacou a ministra, amar é uma coisa, cuidar, outra[395].

Mais adiante, no voto, resta destacado que há situações específicas que podem dificultar a convivência paterno-filial, em decorrência de diversos fatores (entre outros, alienação parental), as quais devem ser sopesadas caso a caso. Outrossim, é indiscutível que existe, sim, uma esfera mínima que deve restar atendida, mesmo quando os pais se separam ou se distanciam dos filhos (arts. 1.632 e 1.634, CC; arts. 3º, 4º, 19, 22 e 23, ECA).

---

[391] Registre-se aqui a opção pela análise do caso a partir da ofensa ao dever de cuidado adotada pelo voto-vencedor; para saber mais sobre o tema: PEREIRA, Tânia da Silva; OLIVEIRA, Guilherme de (coord.). **O cuidado como valor jurídico**. Rio de Janeiro: Forense, 2008; PEREIRA, Tânia da Silva; OLIVEIRA, Guilherme de (coord.). **Cuidado e responsabilidade**. São Paulo: Atlas, 2011.

[392] RODRIGUES JUNIOR, Otavio Luiz. As linhas que dividem amor e direito nas constituições. **Conjur**, 27 dez. 2012. Disponível em: http://www. conjur.com.br/2012--dez-27/direito-comparado-linhas-dividem-amor-direito- constituicoes. Acesso em: 28 abr. 2023.

[393] Em histórico debate realizado na Argentina entre Carlos Cossio (autor da teoria egológica) e Hans Kelsen (autor da teoria pura), o último foi taxativo ao afirmar que o amor seria estranho ao Direito. Quem informa é o Ministro Ruy Rosado do Aguiar: "Kelsen, reptado por Cossio, o criador da teoria egológica, perante a congregação da Universidade de Buenos Aires, a citar um exemplo de relação intersubjetiva que estivesse fora do âmbito do Direito, não demorou para responder: 'Oui, monsieur, l'amour'. E assim é, na verdade, pois o Direito não regula os sentimentos". Citação extraída do corpo do voto no REsp 148.897/MG, STJ, Rel. Min. Ruy Rosado de Aguiar, 4ª Turma, j. 10.02.1998, **DJ** 06.04.1998, p. 132.

[394] RODRIGUES JUNIOR, Otavio Luiz. As linhas que dividem amor e direito nas constituições. **Conjur**, 27 dez. 2012. Disponível em: http://www. conjur.com.br/2012--dez-27/direito-comparado-linhas-dividem-amor-direito- constituicoes. Acesso em: 28 abr. 2023.

[395] Merece elogios a distinção adotada pela ministra relatora, que afasta confusões e equívocos como as apresentadas nas obras dos autores que igualam afetividade e amor, tratando ambos indistintamente, o que apenas obscurece e dificulta o tratamento da temática. Conforme exposto nos capítulos anteriores, o amor, como um sentimento inevitavelmente subjetivo, é tema que compete à psiquiatria e áreas correlatas, escapando ao Direito. Por outro lado, é possível e recomendável aos juristas considerar a afetividade jurídica, objetiva, lastreada em fatos concretos, e vital para apreensão das relações familiares contemporâneas.

A julgadora optou por denominar essa esfera como *núcleo mínimo de cuidados parentais*, sendo que faz uma ligação direta desse núcleo com a necessária afetividade parental; confira-se:

> Apesar das inúmeras hipóteses que poderiam justificar a ausência de pleno cuidado de um dos genitores em relação à sua prole, não pode o julgador se olvidar que deve existir um núcleo mínimo de cuidados parentais com o menor que, para além do mero cumprimento da lei, garantam aos filhos, *ao menos quanto à afetividade*, condições para uma adequada formação psicológica e inserção social[396]. (grifos nossos)

Essa proximidade entre o *cuidado* e a *afetividade* permite indicar que a constatação do atendimento ou não desse *núcleo mínimo de cuidados* deve se dar objetivamente, com base em fatos jurídicos concretos, averiguados naquela relação parental objeto de análise, afastando-se de questões meramente abstratas e estranhas ao Direito[397].

Um tratamento denso por parte da doutrina e da jurisprudência, com vistas a conferir um maior substrato e sentido jurídico ao tema do cuidado, a partir de um viés necessariamente objetivo, pode aclarar seus limites e suas possibilidades nas relações parentais e, por fim, afastar muitas das críticas que atualmente lhe são lançadas[398].

Pressupostos da responsabilidade civil subjetiva tradicional

A partir dessas premissas, o julgado entendeu a conduta objeto do julgamento ofensiva ao dever de cuidado paternal do genitor, considerando sua omissão um ilícito civil passível de sanção, e partiu para análise dos demais pressupostos da responsabilidade civil subjetiva (culpa, nexo causal e dano).

O forte apego aos pressupostos clássicos da responsabilidade civil clássica para a deliberação de complexos casos contemporâneos vem sendo objeto

---

[396] Trecho do voto da Rel. Min. Nancy Andrighi, no REsp 1.159.242/SP.

[397] TEIXEIRA, Ana Carolina Brochado. **Família, guarda e autoridade parental.** 2. ed., rev. e atual. Rio de Janeiro: Renovar, 2009, p. 140-141.

[398] Parece recomendável um cuidado com a fundamentação conferida à temática do cuidado, de modo a sedimentar seu sentido atual e viabilizar seu tratamento jurídico. Uma leitura objetiva, próxima a que se sustenta para a afetividade, afastada de questões subjetivas como o amor, pode consolidar seu reconhecimento pelo direito de família brasileiro.

de crítica por parte da doutrina do direito civil, visto que, para os adeptos dessa corrente da responsabilidade por danos, restaria ainda muito apegada à punição da conduta do ofensor (e não ao abalo sofrido pela vítima), voltada apenas ao passado (e não com olhos para o futuro), exacerbaria os filtros (dificultando a reparação) e não tutelaria dignamente a vítima e seus danos (recomposição integral dos prejuízos sofridos). Para essa novel corrente doutrinária, na construção de uma renovada teoria da responsabilidade civil, esses deveriam ser os pontos centrais da análise[399].

Nesse aspecto, a apreciação dos casos de abandono afetivo deve se dar não apenas com base nos pressupostos rígidos da responsabilidade civil, mas, ainda que sem olvidá-los por completo, deve procurar avançar sobre as peculiaridades das relações entre familiares e, ainda, destacar a necessária tutela da vítima, a leitura atenta dos danos e uma postura que, mais do que apenas repará-los, busque também evitá-los[400].

Na *fattispecie* em apreço seria o caso de averiguar se há efetivamente um dano injusto (sofrido pelo ente abandonado afetivamente), se esse dano decorreu da ofensa a um interesse juridicamente protegido, se deve ser reparado (com base no sistema jurídico) e se há possibilidade de imputar tal dever reparatório a alguém (o genitor negligente, no caso). Um parecer a partir do enfoque da vítima e de seus danos pode chegar à mesma conclusão que o acórdão paradigma ora comentado, mas poderia – quem sabe – contribuir com outros fundamentos, mais próximos aos que sustentam os defensores dessa renovada responsabilização por danos[401].

Alguns autores, ainda apegados aos fundamentos da responsabilidade civil clássica, defendem a elaboração de um elenco exaustivo de critérios que

---

[399] ALTHEIM, Roberto. **Direito de danos**: pressupostos contemporâneos do dever de indenizar. Curitiba: Juruá, 2010, p. 16-17.

[400] Alguns desses aspectos são sublinhados pela denominada doutrina de direito de danos (que advoga o foco central da reparação civil na vítima e nos danos). A Argentina possui forte corrente doutrinária nesse sentido, entre outros: GHERSI, Carlos Alberto. **Teoría general de la reparación de daños.** Buenos Aires: Astrea, 2003; ECHEVESTI, Carlos; GÓMEZ, Hernán; ARES, Valentina. **Derecho de daños.** Buenos Aires: Scotti, 2000. Resta analisar a conveniência e possibilidade de se adotarem algumas dessas premissas e construções no direito civil brasileiro e, particularmente, na aplicação da responsabilidade civil nas relações familiares. No que se refere ao tratamento dos casos de abandono afetivo, suas peculiaridades complexificam a análise e exigem estudos mais aprofundados sobre a possibilidade ou não de se utilizar algumas contribuições da teoria argentina da reparação por danos nesses conflitos.

[401] BARROSO, Lucas Abreu; FROTA, Pablo Malheiros da Cunha. **Revista Trimestral de Direito Civil**, v. 43, p. 99-114, jul./set. 2010, p. 114.

deveria ser preenchido para que estar presente uma situação de abandono afetivo reparável, chegando a ponto de apresentar a lista desses critérios[402]. Parece não ser essa a melhor solução, pois se estariam criando outros filtros estanques, com critérios fixos similares aos pressupostos da responsabilidade civil clássica – que já se mostraram insuficientes – e dos quais doutrina e jurisprudência tentam se desgarrar. A adoção de requisitos específicos para configuração do abandono afetivo reparável, rígidos, adicionais aos requisitos gerais da responsabilidade civil, pode apenas trazer mais dificuldades do que avanços, com grandes chances de se constituírem em novas barreiras de difícil suplantação para análise do mérito dessas demandas.

Para tutela desses multiformes casos concretos, do ponto de vista da técnica jurídica da responsabilidade, parece mais recomendável a adoção de uma cláusula geral que permita sua concretização a cada situação apresentada.

> Mas isto somente ocorre porque o mecanismo da responsabilidade civil é composto, em sua maioria, por cláusulas gerais e por conceitos vagos e indeterminados, carecendo do preenchimento pelo juiz a partir do exame do caso concreto. Como a incidência dos princípios e valores constitucionais se faz, em via mediata, justamente desta maneira, através do preenchimento valorativo destes conceitos, vê-se a constitucionalização da responsabilidade dar-se naturalmente.[403]

Inevitavelmente haverá certo grau de discricionariedade no tratamento dos casos de abandono afetivo, sendo exigível a explicitação de fundamentação e o atendimento a certas regras gerais, mas a solução pode não ser a adoção de um elenco rígido de critérios, mas sim uma indicação de ponderação civil-constitucional dos interesses envolvidos[404], com papel de destaque para a prevalência da constatação de um dano injusto reparável naquela *fattispecie*[405].

Os casos de abandono afetivo exigem uma superação dos pressupostos rígidos da responsabilidade civil subjetiva clássica, sendo recomendável a

---

[402] KAROW, Aline Biasuz Suarez. **Abandono afetivo:** valorização jurídica do afeto nas relações paterno-filiais. Curitiba: Juruá, 2012, p. 222.

[403] MORAES, Maria Celina Bodin de. A constitucionalização do direito civil e seus efeitos da responsabilidade civil. In: MORAES, Maria Celina Bodin de. **Na medida da pessoa humana**. Rio de Janeiro: Renovar, 2010, p. 324.

[404] SCHREIBER, Anderson. **Novos paradigmas da responsabilidade civil**: da erosão dos filtros da reparação à diluição dos danos. 4. ed. São Paulo: Atlas, 2012, p. 140.

[405] SCHREIBER, Anderson. **Novos paradigmas da responsabilidade civil**: da erosão dos filtros da reparação à diluição dos danos. 4. ed. São Paulo: Atlas, 2012, p. 249.

Cap. IV · PROJEÇÕES DA AFETIVIDADE NO DIREITO DE FAMÍLIA | 315

adoção dos critérios contemporâneos sustentados pelos doutrinadores desta renovada responsabilidade por danos.

Ato ilícito

Urge ressaltar que no acórdão paradigma do STJ o ponto de partida da abordagem jurídica do caso foi a classificação da conduta omissiva paterna (de abandono afetivo, sem existir abandono financeiro) como ato ilícito passível de gerar as demais cominações do nosso ordenamento jurídico. Essa leitura não deixa de ser inovadora naquele colegiado e merece destaque.

Percebe-se, aqui, outra projeção possível da *afetividade jurídica*, que passa a ser reconhecida pelo Direito e considerada passível de gerar direitos e deveres na estrutura da nossa ordem jurídica. Embora o ponto nodal tenha sido conferido ao cuidado como valor jurídico no voto-condutor, inegáveis são os pontos de contato da temática com a afetividade, visto que está envolta na esfera do cuidado (em paralelo às condições materiais de subsistência).

Extrai-se, portanto, que o cuidado foi considerado vital para o desenvolvimento e a formação psicológica do infante, de modo que configuraria verdadeira obrigação dos pais o atendimento a esse dever jurídico, sendo a negligência não justificável a tal obrigação legal configuradora de ilícito civil, culposo (na visão do julgado).

Para que se obtenha a resposta final, na perspectiva adotada pelo voto condutor, importaria saber se existe, na espécie, alguma causa excludente de ilicitude. Nesse aspecto, o *decisum* ressalva as situações de distanciamento parental que são decorrentes de outros fatores que não a negligência de um dos genitores (por exemplo, empecilho do outro genitor nesse contato). Ou seja, distanciamentos decorrentes da impossibilidade prática do seu exercício, que podem vir a ocorrer na vida cotidiana das pessoas (outro exemplo, pais passarem a residir em cidades distintas). O acórdão declara que a situação daqueles autos não trata de nenhuma dessas hipóteses de excludentes de ilicitude que podem existir na espécie, consagrando a conduta como ilícita.

A partir dessa premissa (abandono afetivo considerado como ato reprovável juridicamente), passou o julgado a analisar os demais requisitos atinentes à responsabilidade civil tradicional.

Dano e nexo de causalidade

Os próximos fatores foram a verificação do dano e o competente nexo de causalidade. Ao discorrer sobre o dano, a respectiva decisão judicial tece considerações sobre possíveis danos psicológicos, que poderiam ser comprovados com laudos técnicos, mas conclui asseverando que o dano na espécie é *in re ipsa*[406].

Assim, entendeu o STJ como desnecessária qualquer prova dos danos pleiteados, visto que, em casos de abandono afetivo, estes seriam presumíveis para quem sofreu com a conduta tida como ilícita (ou seja, quem passou a infância e adolescência sem conviver afetivamente com seu genitor, como filho e pai). Tal negligência geraria

> [...] sentimento íntimo que a recorrida levará, *ad perpetuam*, é perfeitamente apreensível e exsurge, inexoravelmente, das omissões do recorrente no exercício de seu dever de cuidado em relação à recorrida e também de suas ações, que privilegiaram parte de sua prole em detrimento dela, caracterizando o dano *in re ipsa* e traduzindo-se, assim, em causa eficiente à compensação[407].

O voto considerou que a vítima superou as dificuldades decorrentes do abandono, cresceu pessoal e profissionalmente (com *razoável aprumo*), conseguiu inserção profissional e pessoal (família, filhos). Ainda assim, considerou que era inegável que tal situação gerara na vítima *sofrimento*, *mágoa*, *tristeza*, *sentimentos* que persistiriam *ad perpetuam*, de modo que seriam causas suficientes à reparação.

Ao considerar o dano presumível nos casos de abandono afetivo, o acórdão, na prática, considerou presumível também o nexo causal, pois sobre isso apenas afirmou que "esse sentimento íntimo que a recorrida levará, *ad perpetuam*, é perfeitamente apreensível e exsurge, inexoravelmente, das omissões do recorrente no exercício do seu dever de cuidado em relação à recorrida". Nada mais o julgado apontou sobre o nexo de causalidade do caso.

Sobre a questão do nexo de causalidade, não houve muita digressão no julgado em tela. O acórdão se limitou a sustentar que referidos sentimentos de tristeza *exsurgem inexoravelmente* da negligência do dever de cuidado do pai-infrator.

O nexo causal tem sido questionado por grande parte dos estudiosos da doutrina da responsabilidade civil nos últimos anos, sendo ou flexibilizado ou abandonado por alguns autores. Contrariamente, parte dos doutrinado-

---

[406] CAVALIERI FILHO, Sergio. **Programa de responsabilidade civil.** 8. ed., rev. e ampl. São Paulo: Atlas, 2008, p. 86.

[407] Trecho do voto da Rel. Min. Nancy Andrighi, no REsp 1.159.242/SP.

res advoga uma atenção maior à questão do nexo de causalidade que, com algumas adaptações, poderia ser um dos pontos centrais da responsabilidade civil que se pretende edificar[408].

Quanto ao abandono afetivo, parece prudente exigir alguma vinculação dos danos com a conduta omissiva comprovada. Isso porque, não se mostra razoável permitir que, por não cumprir seu dever de cuidado, venha o genitor a responder por todo e qualquer dano presente na vida da pessoa que foi um dia abandonada afetivamente.

Por mais que se supere, substitua ou remodele o nexo causal na responsabilidade civil, nos casos de abandono afetivo recomenda-se exigir algum liame entre a conduta imputada como omissiva (negligente) e os danos que se pretende ver indenizados.

Danos à pessoa

Quiçá esse seja um dos aspectos mais polêmicos do voto da ministra relatora: considerar todos os danos decorrentes do abandono afetivo *in re ipsa*, que dispensariam prova e seriam presumíveis nessas situações. Em se tratando de reparação civil decorrente de uma relação familiar, com todas as peculiaridades que a envolve, há que se refletir se a consideração de todos os danos decorrentes de abandono afetivo como presumíveis, *in re ipsa*, é a melhor solução para tais relações existenciais.

O aspecto central na responsabilidade civil atual diz respeito ao dano: qual seu sentido e seu papel no contexto jurídico do direito civil contemporâneo. Maior complexidade ainda adquire a definição do significado de *dano moral* para o direito brasileiro (decisões judiciais e entendimentos doutrinários em diversos sentidos dificultam a tarefa)[409].

Os danos se constituem, atualmente, na ofensa a um interesse ou bem juridicamente protegido (de natureza patrimonial ou inerente à personalidade da vítima), em leitura que abandona o aspecto punitivo do ofensor[410].

---

[408] TEPEDINO, Gustavo. O nexo de causalidade na jurisprudência do Superior Tribunal de Justiça. In: FRAZÃO, Ana; TEPEDINO, Gustavo (coords.). **O Superior Tribunal de Justiça e a reconstrução do direito privado.** São Paulo: Revista dos Tribunais, 2011, p. 474 e 489.

[409] MORAES, Maria Celina Bodin de. Danos Morais em Família? Conjugalidade, parentalidade e responsabilidade civil. In: MORAES, Maria Celina Bodin de. **Na medida da pessoa humana.** Rio de Janeiro: Renovar, 2010, p. 432.

[410] REIS, Clayton. **Dano moral.** 5. ed., ampl. e atual. Rio de Janeiro: Forense, 2010, p. 2-3.

PRINCÍPIO DA AFETIVIDADE NO DIREITO DE FAMÍLIA – *Ricardo Calderón*

Recente doutrina destaca, quanto ao dano, a necessária distinção entre a lesão a um interesse ou bem juridicamente garantido e os possíveis efeitos que essa ofensa pode gerar. Ou seja, o abalo ao interesse juridicamente protegido se distingue dos efeitos (materiais ou morais) que a agressão a ele pode acarretar. Para Sérgio Cavalieri Filho,

> O importante, destarte, para a configuração do dano moral não é o ilícito em si mesmo, mas sim a repercussão que ele possa ter. Uma mesma agressão pode acarretar lesão em bem patrimonial e personalíssimo, gerando dano material e moral[411].

O direito civil tradicionalmente distingue duas grandes modalidades de danos: os chamados patrimoniais e os chamados extrapatrimoniais (nestes incluídos os danos morais)[412]. Importa destacar os dois aspectos relevantes relativamente aos danos: o interesse ou bem juridicamente protegido e os possíveis efeitos (patrimoniais ou extrapatrimoniais que a agressão a eles pode gerar). Em um primeiro momento, o dano diz respeito à lesão a um interesse ou bem juridicamente protegido (que podem ser patrimoniais ou extrapatrimoniais); subsequentemente, apreciam-se os efeitos que esta ofensa pode ter ocasionado – que também podem ter peculiaridades patrimoniais ou extrapatrimoniais.

> Quando o dano não corresponde às características do dano patrimonial, dizemos que estamos em presença do dano moral. A distinção, ao contrário do que parece, não decorre da natureza do Direito, bem ou interesse lesado, mas do efeito da lesão, do caráter da sua repercussão sobre o lesado. De forma que tanto é possível ocorrer dano patrimonial em consequência

---

[411] CAVALIERI FILHO, Sergio. **Programa de responsabilidade civil.** 8. ed., rev. e ampl. São Paulo: Atlas, 2008, p. 84-85.

[412] Adere-se aqui a parte da doutrina que prefere a denominação "danos extrapatrimoniais" do que a expressão adotada majoritariamente pelo direito brasileiro "dano moral": "A apropriação da terminologia 'dano não patrimonial', referida por Menezes Direito e Cavalieri Filho, é realmente aquela que melhor se amolda ao sentido preconizado pelo instituto da indenização dos danos à personalidade. Afinal, os diversos fatores que concorrem para ocasionar lesão aos direitos fundamentais da pessoa são múltiplos, ou seja, não decorrem apenas das agressões perpetrada diretamente à própria vítima. No geral, decorrem de ofensas a bens protegidos pela ordem jurídica, que se encontram umbilicalmente ligados ao autor da ação indenizatória, como, por exemplo, os parentes, danos à vida de relação, ao livre desenvolvimento da personalidade, prejuízo de afeição, dentre outros" (REIS, Clayton. **Dano moral.** 5. ed. ampl. e atual. Rio de Janeiro: Forense, 2010, p. 14).

de lesão a um bem não patrimonial como dano moral em resultado de ofensa a bem material[413].

Nesse sentido, os danos extrapatrimoniais envolvem dois aspectos: um objetivo e um subjetivo[414]. Objetivamente, referem à lesão a esfera extrapatrimonial da vítima, sendo possível caracterizar "o dano moral como a lesão à dignidade da pessoa humana"[415], o que destaca o aspecto do *dano moral objetivo*. Já o aspecto subjetivo diz respeito aos efeitos que tal lesão poderá ocasionar para a vítima, vinculados à dor, sofrimento, tristeza etc.; que caracterizariam, assim, o denominado *dano moral subjetivo*[416].

Judicialmente, sobressai a necessidade de demonstração do aspecto objetivo do dano moral, que deve ser comprovado em juízo, pois, estando este aspecto presente, resta presumível a existência do seu aspecto subjetivo. Dessa forma,

> o dano moral se caracteriza pela simples violação de um direito geral de personalidade, sendo a dor, a tristeza ou o desconforto emocional da vítima sentimentos presumidos de tal lesão (presunção *hominis*) e, por isso, prescindíveis de comprovação em juízo[417].

A partir dessa concepção, resta possível averiguar concretamente a ofensa a um dos substratos da pessoa humana (dignidade, integridade psíquico-física, liberdade, igualdade, entre outros)[418]. Para os danos decorrentes de abandono afetivo, torna-se relevante esta leitura jurídica objetiva dos danos morais:

---

[413] DIAS, José de Aguiar de. **Da responsabilidade civil.** 12. ed. rev., atual. e aum. por Rui Berford Dias. Rio de Janeiro: Lumen Juris, 2011, p. 839.

[414] Far-se-á referência à distinção entre "dano moral objetivo" e "dano moral subjetivo", sustentada por Miguel Reale e outros autores (REIS, Clayton. **Dano moral.** 5. ed. ampl. e atual. Rio de Janeiro: Forense, 2010, p. 15), tendo em vista a difusão do termo "dano moral" no Direito brasileiro. Resta consignado, entretanto, o entendimento de que nos parece mais apropriada a utilização da expressão "danos extrapatrimoniais", conforme já exposto.

[415] MORAES, Maria Celina Bodin de. A constitucionalização do direito civil e seus efeitos da responsabilidade civil. In: MORAES, Maria Celina Bodin de. **Na medida da pessoa humana.** Rio de Janeiro: Renovar, 2010, p. 332.

[416] REIS, Clayton. **Dano moral.** 5. ed. ampl. e atual. Rio de Janeiro: Forense, 2010, p. 15.

[417] DALLEGRAVE NETO, José Affonso. **Responsabilidade civil no direito do trabalho.** 3. ed. São Paulo: LTr, 2008, p.146.

[418] LÔBO, Paulo Luiz Netto. Danos morais e direitos da personalidade. In: LEITE, Eduardo de Oliveira (coord.). **Grandes temas da atualidade:** dano moral. Rio de Janeiro: Forense, 2002.

PRINCÍPIO DA AFETIVIDADE NO DIREITO DE FAMÍLIA – *Ricardo Calderón*

Dadas estas difíceis controvérsias em matéria, procurou-se elaborar um conceito de dano moral, que redimensionasse o conceito em vigor, que tomasse distância, embora não completamente, da ideia de sofrimento íntimo da pessoa humana. Assim, em uma leitura civil-constitucional da responsabilidade civil, conclui-se que o dano moral é a violação a integridade física e psíquica, à liberdade, à igualdade ou à solidariedade de uma pessoa humana[419].

Vislumbra-se, aqui, uma possível insuficiência das categorias atualmente existentes para se tutelar adequadamente os danos extrapatrimoniais à pessoa, ofensas à sua dignidade e desrespeito aos seus direitos da personalidade[420]. Considerar apenas os efeitos subjetivos do *dano moral* (como muitas vezes é feito atualmente) pode não ser a melhor solução para a reparação em casos de direito de família.

Nas situações de abandono afetivo o interesse lesado é claramente extrapatrimonial: relaciona-se com a dignidade da pessoa humana (envolve a esfera existencial, pessoal da vítima), podendo gerar tanto efeitos de natureza patrimonial como de natureza não patrimonial.

Assim, em um primeiro momento há que se verificar a demonstração da ofensa a essa esfera existencial (*aspecto objetivo*), mas do ponto de vista da vítima, e não do ofensor. Ou seja, cumpre demonstrar qual esfera da dignidade pessoal restou abalada com tal conduta lesiva. Isso se faz sempre a partir da perspectiva da vítima e inicialmente é cabível a exigência da sua comprovação. Constatando-se a existência de ofensa a essa esfera pessoal de quem se alega abandonado – decorrente da omissão do genitor –, estar-se-á diante de um dano injusto reparável, presente, portanto, o abandono afetivo.

A análise das situações de abandono afetivo deve partir da averiguação da presença do dano sofrido pela vítima (e não a partir do ato do ofensor), conforme sustenta Giselda M. F. N. Hironaka:

> A visualização primeira deve se o dano e não a sua origem ou causa, propriamente ditas, pois o que corre à frente é a circunstância da vítima do dano. É pela vítima e pela expectativa de reorganizar, tanto quanto seja possível, a essência lesada que se procura sistematizar um novo perfil

---

[419] MORAES, Maria Celina Bodin de. Danos morais em família? Conjugalidade, parentalidade e responsabilidade civil. In: MORAES, Maria Celina Bodin de. **Na medida da pessoa humana**. Rio de Janeiro: Renovar, 2010, p. 433.

[420] SCHREIBER, Anderson. **Novos paradigmas da responsabilidade civil:** da erosão dos filtros da Reparação à diluição dos danos. 4. ed. São Paulo: Atlas, 2012, p. 117.

Cap. IV · PROJEÇÕES DA AFETIVIDADE NO DIREITO DE FAMÍLIA | **321**

para a responsabilidade civil – como se esboça neste estudo –, quando a ausência afetiva tenha produzido danos ao partícipe da relação paterno--filial, mormente o filho[421].

O abandono afetivo, por sua vez, pode gerar danos patrimoniais e extra-patrimoniais, que decorrem da supracitada lesão à esfera pessoal da vítima. Cabe, então, averiguar, no caso concreto, a presença desses respectivos danos.

Os danos patrimoniais decorrentes dessa modalidade de abandono devem ser alegados e comprovados – com o que poderão ser indenizados, inexistindo muitas dúvidas a esse respeito. Resta presente a necessidade de se demonstrar, conforme exposto, a ligação desses danos materiais com o abandono.

Contudo, aspecto de maior polêmica diz respeito aos danos extrapa-trimoniais advindos do supracitado abandono afetivo. Ou seja, os efeitos existenciais ocasionados para a vítima abandonada (*aspecto subjetivo*).

A distinção entre a lesão existencial em si (ofensa à esfera da pessoa que foi vítima – *dano moral objetivo*) de possíveis outros efeitos extrapatrimoniais decorrentes dele (dor, sofrimento, humilhação – *dano moral subjetivo*) joga luz sobre a questão. Esses outros efeitos podem estar presentes ou não em determinados casos concretos, mas, para a ocorrência de dano injusto inde-nizável, basta apenas a lesão a alguma esfera da dignidade da pessoa da vítima (ou seja, comprovação da ofensa a um interesse juridicamente protegido).

> Dor, vexame, sofrimento e humilhação são possível consequência, e não causa. Assim como a febre é o efeito de uma agressão orgânica, dor, vexame, sofrimento só poderão ser considerados dano moral quando tiverem por causa uma agressão à dignidade de alguém[422].

Na esteira do já dito, sustenta-se que a ofensa à esfera extrapatrimonial da vítima deve ser comprovada; já os efeitos extrapatrimoniais decorrentes dessa ofensa podem ser comprovados ou presumidos. Caso exista algum efeito perceptível concretamente, apenas restará ainda mais clara a ofensa à

---

[421] HIRONAKA, Giselda Maria Fernandes Novaes. Os contornos jurídicos da respon-sabilidade afetiva na relação entre pais e filhos – além da obrigação legal de caráter material. In: EHRHARDT JUNIOR, Marcos; ALVES, Leonardo Barreto Moreira (coords.). **Leituras complementares de direito civil:** direito das famílias. Salvador: Podivm, 2010, p. 226.

[422] CAVALIERI FILHO, Sergio. **Programa de Responsabilidade Civil.** 8. ed., rev. e ampl. São Paulo: Atlas, 2008, p. 84.

esfera existencial do lesado (como um dano psíquico decorrente do abandono afetivo: nesse exemplo se está diante de um dano extrapatrimonial decorrente da ofensa a um interesse extrapatrimonial). Por outro lado, caso tal ofensa não tenha gerado outro efeito extrapatrimonial aferível (como um dano psíquico), é desnecessária qualquer prova de dor ou sofrimento dele decorrente. Esse outro efeito seria perfeitamente presumível, sendo despicienda qualquer exigência de sua prova em juízo. Nesse aspecto subjetivo do dano sempre haverá presunção judicial quanto à dor, sofrimento, humilhação ou vergonha (no sentido do que fez o acórdão ora comentado).

Entretanto, muitos sustentam, indistinta e genericamente, apenas que "o dano moral prescinde de prova e deve ser sempre considerado *in re ipsa*" (há reiterada jurisprudência nesse sentido). Ou seja, não diferenciam a esfera do dano relativa à lesão a determinada esfera extrapatrimonial (aspecto objetivo) dos possíveis efeitos dela decorrentes (aspecto subjetivo), e por isso afirmam que ambos os aspectos seriam presumíveis (tanto a lesão como os efeitos advindos). Tal premissa pode conter um equívoco, pois permite confundir a lesão extrapatrimonial em si com uma dor ou um sofrimento decorrente dela. Anderson Schreiber descreve claramente o desacerto:

> Na teoria do dano *in re ipsa* parece, contudo, residir um grave erro de perspectiva, ligado à própria construção do dano extrapatrimonial e à sua tradicional compreensão como *pretium doloris*. Em outras palavras, a afirmação do caráter *in re ipsa* vem quase sempre vinculada a uma definição consequencialista de dano moral, muito frequentemente invocada a partir da sua associação com a dor ou o sofrimento. Sob essa ótica, parece mesmo óbvio que a prova do dano deve ser dispensada, na medida em que seria esdrúxulo e, antes disso, ineficaz exigir a demonstração em juízo da repercussão sentimental de um determinado evento sobre a vítima, seja porque a dor e o sofrimento são fatos inteiramente subjetivos, seja porque, nesta condição, são facilmente simuláveis. A verdade, no entanto, é que a dor não define, nem configura elemento hábil à definição ontológica do dano moral. Como já demonstrado, trata-se de uma mera consequência, eventual, da lesão à personalidade e que, por isso mesmo, mostra-se irrelevante à sua configuração[423].

Em suma, mister que se distinga a ofensa a interesse extrapatrimonial da eventual dor ou sofrimento que ela pode causar, visto que este pode ser apenas um dos seus efeitos. Para que esteja presente um dano extrapatrimonial há

---

[423] SCHREIBER, Anderson. **Novos paradigmas da responsabilidade civil:** da erosão dos filtros da reparação à diluição dos danos. 4. ed. São Paulo: Atlas, 2012, p. 117, p. 202.

Cap. IV · PROJEÇÕES DA AFETIVIDADE NO DIREITO DE FAMÍLIA | 323

que existir uma lesão a um interesse seu juridicamente protegido (como a um direito da personalidade, por exemplo). Essa ofensa pode ou não causar dor íntima ou sofrimento, mas isso não é relevante para a constatação da existência do dano extrapatrimonial. Consequentemente, para estar presente um dano moral reparável, basta a comprovação da lesão a essa esfera pessoal da vítima.

Paulo Luiz Netto Lôbo diferencia a lesão ao direito da personalidade do possível efeito que esta pode gerar:

> De modo mais amplo, os direitos de personalidade oferecem um conjunto de situações definidas pelo sistema jurídico, inatas à pessoa, cuja lesão faz incidir diretamente a pretensão aos danos morais, de modo objetivo e controlável, sem qualquer necessidade de recurso à existência da dor ou do prejuízo. A responsabilidade opera-se pelo simples fato da violação (*damnum in re ipsa*); assim, *verificada a lesão a direito da personalidade*, surge a necessidade de reparação do dano moral, não sendo necessária a prova do prejuízo, bastando o nexo de causalidade[424]. (grifos nossos)

Caberá, *in casu*, ao requerente do pedido reparatório decorrente de abandono afetivo descrever quais foram as lesões à sua esfera extrapatrimonial, sendo essa tarefa essencial. Portanto, é necessária a descrição da ofensa ao direito da personalidade da vítima e da sua vinculação com a conduta reprovável do infrator. Repita-se que a demonstração desse aspecto do dano (objetivo) se restringe a comprovação da ofensa a sua esfera existencial.

Por óbvio, os danos extrapatrimoniais decorrentes de abandono afetivo não se restringem aos casos em que houve uma sequela psíquica para a vítima. Essas sequelas são inerentes ao seu aspecto subjetivo (tal como a dor ou o sofrimento), e podem estar presentes ou não, mas não são pré-requisito para se constatar a presença do dano indenizável. Fato é que, havendo abalo psíquico para a vítima em decorrência do abandono, restará mais do que comprovado o dano moral compensável.

Entretanto, importa destacar que é possível a existência da constatação de danos existenciais mesmo nos casos em que não se observe tal sequela psíquica, pois a proteção à pessoa envolve esfera muito maior que essa. Intui-se que não deve ser nem mesmo esde o aspecto central de perquirição quando do momento da averiguação do dano, bastando a descrição e a comprovação de qualquer dano à esfera existencial da vítima para justificar o dever de reparação.

---

[424] LÔBO, Paulo Luiz Netto. Danos morais e direitos da personalidade. In: LEITE, Eduardo de Oliveira (coord.). **Grandes temas da atualidade:** dano moral. Rio de Janeiro: Forense, 2002, p. 347-366.

O que se percebe é que ainda não estão sedimentadas balizas claras para melhor orientação do jurista que se debruce sobre o tema[425], de modo que:

> É fundamental apontar a necessária conexão entre o desenvolvimento da personalidade e as relações familiares, que representa um aspecto relevante na avaliação do que constitui, ou não, dano à integridade psíquica. Em outras palavras, é necessário ter-se o conhecimento de como se constitui o psiquismo, e a sua integridade, para que se compreenda e avalie o que constitui, ou não, dano moral, de forma a não banalizar o instituto[426].

Com tal proceder, pode-se evitar que todo caso de abandono afetivo tenha que envolver uma prova técnica pericial de sequela psíquica, o que reduziria a esfera de proteção à pessoa e dificultaria sobremaneira o tratamento jurisdicional desses casos.

Ainda que se sustente despicienda qualquer prova de dor ou sofrimento, como fez – *in casu* – o acórdão ora em comento, inafastável a vítima se desincumbir do dever de descrever quais lesões à sua esfera existencial ocorreram e qual o vínculo delas com o aludido abandono.

Da prova dos danos

Outra questão controversa e polêmica diz respeito à necessidade (ou não) de prova dos danos extrapatrimoniais: seria o caso de exigi-las ou elas seriam tidos por *in re ipsa* (como entendeu a decisão paradigma do STJ)? Esse aspecto, em que pese inicialmente pareça tormentoso, pode contribuir para a filtragem dos casos de abandono afetivo que efetivamente mereçam reparação judicial dos que concretamente não mereçam[427].

Sustentou-se acima que nos casos de abandono afetivo deve ser exigida prova da lesão à esfera extrapatrimonial da pessoa abandonada, o que não

---

[425] COSTA, Jurandir Freire. Entrevista. **Boletim IBDFam,** n. 73, mar./abr. 2012, p. 3.

[426] GROENINGA, Giselle Câmara. Os direitos da personalidade e o direito a ter uma personalidade. In: ZIMERMAN, David; COLTRO, Antônio Carlos Mathias (org.). **Aspectos psicológicos na prática jurídica.** 3. ed. Campinas: Millenium, 2010, p. 652.

[427] Faz-se necessária a adoção de critérios que permitam tal distinção, tendo em vista as diversas peculiaridades inerentes à incidência da responsabilidade civil no interior das relações familiares. Alguns chegam a citar o risco de uma "indústria do amor", o que parece exagerado. Ainda assim, impende anotar que devem ser edificadas balizas jurídicas que permitam distinguir quais situações jurídicas são merecedoras de tutela jurisdicional indenizatória e quais não o são.

envolve qualquer prova de sofrimento, dor ou abalo psíquico[428]. Essa comprovação exige apenas a demonstração do dano à esfera pessoal daquela vítima, objetivamente.

Com isso, dar-se-ia um tratamento técnico mais adequado no que se refere aos danos extrapatrimoniais (distinguindo a lesão em si – aspecto objetivo; da dor que ela pode gerar ou não – aspecto subjetivo); evitar-se-ia remeter a uma prova quase impossível (como exigir prova em juízo da "dor" ou "sofrimento", elementos subjetivos que escapam ao Direito); abandonar-se-ia a tese de que todos os danos seriam *in re ipsa* nos casos de abandono afetivo (que pode trazer dificuldades e até levar a injustiças)[429]; e, ainda, definir-se-ia um critério possível de seleção dos casos que mereceriam tutela jurisdicional.

Em que pese em consonância com o que sustenta parte avalizada da doutrina brasileira, a adoção de uma assertiva genérica que afirme que *o dano moral decorrente dos casos de abandono afetivo* é sempre *in re ipsa*, não parece ser essa a solução mais indicada para tais situações, seja pela confusão de institutos descrita, seja por essa presunção não tutelar adequadamente todas as multifacetadas relações familiares.

Nesse particular, percebe-se um ponto no qual as peculiaridades das situações existenciais familiares devem prevalecer sobre os pressupostos genéricos da responsabilidade civil aplicados a outros ramos do Direito, fazendo com que se averigue detidamente a presença da ofensa à esfera extrapatrimonial e não se adote – como regra – a presunção *in re ipsa*[430].

---

[428] Uma prova possível disso seria a vítima demonstrar objetivamente os diversos eventos no decorrer da infância e adolescência sem a presença da figura paterna, gerando uma situação diferenciada dos demais (negativamente) para aquela pessoa. Essa prova seria efetivada com fatos concretos, objetivos e demonstraria a ofensa à sua esfera existencial.

[429] Esse proceder pode também contribuir para que se evite um incentivo despropositado ao ajuizamento de ações judiciais nesse sentido, de casos nos quais a reparação não seria cabível, situação esta que poderia até desestabilizar lares que seguem com razoável tranquilidade.

[430] Alguns autores chegam a sustentar que a responsabilidade civil em direito de família não se enquadraria nem como contratual nem como extracontratual, sendo um terceiro gênero. "Parece, contudo, que o mais adequado é entender a responsabilidade civil familiar não se enquadra em nenhuma das duas hipóteses. Nesta perspectiva, deve-se considerá-la como um terceiro gênero de responsabilidade, uma vez que existem deveres pré-existentes entre as partes, violados pelo fato danoso, mas estes deveres não têm origem negocial" (ALBUQUERQUE JUNIOR, Roberto Paulino de. Ensaio introdutório sobre a teoria da responsabilidade civil familiar. In: EHRHARDT JR., Marcos; OLIVEIRA, Catarina Almeida de (coord.). **Famílias no direito contemporâneo.** Recife: Podivm, 2010, p. 403).

Tal observação não significa que não se deva considerar a possibilidade de utilização de presunções judiciais ou *hominis* nos casos de abandono afetivo, pois inúmeras situações certamente indicarão nesse sentido, sendo lógico e razoável permitir ao julgador que assim proceda quando o quadro fático indicar. Apenas não parece recomendável que essa seja a regra para todos os casos, ainda mais de modo a englobar todos os aspectos do dano moral (tanto o objetivo como o subjetivo).

Em consequência, inicialmente seriam exigidas provas concretas do *dano* (eis que esse ponto é central na atual responsabilidade por danos); o que demonstraria de forma concreta e objetiva a lesão à esfera existencial da pessoa, visto que esta não se confunde com qualquer dor ou sofrimento. Tal dano poderia estar consubstanciado ou não em um dano psíquico, de maneira que essa esfera subjetiva não necessita restar comprovada, uma vez que pode ser presumida. Apenas nos casos em que se mostre inviável, ausente ou aparentemente desnecessária a devida comprovação poderia o magistrado – pontualmente – se utilizar das presunções judiciais ou *hominis*, fundamentando-as.

Nas hipóteses de abandono afetivo sobreleva a importância do dano, de modo que esse elemento é central na análise do conflito, porquanto será a partir dele que restará possível concluir se aquela situação fática é ou não merecedora de tutela. A relevância do dano no contexto atual da responsabilidade civil não pode ser ignorada. Consequentemente, deve ser comprovada a alegada lesão à esfera extrapatrimonial em apreço (o que, diga-se mais uma vez, não significa a prova de qualquer dor, sofrimento ou tristeza, longe disso).

Ante a centralidade que o dano assume no contexto atual da responsabilidade civil[431] (fala-se até de um "direito de danos", "responsabilidade por danos"), bem como em especial atenção às peculiaridades inerentes às relações familiares, mostra-se prudente exigir alguma prova do dano (no seu aspecto objetivo) nesses casos de abandono afetivo, ainda que esta seja a postura em um primeiro momento.

Anderson Schreiber parece comungar desse entendimento, ao afirmar especificamente sobre o caso de abandono afetivo: "Isto não exclui o dever do autor de demonstrar que tal interesse foi efetivamente afetado, ou seja, que a ausência de sustento, guarda, companhia, criação ou educação afetaram concretamente a formação da sua personalidade"[432].

---

[431] SCHREIBER, Anderson. **Novos paradigmas da responsabilidade civil:** da erosão dos filtros da reparação à diluição dos danos. 4. ed. São Paulo: Atlas, 2012, p. 140.

[432] SCHREIBER, Anderson. **Novos paradigmas da responsabilidade civil:** da erosão dos filtros da reparação à diluição dos danos. 4. ed. São Paulo: Atlas, 2012, p. 182.

Isso porque, na atual diversidade e complexidade das relações familiares, resta desaconselhável a adoção de uma afirmação genérica de tal monta ("danos decorrentes de abandono afetivo são *in re ipsa*") que possa ser aplicada indistintamente em todos os casos, relativamente aos diversos aspectos dos danos envolvidos, posto que é possível que exista uma infinidade de situações em que não se concretize o dano extrapatrimonial mesmo com um reprovável distanciamento parental. Em outras, alguns danos podem não ser decorrentes do propalado abandono afetivo (e estar envolvidos com outra infinidade de fatores).

É evidente que o desenvolvimento da infância e da adolescência sem o convívio afetivo paterno/materno se dá com prejuízo à integridade pessoal, à esfera da dignidade humana e aos direitos da personalidade de quem foi abandonado. A ausência de um efetivo vínculo afetivo paterno/materno deixa marcas que não podem ser mitigadas. Não se pretende aqui afastar uma presunção de tal magnitude. Também não se defende que a vítima venha a juízo provar sua dor, seu sofrimento anímico. Essas questões subjetivas são presumíveis e devem continuar sendo, mesmo nos casos de abandono afetivo (sob pena de retomarmos barreiras probatórias que levem à total irreparabilidade desses danos).

O que se sustenta, aqui, é apenas que se exija um mínimo de demonstração de que efetivamente existiu uma lesão à esfera extrapatrimonial do ofendido, uma ofensa à dignidade e à personalidade da vítima[433] com tal afastamento, que a ofensa se consubstanciou faticamente, que o convívio não foi suprido por outrem, que a vítima desenvolveu sim sua infância e sua adolescência sem o exercício efetivo daquele vínculo parental e que isto trouxe consequências objetivas na sua formação.

A análise do dano extrapatrimonial decorrente de abandono afetivo deve ser realizada concretamente, com base no seu aspecto objetivo, lastreada apenas em elementos fáticos apreensíveis juridicamente, evitando-se a exigência de provas subjetivas de dor, humilhação ou sofrimento. Também não se deve vincular apenas a uma sequela psíquica na vítima.

Quando inviáveis ou não recomendáveis tais provas, à luz da situação fática descrita nos autos, presentes os seus requisitos, poderia o julgador se socorrer das presunções – fundamentadamente. Isso porque, as diversas situações fáticas hodiernas podem complicar a extração de uma conclusão direta advinda da relação entre o dano da vítima e a ausência de convívio

---

[433] PERLINGIERI, Pietro. **O direito civil na legalidade constitucional**. Trad. Maria Cristina de Cicco. Rio de Janeiro: Renovar, 2008, p. 776.

afetivo paterno/materno. A conclusão pode não ser tão lógica, direta, única e simples em todos os casos, como pode parecer[434].

Exigir uma mínima prova concreta de que o vínculo parental afetivo não exercido por um dos genitores não foi suprido por outrem no decorrer do desenvolvimento da vítima pode ser uma das medidas recomendáveis para os casos de abandono afetivo. Isso se faz objetivamente, com os meios de prova usualmente disponíveis nos processos judiciais.

Não pode ser ignorado que no cenário atual muitas crianças acabam por ver o papel de pai (ou mãe) exercido por outra pessoa que não o seu genitor biológico ou registral: o já descrito parentesco socioafetivo. Para alguns, essa parentalidade socioafetiva pode ser de tal magnitude que simplesmente suplante os danos decorrentes do abandono do genitor biológico. Para outros, não, o vínculo socioafetivo jamais terá o condão de compensar a lesão sentida pelo abandono anterior.

---

[434] Há inúmeras situações em que este contato paterno-filial pode ter sido obstado por terceiros (muitas vezes, a própria mãe ou o novo companheiro da genitora não veem com bons olhos o contato do pai separado/divorciado) ou até mesmo dificuldades materiais das partes (residências em localidades distintas), o que deve ser sopesado quando da análise dessa situação de abandono afetivo. Quem sabe seja possível pensar em direcionar a condenação, nessas hipóteses, também para esse terceiro. A afirmação generalizada de que o dano moral nos casos de abandono afetivo é sempre *in re ipsa* pode causar um indesejável efeito reverso, todos eles contrários ao princípio do melhor interesse do menor, o que exige que essa premissa seja refletida a partir das características inerentes às relações familiares e ao desenvolvimento físico-psíquico da pessoa humana. Por exemplo: poderia induzir a uma convivência nefasta para as crianças e adolescentes apenas para afastar eventual risco de condenação (como nos casos em que não é salutar para o menor a convivência próxima com o genitor). O pai/mãe afastado, cujo convívio é prejudicial ao menor (por exemplo, usuário contumaz de drogas), poderia querer provocar um contato afetivo superficial apenas para elidir eventual condenação por abandono afetivo. Outra situação: com o genitor-guardião sabendo que o afastamento do convívio do menor com o outro genitor geraria uma reparação financeira (independentemente de qualquer prova de dano), poderia este guardião induzir a tal situação, dificultando ao máximo este convívio com o genitor afastado apenas para obter ganho financeiro. Nem se diga que isto seria impensável, pois infelizmente existem pessoas que poderiam chegar a tal ponto de ganância até mesmo em detrimento do próprio filho. Certamente essas são situações hipotéticas, reprováveis, que se constituiriam na exceção e não na regra, mas que merecem alguma atenção e recomendam prudência. Não se quer com isso militar contra as reparações para os casos de abandono afetivo, ou retomar provas impossíveis de dor e angústia, nada disso, mas apenas se sustenta certa moderação e razoabilidade na fixação de critérios únicos ou gerais quando se tutele conflitos familiares (como a presunção *in re ipsa*).

Diante dessa constatação, atualmente a psicologia tem preferido destacar a importância da função paterna e da função materna, e não do pai e da mãe, estritamente[435]. Visto que "são também essenciais as experiências com a mãe, o pai ou substitutos, em uma estrutura familiar – com a diferença essencial de funções e gerações".[436]

Maria Celina Bodin de Moraes corrobora estes argumentos ao discorrer especificamente sobre os reflexos desta situação no abandono afetivo:

> Há que se melhor explicar o posicionamento aqui defendido. Para configuração de dano moral à integridade psíquica de filho menor, é preciso que tenha havido o completo abandono por parte do pai (ou da mãe) e a ausência de uma figura substituta. Se alguém "faz as vezes" de pai (ou de mãe), desempenhando as suas funções, não haverá dano a ser indenizado, não obstante o comportamento moralmente condenável do genitor biológico. Não se admite qualquer caráter punitivo à indenização do dano moral. Não se trata, pois, de condenar um pai que abandonou seu filho (eventual "dano causado"), mas de ressarcir o dano sofrido pelo filho quando, abandonado pelo genitor biológico, não pôde contar nem com seu pai biológico, nem com qualquer figura substituta, configuram-se, então, só aí, o que se chamou de "ausência de pai" (isto é, ausência de figura paterna)[437].

Somem-se a isso os incontáveis casos de multiparentalidade[438]. O quadro de relacionamentos instáveis e subsequentes leva cada vez mais a essa situação[439]. Também há casos em que o abandono não é ininterrupto (podendo

---

[435] BARBOZA, Heloisa Helena. Entrevista. **Informativo IBDFam,** n. 74, maio/jun. 2012, p. 3.

[436] GROENINGA, Giselle Câmara. Os direitos da personalidade e o direito a ter uma personalidade. In: ZIMERMAN, David; COLTRO, Antônio Carlos Mathias (orgs.). **Aspectos psicológicos na prática jurídica.** 3. ed. Campinas: Millenium, 2010, p. 660.

[437] MORAES, Maria Celina Bodin de. Danos Morais em Família? Conjugalidade, parentalidade e responsabilidade civil. In: MORAES, Maria Celina Bodin de. **Na medida da pessoa humana.** Rio de Janeiro: Renovar, 2010, p. 450.

[438] RODRIGUES, Renata de Lima; TEIXEIRA, Ana Carolina Brochado. Multiparentalidade como fenômeno jurídico contemporâneo. **Revista Brasileira de Direito das Famílias e Sucessões,** Porto Alegre: Magister; Belo Horizonte: IBDFam, v. 14, p. 89-106, fev./mar. 2010.

[439] Tomem-se como exemplo os casos de mães que com filhos de tenra idade passem a conviver maritalmente com outra pessoa. Esse novo companheiro muitas vezes exerce de modo exemplar a figura paterna, suprindo com qualidade a ausência do

se referir apenas a certos períodos). Em algumas situações, somente na idade adulta a pessoa descobre que não teve o cuidado do seu genitor, pois seu pai biológico era outro que não o seu conhecido pai socioafetivo e registral. Em outras, o cenário é obnubilado por situações de alienação parental[440].

Há uma infinidade de casos e efeitos possíveis. Alguns reagem diversamente de outros ante a uma mesma situação fática de abandono afetivo (de modo que nem todos os aspectos objetivos dos danos podem ser extensíveis por presunção para toda e qualquer pessoa). Daí a conveniência de se averiguar minimamente os detalhes do caso concreto em si (relativamente à faceta objetiva do dano extrapatrimonial).

Inúmeras são as possibilidades e as situações que se presenciam na vida cotidiana (o que não se ignora), mas o que se deseja com tais pequenos exemplos é apenas pontuar que pode não ser indicada uma posição única, geral, extensiva a todo e qualquer caso de abandono afetivo. Nessa ordem de ideias, sustenta-se que não se deve considerar o dano moral decorrente dos casos de abandono afetivo sempre e totalmente *in re ipsa*. Alguma prova objetiva, ainda que estreita, pode ser perquirida conforme cada caso concreto apresentado.

O que deve balizar a análise dos danos nesses conflitos, não se pode esquecer, é o melhor interesse da criança ou do adolescente, e não a generalização de critérios de responsabilidade civil (que podem ser duvidosos). Nesse aspecto, em face das relações afetivas contemporâneas envolverem imbricadas situações pessoais – cada vez mais complexas (relacionamentos mais curtos, novos casamentos e divórcios, diversas uniões subsequentes, novos convívios com companheiros do seu genitor, multiparentalidade, entre outros) – não

---

genitor distanciado (que por algum motivo injustificado não quer exercer seu vínculo afetivo). O vínculo estabelecido entre a criança e esse companheiro pode ser com intensidade de tal ordem que supra o que se espera da ascendência paterna. Nessas situações, questiona-se se seria o caso de deferir, ainda assim, uma indenização a essa criança que, nessa perspectiva, não sofreu "dano" efetivo algum, visto que teve suprida aquela relação parental por outrem.

[440] Conforme acentuou o próprio acórdão ora analisado, muitos dos danos enfrentados pela vítima-infante não podem ser totalmente imputados apenas a um dos genitores ausentes. Há incontáveis situações com vida familiar totalmente complicada e distorcida, no qual o afastamento de um dos genitores é apenas uma das causas dos danos ao desenvolvimento da criança, com o convívio com outros (de forma negativa) sendo também causador, muitas vezes, de alguns danos e de algumas sequelas. Ainda, há casos com peculiaridades decorrentes da adoção; outros com interferência das possíveis deliberações judiciais sobre guarda e visitas.

se aconselha uma solução única para casos que podem ser distintos, o que pode trazer dificuldades fáticas.

As relações familiares são influenciadas por incontáveis pormenores e fatos que se sucedem ao longo do tempo, na intimidade do lar, no torvelinho das relações em família. Tudo isso corrobora a posição de se exigir uma prova mínima da lesão sofrida pela vítima, da ausência de suprimento por outrem do vínculo não exercido pelo genitor, da consagração fática ao longo do tempo daquele distanciamento parental, deixando as presunções apenas para o aspecto subjetivo do dano, de modo a se adotar um filtro que permita "separar o joio do trigo"[441].

Ao se permitir a reparação monetária nos casos de abandono moral, não se deseja incentivar condutas indevidas como as acima descritas, nem mesmo compensar financeiramente quem não faz jus ao benefício. Ao que parece, essas distorções podem e devem ser evitadas. Ante a infinidade de situações vivificadas no cotidiano, parece prudente permitir ao julgador se imiscuir nesse ponto (aspecto objetivo do dano), ao menos para verificar sua existência e sua extensão (afinal, para os que pretendem um direito de danos, esse ponto seria vital).

Em razão desses motivos, o mais indicado no atual estágio do direito civil brasileiro é a exigência de uma prova do aspecto objetivo dos danos decorrentes do abandono afetivo, sendo deixada a possibilidade da presunção *in re ipsa* para situações pontuais e específicas, notadamente para o chamado aspecto subjetivo do dano moral.

O valor da reparação

Um dos últimos pontos tratados na decisão do STJ foi a quantificação do dano. Quanto à questão, muito pouco discorreu aquele colegiado, apenas fazendo remissão ao entendimento de que esta questão não deve ser objeto de análise corrente por parte daquele STJ, que somente excepcionalmente

---

[441] O acórdão não afasta por completo essa possibilidade, pois, ao analisar os danos, a relatora assevera que muitas das questões não poderiam ser apreciadas na via estreita do Recurso Especial (por óbices processuais). Consequentemente, em primeiro e segundo grau, haveria espaço para essa valoração probatória, na esteira do que se está a indicar. Confira-se: "Ainda, é prudente sopesar da consciência do recorrente quanto às suas omissões, da existência de fatores que pudessem interferir, negativamente, no relacionamento pai-filha, bem como das nefastas decorrências para a recorrida destas omissões – *fatos que não podem ser reapreciados na estreita via do recurso especial*". Trecho do voto da relatora. (grifos nossos)

intervirá (quando constatar valores notoriamente irrisórios ou exacerbados). Relativamente aos critérios utilizados para fixação do valor em si, viu-se poucas considerações nas manifestações dos ministros.

Na situação em apreço, ao analisar os valores estipulados pelo tribunal local, entendeu o STJ que era o caso sim de intervenção, pois os valores pré--fixados estariam muito elevados (exacerbados).

> Na hipótese, não obstante o grau das agressões ao dever de cuidado, perpetradas pelo recorrente em detrimento da sua filha, tem-se como demasiadamente elevado o valor fixado pelo tribunal de origem – R$ 415.000,00 (quatrocentos e quinze mil reais) –, razão pela qual o reduzo para R$ 200.000,00 (duzentos mil reais), na data do julgamento realizado pelo Tribunal de origem (26.11.2008) – e-STJ, fl. 429), corrigido desde então.

O voto da ministra relatora não explicitou detalhadamente quais os critérios utilizados para justificar a fixação nesta importância, o que seria deveras esclarecedor.

> Enfim, o magistrado deve justificar detalhadamente a sua decisão, especificamente no que diz respeito à determinação da verba indenizatória. A decisão precisa ser adequadamente motivada, para que, tanto quanto possível, se reduza o alto nível de subjetivismo constante das decisões judiciais que hoje se vem proferindo em matéria de dano moral. Motivação, sublinhe-se, especificamente, do *quantum debeatur*. Só a sua fundamentação lógico-racional permitirá que se construa um sistema de indenizações justo, do ponto de vista da cultura do nosso país e do nosso tempo[442].

O Min. Sidnei Beneti teceu algumas considerações no seu voto-vista sobre o valor da "indenização", ao divergir apenas neste aspecto e declarar que, em seu entendimento, deveria ser reduzida a quantia fixada pelo tribunal local.

> Deve-se, pois, proporcionalizar a indenização pelo abandono afetivo da filha autora à ação e omissão efetiva do genitor autor, descontando-se a parcela de responsabilidade da genitora, evidente nos fatos reconhecidos pela sentença e pelo Acórdão – e em que pese à compreensão humana para com a situação da genitora, que, segundo os autos, teve, por oito anos, relacionamento pré-conjugal com o requerido, ora Recorrente, que

---

[442] MORAES, Maria Celina Bodin de. **Danos à pessoa humana:** uma leitura civil--constitucional dos danos morais. Rio de Janeiro: Renovar, 2009, p. 334.

Cap. IV · PROJEÇÕES DA AFETIVIDADE NO DIREITO DE FAMÍLIA | 333

veio a deixá-la grávida pouco antes do nascimento da filha autora, a qual só veio a ter a paternidade reconhecida por sentença judicial após longa resistência do genitor em duradouro processo[443].

Percebe-se o foco de atenção exclusivamente voltado à conduta do ofensor, sua extensão e sua gravidade, possíveis atenuantes decorrentes da postura da genitora, deixando-se em segundo plano a extensão dos danos sofridos pela vítima. Tal opção resta claramente declarada na sequência do voto, quando o mesmo ministro afirma que "é excessivo o valor fixado, porque não observada a proporcionalidade de ação e omissão do genitor, ora Recorrente, na causação do sofrimento moral à filha, ora Recorrida".

O critério final utilizado para fixar o valor da indenização pelo Min. Beneti foi partir da análise dos seis fatos narrados principais na petição inicial como caracterizadores do abandono, todos com foco central na conduta paterna:

1 – Aquisição de propriedades, por simulação, em nome de outros filhos; 2 – desatendimento a reclamações da autora quanto a essa forma de aquisição disfarçada; 3 – falta de carinho, afeto, amor e atenção, apoio moral, nunca havendo sentado no colo do pai, nunca recebendo conselhos, experiência e ajuda na escola, cultural e financeira. 4 – falta de auxílio em despesas médicas, escolares, abrigo, vestuário e outras; 5 – pagamento de pensão alimentícia somente por via judicial; 6 – somente ser reconhecida judicialmente como filha.

Na sequência da sua análise, declarou o ministro que os itens 1, 5 e 6 seriam de responsabilidade exclusiva paterna (e deveria assim balizar a fixação), já os demais – itens 2, 3 e 4 – poderiam ser de responsabilidade compartilhada ou obstados pela genitora, o que deveria ser ponderado e sopesado no momento da fixação do valor reparatório.

Com base nisso, destacou que o valor do dano moral deve ser fixado à luz do caso concreto e concluiu asseverando que "deve-se dosar o valor dos danos morais, proporcionalmente à responsabilidade do genitor, ora Recorrente, em valor próximo à metade do valor fixado pelo Acórdão, ou seja, R$ 200.000,00, à mesma data do julgamento do Tribunal de Origem"[444].

---

[443] Trecho do voto do Min. Sidnei Beneti.

[444] Descrição dos fundamentos constantes no respectivo voto-vista do Min. Sidnei Beneti.

A partir desta fundamentação sobre os fatores definidores do *quantum debeatur*, percebe-se que os critérios usualmente utilizados pelo STJ para reparações por dano moral seguem muito mais atrelados a uma punição para o ofensor que a uma reparação digna para a vítima. Esse entendimento reflete, ainda, o contexto relativo à responsabilidade civil clássica, em franca superação. Atualmente é crescente o número de doutrinadores que sustentam que, o que deve prevalecer no momento da fixação do valor da indenização é a atenção à vítima e a busca pela reparação integral dos danos sofridos.

O foco da fixação deve ser uma atenção à vítima e à recomposição dos danos sofridos, que – na medida do possível – precisa ser integral, reparadora das lesões na sua esfera de pessoa humana, recompondo o abalo ao seu direito da personalidade da melhor forma possível, conforme assevera Maria Celina Bodin de Moraes:

> A reparação integral parecer ser a medida, necessária e suficiente, para proteger a pessoa humana nos aspectos que realmente a individualizam. De fato, considerar-se que a responsabilidade civil na atualidade tem como foco precípuo a situação em que se encontra a vítima, visando recompor a violência sofrida em sua dignidade através da reparação integral do dano[445].

A reparação integral nesses casos de abandono afetivo poderia não se restringir a indenizações monetárias, sendo aconselhável que se construam alternativas para recomposição da lesão, que não apenas a financeira[446]. Ou seja, percebe-se nesses conflitos "a necessidade de desenvolver meios não pecuniários de reparação, evidenciando uma crescente ampliação dos poderes do magistrado na adoção de medidas voltadas à obtenção de um aplacamento efetivo dos danos sofridos"[447].

Não há soluções fáceis para problemas complexos, mas a meta por um melhor acertamento desses litígios não deve ser esquecida. O critério preponderante no momento do arbitramento do valor compensatório deve ser o dano e a vítima, e não uma punição ao ofensor (que ficaria restrita

---

[445] MORAES, Maria Celina Bodin. Danos à pessoa humana: uma leitura civil-constitucional dos danos morais. Rio de Janeiro: Renovar, 2009, p. 331.

[446] O que contribuiria para a pretendida despatrimonialização do direito civil: PERLINGIERI, Pietro. **Perfis do direito civil**: introdução ao Direito civil-constitucional. Trad. Maria Cristina de Cicco. 3. ed. Rio de Janeiro: Renovar, 2002, p. 33.

[447] SCHREIBER, Anderson. Novos paradigmas da responsabilidade civil: da erosão dos filtros da Reparação à diluição dos danos. ed. São Paulo: Atlas, 2012, p. 201. Para o autor, a efetivação dessas medidas alternativas de reparação pode colaborar com a desmonetarização da reparação dos danos (p. 197-198).

para alguns casos excepcionais), sendo a percepção desta priorização fator contributivo para a justa quantificação.

Outro aspecto que não pode ser ignorado é a inevitável condenação a uma remuneração financeira como compensação por um dano extrapatrimonial, que atingiu a pessoa e a sua dignidade. Mostra-se altamente recomendável que se edifiquem outras formas de reparação de danos extrapatrimoniais decorrentes das relações familiares, o que evitaria a criticável monetarização dessas relações[448]. Entretanto, no atual estágio da responsabilidade civil brasileira, praticamente não foram viabilizadas outras formas de reparação para danos extrapatrimoniais que não pecuniárias (salvo honrosas exceções). Nesse particular, há muito a refletir e construir[449], conforme sustenta Marcos Ehrhardt Junior:

> Certamente o caminho passa por um diálogo das fontes, a partir da análise das circunstâncias particulares do caso, mas este diálogo é interdisciplinar, focado na prevenção e no emprego de medidas alternativas de solução de conflitos, não apenas na repressão[450].

Muitos criticam uma possível *monetarização do afeto* (e alguns alarmistas já falam até em uma represada *indústria do amor*)[451], com o que não se concorda – da forma como posta. Ainda assim, faz-se necessário estar atento à crítica e buscar implementar as cautelas possíveis para que não ocorram as consequências negativas que se quer evitar (uma patrimonialização excessiva das relações familiares)[452].

---

[448] EHRHARDT JR., Marcos. Responsabilidade civil no direito das famílias: vicissitudes do direito contemporâneo e o paradoxo entre o dinheiro e o afeto. In: ALBUQUERQUE, Fabíola Santos; EHRHARDT JR., Marcos; OLIVEIRA, Catarina Almeida de. **Famílias no direito contemporâneo.** Salvador: JusPodivm, 2010, p. 368.

[449] GAMA, Guilherme Calmon Nogueira da; MARQUES, Helen Cristina Leite de Lima. Responsabilidade civil nas relações familiares. **Revista Brasileira de Direito das Famílias e Sucessões,** Porto Alegre: Magister; Belo Horizonte: IBDFAm, v. 24, out. nov./2011, p. 101.

[450] EHRHARDT JR., Marcos. Responsabilidade civil no direito das famílias: vicissitudes do direito contemporâneo e o paradoxo entre o dinheiro e o afeto. In: ALBUQUERQUE, Fabíola Santos; EHRHARDT JR., Marcos; OLIVEIRA, Catarina Almeida de. **Famílias no direito contemporâneo.** Salvador: JusPodivm, 2010, p. 371.

[451] O voto vencido do Ministro Massami Uyeda adota diversos destes argumentos para repelir a indenização pleiteada, entre outros, alega ser impossível imputar o dever de amar ao pai, e a condenação afrontaria os princípios da proporcionalidade e da razoabilidade.

[452] HIRONAKA, Giselda Maria Fernandes Novaes. Os contornos jurídicos da responsabilidade afetiva na relação entre pais e filhos – além da obrigação legal de caráter material. In: EHRHARDT JUNIOR, Marcos; ALVES, Leonardo Barreto Moreira (coords.). **Leituras complementares de direito civil – direito das famílias.** Salvador: Podivm, 2010, p. 234.

Quem procura responder a essas objeções é Rodrigo da Cunha Pereira:

> Não se trata, pois, de monetarizar o afeto, ou indenizar o sofrimento, mas acima de tudo, de ancorar a responsabilidade pelos atos praticados e nas escolhas que fazemos a cada dia. A paternidade/maternidade deixou de ser apenas um conjunto de competências atribuídas aos pais, convertendo-se em um conjunto de deveres para atender ao melhor interesse do menor/adolescente, principalmente no que tange à convivência familiar, que deve ser vista de forma independente da existência ou não do tipo de relacionamento entre os pais. Não se deve restringir tão somente ao auxílio material, porque "nem só de pão vive o homem". É necessária assistência afetiva, no sentido de cuidado como força motriz na busca da felicidade e realização enquanto sujeito[453].

O dano gerado pelo abandono afetivo deve ser compensado, inclusive financeiramente na ausência de outra composição mais adequada, sendo esta forma usual para indenizar casos de dano moral em nosso sistema[454].

Não se pretende monetarizar um dos poucos campos que permanece um pouco alheio ao mercado e a esta sociedade de consumo (a família), pois, como bem destaca Luiz Edson Fachin "a família e o afeto, enfim, não são *commodities* nem podem ser banalizadas"[455]. Por outro lado, não é admissível que se fechem os olhos para os danos sofridos pelas vítimas de abandono afetivo, lacrando as portas do Judiciário para esses dramas. Ocorrendo dano injusto à pessoa, ofensa a alguma esfera da sua dignidade ou a um direito da personalidade, há que existir uma compensação.

Por óbvio, o mais aconselhável é a busca para se evitar a ocorrência desses danos, o que pode ser um compromisso de todos e também poderia ser uma meta a ser alcançada pelos agentes envolvidos com litígios familiares[456]. O reprovável abandono afetivo poderia adentrar na pauta de atenção dessas

---

[453] PEREIRA, Rodrigo da Cunha. Indenização por abandono afetivo e material. **Revista Brasileira de Direito das Famílias e Sucessões,** Porto Alegre: Magister; Belo Horizonte: IBDFAm, v. 25, dez.jan./2012, p. 115.

[454] VIANNA, Breno Mendes Forel Muniz. Responsabilidade Civil Parental. In: TEIXEIRA, Ana Carolina Brochado; RIBEIRO, Gustavo Pereira Leite. **Manual de direito das famílias e sucessões.** 2. ed. Belo Horizonte: Del Rey, 2010, p. 447.

[455] FACHIN, Luiz Edson. Famílias – entre o público e o privado. In: CONGRESSO NACIONAL DO IBDFAm. 8., 2012, Porto Alegre. **Anais** [...]. Porto Alegre: Magister; IBDFam, 2012, p. 167.

[456] Na esteira de alguns programas de sucesso colocados em práticas por tribunais locais, defensorias, Ministério Público e, recentemente, até mesmo pelo CNJ.

entidades e, também, das próprias partes, advogados, juízes, promotores, psicólogos e assistentes sociais.

Ainda assim, é fato inarredável que existem (e seguirão existindo) situações em que o abandono afetivo gerará, sim, um dano na vítima, que deverá ser compensado. Até o momento, a reparação mais usual em nosso sistema é a financeira, de modo que se devem buscar critérios para fixação dessas quantias. Caso o julgador vislumbre outra forma viável de reparação em determinado caso, tanto melhor. O que deve balizar tal análise certamente é a atenção primordial à vítima e à sua situação jurídica ofendida, porquanto este deve ser o ponto de atenção central do julgador, sempre de acordo com o caso concreto envolvido.

O porvir da incidência da responsabilidade por danos nas relações familiares

É alvissareira a decisão do STJ que permite reparação por abandono afetivo, anunciadora de um outro momento na análise da responsabilidade civil em questões de direito de família, em que pese algumas observações pontuais possam ser feitas à sua fundamentação e decorram desse posicionamento novas questões aos juristas.

Muito mais do que entregar uma resposta pronta e completa, esse precursor julgado pode exercer o papel de importante pergunta que nos leve a atentar com mais vagar para alguns aspectos da realidade, por vezes esquecidos pelos operadores jurídicos.

Ao assim decidir, o STJ ilumina um tema que há muito restava à sombra do direito brasileiro: os casos concretos de abandono afetivo. O simples fato de colocar a temática na ordem do dia dos civilistas já é merecedor de aplausos[457], não se ignorando que, ao assim proceder, traz desafios e alguma inquietação.

---

[457] Reflexo do julgado do STJ pode ser percebido em diversos tribunais estaduais, como, por exemplo, no Tribunal de Justiça do Estado do Paraná: "Apelação civil. Processo civil. Responsabilidade civil. Obrigação civil de dar cuidado correspondente ao direito do filho à convivência familiar que não se confunde com obrigação moral de dar amor – Situação emocional com alto grau de subjetividade que não se pode exigir nas relações familiares. Danos morais. Abandono afetivo. Omissão e negligência da obrigação constitucional de cuidar – Direito à convivência familiar e respeito ao princípio da dignidade da pessoa humana. Aplicação da responsabilidade civil às relações familiares – Omissão quanto ao dever de cuidar que caracteriza obrigação civil – Pai que, no caso, nem mesmo pagou as pensões alimentares – Dano moral

O perfil dessa decisão da Terceira Turma do STJ, no que se refere ao direito de família[458], em linhas gerais, está de acordo com parte do que foi sustentando nesta obra, eis que:

- Faz uma análise que parte do problema ao sistema jurídico (tópico-sistemática);

- Extrai elementos relevantes de todo o sistema para deliberação do caso, de diversas áreas, explícitos e implícitos, na busca de elementos que contribuam na construção das respostas possíveis;

- Considera o direito a partir de uma perspectiva civil-constitucional, partindo dos princípios, das regras e dos valores constitucionais para a legislação infraconstitucional;

- Assimila a afetividade e o cuidado como elementos relevantes no atual direito de família brasileiro, ainda que implícitos ou com outras denominações;

- Efetua uma averiguação objetiva da afetividade e do cuidado no referido caso concreto, baseada em fatos jurídicos apreensíveis e assimiláveis na realidade vivificada na situação *sub judice*[459];

- Ainda que com base teórica e fundamentação diversa, acaba por tutelar a vítima, compensando de algum modo o dano advindo da lesão à sua esfera existencial (que se entendeu configurada).

Desde logo, é possível notar que esse novel entendimento traz consigo algumas questões: qual intensidade de intervenção é admitida nesse espaço familiar na atualidade; a possível tensão entre liberdade e solidariedade nas relações familiares; de qual responsabilidade e afetividade se está a tratar; quais situações seriam passíveis de configurar o propalado abandono afetivo; quais seriam seus requisitos necessários; como se comprovaria judicialmente; se haveria excludentes de ilicitude na espécie; qual o sentido de cuidado que ancora o *decisum*; como seriam apuradas concretamente essas situações; qual

---

configurado – Abandono afetivo reconhecido. A incidência de juros de mora a partir do evento danoso não caracteriza julgamento *extra petita*. Sentença mantida. Recurso desprovido" (TJPR, 8ª C.C., AC 640566-7, Campo Mourão, Rel. Roberto Portugal Bacellar, unânime, j. 13.12.2012).

[458] Conforme já explicitado, o presente trabalho não verticaliza outros aspectos que envolvem a temática da responsabilidade civil, limitando-se a comentar o julgado, neste particular, com base na doutrina mencionada.

[459] As críticas e observações foram realizadas no decorrer de toda a análise deste capítulo.

Cap. IV · PROJEÇÕES DA AFETIVIDADE NO DIREITO DE FAMÍLIA | **339**

a modalidade de responsabilidade por danos adota; quais danos decorrem do abandono afetivo; como se comprovariam esses danos; seriam aplicáveis algumas presunções na questão probatória; quais os critérios para fixação de eventual indenização, entre tantas outras[460].

Ainda que não estejam presentes todas as respostas para estas intrigantes questões, há que se reconhecer que o referido julgado sustentou solidamente a possibilidade de condenação do genitor por abandono afetivo decorrente da ausência de cumprimento do dever de cuidado. Os seus fundamentos foram consistentes, não sem ser objeto de algumas observações pontuais.

Em adição ao tema, o STJ já deliberou sobre o início da contagem do prazo prescricional para o ajuizamento dessas demandas, afirmando que:

> O prazo prescricional das ações de indenização por abandono afetivo começa a fluir com a maioridade do interessado. Isso porque não corre a prescrição entre ascendentes e descendentes até a cessação dos deveres inerentes ao pátrio poder (poder familiar). No caso, os fatos narrados pelo autor ocorreram ainda na vigência do CC/1916, assim como a sua maioridade e a prescrição da pretensão de ressarcimento por abandono afetivo. Nesse contexto, mesmo tendo ocorrido o reconhecimento da paternidade na vigência do CC/2002, apesar de ser um ato de efeitos *ex tunc*, este não gera efeitos em relação a pretensões já prescritas. Precedentes citados: REsp 430.839-MG, *DJ* de 23.9.2002, e AgRg no Ag 1. 247.622-SP, *DJe* de 160.8.2010[461].

Como estamos na fase da insegurança, da incerteza e da instabilidade[462], o *hard case* dessa estirpe certamente envolve um pouco destes fatores, o que traz dificuldades ao Direito, como se percebem nas diversas manifestações doutrinárias e jurisprudenciais a respeito[463].

---

[460] Anota-se aqui a ciência de que o caso envolve a discussão de incontáveis questões jurídicas relevantes, que exigiriam uma densidade que escapa ao escopo desta obra. Apenas algumas foram destacadas, com a consciência de que foi realizado um recorte que visou destacar os pontos que mais interessavam, sem olvidar a importância ou centralidade dos demais (que não foram apreciados).

[461] STJ, REsp 1.298.576-RJ, Rel. Min. Luis Felipe Salomão, j. 21.08.2012.

[462] BAUMAN, Zygmunt. **Modernidade líquida**. Trad. Plínio Dentzien. Rio de Janeiro: Zahar, 2001, p. 132-140.

[463] MORAES, Maria Celina Bodin de. O princípio da dignidade da pessoa humana. In: MORAES, Maria Celina Bodin de. **Na medida da pessoa humana**. Rio de Janeiro: Renovar, 2010, p. 120.

O reconhecimento da possibilidade de responsabilização civil do denominado abandono afetivo é mais um indicativo da relevância que a temática da afetividade assume no direito brasileiro, sendo o aprofundamento dos temas correlatos que advêm desse novel entendimento uma tarefa a cumprir.

As palavras de Luiz Edson Fachin sobre o momento crítico construtivo do direito civil contemporâneo podem ser emprestadas para auxiliar na compreensão do que se vivifica atualmente no tratamento jurídico do abandono afetivo:

> É possível que fiquem abertas muitas portas e várias questões sem resposta singela e direta. Mas essa é uma mudança de paradigma: da segurança e rigidez conceituais, a migração aponta para o horizonte que desafia a criação e a construção, sem perder, na indefinição, os referenciais e o norte desse caminhar[464].

Resta, portanto, enfrentar as questões apresentadas com serenidade e esforço para oferecer a melhor construção que a técnica jurídica atual possa permitir, com os olhos na realidade contemporânea, mantendo-se o caminhar na busca pela consagração dos valores existenciais da pessoa humana[465].

---

[464] FACHIN, Luiz Edson. **Teoria crítica do direito civil.** 2. ed., rev. e atual. Rio de Janeiro: Renovar, 2003, p. 327.

[465] Ao tratar dos dilemas da responsabilidade civil contemporânea, Maria Celina Bodin de Moraes cita parábola descrita por Francesco Busnelli que pode se adequar ao momento vivido relativamente ao abandono afetivo: "Uma interessante parábola foi criada para narrar a história recente do direito da responsabilidade civil: um curso de água, alimentado por uma antiga fonte, atravessa um território e condiciona sua exploração econômica que, na origem, era fundamentalmente agrária. Quando se deu a passagem da economia agrícola de subsistência para um desenvolvimento industrial cada vez mais amplo, o fluxo d'água revelou-se insuficiente e os engenheiros tiveram de trabalhar, construindo diques e realizando todos os tipos de obra para utilizar melhor e distribuir a escassa água disponível. De repente, o curso d'água aumenta de volume, com a confluência de pequenos riachos e a descoberta de novas fontes, e então é preciso chamar de volta os engenheiros, agora, porém, para fazer as obras de contenção que permitirão evitar perigosas inundações" (MORAES. Maria Celina Bodin de. A constitucionalização do direito civil e seus efeitos da responsabilidade civil. In: MORAES, Maria Celina Bodin de. **Na medida da pessoa humana.** Rio de Janeiro: Renovar, 2010, p. 341-342).

SEÇÃO X. USUCAPIÃO FAMILIAR E ABANDONO DO LAR: LEITURAS A PARTIR DA AFETIVIDADE

Ricardo Calderón

Micheli Mayumi Iwasaki[466]

Bem no fundo

No fundo, no fundo,
bem lá no fundo,
a gente gostaria
de ver nossos problemas
resolvidos por decreto
a partir desta data,
aquela mágoa sem remédio
é considerada nula
e sobre ela – silêncio perpétuo
extinto por lei todo o remorso,
maldito seja quem olhar pra trás,
lá pra trás não há nada,
e nada mais
mas problemas não se resolvem,
problemas têm família grande,
e aos domingos
saem todos a passear
o problema, sua senhora
e outros pequenos probleminhas.
Paulo Leminski

---

[466] A presente seção advém de texto extraído de artigo escrito em coautoria com Micheli Mayumi Iwasaki: CALDERÓN, Ricardo Lucas; IWASAKI, Michele Mayumi. Usucapião familiar: quem nos salva da bondade dos bons? In: **Revista do Instituto Brasileiro de Direito Civil**, v. 3, Rio de Janeiro: IBDCivil, p. 28-56, jan./mar. 2015.

A celeridade das mutações fáticas do líquido cenário contemporâneo acaba por apresentar novas questões ao Direito, não raro com complexos e intricados fatores envolvidos[467]. O afã de procurar respostas imediatas para alguns desses intrigantes litígios do presente acaba, muitas vezes, por levar a uma precipitação que nem sempre é recomendável aos juristas.

É o que se percebe na introdução no direito brasileiro da denominada *usucapião familiar*[468], novel modalidade aquisitiva da propriedade que decorre do abandono do lar por um dos cônjuges ou companheiros, agregado a outros requisitos descritos na regra que o instaurou. Tal usucapião extraordinária urbana foi regulada pela incorporação do art. 1.240-A no Código Civil[469], criando um instituto sem qualquer prévia discussão doutrinária ou jurisprudencial a respeito.

Em um primeiro momento, pode-se vislumbrar uma provável boa intenção do legislador ao procurar tutelar um problema social muitas vezes reiterado: o imbróglio resultante de um fim conflituoso de uma relação de conjugalidade sem a resolução das questões patrimoniais relativas ao imóvel que serve de moradia para os integrantes daquele núcleo familiar. Isso porque, com a separação de fato, usualmente um dos membros do casal permanece no lar conjugal (muitas vezes a mulher com filhos) enquanto o outro dali se retira (nesses casos, o homem). E o posterior pleito de partilha do bem pelo cônjuge ou convivente que se afastou pode, em muitos casos, trazer dificuldades de moradia e subsistência para aqueles que restaram no imóvel, implicando problemas de diversas ordens.

---

[467] "Num mundo em que as coisas deliberadamente instáveis são a matéria-prima das identidades, que são necessariamente instáveis, é preciso estar constantemente em alerta; mas acima de tudo é preciso manter a própria flexibilidade e velocidade de reajuste em relação aos padrões cambiantes do mundo 'lá fora'" (BAUMAN, Zygmunt. **Modernidade líquida.** Trad. Plínio Dentzien. Rio de Janeiro: Zahar, 2001, p. 100).

[468] Também denominada usucapião conjugal, usucapião por abandono afetivo, ou, ainda, usucapião extraordinária por abandono do lar. Parece que a definição mais adequada é efetivamente usucapião familiar.

[469] "Art. 1.240-A. Aquele que exercer, por 2 (dois) anos ininterruptamente e sem oposição, posse direta, com exclusividade, sobre imóvel urbano de até 250m² (duzentos e cinquenta metros quadrados) cuja propriedade divida com ex-cônjuge ou ex-companheiro que abandonou o lar, utilizando-o para sua moradia ou de sua família, adquirir-lhe-á o domínio integral, desde que não seja proprietário de outro imóvel urbano ou rural. (Incluído pela Lei nº 12.424, de 2011). § 1º O direito previsto no *caput* não será reconhecido ao mesmo possuidor mais de uma vez. § 2º (VETADO)." (Incluído pela Lei nº 12.424, de 2011, que alterou a Lei 11 977/2009 – reguladora do programa federal Minha Casa, Minha Vida).

É possível que o legislador tenha tentado tutelar situações fáticas como essas, amparando o consorte abandonado que permaneceu no imóvel (a mulher com a prole, na imagem que foi retratada como corriqueira nos debates legislativos sobre o tema) e que então necessitaria do bem para sua moradia[470]. Observa-se, assim, primeiramente, certa preocupação em tutelar a família abandonada e garantir o seu direito de moradia, o que pode parecer justificável.

Contudo, em que pese uma provável boa intenção na origem da inclusão dessa nova modalidade da usucapião familiar, calha aqui o célebre questionamento de Agostinho Ramalho Marques Neto: "quem nos salva da bondade dos bons?"[471]. Isso porque, a regulação posta com o referido dispositivo legal não é muito clara nas expressões que elegeu para retratá-lo. Diversas inconsistências técnicas são observadas e, quiçá, não proteja nem mesmo o bem jurídico que pretendeu (proteção da família e do direito à moradia), de modo que a norma resultante da leitura desse dispositivo pode levar a algumas situações não previstas e certamente não desejadas nem mesmo por quem a aprovou. A precipitação e a generalização praticada com a imposição da usucapião familiar exige um esforço hermenêutico dos civilistas, com o objetivo de evitar um inadmissível retrocesso e permitir uma significação jurídica alinhada ao estágio atual da nossa literatura jurídica e da nossa jurisprudência[472].

---

[470] Ao comentar o trâmite do projeto de lei nas casas legislativas do Congresso, Ricardo Aronne assevera: "Dentro das comissões, no debate das propostas ao Minha Casa Vida, um dos pontos em que os iluminados legisladores do planalto se detiveram, foi que não raro os casais constituintes das famílias simples da planície, para os quais o programa se dirige, tinham sua união dissolvida. Que em razão disso, a mulher, normalmente, era abandonada e ficava vulnerável; enquanto o homem depois, ao divórcio, separação ou dissolução, viria a postular a sua meação. E mais, que esse era mais um problema que atribulava o Judiciário, sendo desejável um mecanismo que lograsse aliviar-lhe tal peso". ARONNE, Ricardo. A usucapião por abandono familiar e o cinismo: ligeiro ensaio cínico de longo título sobre o que não é, mesmo que digam ser o que jamais será. **Constituição, Economia e Desenvolvimento: Revista da Academia Brasileira de Direito Constitucional.** Curitiba, v. 7, n. 12, p. 183-195, jan.-jun. 2015.Disponível em: http://www.abdconst.com.br/revista13/usucapiaoRicardo.pdf. Acesso em: 16 abr. 2023.

[471] MARQUES NETO, Agostinho Ramalho. O poder judiciário na perspectiva da sociedade democrática: o juiz cidadão. **Revista Anamatra.** São Paulo, n. 21, p. 30-50, 1994: "Uma vez perguntei: quem nos protege da bondade dos bons? Do ponto de vista do cidadão comum, nada nos garante, 'a priori', que nas mãos do Juiz estamos em boas mãos, mesmo que essas mãos sejam boas [...]".

[472] Como se perceberá a seguir, não são poucos os questionamentos apresentados a referida usucapião, muitos deles contundentes. Ademais, a literatura jurídica e o conjunto de decisões dos nossos tribunais consolidaram conquistas que não podem ser renunciadas pelos civilistas.

Urge apurar o sentido civil-constitucional desse dispositivo, adequado ao atual momento do direito privado, de modo a averiguar qual a sua função no nosso ordenamento jurídico, sempre com especial atenção para os princípios constitucionais incidentes na hipótese, com observância da funcionalização do direito das coisas e sem descurar da estatura do pulsante direito de família brasileiro hodierno. Nessa tarefa, a leitura jurídica da afetividade pode auxiliar na adequada significação do novo instituto.

Anteriormente à análise dos aspectos jurídicos envolvidos na temática, importa anotar ao menos uma percepção prévia que salta aos olhos ao apreciar o texto legal da usucapião familiar: os sociólogos afirmam que, dentre as principais características dos relacionamentos afetivos atuais, estão a flexibilidade e a efemeridade, as quais levaram Zygmunt Bauman a denominar o período como a era do *amor líquido*.[473] Para Gilles Lipovestky "tão flexíveis são as características da família pós-moralista hodierna, que já é possível fazer a montagem ou desmontagem da mesma segundo a preferência de cada um"[474].

Não deixa de ser sintomático que, justamente no momento de maior liberdade e permissividade para dissoluções e recombinações dos relacionamentos afetivos, entre em voga uma reiterada busca jurídica por uma "tutela do abandono". Prova disso é que um dos temas mais discutidos no direito de família atualmente é o *abandono afetivo*[475]. Paralelamente, segue o *abandono* elencado no Código Civil como uma das hipóteses de impossibilidade da comunhão de vida conjugal[476] e, agora, com repercussão também no direito das coisas, de modo até mesmo surpreendente, nota-se que um aspecto relevante da locução que instituiu a usucapião familiar está na expressão *abandono do lar*[477]. Essa centralidade que pretende ser conferida às consequências jurídicas das situações fáticas decorrentes do *abandono* é merecedora de percepção e reflexão.

---

[473] BAUMAN, Zygmunt. **Amor líquido:** sobre a fragilidade dos laços humanos. Trad. Carlos Alberto Medeiros. Rio de Janeiro: Zahar, 2004, p. 19.

[474] LIPOVETSKY, Gilles. **A sociedade pós-moralista:** o crepúsculo do dever e a ética indolor dos novos tempos democráticos. Trad. Armando Braio Ara. Barueri: Manole, 2005, p. 139.

[475] CALDERÓN, Ricardo Lucas. Abandono Afetivo: reflexões a partir do entendimento do Superior Tribunal de Justiça. In: RUZYK, Carlos Eduardo Pianovski et al. (org.) **A ressignificação da função dos institutos fundamentais do direito civil contemporâneo e suas consequências.** Florianópolis: Conceito Editorial, 2014, p. 545-564.

[476] O Código Civil de 2002 também refere ao abandono nos relacionamentos familiares no seu art. 1.573, IV: "Art. 1.573. Podem caracterizar a impossibilidade da comunhão de vida a ocorrência de algum dos seguintes motivos: [...] IV – abandono voluntário do lar conjugal, durante um ano contínuo".

[477] Cujo sentido não é descrito pela regra, o que pode levar (e já tem levado) a questionamentos quanto ao seu significado atual.

Para além disso, o histórico do direito brasileiro exige que o significante *abandono do lar* mereça especial atenção dos juristas na extração do seu significado atual, visto não ser indicado, no momento, retomar o sentido que a denominação já teve outrora[478]. A partir dessa percepção, um dos pontos centrais da análise ora proposta se debruçará na tradução atual para o termo *abandono do lar* previsto na regra da usucapião conjugal, pois parece ser um dos pontos nevrálgicos do tema em comento. Outro aspecto que será tratado diz respeito à necessária imbricação que o direito à moradia deverá ter no momento da concretização do referido instituto.

Para melhor clareza do que se propõe, dividiu-se a análise em três pontos principais: aspectos centrais dessa modalidade aquisitiva; sentido que deve ser conferido a expressão *abandono do lar* com a necessária tutela da família; e, por derradeiro, o perfil funcional que deve ser conferido à usucapião familiar[479].

Requisitos legais e questões controversas da usucapião familiar

Inegável que faltou ao legislador uma precisão terminológica para a definição do instituto da usucapião familiar, o que já vem sendo observado

---

[478] Isto porque, durante grande parte do século passado o abandono do lar como descumprimento dos deveres do casamento acabou por servir de embasamento para situações de repressão e até mesmo dominação da mulher, com um viés totalmente equivocado, incompatível com a igualdade de gêneros garantida pela atual Constituição: "No regime originário do Código Civil de 1916 o desquite litigioso deveria caber em uma das causas especificadas no art. 317: 'adultério, tentativa de morte, sevícias ou injúria grave, abandono voluntário do lar por mais de dois anos'. A jurisprudência do passado procurou alargar esse aparente *numerus clausus*, entendendo que o abandono do lar por menos de dois anos poderia constituir injúria grave, expandindo o conceito de injúria". VENOSA, Sílvio de Salvo. **Direito civil – Direito de família**. 14. ed. v. 6. São Paulo: Atlas, 2014, p. 197. Quem aponta a direção a ser seguida neste particular é Ana Carla Harmatiuk Matos: "Desta maneira, objetivamos não reproduzir uma dogmática ultrapassada, comprometida com ideais dominantes de uma classe social, artificial, excludente, discriminatória à condição feminina, a qual não abrange as diferentes espécies de relações familiares. Tal modelo foi erigido em um determinado momento histórico, entretanto, os valores atuais estão a exigir novas estruturas jurídicas de respostas". MATOS, Ana Carla Harmatiuk. As famílias não fundadas no casamento e a condição feminina. Rio de Janeiro: Renovar, 2000, p. 164.

[479] Conhece-se a discussão sobre a constitucionalidade ou não do instituto da usucapião familiar, mas, por escapar do escopo central desta obra, não se discorrerá sobre o tema. Para saber mais sobre esse assunto recomenda-se: CALDERÓN, Ricardo Lucas; IWASAKI, Michele Mayumi. Usucapião familiar: quem nos salva da bondade dos bons? **Revista do Instituto Brasileiro de Direito Civil**, v. 3, Rio de Janeiro: IBDCivil, p. 28-56, jan./mar. 2015.

por parte da doutrina e alguns precedentes nos tribunais[480]. Nesse contexto, na apuração do sentido do instituto não se pode perder de vista a essência da necessária hermenêutica com a superação da simples subsunção conforme apregoa Gustavo Tepedino:

> [...] se o ordenamento é unitário, moldado na tensão dialética da argamassa única dos fatos e das normas, cada regra deve ser interpretada e aplicada a um só tempo, refletindo o conjunto das normas em vigor. A norma do caso concreto é definida pelas circunstâncias fáticas na qual incide, sendo extraída do conjunto normativo em que se constitui o ordenamento como um todo[481].

Com a vigência da Lei Federal nº 12.424, de 16.06.2011, foi incluído no Código Civil o denominado instituto da "usucapião familiar" (art. 1.240-A, CC), pelo qual se passa a admitir a exceção de hipótese de prescrição aquisitiva da posse entre ex-cônjuges ou ex-companheiros (art. 197, I, CC).

Da letra fria da lei, extrai-se tratar de instituto aplicável a imóvel urbano com até 250m² (duzentos e cinquenta metros quadrados), objeto de partilha de bens em que uma das partes abandona o lar em detrimento do exercício da posse pela outra, que utiliza o bem para sua moradia ou de sua família, sem que esta seja proprietário de outro imóvel, urbano ou rural:

> **Art. 1.240-A.** Aquele que exercer, por 2 (dois) anos ininterruptamente e sem oposição, posse direta, com exclusividade, sobre imóvel urbano de até 250m² (duzentos e cinquenta metros quadrados) cuja propriedade divida com ex-cônjuge ou ex-companheiro que abandonou o lar, utilizando-o para sua moradia ou de sua família, adquirir-lhe-á o domínio integral, desde que não seja proprietário de outro imóvel urbano ou rural.

---

[480] No caso da usucapião familiar há dificuldade ainda maior devido ao curto lapso temporal entre a aprovação da norma e a de vigência da lei que a criou. Além disso, há dificuldade de acesso a amostragem mais ampla de julgados em vários de tribunais devido a tramitação em segredo de justiça nos processos de famílias (art. 189, II, CPC). Essa pesquisa tem por base a pesquisa de jurisprudência no Supremo Tribunal Federal, Superior Tribunal de Justiça e Tribunais de Justiça das unidades da federação de Alagoas, Rondônia, Mato Grosso do Sul, Distrito Federal e Territórios, Minas Gerais, São Paulo, Rio Grande do Sul, Santa Catarina e Paraná.

[481] TEPEDINO, Gustavo. O ocaso da subsunção. Disponível em: http://www.tepedino. adv.br/wp/wpcontent/uploads/2012/09/RTDC.Editorial.v.034.pdf. Acesso em: 20 abr. 2023.

Cap. IV · PROJEÇÕES DA AFETIVIDADE NO DIREITO DE FAMÍLIA | **347**

A primeira controvérsia em torno do tema parece estar praticamente superada e diz respeito ao marco temporal inicial da contagem do prazo da prescrição aquisitiva pela incidência do instituto em razão da sua eficácia no tempo. Para delimitar a prazo inicial da usucapião familiar prevalece o entendimento da sua ocorrência a partir da vigência da Lei nº 12.424/2011, que visa à segurança jurídica das relações jurídicas previamente estabelecidas[482].

Outra questão que em princípio se evidenciava mais tortuosa na caracterização do começo do prazo da prescrição aquisitiva está na definição da data separação do casal, o que não implica, necessariamente, na existência de separação judicial, medida cautelar de separação de corpos ou até mesmo do divórcio.

O texto legal faz referência a condição subjetiva de ser "ex-cônjuge ou companheiro" e a ocorrência de "abandono do lar". Na medida em que a coabitação prescindível à constituição da entidade familiar, a data da separação fática do casal será o marco para a contagem do período aquisitivo, sendo irrelevante o seu prévio reconhecimento formal (seja pela via judicial ou por escritura pública)[483].

Nota-se a necessária adequação dos termos empregados na redação do art. 1.240-A do CC pela interpretação sistemática da concepção de ex-cônjuge ou companheiro, tendo em vista a dignidade constitucional para a pluralidade de entidades familiares[484].

Outro requisito legal da usucapião familiar que merece atenção é da "posse direta" sobre o bem, que não se confunde com aquela definida no art. 1.197 do Código Civil[485].

---

[482] Enunciado 498 – "A fluência do prazo de 2 (dois) anos previsto pelo art. 1.240-A para a nova modalidade de usucapião nele contemplada tem início com a entrada em vigor da Lei n. 12.424/2011". V Jornada de Direito Civil do Conselho da Justiça Federal.

[483] Enunciado 501 – "As expressões 'ex-cônjuge' e 'ex-companheiro', contidas no art. 1.240-A do Código Civil, correspondem à situação fática da separação, independentemente de divórcio". V Jornada de Direito Civil do Conselho da Justiça Federal.

[484] Enunciado 500 – "A modalidade de usucapião prevista no art. 1.240-A do Código Civil pressupõe a propriedade comum do casal e compreende todas as formas de família ou entidades familiares, inclusive homoafetivas". V Jornada de Direito Civil do Conselho da Justiça Federal.

[485] Enunciado 502 – "O conceito de posse direta referido no art. 1.240-A do Código Civil não coincide com a acepção empregada no art. 1.197 do mesmo Código". V Jornada de Direito Civil do Conselho da Justiça Federal.

PRINCÍPIO DA AFETIVIDADE NO DIREITO DE FAMÍLIA – *Ricardo Calderón*

Assim, dispõe o texto legal que a usucapião familiar poderá ser concedida àquele que exercer a posse direta por dois anos ininterruptos, sem oposição e com exclusividade.

Nesse contexto, é preciso registrar que a finalidade do instituto não pode restringir o Direito a aquisição originária da propriedade àquele que permanece na posse efetiva do lar conjugal, devendo ser contextualizada com as múltiplas vicissitudes que motivam a saída de uma das partes da moradia do casal.

Por estar diretamente atrelada à proteção da família e à concretização da dignidade da pessoa humana, há que se garantir uma "interpretação tecnicamente mais branda do termo posse direta"[486] para evitar situações concretas de injustiça. Por isso, em alguns casos, é possível a concessão da usucapião familiar até mesmo para o consorte que não está na posse efetiva do bem[487].

Uma sociedade desigual na qual persistem condições de desigualdade de gênero e de altos índices de violência doméstica, não se pode limitar a conferir apenas a aplicação do instituto àquele cônjuge ou companheiro que permaneceu fisicamente no imóvel.

É necessária uma reinterpretação dos institutos do direito das coisas em sintonia com o direito de família hodierno. Exemplo da insuficiência das teorias possessórias clássicas[488] para a correta aplicação da usucapião familiar pode ser verificada na situação a seguir:

> Direito civil. União estável. Imóvel adquirido durante período de convivência. Perda da meação pelo companheiro. Art. 1.240-A. Aplicação analógica. Companheira vítima de violência doméstica e familiar. Inaplicabilidade. Partilha necessária. Segundo dispõe o art. 1.725 do Código Civil, reconhecida a união estável, aplica-se o regime da comunhão parcial de bens. Não comprovado, na hipótese, os requisitos para usucapião nos termos do art.

---

[486] FACHIN, Luiz Edson; GONÇALVES, Marcos Alberto Rocha. 10 anos do Código Civil: o ser e o ter no direito de família a partir da aquisição pela permanência na morada familiar. In: LEAL, Pastora do Socorro Teixeira (coord.). **Direito civil constitucional e outros estudos em homenagem ao Prof. Zeno Veloso.** Rio de Janeiro: Forense; São Paulo: Método, 2014, p. 646.

[487] SIMÃO, José Fernando; TARTUCE, Flávio. **Direito civil.** São Paulo: Método, 2013, v. 4: Direito das coisas, p. 172.

[488] Em que pese a velocidade das enormes transformações sociais ocorridas no século passado e início deste, as teorias objetiva e subjetiva de Ihering e Savigny, respectivamente, que datam do século XIX, permanecem bastante fortes na codificação vigente.

1.240-A, em especial o abandono do lar e a posse sem oposição, inviável aplicação analógica deste dispositivo à companheira anteriormente vítima de violência doméstica e familiar a partir da interpretação dos justos objetivos da Lei Maria da Penha, ainda mais quando já reparada financeiramente por tal ocorrência (Acórdão 690599, 20120310272384APC, Rel. Carmelita Brasil, Revisor Waldir Leôncio Lopes Júnior, 2ª Turma Cível, j. 03.07.2013, *DJe* 10.07.2013).

Não raro as vítimas de violência doméstica não representam seus agressores por temer o agravamento do conflito familiar, e, com o intuito de proteger a si e eventual prole, saem do lar conjugal. Assim, a interpretação acerca do requisito da posse direta deve ser orientada para a finalidade de tutelar a entidade familiar e o conjunto de direitos que compõe a sua esfera existencial mínima, não para coagi-la a permanecer onde sequer a sua integridade física e moral é respeitada[489].

Outro ponto controvertido sobre o tema diz respeito ao foro competente para julgar as ações relativas à usucapião familiar. Pertinente tanto ao Direito das Coisas como ao Direito de Família, atualmente discute-se qual o foro competente para o julgamento dessas demandas: se o foro cível comum ou as varas especializadas de família. Sendo a aquisição da propriedade uma consequência do abandono familiar, questão que diz muito mais com o direito de família, a competência para o processamento do pedido deve ser atribuída às varas de família[490].

A usucapião familiar tem caráter principalmente existencial, pois visa tutelar a família e o seu direito à moradia, de modo que sua análise é matéria que deve restar sob a incumbência dos juízos de família.

---

[489] Nessa linha, José Fernando Simão e Flávio Tartuce sustentam que o abandono do lar não tem vinculação necessária com a posse direta do imóvel: "Desse modo, o requisito do abandono do lar merece uma interpretação objetiva e cautelosa. [...] Como incidência concreta desse enunciado doutrinário, não se pode admitir a aplicação da nova usucapião nos casos de atos de violência praticados por cônjuge ou companheiro para retirar o outro do lar conjugal. Em suma, a expulsão do cônjuge ou companheiro não pode ser comparada ao abandono". In: SIMÃO, José Fernando; TARTUCE, Flávio. **Direito civil.** São Paulo: Método, 2013, v. 4: Direito das coisas, p. 172.

[490] LIMA, Susana Borges Viegas de Lima. Usucapião familiar. In: MENEZES, Joyceane Bezerra de; MATOS, Ana Carla Harmatiuk (org.). **Direito das famílias por juristas brasileiras.** São Paulo: Saraiva, 2013. p. 805-821.

O sentido funcionalizado da expressão abandono do lar

O dispositivo legal que introduziu a usucapião familiar traz como um dos seus requisitos o "abandono do lar", expressão consignada no texto do art. 1240-A do Código Civil. Infeliz a escolha deste significante pelo legislador, como já exposto, pois a figura do abandono do lar desempenhou outro papel no direito brasileiro recente, atualmente já totalmente superado.

Como o instituto visa tutelar um aspecto patrimonial de uma relação familiar, deve, necessariamente, corresponder ao momento atual do direito de família brasileiro, sob pena de incorrer em inadmissível retrocesso. As alterações neste ramo do Direito foram tantas que alguns autores até preferem referir a um *direito das famílias*[491], no plural, para bem demarcar esse multifacetado sentido contemporâneo.

Quem descreve com clareza a alteração que se processou é Maria Celina Bodin de Moraes:

> Esse processo foi acompanhado de perto pela legislação e pela jurisprudência brasileiras que tiveram nas duas últimas décadas, inegavelmente, um papel promocional na construção do novo modelo familiar. Tal modelo vem sendo chamado, por alguns especialistas em sociologia, de "democrático", correspondente, em termos históricos, a uma significativa novidade, em decorrência da inserção, no ambiente familiar, de princípios como igualdade e liberdade[492].

A partir dessas diretrizes constitucionais, o trato atual das relações familiares fez emergir, entre outros, os princípios da responsabilidade[493] e da afetividade, que conferem outra coloração às diversas categorias do direito de família. Para proteção dessa família democrática hodierna, inviável a utilização de figuras jurídicas que incompatibilizem com o momento alcançado[494].

---

[491] DIAS, Maria Berenice. **Manual de direito das famílias.** 11. ed. rev. atual. ampl. São Paulo: Revista dos Tribunais, 2016.

[492] MORAES, Maria Celina Bodin de. A família democrática. In: PEREIRA, Rodrigo da Cunha (org.). **Anais do V Congresso Brasileiro do Direito de Família.** São Paulo: IOB Thomson, 2006, p. 615.

[493] SANCHES, Fernanda Karam de Chueiri. **A responsabilidade no direito de família brasileiro contemporâneo**: do jurídico à ética. 2013. Dissertação (Mestrado em Direito) – Faculdade de Direito da Universidade Federal do Paraná, Curitiba, 2013, p. 157.

[494] "Não se pode esquecer que a família, nas últimas décadas e neste início de milênio, busca mecanismos jurídicos diversos de proteção para seus membros, o respeito às

Importa destacar que uma adequada tutela das relações jurídicas familiares existenciais não se compatibiliza com meras técnicas subsuntivas, exigindo muito mais do intérprete[495]. Essa especialidade das situações familiares já era sustentada por José Lamartine de Oliveira e Francisco Muniz

> Poderíamos dizer, pois, que os direitos de família, por razões éticas e pelo caráter eminentemente pessoal da relação, exigem formas próprias de tutela, inteiramente distintas das que caracterizam a defesa dos direitos de crédito, dos direitos reais e dos próprios direitos da personalidade[496].

Diante disso, ao significante *abandono do lar* deve ser conferido um significado adequado com a tutela da relação familiar subjacente. Ou seja, compatível com um retrato civil-constitucional contemporâneo da família brasileira, de modo que sua significação se circunscreva aos contornos constitucionais e às categorias vigentes do nosso atual direito privado.

Consequentemente, se mostra inconcebível qualquer interpretação da expressão abandono do lar que busque retomar a averiguação da culpa na dissolução do vínculo conjugal, visto ser uma questão já superada no direito de família brasileiro, máxime após a Emenda Constitucional 66/2010. Do mesmo modo, não se pode vislumbrar na figura do abandono do lar uma mera sanção a um dos cônjuges ou conviventes. Calha, aqui, a alteração de enfoque que se percebe na própria responsabilidade civil: muito mais do que se sancionar um culpado, o que na maioria das vezes não é simples, o foco atual visa a recomposição da vítima. Embora não se ignore que existam au-

---

diferenças, necessidades e possibilidades" (PEREIRA, Caio Mário da Silva. **Instituições de direito civil.** 22. ed. rev. atual. ampl. Rio de Janeiro: Forense, 2014. v. 5: Família).

[495] *"Più che mai dunque nel diritto familiare risulta evidente la necessita di rinnovare le tecniche di interpretazione e di qualificazione con il superamento di qualsiasi operazione argomentativa di tipo sillogistico che pretenda di fermarsi alla lettera del legislatore e di espungere dall'analisi, che è a fondamento del convincimento giuridico, il profilo funzionale rappresentato dagli interessi e dai valori."* (PERLINGIERI, Pietro. **La persona e i suoi diritti:** problemi del diritto civile. 2. ed. Napoli: Edizioni Scientifiche Italiane, 2005, p. 378). Em tradução livre: "Mais do que nunca, portanto, no direito de família resulta evidente a necessidade de renovar as técnicas de interpretação e de qualificação com a superação de qualquer operação argumentativa de tipo silogístico que pretenda se deter nas palavras do legislador e afastar da análise, que é o fundamento do convencimento jurídico, o perfil funcional representado pelos interesses e pelos valores".

[496] OLIVEIRA, José Lamartine de; MUNIZ, Francisco José Ferreira. **Curso de direito de família.** 4. ed. Curitiba: Juruá, 2008, p. 14.

tores que sustentem que a perda da propriedade pelo cônjuge que abandona o lar simbolize uma verdadeira sanção pelo descumprimento dos deveres do casamento ou da união estável (a utilização da expressão abandono do lar como elemento desta usucapião inicialmente reforça essa visão, pois é a mesma que é descrita como um dos deveres do casamento)[497].

Como se pode perceber, é complemente inviável a restauração da figura do abandono do lar com uma interpretação quase literal, que possa inicialmente induzir a um retrocesso que busque requentar questões já superadas. A busca de um culpado pelo fim do relacionamento somente aumenta a litigiosidade, sem nada agregar, de modo que a solução das controvérsias só tende a agravar dada a infinita quantidade de motivos que ambas as partes podem trazer em seu favor. Essa leitura é incompatível com o estádio do nosso direito jusfamiliar.

Por outro lado, também o direito das coisas assumiu uma feição constitucionalizada. A partir dessa percepção, não parece adequado atribuir ao abandono do lar um sentido meramente objetivo de ausência de vínculo efetivo com o imóvel, de ausência de posse, ausência de relação direta de uso do bem, como é usual nas demais modalidades de usucapião. Diversos autores estão a sustentar que a expressão abandono do lar para fins desta usucapião

---

[497] "A nova modalidade de usucapião inserida no Código Civil pela Lei 12.424/2011 consiste em sanção civil pelo descumprimento dos deveres do casamento e da união estável. Aquele que abandona voluntária e injuriosamente o domicílio familiar, nas condições descritas neste dispositivo legal, descumpre gravemente os deveres conjugais e os deveres oriundos da união estável e fica sujeito à perda do direito de propriedade em favor do consorte que ali permanece durante dois anos e sem oposição. Este é mais um dos artigos do Código Civil que oferece proteção ao consorte inocente e punição ao culpado pelo descumprimento dos deveres familiares, reforçando essas normas de conduta após a Emenda Constitucional 66/2010. Recordemos que dever sem sanção não é norma de conduta, mas sim, mera recomendação ou simples conselho, o que seria inadmissível, por inconstitucional, ou seja, por violar principalmente o art. 226, *caput*, da Constituição Federal, que impõe ao Estado proteção especial à família e, por conseguinte, aos seus membros" (FIUZA, Ricardo; TAVARES DA SILVA, Regina Beatriz. **Código Civil comentado**. 9. ed. São Paulo: Saraiva, 2013, p. 1171). Ainda: "O abandono do lar pelo cônjuge consiste em infração grave para a relação jurídica de casamento. O art. 1.566, II, do CC estabelece que [...] 'são deveres de ambos os cônjuges [...] II – vida em comum, no domicílio conjugal; [...]'. O casamento ou a união estável marcam a opção da vida conjugal, que pode ser consolidada pelo contrato de casamento ou pela união estável" (MEDINA, José Miguel Garcia; ARAÚJO; Fábio Caldas de. **Código Civil comentado**. São Paulo: Revista dos Tribunais, 2014, p. 781).

deve ser entendida de modo objetivo, com um sentido que indique apenas vínculo efetivo com o uso do imóvel[498].

Novamente aqui as vicissitudes das relações familiares impedem que se denote ao abandono do lar um significado que retrate meramente a ausência de vínculo efetivo com a coisa (de uso concreto do imóvel). Isso porque, em muitos casos, o consorte que resta no imóvel não é o que necessita dele para a moradia, não é o que está com a prole, não é o que foi desamparado pelo outro, não é o que está fazendo frente às responsabilidades parentais; por tudo isso, não é o que será merecedor da titularidade plena do lar conjugal.

Corolário disso, por envolver relações familiares com infinitas delineações, se mostra totalmente descabida a fixação, *a priori*, de um critério objetivo e singelo como este: que identifique a expressão abandono do lar com o mero distanciamento físico do imóvel. Um exemplo hipotético concreto pode auxiliar na compreensão do que se está a sustentar: não raro muitas mulheres vítimas de violência doméstica simplesmente saem do lar com seus filhos para parar de sofrer tais sevícias; grande parte delas não ajuíza as competentes ações judiciais no exíguo prazo de dois anos e sequer registra os competentes boletins de ocorrência (pois muitas vezes estão mais preocupadas com a segurança e subsistência – sua e dos seus filhos – naquele difícil momento da vida, ainda mais quando o pai-agressor está sem emprego e possui ainda vícios de drogas ou álcool).

Também não é incomum que o agressor que restou fisicamente no lar não faça frente as suas responsabilidades parentais: não pague alimentos, não visite os filhos, não exerça sua autoridade parental, não permita que a mulher entre em contato e que sequer volte ao lar pegar os seus pertences e os dos filhos. Esse quadro sombrio ocorre com mais frequência em famílias de baixa renda, desestruturadas e com diversos problemas sociais, mas atualmente muitas delas são proprietárias de imóvel pelo referido programa federal *Minha Casa, Minha Vida*. Sobrevinda uma ação real, imagine-se que tais fatos se comprovem facilmente (até com confissão de ambas as partes: o pai das agressões e descumprimentos das obrigações com os filhos; a mãe com seu distanciamento do local por mais de dois anos sem ajuizar qualquer demanda). Pois bem, seria sustentável no atual direito civil-constitucional brasileiro afirmar que o consorte-agressor que restou fisicamente no lar por dois anos seguidos, mas abandonou por completo sua família neste período, descumprindo *in totum* sua responsabilidade familiar e parental, venha a

---

[498] NERY JUNIOR, Nelson; NERY, Rosa Maria de Andrade. **Código Civil comentado**. 10. ed. São Paulo: Revista dos Tribunais, 2013, p. 1162.

receber a propriedade total do imóvel pelo mero atendimento objetivo dos requisitos formais da usucapião familiar?

Parece que não.

Conceder a aquisição da propriedade a este pai-agressor apenas porque foi ele quem restou fisicamente no imóvel pelo prazo de dois anos afrontaria justamente os princípios constitucionais que conferem guarida à usucapião familiar: dignidade, solidariedade, função social, direito à moradia e direito a um mínimo existencial. Este é um dos pontos nodais da ressignificação proposta: exaltar que a significação da usucapião familiar não pode descurar dos princípios constitucionais que a sustentaram.

Ou seja, a caracterização dos requisitos do instituto não pode olvidar dos comandos que advêm dos valores constitucionais que o fundamentam e, com isso, o integram. Impensável sustentar a constitucionalidade da usucapião familiar com base na dignidade da pessoa humana, solidariedade, proteção da família, função social, direito à moradia e, no momento da aplicação concreta dos seus requisitos, virar as costas para tais questões e se ater apenas aos elementos estruturais-formais, contrariando os supracitados valores constitucionais[499].

Há que se apurar a adequada função contemporânea desta recente modalidade de usucapião familiar, de acordo com uma análise unitária do ordenamento, sempre a partir da CF/1988e do Código Civil, com o intuito de constatar o papel que este instituto deve desempenhar naquela dada situação jurídica. Gustavo Tepedino esclarece a relação entre o aspecto estrutural e funcional dos bens jurídicos

> Como se pode observar, a disciplina dos bens jurídicos, delineada de maneira minuciosamente tipificadora e abstrata no Código Civil, embora tradicionalmente difundida em seu aspecto estrutural, a desenhar classificação aparentemente neutra de objetos sujeitos ao tráfego jurídico, adquire renovada dimensão e importância no direito contemporâneo. Para tanto, há que se deslocar a análise para perspectiva funcional, de tal modo que a qualificação do bem jurídico se encontre sempre associada

---

[499] "Desse modo, o requisito do abandono do lar merece uma interpretação objetiva e cautelosa. [...] Como incidência concreta desse enunciado doutrinário, não se pode admitir a aplicação da nova usucapião nos casos de atos de violência praticados por cônjuge ou companheiro para retirar o outro do lar conjugal. Em suma, a expulsão do cônjuge ou companheiro não pode ser comparada ao abandono". SIMÃO, José Fernando; TARTUCE, Flávio. **Direito civil**. São Paulo: Método, 2013. v. 4: Direito das coisas, p. 172.

à sua função, investigando-se, na dinâmica da relação jurídica em que se insere, a destinação do bem de acordo com os interesses tutelados[500].

A percepção da dimensão funcional da usucapião familiar demonstrará, sem maiores dificuldades, qual o seu efetivo papel na relação jurídica subjacente e evidenciará mais facilmente qual o bem jurídico que deve ser tutelado. Consequentemente, nessas condições, impõe-se buscar um sentido compatível de abandono do lar, que exalte essa função e o permita transitar tanto no direito das coisas como no direito de família, densificando as normas constitucionais que o fundamentam.

Resta patente que esse sentido não pode significar nem a busca por um culpado pelo término da relação, nem restar adstrito à mera retirada física do imóvel, conforme exposto (visões que têm sido difundidas). Nenhuma dessas duas opções permite a consagração das diretrizes da Constituição que incidem sob a matéria e muito menos destacam o aspecto funcional da inovadora modalidade aquisitiva.

Diante dessas considerações, o que se mostra indicado é que se traduza a expressão abandono do lar como um *abandono familiar*, no sentido de um desamparo da família por um daqueles que deveria ser seu provedor. Em outras palavras, retrate o não atendimento das responsabilidades familiares e parentais incidentes no caso concreto, um desassistir que venha a trazer dificuldades materiais e afetivas para os familiares que restaram abandonados.

Exemplificando: não prestar alimentos, não contribuir para as despesas do lar, não manter os vínculos afetivos com os demais integrantes da família, não fazer frente a sua responsabilidade familiar, entre outros. Nesse sentido, a afetividade pode auxiliar na tradução que ora se propõe.

O foco de análise deve ser a partir da situação jurídica dos entes familiares que restaram desamparados e podem vir a merecer certa proteção patrimonial. Substitui-se eventual busca pelo sancionamento de um ofensor pela priorização na recomposição das vítimas do desamparo[501]. Esse *abandono familiar* equiva-

---

[500] TEPEDINO, Gustavo. Regime jurídico dos bens no Código Civil. In: VENOSA, Silvio de Salvo; GAGLIARDI, Rafael Villar; NÁSSER, Paulo Magalhães (org.). **Dez anos do Código Civil:** desafios e perspectivas. São Paulo: Atlas, 2012, p. 30.

[501] "Essa espécie de usucapião visa à proteção do cônjuge que, abandonado ou, mesmo, privado de assistência material e do sustento e da moradia, mantém-se no imóvel e se responsabiliza pelos respectivos encargos, situação que justifica a aquisição da propriedade por usucapião e a alteração do regime de bens quanto ao respectivo imóvel" (CHALHUB, Melhim Namem. **Direitos reais**. 2. ed. rev. atual. e ampl. São Paulo: Saraiva, 2014, p. 90-91).

leria ao sentido contemporâneo de *abandono do lar* para fins dessa usucapião e, a partir disso, permitiria a averiguação dos seus demais requisitos legais[502].

Consequentemente, só faria jus à aquisição da propriedade quem cumpriu com suas responsabilidades familiares, ou seja, quem fez frente a sua obrigação alimentar (ainda que não fixada judicialmente), exerceu efetivamente sua autoridade parental, visitou os filhos, não agrediu fisicamente o outro consorte ou demais integrantes da família, entre outros critérios a apurar na situação concreta. Com tal sentido de abandono do lar o exemplo hipotético acima descrito estaria sanado, pois aquele pai-agressor não seria agraciado com a propriedade.

Uma leitura de abandono do lar próxima ao que se descreveu como um abandono familiar já foi retratada, de algum modo, no elucidativo Enunciado 595, aprovado na VII Jornada de Direito Civil

> O requisito "abandono do lar" deve ser interpretado na ótica do instituto da usucapião familiar como abandono voluntário da posse do imóvel somado à ausência da tutela da família, não importando em averiguação da culpa pelo fim do casamento ou união estável. Revogado o Enunciado 499[503].

Esse enunciado permite traduzir a expressão "abandono do lar" também como um verdadeiro *abandono familiar*, no sentido de agregar ao abandono voluntário da posse do imóvel também o abandono da tutela da família, ou seja, um desamparo por parte daquele que deveria ser seu provedor.

Em outras palavras, agrega como elemento caracterizador do abandono do lar um abandono da tutela da família, o que pode ser compreendido como

---

[502] Alguns autores sustentam nesse sentido, como Priscila Maria Pereira Correa da Fonseca: "O abandono que rende ensejo às consequências previstas no art. 1.240-A é aquele efetivado de má-fé, aquele claramente levado a efeito com o intuito de relegar à família repudiada ao signo de desamparo moral e/ou material. Insista-se: não é apenas a falta de assistência financeira daquele que se desligou do antigo lar que proporcionará o pedido de aquisição do domínio nos moldes do comando sub examine. Há, por igual, de configurar o abandono referido pelo art. 1240- A, aquele praticado pelo ex-cônjuge ou ex-companheiro que, não obstante diligencie satisfatoriamente à mantença dos componentes da família, a eles volta às costas, passando a ignorar o atendimento assistencial necessário, ainda que não de ordem moral" (FONSECA, Priscila Maria Pereira Correa da. **Revista Brasileira de Direito das Famílias e Sucessões.** Porto Alegre, Magister; Belo Horizonte, IBDFam, v. 23, ago./set. 2011, p. 120).

[503] Disponível em: http://www.cjf.jus.br.

o não atendimento das responsabilidades familiares e parentais incidentes no caso concreto, um desassistir que venha a trazer dificuldades materiais e afetivas para os familiares que restaram abandonados. Nesse contexto, a afetividade jurídica, na sua leitura objetiva, pode contribuir na análise que se terá que empreender.

Nas entrelinhas do enunciado é possível perceber as questões materiais atinentes ao cumprimento das responsabilidades familiares (assistência material, sustento do lar), em consonância com o que se ora defende. Muito mais do que simplesmente vincular o abandono do lar a um requisito objetivo de uso do imóvel há que se edificar um sentido ético para a expressão, único passível de bem retratar a sua função. A própria nomenclatura de "usucapião familiar" para designar este instituto, ao invés de outras nominações, pode contribuir para destacar o aspecto que ora pretende se jogar luz (a tutela da família).

Referir a um sentido de abandono familiar como pressuposto para a usucapião familiar permite uma aproximação com todos os princípios e valores constitucionais que foram justificadores da aplicação do dispositivo e, ainda, atenta para a sua devida função na respectiva relação jurídica. Já há quem defenda uma leitura arejada e atualizada de abandono do lar, com vistas a bem retratar a adequada função do instituto:

> No seio desta perspectiva não se pode aproximar a locução abandono do lar às matizes de um tempo no qual a dissolução das relações era exclusivamente pelo desfazimento do casamento, sempre a partir da conduta culposa de um dos cônjuges. [...] Não parece correto interpretar o termo abandono, nesta singra, como mera saída temporária do lar ou mesmo mudança de endereço, mormente pela flexibilidade da estrutura familiar antes explicitada. O abandono é, efetivamente, o movimento peremptório e unidirecionalmente manifestado de abdicar por ação ou omissão aos vínculos afetivos, cindindo-se a conexão com núcleo intersubjetivo de convergência afetiva. Compreende-se assim como a interrupção do projeto de vida constituído pela coletividade de sujeitos ligados pelo afeto, retirando-se aquele que abandona o lar de todos os vínculos que o conectavam, seja eles financeiros, afetivos ou mesmo de íon livre que se desatrela do papel desempenhado naquele conteúdo coletivo de direitos. Deve-se interpretar a norma, quanto a este tema, em convergência com sentido mais benéfico aos direitos fundamentais que, mediatamente, pretende-se tutelar. Não há que se falar em conceito apriorístico de abandono, demandando-se interpretação casuística construtiva[504].

---

[504] FACHIN, Luiz Edson; GONÇALVES, Marcos Alberto Rocha. 10 anos do Código Civil: o ser e o ter no direito de família a partir da aquisição pela permanência na moradia familiar. In: LEAL, Pastora do Socorro Teixeira (coord.). **Direito civil cons-**

A presente proposta de leitura do abandono do lar como um verdadeiro abandono familiar, retratado pelo desatendimento da responsabilidade familiar inerente ao caso concreto, permite ir ainda mais longe, de modo até mesmo a vislumbrar a possibilidade de se conceder a propriedade para um dos cônjuges ou conviventes que teve que deixar o imóvel, mas restou desamparado pelo outro (com a sua prole) por dois anos ou mais, e está a necessitar do lar conjugal para moradia. Dito de outro modo, eventualmente conceder a usucapião aquisitiva mesmo para aquele que não está na posse efetiva do bem, mas que tenha sido abandonado pelo outro e que necessite do bem para sua moradia e sobrevivência (muitas vezes com os filhos). Acaso presente os demais requisitos, se afigura possível esta hipótese.

Com isso se permitiria o desacoplamento pontual da usucapião da posse efetiva do bem[505].

Outra questão a ser observada é que sendo a usucapião um modo de aquisição originário da propriedade, em regra, adere a esfera jurídica do novo titular sem os gravames que pendiam anteriormente sobre o bem. Em face das peculiaridades desta usucapião, inclusive pelo fato de a lei vir com o Programa Minha Casa, Minha Vida, parece recomendável se adotar o entendimento de que para esta modalidade de usucapião permanecem hígidas e plenas as garantias reais que pendiam anteriormente sobre o bem (até mesmo para se evitar um incentivo à fraude e preservar o interesse de terceiros).

Essas considerações ressaltam a necessidade de uma hermenêutica crítico-construtiva na apuração do sentido civil-constitucional da usucapião familiar que seja, sempre, harmônica com os tempos presentes. Nessa seara, a afetividade jurídica também pode contribuir para uma melhor significação do instituto, o que não deve se escusado.

Conclusões parciais

O esforço exigido para conceder contornos adequados a esta nova modalidade aquisitiva da propriedade é prova maior do desacerto do legislador na

---

titucional e outros estudos em homenagem ao Prof. Zeno Veloso. Rio de Janeiro: Forense; São Paulo: Método, 2014, p. 641.

[505] "Nesse contexto, não há necessidade de que o imóvel esteja na posse direta do ex-cônjuge ou excompanheiro, podendo ele estar locado a terceiro; sendo viável do mesmo modo a nova usucapião pelo exercício da posse indireta" (SIMÃO, José Fernando; TARTUCE, Flávio. **Direito civil.** São Paulo: Método, 2013. v. 4: Direito das coisas, p. 172).

colocação do instituto, visto que os equívocos não foram poucos. Ainda assim, parece possível se extrair um significado constitucional para o dispositivo.

Ciente de que uma norma não nasce norma, mas sim se faz norma no dia a dia dos embates jurídicos doutrinários e jurisprudenciais, entende-se possível a edificação de um sentido funcionalizado da usucapião familiar, que leve em conta o atendimento das responsabilidades familiares a parentais dos envolvidos.

Ainda assim, não sem deixar de anotar as críticas pertinentes. Uma delas, a descabida escolha da usucapião para proteger os bens jurídicos pretendidos (tutela da família e do direito à moradia), pois acabou mantenedora do discurso proprietário que impera no direito brasileiro[506]. Isso porque, a forma eleita para tutelar àquelas situações jurídicas foi a concessão do *status* proprietário ao consorte abandonado, o que demonstra a prevalência da outorga da apropriação das coisas ao invés da garantia do seu uso, uma lógica de mercado que segue presente no nosso imaginário coletivo[507].

Para preservação da família e garantia do uso do imóvel, muito mais razoável seria se o legislador tivesse conferido apenas a garantia do direito de moradia, sem ônus, para o membro da família abandonado; em vez de o permitir usucapir a totalidade do bem e lhe entregar a propriedade plena. Bastava que conferisse guarida similar ao "direito real de habitação" – já de há muito conhecido dos civilistas – que estaria suficientemente protegido o bem jurídico que se pretendia tutelar. Com tal proceder priorizaria o uso no lugar da apropriação. Entretanto, a mentalidade proprietária reinante certamente ofuscou tal alternativa. O equívoco na eleição da usucapião como solução para esses casos concretos pode acabar por não proteger nem mesmo um dos seus

---

[506] CORTIANO JUNIOR, Eroulths. **O discurso jurídico da propriedade e suas rupturas.** Rio de Janeiro: Renovar, 2002, p. 259.

[507] "*Proprietà privata e autonomia privata, dunque, sono i due principi cardine attorno ai quali il dirittomoderno organizza i rapporti giuridici individuali, dando ad essi la forma tipica dei rapporti di mercato: ildiritto di appropriarsi in via esclusiva di una quota della ricchezza sociale non può non comportare anche il diritto di realizzarne il controvalore mediante un libero atto di scambio, istituendo cioè con chi èdisposto a convenirlo un libero rapporto contrattuale*" (BARCELLONA, Pietro. **Diritto privato e società moderna.** Napoli: Jovene Editore, 1996, p. 320) Em tradução livre: "Propriedade privada e autonomia privada, então, são os dois princípios cardinais em torno dos quais o direito moderno organiza as relações jurídicas individuais, dando a elas a forma típica das relações de mercado: o direito de apropriar-se de forma exclusiva de uma parte da riqueza social deve comportar também o direito de realizar a contrapartida mediante um ato livre de escambo, estabelecendo, com quem estiver disposto a celebrá-la, uma livre relação contratual".

objetos centrais (como a garantia da moradia), visto que, com o regramento atual, nada impede que quem tenha adquirido o bem com a usucapião o coloque a venda a seguir, sem permanecer no imóvel para moradia da família.

Com essas ressalvas, defende-se a tese de que é viável prospectar uma definição contemporânea adequada para a usucapião familiar, desde que se perceba a exata dimensão da influência que as vicissitudes jusfamiliares terão nessa configuração (daí a recomendação para que o foro adequado seja sempre o do juízo das varas de família). O tratamento dessa relevante questão patrimonial dos litígios familiares não pode, mais do que nunca, ignorar a necessária prevalência do *ser* sobre o *ter*[508], trilhar que faz emergir uma necessária imbricação com a temática da afetividade.

A regra posta pelo legislador é apenas o marco inicial da norma que será erigida, pois mesmo quando o legislador ordinário permanecer inerte, deve o juiz e o jurista proceder ao inarredável trabalho de adequação da legislação civil, através de interpretação dotadas de particular *sensibilidade constitucional,* que, em última análise – e sempre – vivifiquem o teor e o espírito da Constituição[509]. Com observância dessa orientação, o trabalho construtivo deixado aos civilistas poderá ser exitoso.

As dificuldades que se apresentam na adequada significação da usucapião familiar comprovam que

> será íngreme e necessária, imprescindível mesmo, a tarefa hermenêutica para reconhecer, na investigação teórica e na aplicação prática, o Código Civil que o Século XXI da sociedade brasileira está a demandar, clamando por justiça e igualdade substancial. Impende, pois, nessa quadra, subscrever uma hermenêutica construtiva apta a realizar, na doutrina e na jurisprudência que seguir-se-ão, esse mister[510].

---

[508] "O evidente artificialismo da noção clássica faz alargar a distância entre o que a lei civil estabelece como sendo pessoa e o indivíduo homem, este a merecer proteção não pelo que *tem,* mas pelo que é. Por certo, não deve a proteção patrimonial suplantar a proteção dos seres humanos". (MEIRELLES, Jussara. O ser e o ter na codificação civil brasileira: do sujeito virtual à clausura patrimonial. In: FACHIN, Luiz Edson (coord.). **Repensando fundamentos do direito civil brasileiro contemporâneo.** Rio de Janeiro: Renovar, 1998).

[509] MORAES, Maria Celina Bodin de. **Na medida da pessoa humana:** estudos sobre direito civil. Rio de Janeiro: Renovar, 2010, p. 20.

[510] FACHIN, Luiz Edson. **Comentários ao Código Civil.** Direito das coisas. (art. 1277 a 1368). AZEVEDO, Antonio Junqueira de (coord.). São Paulo: Saraiva, 2003, p. 374.

As direções apontadas pela bússola da Constituição são as que deverão orientar a consolidação de um adequado sentido para a usucapião familiar, que observe sua função no ordenamento, assimile o paradigma da afetividade que está e imperar e, assim, esteja afinado com atual estágio do direito civil-constitucional brasileiro.

SEÇÃO XI. HOMOAFETIVIDADE: UNIÃO ESTÁVEL E CASAMENTO

Isso de querer ser aquilo que a gente é ainda vai nos levar além.

Paulo Leminski

A valoração jurídica da afetividade foi um relevante contributo para o reconhecimento das relações de conjugalidade formadas por pessoas do mesmo sexo. A partir da assimilação de que o grande vetor contemporâneo dos relacionamentos familiares é a afetividade, restou factível que fossem acolhidas pelo Direito outras formas de relacionamento para além dos heteroafetivos.

A percepção de que atualmente a família é estruturada a partir da presença dos elementos da afetividade, estabilidade e ostentabilidade, conforme preceitua Paulo Luiz Netto Lôbo[511], tornou possível o reconhecimento dos relacionamentos homoafetivos como entidades familiares merecedoras de tutela e proteção. Isso porque as relações de conjugalidade entre pessoas do mesmo sexo apresentam esses três elementos necessários para a caracterização de uma família. Diante disso, mostrou-se insustentável negar a sua aceitação como entidade familiar e, consequentemente, os seus efeitos jurídicos.

A mudança social fez os teóricos assimilarem que, na contemporaneidade, a afetividade figura tanto como elemento estrutural, quanto funcional das famílias. Essa compreensão foi um grande facilitador para o reconhecimento jurídico dos relacionamentos entre pessoas do mesmo sexo que, apesar de há muito estarem presentes na sociedade, até pouco tempo não recebiam chancela jurídica no cenário brasileiro (e também em outros países).

A relevância da leitura jurídica da afetividade para o reconhecimento das uniões homoafetivas é percebida pela doutrina e pela jurisprudência. Entre alguns familiaristas que cuidam com afinco da temática da homoafetividade e destacam a relevância da afetividade como elemento dessas relações, podemos citar os representativos trabalhos de Maria Berenice Dias[512], Rodrigo da

---

[511] LÔBO, Paulo Luiz Netto. **Direito civil:** famílias. São Paulo: Saraiva, 2008, p. 58.

[512] DIAS, Maria Berenice. **União homoafetiva:** o preconceito & justiça. 4. ed. rev., atual. e ampl. São Paulo: Revista dos Tribunais, 2009.

362 | PRINCÍPIO DA AFETIVIDADE NO DIREITO DE FAMÍLIA – *Ricardo Calderón*

Cunha Pereira[513], Ana Carla Harmatiuk Matos[514], Viviane Girardi[515], Marianna Chaves[516], Paulo Iotti[517], e tantos outros. Ao lado da doutrina, foi essencial o hercúleo trabalho desenvolvido pelo Instituto Brasileiro de Direito de Família-IBDFam[518] na defesa da causa, que sensibilizou corações e mentes dos juristas brasileiros aos temas.

Para além da literatura jurídica, a jurisprudência também percebeu a centralidade da afetividade como (mais um) elemento viabilizador do reconhecimento jurídico das uniões entre pessoas do mesmo sexo. Nos últimos anos, quando chamados, os tribunais não se furtaram a alterar seus posicionamentos anteriores, sendo que em suas recentes manifestações acolheram expressamente a afetividade como princípio em seus arestos e, subsequentemente, acolheram as uniões homoafetivas.

Na histórica decisão do STF que reconheceu as uniões homoafetivas como uniões estáveis (ADI 4.277 e ADPF 132/RJ[519]), aquele colegiado conferiu uma interpretação conforme a Constituição do art. 1.723 do Código Civil[520], de modo a tornar claro que o dispositivo inclui as relações homoafetivas (restando vedadas, portanto, interpretações preconceituosas que procurem afastar as uniões homoafetivas de suas disposições)[521]. É fato que diversos

---

[513] PEREIRA, Rodrigo da Cunha. A sexualidade vista pelos tribunais. 2. ed. Belo Horizonte: Del Rey, 2001.

[514] MATOS, Ana Carla Harmatiuk. **União entre pessoas do mesmo sexo: aspectos jurídicos e sociais.** Belo Horizonte: Del Rey, 2004.

[515] GIRARDI, Viviane. **Famílias contemporâneas. Filiação e afeto:** a possibilidade jurídica da adoção por homossexuais. Porto Alegre: Livraria do Advogado, 2005.

[516] CHAVES, Marianna. **Homoafetividade e direito** – proteção constitucional, uniões, casamento e parentalidade. 3. ed. Curitiba: Juruá, 2015.

[517] VECCHIATTI, Paulo Roberto Iotti. **Manual da homoafetividade** – da possibilidade jurídica do casamento civil, da união estável e da adoção por casais homoafetivos. 2. ed. São Paulo: Elsevier;Método, 2013.

[518] Disponível em: http://www.ibdfam.org.br/.

[519] STF, ADIn 4.277/DF e ADPF 132/RJ, Rel. Min. Carlos Ayres Britto, j. 05.05.2011, unânime. A ADPF restou convertida em ação direta de inconstitucionalidade (na parte residual conhecida), de modo que o julgamento final deu procedência a ambas as ações como ADINs.

[520] BRASIL. Código Civil. "**Art. 1.723.** É reconhecida como entidade familiar a união estável entre o homem e a mulher, configurada na convivência pública, contínua e duradoura e estabelecida com o objetivo de constituição de família".

[521] Ementa do julgamento da ADIn 4.277 e ADPF 132 no STF: "1. Arguição de descumprimento de preceito fundamental (ADPF). Perda parcial de objeto. Recebimento, na parte remanescente, como ação direta de inconstitucionalidade. União homoafetiva e seu reconhecimento como instituto jurídico. Convergência de objetos entre ações

outros princípios e temas balizaram essa decisão (igualdade, liberdade, veda-

---

de natureza abstrata. Julgamento conjunto. Encampação dos fundamentos da adpf 132/RJ pela adi 4.277/DF, com a finalidade de conferir "interpretação conforme à constituição" ao art. 1.723 do Código Civil. Atendimento das condições da ação. 2. Proibição de discriminação das pessoas em razão do sexo, seja no plano da dicotomia homem/mulher (gênero), seja no plano da orientação sexual de cada qual deles. A proibição do preconceito como capítulo do constitucionalismo fraternal. Homenagem ao pluralismo como valor sócio-político-cultural. Liberdade para dispor da própria sexualidade, inserida na categoria dos direitos fundamentais do indivíduo, expressão que é da autonomia de vontade. Direito à intimidade e à vida privada. Cláusula pétrea. O sexo das pessoas, salvo disposição constitucional expressa ou implícita em sentido contrário, não se presta como fator de desigualação jurídica. Proibição de preconceito, à luz do inc. IV do art. 3º da Constituição Federal, por colidir frontalmente com o objetivo constitucional de "promover o bem de todos". Silêncio normativo da Carta Magna a respeito do concreto uso do sexo dos indivíduos como saque da kelseniana "norma geral negativa", segundo a qual "o que não estiver juridicamente proibido, ou obrigado, está juridicamente permitido". Reconhecimento do direito à preferência sexual como direta emanação do princípio da "dignidade da pessoa humana": direito a auto-estima no mais elevado ponto da consciência do indivíduo. Direito à busca da felicidade. Salto normativo da proibição do preconceito para a proclamação do direito à liberdade sexual. O concreto uso da sexualidade faz parte da autonomia da vontade das pessoas naturais. Empírico uso da sexualidade nos planos da intimidade e da privacidade constitucionalmente tuteladas. Autonomia da vontade. Cláusula pétrea. 3. Tratamento constitucional da instituição da família. Reconhecimento de que a constituição federal não empresta ao substantivo "família" nenhum significado ortodoxo ou da própria técnica jurídica. A família como categoria sócio-cultural e princípio espiritual. Direito subjetivo de constituir família. Interpretação não reducionista. O *caput* do art. 226 confere à família, base da sociedade, especial proteção do Estado. Ênfase constitucional à instituição da família. Família em seu coloquial ou proverbial significado de núcleo doméstico, pouco importando se formal ou informalmente constituída, ou se integrada por casais heteroafetivos ou por pares homoafetivos. A Constituição de 1988, ao utilizar-se da expressão "família", não limita sua formação a casais heteroafetivos nem a formalidade cartorária, celebração civil ou liturgia religiosa. Família como instituição privada que, voluntariamente constituída entre pessoas adultas, mantém com o Estado e a sociedade civil uma necessária relação tricotômica. Núcleo familiar que é o principal lócus institucional de concreção dos direitos fundamentais que a própria Constituição designa por "intimidade e vida privada" (inc. X do art. 5º). Isonomia entre casais heteroafetivos e pares homoafetivos que somente ganha plenitude de sentido se desembocar no igual direito subjetivo à formação de uma autonomizada família. Família como figura central ou continente, de que tudo o mais é conteúdo. Imperiosidade da interpretação não-reducionista do conceito de família como instituição que também se forma por vias distintas do casamento civil. Avanço da Constituição Federal de 1988 no plano dos costumes. Caminhada na direção do pluralismo como categoria sócio-político-cultural. Competência do Supremo Tribunal Federal para manter, interpretativamente, o Texto Magno na posse do seu fundamental atributo da coerência, o que passa pela eliminação de preconceito quanto

ção ao preconceito, incidência dos direitos fundamentais), entretanto, nesta obra se pretende apenas destacar a contribuição do reconhecimento jurídico da afetividade para o resultado final obtido[522].

à orientação sexual das pessoas. 4. União estável. Normação constitucional referida a homem e mulher, mas apenas para especial proteção desta última. Focado propósito constitucional de estabelecer relações jurídicas horizontais ou sem hierarquia entre as duas tipologias do gênero humano. Identidade constitucional dos conceitos de "entidade familiar" e "família". A referência constitucional à dualidade básica homem/mulher, no § 3º do seu art. 226, deve-se ao centrado intuito de não se perder a menor oportunidade para favorecer relações jurídicas horizontais ou sem hierarquia no âmbito das sociedades domésticas. Reforço normativo a um mais eficiente combate à renitência patriarcal dos costumes brasileiros. Impossibilidade de uso da letra da Constituição para ressuscitar o art. 175 da Carta de 1967/1969. Não há como fazer rolar a cabeça do art. 226 no patíbulo do seu parágrafo terceiro. Dispositivo que, ao utilizar da terminologia "entidade familiar", não pretendeu diferenciá-la da "família". Inexistência de hierarquia ou diferença de qualidade jurídica entre as duas formas de constituição de um novo e autonomizado núcleo doméstico. Emprego do fraseado "entidade familiar" como sinônimo perfeito de família. A Constituição não interdita a formação de família por pessoas do mesmo sexo. Consagração do juízo de que não se proíbe nada a ninguém senão em face de um direito ou de proteção de um legítimo interesse de outrem, ou de toda a sociedade, o que não se dá na hipótese sub judice. Inexistência do direito dos indivíduos heteroafetivos à sua não equiparação jurídica com os indivíduos homoafetivos. Aplicabilidade do § 2º do art. 5º da Constituição Federal, a evidenciar que outros direitos e garantias, não expressamente listados na Constituição, emergem "do regime e dos princípios por ela adotados", *verbis*: "Os direitos e garantias expressos nesta Constituição não excluem outros decorrentes do regime e dos princípios por ela adotados, ou dos tratados internacionais em que a República Federativa do Brasil seja parte". 5. Divergências laterais quanto à fundamentação do acórdão. Anotação de que os Ministros Ricardo Lewandowski, Gilmar Mendes e Cezar Peluso convergiram no particular entendimento da impossibilidade de ortodoxo enquadramento da união homoafetiva nas espécies de família constitucionalmente estabelecidas. Sem embargo, reconheceram a união entre parceiros do mesmo sexo como uma nova forma de entidade familiar. Matéria aberta à conformação legislativa, sem prejuízo do reconhecimento da imediata autoaplicabilidade da Constituição. 6. Interpretação do art. 1.723 do Código Civil em conformidade com a constituição federal (técnica da "interpretação conforme"). Reconhecimento da união homoafetiva como família. Procedência das ações. Ante a possibilidade de interpretação em sentido preconceituoso ou discriminatório do art. 1.723 do Código Civil, não resolúvel à luz dele próprio, faz-se necessária a utilização da técnica de "interpretação conforme à Constituição". Isso para excluir do dispositivo em causa qualquer significado que impeça o reconhecimento da união contínua, pública e duradoura entre pessoas do mesmo sexo como família. Reconhecimento que é de ser feito segundo as mesmas regras e com as mesmas consequências da união estável heteroafetiva".

[522] Não se ignoram os diversos outros temas até mesmo mais centrais que balizaram a referida decisão, bem como se tem ciência do debate hermenêutico-metodológico

É interessante notar que o próprio termo adotado para fazer referência a tais relações inclui no próprio significante uma referência à afetividade, pois o STF adotou a terminologia disseminada por Maria Berenice Dias: *uniões homoafetivas*[523]. Essa alteração de nomenclatura – para o que antes se denominavam relações "homossexuais" – é deveras representativa da relevância que a afetividade assume no sistema jurídico de nossa sociedade. Acertada a mudança, visto que, além da superação do termo anterior[524], a nova terminologia se mostra adequada ao paradigma da afetividade, que é o que hoje está a imperar.

No decorrer do referido julgamento pela Corte Suprema, houve diversas passagens com referências aos relacionamentos homoafetivos, sempre de modo a evidenciar que são marcados precipuamente pela afetividade. A opção terminológica restou expressa no voto do Ministro Relator Ayres Britto: "[...] o termo homoafetividade, aqui utilizado para identificar o vínculo de afeto e solidariedade entre os pares ou parceiros do mesmo sexo [...]"[525]. Ou seja, restou expressamente consignado que o afeto é um dos elementos que caracterizam as relações homoafetivas, o que é de se sublinhar.

---

que perpassou todo o julgamento. Entretanto, em atenção aos fins específicos deste trabalho a análise restará restrita ao papel da afetividade no referido decisum, sem que isso implique qualquer subversão valorativa do tema na leitura do referido acórdão.

[523] DIAS, Maria Berenice. **União homoafetiva**: o preconceito & justiça. 4. ed. rev., atual. e ampl. São Paulo: Revista dos Tribunais, 2009, p. 178.

[524] Para muitos, o termo pode ter conotação preconceituosa. Por outro lado, Roger Raupp Rios critica a terminologia "homoafetividade", por entender que se trata de tentativa de "higienização" das relações homossexuais e forma de torná-las mais palatáveis ao modo de ver pratriarcal e heteronormativo da sociedade (RIOS, Roger Raupp. As uniões homossexuais e a "família homoafetiva": o direito de família como instrumento de adaptação e conservadorismo ou a possibilidade de sua transformação e inovação. **Civilistica.com**. a. 2. n. 2. 2013). Ciente da referida observação, o presente trabalho defende o uso do referido termo por enaltecer o princípio jurídico sem pretensão de obscurecer a sexualidade das pessoas que compõem essa forma de conjugalidade.

[525] Trecho do voto do Rel. Min. Ayres Britto proferido no julgamento do processo que reconheceu as uniões homoafetivas como uniões estáveis (p. 5). Em outra passagem, o Relator reitera o sentido em que utiliza a terminologia "homoafetividade", ao fazer remissão à sua inclusão no Dicionário Aurélio: "Verbete que me valho no presente voto para dar conta, ora do enlace por amor, por afeto, por intenso carinho entre pessoas do mesmo sexo, ora da união erótica ou por atração física entre esses mesmos pares de seres humanos (p. 6). STF, ADIn 4.277/DF e ADPF 132/RJ, Rel. Min. Carlos Ayres Britto, j. 05.05.2011, unânime. Trechos extraídos do voto do ministro relator (p. 22 e 23 do Acórdão).

366 | PRINCÍPIO DA AFETIVIDADE NO DIREITO DE FAMÍLIA – *Ricardo Calderón*

Para além disso, diversas passagens dos votos dos ministros neste *leading case* fizeram remissões expressas à temática do afeto e da afetividade, explicitando a contribuição que seu reconhecimento jurídico concedeu ao julgado. Uma leitura dos votos permite perceber que os ministros tinham conhecimento da transição paradigmática que se desenhou na sociedade brasileira contemporânea (com a família entrelaçando-se cada vez mais pelo afeto, ao contrário de se limitar a vínculos biológicos ou matrimoniais). O próprio ministro relator tornou isso claro, ao afirmar:

> Afinal, se as pessoas de preferência heterossexual só podem realizar ou ser felizes heterossexualmente, as de preferência homossexual seguem na mesma toada: só podem se realizar ou ser felizes homossexualmente. Ou "homoafetivamente", como hoje em dia mais e mais se fala, talvez para retratar o relevante fato de que o século XXI já se marca pela preponderância da afetividade sobre a biologicidade. Do afeto sobre o biológico, este último como realidade tão somente mecânica ou automática, porque independente da vontade daquele que é posto no mundo como consequência da fecundação de um individualizado óvulo por um também individualizado espermatozoide[526]. (grifos nossos)

Houve descrição pormenorizada da passagem do paradigma da biologicidade (clássico) para o paradigma da afetividade (contemporâneo), o que torna patente o reconhecimento da afetividade como vetor contemporâneo dos relacionamentos e um dos elementos concretizadores da aceitação jurídica das uniões homoafetivas.

A afirmação de que a afetividade é a marca preponderante das relações do século XXI já é corrente em grande parte da doutrina e também perfila em muitos julgados, entretanto, o fato de essa constatação advir da nossa Corte Suprema destaca a relevância da percepção. Em outra passagem do seu voto, o Ministro Ayres Britto teceu considerações sobre o que entende por família, quando ressaltou que, no plano dos fatos, é assente a presença da afetividade:

> Daqui se desata a nítida compreensão de que a família é, por natureza ou no plano dos fatos, vocacionalmente amorosa, parental e protetora dos respectivos membros, constituindo-se, no espaço ideal das mais

---

[526] Trecho do voto do Min. Relator Ayres Britto (p. 14). STF, ADIn 4.277/DF e ADPF 132/RJ, Rel. Min. Carlos Ayres Britto, j. 05.05.2011, unânime. Trechos extraídos do voto do ministro relator (p. 31 do Acórdão).

duradouras, afetivas, solidárias ou espiritualizadas relações humanas de índole privada[527].

A conceituação da família como espaço ideal para realizações afetivas de índole privada dos seus membros, sem qualquer remissão ao matrimônio ou aos interesses da relação familiar na qualidade de instituição com "fim--em-si", também evidencia a assimilação de um sentido funcional de família a partir de uma perspectiva civil-constitucional. A transição paradigmática acima citada é demonstrada pela família desenhada pela CF/1988, a qual é totalmente diversa da noção clássica agasalhada pelo Código Civil de 1916. A concepção eudemonista de família, que a vê como instrumento da realização afetiva dos seus integrantes[528], está representada nas entrelinhas dessa deliberação.

No mesmo julgamento, quem fez coro na referência ao reconhecimento das uniões homoafetivas como relevantes relações de afeto foi o Min. Luiz Fux, que incluiu essa assertiva entre as premissas que balizaram sua decisão: "A quarta das premissas: os homossexuais constituem entre si relações contínuas e duradouras de afeto e assistência recíprocas, com o propósito de compartilhar meios e projetos de vida"[529]. Novamente o reconhecimento de uma relação precipuamente afetiva e que, também no seu entendimento, deveria obter reconhecimento jurídico.

A Min. Cármen Lúcia se manifestou no sentido de que o art. 226 da CF/1988envolve liberdade inclusive nas ligações afetivas, o que faz com que mereçam reconhecimento e proteção:

> A interpretação correta da norma constitucional parece-me, portanto, na sequência dos vetores constitucionais, ser a que conduz ao reconhecimento do direito à liberdade de que cada ser humano é titular para escolher o seu modo de vida, aí incluído a vida afetiva com o outro, constituindo

---

[527] Trecho do voto do Min. Relator Ayres Britto (p. 22). STF, ADIn 4.277/DF e ADPF 132/RJ, Rel. Min. Carlos Ayres Britto, j. 05.05.2011, unânime. Trechos extraídos do voto do ministro relator (p. 39 do Acórdão).

[528] MUNIZ, Francisco José Ferreira. OLIVEIRA, José Lamartine Côrrea de. **Curso de direito de família.** 4. ed. Curitiba: Juruá, 2008, p. 13.

[529] Trecho do voto do Min. Luiz Fux (p. 9). Em outra parte do voto, o ministro tece considerações sobre família: "O que faz uma família é, sobretudo, o amor – não a mera afeição entre os indivíduos, mas o verdadeiro *amor familiar*, que estabelece relações de afeto, assistência e suporte recíprocos entre os integrantes do grupo" (p. 13). STF, ADIn 4.277/DF e ADPF 132/RJ, Rel. Min. Carlos Ayres Britto, j. 05.05.2011, unânime.. Trechos extraídos do voto do ministro Luiz Fux (p. 60 e 64 do Acórdão).

uma instituição que tenha dignidade jurídica, garantindo-se, assim, a integridade humana de cada qual[530]. (grifos nossos)

A declaração de voto do Min. Marco Aurélio também é explícita em abalizar essa *virada de Copérnico* que o direito de família vivenciou, destacando a centralidade que a afetividade assume nesse novo cenário:

> Revela-se, então, a modificação paradigmática no direito de família. Este passa a ser o direito "das famílias", isto é, das famílias plurais, e não somente da família matrimonial, resultante do casamento. Em detrimento do patrimônio, elegeram-se o amor, o carinho e a afetividade entre os membros como elementos centrais de caracterização da entidade familiar. Alterou-se a visão tradicional sobre a família, que deixa de servir a fins meramente patrimoniais e passa a existir para que os respectivos membros possam ter uma vida plena comum[531]. (grifos nossos)

Percebe-se, sem sombra de dúvida, que a referência à afetividade é uma constante nas manifestações dos ministros do STF. Nota-se, portanto, o quão imbricada está a assimilação jurídica afetividade com o reconhecimento das uniões homoafetivas, pois, nas palavras do próprio Min. Marco Aurélio, "A afetividade direcionada a outrem de gênero igual compõe a individualidade da pessoa, de modo que a torna impossível, sem destruir o ser, exigir o contrário"[532].

A mesma importância conferida à afetividade também pode ser constatada na leitura da manifestação do Min. Celso de Mello, cujo item VII do seu voto restou assim intitulado "VII. O Afeto como valor jurídico impregnado de natureza constitucional: a valorização deste novo paradigma como núcleo conformador do conceito de família". A índole constitucional e o perfil principiológico da afetividade foram expressamente acolhidos no respectivo voto, o que manifesta relevância ímpar. A seguir, o ministro destaca a importância conferida ao afeto neste novo momento da família:

---

[530] Trecho do voto da Min. Cármen Lúcia proferido (p. 8). STF, ADIn 4.277/DF e ADPF 132/RJ, Rel. Min. Carlos Ayres Britto, j. 05.05.2011, unânime. Trechos extraídos do voto da Min. Cármen Lúcia (p. 95 do Acórdão).

[531] Trecho do voto da Min. Marco Aurélio (p. 8). STF, ADIn 4.277/DF e ADPF 132/RJ, Rel. Min. Carlos Ayres Britto, j. 05.05.2011, unânime. Trechos extraídos do voto do Min. Marco Aurélio (p. 208 do Acórdão).

[532] Trecho do voto da Min. Marco Aurélio (p. 10). STF, ADIn 4.277/DF e ADPF 132/RJ, Rel. Min. Carlos Ayres Britto, j. 05.05.2011, unânime. Trechos extraídos do voto do Min. Marco Aurélio (p. 210 do Acórdão).

Com efeito, torna-se indiscutível, reconhecer *que o novo paradigma*, no plano das relações familiares, após o advento da Constituição Federal de 1988, para fins de estabelecimento de direitos/deveres decorrentes do vínculo familiar, *consolidou-se* na existência e no reconhecimento *do afeto*. [...] *Cabe referir*, por necessário, que esse entendimento no sentido *de que o afeto* representa um dos fundamentos mais significativos da família moderna, qualificando-se, para além da sua dimensão ética, como valor jurídico impregnado de perfil constitucional [...][533].

Depreende-se que o voto do Ministro Celso de Mello reconhece o perfil constitucional da afetividade e o seu papel como vetor do novo paradigma das relações familiares, o que desnuda seu perfil principiológico[534] (conforme se está a sustentar nesta obra). O voto ainda cita vasta doutrina que corrobora suas afirmações e, a partir do reconhecimento do afeto como valor jurídico-constitucional, com a posterior contribuição de outros relevantes argumentos, justifica sua decisão no sentido de conferir reconhecimento jurídico das uniões homoafetivas como entidades familiares.

Percebe-se que o STF reconheceu a alteração paradigmática processada nas famílias nas últimas décadas, visto que – nesse caso emblemático – houve afirmação de que a afetividade seria elemento central e balizador dos relacionamentos familiares contemporâneos (anote-se: também nesse particular o julgamento foi unânime).

A recente análise de uma causa tão singular como o reconhecimento das uniões homoafetivas permitiu ao STF externar como interpreta o sistema civil-constitucional brasileiro contemporâneo em face dessa fragmentada, complexa e instável realidade[535]. Relativamente ao Direito de Família, importa

---

[533] Trecho do voto da Min. Celso de Mello (p. 40-41). STF, ADIn 4.277/DF e ADPF 132/RJ, Rel. Min. Carlos Ayres Britto, j. 05.05.2011, unânime. Trechos extraídos do voto do Min. Marco Aurélio (p. 255-256 do Acórdão).

[534] Em outra oportunidade, o Min. Celo de Mello fez empresa referência à afetividade como princípio ao se manifestar no caso da RG 622 (que cuidou da Multiparentalidade).

[535] Com base no precedente, o reconhecimento de uma união homoafetiva foi reiterado em outro julgado do STF, de relatoria do Min. Celso de Mello, cuja *ementa confirma o reconhecimento do afeto como valor jurídico de natureza constitucional*: STF, RExt. 477.554 AgR/MG. 2ª Turma, j. 16.08.2011. Ementa: "União civil entre pessoas do mesmo sexo – Alta relevância social e jurídico-constitucional da questão pertinente às uniões homoafetivas – Legitimidade constitucional do reconhecimento e qualificação da união estável homoafetiva como entidade familiar: posição consagrada na jurisprudência do Supremo Tribunal Federal (ADPF 132/RJ e ADI 4.277/DF) – O afeto como valor jurídico impregnado de natureza constitucional: a valorização desse

370 | PRINCÍPIO DA AFETIVIDADE NO DIREITO DE FAMÍLIA – *Ricardo Calderón*

registrar que esse julgamento permitiu à nossa Corte Suprema manifestar sua

> novo paradigma como núcleo conformador do conceito de família – o direito à busca da felicidade, verdadeiro postulado constitucional implícito e expressão de uma idéia--força que deriva do princípio da essencial dignidade da pessoa humana – Alguns precedentes do Supremo Tribunal Federal e da suprema corte americana sobre o direito fundamental à busca da felicidade – Princípios de Yogyakarta (2006): direito de qualquer pessoa de constituir família, independentemente de sua orientação sexual ou identidade de gênero – Direito do companheiro, na união estável homoafetiva, à percepção do benefício da pensão por morte de seu parceiro, desde que observados os requisitos do art. 1.723 do Código Civil – o art. 226, § 3º, da lei fundamental constitui típica norma de inclusão – A função contramajoritária do supremo tribunal federal no estado democrático de direito – A proteção das minorias analisada na perspectiva de uma concepção material de democracia constitucional – O dever constitucional do estado de impedir (e, até mesmo, de punir) "qualquer discriminação atentatória dos direitos e liberdades fundamentais" (CF, art. 5º, XLI) – a força normativa dos princípios constitucionais e o fortalecimento da jurisdição constitucional: elementos que compõem o marco doutrinário que confere suporte teórico ao neoconstitucionalismo – Recurso de agravo improvido. Ninguém pode ser privado de seus direitos em razão de sua orientação sexual. – Ninguém, absolutamente ninguém, pode ser privado de direitos nem sofrer quaisquer restrições de ordem jurídica por motivo de sua orientação sexual. Os homossexuais, por tal razão, têm direito de receber a igual proteção tanto das leis quanto do sistema político-jurídico instituído pela Constituição da República, mostrando-se arbitrário e inaceitável qualquer estatuto que puna, que exclua, que discrimine, que fomente a intolerância, que estimule o desrespeito e que desiguale as pessoas em razão de sua orientação sexual. Reconhecimento e qualificação da união homoafetiva como entidade familiar. – O Supremo Tribunal Federal – apoiando-se em valiosa hermenêutica construtiva e invocando princípios essenciais (como os da dignidade da pessoa humana, da liberdade, da autodeterminação, da igualdade, do pluralismo, da intimidade, da não discriminação e da busca da felicidade) – reconhece assistir, a qualquer pessoa, o direito fundamental à orientação sexual, havendo proclamado, por isso mesmo, a plena legitimidade ético-jurídica da união homoafetiva como entidade familiar, atribuindo-lhe, em consequência, verdadeiro estatuto de cidadania, em ordem a permitir que se extraiam, em favor de parceiros homossexuais, relevantes consequências no plano do Direito, notadamente no campo previdenciário, e, também, na esfera das relações sociais e familiares. – A extensão, às uniões homo-afetivas, do mesmo regime jurídico aplicável à união estável entre pessoas de gênero distinto justifica-se e legitima-se pela direta incidência, dentre outros, dos princípios constitucionais da igualdade, da liberdade, da dignidade, da segurança jurídica e do postulado constitucional implícito que consagra o direito à busca da felicidade, os quais configuram, numa estrita dimensão que privilegia o sentido de inclusão decorrente da própria Constituição da República (art. 1º, III, e art. 3º, IV), fundamentos autônomos e suficientes aptos a conferir suporte legitimador à qualificação das conjugalidades entre pessoas do mesmo sexo como espécie do gênero entidade familiar. – Toda pessoa tem o direito fundamental de constituir família, independentemente de sua orientação sexual ou de identidade de gênero. A família resultante da união homoafetiva não pode sofrer discriminação, cabendo-lhe os mesmos direitos, prerrogativas, benefícios e obrigações

leitura da família brasileira na atualidade, momento no qual o tribunal não se furtou a solidificar o perfil principiológico da afetividade.

A percepção da transição paradigmática que se processa na família brasileira foi amplamente citada nas diversas manifestações dos ministros, momento no qual emergiu o reconhecimento da afetividade como novo paradigma, ou seja, para além de mero valor relevante ao Direito. Ressalte-se, ainda, que não houve vozes em sentido contrário à afetividade, ou seja, não se registrou qualquer manifestação de voto na Corte Suprema consignando que a afetividade seria estranha ao Direito, que não poderia ser valorada por não constar expressamente no ordenamento, que seria um sentimento não válido ao mundo jurídico, ou que a sua subjetividade a invalidaria. Essas e outras críticas similares já lhe foram postas em momentos pretéritos.

---

que se mostrem acessíveis a parceiros de sexo distinto que integrem uniões heteroafetivas. A dimensão constitucional do afeto como um dos fundamentos da família moderna. – O reconhecimento do afeto como valor jurídico impregnado de natureza constitucional: um novo paradigma que informa e inspira a formulação do próprio conceito de família. Doutrina. Dignidade da pessoa humana e busca da felicidade. – O postulado da dignidade da pessoa humana, que representa – considerada a centralidade desse princípio essencial (CF, art. 1º, III) – significativo vetor interpretativo, verdadeiro valor-fonte que conforma e inspira todo o ordenamento constitucional vigente em nosso país, traduz, de modo expressivo, um dos fundamentos em que se assenta, entre nós, a ordem republicana e democrática consagrada pelo sistema de direito constitucional positivo. Doutrina. – O princípio constitucional da busca da felicidade, que decorre, por implicitude, do núcleo de que se irradia o postulado da dignidade da pessoa humana, assume papel de extremo relevo no processo de afirmação, gozo e expansão dos direitos fundamentais, qualificando-se, em função de sua própria teleologia, como fator de neutralização de práticas ou de omissões lesivas cuja ocorrência possa comprometer, afetar ou, até mesmo, esterilizar direitos e franquias individuais. – Assiste, por isso mesmo, a todos, sem qualquer exclusão, o direito à busca da felicidade, verdadeiro postulado constitucional implícito, que se qualifica como expressão de uma idéia-força que deriva do princípio da essencial dignidade da pessoa humana. Precedentes do Supremo Tribunal Federal e da Suprema Corte americana. Positivação desse princípio no plano do direito comparado. A função contramajoritária do supremo tribunal federal e a proteção das minorias. – A proteção das minorias e dos grupos vulneráveis qualifica-se como fundamento imprescindível à plena legitimação material do Estado Democrático de Direito. – Incumbe, por isso mesmo, ao Supremo Tribunal Federal, em sua condição institucional de guarda da Constituição (o que lhe confere "o monopólio da última palavra" em matéria de interpretação constitucional), desempenhar função contramajoritária, em ordem a dispensar efetiva proteção às minorias contra eventuais excessos (ou omissões) da maioria, eis que ninguém se sobrepõe, nem mesmo os grupos majoritários, à autoridade hierárquico-normativa e aos princípios superiores consagrados na Lei Fundamental do Estado. Precedentes. Doutrina". (grifos nossos)

Outro aspecto interessante dessa decisão é o fato de ter sido proferida apenas com base em uma hermenêutica contemporânea da legislação civil e da Constituição, permeada pela força dos fatos sociais, mas sem alteração legislativa recente sobre o tema objeto de análise. Como ficou expresso em muitos dos votos dos ministros, é, inequivocamente, sinal de um momento pós-positivista do Direito[536].

A par de diversos outros temas igualmente relevantes no julgamento das uniões homoafetivas (como a incidência dos direitos fundamentais nas relações privadas), percebe-se que o trato das relações familiares no presente leva à valoração jurídica da afetividade. O fato de esse reconhecimento advir da nossa Corte Superior – o que tem sido feito reiteradamente, diga-se de passagem – é digno de nota e deve ser levado em conta pela literatura jurídica do direito de família.

Reflexo direto dessa decisão do STF (e outro elemento sinalizador deste momento vivido no direito de família) foi a subsequente decisão do STJ[537], proferida ainda em 2011, que permitiu a celebração de casamento civil entre pessoas do mesmo sexo. Na esteira do entendimento do STF, que permitiu o reconhecimento das uniões homoafetivas como uniões estáveis, o STJ entendeu possível o prosseguimento da celebração de casamento civil entre pessoas do mesmo sexo. Nas palavras do relator, Min. Luis Felipe Salomão:

> Agora, a concepção constitucional do casamento – diferentemente do que ocorria com os diplomas superados –, deve ser necessariamente plural, porque plurais também são as famílias e, ademais, não é ele, o casamento, o destinatário final da proteção do Estado, mas apenas o intermediário de um propósito maior, que é a proteção da pessoa humana em sua inalienável dignidade[538].

---

[536] "A decisão do Plenário do Supremo Tribunal Federal, de 4 de maio de 2011, acerca das famílias formadas por uniões homoafetivas (julgamento do ADI 427 e ADPF 132), suscita numerosas reflexões. Antes de mais nada, desfaz a falsa impressão, cristalizada no cotidiano da advocacia, de um Judiciário conservador. Afinal a Suprema Corte antecipou-se ao legislador para assegurar, na esteira de outros países, a liberdade para o estabelecimento de núcleos familiares compatíveis com a orientação sexual de seus integrantes, projetando para a vida privada os princípios constitucionais da dignidade da pessoa humana, da igualdade e da solidariedade" (TEPEDINO, Gustavo. Uniões de pessoas do mesmo sexo e teoria da interpretação. **Revista Trimestral de Direito Civil**, Rio de Janeiro, Padma, v. 45, jan./mar. 2011, p. v.

[537] Proferida em: STJ, REsp 1.183.378/RS, Rel. Min. Luis Felipe Salomão, j. out. 2011.

[538] Trecho do voto do Rel. Min. Luis Felipe Salomão no REsp 1.183.378.

Como visto, o STJ foi precursor ao admitir diretamente o casamento civil de pessoas do mesmo sexo, a partir da leitura conferida pelo STF ao cuidar do tema, o que não poderia ser diferente. Em que pese hoje isso pareça natural e corriqueiro, historicamente a referida decisão foi impactante e de grande relevância para o direito de família brasileiro. Por óbvio, mais do que acertada.

Em maio de 2013, o CNJ aprovou uma resolução que detalhou como deveria se dar a habilitação para os casamentos de pessoas do mesmo sexo nos cartórios brasileiros. A Resolução nº 175 também vedou, expressamente, a recusa da celebração de casamentos homoafetivos por Oficiais do Registro (art. 2º). No mesmo sentido, proibiu ainda a recusa dos Notários à celebração de escrituras públicas de uniões homoafetivas (o que, à época, se mostrou mais do que necessário). Essa resolução foi de relevância prática ímpar, pois concretizou o exercício desses direitos para as pessoas do mesmo sexo em todo o território nacional (o que ainda encontrava obstáculos). A partir dessa deliberação administrativa, o casamento civil entre pessoas do mesmo sexo foi devidamente regulamentado no cenário brasileiro.

Na esteira desses entendimentos, admitiu-se que a competência para julgamento das ações decorrentes de uniões homoafetivas seria das Varas de Família, o que até então era objeto de debate jurisprudencial e doutrinário (anteriormente se remetiam tais ações às Varas Cíveis). O STJ proferiu decisões pacificando a discussão e confirmou a competência das Varas de Família para essas causas homoafetivas (REsp 964.489/RS, Rel. Min. Antonio Carlos Ferreira, j. 12.03.2013).

Outra grande conquista para casais homoafetivos foi a permissão para que pudessem adotar crianças de forma isonômica aos casais heteroafetivos[539]. Havia muita resistência em se permitir que os casais homoafetivos pudessem adotar. Entretanto, após as decisões supracitadas, tornou-se insustentável esse discurso, restando evidente a permissão. Houve, ainda, a tentativa de autorizar a adoção por casais homoafetivos, mas com restrições, o que também foi superado judicialmente. Novamente a afetividade exerceu papel central na pavimentação do caminho para a possibilidade de adoção por casais homoafetivos, em igualdade de condições com os casais heteroafetivos.

Em meados de 2010, o STJ proferiu uma pioneira decisão que permitiu uma adoção homoafetiva[540]. Essa decisão foi fundamentada no princípio do

---

[539] Sobre o tema: GIRARDI, Viviane. Famílias **Famílias contemporâneas. Filiação e afeto:** a possibilidade jurídica da adoção por homossexuais. Porto Alegre: Livraria do Advogado, 2005.

[540] STJ, REsp 889.852/RS, 4ª Turma, Rel. Min. Luis Felipe Salomão, j. 27.04.2010.

melhor interesse da criança e do adolescente e no vínculo afetivo existente entre os adotantes e os adotados (afetividade). A decisão permitiu a um casal de mulheres adotar duas crianças, dois irmãos biológicos. A relevância da afetividade para o resultado final do processo restou externada na própria ementa do caso "[...] É incontroverso que existem fortes vínculos afetivos entre a recorrida e os menores – sendo a afetividade o aspecto preponderante a ser sopesado numa situação como a que ora se coloca em julgamento"[541].

O espraiar da afetividade foi vital para o reconhecimento da possibilidade de adoção por casais homoafetivos em igualdade de condições aos casais heteroafetivos, o que – recentemente – recebeu chancela inclusive do STF. Ao deliberar sobre um caso concreto, o STF confirmou essa possibilidade ao julgar[542], em 2015, um caso que havia sido decidido pelo Tribunal de Justiça do Paraná[543]. A decisão reafirmou que as uniões homoafetivas são entidades familiares como qualquer outra, de modo que não podem sofrer tratamento discriminatório, em vista do que a adoção plena (sem restrições) restou deferida naquele caso concreto.

Posteriormente, conferem-se outras projeções jurídicas a casais homoafetivos, como o direito ao recebimento de verbas previdenciárias, licenças maternidade/paternidade, inclusões como dependentes em clubes e planos de saúde, benefícios tributários, entre outros.

Decisão recente do STF (julgamento em 10.05.2017[544]) equiparou os direitos sucessórios de companheiros homoafetivos aos direitos sucessórios das pessoas casadas, de modo a afastar as disposições do art. 1.790 do CC e aplicar as disposições do art. 1.829 do CC ao referido caso concreto. Com isso, confirmou-se a declaração de inconstitucionalidade do art. 1.790 do CC (que cuidava das regras sucessórias de pessoas que viviam em união estável)

---

[541] Trecho da ementa proferida no REsp 889.852/RS, 4ª Turma, Rel. Min. Luis Felipe Salomão, j. 27.04.2010, STJ.

[542] STF, RE 846.102, de relatoria da Min. Carmen Lúcia, j. 05.03.2015.

[543] O caso envolvia um pedido de adoção realizado por um casal homoafetivo, formado por dois homens, que vivem conjugalmente em Curitiba/PR há vários anos. No referido processo, houve decisão da Vara da Infância delimitando a idade da criança a ser adotada (maior de 12 anos), tendo em vista envolver adotantes homoafetivos. Em recurso ao TJPR essa restrição foi levantada. Contra essa decisão houve novo Recurso do Ministério Público do Paraná ao STF, quando aquele tribunal confirmou que a adoção por pessoas do mesmo sexo deve se dar de forma idêntica às conferidas aos casais heteroafetivos.

[544] STF, RE 646.721, Rel. Min. Marco Aurélio, j. 10.05.2017, por maioria. O min. Marco Aurélio votou contra a tese, mas restou vencido.

Cap. IV · PROJEÇÕES DA AFETIVIDADE NO DIREITO DE FAMÍLIA | **375**

e corroborou que se aplicam apenas as regras sucessórias do art. 1.829 do CC e seguintes (que cuidam das regras sucessórias das pessoas casadas). A tese aprovada pelo STF foi a seguinte: "No sistema constitucional vigente é inconstitucional a diferenciação de regime sucessório entre cônjuges e companheiros devendo ser aplicado em ambos os casos o regime estabelecido no art. 1.829 do Código Civil".

Essa declaração se aplica tanto aos casais homo como também aos heteroafetivos, como não poderia deixar de ser. Inclusive, na mesma data, foi julgado um caso similar que cuidava de uma união estável heteroafetiva que teve a mesma deliberação[545]. Ainda assim, o fato de um dos primeiros casos no qual isso foi discutido consistir em uma união homoafetiva é digno de nota. O tema foi aprovado em repercussão geral e, por conseguinte, orientará as deliberações futuras sobre o assunto.

Ao lado disso, tramita há muitos anos no Congresso Nacional um projeto de lei que visa a regulamentar essas uniões, de autoria da então Deputada Federal Marta Suplicy (PL 1.151/1995). O projeto regula a união entre pessoas do mesmo sexo e pretende adequar os dispositivos do Código Civil que tratam do casamento para permitir expressamente o casamento homoafetivo (na esteira do que já deliberaram o STF, o STJ e o CNJ). Apenas em 08.03.2017 o referido projeto foi aprovado na Comissão de Constituição e Justiça do Senado Federal, mas ainda possui um longo caminho legislativo a percorrer. Em paralelo, o Estatuto das Famílias, PLS 470/2013, projeto de lei proposto pela Senadora Lídice da Mata com apoio do IBDFam, também pretendia regular as uniões homoafetivas. Entretanto, já foi objeto de restrições nessa temática no curso do processo legislativo, o que é retrato da resistência que a questão enfrenta perante o Congresso Nacional. Lamentavelmente, ainda se esperam muitos obstáculos para a aprovação de alguma lei sobre o tema.

As manifestações do CNJ, STJ e do STF são explícitas ao reconhecer as uniões homoafetivas como entidades familiares lastreadas pelo vínculo da afetividade. A partir disso, lhe conferem os direitos inerentes a tais entidades, respeitando-as como família, como não poderia deixar de ser.

Atualmente, no cenário brasileiro, as uniões homoafetivas são merecedoras dos mesmos direitos conferidos às uniões heteroafetivas, o que é resultado de uma conquista histórica e paulatina. Entretanto, convivemos com uma característica peculiar: tal reconhecimento advém apenas das deliberações judiciais, inexistindo ainda legislação específica.

---

[545] STF, RE 878.694, Rel. Min. Luís Roberto Barroso. A tese proposta pelo Min. Barroso foi a que restou aprovada, por maioria.

A trajetória dos direitos dos casais homoafetivos caminhou *pari passu* com o percurso percorrido pela afetividade para obtenção do respectivo reconhecimento jurídico, o que é indicativo da harmonia e inter-relação entre as temáticas. Essa união contribui para que tenhamos um direito de família mais plural e menos monocromático.

SEÇÃO XII. POLIAFETIVIDADE E FAMÍLIAS SIMULTÂNEAS: DESAFIOS DO PRESENTE

> *Prefiro ser*
> *Essa metamorfose ambulante*
> *Eu prefiro ser*
> *Essa metamorfose ambulante*
> *Do que ter aquela velha opinião*
> *Formada sobre tudo*
> *[...]*
> *Sobre o que é o amor*
> *Sobre o que eu nem sei quem sou*
> *Se hoje eu sou estrela*
> *Amanhã já se apagou*
> *Se hoje eu te odeio*
> *Amanhã lhe tenho amor*
> *[...]*
> *Raul Seixas*

A atual complexidade das relações familiares coloca um outro tema na ordem do dia do direito de família brasileiro: a possibilidade de se conceder efeitos jurídicos às famílias simultâneas e às denominadas relações *poliafetivas*. Essas peculiares formas de relacionamento estão presentes na sociedade e passam a clamar, cada vez mais, por algum reconhecimento jurídico.

Os relacionamentos poliafetivos (também chamados de *poliamorísticos*) envolvem três ou mais pessoas que vivem uma relação típica de conjugalidade, de forma harmoniosa e consensual, com anuência e participação afetiva de todos[546]. Nessas relações, há um núcleo único de conjugalidade, que é compartilhado pelos envolvidos.

---

[546] Para saber mais sobre o tema se recomenda a série **Amores Livres**, transmitida pelo canal de TV por assinatura brasileiro GNT, durante o ano de 2016, que retrata

Já as denominadas famílias simultâneas ou paralelas[547] constituem situações distintas, pois envolvem relacionamentos que contam com uma pessoa casada ou que já convive em união estável com uma pessoa, mas que mantém outro relacionamento paralelo simultaneamente, com outra pessoa. No caso das famílias simultâneas[548] ou paralelas[549], o que há são dois núcleos distintos, que não convivem entre si afetivamente (em regra, um integrante mantém uma relação com uma pessoa em um núcleo, e, separadamente, esse mesmo integrante mantém uma relação paralela com outrem em outro núcleo, ao mesmo tempo). Apenas um integrante frequenta os dois núcleos, que são claramente distintos (e às vezes não há nem ciência da existência do outro).

Giselda Hironaka e Flávio Tartuce descrevem as *uniões paralelas em casamentos ou uniões estáveis*

> As famílias paralelas estão presentes quando se constata a presença de mais de um vínculo marcado com o objetivo de constituição familiar. A título de ilustração, podem ser citados os casos de concomitância de um casamento com outro relacionamento, tido pela lei como um concubinato, marcado pela presença de uma sociedade de fato (art. 1.727 do CC). Ou, ainda, as uniões estáveis plúrimas, evidenciadas pelos fatos concretos de alguém que mantém mais de um convivente[550].

Percebe-se, assim, que nas denominadas famílias simultâneas o que existe são dois ou mais núcleos distintos de conjugalidade (com apenas um integrante comum entre eles). Esses relacionamentos paralelos há muito são conhecidos da realidade brasileira, entretanto, contam com um largo histórico de invisibilidade jurídica (ou seja, uma negativa peremptória de reconhecimento).

Já nas chamadas relações poliafetivas, haveria um núcleo de conjugalidade único, do qual participariam efetivamente os integrantes dessa relação

---

variadas relações plúrimas.

[547] RUZYK, Carlos Eduardo Pianovski. **Famílias simultâneas:** da unidade codificada à pluralidade constitucional. Rio de Janeiro: Renovar, 2005.

[548] SCHREIBER, Anderson. Famílias simultâneas e redes familiares. In: EHRHARDT JÚNIOR, Marcos; ALVES, Leonardo Barreto Moreira (coords.). **Leituras complementares:** direitos das famílias. Salvador: Juspodivm, 2010.

[549] FERRARINI, Leticia. **Famílias simultâneas e seus efeitos jurídicos.** Porto Alegre: Livraria do Advogado, 2010.

[550] HIRONAKA, Giselda Maria Fernandes Novaes; TARTUCE, Flávio. Famílias contemporâneas (pluralidade de modelos). In: LAGRASTA NETO, Caetano; SIMÃO, José Fernando (coords.). **Dicionário de Direito de Família.** v 1 (A-H). São Paulo: Atlas, 2015, p. 417.

plúrima, que se relacionariam entre si afetivamente, de forma conjunta e consensual (o mais comum seriam três pessoas, no que se denomina um *trisal*)[551]. Esses relacionamentos superam a monogamia para conviver em uma relação múltipla, lastreada (segundo defendem) na lealdade e sinceridade entre os partícipes.

Essas relações poliafetivas poderiam ser definidas como

> uma forma de relacionamento no qual as pessoas mantêm, abertamente, múltiplos parceiros românticos, sexuais e/ou afetivos. Com ênfase em relacionamentos emocionalmente íntimos e a longo prazo, seus praticantes entendem que o poliamor se diferencia do *swing* – e do adultério – na medida em que há um foco na honestidade e na divulgação completa da rede de relacionamentos para todos que participam ou são afetados por eles. Nas relações de poliamor, tanto os homens quanto as mulheres podem ter acesso a parceiros múltiplos, diferentemente das relações poligâmicas, nas quais somente aos homens é permitido ter múltiplas parceiras[552].

Nas relações poliafetivas, portanto, teríamos apenas um núcleo de conjugalidade que seria vivenciado afetivamente por todos os integrantes dessa relação (mais de dois), com ciência, anuência e participação de todos. Certamente essa é uma forma nova de relacionamento que, recentemente, vem passando a despontar social e juridicamente.

De forma sintética, resta possível afirmar que *uniões paralelas são as que formam dois ou mais núcleos familiares conjugais distintos; uniões poliafetivas*

---

[551] "Para ilustrar a dificuldade em se definir de forma exata o que seria o poliamor, Ann Tweedy (2011, p. 1483) constata que seus praticantes têm diferentes visões acerca de sua definição: se deve ser considerado como uma identidade ou se identidade seria expressar diferentes pontos de vista acerca do poliamor. Alguns poliamorosos resistem à ideia de que o poliamor é uma identidade essencial, preferindo se embasar na liberdade, fluidez e individualismo proporcionados aos seus praticantes. No entanto, outros já o enxergam como uma identidade essencial, relacionada a um maior grau de tendências individuais poliamorosas no sentido de se abster completamente do ciúme em uma relação amorosa" (SANTIAGO, Rafael da Silva. **O mito da monogamia à luz do direito civil-constitucional:** necessidade de uma proteção normativa às relações de poliamor. Dissertação (Mestrado em Direito) – Universidade de Brasília, Brasília, 2014, p. 122).

[552] SHEFF, Elisabeth apud SANTIAGO, Rafael da Silva. **O mito da monogamia à luz do direito civil-constitucional:** necessidade de uma proteção normativa às relações de poliamor. Dissertação (Mestrado em Direito) – Universidade de Brasília, Brasília, 2014, p. 123.

formam um único núcleo familiar conjugal, com mais de duas pessoas[553]. Rodrigo da Cunha Pereira é um dos que auxilia na compreensão da distinção entre uniões poliafetivas e famílias simultâneas ou paralelas.

> É a união afetiva estabelecida entre mais de duas pessoas em uma interação recíproca, constituindo família ou não. No Brasil, tais uniões são vistas com reservas, em função do princípio da monogamia, base sobre a qual o Direito de Família brasileiro está organizado, embora sejam comuns em ordenamentos jurídicos de alguns países da África e no mundo árabe que adotam o sistema da poligamia. Embora se assemelhem, a união poliafetiva se distingue da união simultânea ou paralela, porque nesta, nem sempre as pessoas têm conhecimento da outra relação, e geralmente acontece na clandestinidade, ou seja, umas das partes não sabe que o(a) marido/esposa companheiro(a) tem outra relação. Em alguns casos tem-se uma família paralela, em outras apenas uma relação de amantes e da qual não há consequências jurídicas[554].

A partir de tais distinções, resta possível perceber a relevância que a afetividade pode assumir para o reconhecimento dessas novas *entidades familiares*. Incontroverso que existem agrupamentos que não se amoldam rigidamente às estruturas formais legisladas (como o casamento e a união estável). Ainda assim, tais situações jurídicas podem ser merecedoras de algum reconhecimento e de alguma proteção, mesmo que de forma pontual, mediante a análise de um dado caso concreto.

Em relação ao termo *poliamor* inicialmente importa destacar que, juridicamente, o denominador que melhor retrata tais situações é o significante *poliafetividade*. Isso porque, embora socialmente seja corrente o uso da expressão *poliamor* para descrever tais relações plúrimas, no cenário jurídico-brasileiro o termo que mais indicado é o que utiliza como sufixo a afetividade[555].

---

[553] VECCHIATTI, Paulo Roberto Iotti. Famílias paralelas e poliafetivas devem ser reconhecidas pelo Judiciário. **Conjur**, 05 ago. 2014. Disponível em: http://www.conjur.com.br/2014-ago-05/paulo-iotti-familias-paralelas-poliafetivas-reconhecidas. Acesso: 04 maio 2023.

[554] PEREIRA, Rodrigo da Cunha. União poliafetiva – Dicionário de Direito de Família e Sucessões. 7 jan. 2016. Disponível em: http://www.rodrigodacunha.adv.br/uniao--poliafetiva-dicionario-de-direito-de-familia-e-sucessoes/. Acesso em 16 abr. 2023.

[555] Da mesma forma que se convencionou denominar as relações entre pessoas do mesmo sexo de homoafetivas, parece adequado o tratamento de tais relações como poliafetivas.

Conforme já descrito nos capítulos anteriores, a afetividade possui sólida edificação legislativa, doutrinária e jurisprudencial, sendo um princípio jurídico consolidado no direito de família brasileiro contemporâneo. O Direito pátrio percebeu a afetividade como o novo paradigma dos relacionamentos familiares e lhe conferiu uma devida tradução, com os contornos típicos das demais categorias jurídicas.

Em vista disso, há consistentes ferramentas para se laborar juridicamente com os vínculos afetivos (de forma objetiva, conforme também já exposto). Os jusfamiliaristas estão habituados a operar com tais significantes (vide: *socioafetividade, homoafetividade*), a partir do que se recomenda a utilização de termo já assimilado pela cultura do direito de família local para tratar desses plúrimos relacionamentos de conjugalidade, ou seja, *poliafetividade.*

Anote-se, ainda, que na atualidade há entraves para se laborar objetiva e juridicamente com o amor, em vista do que não se recomenda ao Direito se debruçar sobre tal tema. Na atual cultura jurídica brasileira, não se mostra atualmente viável a utilização do amor enquanto categoria jurídica[556] – muito embora haja autores que, de forma prospectiva, procuram reduzir as barreiras atualmente existentes entre o Direito e o amor, como o italiano Stefano Rodotà[557].

Ainda que se sustente a utilização do significante "poliafetividade" para descrever tais relações, o seu significado atual é o mesmo do que vem sendo definido como poliamor. Ou seja, "relações poliafetivas" seriam sinônimo de "relações poliamorísticas", com o registro de que o termo adequado, para fins jurídicos, seria o primeiro[558].

O paradigma da afetividade pode vir a permitir o reconhecimento de outras formas de conjugalidade para além do casamento e da união estável[559].

---

[556] RODRIGUES JUNIOR, Otavio Luiz. As linhas que dividem amor e direito nas constituições. **Conjur**, 27 dez. 2012. Disponível em: http://www. conjur.com.br/2012--dez-27/direito-comparado-linhas-dividem-amor-direito- constituicoes. Acesso em: 16 abr. 2023.

[557] RODOTÀ, Stefano. Diritto d'amore. Bari: Laterza, 2015.

[558] "Mr. Oberon Zell, marido da criadora da palavra "poliamor", em entrevista para o presente trabalho [...], é claro ao afirmar que a afetividade pode ser considerada como o elemento decisivo para identificar um relacionamento como poliamoroso" (SANTIAGO, Rafael da Silva. **O mito da monogamia à luz do direito civil-constitucional**: necessidade de uma proteção normativa às relações de poliamor. 2014. Dissertação (Mestrado em Direito) – Universidade de Brasília, Brasília, 2014, p. 158.

[559] NAMUR, Samir. **Autonomia privada para a constituição da família**. Rio de Janeiro: Lumen Iuris, 2014.

Cap. IV • PROJEÇÕES DA AFETIVIDADE NO DIREITO DE FAMÍLIA | **381**

A realidade social tem apresentado outras formas de convivência afetiva que, mesmo que não expressamente previstas pelo ordenamento, podem merecer alguma tutela jurídica. A temática exige uma análise pela perspectiva civil--constitucional.

As diretrizes fixadas pela Constituição de 1988 permitem afirmar que há abertura para o reconhecimento de outras entidades familiares que extrapolam aquelas expressamente previstas pelo texto constitucional: casamento, união estável e família monoparental (art. 226, *caput*, §§ 3º e 4º, CF). Vislumbra-se uma porosidade que permite colmatar outras entidades familiares para além do *numerus clausus*[560].

Na estrutura descrita por Paulo Lôbo, os atuais elementos caracterizadores de uma entidade familiar seriam a afetividade, estabilidade e ostentabilidade[561]. A partir disso, é possível perceber que esses fatores podem estar presentes em uma relação de conjugalidade plúrima ou em uma família simultânea, o que traz o questionamento se tais relacionamentos devem ou não ser considerados entidades familiares. Um sentido plural e aberto de família faz desaguar perguntas dessa estirpe, que atualmente instigam a doutrina e a jurisprudência.

A possibilidade ou não de reconhecimento jurídico para as famílias simultâneas e para as relações poliafetivas deve ser vista a partir dos princípios constitucionais da dignidade, liberdade, igualdade e solidariedade e afetividade, em hermenêutica civil-constitucional de dimensão prospectiva. A constitucionalização prospectiva defendida por Luiz Edson Fachin[562] lança propostas que parecem conciliar com as ideias acima descritas, visto que afirma que *"prospectiva é a dimensão propositiva e transformadora desse modo de constitucionalizar, como um atuar de construção de significados"*[563]. Ou seja, apresenta um processo de constitucionalização permanente, em uma construção contínua que assimile fatos sociais que se projetam sobre o Direito.

---

[560] LÔBO, Paulo Luiz Netto. Entidades familiares constitucionalizadas: para além do *numerus clausus*. **Revista Brasileira de Direito de Família,** Porto Alegre, Síntese/IBDFam, v. 3, n. 12, p. 55, jan./mar. 2002.

[561] LOBO, Paulo Luiz Netto. **Direito civil:** famílias. São Paulo: Saraiva, 2008, p. 58.

[562] FACHIN, Luiz Edson. A construção do direito privado contemporâneo na experiência crítico-doutrinária brasileira. In: TEPEDINO, Gustavo (org.). **Anais do Congresso Internacional de Direito Civil-Constitucional da Cidade do Rio de Janeiro**. São Paulo: Atlas, 2008, p. 15.

[563] FACHIN, Luiz Edson. **Direito civil**. Sentidos, transformações e fim. Rio de Janeiro: Renovar, 2015, p. 9.

Em paralelo, cumpre assimilar a lição de Stefano Rodotà, em sua obra *Il Diritto de Avere Diritti*[564], na qual sustenta uma *constitucionalização da pessoa*, proposta pela qual a pessoa concreta deve passar a ser o centro de referência com vistas a materialização dos direitos. Para tanto, defende ser necessária uma redução da abstração das categorias jurídicas para que procurem uma aproximação com a realidade fática. A partir disso, uma das suas conclusões é que mesmo em momentos de instabilidade econômica, social e política a ancoragem da sociedade deve estar na defesa e concretização dos direitos fundamentais.

Nessa perspectiva, emerge a reflexão sobre qual é o papel do Estado na interface com essas "novas" formas de conjugalidade, conforme afirmam Maria Celina Bodin de Moraes e Renata Vilela Multedo:

> Nas relações conjugais e convivenciais, o Estado deve cumprir o papel de promocional, por meio de tutela que não implique necessariamente intervenção, sem restringir sua construção ou dificultar sua dissolução. A descoberta do caminho de realização do próprio projeto de vida pertence, de forma exclusiva, ao casal. Quando se trata de pessoas livre e iguais, soa abusiva a heteronomia em matéria tão íntima, sendo a interferência estatal válida tão somente para garantir o exercício da liberdade em condições de igualdade substancial[565].

Hodiernamente, vem sendo questionada uma excessiva intervenção estatal em questões privadas como essas de conjugalidade. A busca por uma adequada sintonia fina na apuração dos limites entre o público e o privado é o que se espera alcançar. No que se refere às relações familiares de conjugalidade, em regra, a atuação estatal deve ser mínima e sempre em uma perspectiva promocional. Alguns autores sustentam um *direito* de *família mínimo*[566]. A liberdade como *princípio constitucional*[567] é o farol que deve guiar *o intérprete na apreciação dos temas familiares do presente.*

---

[564] RODOTÀ, Stefano. **Il diritto di avere diritti**. Bari: Laterza, 2015, p. 140.

[565] MORAES, Maria Celina Bodin de; MULTEDO, Renata Vilela. Liberdade e afeto: reflexões sobre a intervenção do Estado nas relações conjugais. In: PEREIRA, Tânia da Silva; OLIVEIRA, Guilherme de; COLTRO, Antonio Carlos Mathias. **Cuidado e afetividade. Projeto Brasil-Portugal/2016-2017**. São Paulo: Atlas, 2017, p. 505.

[566] ALVES, Leonardo Barreto Moreira. **Direito de família mínimo: a possibilidade de aplicação da autonomia privada no direito de família**. Rio de Janeiro: Lumen Juris, 2010.

[567] "[...] para a ordem jurídico-constitucional brasileira importa reconhecer que o direito geral de liberdade abarca uma liberdade negativa e uma liberdade positiva, que, por sua vez, implica em um contexto de posições jurídica que dialogam com cada

O princípio da liberdade individual consubstancia-se, hoje, numa perspectiva de privacidade, intimidade e livre exercício da vida privada. Liberdade significa, cada vez mais, poder realizar, sem interferências de qualquer gênero, as próprias escolhas individuais – mais: o próprio projeto de vida, exercendo-o como melhor convier[568].

O jurista Luiz Edson Fachin, atual ministro do STF, é outro que questiona os limites dessa atuação estatal em matéria familiar, sendo este um ponto central para a análise das relações paralelas ou plúrimas:

> Principie-se por uma indagação: justifica-se a intervenção estatal no âmbito familiar? Até que ponto? Tais questionamentos elementares sobre liberdade, autonomia e proteção, chamam à colação o debate sobre o Direito Civil Prospectivo nas relações de família[569].

Em outra passagem, o mesmo autor sustenta uma leitura do direito de família a partir das premissas da *constitucionalização do Direito Privado* e da *repersonalização do Direito Civil*, a partir do que advoga uma hermenêutica que não se restringe a modelos herméticos.

> Nesse sentido, não mais existe um número fechado de hipóteses tuteladas, posto que tutelado, fática e juridicamente, deve ser o valor da pessoa em concretude. Bem por isso que excluir as relações jurídicas que não se amoldam às tradicionais cercaduras familiares e que rompem a barreira da predeterminação normativa implica negar muito mais do que simples modelos: importa, verdadeiramente, em olvidar a própria condição existencial de sujeitos concretos, que vivencialmente buscam a felicidade e a si próprios no afeto para com outrem. Pretender, assim, projetar uma espécie de arrimo a tal painel de possibilidade, no âmbito dessas perspectivas, traduz o sinônimo de respeitar e acatar escolhas pessoais, isso porque se trata, mais do que afirmar liberdade de fazer escolhas no lugar da não proibição, de verdadeiramente se cogitar uma "liberdade vivida"[570].

---

uma das duas dimensões" (SARLET, Ingo Wolfang; MARINONI, Luiz Guilherme. MITIDIERO, Daniel. **Curso de direito constitucional**. 5. ed., rev. e atual. São Paulo: Saraiva, 2016, p. 484).

[568] MORAES, Maria Celina Bodin de. O princípio da dignidade da pessoa humana. In: MORAES, Maria Celina Bodin de. **Na medida da pessoa humana**. Rio de Janeiro: Renovar, 2010, p. 108.

[569] FACHIN, Luiz Edson. **Direito civil**. Sentidos, transformações e fim. Rio de Janeiro: Renovar, 2015, p. 154.

[570] FACHIN, Luiz Edson. **Direito civil**. Sentidos, transformações e fim. Rio de Janeiro: Renovar, 2015, p. 163.

Na mesma linha, Carlos Eduardo Pianovski Ruzyk defende uma interlocução entre liberdade e família a partir da sua dimensão funcional, o que pode em muito contribuir no momento contemporâneo, de evidente transição paradigmática.

> Isso é revelador da dialética a que a própria dimensão funcional da expressão jurídica da família se submete: é na tensão entre liberdade(s) e autoridade que se desenvolvem as prestações que a família pode oferecer aos seus integrantes quando se trata das relação entre pais e filhos[571].

Para além de apenas analisar a estrutura da família do presente, importa também perceber a sua dimensão funcional, sempre com respeito aos princípios e valores da nossa CF/1988e, ao mesmo tempo, sem ignorar a força construtiva dos fatos sociais[572].

Uma leitura arejada do nosso sistema civil-constitucional é apta a permitir o reconhecimento jurídico de outras entidades familiares presentes no atual mosaico de relacionamentos que se apresenta na sociedade brasileira. Quais os limites e possibilidades disso? Esse é o atual desafio da doutrina do direito de família, "é a urgente necessidade de se pensar e refletir, dada a complexidade contemporânea, como o Direito se projetará nessa contemplação que entrevê as famílias na interlocução do público e do privado"[573].

Como dito alhures, o objetivo deste trabalho se limita a destacar os pontos de contato das temáticas em estudo nesta Seção com a afetividade, sem ignorar outros princípios, valores e regras que podem ser relevantes

---

[571] RUZYK, Carlos Eduardo Pianovski. **Institutos fundamentais de direito civil e liberdade(s)**: repensando a dimensão funcional do contrato, da propriedade e da família. Rio de Janeiro: GZ, 2011, p. 325.

[572] "Nesse cenário há de se refletir sobre a conquista representada pela prevalência no direito da realidade fática da família como comunidade de pessoas de carne e osso sobre a família no modelo formal e institucional de reprodução sexual e acumulação econômica em torno da autoridade patriarcal. O afeto torna-se nessa medida elemento definidor de situações jurídicas, ampliando-se a relação de filiação pela posse de estado de filho e flexibilizando-se, com benfazeja elasticidade, os requisitos para a constituição da família". (TEPEDINO, Gustavo. Dilemas do afeto. **Jota**, 31 dez. 2015. Disponível em: https://jota.info/especiais/dilemas-do-afeto-31122015. Acesso em: 16 abr. 2023.

[573] FACHIN, Luiz Edson. Famílias – entre o público e o privado. In: CONGRESSO NACIONAL DO IBDFAm. 8., 2012, Porto Alegre. **Anais** [...]. Porto Alegre: Magister; IBDFam, 2012, p. 168.

nestes assuntos[574]. Sem embargo disso, impende desde logo destacar que a percepção da afetividade como o novo vetor dos relacionamentos familiares em muito contribui para a abertura do nosso sistema jusfamiliar.

Há autores que há muito sustentam a possibilidade de concessão de efeitos jurídicos para as denominadas famílias simultâneas ou paralelas, entre eles, podemos destacar os contundentes trabalhos de Carlos Eduardo Pianovski Ruzyk, Anderson Schreiber, Marcos Alves da Silva e Letícia Ferrarini, todos já referenciados.

Atualmente, há forte embate doutrinário sobre a viabilidade ou não de algum reconhecimento jurídico para as distintas formas de conjugalidade (seja para as simultâneas, seja para as poliafetivas). Em que pese uma parcela deste debate ainda seja incipiente, algumas mediações merecem ser destacadas.

A fundamentação jurídica edificada pelo STF ao julgar o caso das uniões homoafetivas[575] pode servir de diretriz hermenêutica para a análise das uniões paralelas e das poliafetivas. Os princípios e valores constitucionais utilizados para julgar aquele caso concreto podem ser transportados para o tratamento dessas novas formas de convivência afetiva. As fronteiras entre o público e o privado reconhecidas naquele *leading case* se replicam na análise que ora se exige.

Alicerçando-se nas premissas constitucionais já aplicadas pelo STF (que aqui se faz remissão), resta averiguar o direito de família em si, de modo a perquirir os limites e possibilidades do reconhecimento jurídico desses relacionamentos paralelos ou plúrimos no hodierno quadro brasileiro.

O próprio Código Civil prevê uma esfera de liberdade e privacidade na estipulação da forma com que os particulares desenvolverão sua vida afetiva (art. 1.513, CC[576]). Essa diretriz da não intervenção na comunhão de vida é basilar, e a doutrina vem entendendo que essa expressão representa, claramente, uma comunhão afetiva. Ainda na matéria jusfamiliar, para análise do tema, assumem relevo dois princípios: o da monogamia e o da afetividade.

Uma maior reflexão sobre a permanência ou não da monogamia como princípio do Direito de Família contribui, em muito, para a evolução do debate. Uma das leituras que auxilia na reflexão em pauta questiona o papel central que ainda é conferido à monogamia. Marcos Alves da Silva é

---

[574] Para uma análise mais vertical sobre famílias simultâneas e uniões poliafetivas desde logo se faz remissão aos autores citados nesta seção.

[575] STF, ADPF 132.

[576] "Art. 1.513. É defeso a qualquer pessoa, de direito público ou privado, interferir na comunhão de vida instituída pela família."

um dos precursores a sustentar a superação da monogamia como princípio estruturante do direito de família brasileiro, aceitando sua incidência pontual apenas como regra. Essa distinção categorial permite perceber e tutelar juridicamente outras formas de conjugalidade, como as famílias paralelas e as uniões poliafetivas[577].

Isso porque, não se constituindo a monogamia um óbice intransponível para o acolhimento de outras entidades familiares, coloca-se abaixo um "muro" que historicamente impediu o Direito de olhar para essas peculiares formas de convivência, minoritárias, mas que nem por isso devam ser desmerecedoras de acolhimento jurídico[578]. O simples fato da saírem da invisibilidade jurídica permitirá um melhor tratamento dos casos plúrimos ou paralelos.

A assimilação da monogamia como regra e não como princípio permite restringir sua incidência apenas ao casamento (conforme arts. 1.521, VI, 1.548 e 1.566, I, CC). Isso em razão de as normativas da união estável trazerem um tratamento diferenciado (art. 1.723, § 1º, CC) e, quanto aos deveres dos companheiros, se limitam a descrever a lealdade (art. 1.724, CC). É possível distinguir a lealdade da fidelidade, o que abriria outras oportunidades para os conviventes. Outrossim, o art. 1.725[579] permite ampla liberdade dos conviventes para reger sua relação patrimonial.

Quanto à simultaneidade familiar, "a doutrina se mostra incipiente em atribuir às famílias simultâneas a chancela jurídica de entidade familiar, alegando aparente lacuna ou a falta de permissão legal para tutelar tais relações afetivas"[580].

No Brasil, há um conjunto de julgados representativos sobre as ditas famílias simultâneas ou paralelas. Algumas decisões pontuais de tribunais estaduais reconheceram algumas relações[581], entretanto, a jurisprudência majoritária também vem sendo reticente em conferir efeitos jurídicos paras as chamadas relações paralelas, com os tribunais superiores usualmente negando os pleitos dessa estirpe.

---

[577] SILVA, Marcos Alves da. **Da monogamia - a sua superação como princípio estruturante do direito de família.** Curitiba: Juruá, 2013.

[578] CARBONNIER, Jean. Flessibile **Diritto**: per uma sociologia del diritto senza rigore. Milano: Giuffrè, 1997, p. 240.

[579] "Art. 1.725. Na união estável, salvo contrato escrito entre os companheiros, aplica-se às relações patrimoniais, no que couber, o regime da comunhão parcial de bens."

[580] FERRARINI, Leticia. **Famílias simultâneas e seus efeitos jurídicos.** Porto Alegre: Livraria do Advogado, 2010, p.135.

[581] TJPR. AC 941949-6, 12ª Câmara Cível, Rel. Des. Ivanise Maria Tratz Martins, j. 23.10.2013.

Cap. IV · PROJEÇÕES DA AFETIVIDADE NO DIREITO DE FAMÍLIA | 387

O STJ tem aplicado o princípio da monogamia e o critério da fidelidade até mesmo para as uniões estáveis, o que dificulta qualquer abertura ao reconhecimento das entidades familiares simultâneas. O entendimento é no sentido de que a lealdade prevista para as uniões estáveis envolve, necessariamente, a fidelidade. Em uma decisão, houve a negativa de reconhecimento de duas uniões estáveis paralelas, por não se permitir no Brasil a *poligamia estável*.

> Direito civil. Recurso especial. Família. Ação de reconhecimento de união estável. Relação concomitante. Dever de fidelidade. Intenção de constituir família. Ausência. Artigos analisados: arts. 1º e 2º da Lei 9.278/96. 1. Ação de reconhecimento de união estável, ajuizada em 20.03.2009. Recurso especial concluso ao Gabinete em 25.04.2012. 2. Discussão relativa ao reconhecimento de união estável quando não observado o dever de fidelidade pelo *de cujus*, que mantinha outro relacionamento estável com terceira. 3. Embora não seja expressamente referida na legislação pertinente, como requisito para configuração da união estável, a fidelidade está ínsita ao próprio dever de respeito e lealdade entre os companheiros. 4. A análise dos requisitos para configuração da união estável deve centrar-se na conjunção de fatores presente em cada hipótese, como a *affectio societatis* familiar, a participação de esforços, a posse do estado de casado, a continuidade da união, e também a fidelidade. 5. Uma sociedade que apresenta como elemento estrutural a monogamia não pode atenuar o dever de fidelidade – que integra o conceito de lealdade e respeito mútuo – para o fim de inserir no âmbito do Direito de Família relações afetivas paralelas e, por consequência, desleais, sem descurar que o núcleo familiar contemporâneo tem como escopo a busca da realização de seus integrantes, vale dizer, a busca da felicidade. 6. Ao analisar as lides que apresentam paralelismo afetivo, deve o juiz, atento às peculiaridades multifacetadas apresentadas em cada caso, decidir com base na dignidade da pessoa humana, na solidariedade, na afetividade, na busca da felicidade, na liberdade, na igualdade, bem assim, com redobrada atenção ao primado da monogamia, com os pés fincados no princípio da eticidade. 7. Na hipótese, a recorrente não logrou êxito em demonstrar, nos termos da legislação vigente, a existência da união estável com o recorrido, podendo, no entanto, pleitear, em processo próprio, o reconhecimento de uma eventual uma sociedade de fato entre eles. 8. Recurso especial desprovido[582].

As últimas decisões do STJ – e também da maioria dos arestos dos tribunais estaduais – resistem ao reconhecimento jurídico das famílias paralelas ou simultâneas, seja tendo como base o casamento ou mesmo duas uniões estáveis.

---

[582] STJ, REsp 1.348.458, Rel. Min. Nancy Andrighi, 3ª Turma, j. 08.05.2014.

O mesmo cenário é encontrado no STF que, em emblemático caso[583], negou qualquer efeito jurídico a uma união estável paralela a um casamento (mesmo tendo a simultaneidade persistido por décadas). O litígio envolvia a deliberação sobre a quem caberia a pensão previdenciária deixada pelo homem falecido: apenas para a sua esposa ou em divisão com a companheira com o qual ele viveu uma união paralela de várias décadas. Essa situação concreta, originária da Bahia, envolvia um homem casado, com um longo matrimônio, do qual resultaram 11 filhos matrimoniais. Ocorre que, em paralelo a esse casamento, esse homem manteve uma união estável com outra mulher, em um relacionamento que durou 37 anos (até a sua morte). Essa união paralela originou 9 filhos[584]. Quanto o varão faleceu, a esposa viúva e a companheira simultânea passaram a pleitear os direitos sobre a pensão previdenciária deixada. O órgão previdenciário recusou a divisão, tendo a companheira demandado esse direito em juízo, obtendo reconhecimento do direito da divisão nas instâncias inferiores.

Esse impasse chegou para deliberação do STF que, em decisão por maioria, houve por bem em seguir o voto do ministro relator, Marco Aurélio, que negou o reconhecimento da contundente união paralela comprovada nos autos, para garantir apenas à esposa o direito de receber a integralidade da referida verba previdenciária. O Min. Ayres Britto foi voto vencido no caso, pois se manifestou favorável ao reconhecimento da família paralela e divisão da pensão entre ambas as mulheres[585].

A decisão do STF no conhecido caso *Valdemar do Amor Divino e Joana da Paixão Luz* ficou assim ementada

> Companheira e concubina – distinção. Sendo o Direito uma verdadeira ciência, impossível é confundir institutos, expressões e vocábulos, sob pena de prevalecer a babel. União estável – proteção do estado. A proteção do Estado à união estável alcança apenas as situações legítimas e nestas não está incluído o concubinato. Pensão – servidor público – mulher – concubina – direito. A titularidade da pensão decorrente do falecimento de servidor público pressupõe vínculo agasalhado pelo ordenamento

---

[583] STF, RE 397.762-8, Rel. Marco Aurélio, 1ª turma, por maioria, j. 03.08.2008.

[584] Os nomes dos conviventes-paralelos são emblemáticos: Valdemar do Amor Divino Santos e, da companheira, Joana da Paixão Luz.

[585] Recomenda-se a leitura dos fundamentos do voto vencido do Min. Ayres Britto e das notas com os debates da referida sessão, que auxiliam a compreender um pouco das dificuldades no reconhecimento jurídico das uniões paralelas.

Cap. IV • PROJEÇÕES DA AFETIVIDADE NO DIREITO DE FAMÍLIA | **389**

jurídico, mostrando-se impróprio o implemento de divisão a beneficiar, em detrimento da família, a concubina.

Como visto, os critérios utilizados pelo STF para apreciar o caso foram a fidelidade, monogamia e a especial proteção do casamento[586]. Com isso, houve deliberação pela impossibilidade de reconhecimento de qualquer efeito para a união estável paralela ao casamento (denominada pelo acórdão *relação concubinária*), orientação que ainda prevalece jurisprudencialmente[587].

Recentemente, no ano de 2021, o STF reiterou a impossibilidade de se conferir efeitos jurídicos para as uniões simultâneas, ao julgar o RE 883.168, que balizou o tema 526, deliberou no sentido de que:

> É incompatível com a Constituição Federal o reconhecimento de direitos previdenciários (pensão por morte) à pessoa que manteve, durante longo período e com aparência familiar, união com outra casada, porquanto o concubinato não se equipara, para fins de proteção estatal, às uniões afetivas resultantes do casamento e da união estável.

Inegável que remanesce um traço moralista histórico, o qual certamente dificulta um avanço no tratamento jurídico desses temas. É possível destacar até mesmo uma questão de gênero envolta na questão, pois – em regra – são os homens os pivôs que historicamente mantêm tais relações simultâneas; ao se negar qualquer reconhecimento jurídico e patrimonial para tais situações, ao término desses relacionamentos, esses homens acabam – de certa forma – beneficiados, com seu patrimônio protegido, e as mulheres que vivem paralelamente se veem totalmente desprotegidas.

Por outro lado, o IBDFam tem enunciado aprovado no sentido de que as famílias simultâneas ou paralelas podem gerar efeitos jurídicos: "Enunciado nº 4. A constituição de entidade familiar paralela pode gerar efeito jurídico"[588].

---

[586] Não deixa de ser inusitado que uma relevante questão de direito de família seja trazida a baila em um processo que debate direito previdenciário (direito a receber ou não pensão previdenciária por morte). Outra questão digna de nota é que o Recurso Extraordinário em questão foi manejado pelo Estado da Bahia, contra a decisão do Tribunal de Justiça local que deliberou pela divisão dos valores entre esposa e companheira paralela. Ante a insurgência via recurso extraordinário, o STF reconheceu e proveu o recurso, para deixar a integralidade da pensão previdenciária apenas com a esposa.

[587] Em que pese a referida decisão seja de 2008, é o *leading case* usualmente citado em casos similares até os dias de hoje.

[588] IBDFAM. IBDFam aprova Enunciados. 28 out. 2015. Disponível em: http://www.ibdfam. org.br/noticias/5819/IBDFAM+aprova+Enunciados+++. Acesso em: 16 abr. 2023.

Essa orientação parece adequada, pois permite reconhecer uma relação que existiu faticamente e, ainda, aponta que cada caso concreto indicará a solução final para aquela situação.

Há muito que tais relações paralelas se manifestam socialmente, mas ainda há forte resistência para que elas gerem algum reconhecimento jurídico. Esse é dos assuntos que, certamente, merece uma maior atenção e reflexão.

Recentemente aportaram demandas decorrentes de uniões poliafetivas, tema considerado novo e desafiante para o Direito, que conta com alguns defensores, mas também enfrenta forte resistência na literatura jurídica. No Brasil, afloram juristas defensores e juristas repressores dessas relações de poliafetividade.

Um dos autores que a repele a validade jurídica das uniões poliafetivas é José Fernando Simão:

> Entretanto, para se admitir a poligamia como forma de criação de família, é imprescindível a revogação do CP que a trata como crime e do CC que pune com e sanção maior: nulidade absoluta. Note-se, portanto, como o desconhecimento de categorias jurídicas pode levar a afirmações que parecem corretas, de acordo com um discurso político-ideológico, mas não se sustentam em termos jurídicos[589].

Por outro lado, há quem defenda o reconhecimento jurídico dessas famílias poliafetivas, tal como a sempre precursora Maria Berenice Dias:

> Negar a existência de famílias poliafetivas como entidade familiar é simplesmente impor a exclusão de todos os direitos no âmbito do direito das famílias e sucessório. Pelo jeito, nenhum de seus integrantes poderia receber alimentos, herdar, ter participação sobre os bens adquiridos em comum. Sequer seria possível invocar o direito societário com o reconhecimento de uma sociedade de fato, partilhando-se os bens adquiridos na sua constância, mediante a prova da participação efetiva na constituição do acervo patrimonial[590].

---

[589] SIMÃO, José Fernando. Poligamia, casamento homoafetivo, escritura pública e dano social: uma reflexão necessária? Parte 3. Disponível: https://professorsimao.com.br/poligamia-casamento-homoafetivo-escritura-publica-e-dano-social-uma-reflexao--necessaria-parte-3/. Acesso em: 16 abr. 2023.

[590] DIAS, Maria Berenice. **Manual de direito das famílias.** 11. ed. rev. atual. ampl. São Paulo: Revista dos Tribunais, 2016, p. 284.

Para parte da doutrina[591], *o poliamor é uma identidade relacional que pode ser reconhecida juridicamente, bem como ter seus efeitos regulados, a partir das normas jurídicas e do atual cenário do direito de família*[592].

A poliafetividade ganhou maior projeção no cenário brasileiro a partir de 2012, com a celebração de uma escritura pública declaratória de união poliafetiva, lavrada pelo tabelionato de notas do município de Tupã/SP[593]. O documento retratava uma união de três pessoas (um homem e duas mulheres) e procurava conferir direitos para o caso de eventual dissolução (alimentares, patrimoniais, sucessórios e previdenciários)[594].

Em 2015, foi anunciada a celebração de outra escritura pública de união poliafetiva no Rio de Janeiro[595]. Essa situação fática envolvia uma convivência plúrima de três mulheres, no que Flávio Tartuce denomina de uma relação homopoliafetiva. O objetivo era declarar a existência da relação, estabelecer

---

[591] Alexandre Barbosa da Silva também é um dos que sustenta a possibilidade do reconhecimento das referidas uniões plúrimas: "Os fundamentos que permitem validar no sistema jurídico as uniões poliafetivas como famílias estão em uma sistemática e conglobante hermenêutica constitucional, que a partir do art. 226 e seus parágrafos, bem como de toda a descrição dos direitos fundamentais, aferem sua relevância com base na dignidade da pessoa humana, na liberdade familiar, na solidariedade familiar, na igualdade, na afetividade, na especial proteção reservada à família, no pluralismo das entidades familiares e na mínima intervenção do Estado na família" (SILVA, Alexandre Barbosa da. Escrituras para uniões poliafetivas: algumas impressões sobre mais essa novidade no direito das famílias. In: **Redes – Revista Eletrônica Direito e Sociedade**. vol. 4, n. 2, nov./2016. Canoas: UnilaSalle, 2016, p. 348).

[592] SANTIAGO, Rafael da Silva. **O mito da monogamia à luz do direito civil-constitucional**: necessidade de uma proteção normativa às relações de poliamor. 2014. Dissertação (Mestrado em Direito) – Universidade de Brasília, Brasília, 2014, p. 208.

[593] G1. União estável entre três pessoas é oficializada em cartório de Tupã, SP. 23 ago. 2012. Disponível em: http://g1.globo.com/sp/bauru-marilia/noticia/2012/08/uniao--estavel-entre-tres-pessoas-e-oficializada-em-cartorio-de-tupa-sp.html. Acesso em: 27 abr. 2023.

[594] O nome das partes e a íntegra do conteúdo não foram divulgados, mas segundo informa o portal do IBDFam, um trecho do documento trazia a seguinte disposição: "Os declarantes, diante da lacuna legal no reconhecimento desse modelo de união afetiva múltipla e simultânea, intentam estabelecer as regras para garantia de seus direitos e deveres, pretendendo vê-las reconhecidas e respeitadas social, econômica e juridicamente, em caso de questionamentos ou litígios surgidos entre si ou com terceiros, tendo por base os princípios constitucionais da liberdade, dignidade e igualdade".

[595] Lavrada em 6 de outubro de 2015, no 15º Ofício de Notas do Rio de Janeiro/RJ. É a primeira escritura pública de união poliafetiva de três mulheres do Brasil.

testamentos recíprocos e registrar diretivas antecipadas de vontade (para prever eventuais tratamentos médicos que podem se mostrar necessários)[596].

Houve também a notícia de outra escritura pública de união poliafetiva celebrada em 2016, também no Rio de Janeiro, desta feita envolvendo um homem e duas mulheres. O homem e uma delas já conviviam em união estável desde 2011 e, em 2013, adentrou a relação uma segunda mulher, tornando a relação a partir de então poliafetiva. Entre os princípios citados como fundamentos da referida escritura, as partes incluíram expressamente a afetividade, a autonomia da vontade, a dignidade, a personalidade e a igualdade[597].

Até o momento, as uniões poliafetivas têm desafiado os juristas por suas convenções extrajudiciais, como as supracitadas escrituras públicas. Tanto é que, no decorrer do ano de 2016, o CNJ recomendou a suspensão das celebrações de escrituras de uniões poliafetivas, ante a polêmica instaurada[598], vindo a confirmar tal vedação em 2018[599]. As recentes decisões têm sido desfavoráveis a formalização e validação dessas uniões. Em nosso sentir, parece excessiva essa restrição à autonomia privada das partes, visto que – como essas uniões já existem faticamente – parece tanto melhor que se permita aos seus integrantes pactuar como desejam reger as suas relações.

---

[596] MIGALHAS. Da escritura pública de união poliafetiva. Breves considerações. **IBDFam**, 26 abr. 2017. Disponível em: http://www.ibdfam.org.br/artigos/1210/Da +escritura+p%C3%BAblica+de+uni%C3%A3o+poliafetiva.+Breves+considera%C 3%A7%C3%B5es. Acesso em: 28 abr. 2023.

[597] Em oito cláusulas restou regulado para as partes, dentre outros, a lealdade; o tempo de convivência; o dever de mútua assistência; a administração comum do lar e dos bens; a possibilidade de que gozem de benefícios em planos de saúde e orgãos previdenciários; a previsão do regime de bens; condições para a sua dissolução. Para saber mais sobre a referida escritura: SILVA, Alexandre Barbosa da. Escrituras para uniões poliafetivas: algumas impressões sobre mais essa novidade no direito das famílias. In: **Redes – Revista Eletrônica Direito e Sociedade.** vol. 4, n. 2, nov./2016. Canoas: UnilaSalle, 2016, p. 318.

[598] CONSELHO NACIONAL DE JUSTIÇA. Corregedoria analisa regulamentação do registro de uniões poliafetivas. 3 maio 2016. Disponível em: http://www.cnj.jus.br/noticias/cnj/82221-corregedoria-analisa-regulamentacao-do-registro-de-unioes--poliafetivas. Acesso em: 17 abr. 2023.

[599] CONSELHO NACIONAL DE JUSTIÇA. Cartórios são proibidos de fazer escrituras públicas de relações poliafetivas. 26 jun. 2018. Disponível em: https://www.cnj.jus.br/cartorios-sao-proibidos-de-fazer-escrituras-publicas-de-relacoes--poliafetivas/#:~:text=Cart%C3%B3rios%20s%C3%A3o%20proibidos%20de%20fazer%20escrituras%20p%C3%BAblicas%20de%20rela%C3%A7%C3%B5es%20poliafetivas%20%2D%20Portal%20CNJ&text=O%20Plen%C3%A1rio%20do%20Conselho%20Nacional,mais%20pessoas%2C%20em%20escrituras%20p%C3%BAblicas. Acesso em: 04 maio 2023.

Inexiste legislação específica que cuide do tema expressamente, seja para autorizar, seja para proibir tais uniões e tais registros. Nesse sentido, ao menos uma liberdade contratual deveria ser permitida. Ainda não há notícia de deliberações judiciais cuidando da aplicação de tais escrituras públicas poliafetivas na solução de casos concretos, pois o tema é incipiente. Paulatinamente a doutrina vem se manifestando a respeito dessas pactuações contratuais extrajudiciais.

Flavio Tartuce analisa a possibilidade jurídica dessas escrituras públicas poliafetivas a partir dos três planos do negócio jurídico: existência, validade e eficácia, concluindo que não há inexistência ou invalidade apriorística do referido ato, defendendo que a análise deve se dar no plano da eficácia

> Pois bem, ao contrário do que defendem alguns juristas, não parece haver nulidade absoluta no ato, por suposta ilicitude do objeto (art. 166, II, CC/2002). Pensamos que a questão não se resolve nesse plano do negócio jurídico, mas na sua eficácia. Em outras palavras, o ato é válido, por apenas representar uma declaração de vontade hígida e sem vícios dos envolvidos, não havendo também qualquer problema no seu objeto. Todavia, pode ele gerar ou não efeitos, o que depende das circunstâncias fáticas e da análise ou não de seu teor pelo Poder Judiciário ou outro órgão competente. [...] Voltando ao cerne do objeto da escritura pública de união poliafetiva, por todos esses argumentos, não haveria na sua elaboração afronta à ordem pública ou prejuízo a qualquer um que seja, a justificar a presença de um *ilícito nulificante*. [...] Nota-se que os textos das escrituras elaboradas são sutis e não impositivos, de mera valorização de um relacionamento que já existe no mundo dos fatos, podendo gerar ou não efeitos jurídicos, o que depende da análise do pedido e das circunstâncias fáticas, reafirme-se. Penso que o futuro reserva uma forma ainda mais nova de pensar as famílias, e que, em breve, serão admitidos juridicamente os relacionamentos plúrimos, seja a concomitância de mais de uma união estável, seja a presença desta em comum com o casamento. Acredito que o futuro, além dos modelos tradicionais, também é das *famílias paralelas* – com mais de um vínculo familiar, entre pessoas distintas, uma ou mais delas comum aos relacionamentos –, e das *famílias poliafetivas* – com um vínculo único, entre mais de duas pessoas. Se a família é plural, os vínculos plúrimos podem ser opções oferecidas pelo sistema jurídico ao exercício da autonomia privada, para quem desejar tal forma de constituição[600].

Entretanto, há outra corrente doutrinária que nega validade e eficácia para as referidas escrituras de uniões poliafetivas, com fundamento central

---

[600] TARTUCE, Flávio. Breves considerações. **IBDFam**, 26 abr. 2017. Disponível em: http:// www.ibdfam.org.br/artigos/1210/Da+escritura+p%C3%BAblica+de+uni%C3%A3o+ poliafetiva.+Breves+considera%C3%A7%C3%B5es. Acesso em: 28 abr. 2023.

no princípio da monogamia, na fidelidade e nas regras penais que vedam a bigamia em nosso país, na linha sustentada, entre outros, por Regina Beatriz Tavares da Silva[601]. Apesar da vasta fundamentação legal dessa leitura restritiva, não parece que a solução mais adequada para as uniões poliafetivas se encontre nos planos da existência ou da validade, como sustentam os seus defensores.

Como todo tema de vanguarda, esse também traz envolvo em si uma forte polêmica. Atualmente, doutrina e jurisprudência passam a cogitar de um outro olhar para as instigantes relações plurais, o que é inevitável[602]. A *força construtiva dos fatos sociais* impele por uma reapreciação dos fundamentos usualmente utilizados na confecção das respostas jurídicas para as novas situações fáticas. O contínuo caminhar social está, mais uma vez, a reverberar no Direito. Conforme acentua Gustavo Tepedino, há um dinamismo que leva a uma contínua evolução no direito de família:

> Nessa esteira, situa-se a ampla admissibilidade, pela jurisprudência atual, de entidades familiares extraconjugais, incluindo-se a união de pessoas do mesmo sexo (STF, ADPF 132/RJ e ADI 4277/DF, rel. min. Ayres Britto, j. 5.5.2011), as famílias simultâneas, cuja repercussão geral foi reconhecida pela Suprema Corte (STF, RG no ARE 656.298/SE, Rel. Min. Ayres Britto, julg. 8.3.2012), além das uniões poliafetivas, reguladas hodiernamente pelo tabelionato (recentemente, lavrou-se escritura pública no 15º Ofício de Notas do Rio de Janeiro para contratualizar união homoafetiva entre três mulheres), e cuja eficácia, no âmbito do direito de família, ainda é objeto de controvérsia, justamente porque o conceito de família há de ser necessariamente elástico, em contínua evolução[603].

---

[601] MANSUR, Pedro. 'Poliafetivos não têm direito de família', diz advogada contrária às uniões. **O Globo,** 25 maio 2016. Disponível em: https://oglobo.globo.com/sociedade/poliafetivos-nao-tem-direito-de-familia-diz-advogada-contraria-as--unioes-19360291. Acesso em 28 abr. 2023.

[602] "Fato é que ou se apresenta uma fundamentação válida ante a isonomia que justifique de maneira lógico-racional a diferenciação pretendida com base no critério diferenciador erigido ou então todos os agrupamentos humanos que se enquadrem no conceito ontológico de família supra exposto merecerão referida proteção do Estado, por mais que o moralismo dominante disto não goste (e desconheço ter sido uma tal fundamentação apresentada até o momento contra a família conjugal poliafetiva)" (VECCHIATTI, Paulo Roberto Iotti. União estável poliafetiva: breves considerações acerca de sua constitucionalidade. **Jus** 17 out. 2012. Disponível em: https://jus.com.br/artigos/22830/uniao-estavel-poliafetiva-breves-consideracoes--acerca-de-sua-constitucionalidade. Acesso em: 28 abr. 2023).

[603] TEPEDINO, Gustavo. A família entre autonomia existencial e tutela de vulnerabilidades. **Conjur,** 21 mar. 2016. Disponível em:: http://www.conjur.com.br/2016-mar-21/direito-civil-atual-familia-entre-autonomia-existencial-tutela-vulnerabilidades. Acesso em: 28 abr. 2023.

Essas complexas e novas relações atestam o dinamismo sempre presente na relação entre a(s) família(s), enquanto fato social, e o Direito que pretende regulá-las, pois, se as primeiras estão a se mover rápida e continuamente, não é dado ao segundo permanecer estanque e imóvel, em face do risco de se tornar (mais uma vez) anacrônico.

A sociedade está a apresentar configurações cada vez mais plurais, o que, inequivocamente, exige uma maior variedade no "cardápio" de soluções jurídicas. Diante de situações flexíveis, sugere-se a adoção de soluções também flexíveis. A afetividade jurídica pode contribuir na flexibilidade que a realidade demanda.

Mesmo que a lei se altere vagarosamente, o que se compreende, há outros elementos do Direito que podem auxiliar para uma maior oxigenação do sistema, como a força dos fatos sociais, os princípios jurídicos, a doutrina e a jurisprudência. Uma averiguação atualizada desses elementos parece indicar a possibilidade jurídica de reconhecimento dessas novas entidades familiares, como as famílias simultâneas e as poliafetivas. Diante disso, a análise dos seus efeitos jurídicos deve se dar no plano da eficácia, a variar de acordo com cada caso concreto[604].

Alguns alegam que a família estaria em crise, o que afetaria o próprio direito de família. Entendemos que não. O autor supracitado sugere que da aparente crise se construa uma oportunidade, pois como a sociedade está a caminhar, avançando, não resta ao Direito outra alternativa a não ser também seguir adiante

> Assiste-se, afinal, à judicialização de padrões de comportamento moral, entre polêmicas e reações populares, ora contra o parlamento, por editar leis imperfeitas, ora contra o Judiciário, que exerce seu papel frequentemente contramajoritário na defesa dos direitos fundamentais. Amores livres, pluralidade de núcleos familiares, famílias simultâneas, suscita-se a indagação: Onde vamos parar? O direito fixa patamares de normalidade em oposição às nossas pré-compreensões e pré-conceitos culturais? Provavelmente a questão supera os limites do Direito. Provavelmente cabe à ordem jurídica assegurar a ampla liberdade de constituição de relações afetivas, regulando tão somente os efeitos dos arranjos familiares, sem criminalizá-los ou acantoná-los, de acordo com padrões normativos em

---

[604] "Caso não se consiga definir a prevalência de uma relação sobre a outra – quer sejam paralelas, que poliafetivas – cabe a divisão do acervo patrimonial amealhado durante o período de convívio em três partes iguais, restando um terço para o varão e um terço para cada uma das companheiras. Cada um tem direito ao que Rio Portanova chama de triação, expressão que vem sendo adotada pela jurisprudência" (DIAS, Maria Berenice. **Manual de direito das famílias.** 11 ed. rev. atual. ampl. São Paulo: Revista dos Tribunais, 2016, p. 287).

constante evolução. [...] Todos esses problemas, precisamente porque não admitem solução satisfatória, constituem dilemas. Requerem reflexão, humildade e dedicação dos profissionais do Direito. Se a família, mercê de tão veloz redimensionamento, encontra-se em crise de identidade, há que se transformar a crise em oportunidade para fazer dos dilemas desafios para o jurista contemporâneo[605].

Nesse dinamismo, a leitura jurídica da afetividade que se está a sustentar pode, em muito, contribuir nas respostas que o direito de família terá que elaborar para bem responder a essas demandas plurais do presente e do futuro. Qualquer que seja a resposta final para os novos dilemas, certamente uma adequada percepção da afetividade jurídica contribuirá – em muito – na confecção das soluções que os desafios desse início de milênio exigem[606].

Em tempos de liquidez e impermanência, não parece recomendável manter, irrefletidamente, *aquela velha opinião formada sobre tudo*[607].

SEÇÃO XIII. RECONHECIMENTO EXTRAJUDICIAL DA FILIAÇÃO SOCIOAFETIVA: PERSPECTIVA DO CNJ

O afeto quer a declaração de ser infinito e não apêndice
de varanda discursiva ou rodapé de página computadorizada
Luiz Edson Fachin[608]

A parentalidade socioafetiva está consolidada no direito de família brasileiro há mais de duas décadas, com amplo reconhecimento doutrinário[609]

---

[605] TEPEDINO, Gustavo. Dilemas do afeto. **Jota**, 31 dez. 2015. Disponível em: https://jota.info/especiais/dilemas-do-afeto-31122015. Acesso em: 16 abr. 2023.

[606] "Na construção das soluções para as demandas de uma sociedade em constante transformação, deve o papel do intérprete incluir tutela jurídica às realidades presentes no seio social, de modo a alcançar-se uma verdadeira abertura sistêmica. Nessa conjectura, busca-se a construção de um Direito de Família sem excluídos, atento aos Direitos Fundamentais, consoante com os Direitos Humanos e tutelador das diferentes formas de afeto" (MATOS, Ana Carla Harmatiuk. "Novas" entidades familiares. In: MATOS, Ana Carla Harmatiuk (org.). **A construção dos novos direitos**. Porto Alegre: Núria Fabris, 2008, p. 31).

[607] SEIXAS, Raul. **Metamorfose ambulante**.

[608] FACHIN, Luiz Edson. **As intermitências da vida:** o nascimento dos não-filhos à luz do Código Civil Brasileiro. Rio de Janeiro: Forense, 2007, p. 41.

[609] VELOSO, Zeno. **Direito brasileiro da filiação e paternidade**. São Paulo: Malheiros, 1997.

e jurisprudencial[610]. Como visto, entre as nossas tramas de parentalidade, ao lado dos elos biológico, registral, adotivo e presuntivo figuram o socioafetivo como suficiente vínculo parental[611]. Apesar disso, até pouco tempo inexistia uma legislação específica regulando e detalhando como poderia de dar o reconhecimento e o registro de uma relação socioafetiva. Diante do silêncio, a única maneira possível de vê-la implementada era mediante uma ação judicial[612].

A presença do vínculo socioafetivo basta para consubstanciar uma relação de parentesco (como a paterno ou a materno filial), disso não há dúvidas[613]. Inúmeros são os casos judiciais de reconhecimento de paternidade e maternidade socioafetivas, que geraram a subsequente formalização registral, com todos os efeitos jurídicos, conforme já exposto nos capítulos anteriores. Entretanto, até recentemente, tais vínculos socioafetivos exigiam uma ação judicial para que pudessem ser consolidadas e averbadas registralmente. Até o fim do ano de 2017, a via exclusiva para reconhecimento e registro da relação socioafetiva era, necessariamente, pelo Poder Judiciário (ante a inexistência de qualquer regramento legal sobre a matéria).

Ou seja, para formalizar uma relação socioafetiva era imprescindível a demanda em juízo para, então, viabilizar o registro desse vínculo a partir da respectiva ordem judicial. A via extrajudicial não era uma opção permitida. Às partes não era dada a chance de ir diretamente ao cartório de registro de pessoas para solicitar que constasse do documento uma relação socioafetiva (como a de paternidade).

---

[610] Conforme detalhadamente exposto na Seção III deste Capítulo IV.

[611] "A filiação é modalidade de parentesco que se define pelo vínculo jurídico em linha reta de primeiro grau, tendo por origem os laços de consanguinidade, adoção, socioafetividade ou aqueles constituídos a partir de reprodução assistida heteróloga" (RUZYK, Carlos Eduardo Pianovski. Filiação In: SIMÃO, José Fernando; NETO, Caetano Lagrasta (coord.). **Dicionário de direito de família**. A-H. v. 1. São Paulo: Atlas, 2015, p. 424).

[612] PEREIRA, Caio Mário da Silva. **Reconhecimento da paternidade e seus efeitos**. 7. ed. Atual. Heloisa Helena Barboza e Lúcia Maria Teixeira Ferreira. Rio de Janeiro: Forense, 2015.

[613] "A paternidade socioafetiva é a relação paterno-filial que se forma a partir do afeto, do cuidado, do carinho, da atenção e do amor que, ao longo dos anos, se constrói em convivência familiar, em assistência moral e compromisso patrimonial. O sólido relacionamento afetivo paterno-filial vai formando responsabilidades e referenciais, inculcando, pelo exercício da paternagem, elementos fundamentais e preponderantes na formação, construção e definição da identidade da pessoa. E assim, a relação paterno-filial vai sendo reconhecida não só entre os parentes do grupo familiar, mas também entre terceiros (padrinhos, vizinhos e colegas)" (PORTANOVA, Rui. **Ações de filiação e paternidade socioafetiva**. Porto Alegre: Livraria do Advogado, 2016, p. 19).

Na prática cartorial brasileira a formalização dos vínculos parentais sempre esteve muito atrelada apenas aos conhecidos vínculos biológicos ou matrimoniais (com a adoção como exceção, essa sempre declarada judicialmente). Prova disso, o assento de nascimento, que, para sua formalização, pede a declaração do vínculo biológico ou de matrimônio entre os genitores da criança a ser registrada, apenas com a demonstração da presença de uma ou de outra dessas espécies de vínculo é que uma mãe e um pai podem constar do referido registro como "pais"[614].

Naquele cenário, a formalização dos vínculos socioafetivos nos registros exigia uma ação judicial, ainda que consensual, para que então se averbasse a declaração judicial que a consagraria documentalmente. Esse era o quadro, até bem pouco tempo: o reconhecimento de uma relação parental afetiva tinha que se dar exclusivamente pela via jurisdicional.

Tomemos como exemplo a pretensão de registro de uma paternidade socioafetiva consolidada faticamente, mas ainda não formalizada: pensemos em um filho que possui apenas a mãe registral, sem nenhum pai no seu assento de nascimento. Imagine-se que essa mãe passe a conviver afetivamente com um outro homem (que não o ascendente genético desse filho) por vários anos; em vista disso, provavelmente esse homem estabelecerá uma convivência paterno-filial socioafetiva com essa criança. Em determinado momento, se esse homem desejasse reconhecer formalmente essa paternidade socioafetiva estabelecida de fato, haveria de recorrer em juízo, inexoravelmente, para obter o reconhecimento e registro da paternidade socioafetiva[615] (quadro totalmente diverso do que ocorre com a paternidade biológica, caso em que se admite o reconhecimento extrajudicial, bastando apenas o comparecimento do pai biológico diretamente no cartório).

Entretanto, nos últimos anos esse quadro começou a mudar; em mais um exemplo do fenômeno da *desjudicialização* do direito civil, alguns estados passaram a permitir o reconhecimento extrajudicial das filiações socioafetivas diretamente pelos ofícios de registro civil. Subsequentemente

---

[614] Com a peculiaridade dos casos de reprodução assistida, que trata de situação distinta, e da adoção.

[615] Na prática brasileira até então, se esse homem fosse até o cartório de registro de pessoas e declarasse a sua pretensão de registro dessa paternidade socioafetiva, vivenciada e comprovada faticamente, o cartorário negaria o pleito, por ausência de previsão legal ou administrativa. Entretanto, curiosamente, se esse mesmo homem fosse até o cartório e declarasse, falsamente, que era o ascendente genético desse filho, aí o registro seria feito.

outros estados gradualmente adotaram a mesma medida, com praticamente idêntica fundamentação[616].

Essa prática pulverizou a possibilidade de registro extrajudicial da paternidade socioafetiva, medida que a partir de 2013 se disseminou por várias localidades. Inicialmente, cada ente estadual implementou a permissão com peculiaridades próprias (limite de idade da criança, anuência da mãe ou do filho maior, entre outras distinções). Isso fez com que, apesar de prevista em várias localidades, inexistisse uniformidade nacional nessa prática, com exigências diversas em cada estado. Por outro lado, havia estados em que inexistia qualquer previsão (com o que permanecia vedado o reconhecimento extrajudicial).

Diante desse quadro díspar, o Instituto Brasileiro de Direito de Família – IBDFam elaborou um pedido de providências ao CNJ: um pleito de uniformização de procedimento, para que houvesse uniformidade e possibilidade de reconhecimento extrajudicial da filiação socioafetiva em todos os ofícios do país[617]. Nesse expediente, houve uma relevante manifestação da Corregedoria Nacional de Justiça com indicativo de uniformizar o referido procedimento, até mesmo porque, laborar por tal unicidade é uma das finalidades do próprio CNJ. Com base em farta fundamentação legal[618], doutrinária[619] e jurisprudencial[620], restou assente de dúvidas a legalidade do reconhecimento extrajudicial dos vínculos filiais socioafetivos[621].

---

[616] Maranhão, Ceará, Amazonas, Santa Catarina, Paraná, Mato Grosso do Sul, Sergipe.

[617] CNJ, Pedido de Providências nº 0002653-77.2015.2.00.0000. Requerente: Instituto Brasileiro de Direito de Família. Disponível em: http://ibdfam.org.br/assets/img/upload/files/Decisao%20socioafetividade.pdf. Acesso em: 04 maio 2023.

[618] CF: art. 1º, III; art. 227, § 6º; art. 227, *caput*; Código Civil: arts. 1.539, 1.596; ECA: art. 4º.

[619] Maria Berenice Dias, Álvaro Villaça de Azevedo, Luiz Edson Fachin, Denise Damo Comel.

[620] STJ, REsp 1.557.987/DF.

[621] A decisão ainda faz referência aos enunciados das Jornadas de Direito Civil, do Conselho da Justiça Federal, que acolheram a afetividade: "O mesmo espírito se pode extrair dos Enunciados n. 103, 256 e 339, os quais cito: Enunciado n. 103, da I Jornada de Direito Civil: O Código Civil reconhece, no art. 1.593, outras espécies de parentesco civil além daquela decorrente da adoção, a colhendo, assim, a noção de que há também parentesco civil no vínculo parental proveniente quer das técnicas de reprodução assistida heteróloga relativamente ao pai (ou mãe) que não contribuiu com seu material fecundante, quer da paternidade socioafetiva fundada no estado de posse de filho. Enunciado n. 256, da III Jornada de Direito Civil: " A posse de estado de filho (parentalidade socioafetiva) constitui modalidade de parentesco civil" Enunciado n. 339, da IV Jornada de Direito Civil: "A paternidade socioafetiva, calcada na vontade livre, não pode ser rompida em detrimento do melhor interesse do filho".

A decisão inicial do Corregedor Nacional de Justiça na instauração do Pedido de Providências nº 0002653-77.2015.2.00.0000 partiu do princípio constitucional da igualdade da filiação para afirmar que, se o vínculo biológico pode ser reconhecido extrajudicialmente diretamente no cartório, o mesmo deve ser facultado ao vínculo socioafetivo:

> Exsurge também que o filho havido por origem biológica e aquele cuja ascendência decorre da afetividade devem ter tratamento igual, não prevalecendo um tipo de vínculo de parentalidade sobre o outro[622].

Essa assertiva permite perceber a força jurídica da assimilação do princípio da afetividade, que passa a se projetar até mesmo para as regras administrativas regentes do registro de filiação, ainda que ausente lei própria expressa a respeito.

Merecem destaque as palavras do Corregedor para reconhecer expressamente que estava se orientando por diversos princípios, inclusive o princípio da afetividade.

> O Código Civil, em especial, o Direito de Família foi construído e alterado tendo como base as disposições e princípios que emanam da Constituição Cidadã e que se irradiam indissociavelmente por toda a legislação infraconstitucional. O princípio da igualdade entre os filhos, expresso no art. 227, § 6º, da Constituição Federal, o princípio do maior interesse da criança e do adolescente (art. 227, *caput*, da CF/1988), o supraprincípio ou princípio máximo da dignidade da pessoa humana, previsto no art. 1º, III, da Constituição Federal e, *especialmente o princípio da afetividade são exemplos disso.* Some-se a estes princípios constitucionais o princípio da proteção integral à criança, previsto no art. 4º do Estatuto da Criança e do Adolescente. *No direito de família, o princípio da afetividade vem pautando as relações sociais e fundamentando o enquadramento jurídico das "novas figuras familiares". Vem, pois, se traduzindo como um verdadeiro corolário do princípio fundamental da dignidade da pessoa humana[623].* (grifos nossos)

Outra mediação citada na referida decisão foram os precedentes do STJ em casos de *indenização por abandono afetivo*, considerados exemplos

---

[622] CNJ, Pedido de Providências nº 0002653-77.2015.2.00.0000. Requerente: Instituto Brasileiro de Direito de Família. Disponível em: http://ibdfam.org.br/assets/img/upload/files/Decisao%20socioafetividade.pdf. Acesso em: 04 maio 2023.

[623] CNJ, Pedido de Providências nº 0002653-77.2015.2.00.0000. Requerente: Instituto Brasileiro de Direito de Família. Disponível em: http://ibdfam.org.br/assets/img/upload/files/Decisao%20socioafetividade.pdf. Acesso em: 04 maio 2023.

Cap. IV · PROJEÇÕES DA AFETIVIDADE NO DIREITO DE FAMÍLIA | 401

claros da atual relevância conferida aos vínculos afetivos[624]. A decisão chega a questionar uma incoerência que havia no direito brasileiro: se o nosso sistema considera tanto a socioafetividade e o dever de cuidado ao ponto de, na sua ausência injustificada, até mesmo chegar a condenar em reparação por abandono afetivo, por que não admitir o cuidado e a afetividade positivamente, para fins de gerar diretamente o registro extrajudicial de uma filiação?

Como visto, houve um explícito acolhimento da diretriz traçada pelo princípio da afetividade, com uma subsequente proposta de sua concretização, de forma direta e imediata. A partir desse suporte fático-jurídico, deu-se a inclinação pelo acolhimento da possibilidade de registro extrajudicial das filiações socioafetivas[625].

O próprio STJ já vinha reiteradamente admitindo a socioafetividade para fins registrais:

> o termo de nascimento fundado numa paternidade socioafetiva, sob autêntica posse de estado de filho, com proteção em recentes reformas do direito contemporâneo, por denotar uma verdadeira filiação registral portanto, jurídica, conquanto respaldada pela livre e consciente intenção do reconhecimento voluntário[626].

---

[624] STJ, REsp 1.557.978/DF, de relatoria do Min. Moura Ribeiro; REsp 1.493.125/SP, Rel. Min. Ricardo Villas Bôas Cueva, **DJe** 1º.03.2016; REsp 155.978, Rel. Min. Moura Ribeiro, **DJe** 17.11.2015; REsp 1.159.242/SP, Rel. Min. Nancy Andrighi, **DJe** 10.05.2012.

[625] "Aguardemos e vamos torcer para que isso se torne uma realidade em todo o território nacional, pois em muitos estados a parentalidade só pode ser reconhecida judicialmente" (CASSETTARI, Christiano. **Multiparentalidade e parentalidade socioafetiva**. 3. ed. rev. atual. e ampl. São Paulo: Atlas, 2017, p. 92).

[626] "Registro civil. Reconhecimento de paternidade via escritura pública. Intençao livre e consciente. Assento de nascimento de filho nao biológico. Retificaçao pretendida por filha do *de cujus*. Art. 1.604 do Código Civil. Ausência de vícios de consentimento. Vínculo socioafetivo. Ato de registro da filiação. Revogação. Descabimento. Arts. 1.609 e 1.610 do Código Civil. 1. Estabelecendo o art. 1.604 do Código Civil que 'ninguém pode vindicar estado contrário ao que resulta do registro de nascimento, salvo provando-se erro ou falsidade de registro', a tipificação das exceções previstas no citado dispositivo verificar-se-ia somente se perfeitamente demonstrado qualquer dos vícios de consentimento, que, porventura, teria incorrido a pessoa na declaração do assento de nascimento, em especial quando induzido a engano ao proceder o registro da criança. 2. Não há que se falar em erro ou falsidade se o registro de nascimento de filho não biológico efetivou-se em decorrência do reconhecimento de paternidade, via escritura pública, de forma espontânea, quando inteirado o pretenso pai de que o menor não era seu filho; porém, materializa-se sua vontade, em condições normais

402 | PRINCÍPIO DA AFETIVIDADE NO DIREITO DE FAMÍLIA – *Ricardo Calderón*

Esses aspectos retratam a força jurídica do princípio da afetividade, que passou a se projetar até mesmo para as regras administrativas que regem os registros de parentalidade. Este é exemplo claro de materialização do vínculo socioafetivo no direito brasileiro e, o mais relevante, concretizado extrajudicialmente, isto é, sem necessidade de intervenção do Poder Judiciário.

Efetivamente, não havia justificativa plausível para remeter os casos consensuais de registro de filiações socioafetivas para a via judicial.

A afetividade chega aos balcões dos cartórios: Provimento nº 63 do CNJ

Foi nesse ambiente que, no dia 14 de novembro de 2017, o CNJ (CNJ) editou o Provimento nº 63, o qual regulou em todo território nacional o reconhecimento extrajudicial da filiação socioafetiva, entre outras deliberações.

Tal Provimento, o primeiro a cuidar do tema, estabeleceu novos modelos de certidão de nascimento, de casamento e de óbito; trouxe disposições sobre o reconhecimento voluntário e averbação da socioafetividade parental paterna e (ou) materna; e, ainda, regulou o registro de nascimento dos filhos havidos por reprodução assistida. A partir desse regramento, que atinge todos os cartórios do país, os vínculos consensuais de socioafetividade parental passaram a poder ser registrados voluntária e diretamente nas serventias de registro civil de pessoas naturais, sem a necessidade de intervenção do Poder Judiciário, o que representou uma alteração significativa[627].

Logo no seu início, o Provimento nº 63 elenca seus "considerandos", os quais auxiliam na compreensão da natureza das suas deliberações, dentre eles destacamos os seguintes:

---

de discernimento, movido pelo vínculo socioafetivo e sentimento de nobreza. 3. 'O reconhecimento de paternidade é válido se reflete a existência duradoura do vínculo socioafetivo entre pais e filhos. A ausência de vínculo biológico é fato que por si só não revela a falsidade da declaração de vontade consubstanciada no ato do reconhecimento. A relação socioafetiva é fato que não pode ser, e não é, desconhecido pelo Direito. Inexistência de nulidade do assento lançado em registro civil' (REsp n. 878.941-DF, Terceira Turma, relatora Ministra Nancy Andrighi, *DJ* de 17.9.2007). 4. O termo de nascimento fundado numa paternidade socioafetiva, sob autêntica posse de estado de filho, com proteção em recentes reformas do direito contemporâneo, por denotar uma verdadeira filiação registral portanto, jurídica, conquanto respaldada pela livre e consciente intenção do reconhecimento voluntário, não se mostra capaz de afetar o ato de registro da filiação, dar ensejo a sua revogação, por força do que dispõem os arts. 1.609 e 1.610 do Código Civil. 5. Recurso especial provido" (STJ, REsp 709.608, Rel. Min. João Otávio de Noronha).

[627] Desde que preenchidos alguns requisitos.

[...] CONSIDERANDO a existência de regulamentação pelas correge-dorias-gerais de justiça dos Estados do *reconhecimento voluntário de paternidade e maternidade socioafetiva perante os oficiais de registro civil das pessoas naturais*;

CONSIDERANDO a conveniência de edição de normas básicas e unifor-mes para a realização do registro ou averbação, visando conferir *segurança jurídica à paternidade ou à maternidade socioafetiva* estabelecida, inclusive no que diz respeito a aspectos sucessórios e patrimoniais;

CONSIDERANDO a ampla aceitação doutrinária e jurisprudencial da paternidade e maternidade socioafetiva, *contemplando os princípios da afe-tividade e da dignidade da pessoa humana como fundamento da filiação civil*;

CONSIDERANDO a *possibilidade de o parentesco resultar de outra origem que não a consanguinidade* e o reconhecimento dos mesmos direitos e qualificações aos filhos, havidos ou não da relação de casamento ou por adoção, proibida toda designação discriminatória relativa à filiação (arts. 1.539 e 1.596 do Código Civil);

CONSIDERANDO a possibilidade de reconhecimento voluntário da pa-ternidade perante o oficial de registro civil das pessoas naturais e, ante o princípio da igualdade jurídica e de filiação, de *reconhecimento voluntário da paternidade ou maternidade socioafetiva*;

CONSIDERANDO a necessidade de averbação, em registro público, dos atos judiciais ou extrajudiciais que declararem ou reconhecerem a filiação (art. 10, II, do Código Civil);

CONSIDERANDO o fato de que *a paternidade socioafetiva, declarada ou não em registro público, não impede o reconhecimento do vínculo de filiação concomitante baseado na origem biológica*, com os efeitos jurídicos próprios (Supremo Tribunal Federal – RE n. 898.060/SC);

CONSIDERANDO o previsto no art. 227, § 6º, da Constituição Federal e no art. 1.609 do Código Civil;

CONSIDERANDO as disposições do Provimento CN-CNJ n. 13, de 3 de setembro de 2010, bem como da Resolução CNJ n. 175, de 14 de maio de 2013;

CONSIDERANDO o reconhecimento da união contínua, pública e du-radoura entre pessoas do mesmo sexo como família, com eficácia erga omnes e efeito vinculante para toda a administração pública e demais órgãos do Poder Judiciário (Supremo Tribunal Federal, ADPF n. 132/RJ e ADI n. 4.277/DF);

CONSIDERANDO a garantia do direito ao casamento civil às pessoas do mesmo sexo (Superior Tribunal de Justiça, REsp n. 1.183.378/RS);

CONSIDERANDO as *normas éticas para uso de técnicas de reprodução assistida*, tornando-as dispositivo deontológico a ser seguido por todos os médicos brasileiros (Resolução CFM n. 2.121, *DOU* de 24 de setembro de 2015);

CONSIDERANDO a necessidade de uniformização, em todo o território nacional, do registro de nascimento e da emissão da respectiva certidão para *filhos havidos por técnica de reprodução assistida de casais homoafetivos e heteroafetivos*; [...][628]. (grifos nossos)

O introito do provimento não deixa dúvida das mudanças paradigmáticas que está a implementar, visto que já na sua *avant-première* cita os vetores que o orientam (fazendo remissão expressa ao princípio da afetividade), destaca as suas bases constitucionais, legais e jurisprudenciais, bem como torna claro os seus objetivos.

Com efeito, as novas permissões trazidas pelo Provimento nº 63 favoreceram um enorme contingente de pessoas em todo o território nacional, muitas das quais restavam sem a formalização adequada da sua filiação justamente em face dos óbices que até então se apresentavam. As medidas facilitaram o acesso a um direito que deve ser assegurado sem maiores obstáculos a todos: o registro do estado de filiação.

Merece destaque especial a extensa capilaridade dessas disposições perante a atual realidade brasileira, a qual apresenta uma infinidade de combinações e recombinações familiares, cujas especificidades muitas vezes acabam por resultar em um déficit registral quanto à filiação.

O Provimento nº 63 foi o primeiro a estabelecer o reconhecimento voluntário da paternidade e da maternidade socioafetiva[629].

A partir dessas normativas, os vínculos consensuais socioafetivos de filiação passaram a poder ser registrados voluntária e diretamente nas serventias de registro civil de pessoas, sem a necessidade de intervenção do Poder Judiciário, o que é uma alteração significativa.[630] Ressalte-se que a possibilidade de registro extrajudicial da paternidade ou maternidade socioafetiva somente facilita o acesso a um direito já reconhecido e aceito na realidade jurídica brasileira há muitos anos. A formalização desse vínculo filial diretamente nas serventias permite que a afetividade chegue até os balcões dos cartórios, em um avanço significativo no seu percurso.

---

[628] CNJ, Provimento nº 63, de 14 de novembro de 2017.

[629] Desde que preenchidos alguns requisitos.

[630] SARAIVA, Vivianne. O afeto está em festa! **IBDFam,** 24 nov. 2017. Disponível em: http://www.ibdfam.org.br/artigos/1243/O+afeto+est%C3%A1+em+festa%21. Acesso em: 28 abr. 2023.

Em agosto de 2019, o referido Provimento 63 foi alterado por outro regramento editado pelo próprio CNJ: o Provimento 83, que apenas promoveu alterações pontuais nas regras que cuidavam deste tema (que serão a seguir detalhadas). Mesmo após essas modificações, restou permitida a possibilidade de registro extrajudicial de vínculos socioafetivos, com alguns ajustes.

O aspecto central que resulta desses provimentos é que a partir deles passou a ser possível no Brasil o registro dos vínculos de filiação socioafetivos diretamente nos cartórios de registro civil (desde que atendidos alguns requisitos), sem mais dever recorrer – sempre – ao Poder Judiciário. Esse aspecto é singular e nos diferencia de outros países.

A mudança merece destaque também em face da extensa capilaridade das serventias de registro civil em nosso país, muito maior e mais acessível que o Poder Judiciário, o que facilita o registro de uma grande quantidade de vínculos. Isso porque, na atualidade todo e qualquer município é atendido, de algum modo, por serventias de registro de pessoas (que cuidam dos nascimentos, casamentos e óbitos); por outro lado, muitos municípios brasileiros ainda não possuem uma comarca própria, ou seja, não contam com uma unidade do Poder Judiciário na sua localidade (em muitos rincões o acesso ao Poder Judiciário é difícil e distante). Ainda, a via jurisdicional exige sempre o acesso via advogado ou defensor público, o que em muitas localidades também não é de fácil obtenção, principalmente para a população de baixa renda. Já os cartórios de registro civil podem ser acessados diretamente pelo interessado, sem necessitar de advogado ou defensor. Esses aspectos, por si só, já justificam o caminho da extrajudicilialização que foi trilhado.

A atual realidade brasileira está a apresentar uma quantidade significativa de vínculos socioafetivos, de modo que a dificuldade de acesso acaba por resultar em um déficit registral, em especial quanto à filiação[631]. Os novos procedimentos estabelecidos também são representativos de um outro momento para as serventias de registro de pessoas, que, inequivocamente, passam a assumir maior protagonismo (após a Lei nº 13.484/2017, são considerados Ofícios da Cidadania).

A filiação, qualquer que seja sua origem, possui a mesma importância e deve receber igual respeito e consideração[632-633]. Logo, se as filiações biológicas e as decorrentes da conjugalidade são formalizadas diretamente no cartório

---

[631] Há pesquisas que apontam para um número de aproximadamente 5 milhões de crianças sem pai registral no Brasil.

[632] STJ, REsp 1.704.972, 3ª Turma. Rel. Min. Ricardo Villas Bôas Cueva. **DJe** 15.10.2018.

[633] VELOSO, Zeno. **Direito civil** – temas. Belém: Anoreg/PA, 2018.

406 | PRINCÍPIO DA AFETIVIDADE NO DIREITO DE FAMÍLIA – *Ricardo Calderón*

de registro civil, sem necessidade de recorrer ao Poder Judiciário, por que não proceder da mesma forma com os vínculos socioafetivos consensuais devidamente comprovados? Ainda que possam ter algumas peculiaridades, nenhuma delas parece justificar a remessa desses registros ao Estado-Juiz.

A facilitação do reconhecimento voluntário da socioafetividade parental está alicerçada nos princípios da afetividade, da igualdade e do direito de filiação, de modo que não pode ser ignorada. Nesse sentido, acertou o CNJ ao adotar tal medida em prol da desburocratização, unificando esta possibilidade no cenário nacional.

i) Requisitos previstos inicialmente pelo Provimento nº 63 do CNJ para o reconhecimento extrajudicial da filiação socioafetiva:

Para o reconhecimento extrajudicial da filiação socioafetiva o Provimento nº 63 trouxe alguns requisitos específicos, todos devidamente detalhados em seus diversos dispositivos. Eram eles:

i.i) A existência inequívoca do vínculo socioafetivo da filiação:

Sinteticamente, é possível afirmar que a paternidade socioafetiva é a relação entre pai e filho que se constrói pela afetividade, cuidado, carinho e atenção ao longo da convivência familiar (comportamento social típico, convivência familiar duradoura e relação de afetividade familiar[634]). Pelo relacionamento paterno-filial serão estruturadas responsabilidades e referenciais que corresponderão a elementos fundamentais na formação, construção e definição da identidade do indivíduo. Desse modo, a relação entre pai e filho socioafetivo vai sendo reconhecida entre o grupo familiar e terceiros, na realidade concreta[635].

Assim, esse vínculo socioafetivo deve estar demonstrado na realidade fática por tempo suficiente para permitir a consagração dessas relações, ou seja, o seu registro é sempre *a posteriori*, após já restar devidamente configurado no mundo dos fatos. Atualmente, tais critérios se estendem, da mesma maneira, para as denominadas "maternidades socioafetivas"[636].

---

[634] LÔBO, Paulo. **Direito civil:** famílias. 8. ed. São Paulo: Saraiva, 2018. v. 5, p. 228.

[635] PORTANOVA, Rui. **Ações de filiação e paternidade socioafetiva.** Porto Alegre: Livraria do Advogado, 2016, p. 19.

[636] DIAS, Maria Berenice. **Filhos do afeto:** questões jurídicas. 2. ed. São Paulo: Revista dos Tribunais, 2017, p. 135.

Cap. IV · PROJEÇÕES DA AFETIVIDADE NO DIREITO DE FAMÍLIA | **407**

É importante frisar que os vínculos afetivos apenas se tornam aptos a produzir efeitos jurídicos quando presentes em longo espaço de tempo, o que exige anos de comprovada convivência, o que indicará a presença da estabilidade, requisito essencial para que possa ser considerado passível de consubstanciar algum liame filial. Sem essa demonstração, da longa durabilidade da respectiva relação afetiva, não é possível falar de socioafetividade para fins de registro de filiação. Esse é o sentido de socioafetividade reconhecido pela doutrina e jurisprudência que tratam do tema.

É necessário levar em conta esse aspecto central para que se possa constatar presença do vínculo de socioafetividade nos moldes retratados pelo respectivo provimento, ou seja, deve haver a demonstração inequívoca de longo tempo de trato filial socioafetivo ininterrupto (é possível dizer que isso envolve, em regra, alguns anos de convivência). Isso porque a afetividade é apurada sempre de modo objetivo para fins jurídicos, com a demonstração de elementos concretos que a representem. Ademais, o requisito da estabilidade exige um transcurso temporal condizente com uma relação filial.

A partir dessas premissas, pode-se afirmar que não é adequado falar de vínculo de socioafetividade filial em situações envolvendo recém-nascidos ou bebês de tenra idade, pois são circunstâncias que não se coadunam com o sentido jurídico extraído do vínculo socioafetivo de filiação (na linha do que a doutrina e a jurisprudência brasileira sustentam sobre o tema).

Com efeito, o reconhecimento da filiação socioafetiva em cartório pelo Provimento nº 63 somente ocorria nas situações de vínculos duradouros e incontroversos de filhos socioafetivos.

i.ii) Demais requisitos formais:

Os demais requisitos expressamente previstos são os seguintes: que o requerente seja maior de 18 anos (independente do estado civil); que não seja ascendente ou irmão do pretenso filho; que a diferença de idade entre o requerente e o pretenso filho seja igual ou maior que 16 anos[637]; o pedido

---

[637] "Art. 10. O reconhecimento voluntário da paternidade ou da maternidade socioafetiva de pessoa de qualquer idade será autorizado perante os oficiais de registro civil das pessoas naturais.

§ 1º O reconhecimento voluntário da paternidade ou maternidade será irrevogável, somente podendo ser desconstituído pela via judicial, nas hipóteses de vício de vontade, fraude ou simulação.

§ 2º Poderão requerer o reconhecimento da paternidade ou maternidade socioafetiva de filho os maiores de dezoito anos de idade, independentemente do estado civil.

pode ser realizado em localidade diversa de onde foi lavrada a certidão de nascimento; deve haver consentimento expresso e pessoal da mãe e do pai registrais; consentimento do filho reconhecido; coleta pessoal das assinaturas[638]; e, ainda, faz-se necessária uma declaração das partes de desconhecimento de discussão judicial sobre a referida filiação.

Caso algum dos requisitos acima não pudesse ser atendido o registro não poderia se dar pela via extrajudicial, devendo as partes, então, recorrer ao Poder Judiciário para pleitear o reconhecimento. Em casos de dúvida, suspeita ou inconsistência, o registrador sempre deveria fundamentar a recusa e enviar o pedido para o juiz competente, o que permitiria evitar fraudes e burlas. Essa permissão expressa fornecia segurança ao processo, pois o registrador apenas poderia celebrar o registro se estivesse indene de dúvidas.

No entanto, passados exatos 21 meses de vigência da normativa inicial, o CNJ houve por bem alterar alguns aspectos dessa regulação, editando o Provimento nº 83/2019, do qual tratamos a seguir.

Aprimoramento: s Provimento nº 83/2019 do CNJ

Em agosto de 2019 o referido Provimento nº 63 foi alterado por outro regramento editado pelo próprio CNJ: o Provimento nº 83, que apenas promoveu mudanças pontuais nas regras que cuidavam do tema (que serão a seguir detalhadas). Mesmo após essas modificações, restou a possibilidade de registro extrajudicial de vínculos socioafetivos, mas que agora é regrada pelos dois Provimentos, que se completam.

---

§ 3º Não poderão reconhecer a paternidade ou maternidade socioafetiva os irmãos entre si nem os ascendentes.

§ 4º O pretenso pai ou mãe será pelo menos dezesseis anos mais velho que o filho a ser reconhecido."

[638] "Art. 11. O reconhecimento da paternidade ou maternidade socioafetiva será processado perante o oficial de registro civil das pessoas naturais, ainda que diverso daquele em que foi lavrado o assento, mediante a exibição de documento oficial de identificação com foto do requerente e da certidão de nascimento do filho, ambos em original e cópia, sem constar do traslado menção à origem da filiação. [...]

§ 3º Constarão do termo, além dos dados do requerente, os dados do campo FILIAÇÃO e do filho que constam no registro, devendo o registrador colher a assinatura do pai e da mãe do reconhecido, caso este seja menor.

§ 4º Se o filho for maior de doze anos, o reconhecimento da paternidade ou maternidade socioafetiva exigirá seu consentimento.

§ 5º A coleta da anuência tanto do pai quanto da mãe e do filho maior de doze anos deverá ser feita pessoalmente perante o oficial de registro civil das pessoas naturais ou escrevente autorizado. [...]"

Cap. IV · PROJEÇÕES DA AFETIVIDADE NO DIREITO DE FAMÍLIA | **409**

A nova diretriz foi por certa restrição dos casos que poderiam ser formalizados pela via extrajudicial, bem como houve uma clara opção por um reforço no seu controle, mas restou chancelada a possibilidade de registros socioafetivos diretamente nos cartórios[639].

O Provimento nº 83 fez alterações pontuais na Seção II do Provimento nº 63, que cuida da "paternidade socioafetiva" (as demais seções não foram alteradas). Portanto, o regramento de novembro de 2017 (Provimento nº 63) segue sendo a regulação base desta temática[640], mas deve ser lido com as adaptações promovidas pelo regramento de agosto de 2019 (Provimento nº 83).

Com isso, a partir de então faz-se necessário ler os dois regramentos de forma conjunta.

A seguir, comentam-se as alterações promovidas pelo Provimento nº 83 (as quais, na atualidade, compõem os requisitos para que se possam realizar tais registros socioafetivos diretamente nos cartórios de registro civil):

i)   *Apenas pessoas acima de 12 anos de idade poderão se valer do registro da filiação socioafetiva pela via extrajudicial[641];*

A redação originária do Provimento nº 63 não trazia qualquer restrição etária para registros de vínculos socioafetivos, de modo que mesmo crianças de tenra idade poderiam se valer desse expediente[642].

---

[639]   O que se percebe, dentre outros, por duas das fundamentações introdutórias do Provimento nº 83:
"CONSIDERANDO a possibilidade de o parentesco resultar de outra origem que não a consanguinidade e o reconhecimento dos mesmos direitos e qualificações aos filhos, havidos ou não da relação de casamento ou por adoção, proibida toda designação discriminatória relativa à filiação (art. 1.596 do Código Civil);
CONSIDERANDO a possibilidade de reconhecimento voluntário da paternidade perante o oficial de registro civil das pessoas naturais e, ante o princípio da igualdade jurídica e de filiação, de reconhecimento voluntário da paternidade ou maternidade socioafetiva;"

[640]   Sobre comentários ao Provimento nº 63 como um todo tomo a liberdade de fazer remissão ao nosso trabalho anterior já publicado sobre o tema: CALDERÓN, Ricardo; MALHEIROS, Pablo; TOAZZA, Gabriele. Filiação Socioafetiva: repercussões a partir do provimento 63 do CNJ. In: CYSNE, Renata Nepomuceno (coord.). **Intervenção Estatal e comunitária nas famílias:** limites e possibilidades. Brasília: Trampolim, 2019. Nesse texto anterior, discorremos sobre várias das ideias citadas neste artigo.

[641]   O Provimento nº 83 traz uma nova redação para o art. 10 do Provimento nº 63, que passa a ter a seguinte redação: "Art. 10. O reconhecimento voluntário da paternidade ou da maternidade socioafetiva de pessoas acima de 12 anos será autorizado perante os oficiais de registro civil das pessoas naturais".

[642]   Há relatos de alguns casos isolados de crianças com meses de idade.

Esta amplitude passou a sofrer alguns questionamentos, principalmente para evitar que crianças muito pequenas (com meses de vida até poucos anos de idade) tivessem sua filiação alterada sem a chancela da via judicial. Para parte dos atores envolvidos com infância e juventude, os registros de filiações de crianças ainda na primeira infância[643] (até 6 anos) deveriam remanescer com o Poder Judiciário. Uma das principais preocupações era que, como crianças de tenra idade podem vir a atrair o interesse de pessoas que pretendessem realizar "adoções à brasileira", ou então "furar a fila adoção", melhor seria deixar tal temática apenas para a via jurisdicional.

A observação parece ter algum fundamento, visto que o intuito do CNJ é justamente deixar com as Serventias de Registros de Pessoas Naturais apenas os casos consensuais e incontroversos, sob os quais não pairem quaisquer dúvidas[644]. Quanto aos casos litigiosos, complexos ou que possam ser objeto de alguma outra intenção dissimulada, a ideia é que fiquem mesmo com o Poder Judiciário, que – aliado ao Ministério Público – tem melhores condições de tratar desses casos[645].

O CNJ parece ter se sensibilizado com essas considerações e o regramento atual amparado pelo Provimento nº 83 deixa claro que apenas adolescentes[646] – maiores de 12 anos – e adultos poderão se valer da via extrajudicial para formalizar seus vínculos afetivos[647]; já as crianças de até 11 anos somente poderão formalizar suas filiações socioafetivas pela via judicial[648]. Resta mantida a exigência de anuência dos filhos maiores de 12 anos para que seja realizado o ato[649].

---

[643] Lei nº 13.257/2016: "Art. 2º Para os efeitos desta Lei, considera-se primeira infância o período que abrange os primeiros 6 (seis) anos completos ou 72 (setenta e dois) meses de vida da criança".

[644] A mesma lógica se aplica aos divórcios e inventários que podem ser realizados pelas vias extrajudiciais: apenas consensuais. Essa premissa vem desde a Lei nº 11.441/2007 e segue mantida no Código de Processo Civil de 2015.

[645] Tanto é assim que o próprio Conselho já se manifestou expressamente no sentido de que "adoções à brasileira" não devem ser formalizadas pela via extrajudicial (manifestação de julho de 2018 da própria corregedoria, em pedido de esclarecimentos advindo do Ceará).

[646] "Art. 2º Considera-se criança, para os efeitos desta Lei, a pessoa até doze anos de idade incompletos, e adolescentes aquela entre doze e dezoito anos de idade."

[647] Como visto, não parece que exista interesse extraordinário na adoção de crianças de 6 a 12 anos de idade, o que diminui significativamente os riscos.

[648] A partir da alteração do Provimento nº 63/CNJ.

[649] Quanto a esse aspecto, foi substancial a restrição processada pelo Provimento 83, pois havia sido ventilada uma possibilidade intermediária, de limitar o registro

Anote-se que a restrição é apenas para que o ato seja formalizado diretamente no Cartório de Registro Civil, mas nada impede que judicialmente um vínculo socioafetivo de crianças menores de 12 anos venha a ser reconhecido[650]. Consequentemente, para reconhecer vínculos socioafetivos de crianças menores de 12 anos se faz necessária uma ação judicial perante o Poder Judiciário.

O que se percebe é que o CNJ houve por bem ser cauteloso na questão etária, limitando apenas para maiores de 12 anos de idade a possibilidade de registros socioafetivos previstos no Provimento nº 63[651]. Logo, crianças não podem mais se valer desse expediente, mas apenas adolescentes e adultos[652].

ii) O vínculo socioafetivo deverá ser estável e estar exteriorizado socialmente[653];

Na sua redação originária o Provimento nº 63 não trazia maiores considerações sobre a qualidade dos vínculos socioafetivos que poderiam ser objeto de registro pela via extrajudicial. Isso também foi objeto de algumas dúvidas iniciais[654], principalmente quanto a sua duração e como ele deveria ser constatado pelo registrador.

A nova redação do art. 10 (alterada pelo Provimento nº 83) parece pretender responder a tais questões, deixando claro que a relação socioafetiva passível de registro diretamente na serventia extrajudicial é apenas aquela estável e exteriorizada socialmente. Esses dois atributos devem orientar o registrador no momento do ato[655].

A estabilidade se refere à permanência contínua e duradoura desse vínculo socioafetivo, que deve se apresentar com tempo condizente quanto à

---

extrajudicial apenas para maiores de 6 anos de idade, o que parece que já atenderia a preocupação que era apresentada. Entretanto, essa opção intermediária não foi acolhida.

[650] Utilizando como marco legal a divisão etária estabelecida pela Lei da Primeira Infância, Lei nº 13.257/2016.

[651] Como visto, o CNJ houve por bem em seguir a orientação etária do Estatuto da Criança e Adolescente, Lei nº 8.069/90.

[652] Conforme classificação do ECA.

[653] Também há a inclusão de um novo art. 10-A , que tem como *caput*: "A paternidade ou a maternidade socioafetiva deve ser estável e deve estar exteriorizada socialmente".

[654] Surgidas logo após a edição primeira do Provimento nº 63, em meados do final de 2017 e início de 2018.

[655] Aliado ao princípio da verdade real, que rege a atividade do registrador.

relação filial que pretende formalizar[656]. O intuito dessa nova diretriz é deixar claro que não é qualquer relação socioafetiva fugaz que pode ensejar um vínculo de parentalidade, mas apenas aquelas com densidade suficiente para sedimentar o estabelecimento de uma relação paterno ou materno filial[657].

Ainda, é necessário que a ligação socioafetiva esteja exteriorizada no meio social no qual os interessados estão inseridos, de modo que seja inclusive do conhecimento de terceiros. Apenas relações ostensivas que geram reconhecimento na coletividade na qual convivem as partes é que estão a merecer esse facilitado acolhimento extrajudicial.

Em outras palavras, o que se quer dizer é que as relações afetivas passíveis de registro direto são aquelas estáveis e públicas as quais, não raro, acabam por ser reconhecidas socialmente pela comunidade no qual as partes convivem[658].

Mutatis mutandis, o que o provimento parece querer dizer com as expressões *estável* e *exteriorizado socialmente* é – nada mais nada menos – o que a doutrina e a jurisprudência já apreciavam para declarar a chamada posse do estado de filiação[659]. Para tanto, sempre foi verificada uma tríade de requisitos: *nominatio, tractatio* e *reputatio*[660]. (nome, tratamento e fama). O primeiro se refere ao uso no nome de família, o segundo remete ao tratamento concreto como filho, e o terceiro diz respeito à reputação social daquele vínculo.

É possível perceber que a estabilidade prevista no provimento guarda correlação com a conhecida *tractatio* (tratamento); já a previsão de que a relação seja exteriorizada socialmente está claramente ligada à noção de *reputatio* (reputação social). Em outras palavras, o Provimento nº 83 trouxe, com outra nomenclatura, os critérios que há muito estão consolidados na nossa cultura jurídica para reconhecimento de um vínculo socioafetivo[661].

---

[656] Relações estas que são, em regra, para a vida toda.

[657] Em geral, estas relações envolve anos de convivência, conforme indicam os precedentes do Superior Tribunal de Justiça quanto ao reconhecimento de vínculos socioafetivos.

[658] O que não destoa do conceito de família utilizado, dentre outros, por Paulo Lôbo, que define seus três elementos como: afetividade, estabilidade e ostentabilidade. LOBO, Paulo. **Direito civil:** famílias. São Paulo: Saraiva, 2008, p. 58.

[659] FACHIN, Luiz Edson. **Da paternidade:** relação biológica e afetiva. Belo Horizonte: Del Rey, 1996.

[660] FACHIN, Luiz Edson. **Estabelecimento da filiação e paternidade presumida.** Porto Alegre: Fabris, 1992, p. 23. VELOSO, Zeno. **Direito brasileiro de filiação e paternidade.** São Paulo: Malheiros, 1997, p. 180.

[661] O que se extrai do próprio termo socioafetividade, que expressa o reconhecimento social de uma relação de afetividade que foi exteriorizada.

Há mais de três décadas o direito de família brasileiro trabalha com essas categorias, com grande clareza e segurança jurídica, de modo que parece adequada a exigência e a terminologia utilizadas[662]. Uma compreensão dos requisitos e dessas locuções à luz do que já vem sendo praticado na nossa realidade jurídica facilita a compreensão do Provimento nº 83 e o próprio trabalho dos registradores.

iii) O registrador atestará a existência da afetividade de forma objetiva, por todos os meios em direito permitidos, inclusive pelo intermédio de documentos e outros elementos concretos que a possam demonstrar[663];

Esse dispositivo esclarece como o registrador civil deve constatar o vínculo socioafetivo que lhe é apresentado. Como visto, houve um debate anterior sobre como o registrador poderia constatar a presença de um vínculo socioafetivo. Para aclarar esse ponto, a Corregedoria do CNJ se mostrou sensível a tal questionamento e houve por bem se manifestar a respeito.

Esse dispositivo do Provimento nº 83 vem exatamente para aclarar essa questão, deixando expresso que a relação socioafetiva deve ser verificada de modo objetivo pelo oficial de registro civil, isto é, mediante fatos concretos que venham a demonstrar a sua manifestação na realidade fática. Em outras palavras, o registrador solicitará ao requerente que apresente provas do liame socioafetivo que está a narrar, sendo que a sua atividade será apenas coletar e

---

[662] DIAS, Maria Berenice. **Filhos do afeto:** questões jurídicas. 2. ed. São Paulo: Revista dos Tribunais, 2017.

[663] "Art. 10-A. [...]

§ 1º O registrador deverá atestar a existência do vínculo afetivo da paternidade ou maternidade socioafetiva mediante apuração objetiva por intermédio da verificação de elementos concretos.

§ 2º O requerente demonstrará a afetividade por todos os meios em direito admitidos, bem como por documentos, tais como: apontamento escolar como responsável ou representante do aluno; inscrição do pretenso filho em plano de saúde ou em órgão de previdência; registro oficial de que residem na mesma unidade domiciliar; vínculo de conjugalidade – casamento ou união estável – com o ascendente biológico; inscrição como dependente do requerente em entidades associativas; fotografias em celebrações relevantes; declaração de testemunhas com firma reconhecida.

§ 3º A ausência destes documentos não impede o registro, desde que justificada a impossibilidade, no entanto, o registrador deverá atestar como apurou o vínculo socioafetivo.

§ 4º Os documentos colhidos na apuração do vínculo socioafetivo deverão ser arquivados pelo registrador (originais ou cópias) juntamente com o requerimento."

verificar a idoneidade de tais provas[664]. Essa é a forma como o direito de família brasileiro[665] vem trabalhando com os vínculos afetivos há muitos anos[666], sendo a nova exigência totalmente coerente com a nossa tradição jurídica[667].

Isso significa que as relações socioafetivas que tenham provas concretas da sua existência são as que podem ser registradas diretamente nas serventias extrajudiciais. Essas provas poderão ser apresentadas por todos os meios admitidos em direito, sendo o Provimento nº 83 detalhista neste aspecto:

> **Art. 10-A [...]**
>
> § 2º O requerente demonstrará a afetividade por todos os meios em direito admitidos, bem como por documentos, tais como: apontamento escolar como responsável ou representante do aluno; inscrição do pretenso filho em plano de saúde ou em órgão de previdência; registro oficial de que residem na mesma unidade domiciliar; vínculo de conjugalidade – casamento ou união estável – com o ascendente biológico; inscrição como dependente do requerente em entidades associativas; fotografias em celebrações relevantes; declaração de testemunhas com firma reconhecida.

Note-se que há permissão para que qualquer meio de prova venha a demonstrar a presença da relação socioafetiva, e o texto avança para exemplificar alguns deles, destacando elementos comuns nessas relações filiais. Não raro as relações socioafetivas estáveis e exteriorizadas socialmente resultam em fatos concretos que geram algum vestígio documental, sendo adequada a regulação ora posta.

Importa reconhecer que a nova normativa foi sensível à pluralidade de situações fáticas e até mesmo à diversidade da realidade brasileira, percebendo que muitos casos podem não apresentar elementos como os citados acima. Ainda assim, isso não os afastará de plano do registro extrajudicial, pois o Provimento nº 83 prevê que:

---

[664] Evidente que o registrador não avançará na averiguação dos aspectos subjetivos ou psicológicos desta relação, visto que não lhe cabe apurar estes fatores. Em vista disso, fez bem o CNJ em esclarecer o fato.

[665] PEREIRA, Caio Mário da Silva. **Reconhecimento da filiação e seus efeitos.** 7 ed. rev. atual. ampl. Atual. Heloisa Helena Barboza e Lúcia Maria Teixeira Ferreira. Rio de Janeiro: Forense, 2015, p. 190.

[666] LOBO, Paulo. Socioafetividade no direito de família: a persistente trajetória de um conceito fundamental. **Revista Brasileira de Direito das Famílias e Sucessões.** Porto Alegre, Magister; Belo Horizonte, IBDFam, v. 5, ago./set. 2008.

[667] Mesmo em processos judiciais consensuais estas provas concretas e objetivas também seriam exigidas dos pretendentes, como é usual.

iv) A ausência destes documentos não impede o registro, desde que justificada a impossibilidade, no entanto, o registrador deverá atestar como apurou o vínculo socioafetivo;

Ou seja, mesmo na ausência de documentos, há a possibilidade de o registrador civil constatar a presença da relação socioafetiva por outros meios, bastando que declare como verificou a presença dos requisitos necessários para o ato. Essa abertura e flexibilidade parece razoável e condizente com a diversidade de situações que podem se apresentar (por todos, *vide* as idiossincrasias inerentes às comunidades ribeirinhas da região amazônica).

Outro questionamento que muitas vezes era apresentado referia-se a uma suposta insegurança da regulação originária posta pelo Provimento nº 63, decorrente da ausência de elementos que possibilitassem uma verificação posterior do que veio a permitir o respectivo registro socioafetivo. Entendiam alguns que apenas a declaração dos envolvidos não seria suficiente[668].

O Provimento nº 83 trouxe um dispositivo que parece tratar dessa questão, pois prevê que os documentos apresentados para a comprovação do vínculo socioafetivo devem restar arquivados juntamente com o procedimento:

v) Os documentos colhidos na apuração do vínculo socioafetivo deverão ser arquivados pelo registrador (originais ou cópias) juntamente com o requerimento;

Mais uma vez se constata uma opção por maior segurança do ato, ainda que isso venha a gerar uma maior formalidade. Percebe-se, novamente, a busca por um equilíbrio entre extrajudicialização e segurança jurídica, o que parece ser uma constante nas diretivas do CNJ.

---

[668] Nesse aspecto, chama a atenção uma contradição recorrente nos críticos do reconhecimento extrajudicial do vínculo socioafetivo. Por exemplo, para o reconhecimento biológico de uma paternidade tardia no cartório de registro civil nada se exige, bastando a autodeclaração do pretenso pai que é "pai biológico" de quem ele pretende registrar como filho. Ou seja, a mera alegação pelo interessado de uma existência de vínculo biológico – ausente de qualquer outro elemento – é entendida como suficiente para estabelecer uma paternidade biológica e gerar o seu respectivo registro (mesmo de crianças de tenra idade). Não se exige o DNA ou nenhuma outra prova. Para esses casos, não se ouvem vozes a defender a intervenção do Ministério Público neste ato registral. Salta aos olhos que para estas situações de alegado vínculo biológico nada se exige (nunca se cogitou de se solicitar um exame em DNA para estas paternidades biológicas tardias e nem mesmo se aventou da participação do MP no ato). Mas para o registro de relações socioafetivas muitos apresentam diversos óbices e exigências, como se está a perceber. Não deixa de ser curiosa esta manifesta contradição.

O incremento na formalização advindo com o Provimento nº 83 foi tênue e até mesmo condizente com a solenidade dos atos que estão a registrar, não prejudicando de modo severo as partes que pretendam se utilizar dessa via. Não se pode olvidar que essa segurança no momento do registro filial é – de certo modo – interesse de toda a comunidade.

vi) *Haverá a participação prévia do Ministério Público, diretamente na serventia extrajudicial; sendo que somente serão realizados registros que tiverem parecer favorável do MP (os casos com parecer contrário deverão se socorrer da via judicial)*[669];

Uma das maiores queixas apresentadas à redação originária do Provimento nº 63 vinha de alguns representantes do Ministério Público, que entendiam que deviam participar do ato, tendo em vista o seu papel na defesa do interesses de crianças e adolescentes[670]. Isso porque o regramento originário posto em 2017 com o Provimento 63 nada tratava a respeito.

Este reclamo foi acolhido pelo CNJ, sendo a participação do MP uma das principais alterações implementadas pelo Provimento nº 83. A partir de agora, há previsão expressa de atuação dos membros do *parquet* nos pedidos de registro extrajudicial de filiação socioafetiva. Essa participação ocorrerá diretamente no Cartório de Registro Civil.

O que merece destaque é que o Provimento nº 83 incluiu a participação do Ministério Público na própria esfera extrajudicial, não se distanciando da diretriz de desjudicialização que está a implementar. O texto prevê que o parecer será ofertado diretamente para o oficial do registro civil, da mesma forma como previsto para os casos de casamento (art. 1.526, CC[671]).

---

[669] O Provimento nº 83 também inclui um novo parágrafo no artigo 11 do Provimento nº 63:

"[...] § 9º Atendidos os requisitos para o reconhecimento da paternidade ou maternidade socioafetiva, o registrador encaminhará o expediente ao representante do Ministério Público para parecer.

I – O registro da paternidade ou maternidade socioafetiva será realizado pelo registrador após o parecer favorável do Ministério Público.

II – Se o parecer for desfavorável, o registrador não procederá o registro da paternidade ou maternidade socioafetiva e comunicará o ocorrido ao requerente, arquivando-se o expediente".

[670] Entre outros, art. 201, VIII, ECA (Lei nº 8.069/1990).

[671] CC: "Art. 1.526. A habilitação será feita pessoalmente perante o oficial do Registro Civil, com a audiência do Ministério Público".

Art. 11 [...]

§ 9º Atendidos os requisitos para o reconhecimento da paternidade ou maternidade socioafetiva, o registrador encaminhará o expediente ao representante do Ministério Público para parecer.

I – O registro da paternidade ou maternidade socioafetiva será realizado pelo registrador após o parecer favorável do Ministério Público.

II – Se o parecer for desfavorável, o registrador não procederá o registro da paternidade ou maternidade socioafetiva e comunicará o ocorrido ao requerente, arquivando-se o expediente.

III – Eventual dúvida referente ao registro deverá ser remetida ao juízo competente para dirimi-la.

Caso o parecer seja favorável o oficial concluirá o registro, prosseguindo como de estilo. Entretanto, caso o parecer seja contrário, não se fará o registro e se arquivará o pleito, informando-se aos requerentes. Na última hipótese, restará aos interessados recorrer ao Poder Judiciário, onde poderão eventualmente comprovar o direito à filiação que desejam formalizar.

Essa é outra alteração que visa também conceder maior segurança jurídica e controle aos respectivos atos, trazendo a fiscalização dos promotores de justiça para o procedimento. Há que se destacar que a crescente informatização das serventias extrajudiciais e também da estrutura do Ministério Público certamente facilitará o procedimento.

Acredita-se que com mais essa relevante salvaguarda a sistemática prevista nos Provimentos nº 63 e 83 se apresenta ainda mais segura e, ainda assim, acessível.

vii) Somente é possível a inclusão de um ascendente socioafetivo pela via extrajudicial (seja do lado paterno ou materno); eventual pretensão de inclusão de um segundo ascendente socioafetivo só poderá ser apresentada na via judicial[672].

---

[672] "V – o art. 14 passa a vigorar acrescido de dois parágrafos, numerados como § 1º e § 2º, na forma seguinte: Art. 14, Provimento 63/2017 – CNJ: 'O reconhecimento da paternidade ou maternidade socioafetiva somente poderá ser realizado de forma unilateral e não implicará o registro de mais de dois pais e de duas mães no campo FILIAÇÃO no assento de nascimento.' § 1º Somente é permitida a inclusão de um ascendente socioafetivo, seja do lado paterno ou do materno. § 2º A inclusão de mais de um ascendente socioafetivo deverá tramitar pela via judicial."

Este dispositivo objetiva esclarecer uma dúvida de interpretação que adveio da leitura inicial do art. 14 do Provimento nº 63, especificamente quanto à hipótese de multiparentalidade[673]. A redação originária a respeito do tema gerou certos debates sobre a sua extensão, de modo que esse texto visa pôr fim aos embates.

A redação originária do art. 14 do Provimento nº 63 era a seguinte:

> O reconhecimento da paternidade ou maternidade socioafetiva somente poderá ser realizado de forma unilateral e não implicará o registro de mais de dois pais e de duas mães no campo FILIAÇÃO no assento de nascimento.

Não havia nenhum parágrafo ou outro texto que esclarecesse a extensão dessas medidas. A partir desse texto a comunidade jurídica passou a debater se o dispositivo permitiria ou não o registro extrajudicial de relações multi-parentais (ou seja, um segundo pai ou uma segunda mãe).

Para pôr fim às dúvidas, o Provimento nº 83 incluiu mais dois parágrafos nesse art. 14:

> § 1º Somente é permitida a inclusão de um ascendente socioafetivo, seja do lado paterno ou do materno.
>
> § 2º A inclusão de mais de um ascendente socioafetivo deverá tramitar pela via judicial.

O novo texto foi direto e explícito ao afirmar que o que resta autorizado para via extrajudicial é a inclusão de apenas mais um ascendente socioafetivo (seja pai ou mãe). Ou seja, qualquer segundo ascendente socioafetivo que se pretenda registrar deverá – necessariamente – recorrer ao Poder Judiciário.

A redação dos novos parágrafos deixa mais claro o sentido do termo unilateral utilizado na redação originária do respectivo art. 14. Como se

---

[673] "MULTIPARENTALIDADE – é o parentesco constituído por múltiplos pais, isto é, quando um filho estabelece uma relação de paternidade/maternidade com mais de um pai e/ou mais de uma mãe [...] A Multiparentalidade, ou seja, a dupla maternidade/paternidade tornou-se uma realidade jurídica, impulsionada pela dinâmica da vida e pela compreensão de que maternidade e paternidade são funções exercidas. É a força dos fatos e dos costumes como uma das mais importantes fontes do Direito, que autoriza esta nova categoria jurídica" (*IN*: PEREIRA, Rodrigo da Cunha. **Dicionário de direito de família e sucessões**: ilustrado. São Paulo: Saraiva, 2015, p.470-471. Para ler mais sobre o tema: PAIANO, Daniela Braga. **A família atual e as espécies de filiação**: da possibilidade jurídica da multiparentalidade. Rio de Janeiro: Lumen Juris, 2017.

percebe, o que se quer limitar é apenas a inclusão de mais um ascendente socioafetivo, pela via extrajudicial.

Essa opção parece pretender acolher as situações mais comuns e singelas que se apresentam na realidade concreta, que geralmente correspondem a existência de apenas mais um ascendente socioafetivo. Os casos com a presença de um pai e de uma mãe socioafetivos, por exemplo, são sabidamente mais raros e podem pretender mascarar "adoções à brasileira" – o que não se quer admitir. Daí a opção do CNJ em limitar esse expediente extrajudicial a apenas mais um ascendente socioafetivo. Dessa forma, eventual segundo ascendente socioafetivo terá necessariamente que se socorrer da via jurisdicional.

Em consequência, restou esclarecida com esses novos parágrafos a manutenção da admissão da multiparentalidade unilateral: ou seja, a inclusão de um ascendente socioafetivo ao lado de um outro biológico que já preexista, mesmo que da mesma linha[674] (dois pais, por exemplo). Em outras palavras: o regramento permite a inclusão de mais *um* ascendente socioafetivo, ainda que ele figure ao lado de outro ascendente já registrado. Assim, por exemplo, é possível registrar extrajudicialmente um pai socioafetivo ainda que já exista um pai biológico registrado; nessa situação, haverá ao final dois pais registrais, em evidente multiparentalidade.

Imaginemos outra hipótese: caso um filho venha a nascer durante uma relação de casamento dos seus pais; logo, terá mãe e pai biológicos registrados; após alguns 4 anos esse casal vem a se divorciar; passados mais dois anos a mulher estabelece uma relação de conjugalidade com um outro homem, por longos anos; quando da adolescência do filho, esse outro homem pode vir a pleitear o seu registro como pai socioafetivo, mediante a comprovação dos requisitos do provimento; nessa hipótese, como será o primeiro ascendente socioafetivo a pedir o registro extrajudicial, terá direito e será atendido; consequentemente, o adolescente ficará com dois pais registrados (um biológico e um socioafetivo) e uma mãe (a biológica). Logo, restará configurada a multiparentalidade, visto que o filho terá três ascendentes, mas apenas um será socioafetivo.

Resta patente, portanto, que é permitida que essa via extrajudicial resulte em uma configuração final de multiparentalidade[675] – ficando estabelecido que apenas um ascendente socioafetivo pode ser incluído de acordo com a nova configuração do Provimento nº 63.

---

[674] Paterna ou materna.

[675] CASSETTARI, Christiano. **Multiparentalidade e parentalidade socioafetiva:** efeitos jurídicos. 3. ed. São Paulo: Atlas, 2017.

Tanto é verdade que um dos Considerandos do Provimento nº 83 é explícito em citar a tese da Multiparentalidade acolhida pelo STF na RG 622:

> **CONSIDERANDO** o fato de que a paternidade socioafetiva, declarada ou não em registro público, não impede o reconhecimento do vínculo de filiação concomitante baseado na origem biológica, com os efeitos jurídicos próprios (STF, RE 898.060/SC).

Esta remissão já constava dos considerandos do próprio Provimento nº 63 e – certamente – não é reiterada imotivadamente no segundo provimento que cuida do tema. O CNJ se mostra ciente do que foi deliberado pelo STF, com força de repercussão geral[676], e passa a inserir essa determinação no nosso sistema registral.

Provimento nº 63 do CNJ e a regulamentação do registro no caso de nascimentos por reprodução assistida

Outro importante ponto regulado inicialmente pelo Provimento nº 63, e inalterado no Provimento nº 83, foi o registro de filhos havidos por técnicas de reprodução assistida[677], o que até então apresentava grandes obstáculos. Muitos casais que tinham filhos por tais métodos encontravam dificuldades no respectivo registro em nome de ambos (na maioria das vezes, tinham necessidade de recorrer até o Poder Judiciário para ver concretizado este registro). Quanto a esses casos, o Provimento nº 63 passa a suprir uma lacuna da lei: a partir dele os filhos decorrentes de técnicas de reprodução assistida podem ser registrados independentemente de prévia autorização judicial, ou seja, podem obter a certidão de nascimento em nome de ambos os pais diretamente no cartório de registro civil, o que também foi um grande avanço. Essa facilitação era necessária e conferiu maior dignidade para essas situações jurídicas.

Nessas hipóteses, caso os pais sejam casados ou convivam em união estável, poderá comparecer somente um deles para realizar o ato[678]. Em relação a filhos de casais homoafetivos, que se utilizaram da reprodução

---

[676] Ainda sobre multiparentalidade e a RG 622/STF: CAMACHO, Michele Vieira. **Multiparentalidade e seus efeitos sucessórios.** 2018. Dissertação (Mestrado em Direito) – Faculdade de Direito, Universidade de São Paulo, São Paulo. 2018, p. 218-2019.

[677] Reprodução assistida é um conjunto de técnicas que tem como principal objetivo tentar viabilizar a gestação sem relações sexuais, sendo que a fecundação pode ocorrer dentro ou fora do corpo da mulher dependendo da técnica adotada.

[678] "Art. 16. O assento de nascimento de filho havido por técnicas de reprodução assistida será inscrito no Livro A, independentemente de prévia autorização judicial e

Cap. IV · PROJEÇÕES DA AFETIVIDADE NO DIREITO DE FAMÍLIA | 421

assistida, a novidade está na certidão de nascimento, que fará constar os nomes dos ascendentes sem referência a distinção quanto à ascendência paterna ou materna[679]. Essa regra também contribui para que os filhos de casais homoafetivos não sofram discriminações[680].

Para a realização do registro nos casos de nascimento por reprodução assistida, será necessário apresentar: declaração de nascido vivo (DNV); declaração, com firma reconhecida, do diretor técnico da clínica, centro ou serviço de reprodução humana em que foi realizada a reprodução assistida, indicando que a criança foi gerada por reprodução assistida heteróloga, assim como o nome dos beneficiários; certidão de casamento, certidão de conversão de união estável em casamento, escritura pública de união estável ou sentença em que foi reconhecida a união estável do casal[681].

Nas situações de filhos que nasceram por essas técnicas, resta expresso que o conhecimento da ascendência biológica passa a não resultar no vínculo de parentesco entre o doador ou a doadora e o filho gerado[682], o que se mostra adequado e diferencia essas categorias. A distinção entre filiação e descendência genética segue sendo de grande relevância em muitos casos concretos, visto

---

observada a legislação em vigor no que for pertinente, mediante o comparecimento de ambos os pais, munidos de documentação exigida por este provimento.

§ 1º Se os pais forem casados ou conviverem em união estável, poderá somente um deles comparecer ao ato de registro, desde que apresente a documentação referida no art. 17, III, deste provimento. [...]"

[679] "Art. 16. [...] § 2º No caso de filhos de casais homoafetivos, o assento de nascimento deverá ser adequado para que constem os nomes dos ascendentes, sem referência a distinção quanto à ascendência paterna ou materna."

[680] Para aprofundamento no tema: DIAS, Maria Berenice. **Manual de direito das famílias**. 11. ed. São Paulo: Revista dos Tribunais, 2016.

[681] "Art. 17. Será indispensável, para fins de registro e de emissão da certidão de nascimento, a apresentação dos seguintes documentos:

I – declaração de nascido vivo (DNV);

II – declaração, com firma reconhecida, do diretor técnico da clínica, centro ou serviço de reprodução humana em que foi realizada a reprodução assistida, indicando que a criança foi gerada por reprodução assistida heteróloga, assim como o nome dos beneficiários;

III – certidão de casamento, certidão de conversão de união estável em casamento, escritura pública de união estável ou sentença em que foi reconhecida a união estável do casal. [...]"

[682] "Art. 17. [...] § 3º O conhecimento da ascendência biológica não importará no reconhecimento do vínculo de parentesco e dos respectivos efeitos jurídicos entre o doador ou a doadora e o filho gerado por meio da reprodução assistida.

que nem todo ascendente genético será pai[683], o que não pode ser olvidado (distinção já reconhecida pela doutrina brasileira[684]). A partir de então, resta vedado aos oficiais registradores a recusa à emissão do adequado assento de nascimento dos filhos havidos por técnica de reprodução assistida[685].

Considerações quanto aos provimentos

O direito civil dá passos largos no sentido de uma maior extrajudicialização, o que inclusive está de acordo com as diretrizes do CPC. Uma questão de estado da pessoa, como é o reconhecimento da filiação, certamente merece uma maior promoção e facilitação e, quando possível, uma regularização que prescinda de intervenção jurisdicional.

As regulações do CNJ sobre o registro extrajudicial de filhos socioafetivos se mostram coerentes e harmônicas, sendo que as suas exigências formais e eventuais limitações visam aumentar a segurança jurídica dessa sensível questão. Ainda assim, as situações que parecem se manifestar em maior número na realidade concreta restam acolhidas pela via extrajudicial.

A Corregedoria do CNJ viu com bons olhos a experiência de desjudicialização das filiações socioafetivas consensuais, reiterando o caminho da extrajudicialização iniciado com o Provimento nº 63 ao editar o Provimento nº 83.

As balizas jurídicas constantes desses provimentos do CNJ acolheram expressamente as propostas de leitura jurídica da afetividade que são sustentadas nesta obra. Ademais, a facilitação do acesso ao registro da filiação é uma perspectiva que não pode ser esquecida, ainda mais em face do nosso quadro de muitas crianças sem pai registral. Nessa ótica, deve ser facilitada também a formalização dos vínculos socioafetivos.

Era público e notório que haviam duas correntes debatendo sobre o tema: uma defendendo a manutenção total do Provimento nº 63[686]; outra

---

[683] Para aprofundamento no tema: CALDERÓN, Ricardo Lucas. Socioafetividade na filiação: análise da decisão proferida pelo STJ no REsp 1.613.641/MG. **Revista Brasileira de Direito Civil – RBDCivil,** Belo Horizonte, v. 13, p. 141-154, jul./set. 2017.

[684] LÔBO, Paulo. Direito ao estado de filiação e direito à origem genética: uma distinção necessária. In: PERREIRA, Rodrigo da Cunha (org.). **Anais do IV Congresso Brasileiro de Direito de Família.** Belo Horizonte: Del Rei, 2004.

[685] "Art. 18. Será vedada aos oficiais registradores a recusa ao registro de nascimento e à emissão da respectiva certidão de filhos havidos por técnica de reprodução assistida, nos termos deste provimento. [...]"

[686] Nesse sentido, Instituto Brasileiro de Direito de Família – IBDFam; Associação dos Registradores de Pessoas Naturais – Arpen e Associação dos Notários e Registradores – Anoreg.

Cap. IV · PROJEÇÕES DA AFETIVIDADE NO DIREITO DE FAMÍLIA | **423**

defendendo a sua revogação por completo[687]. Ambas apresentavam longos argumentos na defesa de suas posições e eram sustentadas por atores importantes do cenário jurídico.

O órgão regulador parece ter optado pelo meio termo. Manteve a essência da medida, mas restringiu o seu campo de atuação e incrementou a segurança jurídica do procedimento.

Em tempos de radicalização entre extremos, como temos vivenciado em muitos campos da realidade nacional, não podemos deixar de tecer elogios às alternativas que conseguem encontrar um caminho intermediário. Afinal, como há muito já falava Aristóteles, "a virtude consiste em saber encontrar o meio-termo entre dois extremos".

SEÇÃO XIV. REPERCUSSÕES SUCESSÓRIAS DA AFETIVIDADE

As Sem Razões do Amor

Eu te amo porque te amo.
Não precisas ser amante,
e nem sempre sabes sê-lo.
Eu te amo porque te amo.
Amor é estado de graça
e com amor não se paga.

Amor é dado de graça,
é semeado no vento,
na cachoeira, no eclipse.
Amor foge a dicionários
e a regulamentos vários.

Eu te amo porque não amo
bastante ou de mais a mim.
Porque amor não se troca,
não se conjuga nem se ama.
Porque amor é amor a nada,
feliz e forte em si mesmo.

---

[687] Nesse sentido: setores do Ministério Público e alguns representantes dos Juízes da infância.

424 | PRINCÍPIO DA AFETIVIDADE NO DIREITO DE FAMÍLIA – *Ricardo Calderón*

> *Amor é primo da morte,*
> *e da morte vencedor,*
> *por mais que o matem (e matam)*
> *a cada instante de amor.*
>
> Carlos Drummond de Andrade

A revolução paradigmática vivenciada pelo direito de família brasileiro nas últimas décadas repercutiu inclusive no vetusto direito das sucessões[688]. A leitura atual dos valores e princípios constitucionais, aliada aos novos contornos conferidos para alguns institutos de direito de família (v. entidades familiares, filiação etc.) alteraram sobremaneira até mesmo o nosso regime sucessório[689].

O reconhecimento de outras espécies de filiação (socioafetiva e a multiparental) e o respeito à isonomia entre as entidades familiares (como o casamento e a união estável), apenas para citar dois exemplos, influenciaram diversos cenários sucessórios. Como tais configurações familiares estão decalcadas pela afetividade, sua leitura contemporânea também incide, de alguma forma, no atual direito das sucessões brasileiro.

Como exemplo do que se está a afirmar: a recente decisão do STF[690] que equiparou o regime sucessório dos cônjuges ao dos companheiros, a partir da declaração de inconstitucionalidade do art. 1.790 do Código Civil (que regulava a sucessão de quem vivia em união estável). Com isso, o único regime sucessório a vigorar no Brasil passa a ser o do art. 1.829 e seguintes do Código Civil.

Essa deliberação teve origem a partir do julgamento do Recurso Extraordinário nº 878.694, dotado de repercussão geral, feito do qual o Instituto Brasileiro de Direito de Família – IBDFam participou como *amicus curiae*, representado na tribuna do STF pela advogada Ana Luiza Nevares[691]. O

---

[688] "[...] O Direito das Sucessões é o ramo do Direito Civil, obviamente permeado por valores e princípios constitucionais, que tem por objetivo primordial estudar e regulamentar a destinação do patrimônio da pessoa física ou natural em decorrência de sua morte, momento em que se indaga qual o patrimônio transferível e quem serão as pessoas que o recolherão" (CARVALHO, Luiz Paulo Vieira de. **Direito das sucessões.** 3. ed. rev. atual. ampl. São Paulo: Atlas, 2017, p. 15-16).

[689] CAHALI, Francisco José; HIRONAKA, Giselda. M.F.N. **Direito das sucessões.** 4. ed. rev. atual. e ampl. São Paulo: Revista dos Tribunais, 2012.

[690] STF, RE 646.721 (Rel. Min. Marco Aurélio) e RE 878.694 (Rel. Min. Roberto Barroso), decisões de 10.05.2017, com repercussão geral aprovada.

[691] NEVARES, Ana Luiza Maia. **A sucessão do cônjuge e do companheiro na perspectiva do direito civil-constitucional.** 2. ed. São Paulo: Atlas, 2015.

Cap. IV · PROJEÇÕES DA AFETIVIDADE NO DIREITO DE FAMÍLIA | 425

IBDFam sustentou a inconstitucionalidade do referido art. 1.790/CC, tese ao final acolhida. Nesse julgamento, prevaleceu o entendimento do Min. Luís Roberto Barroso, relator para o acórdão e redator da tese aprovada em repercussão geral, que foi a seguinte:

> No sistema constitucional vigente é inconstitucional a diferenciação de regime sucessório entre cônjuges e companheiros devendo ser aplicado em ambos os casos o regime estabelecido no art. 1.829 do Código Civil.

Um dos fundamentos da decisão da Suprema Corte foi a interpretação da CF/1988, que traz uma proteção em igual grau tanto para o casamento como para a união estável, o que leva a um tratamento isonômico de tais entidades familiares, inclusive para fins de sucessão e herança. Portanto, não seriam cabíveis distinções quanto ao regime sucessório entre tais modelos de conjugalidade (como regia o art. 1.790/CC)[692].

O *leitmotiv* dessa deliberação do STF foi a consideração de que a Constituição protege igualmente todas as entidades familiares lastreadas pela afetividade e pelo projeto de vida em comum, independentemente de estarem formalizadas em matrimônio ou não. Confira-se trecho da ementa do voto do Min. Luís Roberto Barroso:

> A Constituição brasileira contempla diferentes formas de família legítima, além da que resulta do casamento. Nesse rol incluem-se as famílias formadas mediante união estável[693].

A decisão da Corte Superior consagra a afetividade como elemento densificador das atuais entidades familiares, o que, felizmente, vem sendo uma constante naquele tribunal. O *decisum* ainda enaltece que, à luz da Constituição Federal, se deve respeitar a isonomia possível entre tais modelos. Em consequência, distinções só seriam cabíveis naquilo em que são efetivamente distintos; no caso, no que se refere à formação e extinção da união estável (os quais são realmente diferenciadas se comparadas à formalidade

---

[692] Esse posicionamento já era defendido por grande parte da doutrina especializada: "O que não se pode admitir é um tratamento absurdamente desigual sobre o mesmo tema a respeito de semelhante assunto, conforme se trate de família matrimonializada ou de família constituída pela união estável [...]". VELOSO, Zeno. **Direito hereditário do cônjuge e do companheiro.** São Paulo: Saraiva, 2010, p. 164.

[693] STF, RE 878.694, Min. Luís Roberto Barroso.

do casamento). Assim, os direitos sucessórios não estariam entre as matérias que admitiriam alguma distinção entre o casamento civil e a união estável.

A argumentação do ministro relator nesse caso[694] recordou que as próprias leis da década de 1990, que regulavam o direito sucessório dos conviventes (Leis nº 8.971/1994 e a Lei 9.278/1996), já traziam essa equiparação com o direito sucessório dos cônjuges. Diante disso, o Código Civil de 2002 teria laborado em inconstitucional retrocesso nesse particular[695]. Com fundamento nos princípios da igualdade, dignidade da pessoa humana e vedação ao retrocesso, o relator houve por bem declarar inconstitucional o art. 1.790 do Código Civil.

> Quando o Código Civil desequiparou o casamento e as uniões estáveis, promoveu um retrocesso e promoveu uma hierarquização entre as famílias que a Constituição não admite.

A maioria do plenário do STF aprovou os argumentos propostos pelo Min. Luís Roberto Barroso, prevalecendo a declaração de inconstitucionalidade do art. 1.790/CC, com a aprovação da tese acima descrita. A partir de então, tanto os cônjuges como os companheiros têm os mesmos direitos sucessórios. Não existe mais diferença sucessória entre casar e viver em união estável. Essa equiparação, por óbvio, incide também para as uniões homoafetivas, como expressamente foi declarado pelos ministros ao fixar a referida tese (e realmente não poderia ser diferente após a decisão da ADPF 132/STF).

A percepção de que as famílias são agrupamentos decalcados precipuamente pela afetividade foi uma das premissas do referido julgamento, o que demonstra o quanto esse vetor pode reverberar em diversas searas, inclusive no direito das sucessões. Confira-se outro trecho do voto do Min. Luís Roberto Barroso, no qual ele deixa claro que o atual sentido de família (a partir da afetividade) foi um dos elementos de deliberação, quando expressamente compara o conceito de família tradicional de outrora com o seu sentido contemporâneo:

> O regime sucessório encontra-se, assim, vinculado ao conceito de família. Na história brasileira, em decorrência da forte influência religiosa, o

---

[694] Para maiores detalhes sobre os fundamentos do voto e do referido julgamento: TARTUCE, Flávio. **Direito civil.** 10. ed. rev. atual. e ampl. Rio de Janeiro: Forense, 2017. v. 6: Direito das sucessões, p. 252 e ss.

[695] O Min. Barroso rememorou que, apesar de o Código ter entrado em vigor em 2003, sua elaboração remonta a década de 1970 do século passado, diante do que "teria chegado atrasado" quanto às questões familiares.

conceito jurídico de família esteve fortemente associado ao casamento. Seu objetivo principal era a preservação do patrimônio e da paz doméstica, buscando-se evitar interferências de agentes externos nas relações intramatrimoniais e nas relações entre pais e filhos. Nesse sentido, todas as Constituições anteriores à de 1988 que trataram expressamente do tema dispunham que a família se constitui pelo casamento. Em sentido similar, no plano infraconstitucional, o CC/1916 dispunha que a família legítima era criada pelo casamento (art. 229). [...]

A consagração da dignidade da pessoa humana como valor central do ordenamento jurídico e como um dos fundamentos da República brasileira (art.1º, III, CF/1988) foi o vetor e o ponto de virada para essa gradativa ressignificação da família. A Carta de 1988 inspirou a repersonalização do Direito Civil, fazendo com que as normas civilistas passassem a ser lidas a partir da remissa de que a pessoa humana é o centro das preocupações do Direito, que é dotada de dignidade e que constitui um fim em si próprio. A família passou, então, a ser compreendida juridicamente de forma funcionalizada, ou seja, como um instrumento (provavelmente o principal) para o desenvolvimento dos indivíduos e para a realização de seus projetos existenciais. Não é mais o indivíduo que deve servir à família, mas a família que deve servir ao indivíduo.

Mais adiante, a manifestação adere explicitamente a uma leitura aberta e atual de família, com a percepção da afetividade como elemento caracterizador das entidades familiares do presente:

Durante a segunda metade do século XX, porém, operou-se uma lenta e gradual evolução nesta concepção na sociedade brasileira, com o reconhecimento de múltiplos modelos de família. *Nesse período, parcela significativa da população já integrava, de fato, núcleos familiares que, embora não constituídos pelo casamento, eram caracterizados pelo vínculo afetivo e pelo projeto de vida em comum.* Era o caso de uniões estáveis, de uniões homoafetivas, e também de famílias monoparentais, pluriparentais ou anaparentais (sem pais, como a formada por irmãos ou primos). Na estrutura social, o pluralismo das relações familiares sobrepôs-se à rigidez conceitual da família matrimonial. (grifos nossos)

A manifestação de voto do Min. Edson Fachin ao julgar o referido caso sucessório também constata isso, ao destacar a relevância do reconhecimento da afetividade como caracterizador das atuais formas de conjugalidade, pois afirma

que há um traço comum essencial para as duas formas de conjugalidade, qual seja, a marca do afeto e da entreajuda, existindo apenas um aspecto em que o casamento e a união estável se diferenciam: a presença, ou ausência, de formalidade em sua constituição[696].

Os fundamentos desse emblemático julgamento do STF são provas contundentes da atual relevância da afetividade, inclusive para o acertamento de casos familiares-sucessórios. A sensibilidade dos ministros para essas temáticas e para a atual realidade da sociedade brasileira foi evidente nas suas manifestações, atestando o que se está a asseverar.

Outra projeção da afetividade que impacta nos atuais debates sucessórios diz respeito ao reconhecimento de filiações socioafetivas *post mortem*, nas quais – muitas vezes – se percebe um intuito eminentemente patrimonial--sucessório. São recorrentes as demandas de investigações de paternidade ajuizadas após a morte do autor da herança, contra ele (por intermédio do seu espólio/sucessores) por pretensos filhos também adultos, que – na prática – pleiteiam exclusivamente a filiação em face do morto apenas para fazer valer o seu direito sucessório. Essa temática está em franca discussão nos tribunais e ainda carece de uma deliberação definitiva.

Para ilustrar, tome-se um exemplo hipotético: um homem de aproximadamente 80 anos de idade, casado com uma mulher há seis décadas, vem a falecer deixando vasto patrimônio; deixa também esposa e quatro filhos matrimoniais (todos maiores), que serão seus sucessores. Entretanto, após a abertura da sua sucessão, surge um fato novo: uma ação de reconhecimento de paternidade *post mortem* de uma terceira pessoa (até então estranha a todos), que alega ser descendente genética do homem falecido. Considere-se que esse terceiro tenha aproximadamente 50 anos de idade e não conheceu pessoalmente o seu suposto pai (o falecido). Diante disso, essa ação de investigação de paternidade pede o reconhecimento da filiação decorrente do vínculo genético com o *de cujus*, com o objetivo de postular, basicamente, os consectários sucessórios (a sua parte na herança)[697].

---

[696] STF, RE 878/694, Min. Edson Fachin.

[697] Situação similar à descrita envolveu uma das maiores heranças do Brasil, no que ficou conhecido como o Caso H. STERN, conforme noticiou a mídia: "Em agosto de 2005, dois anos antes de morrer, Hans Stern, o fundador da joalheria H.Stern, lavrou um testamento público no cartório do 5º Ofício de Notas, no Rio de Janeiro. O judeu que aos 17 anos chegou ao Brasil de mãos vazias, fugindo da Alemanha nazista no fim da década de 30, deixou metade de tudo para a mulher Ruth, com quem casou em 1958, e o restante para seus quatro filhos legítimos e a filha de uma relação anterior ao casamento, Maria Lídia, que vive há 30 anos na Suíça e cuja paternidade foi devidamente reconhecida. O visionário Hans, um empreendedor de enorme faro para negócios que fez fortuna ao apostar no valor das gemas brasileiras quando as pedras

Cap. IV • PROJEÇÕES DA AFETIVIDADE NO DIREITO DE FAMÍLIA | **429**

Imagine-se que no decorrer da instrução se comprove o vínculo genético do falecido com esse terceiro, por intermédio de exame em DNA com os filhos matrimoniais (irmãos). Nesse cenário, surge a questão: essa descendência genética comprovada *post mortem* entre o falecido e o terceiro (filho que era estranho) deverá, necessariamente, gerar a respectiva filiação? Em caso positivo, essa filiação deverá gerar, necessariamente, o consequente direito sucessório?

A princípio, as respostas seriam tranquilamente "sim", para ambas as questões, pois uma vez comprovado o vínculo genético, factível o consequente reconhecimento da filiação jurídica. Por consequência, essa filiação geraria todos os efeitos jurídicos, inclusive os sucessórios, até mesmo em observância ao princípio da igualdade na filiação. Essas respostas são correntes e constantes de diversas decisões judiciais e, portanto, têm farta guarida no direito brasileiro.

Entretanto, o recrudescimento da importância da afetividade questiona se essa resposta positiva deve ser aplicada indistintamente a todos os casos do estilo. Isso porque, no exemplo, inexistiu qualquer convivência afetiva dessa terceira pessoa com o homem falecido, de modo que o único vínculo entre eles será o biológico. Nessa perspectiva, apenas o vínculo sanguíneo seria suficiente para estabelecer essa filiação *post mortem*? Diante disso, muitos questionam se seria o caso de se declarar a filiação plena no referido exemplo (com todos os efeitos jurídicos), ou apenas reconhecer a descendência genética sem declarar a filiação (o que seria distinto).

Muitos autores sustentam uma dissociação entre o *direito ao reconhecimento da ascendência genética* (direito da personalidade) com o distinto *direito de filiação* (direito de família)[698]. O direito ao conhecimento da ancestralidade

---

nacionais eram consideradas semipreciosas, ficou conhecido como um sujeito de modos simples, avesso a badalações e que gostava de dizer frases como "a família em primeiro lugar, negócios em segundo". Na semana passada, essa imagem de discrição sofreu um revés. Revelou-se que o recatado Hans era também pai de dois filhos fora do casamento – e agora os novos herdeiros querem invalidar o testamento que os ignorou". Conteúdo noticiado por: AQUINO, Wilson. Herança preciosa. **Istoé**, 21 set. 2012 Disponível em: http://istoe.com.br/239613_HERANCA+PRECIOSA/. Acesso em: 28 abr. 2023. Para maiores detalhes jurídicos sobre o caso: BEZERRA, Elton. Caso H. Stern expõe conflito de jurisprudências. **Conjur**, 19 set. 2012. Disponível em: http://www.conjur.com.br/2012-set-19/disputa-heranca-stern-expoe-conflito--jurisprudencias. Acesso em: 26 abr. 2023.

[698] LÔBO, Paulo Luiz Netto. Direito ao estado de filiação e direito à origem genética: uma distinção necessária. In: PEREIRA, Rodrigo da Cunha (org.). **Anais do V Congresso Brasileiro do Direito de Família**. Belo Horizonte: Del Rey, 2004, p. 48.

é um direito fundamental, de índole constitucional e caráter imprescritível. Entretanto, nem em todos os casos ele gera, inexoravelmente, a filiação. Há relevante doutrina do direito de família que defende a diferenciação entre o direito ao conhecimento da ascendência genética e o direito de filiação, na esteira do que defende, há muito, Paulo Luiz Netto Lôbo[699]. Essa distinção, se aceita, pode desaguar em respostas diferentes para o caso hipotético ora narrado.

Um dos fundamentos alegados para eventualmente não se declarar a filiação nesse caso hipotético descrito seria a ausência total de relacionamento afetivo entre o falecido e o de cujus. Portanto, nesse caso, admitida essa tese, com a morte do suposto pai, a filiação plena não teria se estabelecido (pela ausência do reconhecimento em vida, somada à ausência de convivência afetiva). Para os defensores desse ponto de vista, nessa situação fática, deveria ser reconhecida apenas a descendência genética do terceiro com o *de cujus*, mas sem declarar a filiação.

Imagine-se, ainda, que esse terceiro soubesse há muito da sua descendência genética com o então falecido, digamos que há décadas, quando esse homem ainda estava vivo, mas mesmo assim preferiu não o contatar nem mesmo ajuizou a ação enquanto o suposto pai vivia. Tome-se em conta que o pai falecido não tenha tido conhecimento dessa filiação enquanto viveu. Pelo fato de esse terceiro ter ficado silente, e por ter esperado a morte do seu suposto pai para então demandar em juízo, mesmo assim teria direito a ver reconhecida a filiação plena?

Essas perguntas estão a perturbar alguns dos sucessionistas brasileiros.

Outro elemento que pode complexificar ainda mais a narrativa: suponha--se que esse terceiro tenha outro pai socioafetivo e registral, que o criou desde pequeno até então, com o qual ainda conviva. Nessa hipótese, seria o caso de reconhecer a dupla paternidade, ou seja, manter o pai socioafetivo e registral e, concomitantemente, declarar a filiação perante o pai biológico falecido?

---

[699] "O direito ao conhecimento da origem genética não está coligado necessária ou exclusivamente à presunção de filiação e paternidade. Sua sede é o direito da personalidade, que pessoa humana é titular, na espécie direito à vida, pois as ciências biológicas têm ressaltado a insuperável relação entre medidas preventivas de saúde e ocorrências de doenças em parentes próximos. Ao mesmo tempo é forte e razoável a ideia de que alguém possa pretender tão apenas investigar sua ancestralidade, buscando sua identidade biológica pela razão de simplesmente saber-se de si mesmo. O estado de filiação deriva da comunhão afetiva que se constrói entre pais e filhos, independentemente de serem parentes sanguíneos. Portanto, não se deve confundir o direito da personalidade à origem genética com o direito à filiação, seja genética ou não". LÔBO, Paulo Luiz Netto. **Direito civil**: famílias. São Paulo: Saraiva, 2008, p. 203-204.

Atualmente, o STF pacificou o entendimento da possibilidade jurídica da multiparentalidade (RG 622, STF)[700]. Daí advém outra questão: nessa hipótese, essa tese de multiparentalidade se aplicaria, ou seja, dever-se-ia reconhecer a filiação perante esse ascendente genético, em multiparentidade com o pai afetivo desse terceiro?

Apesar da recente decisão do STF sobre a possibilidade jurídica da multiparentalidade, essa questão ainda perturba doutrina e jurisprudência, sem ser possível afirmar que esteja definitivamente solucionada. Não há dúvidas quanto à possibilidade de multiparentalidade, com declaração concomitante de dupla paternidade. Contudo, há dúvidas se no exemplo citado, que cuida de um reconhecimento de filiação *post mortem* com evidente intuito patrimonial-sucessório, seria o caso de declarar a dupla filiação[701].

Prosseguindo na análise desse exemplo, há duas possibilidades:

- a primeira, caso não se declare a filiação, apenas com o reconhecimento da ascendência genética; com isso, o encaminhamento sucessório da herança do *de cujus* será um (restará apenas para a viúva e filhos);
- a segunda, caso se reconheça a filiação plena desse terceiro com o pai biológico falecido, situação na qual o quadro sucessório será outro, totalmente distinto (pois esse terceiro dividirá a herança com os outros filhos).

Ainda que a decisão do STF ao admitir a multiparentalidade tenha jogado alguma luz sobre a questão (ao permitir a declaração de dupla paternidade em alguns casos concretos), a solução definitiva de casos análogos ao descrito parece ainda gerar algum debate. Isso porque a situação que balizou a decisão do Supremo cuidava de dois pais vivos, o que pode levar ao questionamento se tal solução se aplicaria indistintamente ao caso do exemplo acima descrito (que cuida de um pai biológico falecido, com interesse patrimonial desse terceiro no pleito de reconhecimento da filiação).

A doutrina não está pacificada, existindo posições distintas com sólidos fundamentos de sustentação. Confira-se.

Uma delas, alinhada à *primeira possibilidade*, é a sustentada por Rolf Madaleno (anterior a própria decisão do STF sobre multiparentalidade),

---

[700] Sobre multiparentalidade, ver a Seção V deste Capítulo IV.

[701] Um dos autores que questiona essa possibilidade é Rodrigo Toscano de Brito, que externou tal posição durante o Congresso Paranaense de Direito de Família de 2017, realizado na cidade de Curitiba.

que é contrária ao reconhecimento dessa filiação sucessória, com interesse meramente patrimonial. Para ele, a solução seria apenas a declaração de descendência genética, sem reconhecer a filiação e com a consequente negativa do respectivo direito de herança.

> Esta pesquisa do parentesco sucessório só tem a intenção o constrangedor propósito econômico se ressente de qualquer vínculo mínimo de afeição, que nunca existiu entre corpos e mentes longamente distanciados. Sua movimentação processual cinge-se a pedir um quinhão hereditário por corolário da sua matriz biológica e, portanto, se apresenta moralmente inadmissível considerar a eventual procedência desta estranha e tardia reivindicação parental, que ousa sepultar só no processo, nunca na sua versão axiológica, uma preexistente paternidade ou maternidade de efetiva relação de filiação, fruto do amor sincero e incondicional, obra da interação de pais e filhos aproximados pelo afeto e não pela identificação genética. Uma demanda ajuizada para desconstituir a relação afetiva e dar lugar ao frio vínculo puramente biológico, intentada depois da morte do genitor consanguíneo não deve encontrar respaldo na jurisprudência nacional, quando o investigante sempre teve pais socioafetivos e registrais, e não desconhecia a desconexão biológica dos seus pais do coração. [...] Ainda que pudesse ser evidenciada a possibilidade de ser investigada a filiação biológica quando preexistente vinculação socioafetiva, esta investigação processual precisa ser limitada aos direitos da personalidade, sem interferir no já existente estado de filiação proveniente da estabilidade fática ou registral dos laços afetivos, sobremodo quando construídos no cotidiano papel de genitor e prole. [...] Assim que, tem valor preponderante a realidade do afeto, não havendo como alterar o registro de quem investiga sua parentalidade embora tenha existido densa convivência afetiva com aqueles que no registro constam como seus pais. Tampouco poderão gerar direito hereditário os vínculos biológicos soterrados pela realidade social criada a partir de um falso registro de filiação, restringindo-se ao direito de investigar apenas a origem consanguínea para a proteção dos direitos de personalidade, estes sim, indisponíveis, personalíssimos e imprescritíveis, sem precisar desconstituir a ascendência socioafetiva para ceder lugar à cultura do parentesco biológico. [...] Foi o ascendente socioafetivo quem desempenhou a função parental e atuou como educador irradiador do afeto, amizade e compreensão. Foi ele quem, sem vacilar, emprestou seu nome para completar a personalidade civil daquele que acolheu por amor, não sendo aceitável que um decreto judicial atue como prenúncio da morte e da afeição, entre personagens ausentes[702].

---

[702] MADALENO, Rolf. Filiação Sucessória. **Revista Brasileira de Direito das Famílias e Sucessões**, Porto Alegre: Magister; Belo Horizonte: IBDFam, v. 1, p. 25-41, dez. 2007/jan. 2008, p. 25-41.

Como se percebe, é firme a posição de Rolf Madaleno contra a possibilidade de reconhecimento jurídico dessa filiação *post mortem*, lastreada unicamente no elo biológico, que tenha interesse exclusivamente patrimonial[703]. Um dos argumentos da sua manifestação é justamente a ausência de relação socioafetiva desse pretenso filho com o falecido pai o que, caso o postulante soubesse dessa relação anteriormente e não a tivesse postulado em vida, inviabilizaria o pleito[704].

Já a segunda posição é a citada por Luiz Paulo Vieira de Carvalho, que parece ser favorável à possibilidade jurídica do reconhecimento dessa filiação que decorre exclusivamente do vínculo biológico, com o consequente direito de herança conferido a esse terceiro postulante:

> Permite-se também ao filho devidamente registrado buscar sua verdadeira origem biológica (direito à ancestralidade e à verdadeira identidade), igualmente com base no pré-falado § 6º do art. 227 da CRFB, bem como no art. 27 do ECA, em litisconsórcio passivo necessário (como réus, o investigado ou seus herdeiros e o pai registral), caso em que, julgada procedente e transitada em julgado a demanda investigatória cumulada com a petição de herança, poderá restar rompido o registro anterior [...], permitindo-se ao(s) autor(es) o recolhimento do(s) respectivo(s) quinhão(ões) hereditário(s)[705].

---

[703] O mesmo fundamento é a base da crítica fina de José Fernando Simão: "A paternidade passa a ser decisão do filho. Sabendo-se filho socioafetivo, tem o filho o direito de ter também como pai seu ascendente genético. Isso abre as portas para as ações argentárias em que o autor a ação investigatória de paternidade, já tendo um pai, pretende ter a herança de outrem (ascendente genético) e não um pai". A multiparentalidade está admitida e... com repercussão geral. Vitória ou derrota do afeto? SIMÃO, José Fernando. A multiparentalidade está admitida e... com repercussão geral. Vitória ou derrota do afeto? **Jornal Carta Forense,** São Paulo, 2 dez. 2016. Disponível em: https://professorsimao.com.br/a-multiparentalidade-esta-admitida--e-com-repercussao-geral-vitoria-ou-derrota-do-afeto/. Acesso em: 16 abr. 2023.

[704] No mesmo sentido: "Assim sendo, em veneração à retratação da verdade e do prestígio à paternidade e maternidade, bem como do vínculo afetivo formado há anos, acreditamos ser plenamente possível o reconhecimento post mortem da parentalidade socioafetiva, desde que, em vida, tenham existido a relação afetiva e a posse de estado de filho, senão teremos uma ação judicial com cunho meramente patrimonial, o que deve ser repudiado, segundo nosso sentir" (CASSETTARI, Christiano. **Multiparentalidade e parentalidade socioafetiva**. 3. ed. rev. atual. e ampl. São Paulo: Atlas, 2017, p. 75).

[705] CARVALHO, Luiz Paulo Vieira de. **Direito das sucessões.** 3. ed. rev. atual. ampl. São Paulo: Atlas, 2017, p. 321.

434 | PRINCÍPIO DA AFETIVIDADE NO DIREITO DE FAMÍLIA – *Ricardo Calderón*

Na hipótese ventilada, narra-se factível substituir uma filiação registral e afetiva anterior por uma filiação biológica comprovada *post mortem*, em demanda ajuizada em face desse ascendente genético mesmo após o seu óbito, o que recebe guarida inclusive na jurisprudência do STJ (REsp 1.401.719, Rel. Min. Nancy Andrighi, j. 08.03.2013).

Atualmente parte da doutrina questiona se há ou não óbice intransponível no estabelecimento dessa filiação mesmo diante da total ausência de convivência socioafetiva. Também é trazido à baila o fato do referido filho não ter demandado o pedido enquanto o seu pai biológico ainda era vivo (mesmo que esse filho já tivesse conhecimento anterior dessa filiação biológica). Uma das dúvidas é: seria cabível ou não questionar qual a natureza do interesse do respectivo filho? É possível cogitar de uma possível ausência de boa-fé objetiva desse terceiro por esperar o pai falecer para ajuizar a demanda?

Como visto, a possibilidade de uma filiação meramente biológica ser reconhecida após a morte do autor da herança gera discussões. Mais uma vez, as infinitas peculiaridades de cada situação fática dificultam uma assertiva única e contundente. A controvérsia ainda não está pacificada, com posições variadas externadas pela doutrina e pela jurisprudência, mas a sua existência permite entrever como a assimilação da socioafetividade na filiação também repercute em outras searas.

Por outro lado, há também outra situação que merece atenção no campo sucessório, vinculada à temática da afetividade. São os casos de reconhecimento de filiações socioafetivas *post mortem*, ou seja, após o falecimento do autor da herança. Nessas situações, um filho com vínculo somente socioafetivo pode vir a demandar em juízo para ver essa filiação declarada, com o seu reconhecimento judicial e, em consequência, com todos os seus direitos sucessórios reconhecidos. Nesse caso, não parece haver controvérsia quanto ao seu consequente direito sucessório. Ainda assim, é uma possibilidade que merece atenção no momento da sucessão partilha e, principalmente, em negócios jurídicos de cessão de direitos hereditários[706].

---

[706] "Sendo a filiação um estado jurídico e não meramente biológico, permite-se ser possível àquele criado com tais características, uma vez devidamente comprovadas, obter em juízo o reconhecimento do estado de filho socioafetivo, inclusive como título para efeitos sucessórios, como já comentado alhures. Em tal referência, o sucesso na demanda em questão depende da sólida comprovação por parte do autor da relação de afetividade consolidada ao longo do tempo (posse do estado de filho, especialmente através do nome, tratamento e fama), conforme reiteradamente vem se pronunciando a nossa melhor jurisprudência" (CARVALHO, Luiz Paulo Vieira de. **Direito das sucessões.** 3. ed. rev. atual. ampl. São Paulo: Atlas, 2017, p. 320-321).

Cap. IV · PROJEÇÕES DA AFETIVIDADE NO DIREITO DE FAMÍLIA | 435

Outra possível articulação entre afetividade e sucessões é suscitada nas hipóteses de deserdação, que é um instituto que visa "privar da quota legitimária ou legítima, mediante disposição testamentária, o herdeiro necessário, verificados certos pressupostos legais"[707]. Ainda que em manifestação isolada, que atualmente diverge da doutrina e jurisprudência, Tarlei Lemos Pereira constrói uma tese sustentando uma eventual deserdação de filho por falta de convivência afetiva durante a vida com o pai. Em ensaio divulgado em 2012, o jurista defende essa interlocução teórica, ao afirmar que:

> Ao final deste ensaio apresentamos uma breve síntese de nossas conclusões, porém não sem antes esclarecer que jamais foi nossa intenção questionar se os róis dos arts. 1.962 e 1.963, ambos do Código Civil brasileiro, são ou não taxativos. Parece-nos fora de dúvida que as hipóteses compreendidas nos referidos artigos de lei são positivamente *numerus clausus*, consoante entendimento unânime da doutrina. [...] *c*) A afetividade é princípio geral do Direito das Famílias, com clara repercussão no campo sucessório. Tendo havido uma grave e duradoura quebra de afeto entre herdeiros necessários (descendentes, ascendentes e cônjuge), isso autoriza o autor da herança, em tese, a deserdá-los, por testamento, uma vez indicada a causa. E nem poderia ser diferente, pois a ausência de afetividade descaracteriza a entidade familiar e, consequentemente, as recíprocas obrigações civis, não bastando apenas a existência de laços de sangue; *d*) Pode-se afirmar que existe uma família onde houver afetividade como elo de união e realização pessoal entre os seus diversos integrantes; *e*) Há que se ter em mente que mesmo tendo sido assegurado o direito de herança, por meio da Constituição Federal e da lei civil, isso não quer dizer, necessariamente, que herdeiros não possam ser deserdados, por falta de afetividade e de boa-fé familiar, mesmo que estas hipóteses não estejam expressamente previstas nos róis taxativos dos arts. 1.962 e 1.963 do Código Civil; *f*) Para que se efetive a deserdação será preciso testamento válido com expressa declaração do fato que a determina. Logo, imprescindível será que o disponente especifique a causa legal ou *principiológica* que o levou a deserdar herdeiro necessário; *g*) A nosso ver, o rompimento definitivo da afetividade, por si só, autoriza a deserdação, por mera aplicação sistemática dos princípios, sem que haja sequer necessidade de se proceder a qualquer inclusão ou alteração do texto da lei; [...] *j*) A boa-fé constante do Código Civil de 2002 não é apenas a boa-fé contratual e dos negócios jurídicos, mas também a boa-fé familiar, eis que um pai não poderá agir de má-fé em relação aos seus filhos, nem vice-versa. Ferir-se-ia, fundamentalmente, a

---

[707] CARVALHO, Luiz Paulo Vieira de. **Direito das** sucessões. 3. ed. rev. atual. ampl. São Paulo: Atlas, 2017, p. 770.

eticidade, que é um dos três princípios norteadores do Código Reale, ao lado da socialidade e da operabilidade; *k*) No caso concreto, exposto na introdução deste ensaio, temos por absolutamente reprovável o fato de a filha (autora da ação de investigação de paternidade) ter se aproximado de seu pai, após décadas de voluntário afastamento, tão só para assegurar o seu naco da herança, sem qualquer envolvimento e compromisso afetivos. Para se dizer o mínimo, isso configuraria um abuso de direito; *l*) É preciso abandonar a ideia de que *"filho é filho e ponto final"*, pois à luz da eficácia irradiante dos direitos fundamentais oriunda da Constituição Federal, *"filho é filho desde que haja um mínimo de afetividade em relação a seus genitores"*. Do contrário, será um estranho – não um filho – e estranhos não devem obrigatoriamente herdar; *m*) A deserdação é uma pena civil, sendo os seus requisitos indispensáveis: *a*) a validade do testamento; *b*) a existência de herdeiros necessários; *c*) a existência de cláusula de deserdação; e *d*) a prova da existência da causa arguida pelo testador, por meio de ação ordinária; *n*) Finalmente, entendemos que, uma vez existindo absoluta falta de vínculo afetivo entre herdeiros necessários, por período considerável de tempo, autorizada estaria a deserdação por quebra de afetividade, não por aplicação literal da lei (Código Civil, arts. 1.962 e 1.963), mas sim por aplicação dos princípios, adotando-se a interpretação conforme a Constituição. Nesse sentido, não haveria necessidade de alteração da lei, com o objetivo de implementar a deserdação por falta de afetividade, pois a própria interpretação sistemática do ordenamento jurídico autoriza tal procedimento, uma vez declarada a causa pelo testador na cédula testamentária (Código Civil, art. 1.964).[708]

Entretanto, como dito, o entendimento prevalecente é de que a causa da deserdação deve constar expressamente dos arts. 1.962[709] e 1.963[710] do Código Civil, que seriam *numerus clausus*, entre os quais não consta qualquer abandono afetivo. Todavia, essa hipótese pode ser agraciada nos projetos de reforma

---

[708] PEREIRA, Tarlei Lemos. Deserdação por abandono afetivo. **Fadisp.** Disponível em: https://www.direitodefamilia.adv.br/2020/wp-content/uploads/2020/07/tarlei-lemos--deserdacao-por-falta-de-vinculo-afetivo.pdf. Acesso em: 16 abr. 2023.

[709] "Art. 1.962. Além das causas mencionadas no art. 1.814, autorizam a deserdação dos descendentes por seus ascendentes: I – ofensa física; II – injúria grave; III – relações ilícitas com a madrasta ou com o padrasto; IV – desamparo do ascendente em alienação mental ou grave enfermidade."

[710] "Art. 1.963. Além das causas enumeradas no art. 1.814, autorizam a deserdação dos ascendentes pelos descendentes: I – ofensa física; II – injúria grave; III – relações ilícitas com a mulher ou companheira do filho ou a do neto, ou com o marido ou companheiro da filha ou o da neta; IV – desamparo do filho ou neto com deficiência mental ou grave enfermidade."

Cap. IV · PROJEÇÕES DA AFETIVIDADE NO DIREITO DE FAMÍLIA | 437

do direito das sucessões em discussão no poder legislativo. Inclusive, já há proposta nesse sentido: um projeto de lei em trâmite no Congresso Nacional que tem por finalidade alterar os dispositivos do Código Civil que regulam a indignidade e a deserdação (PLS nº 118/2010), abarcando uma situação que envolve o vínculo afetivo, e traz na sua ementa a seguinte justificativa.

Explicação da Ementa:

> Altera os arts. 1.814 a 1.818 e 1.961 a 1.965 da Lei nº 10.406/2002 (Código Civil), para dar novo tratamento aos institutos da exclusão da herança, por indignidade sucessória, e da deserdação. Modifica a denominação do Capítulo V – Dos Excluídos da Sucessão – que passará a ser Dos Impedimentos de Suceder por indignidade e do Capítulo X – *Da Deserdação* –, *que deverá ser chamado Da privação da Legítima. Impede de suceder, por indignidade, aquele que houver abandonado, ou desamparado, econômica ou afetivamente, o autor da sucessão acometido de qualquer tipo de deficiência, alienação mental ou grave enfermidade.* Dispensa a declaração por sentença do impedimento por indignidade quando houver anterior pronunciamento judicial, civil ou criminal, que já tenha expressamente reconhecido a prática da conduta indigna. Autoriza a deserdação do herdeiro quando este tenha se omitido no cumprimento das obrigações do direito de família que lhe incumbiam legalmente; tenha sido destituído do poder familiar; não tenha reconhecido voluntariamente a paternidade ou maternidade do filho durante a sua menoridade civil. Reduz o prazo do direito de demandar a privação da legítima de quatro para dois anos, contados da abertura da sucessão ou do testamento cerrado[711]. (grifos nossos)

Nessa mesma linha, já há algumas decisões que negam alguns direitos para quem descumprir o dever de cuidado e afetividade, na esteira do que já se edificou como abandono afetivo. Há um precedente negando o direito da mãe que abandonou afetivamente e materialmente os filhos em vida, de receber alimentos deles na sua velhice.

> Mãe que abandonou os filhos – Pedido de alimentos na velhice – **É descabida a fixação de alimentos em benefício de genitor que nunca cumpriu com os deveres inerentes ao poder familiar**. A Turma confirmou a sentença de Primeiro Grau que julgou improcedente o pedido de alimentos ajuizado pela genitora em desfavor de seus três filhos. Inicialmente, os Desembargadores explicaram que o dever alimentar de sustento, fundado na relação de parentesco, baseia-se no princípio da solidariedade familiar

---

[711] PLS nº 118/2010, atualmente em trâmite na Câmara dos Deputados.

(art. 229 da CF), que atribui aos pais o dever de assistir aos filhos menores, e aos filhos maiores, a obrigação de amparar os pais idosos. Ao examinar o caso dos autos, os Julgadores verificaram que **a autora abandonou os seus filhos, material e afetivamente, desde a tenra idade.** Desse modo, como ela, há mais de quatro décadas, deixou de cumprir com os deveres inerentes ao poder familiar, abstendo-se de assegurar aos seus filhos o sustento, a guarda, a educação e de lhes prestar atenção e afeto, o Colegiado entendeu que a mãe não pode, na velhice, pretender atribuir aos seus descendentes obrigações fundadas no princípio da solidariedade familiar, que ela nunca observou[712].

Ou seja, pelo fato de a referida mãe ter abandonado os filhos durante a vida, material e afetivamente, restou-lhe negado o pleito de alimentos em face desses filhos na sua velhice. É o abandono afetivo gerando outros efeitos jurídicos para além da mera indenização. É possível aventar se esse raciocínio "da perda de direitos por abandono afetivo" seria aplicável também para alguns direitos sucessórios. Hipoteticamente, nesse caso, se um desses filhos viesse a falecer prematuramente, deixando bens enquanto essa mãe ainda estava viva: seria possível afastar o direito de herança dessa mãe pelo fato dela ter abandonado afetivamente os filhos em vida? É possível aplicar o princípio da boa-fé nessa situação fática[713]? São perguntas ainda sem resposta consolidada no nosso direito sucessório.

Finalmente, cabe noticiar a possibilidade de reconhecimento de relações afetivas pela via testamentária. Zeno Veloso define testamento como "negócio jurídico pelo qual uma pessoa dispõe de seus bens, no todo ou em parte, ou faz determinações não patrimoniais para depois da sua morte"[714]. Essa atual amplitude foi conferida ao testamento pelo Código Civil de 2002, que no art. 1.857, § 2º, prevê que "são válidas as disposições testamentárias de caráter não patrimonial, ainda que o testador somente a elas se tenha limitado". Fala-se atualmente inclusive de uma função promocional do testamento, como ensina Ana Luiza Nevares[715].

---

[712] TJDF, Acórdão 995.406, 20160610054187APC, Rel. Des. César Loyola, 2ª Turma Cível, j. 15.02.2017, **DJe** 20.02.2017.

[713] PEREIRA, Tarlei Lemos. Deserdação por abandono afetivo. **Fadisp.** Disponível em: https://www.direitodefamilia.adv.br/2020/wp-content/uploads/2020/07/tarlei-lemos--deserdacao-por-falta-de-vinculo-afetivo.pdf. Acesso em: 16 abr. 2023.

[714] VELOSO, Zeno. **Código Civil comentado.** FIÚZA, Ricardo; SILVA, Regina Beatriz Tavares da (coord.). 8. ed. São Paulo: Saraiva, 2012, p. 2089.

[715] NEVARES, Ana Luiza Maia. **A função promocional do testamento.** Rio de Janeiro: Renovar, 2009.

Cap. IV · PROJEÇÕES DA AFETIVIDADE NO DIREITO DE FAMÍLIA | **439**

Portanto, na atualidade, o testador pode dispor sobre questões existenciais, como o reconhecimento de uma filiação socioafetiva por exemplo (que será irrevogável, nos termos do art. 1.610 do Código Civil). Outras disposições existenciais afetivas também podem ser reconhecidas pela via do testamento, abrindo um amplo espectro. Jones Figueiredo Alves cogita até mesmo de um típico *testamento afetivo*, que poderia conter deliberações de diversas ordens, inclusive com comandos para gerir as redes sociais após a morte do testador.

> Pois bem. Agora há cogitar dos testamentos afetivos, dando-se a esse novo Instrumento um amplo espectro ao § 2º do art. 1.857 do Código Civil, segundo o qual "são válidas as disposições testamentárias de caráter não patrimonial, ainda que o testador somente a elas tenha se limitado". De efeito, a par da curadoria de dados dos usuários da internet, com a manutenção de perfis de pessoas falecidas, a serviço da memória digital, como já tem sido exercitada (Pierre Lévy, 2006), o instituto do testamento afetivo, notadamente no plano da curadoria de memórias da afeição, apresenta-se, agora, não apenas como uma outra inovação jurídica, pelo viés tecnológico. Mais precisamente, os testamentos afetivos poderão ser o instrumento, eloquente e romântico (um novo "L'hymne à L'amour"), de pessoas, apesar de mortas, continuarem existindo pelo amor que elas possuíam e por ele também continuarem vivendo[716].

Como se constata, a assimilação da afetividade pode se projetar até mesmo para o direito sucessório, bem como para outros ramos do direito civil (e até mesmo para fora dele, como o direito eleitoral, por exemplo[717]), demonstrando a riqueza e entrelaçamento entre as diversas searas da nossa cultura jurídica. O desfilar da afetividade jurídica percorre todo o nosso direito familiar e sucessório, das páginas iniciais que definem o que se entende por família(s) até as suas páginas finais que regulam como se darão os momentos após a morte: eis aí uma boa demonstração do seu perfil principiológico.

---

[716] ALVES, Jones Figueiredo. O prolongamento da existência por meio de testamentos familiares. **RECivil**, 1º ago. 2016. Disponível em: https://recivil.com.br/o-prolongamento-da-existencia-por-meio-de-testamentos-familiares/. Acesso em: 23 abr. 2023.

[717] SEREJO, Lourival. O direito de família e sua repercussão no direito eleitoral. **IBDFam,** 30 jul. 2012. Disponível em: http://www.ibdfam.org.br/artigos/835/O+Direito+de+Fam%C3%ADlia+e+sua+repercuss%C3%A3o+no+Direito+eleitoral. Acesso em: 23 abr. 2023.

SEÇÃO XV. REFLEXOS DA AFETIVIDADE NA ADOÇÃO

Ricardo Calderón
Scarlett Walewska dos Santos[718]

Família é prato difícil de preparar.
São muitos ingredientes.
Reunir todos é um problema...
Não é para qualquer um.
Os truques, os segredos, o imprevisível.
Às vezes, dá até vontade de desistir...
Mas a vida... sempre arruma um jeito de nos entusiasmar e abrir o
apetite.
O tempo põe a mesa, determina o número de cadeiras e os lugares.
Súbito, feito milagre, a família está servida.

Francisco Azevedo

A adoção é uma das formas tradicionais de constituição do parentesco, cuja formalização leva à filiação. Esse instituto possui longa tradição na cultura familista brasileira, sendo usualmente denominado parentesco civil.

Recentemente, também a adoção passou a ser influenciada sobremaneira pelo princípio da afetividade, o que reverberou tanto no texto legal que regula a temática como também em diversas decisões judiciais que decidiram conflitos dessa seara.

A formalização da adoção se dá junto ao Poder Judiciário, mediante um procedimento que tem seu regramento previsto no ECA (Lei nº 8.069/1990)[719]. A remissão à afetividade consta do próprio texto legal de regência, figurando em definições relevantes desta lei. A primeira delas é realizada na designação do sentido de família extensa ou ampliada:

---

[718] Esta seção foi escrita com a contribuição de Scarlett Walewska dos Santos, bacharel em Direito pela Universidade Federal do Paraná – UFPR.

[719] Sobre o tema ver LÉPORE, Paulo Eduardo; CUNHA, Rogério Sanches. **Estatuto da Criança e do Adolescente:** comentado artigo por artigo. 9. ed. São Paulo. Saraiva, 2017.

Art. 25. *Entende-se por família natural a comunidade formada pelos pais ou qualquer deles e seus descendentes.*

Parágrafo único. Entende-se por família extensa ou ampliada aquela que se estende para além da unidade pais e filhos ou da unidade do casal, formada por parentes próximos com os quais a criança ou adolescente convive e mantém vínculos de afinidade e *afetividade.* (grifos nossos)

Ou seja, o conceito de família extensa definido pelo texto legal inclui apenas os familiares com os quais a criança ou o adolescente possuam *efetivo vínculo de afetividade,* o que leva a uma compreensão que pode auxiliar sobremaneira na redução do rol de pessoas a buscar nos respectivos procedimentos, o que encurta o tempo de tramitação dos processos. Isso porque evita buscas por parentes distantes que não possuam vínculo algum de afetividade com a referida criança/adolescente (como muitas vezes ocorre).

A dificuldade de localização da família extensa tem sido citada como um dos gargalos dos processos de adoção. Nesse aspecto, uma escorreita assimilação do sentido da afetividade para a definição de família extensa é medida que se impõe.

A afetividade também perfila nos critérios eleitos pelo ECA para definir a colocação da criança ou do adolescente em família substituta:

Art. 28. A colocação em família substituta far-se-á mediante guarda, tutela ou adoção, independentemente da situação jurídica da criança ou adolescente, nos termos desta Lei.

[...]

§ 3º *Na apreciação do pedido levar-se-á em conta o grau de parentesco e a relação de afinidade ou de afetividade,* a fim de evitar ou minorar as consequências decorrentes da medida. (grifos nossos)

Como se percebe, a afetividade é um dos relevantes critérios a considerar no momento de definir a família substituta que restará responsável por determinada criança ou adolescente, o que desvela a centralidade da sua contribuição. Um dos principais fatores que orientará o estudo multidisciplinar do processo de adoção será o afetivo. Essa previsão está em harmonia com a relevância que foi conferida para o vínculo afetivo nos relacionamentos contemporâneos, de modo que agiu bem o legislador ao fazer tal vinculação.

O ECA ainda faz referência expressa à afetividade em outros dispositivos, como nos arts. 42, § 4°[720], 50, II e III[721], e 92, § 7°[722] (nesse último utilizando a locução afeto). Essas reiteradas remissões permitem perceber que o princípio da afetividade incide intensamente nas questões relativas à adoção, o que se mostra necessário e adequado.

Essa influência na adoção não se limita as citações no ECA, visto que a atual jurisprudência sobre o tema é rica em soluções engendradas a partir da afetividade também como princípio.

O procedimento necessário para a consolidação de uma adoção é complexo e exige o atendimento de diversos requisitos previstos em lei[723]. Essa solenidade é condizente com a sensibilidade que o trato com crianças e adolescentes exige, visto que são diversos os riscos e as vulnerabilidades envoltas nesses temas.

---

[720] Permite que pessoas não casadas entre si, mas que estejam unidas afetivamente possa adotar de modo conjunto: "Art. 42. Podem adotar os maiores de 18 (dezoito) anos, independentemente do estado civil. [...] § 4º Os divorciados, os judicialmente separados e os ex-companheiros podem adotar conjuntamente, contanto que acordem sobre a guarda e o regime de visitas e desde que o estágio de convivência tenha sido iniciado na constância do período de convivência e que seja comprovada a existência de vínculos de afinidade e *afetividade* com aquele não detentor da guarda, que justifiquem a excepcionalidade da concessão". (grifos nossos)

[721] Excepcionalmente, permite que parentes ou guardiões que possuam vínculos de afetividade com alguma criança ou adolescente possam adotá-los mesmo sem estarem inscritos nos respectivos cadastros: "Art. 50 [...] § 13. Somente poderá ser deferida adoção em favor de candidato domiciliado no Brasil não cadastrado previamente nos termos desta Lei quando: I – se tratar de pedido de adoção unilateral; II – for formulada por parente com o qual a criança ou adolescente mantenha *vínculos de afinidade e afetividade;* III – oriundo o pedido de quem detém a tutela ou guarda legal de criança maior de 3 (três) anos ou adolescente, desde que o lapso de tempo de convivência comprove a fixação de *laços de afinidade e afetividade,* e não seja constatada a ocorrência de má-fé ou qualquer das situações previstas nos arts. 237 ou 238 desta Lei". (grifos nossos)

[722] "Art. 92. [...] § 7º Quando se tratar de criança de 0 (zero) a 3 (três) anos em acolhimento institucional, dar-se-á especial atenção à atuação de educadores de referência estáveis e qualitativamente significativos, às rotinas específicas e ao atendimento das necessidades básicas, incluindo as de afeto como prioritárias."

[723] "[...] a adoção é um ato jurídico em sentido estrito, cuja eficácia está condicionada à chancela judicial. Cria um vínculo fictício de paternidade-maternidade-filiação entre pessoas estranhas, análogo ao que resulta da filiação biológica" DIAS, Maria Berenice. **Manual De Direito das Famílias.** 9. ed. São Paulo: Revista dos Tribunais, 2013.

Cap. IV · PROJEÇÕES DA AFETIVIDADE NO DIREITO DE FAMÍLIA | **443**

Algumas das exigências são: a necessidade dos interessados em adotar estarem inscritos no Sistema Nacional de Adoção[724] e a frequentarem os cursos preparatórios; a minuciosa análise desses pretendentes pelas equipes multidisciplinares (formadas geralmente por psicólogos e assistentes sociais), os estágios de convivência, entre outros[725].

Previamente, também se exige a formalização da destituição do poder familiar dos pais biológicos daquela criança ou adolescente para que possa, então, ser submetida a um processo de adoção. A seriedade e o rigor atinentes a esse controle são de tal forma intensos que o procedimento fica a cargo do Poder Judiciário com a participação ativa do Ministério Público, e, ainda, traz a exigência de que as partes estejam representadas por advogado ou então sejam assistidas por defensor público.

Apenas ao final de um procedimento jurisdicional é que poderá ser deferida uma adoção. Se procedente, essa deliberação extinguirá os vínculos filiais com os pais biológicos e estabelecerá os laços entre adotantes e adotado (arts. 41 e 47, ECA).

É possível afirmar que sem o atendimento desses requisitos e formalidades, em regra, não se defere uma adoção. Entretanto, algumas decisões judiciais passaram a flexibilizar tais aspectos em prol da prevalência do princípio da afetividade. Não raro, esse princípio vem sendo amplamente aplicado no acertamento de delicadas situações fáticas que versam sobre a adoção (ainda que muitas vezes aliado a alguns outros, como o do melhor interesse e da proteção integral).

Em grande parte dos casos, o princípio da afetividade é chamado para colmatar o não atendimento de um requisito legal do processo de adoção em determinado caso concreto, de modo a evitar que uma decisão apenas formalista não leve em conta outros aspectos relevantes em dada situação concreta.

Exemplos disso, diversas decisões do STJ que equacionaram conflitos que tinham como pano de fundo embates entre de um lado, a reprovabilidade de uma adoção irregular; de outro, a preservação do vínculo afetivo já consolidado.

---

[724] A partir de 2019, passou a ser denominado Sistema Nacional de Adoção e Acolhimento, resultado da junção, pelo CNJ, dos antigos Cadastro Nacional de Adoção (CNA) e Cadastro Nacional de Crianças Acolhidas. Disponível em: https://agenciabrasil.ebc.com.br/justica/noticia/2019-08/cnj-lanca-novo-sistema-nacional-de-adocao--e-acolhimento. Acesso em: 3 maio 2023.

[725] Sobre o tema consultar KREUZ, Sérgio. **Direito à convivência familiar da criança e do adolescente** – direitos fundamentais, princípios constitucionais e alternativas ao acolhimento institucional. Curitiba: Juruá, 2012.

444 | PRINCÍPIO DA AFETIVIDADE NO DIREITO DE FAMÍLIA – *Ricardo Calderón*

Recentes deliberações do nosso Tribunal da Cidadania passaram a se inclinar pela prevalência, nesses casos, do princípio da afetividade, conforme afirmação expressa no REsp 1.423.640/CE:

> Com efeito, no confronto das formalidades legais com os vínculos de afeto criados entre os adotantes e a infante, os últimos devem sempre prevalecer[726].

No caso referenciado, havia um pleito da declaração de nulidade por um vício formal no processo de adoção, uma vez que a declaração de consentimento[727] prestada pela mãe biológica da adotanda não havia sido prestada de forma autenticada, nem mesmo havia sido ratificada em audiência.

No curso da instrução processual, restou comprovado que a genitora teria entregue a infante aos cuidados da então mãe socioafetiva em vista da ausência de condições para criá-la. A situação de fato havia se estabelecido há 13 (treze) anos quando da pretensão de nulidade de procedimento.

Para o relator do caso, sobejamente demonstrado o vínculo afetivo criado entre a criança e os recorridos, restaria possível superar a mácula formal noticiada, visto que todas as circunstâncias eram favoráveis à manutenção da menor na família que a acolheu. Ou seja, uma interpretação literal da norma, *in casu*, violaria a própria doutrina da proteção integral da criança:

> Direito civil. Adoção. *1. Vício de consentimento. Violação do art. 45 do estatuto da criança e do adolescente.* Não ocorrência. Aquiescência demonstrada por termo assinado pela mãe biológica corroborado pelas demais provas dos autos. *2. Longo convívio da adotanda com a família substituta. Melhor interesse da menor. 3. Recurso improvido.* 1. São nobres os propósitos do art. 45 do ECA, notadamente diante dos noticiados casos de venda e tráfico de crianças. De fato, o consentimento dos pais biológicos do adotando encerra segurança jurídica ao procedimento legal de adoção. Sucede, entretanto, que o desate de controvérsias como a presente reclama a definição, diante do quadro fático apresentado, de qual solução atenderá o melhor interesse da criança, real destinatária das leis e da atuação do Poder Judiciário. [...] 3. [...] Diante dessas considerações, declarar a nulidade do processo de adoção, notadamente diante dos elementos de prova coletados durante a instrução do feito – termo de anuência apresentado pela mãe biológica, depoimentos das testemunhas, relatório social e situação de fato estabelecida há aproximadamente 13 (treze) anos –, postergando sem justificativa a regularização

---

[726] STJ, REsp 1.423.640/CE, Rel. Min. Marco Aurélio Belizze, 3ª Turma, j. 04.11.2014.

[727] Art. 45, ECA: A adoção depende do consentimento dos pais ou do representante legal do adotando.

Cap. IV · PROJEÇÕES DA AFETIVIDADE NO DIREITO DE FAMÍLIA | 445

da situação da infante, não condiz com os objetivos do Estatuto da Criança e do Adolescente. 4. Recurso especial a que se nega provimento (STJ, REsp 1.423.640/CE 2013/0236863-6, 3ª Turma, Rel. Min. Marco Aurélio Bellizze, j. 04.11.2014, *DJe* 13.11.2014). (grifos nossos)

Algumas decisões, foram proferidas no sentido de permitir a superação da ausência de inscrição dos pretensos adotantes no antigo Cadastro Nacional de Adoção:

> Civil. Processual civil. *Habeas corpus.* Acolhimento institucional de menor. Aparente adoção à brasileira e indícios de burla ao cadastro nacional de adoção. Pretensos adotantes que reúnem as qualidades necessárias para o exercício da guarda provisória. *Vínculo socioafetivo presumível no contexto das relações familiares desenvolvidas.* Observância do princípio do melhor interesse do menor. [...] 2 – Conquanto a adoção à brasileira evidentemente não se revista de legalidade, a regra segundo a qual a adoção deve ser realizada em observância do cadastro nacional de adotantes deve ser sopesada com o princípio do melhor interesse do menor, admitindo-se em razão deste cânone, ainda que excepcionalmente, a concessão da guarda provisória a quem não respeita a regra de adoção. 3 – Hipótese em que o casal de pretensos adotantes havia se submetido, em passado recente, às avaliações e formalidades necessárias para integrar o cadastro nacional de adotantes, estando apto a receber e despender os cuidados necessários a menor e convicto da escolha pela adoção. *4 – O convívio da menor com os pretensos adotantes por um significativo lapso temporal induz, em princípio, a provável existência de vínculo socioafetivo que deve ser amparado juridicamente,* sem prejuízo da formação de convencimento em sentido contrário após regular e exauriente cognição. 4 – Ordem concedida (STJ, HC 38.5507/PR 2017.0007772-9, 3ª Turma, Rel. Min. Nancy Andrighi, j. 27.02.2018, *DJe* 02.03.2018). (grifos nossos)

> Civil. Família. Guarda provisória. Comércio de menor. Inexistente. Família afetiva. Interesse superior do menor. *Observância da lista de adoção. Relativização.* – Mesmo em havendo aparente quebra na lista de adoção, é desaconselhável remover criança que se encontra, desde os primeiros dias de vida e por mais de dois anos, *sob a guarda de pais afetivos. Ruptura em seu relacionamento familiar afetivo. Ilicitude e irrazoabilidade, especialmente em sua faixa etária.* A autoridade da lista cede, em tal circunstância, ao superior interesse da criança (ECA, art. 6º) (STJ, REsp 837.324/RS 2006/0073228-3, 3ª Turma, Rel. Min. Humberto Gomes de Barros, j. 18.10.2007, *DJ* 31.10.2007 p. 325). (grifos nossos)

Resta possível perceber que a jurisprudência do STJ se inclina no sentido de relativizar uma eventual ausência de inscrição Cadastro de Adoção em prol da preservação de um vínculo afetivo consolidado.

PRINCÍPIO DA AFETIVIDADE NO DIREITO DE FAMÍLIA – *Ricardo Calderón*

Outras decisões, por sua vez, flexibilizam a diferença de idade entre adotante e adotado, prevista em lei, em prol expresso da prevalência do princípio da afetividade:

> Recurso especial – Direito de família – Processual civil e civil – Adoção – Maior – Art. 42, § 3º, do ECA (Lei nº 8.069/1990) – Idade – Diferença mínima – Flexibilização – Possibilidade – *Socioafetividade* – Instrução probatória – Imprescindibilidade – 1. Recurso especial interposto contra acórdão publicado na vigência do código de processo civil de 2015 (enunciados administrativos n 2 e 3/STJ) – 2. *A diferença etária mínima de 16 (dezesseis) anos entre adotante e adotado é requisito legal para a adoção (art. 42, § 3º, do ECA), parâmetro legal que pode ser flexibilizado à luz do princípio da socioafetividade* – 3. O reconhecimento de relação filial por meio da adoção pressupõe a maturidade emocional para a assunção do poder familiar, a ser avaliada no caso concreto – 4. Recurso especial provido (STJ, REsp 1.785.754/RS, **3ª Turma**, Rel. Min. Ricardo Villas Bôas Cueva *DJ* 11.10.2019). (grifos nossos)

No caso citado havia uma relação socioafetiva consolidada de mais de 30 anos. Realizado o pedido formal de adoção ele foi negado pelo tribunal de origem pelo simples fato de que faltavam menos de 3 (três) meses para que se completassem os dezesseis anos estabelecidos em lei como diferença mínima de idades de adotante e adotanda. Em sede de julgamento na Corte Superior, com remissão expressa ao princípio da afetividade, deu-se provimento ao Recurso Especial para afastar a sentença que extinguiu o feito e determinar o retorno dos autos para seguimento e análise do mérito do pedido[728].

Como se percebe, a afetividade vem sendo reverenciada jurisprudencialmente quando do conflito com o mero não atendimento dos requisitos formais relativos ao processo de adoção. Muitas vezes as deliberações que afetam a vida de crianças e adolescentes exigem uma análise holística da situação em pauta, em vez de meramente aplicar uma solução direta obtida pela técnica da subsunção.

---

[728] Como bem ponderou o Min. Ricardo Villas Boas ao votar neste caso "incumbe ao magistrado estudar as particularidades de cada caso concreto a fim de apreciar se a idade entre as partes realiza a proteção do adotando, sendo o limite mínimo legal um norte a ser seguido, mas que permite interpretações à luz do princípio da socioafetividade, nem sempre atrelado às diferenças de idade entre os interessados no processo de adoção".

Novamente, emerge a sensibilidade dos nossos julgadores, que, a partir do princípio da afetividade, estão a construir uma *ratio decidendi* sólida que permite fazer justiça nos casos concretos que envolvem o direito da infância.

Legislação, doutrina e jurisprudência relativas à adoção têm referido à afetividade de forma cada mais vez mais recorrente, o que mostra a centralidade deste princípio também para os temas regulados pelo ECA.

Obviamente que a complexidade envolta no tema da adoção é muito mais ampla, sendo que aqui foram citados apenas alguns aspectos que possuiam conexão com o fio condutor desta obra: a temática da afetividade. Ainda assim, cabe repisar o alerta de Fernando Moreira Freitas da Silva:

> Ora, é preciso falar de responsabilidade, assunto indigesto e doloroso para nós, que trabalhamos com adoção, mas não nos esqueçamos de que a "afetividade não está isenta de responsabilidades" e que a dor da convivência, oriunda dos "encontros entre as formas diferentes de interpretar as atitudes e ações alheias", é necessária para repensarmos as nossas velhas práticas. Mais que buscar identificar os culpados e querer crucificá-los, objetivamos conhecer os responsáveis, suas práticas e envidar ações para inibir novas situações lesivas"[729].

Na realidade brasileira, são inúmeras as dificuldades que se apresentam ao processo de adoção, muitas delas conhecidas e até citadas de forma reiterada[730]. Há milhares de crianças e adolescentes "invisíveis" nos abrigos do nosso país, todas a espera de uma adoção que – infelizmente – pode não se concretizar.

A aplicação fundamentada do princípio da afetividade pode ser um contributo para a superação de muitos desses obstáculos, de modo a nos aproximarmos de um procedimento de adoção mais justo, mais célere e mais eficaz. Afirma-se que o "afeto é revolucionário", oxalá essa profecia se confirme e viabilize a reformulação do nosso combalido sistema nacional de adoção.

---

[729] Palestra proferida na abertura do XXII ENAPA – Encontro Nacional dos Grupos de Apoio à Adoção, no Auditório da Assembleia Legislativa do Estado do Ceará. Disponível em: http://www.ibdfam.org.br/artigos/1223/Fam%C3%ADlia%3A+dir eito+de+todos%2C+sonho+de+muitos. Acesso em: 16 abr. 2023.

[730] Tanto é verdade que o IBDFam apresentou um projeto de lei visando superar diversos desses empecilhos, com uma nova proposta sobre o nosso sistema de adoção: PLS nº 394/2017.

448 | PRINCÍPIO DA AFETIVIDADE NO DIREITO DE FAMÍLIA – *Ricardo Calderón*

SEÇÃO XVI. MULTIPARENTALIDADE E ADOÇÃO: ANÁLISE DE CASO[731]

Ricardo Calderón
Michele Camacho[732]

> *O amor precisa ser uma solução, não um problema. Toda a gente me diz: o amor é um problema. Tudo bem. Posso dizer de outro modo: o amor é um problema mas a pessoa amada precisa ser uma solução.*
>
> Valter Hugo Mãe

O acolhimento jurídico da multiparentalidade traz inúmeras consequências, entre elas, pode levar a uma reflexão: este instituto seria aplicável também aos casos de adoção?

Para enfrentar este tema, analisaremos um instigante julgado do STJ que cuidou de um caso de adoção e, ao final, houve por bem em reconhecer uma situação de multiparentalidade[733].

Confira-se a ementa do julgado do STJ que será objeto de exame:

> Processo civil e civil. Recurso especial. Direito de família. Ação de investigação de paternidade de filho que já fora adotado pelos tios maternos. Possibilidade jurídica relativamente à investigação de paternidade reconhecida por esta Corte. Inviabilidade de análise da suposta violação a dispositivos constitucionais. Acórdão fundamentado. Investigação de paternidade julgada procedente. Multiparentalidade. Possibilidade. Alimentos. Termo inicial. Súmula 277/STJ. Majoração. Inovação da lide. 1. Este recurso especial foi distribuído por prevenção de Turma, em virtude do REsp 220623/SP, de relatoria do Ministro Fernando Gonçalves.

---

[731] Este foi originalmente publicado em CALDERÓN, Ricardo Lucas; CAMACHO, Michele. Multiparentalidade e adoção: limites e possibilidades – análise do REsp 1.607.756 do Superior Tribunal de Justiça. **Revista Nacional de Direito das Famílias e Sucessões**. v. 28, jan./fev. 2019, Porto Alegre: Lex Magister; Belo Horizonte: IBDFam, p. 130-142, 2014.

[732] Advogada. Doutoranda e Mestre em Direito Civil pela Faculdade de Direito da Universidade de São Paulo – USP. Professora-Assistente em Direito Civil na Faculdade de Direito da Universidade de São Paulo – USP. Sócia de Camacho Advogados. michele.camacho@camachoadvogados.com.

[733] O texto constante desta seção foi escrito em coautoria com a professora Michele Camacho.

Naquele feito, foi reconhecida a possibilidade jurídica do pedido relativamente à investigação de paternidade. *2. Descabe a esta Corte apreciar a alegada violação a dispositivos constitucionais, sob pena de usurpação da competência do Supremo Tribunal Federal. 3. Não se viabiliza o recurso especial pela indicada ausência de fundamentação do acórdão. Isso porque a matéria em exame foi devidamente enfrentada pelo Tribunal de origem, que emitiu pronunciamento de forma fundamentada, ainda que em sentido contrário à pretensão do recorrente. 4. Quanto ao pedido de cancelamento do registro de nascimento decorrente da adoção, trata-se de tema precluso, em virtude do que decidido no REsp 220.623/SP. 5. O fato de ter havido a adoção plena do autor não o impede de forma alguma de ter reconhecida a verdade biológica quanto a sua filiação.*

Isso porque "o art. 27 do ECA não deve alcançar apenas aqueles que não foram adotados, porque jamais a interpretação da lei pode dar ensanchas a decisões discriminatórias, excludentes de direitos, de cunho marcadamente indisponível e de caráter personalíssimo, sobre cujo exercício não pode recair nenhuma restrição, como ocorre com o Direito ao reconhecimento do estado de filiação" (REsp 813.604/SC, Rel. Min. Nancy Andrighi, Terceira Turma, *DJ* de 17.09.2007). 6. A procedência do pedido de investigação de paternidade – o que não é objeto de insurgência por ambas as partes –, de filho que fora adotado pelos tios maternos, com o pedido de novo assento, constando o nome do pai verdadeiro, implica o reconhecimento de todas as consequências patrimoniais e extrapatrimoniais daí advindas, sob pena de admitir-se discriminação em relação à condição de adotado. 7. Esse entendimento está em consonância com a orientação dada pelo Supremo Tribunal Federal, que reconheceu a repercussão geral do tema no RE 898.060/SC, Relator Ministro Luiz Fux, *DJe* de 24/8/2017, preconizando que "a paternidade socioafetiva, declarada ou não em registro público, não impede o reconhecimento do vínculo de filiação concomitante baseado na origem biológica, com todas as suas consequências patrimoniais e extrapatrimoniais". Com efeito, a multiparentalidade é admitida tanto por esta Corte, como pelo Supremo Tribunal Federal. 8. "Julgada procedente a investigação de paternidade, os alimentos são devidos a partir da citação" (Súmula 277/STJ). 9. Quanto à pretendida majoração de alimentos de 12 mil para 100 mil, trata-se de inovação da lide, o que impede o conhecimento do recurso nesse ponto. 10. Recurso especial parcialmente conhecido e, na extensão, provido em parte, para determinar a averbação do nome do pai biológico no registro de nascimento do autor, assegurados todos os direitos inerentes à filiação biológica, que não exclui a adotiva (STJ, REsp 1.607.056/SP 2016/0150632-0, 4ª Turma, Rel. Min. Luis Felipe Salomão (1140), j.15.10.2019, *DJ* 05.12.2018)

Contexto da deliberação pela cumulação da paternidade adotiva com a biológica

Na decisão do STJ[734], decidiu-se pela procedência de uma ação de investigação de paternidade manejada por um adotado em face do seu "pai biológico"[735], de modo a estabelecer juridicamente esta filiação de origem biológica, mas, ao mesmo tempo, manteve o vínculo de filiação que já havia sido estabelecido anteriormente com o "pai adotivo". A conclusão dessa deliberação resultou, assim, em uma multiparentalidade, com o reconhecimento simultâneo dos dois pais (adotivo e biológico).

O caso cuidava de uma situação na qual havia uma criança de tenra idade que havia sido adotada, com regular processo judicial de adoção. Informado pelos pais adotivos dessa circunstância, o que ocorreu na sua adolescência, o adotado houve por bem em ajuizar uma ação de investigação e reconhecimento da paternidade contra a pessoa que foi apontada como o seu ascendente genético (o seu "pai biológico").

Comprovada a respectiva descendência genética, passou-se a discutir judicialmente se seria possível ou não o reconhecimento desse vínculo de filiação biológica, tendo em vista que havia uma adoção judicial anterior que, conforme o entendimento, poderia ser um impeditivo para o estabelecimento do vínculo parental com o referido pai biológico. Ao lado disso, emergiram outras discussões relevantes, como se seria possível aplicar a multiparentalidade para casos de adoção.

A decisão final do STJ permitiu o processamento da referida ação de investigação e, ao final, deferiu ao requerente restar com dois pais: tanto o pai adotivo como o pai biológico foram reconhecidos, simultaneamente, e constarão ambos no registro. A manutenção dos vínculos adotivos decorreu do entendimento de que a adoção realizada era irrevogável, o que já havia restado assentado em deliberação anterior específica sobre o tema (transitada em julgado no próprio STJ). Consequentemente, impossível se aventar de qualquer exclusão do pai adotivo.

Paralelamente, mesmo tendo o referido vínculo adotivo por irrevogável, prevaleceu a tese de que essa circunstância não seria impeditiva para que uma pessoa que fora adotada investigasse a sua filiação biológica. Assim, permi-

---

[734] STJ, REsp 1.607.056/SP, TJSP. Rel. Min. Luis Felipe Salomão, j. 21.11.2018.

[735] Apesar de constar no v. acórdão que se tratou de "Ação de investigação de paternidade/maternidade", na deliberação principal o Superior Tribunal de Justiça não deferiu expressamente a maternidade biológica.

Cap. IV · PROJEÇÕES DA AFETIVIDADE NO DIREITO DE FAMÍLIA | 451

tiu-se o processamento e a procedência do reconhecimento da paternidade também perante o ascendente genético.

O *decisum* final reconheceu esta paternidade biológica consagrando- a ao lado da paternidade adotiva que já estava presente: multipaternidades. A fundamentação se deu em entendimentos jurisprudenciais daquele STJ[736-737] e do STF[738].

A situação jurídica em apreço envolve dois institutos relevantes para o direito de família: multiparentalidade e adoção.

Diante disso, poder-se-ia questionar: teria o STJ externado um entendimento extensível para as demais adoções? Em outras palavras, teria o STJ aprovado uma tese indicando que os filhos adotados estariam aptos a buscar junto ao Poder Judiciário o reconhecimento jurídico paralelo da sua filiação biológica, em multiparentalidade?

Em nosso entendimento, a resposta é negativa.

Isso porque há inúmeras peculiaridades fáticas relevantes que não permitem uma extensão pura e simples da conclusão de parte deste julgado para os demais casos de adoção. A *ratio decidendi* desse aresto ora em comento contém singularidades que exigem uma análise particularizada das situações concretas para as quais se queria estender o entendimento. Esse proceder leva a uma conclusão que indica pela negativa da generalização acima aventada.

Há relevantes aspectos fáticos e jurídicos que não indicam nesse sentido, visto que as especificidades que levaram o STJ a este *decisium* exigem uma análise cautelosa das suas conclusões. Uma leitura atenta e contextualizada dos precedentes citados no referido acórdão leva a uma clareza do que se está a indicar. Confira-se.

Situação fática que originou o conflito

O caso concreto envolvia uma relação amorosa entre patrão e empregada (que não possuíam vínculos de conjugalidade), da qual resultou o nascimento de uma criança. No momento do parto a mãe biológica veio a falecer, por complicações da intervenção médica. Na oportunidade, o então pai biológico não assumiu a paternidade, não se apresentou e não registrou a criança. Em

---

[736] STJ, REsp 220.623/SP, TJSP, Rel. Min. Fernando Gonçalves, 4ª Turma, j. 03.09. 2009.

[737] STJ, REsp 813.604/SP, TJSC, Rel. Min. Nancy Andrighi, 3ª Turma, 16.08.2007.

[738] STF, RE 898.060, TJSC, Rel. Min. Luiz Fux, Pleno, 21.09.2016.

PRINCÍPIO DA AFETIVIDADE NO DIREITO DE FAMÍLIA – *Ricardo Calderón*

consequência, o recém-nascido restou sem pai registral, constando apenas a mãe falecida como ascendente.

Diante dessa situação dramática, o bebê foi acolhido pelos tios maternos que passaram a criá-lo como filho (com afetividade, estabilidade e ostentabilidade[739]). Após algum convívio (típico de posse de estado de filho[740]), a criança veio a ser formalmente adotada pelos tios, por meio de procedimento judicial regular de adoção. Essa adoção rompeu o vínculo materno com a mãe registral (único até então existente) e estabeleceu os vínculos de filiação com o pai e a mãe adotivos.

Entretanto, na adolescência, os pais adotivos revelaram ao filho o ocorrido e informaram da sua origem biológica. Ciente disso, ele decidiu ingressar com demanda judicial de anulação da adoção c/c investigação e reconhecimento da paternidade biológica em face do seu ascendente genético (para ver reconhecido juridicamente tal vínculo paterno-filial).

O tema foi enfrentado pelo STJ, invocado a se manifestar sobre algumas questões jurídicas desafiadoras:

(i) possibilidade ou impossibilidade jurídica de pedido de cancelamento/revogação da adoção;

(ii) viabilidade ou inviabilidade da investigação e declaração da paternidade biológica por parte de uma pessoa que fora adotada;

(iii) cabimento ou não da cumulação das paternidades biológica e adotiva em multiparentalidade.

Da impossibilidade jurídica do pedido de cancelamento da adoção

O mesmo processo já havia sido apreciado pelo STJ, que deliberou sobre uma discussão preliminar que girava em torno da possibilidade ou impossibilidade jurídica do pedido de cancelamento da adoção, pedido que também figurava na exordial do referido feito.

Nesse julgamento anterior, o STJ decidiu pela impossibilidade jurídica do pedido de cancelamento da adoção[741]. Ou seja, ao deliberar sobre essa questão preliminar – nesse mesmo processo – o STJ assentou que a adoção

---

[739] LÔBO, Paulo Luiz Netto. **Famílias.** 2. ed. São Paulo: Saraiva, 2009.

[740] FACHIN, Luiz Edson. **Da paternidade:** relação biológica e afetiva. Belo Horizonte: Del Rey, 1996.

[741] *Vide* REsp 220.623/SP supracitado.

é irrevogável, de modo que não há possibilidade jurídica um pedido que requer a sua revogação.

O entendimento foi edificado à luz do art. 37 do Código de Menores (vigente à época da adoção) e do revogado art. 48 do ECA (vigente à época da decisão), que previam que a adoção é um ato irrevogável[742].

Aqui cabe destacar a primeira peculiaridade que não pode ser ignorada na interpretação do julgado que se está a comentar: muito embora a adoção em pauta tenha se dado sob a égide do antigo Código de Menores (implementado pelo Decreto 17.943-A, de 12 de outubro de 1927, e que vigeu, ainda que com alterações, até a edição do ECA, em 1990), esta se deu na chamada "forma plena", modalidade que dissolvia os vínculos com a família natural, salvo para impedimentos matrimoniais.

Entretanto, quanto a esse tema em particular, é possível afirmar que a conclusão do STJ pela irrevogabilidade da adoção coincide com o entendimento atual, que é no mesmo sentido à luz da legislação vigente, inclusive para aqueles celebrados sob a égide do ECA. Isso porque ainda que extinto o art. 48 que declarava expressamente a irrevogabilidade da adoção, o art. 5º, XXXVI, da Constituição Federal, protege o "ato jurídico perfeito e a coisa julgada".

Da possibilidade jurídica de investigação da paternidade biológica por parte de um adotado e da viabilidade do reconhecimento da filiação

Ainda na análise sobre as preliminares do caso, o STJ asseverou que inexiste no ordenamento jurídico regra que restrinja o direito do filho adotado em investigar a sua origem biológica, o que seria autorizado pelo vigente art. 48 do ECA:

> **Art. 48.** O adotado tem direito de conhecer sua origem biológica, bem como de obter acesso irrestrito ao processo no qual a medida foi aplicada e seus eventuais incidentes, após completar 18 (dezoito) anos.

---

[742] A adoção é irrevogável. Denota-se que esse dispositivo foi alterado pela Lei nº 12.010 de 04 de agosto de 2009, para constar o seguinte: "Art. 48. O adotado tem direito de conhecer sua origem biológica, bem como de obter acesso irrestrito ao processo no qual a medida foi aplicada e seus eventuais incidentes, após completar 18 (dezoito) anos. Parágrafo único. O acesso ao processo de adoção poderá ser também deferido ao adotado menor de 18 (dezoito) anos, a seu pedido, assegurada orientação e assistência jurídica e psicológica". A mudança de tal artigo entrou em vigor em novembro de 2009, sendo o julgado supracitado do STJ de setembro de 2009.

454 | PRINCÍPIO DA AFETIVIDADE NO DIREITO DE FAMÍLIA – *Ricardo Calderón*

A deliberação foi no sentido de reconhecer a possibilidade do filho adotivo em buscar as suas origens biológicas, inclusive com a possibilidade de reconhecimento jurídico da filiação decorrente da descendência genética[743].

Esse comando foi fundamentando no art. 27 do ECA:

> **Art. 27.** O reconhecimento do estado de filiação é direito personalíssimo, indisponível e imprescritível, podendo ser exercitado contra os pais ou seus herdeiros, sem qualquer restrição, observado o segredo de Justiça.

Assim, foi autorizado ao filho adotivo investigar e ver declarada a sua paternidade biológica, conclusão essa que, em um primeiro momento, chama a atenção.

Esse aspecto da decisão do STJ foi – de certo modo – inovador, pois interpretou assim o texto do art. 27 em face do art. 41 do ECA, que aduz:

> **Art. 41.** A adoção atribui a condição de filho ao adotado, com os mesmos direitos e deveres, inclusive sucessórios, desligando-o de qualquer vínculo com pais e parentes, salvo os impedimentos matrimoniais.

A partir desse texto legal, extrai-se a ideia que a adoção rompe os laços parentais com os pais biológicos/registrais anteriores. Logo, como poderia o adotado ter o direito de ver reconhecido o seu estado de filiação biológica e, ao mesmo tempo, atender ao comando legal que determina que a adoção impõe a dissolução dos vínculos com a família natural?

Embora pareçam assertivas contraditórias, a especificidade do caso concreto permitiu a deliberação final atender a ambos os artigos. Isso porque conforme entendimento do próprio STJ[744], se, quando da adoção judicial, não havia vínculo biológico que tenha sido desfeito, inexiste óbice para que, posteriormente, se defira o estado de filiação biológico ao filho –adotado.

Em outras palavras: se a adoção judicial não rompeu algum vínculo biológico-registral (como o paterno, por exemplo), nada impediria que esse vínculo paterno fosse oportunamente investigado e declarado. E era justamente essa a situação do caso concreto, pois, como não havia pai registral quando da realização do processo de adoção, inexistiu rompimento efetivo desse laço paterno-registral. Consequentemente, o filho adotado teria direito de investigar e ver declarada a paternidade se assim o quisesse. Esse foi o

---

[743] LÔBO, Paulo Luiz Netto. Direito ao estado de filiação e direito à origem genética: uma distinção necessária. In: PEREIRA, Rodrigo da Cunha (org.). **Anais do V Congresso Brasileiro do Direito de Família**. Belo Horizonte: Del Rey, 2004.

[744] *Vide* REsp 813.604/SC.

Cap. IV • PROJEÇÕES DA AFETIVIDADE NO DIREITO DE FAMÍLIA | 455

contexto fático dos autos, cuja solução pareceu bem atender os comandos dos dois dispositivos legais.

Cumulação das paternidades biológica e afetiva em multiparentalidade

Outro aspecto relevante da decisão foi a procedência da cumulação das paternidades biológica e adotiva na referida situação concreta[745], o que foi feito com base no julgado da RG 622 do STF (RE 898.060/SC), precursora no reconhecimento da multiparentalidade.

Denota-se que a própria ementa lastreia a sua conclusão nesta paradigmática decisão do STF, que originariamente permitiu a cumulação das paternidades socioafetiva e biológica, mas nada mencionou sobre alguma cumulação com uma filiação adotiva.

Efetivamente, a decisão do STF permitiu a concomitância dos vínculos em socioafetivo e biológico, e nesse julgamento alguns ministros expressamente consignaram em seus votos que a situação em pauta não tratava de adoção ou de casos de técnicas de reprodução assistida[746].

Dessa forma, percebe-se que o STJ se utilizou da possibilidade aberta pela RG 622 e, avançando no tema, aplicou este instituto ao novo caso concreto que enfrentou, em interessante e adequada deliberação. Pontual e especificamente, o STJ aplicou a tese da multiparentalidade a uma adoção.

Uma peculiaridade que merece destaque é que, muito embora o caso concreto se apresente como um caso de pretérita "adoção plena", o fato é que envolveu uma situação jurídica onde, de certo modo, já estava presente uma evidente filiação socioafetiva[747] (dos tios que criaram o sobrinho como filho desde os primeiros dias de vida).

Como visto, com o falecimento da mãe biológica no parto, os tios cuidaram da criança e, após a consagração do que hoje está pacificado como posse de estado de filho, ingressaram com a demanda judicial para a formalização da situação fática já existente.

Importa consignar que à época, ainda sob a égide do Código de Menores, não se falava em reconhecimento de parentalidade socioafetiva, motivo pelo qual o único instituto jurídico que se amoldava ao caso concreto era o da adoção.

---

[745] *Vide* REsp 1.607.056/SP.

[746] Ministros Dias Toffoli, Luiz Fux, Luiz Edson Fachin, Marco Aurélio de Melo, Teori Zavascki. BRASIL. STF, RE 898.060, TJSC, Rel. Min. Luiz Fux, Pleno. j. 21.09.2016.

[747] VELOSO, Zeno. **Direito de brasileiro da filiação e paternidade.** São Paulo: Malheiros, 1997.

456 | PRINCÍPIO DA AFETIVIDADE NO DIREITO DE FAMÍLIA – *Ricardo Calderón*

Em vista disso, com especial atenção para os contornos fáticos envolvidos, parece adequado o reconhecimento da multiparentalidade nesse peculiar caso concreto.

A Corte Suprema também já foi provocada a se manifestar em um caso de multiparentalidade que envolvia uma relação de afeto entre padrasto e madrasta proveniente de demandas de pedido de adoção. Nesse outro caso, o STF, por decisão monocrática do Min. Luiz Edson Fachin, reconheceu a multiparentalidade em um caso de ação de adoção póstuma, com fundamento na RG 622/STF, originada do RE 898.060/SC. Assim, muito embora a situação se tratasse de pedido de adoção, a maternidade se consubstanciou na relação de afeto entre madrasta e enteados[748-749] (caso típico de filiação socioafetiva).

Essas premissas permitem melhor compreender a decisão do STJ que manteve os vínculos adotivos e biológicos concomitantemente, impondo a multiparentalidade em um caso de adoção.

Análise da legislação e precedentes citados pelo julgado

Conforme já abordado, o caso traz interessantes reflexões sobre o instituto da adoção e, também, acerca dos direitos dos filhos que têm essa espécie de parentesco civil em ter o reconhecimento do seu estado de filiação biológico.

O presente julgado reconheceu o direito personalíssimo, indisponível e imprescritível do adotado em ter reconhecido o seu estado de filiação, em igualdade de condições com os demais filhos, aplicando na espécie a isonomia constitucional trazida pela Constituição Federal, em seu art. 227, § 6º:

> Art. 227. É dever da família, da sociedade e do Estado assegurar à criança, ao adolescente e ao jovem, com absoluta prioridade, o direito à vida, à saúde, à alimentação, à educação, ao lazer, à profissionalização, à cultura, à dignidade, ao respeito, à liberdade e à convivência familiar e comunitária, além de colocá-los a salvo de toda forma de negligência, discriminação, exploração, violência, crueldade e opressão.
>
> § 6º Os filhos, havidos ou não da relação do casamento, ou por adoção, terão os mesmos direitos e qualificações, proibidas quaisquer designações discriminatórias relativas à filiação.

---

[748] STJ, Ag.Reg. no RE com Ag 933.945, TJGO, Rel. Min. Edson Fachin, 2ª Turma, j. 29.09.2017.

[749] TJRS, Ap 70065388175, Apelante: J.A.M.S, Apelado: A.J, Rel.: Des. Alzir Felippe Schmitz, 8ª C.C. 17.09.2015.

Cap. IV · PROJEÇÕES DA AFETIVIDADE NO DIREITO DE FAMÍLIA | 457

No que se refere a declaração de que a adoção é irrevogável, esta foi concedida com base na redação anterior do art. 48 do ECA, que previa:

> **Art. 48.** A adoção é irrevogável.

Ocorre que, após esse julgado do STJ, o artigo foi revogado e substituído pelo seguinte dispositivo:

> **Art. 48.** O adotado tem direito de conhecer sua origem biológica, bem como de obter acesso irrestrito ao processo no qual a medida foi aplicada e seus eventuais incidentes, após completar 18 (dezoito) anos.
>
> Parágrafo único. O acesso ao processo de adoção poderá ser também deferido ao adotado menor de 18 (dezoito) anos, a seu pedido, assegurada orientação e assistência jurídica e psicológica.

Essa alteração do texto legal substituiu a expressa "irrevogabilidade da adoção" pelo "direito do adotado em buscar a sua origem biológica", o que traz a reflexão se pretendia prestigiar o vínculo biológico em face do adotivo (indicando pela possibilidade do estabelecimento futuro da filiação biológica), ou se, ao contrário, visa apenas autorizar o conhecimento da origem genética (sem resultar na filiação).

Como visto, o art. 41 do ECA determina a dissolução dos vínculos do adotado com a sua família biológica, mantendo os impedimentos matrimoniais.

Diante disso, pode haver um grande desafio no acertamento de casos concretos que envolvem a aplicação de duas normas do mesmo grau de hierarquia que – aparentemente – se contrapõem: arts. 27 e 41 do ECA.

Nessa ambivalência, *in casu*, o STJ se posicionou de modo a permitir que o adotado não apenas investigasse a sua origem genética (conforme comando do novo art. 48 do ECA), mas que fosse além e visse declarada a paternidade jurídica decorrente deste vínculo biológico.

Para o ministro relator, no entendimento da Corte, "o adotado pode, a qualquer tempo, ter reconhecida a verdade biológica relativa à filiação". Para isso, se valeu dos arestos REsp 813.604 e REsp 127.541[750], os quais merecem um breve relato:

REsp 813.604 – Trata de caso análogo, visto que a situação concreta envolvia a adoção de uma criança quando esta tinha apenas a maternidade biológica reconhecida. O pleito em pauta pedia, então, o reconhecimento

---

[750] STJ, REsp 127.541/RS, TJRS, Rel. Min. Eduardo Ribeiro, 3ª Turma, j. 10.04.2000.

da paternidade biológica. Assim, a Min. Nancy Andrighi encontra solução harmônica aos arts. 27 e 41 do ECA, defendendo que o caso em concreto não feriu o art. 41, uma vez que o pai biológico não constou no registro de nascimento, de modo que tampouco participou do processo de adoção, inexistindo, portanto, vínculo de paternidade anterior que tenha sido desfeito. A ministra interpretou o art. 41 conforme o caso concreto e, nesse trilhar, não compactuou com a irresponsabilidade do pai biológico (que almejava se isentar dos seus deveres). Ao assim decidir, ao mesmo tempo prestigiou a isonomia oferecida pelo art. 27. Nessa perspectiva, a solução foi permitir a investigação e declaração desta paternidade biológica nesse caso concreto, por mais que envolvesse situação na qual esteve presente uma adoção anterior.

REsp 127.541 – Esse segundo aresto[751] citado no acórdão em comento tratou de uma adoção simples, com base no então Código de Menores, sendo que essa modalidade de adoção não dissolvia os vínculos com a família biológica, de modo que a utilização desse precedente pode não ser a mais ilustrativa para o caso que foi julgado pelo acórdão em comento, visto que este cuidava de uma situação de adoção plena[752].

No caso concreto em análise não houve o rompimento da paternidade biológica (pelo fato de ela não estar registrada à época da adoção). Em consequência, como não foi rompida a paternidade, inexistiriam óbices ao posterior reconhecimento desta filiação biológica.

Conclusões parciais

O presente caso convida à reflexão sobre o direito (ou não) de os filhos adotados buscarem o posterior reconhecimento da sua filiação biológica.

---

[751] STJ, REsp 127.541/RS, TJRS, Rel. Min. Eduardo Ribeiro, 3ª Turma, j. 10.04.2000.

[752] "Adoção simples era destinada exclusivamente ao menor em situação irregular, sem que importasse em dissolução do vínculo com a família natural, importando em uma série de desigualdades em face dos filhos 'legítimos', como o recebimento dos direitos sucessórios, que apenas o tinham se inexistentes filhos legítimos, legitimados ou reconhecidos dos adotados. Cf. arts. 20, 27, 28, 82, 96, I e 107-109, do Código de Menores de 1979 e arts. 378 e 379 do Código Civil de 1919. Adoção plena era chamada de 'legitimação adotiva', atribuindo a situação de filho ao adotado, com todos os direitos dos filhos legítimos, incluindo sucessórios, o desligando de todos os vínculos com os pais biológicos e parentes, salvo para impedimentos matrimoniais. Cf. arts. 29-37 e 107-109 do Código de Menores de 1979". CAMACHO, Michele Vieira. **Multiparentalidade e seus efeitos sucessórios.** Dissertação (Mestrado em Direito) – Faculdade de Direito, Universidade de São Paulo, São Paulo, 2018.

Cap. IV · PROJEÇÕES DA AFETIVIDADE NO DIREITO DE FAMÍLIA | **459**

O instituto da adoção nem sempre se destinou precipuamente à proteção dos menores, mas já teve outras preocupações como "à sua inspiração de caráter religioso, na preocupação fundamental de assegurar a perpetuidade do culto doméstico, como recurso extremo para eximir a família da temível desgraça de sua extinção"[753].

Logo, o adotado passou pela submissão de seus direitos aos filhos legítimos e mantença dos vínculos com a família consanguínea, até chegar na "legitimação adotiva"[754], posteriormente conhecida como adoção plena, que rompia o vínculo com a família natural, salvo para impedimentos matrimoniais. A isonomia entre adotados e filhos naturais ocorreu apenas com a Constituição de 1988, que vedou tratamento desigual entre os filhos, protegendo assim o "princípio de Direito Natural da preservação da dignidade da pessoa humana".[755]

A adoção é um importante instituto, lapidado por séculos e que deve ter a sua proteção e estímulo, sob pena do desencorajamento das pessoas que desejam participar do processo. Muito além de jurídico o seu papel social é deveras importante e não pode ser esquecido.

Por outro lado, o estado de filiação é visto como um direito do filho, que pode se valer dele na medida do seu interesse. No mesmo sentido, Guilherme de Oliveira reconhece a injustiça aplicada aos adotados quando se proíbe "a revogação de um vínculo que se constituiu sem suporte biológico e à sua revelia, por mais inconveniente que ele se torne", muito embora admita a tendência na lei e jurisprudência estrangeira na consolidação da família adotiva[756], opinião defendida por juristas brasileiros como Rolf Madaleno[757].

---

[753] CHAVES, Antônio. **Adoção, adoção simples e adoção plena.** 3. ed. rev. e ampl. São Paulo: Revista dos Tribunais, 1983, p. 27.

[754] Cf. arts. 29-37 e 107-109, do Código de Menores de 1979.

[755] AZEVEDO, Álvaro Villaça. **Curso de direito civil:** direito de família. São Paulo: Atlas, 2013, p. 276.

[756] Complementa o Autor que em Portugal se proíbe o estabelecimento do vínculo de filiação com a família biológica após a adoção nos termos do artigo 1987 do Código Civil, onde entende correta a norma com base na proteção constitucional ao direito de constituir uma família – ar. 36 nº 1 primeira parte – reiterando que há a perda desse direito constitucional pela família biológica tendo em vista que a adoção é feita apenas pelo consentimento dos parentes do adotado, concluindo pela defesa de registro especial que declare apenas a ascendência biológica em respeito aos direitos da personalidade. OLIVEIRA, Guilherme de. **Critério jurídico da paternidade.** Coimbra: Almedina, 1998, 480-492.

[757] MADALENO, Rolf. **Direito de família.** 7. ed. rev., atual. e ampl. Rio de Janeiro: Forense, 2017, p. 516.

O art. 1.593 do Código Civil também dispõe de cláusula geral que protege todas as formas de filiação, de forma isonômica, o que restou incrementado pelo acolhimento da tese da multiparentalidade. Assim, resta agora o desafio de qual a extensão desta cumulação dos vínculos nas novas realidades que estão a se apresentar.

A multiparentalidade destacou quatro principais efeitos da presente tese firmada pela Suprema Corte: "o reconhecimento jurídico da afetividade; o vínculo socioafetivo e biológico em igual grau de hierarquia jurídica; a possibilidade jurídica da multiparentalidade; o princípio da parentalidade responsável".

Um farol que não se pode deixar de observar é o que indica no atendimento do "melhor interesse do filho", sendo princípio de ordem internacional, originado da Convenção sobre Direitos da Criança de Nova Iorque e acolhido pelo Brasil na década de 1990[758].

Em momentos árduos é essencial buscar a melhor sincronia entre o fato e o direito, como nos ensina Virgílio de Sá Pereira:

> Mas sempre vos direi que o legislador não cria a família, como o jardineiro não cria a primavera. [...] soberano não é o legislador, soberana é a vida. Onde a fórmula legislativa não traduz outra cousa que a convenção dos homens, a vontade do legislador impera sem contraste[759].

Isso porque, com o início da terceira era de direitos, o indivíduo é posto como sujeito de direitos, sendo valorizado em sua essência e protegida a sua dignidade, assim posta como verdadeiro fundamento republicano, a dispor do contido no art. 1º, III, da Carta Magna. Assim, o filho deixa de ser o meio para a promoção de um instituto denominado "família" e passa a ter a proteção integral.

Percebemos que a família deixou de se tornar o centro para tornar-se um meio impulsionador de bem-estar e promoção física, psicossocial e econômica de seus integrantes. E, uma vez demonstrado pela sociedade que os

---

[758] Art. 3. 1. Todas as ações relativas às crianças, levadas a efeito por instituições públicas ou privadas de bem-estar social, tribunais, autoridades administrativas ou órgãos legislativos, devem considerar, primordialmente, o interesse maior da criança. Decreto Legislativo nº 99.710, de 21 nov. 1990.

[759] PEREIRA, Virgilio de Sá. **Direito de família:** lições do professor catedrático de direito civil. 3. ed. atual. legislativamente. Rio de Janeiro: Forense, 2008, p. 51-56.

vínculos afetivo e biológico são unissonantemente importantes para o filho, a coexistência entre pessoas distintas fez nascer a multiparentalidade.

Como vimos, a multiparentalidade alcança verdadeiro medidor do Estado democrático de direito, já que fundamentada em um de seus elementos: a dignidade da pessoa humana. E ela constitui, ainda, verdadeira proteção para o filho, pois chama os pais à responsabilidade do ofício parental, retirando do abstrato o mandamento constitucional da paternidade responsável[760].

Dito isso, o acolhimento jurídico da multiparentalidade torna possível uma melhor tutela para muitas realidades familiares e, em grande parte, preserva o direito dos filhos. Aplicá-la para outras situações que exijam a sua incidência para que se faça justiça no caso concreto, como a do caso dos autos ou, também, como em alguns casos de filhos de casais homoafetivos, pode ser uma justa solução.

Essa perspectiva possibilita vislumbrar outras possibilidades para além da cumulação de filiações já acolhida de modo expresso pelo STF, seguindo um caminho que a doutrina e a jurisprudência estavam a trilhar. O acórdão em comento parece dar mais um passo adiante nessa trajetória. Nesse sentido, parece que a deliberação do STJ bem atende as preocupações que estavam em pauta no caso concreto: direito ao reconhecimento da paternidade, adoção, responsabilidade e multiparentalidade.

Isso posto, como bem constata Nancy Dowd, as nossas atenções devem estar voltadas para o problema enfrentado pelas crianças que não têm pai, e não para aquelas que têm mais de um, as quais estarão multiplamente protegidas[761].

---

[760] CAMACHO, Michele Vieira. **Multiparentalidade e seus efeitos sucessórios.** Dissertação (Mestrado em Direito) – Faculdade de Direito, Universidade de São Paulo, São Paulo, 2018.

[761] DOWD, Nancy E. *Multiple Parents/Multiple Fathers.* **UF Law Scholarship Repository,** Flórida, v. 9, n. 231, p. 231-263, 2007, p. 242-250.

SEÇÃO XVII - REPRODUÇÃO ASSISTIDA NO BRASIL: DESCOMPAS-SO ENTRE O BARULHO DA MEDICINA E O SILÊNCIO DO DIREITO[762]

Ricardo Calderón
Michele Camacho[763]

Não habitou meu ventre,
mas mergulhou nas entranhas da minha alma.
Não foi plasmada do meu sangue,
mas alimenta-se no néctar de meus sonhos.
Não é fruto de minha hereditariedade,
mas molda-se no valor de meu caráter.
Se não nasceu de mim, certamente nasceu para mim.
E se mães também são filhas, e se filhos todos são
duplamente abençoada és meu filho do coração!!
(Autor desconhecido)

O caso concreto em análise

O frio estava rigoroso em Curitiba no inverno de 2010, quando o mês de junho tradicionalmente traz mesmo as temperaturas mais baixas. Mas nesse ano coincidiu com a época da Copa do Mundo de Futebol[764], o que fez com que as reuniões para acompanhar os jogos da seleção canarinho aquecessem um pouco os corações dos curitibanos.

Durante uma dessas confraternizações, Elis, curitibana, conheceu Everaldo, gaúcho radicado na capital paranaense há muitos anos. Ela era solteira,

---

[762] Este texto foi escrito em parceria com Michele Camacho, qualificada a seguir, e publicado em: CALDERÓN, Ricardo Lucas; CAMACHO, Michele. Reprodução assistida no Brasil: descompasso entre o barulho da medicina e o silêncio do direito. In: RIBEIRO, Priscilla Cristiane; TICIANELLI, Maria Fernanda Figueira Rossi (coord.). **Direito de família em cases**: o conflito pelas lentes de seus advogados. Curitiba: Juruá, 2020.

[763] Michele Camacho. Advogada. Doutoranda e Mestre em Direito Civil pela Faculdade de Direito da Universidade de São Paulo – USP. Professora-Assistente em Direito Civil na Faculdade de Direito da Universidade de São Paulo – USP. Sócia de Camacho Advogados. michele.camacho@camachoadvogados.com.

[764] Naquele ano realizada na África do Sul.

comerciante, vinda de uma típica família curitibana de tradições italianas, estava com 30 anos de idade e nunca havia se casado anteriormente, além de ter ótima situação financeira. Entre seus sonhos, estava casar-se e, principalmente, ser mãe, o que almejava desde a adolescência. Ele, por sua vez, era dois anos mais novo, oriundo do interior do Rio Grande do Sul, trabalhava com autopeças e naquele momento estava em precária situação financeira; havia acabado de sair de um casamento, recém-separado, mas não teve filhos nesse relacionamento.

A seleção brasileira não se saiu bem naquela Copa, é verdade, com uma doída eliminação para a Holanda nas quartas de final – temos que admitir que nossas derrotas nos mundiais de futebol são sempre muito doloridas e, infelizmente, andam meio recorrentes. Mas aquele mês de junho de 2010 deixou outros legados: entre eles a aproximação desses dois torcedores que acabavam de se conhecer e se aproximar na capital do Paraná.

Após se encantarem mutuamente, ainda naquele mesmo mês de junho, Elis e Everaldo resolveram oficializar um namoro. Há que se admitir que o intenso inverno curitibano favorece os enlaces afetivos, pois as baixas temperaturas incentivam a aproximação dos corpos, exigem roupas mais elegantes, induzem a conversas regadas a vinhos, sugerem *fondues* de prato principal, enfim, criam um ambiente muito propício para se enamorar.

Como muitas vezes usual nesse período inicial de conhecimento, as afinidades acabaram prevalecendo, o que os levou – já no final da primavera – a engatar um compromisso mais sério: o casamento. Junto com a florada do período floresceu também o relacionamento dos então noivos, que seguiam juntos e felizes.

Passados apenas mais alguns meses, certamente turbinados pelo vibrante calor do verão que imperava, Elis e Everaldo formalizaram o matrimônio, com direito a uma festa organizada em tempo recorde e tudo mais. A disparidade financeira entre eles fez com que casassem no regime da separação convencional de bens, mas o fato é que não deram muita bola para isso no momento da troca de alianças, pois naquele momento o projeto afetivo tomava a atenção dos nubentes. Essa assertividade de ambos fez com que, no outono seguinte, vissem o lindo desfolhar nos parques curitibanos já como marido e mulher.

Sabe quando as sincronias e coincidências do destino encaixam tudo? Pois então, foi com uma raridade dessas que eles foram contemplados, e tudo fluiu com uma celeridade ímpar, desde os primeiros olhares até o início da vida de casados. Em menos de quatro estações passaram das apresentações para uma relação de conjugalidade – o que, nos dias atuais, é digno de nota.

464 | PRINCÍPIO DA AFETIVIDADE NO DIREITO DE FAMÍLIA – *Ricardo Calderón*

No inverno do ano seguinte, Elis iniciou as conversas para que completassem a família com o tão sonhado filho. Entretanto, havia uma situação: ela tinha óvulos saudáveis e aptos à concepção, mas possuía uma moléstia que a impedia de gestar (hiperplasia nodular focal hepática[765]), de modo que deviam encontrar uma alternativa para isso. Seria necessária uma outra mulher para a gestação.

Após consultarem uma clínica especializada houveram por bem utilizar auxílio médico para concretizar o seu projeto parental[766]. Acataram a orientação do profissional que procuraram: tendo em vista o quadro clínico narrado,

---

[765] Tumor benigno que acomete o fígado.

[766] Ac concretização do projeto parental por intermédio do auxílio de clínicas de reprodução assistida é cada vez mais comum, o que tem sido constatado nas recentes pesquisas relacionadas ao tema. A intervenção não se dá apenas com casais acometidos de alguma questão física que os impeçam de conceber de forma natural, mas também àqueles então saudáveis, mas que desejam postergar a procriação, sem que o material genético atual esteja prejudicado pelo transcorrer do tempo. Assim foi feito pela atriz colombiana Sofia Vergara, 45 anos e personagem originária da série de TV **Modern Family**, que em 2013, junto ao então namorado, o ator americano Nick Loeb, 41 anos, recorreram ao procedimento com esta finalidade (diferir a procriação). No caso, foram formados e congelados 2 embriões através da fecundação do óvulo e esperma do então casal (homóloga). Houveram por bem em não implantar nenhum embrião naquele momento, deixando isso para uma oportunidade futura. Entretanto, um ano após isso, o casal se separou. Sofia entendia que os embriões não deveriam mais ser implantados. Já o ator queria prosseguir com o projeto mesmo com o término do relacionamento. Ante o impasse, Nick requereu judicialmente a custódia dos embriões, pois pretendia implantá-los ainda que contra a vontade de Sofia. Para surpresa de todos, a ação foi proposta em nome de Emma e Isabella, nome dado por Nick aos dois embriões. A manifestação dele era um por um suposto direito à vida e a sua escolha enquanto pai. Já a defesa da atriz dizia que deveria imperar a liberdade das partes e que, sem consenso, impossível prosseguir no referido projeto parental com aqueles embriões. A primeira decisão judicial do caso, nos Estados Unidos, foi favorável à Sofia Vergara. A demanda de Nick foi indeferida por questões de competência territorial, já que os embriões estavam em uma clínica em estado diverso daquele em fora interposta a ação (embriões estavam na Califórnia, onde residiam, mas ele ajuizou a ação na Luisiana, por esse Estado ter uma legislação mais pró-vida). Para ler mais: AYUSO, Rocío. Sofía Vergara ganha a batalha por embriões. **El País**, 1º set. 2017. Disponível em: https://www.google.com.br/amp/s/brasil.elpais.com/brasil/2017/08/31/estilo/1504166604_013559.amp.html. Acesso em: 3 maio 2023.

Cap. IV · PROJEÇÕES DA AFETIVIDADE NO DIREITO DE FAMÍLIA | **465**

fariam uma reprodução assistida[767] *in vitro*[768] homóloga[769,] mas utilizariam uma gestação por substituição[770].

Como as regras médicas exigem que a cessão temporária de útero seja realizada com uma pessoa da família do casal[771], após algumas consultas, a irmã de Everaldo, Bianca, se ofereceu para gestar o bebê. Ela tinha 35 anos, era casada, já tinha dois filhos, não estava trabalhando e aceitou com naturalidade o convite. Com o aval do médico responsável e verificada a compatibilidade, assim foi feito: Bianca, cunhada de Elis, gestaria o bebê.

Com todos acordes, os documentos solicitados foram assinados, as autorizações concedidas, os procedimentos devidamente realizados e o projeto foi exitoso já na sua primeira tentativa – o que nem sempre acontece. Após a fertilização *in vitro*, com material do próprio casal, o embrião foi implantado no útero de Bianca, que passou a gestar o bebê. Tudo transcorreu como previsto.

A alegria de Elis era sem tamanho, pois estava realizando o sonho de uma vida, o qual é comum a muitas mulheres, o da maternidade. Os três, Everaldo, Bianca e Elis, acompanharam juntos todas as consultas e exames e concordaram com os passos que estavam sendo dados. Já nos primeiros meses descobriram que viria um menino e, em comum acordo, resolveram dar o nome de Murilo.

E o final dessa outra primavera terminava por germinar – além de flores – mais uma vida. O universo e a natureza pareciam conspirar a favor da concretização do sonho de Elis[772].

---

[767] Conjunto de técnicas utilizadas para que seja realizada a reprodução humana por pessoas que estejam impossibilitadas de fazê-la na forma natural: o relacionamento sexual.

[768] A técnica de reprodução *in vitro* se dá quando ocorre a fertilização artificial do óvulo e do esperma, formando o embrião, fora do corpo da paciente, em laboratório.

[769] Com uso de material genético do próprio casal.

[770] Utilização temporária do útero de uma doadora, para gerar o embrião, já formado em laboratório com material genético de terceiros.

[771] Nos termos da Resolução nº 2320/2022: "[...] VII. 1. A cedente temporária do útero deve: a) ter ao menos um filho vivo; b) pertencer à família de um dos parceiros em parentesco consanguíneo até o quarto grau (primeiro grau: pais e filhos; segundo grau: avós e irmãos; terceiro grau: tios e sobrinhos; quarto grau: primos);". Disponível em: https://sistemas. cfm.org.br/normas/visualizar/resolucoes/BR/2022/2320. Acesso em: 16 abr. 2023.

[772] "Nem sempre todos tem a mesma sorte: esse foi o caso do casal curitibano Kátia e Roberto Lenerneier, que procuraram uma clínica de reprodução assistida para realização do projeto parental, sendo que no ano seguinte Roberto foi diagnosticado com câncer e veio a falecer em seguida. Ante o óbito de uma das partes o laboratório se recusou a prosseguir no processo de reprodução assistida. Kátia teve que buscar na justiça o direito de inseminar o material genético que possuía com o marido morto, porém encontra entraves junto ao Conselho Federal Medicina

Enquanto tudo corria muito bem no processo de reprodução assistida[773], lá pelo quinto mês de gestação, o casal passou a enfrentar problemas de relacionamento. Elis estava empolgada com a gravidez, comprava o enxoval e planejava todos os detalhes para a vinda do filho tão esperado. Ocorre que Everaldo não encampou a ideia da vinda da criança como se esperava, afastou-se da esposa e das questões do filho por vir, não se preocupava com os detalhes, nem mesmo participava do planejamento futuro da nova e desafiadora realidade.

As crises entre o casal, também comuns em muitos casamentos, passaram a se avolumar e se agravar. A indiferença inicial desbordou para uma postura agressiva e ameaçadora, culminando por uma traição dupla de Everaldo. Além de uma outra mulher com quem ele estava se relacionamento de forma extraconjugal, Elis descobriu que ele estava desviando dinheiro do casal para negócios escusos e ilegais relacionados a sua atividade de venda de autopeças.

Elis administrava um bom dinheiro que havia recebido de herança, mas, após casar, deixou o marido como coadministrador conjunto desses fundos. Obviamente que ela contava com parte desses recursos para o parto e demais despesas iniciais da criança. Quando se deu conta, percebeu que seu cônjuge havia desviado quantia considerável para negócios nebulosos de autopeças, sem a sua ciência ou autorização.

Foi um baque para Elis, que não esperava isso do parceiro que tinha eleito para viver toda uma vida, inclusive para ser o pai do filho que estava por vir. Atordoada, resolveu conversar com Everaldo, disse-lhe que perdoaria tudo desde que ele parasse com ambas as atitudes: a infidelidade e as atividades não autorizadas com o dinheiro do casal. Esqueceria as traições pelo filho, para tentar que superassem as questões do relacionamento e retomassem o casamento com vigor, afinal, Murilo chegaria em breve.

– que exige a autorização expressa e prévia ao falecimento do titular do material genético para a realização da fecundação, que inexistia no caso. Felizmente a Justiça do Paraná concedeu a autorização, o procedimento prosseguiu de forma exitosa e hoje a criança vive com a mãe" (ARAÚJO, Glauco. Justiça autoriza professora a usar sêmen de marido morto no Paraná. **G1,** 27 maio 2010. Disponível em: http://g1.globo.com/brasil/noticia/2010/05/justica-autoriza-professora-usar-semen-de-marido-morto-no-parana.html. Acesso em: 3 maio 2023). Note-se que o Conselho Federal de Medicina, por intermédio de Resolução que não têm força de Lei, regula inteiramente a matéria.

[773] Sobre o tema: FISCHER, K. F. C. *Inseminação artificial post mortem e seus reflexos no direito de família e no direito sucessório.* Belo Horizonte: IBDFAM, 2010 (Boletim Eletrônico).

Nesse momento, mesmo com o perdão ofertado, Everaldo não assimilou bem as descobertas das suas condutas não autorizadas, passou a proferir xingamentos e ameaças, perdendo por completo a serenidade. No instante culminante do seu disparate, empurrou Elis e chegou muito perto de agredi-la fisicamente. Esse foi um ponto além do limite para ela, que não conseguiria suportar mais a relação a esse nível, o que a fez ver que seu casamento, infelizmente, não teria mesmo futuro.

Havia, entretanto, um agravante: era Bianca, a irmã de Everaldo, que estava com o filho do casal na barriga. A essa altura Murilo já estava com vinte e oito semanas de gestação. Como Elis poderia se separar do marido e colocar em risco o parto? Qual seria a postura de Bianca ao saber da separação do casal? O que ela faria com o bebê? Entregaria a criança como combinado? Para quem, para o pai ou para a mãe?

Tendo em vista esse quadro dramático, por amor ao filho Elis houve por bem em continuar com o casamento já falido, ainda que sem ter mais qualquer ligação afetiva com o marido desde então. Tinha em mente prosseguir assim ao menos até o nascimento do bebê, sua absoluta prioridade naquele momento.

Essa crise conjugal levou Elis a procurar um advogado para buscar respostas para algumas das suas dúvidas. Ela queria compreender como se dariam as questões do parto e da entrega da criança em um ambiente de litígio entre o casal à frente do projeto parental, visto que isso se avizinhava como possível. Juridicamente, a questão que se apresentava era: o que o Direito e a justiça indicariam para o caso de uma reprodução assistida com gestação em substituição litigiosa?[774] Ante o imbróglio, uma consulta jurídica se fazia necessária.

---

[774] O fato é que o Código Civil brasileiro não dispõe de regras específicas e detalhadas sobre isso; portanto, se faz necessário utilizar alguns instrumentos jurídicos que, ainda que sem força de Lei Federal, regulam de algum modo a questão. Em geral, apenas as resoluções do Conselho Federal de Medicina regem essa matéria. O Provimento nº 63/2017 do CNJ, em seu art. 17, § 1º determina que o nome da parturiente não será posto na certidão, entretanto, exige em seu art. 16 o comparecimento de ambos os pais biológicos para efetuar o registro, logo, em caso de litígio entre ambos, o obstáculo estará formado. Outrossim, o Conselho Regional de Medicina, através de Resoluções (a última, nº 2320/2022), procura contribuir para a regulação: determinando regras básicas para os casos de cessão temporária de útero, como por exemplo, convenção entre as Partes estabelecendo os detalhes da futura filiação, garantia do registro pelos pais biológicos, e relação de parentesco entre um dos pais biológicos e a cedente. Entretanto, ainda que existam algumas iniciativas para proteger o projeto parental daqueles que se buscam das técnicas de reprodução assistida, há lacunas que

Na primeira conversa com o profissional do Direito que procurou, foi constatado que os documentos da clínica de reprodução assistida eram muito singelos e pouco seguros. Em caso de litígio entre o casal, haveria poucos elementos formais para orientar o Poder Judiciário como deliberar[775]. Por exemplo, não havia a assinatura de Bianca (que havia cedido o uso do seu útero) em nenhum termo que atestasse que estava gestando filho de outrem. Ou seja, não havia nenhuma manifestação de que o filho que estava em sua barriga não era dela e que o entregaria a quem de direito logo após o nascimento. Esse aspecto era deveras preocupante.

Por incrível que pareça, a clínica e o médico responsável não exigiram documentos assinados pelas partes que atestassem toda a realidade subjacente a esse projeto parental por reprodução assistida. Inexistiam tratativas formais entre Elis, Everaldo e Bianca que regesse – por escrito – o que haviam combinado, já que à época o Conselho Federal de Medicina não o exigia[776-777].

---

permitem litígios, como por exemplo a inexistência de punição explícita àqueles que não entregam a criança, ou até mesmo o entendimento de que a parturiente seria a mãe, conforme alguma interpretação a partir do art. 10 do ECA.

[775] O Código Civil é claro ao apontar em seu artigo 1.593 que o parentesco decorre da consanguinidade ou outra origem. O Conselho Federal de Justiça, no Enunciado 256 da III Jornada de Direito Civil de 2004, nos apresenta o conceito de "outra origem", definindo como aquelas em que se concretiza a filiação, sendo pela adoção, filiação socioafetiva ou técnicas de reprodução assistida heteróloga (técnica de reprodução assistida que inseminam o embrião, fecundado com material genético de terceiro doador), não atribuindo a filiação à cedente de útero para gestação, porém, o parentesco por consanguinidade de deveria ser provado por exame de DNA, feito portanto após o nascimento do nascituro.

[776] Esta reprodução assistida foi realizada sob a égide da Resolução 1.957/2010 do CFM, que não trazia tão firme a exigência de termos e compromissos pela cedente do útero: "[...] II – Sobre a gestação de substituição (doação temporária do útero) As clínicas, centros ou serviços de reprodução humana podem usar técnicas de RA para criarem a situação identificada como gestação de substituição, desde que exista um problema médico que impeça ou contraindique a gestação na doadora genética. 1 – As doadoras temporárias do útero devem pertencer à família da doadora genética, num parentesco até o segundo grau, sendo os demais casos sujeitos à autorização do Conselho Regional de Medicina. 2 – A doação temporária do útero não poderá ter caráter lucrativo ou comercial [...]" (BRASIL. Resolução CFM nº 1.957/2010, do Conselho Federal de Medicina, 06 jan. 2011. **Diário Oficial da União,** Brasília, DF, 15 dez. 2010. Disponível em: https://sistemas.cfm.org.br/normas/visualizar/resolucoes/BR/2010/1957. Acesso em: 3 maio 2023).

[777] Nota-se que a questão foi revista pelo Conselho Federal de Medicina e consta na Resolução atualmente vigente (2320/2022) a exigência de formalização de todas das partes quanto ao processo, inclusive da cedente do útero: "VII. [...] 3.Nas clínicas

Os termos firmados cuidavam apenas de consentimento informado dos procedimentos médicos tomados, questões contratuais e de remuneração dos serviços médicos e hospitalares.

Diante dessa situação de total insegurança, o advogado contratado houve por bem redigir "memorandos de entendimentos" entre Elis, Everaldo e Bianca, que retratassem formalmente o acordo que haviam celebrado e a gravidez mediante gestação por substituição que estava ocorrendo. Esses termos de compromisso aclarariam que os pais da criança eram indubitavelmente Elis e Everaldo, sendo que Bianca apenas gestava o bebê[778].

Ou seja, o documento formalizava a cessão temporária de útero de Bianca, deixando claro que o filho gestado era de Elis e Everaldo (que estavam à frente desse projeto parental e, no caso, também eram ascendentes genéticos do filho por vir). Ainda, ao final desse documento Bianca declarava que empreendia uma gestação em substituição e, em vista disso, se comprometia – por escrito – a entregar a criança aos pais logo após o parto, o que até então inexistia.

Após elaborar os termos, para não chamar a atenção de todos, o advogado orientou Elis que os referidos documentos deveriam ser apresentados para assinatura apenas na próxima consulta médica, diretamente pelo profissional da medicina que estava à frente da reprodução assistida, como se fossem exigências da clínica. Esse proceder diminuiria a chance de questionamentos e facilitaria a assinatura por todos os envolvidos.

---

de reprodução assistida, os seguintes documentos e observações devem constar no prontuário da paciente: a) termo de consentimento livre e esclarecido assinado pelos pacientes e pela cedente temporária do útero, contemplando aspectos biopsicossociais e riscos envolvidos no ciclo gravídico-puerperal, bem como aspectos legais da filiação; b) relatório médico atestando a adequação da saúde física e mental de todos os envolvidos; c) termo de compromisso entre o(s) paciente(s) e a cedente temporária do útero que receberá o embrião em seu útero, estabelecendo claramente a questão da filiação da criança; d) compromisso, por parte do(s) paciente(s) contratante(s) de serviços de reprodução assistida, públicos ou privados, com tratamento e acompanhamento médico, inclusive por equipes multidisciplinares, se necessário, à mulher que ceder temporariamente o útero, até o puerpério; e) compromisso do registro civil da criança pelos pacientes, devendo essa documentação ser providenciada durante a gravidez; e f) aprovação do(a) cônjuge ou companheiro(a), apresentada por escrito, se a cedente temporária do útero for casada ou viver em união estável".

[778] Popularmente alguns falam em "barriga de aluguel". Além das impropriedades técnicas em se utilizar tal nomenclatura para projetos parentais, é fato que no Brasil é vedado qualquer pagamento para as cedentes de útero, de modo que ainda mais sem sentido se fazer remissão a qualquer "aluguel" ou categoria que faça remissão a alguma contrapartida financeira. Apesar disso, o termo é disseminado popularmente.

470 | PRINCÍPIO DA AFETIVIDADE NO DIREITO DE FAMÍLIA – *Ricardo Calderón*

Assim foi feito, e, mesmo no ambiente nada amistoso que se apresentava, todos compareceram à próxima consulta marcada. Após o médico expor a necessidade de assinatura desses documentos, os três envolvidos, monossílabos, simplesmente assinaram e se despediram.

Com essa questão das responsabilidades na reprodução assistida[779] um pouco mais segura, Elis resolveu tomar providências em relação a uma postura com a qual não conseguia mais conviver: ela decidiu que não poderia mais suportar do marido Everaldo que ele seguisse utilizando as economias dela para destinar para os seus negócios deficitários que beiravam a ilegalidade. Ela não havia autorizado e não concordava com essas operações comerciais nebulosas por parte dele.

Para estancar isso, Elis o proibiu de movimentar as contas nas quais estavam esses recursos (que eram todos oriundos de herança da família dela, mas que, em um primeiro momento, ela o autorizara como cotitular). Para não permitir mais que ele seguisse desviando as suas economias, com as quais contava para o custeio do parto e do próprio bebê, foram cancelados os acessos as contas que Everaldo possuía.

Ante esta restrição financeira para as suas aventuras comerciais nebulosas, ele teve outro surto, proferindo ameaças gravíssimas a sua esposa, palavras de baixo calão, a agrediu fisicamente e – num rompante – simplesmente saiu de casa. Sem maiores explicações deixou o lar. O que poderia ser a crise de uma noite durou dias sem notícias.

Como se não bastasse, após Elis procurar Bianca para ter notícias da gestação descobriu, por intermédio do marido dela que ela também estaria "viajando" de surpresa, sem ele ter sequer detalhes de como e para onde. Isso estando Bianca grávida, de filho de outrem, com 32 semanas de gestação...

Elis tentou contato com Everaldo e Bianca de todas as formas, buscou também com familiares, amigos, terceiros, enfim, por todos os meios possíveis e imagináveis, mas não conseguiu mais falar com eles, nem mesmo teve qualquer notícia de ambos, que sumiram sem deixar sinais.

Os dias sem notícias do seu bebê eram por demais angustiantes para Elis, uma mãe que se via alijada do seu próprio filho.

Os irmãos Bianca e Everaldo não compareceram nas demais consultas e exames finais agendados com o médico responsável pela reprodução assistida, o que tornou patente a gravidade da situação. Já se passavam duas

---

[779] Para conhecer mais sobre o tema, consulte a recente obra: PEREIRA, Paula Moura F. de L. **Responsabilidade civil nos ensaios clínicos.** São Paulo: Foco, 2019.

semanas sem qualquer notícia... Na confusa cabeça dessa mãe, as angústias eram: por onde andaria Bianca? Como estaria o bebê? Estaria vivo? Será que teria nascido prematuramente?

Foram os piores dias da vida dessa mãe, que sentia o risco real de perder seu filho e se via totalmente impotente.

Em um primeiro momento, Elis entrou em desespero, pois percebeu que seu frágil bebê estava em risco, com o claro indício que seu marido Everaldo e a irmã dele estavam fugindo com ele e não pretendiam dar notícias do seu paradeiro e muito menos do parto. Provavelmente relutariam em entregar o filho para a mãe, Elis.

Ela percebeu que estava em risco ter seu filho nos seus braços, pois não sabia mais até onde poderia chegar a desfaçatez e insensibilidade dos irmãos, ora fugitivos. Ninguém sabia onde andavam Everaldo e Bianca, isso a poucos dias do parto. Como estaria o nascituro Murilo? Passaria bem? O que teriam perdido naquela última consulta a qual eles não compareceram? Teria nascido com vida?

Ao sentir esse risco real para o seu tão amado bebê, Elis recebeu uma força que parecia divina: de uma hora para outra se viu alerta e com energia para lutar com quem quer que fosse pelo seu filho.

Tal qual uma leoa defende a sua ninhada, Elis passou a agir intensamente. Procurou desde logo um advogado para defender seus interesses na Justiça, pois não havia outra alternativa. Fez registro policial do ocorrido. Contratou um detetive para descobrir o paradeiro do pai e Bianca. Arregimentou amigos e familiares para formar várias equipes de busca.

Formou-se uma equipe solidária ao que sofria essa mãe, todos irmanados na ideia de que ela tivesse acesso ao seu filho, como de direito. Após o detetive indicar que Bianca e Everaldo estariam na cidade de origem da família deles, situada na cidade de Erechim, no interior do Estado do Rio Grande do Sul, os pedidos judiciais tinham maior chance de ser eficazes.

A partir disso, foi ajuizada uma ação de divórcio direto cumulada com guarda de nascituro[780], que requeria de forma antecipada a concessão da guarda provisória em favor de Elis (para que o bebê lhe fosse entregue logo após o parto). O feito, inusitado, foi distribuído para uma das Varas de Famí-

---

[780] O Código Civil já assegura os direitos do nascituro: "Art. 2º A personalidade civil da pessoa começa do nascimento com vida; mas a lei põe a salvo, desde a concepção, os direitos do nascituro". Para ler mais sobre nascituro: ALMEIDA, Silmara Juny de A. Chinelato e. **Tutela Civil do Nascituro.** São Paulo: Saraiva, 2000.

lia de Curitiba. Coube a um juiz de primeira instância a difícil decisão, visto que não havia lei alguma regendo a matéria, e eram parcos os documentos apresentados[781].

Enquanto isso, os dias transcorriam e se completavam as quarenta semanas de gestação, com o parto podendo ocorrer a qualquer momento, o que agravava ainda mais o risco e a angústia dessa mãe.

Após alguns poucos dias de análise, o magistrado deferiu liminarmente a tutela de urgência que era pleiteada por Elis, fundamentando a decisão com base nos princípios do melhor interesse da criança (pela precariedade do local onde Bianca estaria, distante da clínica de reprodução responsável) e da boa-fé (em face de Bianca ter conhecimento que Elis era a mãe biológica e por ter se disponibilizado a apenas ceder temporariamente seu útero para aquela gestação, sem gerar qualquer vínculo parental)[782-783].

Um dos elementos centrais para a concessão da liminar em favor da mãe Elis foi, justamente, o documento elaborado pelo advogado que ela procurara naquela primeira oportunidade, visto que eram efetivamente os únicos que faziam remissão ao que haviam acordado quanto à reprodução assistida. Apenas esses memorandos de entendimento traziam a assinatura de Bianca ao lado do compromisso de entregar o bebê que gestava a quem de direito, confessando a cessão temporária de útero que fora acertada[784].

Em paralelo, também foi registrado um boletim de ocorrência policial, em decorrência do desaparecimento de Bianca e Everaldo com o bebê, sendo que ambos foram então autuados e denunciados também por "sequestro". Com os registros criminais formalizados, os sistemas policiais também foram acionados para informar qualquer movimentação relativa aos envolvidos.

Após ter a decisão judicial favorável nas mãos, restava cumpri-la. Para tanto, Elis e seu advogado se direcionaram até a cidade de Erechim, onde

---

[781] Lei esta que até hoje inexiste, o que chega a ser espantoso.

[782] As técnicas de reprodução assistida avançam em total descompasso com a proteção jurídica conferida a essas relações jurídicas, sendo este um desafio aos operadores do Direito. As técnicas e os procedimentos médicos avançam a passos largos, por outro lado, inexiste uma lei sobre o tema.

[783] Para ler mais sobre o assunto: CAMACHO, Michele Vieira. **Multiparentalidade e seus efeitos sucessórios.** Dissertação (Mestrado em Direito) – Faculdade de Direito, Universidade de São Paulo, São Paulo, 2018.

[784] A questão pode envolver diversas outras circunstâncias, conforme demonstra: MORAES, Carlos Alexandre. **Responsabilidade civil dos pais na reprodução humana assistida.** São Paulo: Método, 2019.

deveriam estar Bianca e Everaldo, segundo as informações do detetive. A urgência era tamanha que conseguiram emprestado um avião particular para partir de imediato e sem escalas para lá.

Chegando na cidade, foram direto para a casa dos familiares paternos e ao hospital local, mas em nenhum deles os procurados foram encontrados, e – supostamente – as pessoas que lá estavam não saberiam do paradeiro dos procurados (o que era uma inverdade, por óbvio).

Mais um momento de frustração, desespero e impotência para Elis. Mesmo com todo o esforço e a liminar favorável nas mãos, onde e como cumpri-la? Como tornar eficaz o que haviam obtido sem saber onde se encontrava o bebê? O que fazer, seguir em Erechim ou ir para outra cidade? Voltar para Curitiba?

Ainda que em momento de angústia e tristeza, Elis não esmoreceu. Começou a rezar e a pedir a Deus que a orientasse nesse instante de escuridão, mantendo a profunda fé que carregava consigo, o que aprendeu com a sua mãe, Elizete, pessoa religiosa que transmitiu esse ensinamento a todos os seus filhos. Após isso, resolveu ouvir o seu sexto sentido e as vozes que mentalmente lhe diziam para seguir as buscas na região de Erechim, permanecendo na região e percorrendo outras cidades do interior do Rio Grande do Sul.

Seguindo a máxima popular que afirma "Deus não faz..., mas fiscaliza", eis que no dia seguinte essa mãe recebeu um telefonema da polícia do Paraná: eram notícias de onde estaria o seu filho! Foi informada de que ele havia dado entrada no Hospital da cidade de Passo Fundo, localizada também no Rio Grande do Sul, e até próxima a Erechim.

O bebê havia nascido e tido alta, mas teve que retornar ao Hospital com problemas de saúde. A localização ocorreu justamente pelo fato de Murilo ter nascido prematuro e, então, necessitado de atendimento médico. Nesse instante, foi necessária a utilização de cadastro no Sistema Único de Saúde, restando então a polícia avisada do paradeiro do menor. Foram as autoridades policiais que avisaram Elis onde estaria o filho. No mesmo instante em que recebeu a notícia, foi imediatamente para Passo Fundo, com advogado e familiares.

Ao chegar no hospital daquela cidade, já com oficial de justiça, finalmente essa mãe encontrou seu filho e o teve em seus braços, pela primeira vez. Aos prantos, sentiu ali a maior alegria de sua vida, ao ver que ele estava bem, vivo e – finalmente – perto dela. Deu-se ali um daqueles momentos únicos na vida de uma mãe, dos quais só elas mesmo são capazes de sentir e narrar.

Felizmente, o mal-estar de Murilo após o parto era corriqueiro, e logo ele ficou bem. Parece que esse sintoma foi gerado (por força divina?) apenas para que ele pudesse ser localizado pela sua mãe. Esse é um daqueles fatos que faz com que cada um impute o ocorrido a algum fator, sempre de acordo com a crença que o orienta.

Mas não estava terminada a saga dessa mãe.

Quando o oficial de justiça solicitou a certidão de nascimento do menor constata mais uma irregularidade: Bianca havia registrado o filho como seu e do seu marido, como se fossem eles os pais biológicos de Murilo, em flagrante falsidade ideológica, tudo com o consentimento e anuência de Everaldo (o verdadeiro pai biológico)[785]. Ou seja, Bianca não informou da reprodução assistida, nem mesmo que gestava filho de outrem[786]. Em consequência, Murilo foi registrado como seu filho natural e de seu marido[787].

Com a ordem judicial em mãos, Elis trouxe o seu filho com dias de vida para Curitiba, acreditando que finalmente teria paz e sossego. Entretanto, foi surpreendida novamente, visto que o pai Everaldo recorreu da liminar e pleiteava a criança novamente.

As investidas do pai e de sua irmã para terem a criança novamente assustaram Elis, principalmente porque o único documento de Murilo até então era a certidão de nascimento na qual constavam o nome de Bianca e de seu marido como pais, o que tornava a situação muito arriscada. Afora a liminar em discussão, Elis não tinha nenhum registro de que era realmente a mãe do bebê recém-nascido que estava consigo.

Alertada do risco e das consequências possíveis, houve por bem em tomar uma conduta radical: foi para São Paulo com o filho, em um lugar que Everaldo e Bianca não soubessem, até que a situação estivesse estabilizada. Lá chegando, solicitou ao juiz que, então, concedesse a autorização para emissão de outra certidão de nascimento, onde constasse Elis e Everaldo como pais de Murilo. Entretanto, para conceder tal pedido o juiz de família exigiu que ela previamente apresentasse um "teste de comprovação de maternidade", para atestar que aquele filho era mesmo seu descendente biológico.

---

[785] Como não informaram do processo de reprodução assistida anterior, a Declaração de nascido vivo-DNV foi emitida apenas em nome de Bianca como mãe, sendo levada para o Cartório de Registro Civil desta forma. Como ela era casada, o filho foi registrado como se fosse de Bianca e seu marido.

[786] Sobre as diversas espécies de filiação: GAMA, Guilherme Calmon Nogueira da. **A nova filiação, o biodireito e as relações parentais, de acordo com o Código Civil.** Rio de Janeiro: Renovar, 2003.

[787] Para ler mais sobre filiação e registro: VELOSO, Zeno. **Direito civil** – temas. Belém: Anoreg/PA, 2018.

Cap. IV · PROJEÇÕES DA AFETIVIDADE NO DIREITO DE FAMÍLIA | **475**

Felizmente a reprodução assistida era homóloga e, portanto, assim foi feito. Essa mãe procurou um laboratório em São Paulo, fez o exame em DNA (que deu positivo) e, após apresentar o resultado em juízo, finalmente teve a certidão de nascimento em seu nome como mãe (e Everaldo como pai).

Em posse desse documento retornou para Curitiba com o bebê em seus braços[788], exalando um amor materno-filial nunca visto antes pela Rodovia BR 116. Após algumas semanas de caos e pânico, finalmente a tranquilidade chegava ao lar da família materna, com todos os seus familiares podendo conhecer o novo integrante da família. Tios e primos fitavam o novo integrante com olhares deslumbrados. Sendo descendentes de italianos não fica difícil imaginar a festa, as macarronadas e os vinhos que consumiram para celebrar a chegada do aguardado Murilo.

Ao final do processo de família, a guarda foi concedida de modo definitivo para a mãe, com o direito de convivência garantido ao pai[789] (apesar de tudo que fez, Everaldo seguia com o seu direito à convivência familiar, o que levou o juiz a manter tal visitação). Alimentos foram fixados, mas Elis nunca os exigiu do pai (que nunca pagou o fixado). Nesse caso, felizmente, o Direito e o Poder Judiciário conseguiram fazer Justiça em tempo hábil[790]. Oxalá seja sempre assim.

Quanto a Murilo, atualmente está com 7 anos de idade, uma criança saudável e alegre, afinal é torcedor do Clube Athlético Paranaense, o Furacão da Baixada, que por essas épocas anda ganhando títulos a rodo.

Elis tem um novo companheiro, e atualmente convivem ela, ele e o filho Murilo, formando todos uma família feliz. E não é que nesse inverno de 2019 os apaixonados companheiros estão de casamento marcado? Decidiram isso após alguns anos de convivência comum. Como não raro, essa vida em

---

[788] Esse aspecto ressalta a relevância e a importância dos documentos registrais, tais como a certidão de nascimento.

[789] Para ler mais sobre guarda e convivência familiar: ROSA, Conrado Paulino da. **Guarda compartilhada coativa.** Salvador: Juspodivm, 2018.

[790] "Permito-me, nesses parênteses, reiterar a atenção para que não se demonize o pretérito por si só e se divinize o porvir presentificado em uma família que se apregoa etérea, amante do espetáculo, com laços familiares *high tech,* servindo conceitos e definições em *novos* dicionários do abecedário *duty-free.* Não nos esqueçamos: há um tempo e um espaço. As mulheres afegãs, por exemplo, são mulheres antes, durante e depois do taleban, e o patrimonialismo brasileiro é uma herança com o qual a família precisa se defrontar, afinal, o aconchego do lar não é mero envoltório de tíbio sentimentalismo" FACHIN, Luiz Edson. As intermitências da vida: o nascimento dos não-filhos à luz do Código Civil brasileiro. Rio de Janeiro: Forense, 2007, p. 15.

família há alguns anos está consolidando laços de paternidade socioafetiva entre Murilo e o atual parceiro da mãe. Mais uma vez, o afeto pede passagem.

Em épocas como as de outono, é possível encontrar Murilo na capital dos paranaenses, na maioria das vezes chutando bola com os seus amiguinhos, geralmente nos gramados cheios de folhas caídas que existem no aprazível Bosque São Cristóvão.

Elis, seu companheiro e o filho Murilo assim estão a levar a vida no bairro dos italianos em Curitiba, cujo conhecido nome pode bem resumir o final desta estória, que termina com uma (e porque não?) Santa Felicidade.

Conclusões parciais

Os avanços da medicina na área da reprodução assistida são significativos e demostram que há intensa atividade e muita inovação nessa seara. As recentes pesquisas apontam um número crescente de pessoas utilizando tais métodos. Por outro lado, o direito brasileiro ainda não possui nenhum estatuto jurídico sobre o tema, ou seja, inexiste uma lei própria que regule tais situações jurídicas[791]. Esse cenário é preocupante e merece ser revisto.

Atualmente, apenas o Conselho Federal de Medicina vem renovando os seus regulamentos de modo a reger a temática. Entretanto, como as suas resoluções não têm força de lei, não parece ser a melhor solução. Ademais, não se pode ignorar que a competência do conselho se restringe aos profissionais da medicina, não podendo impor deveres e restringir direitos de pessoas não afeitas as suas esferas funcionais.

Quem vem enfrentando o tema são os nossos tribunais: o STJ, que tem deliberado sobre os conflitos dessa temática, em recente decisão, entendeu necessária a autorização expressa da pessoa falecida para implantação de embriões congelados com o seu material genético após o seu óbito (STJ, 4ª Turma, Rel. p/ acórdão Min. Luis Felipe Salomão, *DJ* 15.06.2021)[792].

---

[791] Ainda que proferida em outro contexto e tratando de outra temática, calha aqui lembrar do alerta da professora Giselda Hironaka: "A vida sempre termina por nos ensinar, mais cedo ou mais tarde, que ciência e verdade não são conceitos, concepções ou ideias que tenham um delineamento *standard*, um padrão imutável, um perfil definitivo" (HIRONAKA, Giselda Maria Fernandes Novaes. Sobre Peixes e Afetos – um devaneio acerca da ética no direito. In: PEREIRA, Rodrigo da Cunha (org.). **Anais do V Congresso Brasileiro de Direito de Família**. São Paulo: IOB Thompson, 2006.

[792] Maiores detalhes em: STJ. Implantação de embriões congelados em viúva exige autorização expressa do falecido, decide Quarta Turma. 15 jun. 2021. Disponível em: https://www.stj.jus.br/sites/portalp/Paginas/Comunicacao/Noticias/15062021-

A complexidade e a densidade dos conflitos decorrentes dos processos de reprodução assistida estão a exigir uma lei brasileira que regule a matéria, estabelecendo de forma clara e firme as responsabilidades, os direitos e os deveres dos diversos atores que participam desses procedimentos[793].

O momento atual torna oportuno lembrar do célebre alerta do civilista francês Georges Ripert: "quando o Direito ignora a realidade, a realidade se vinga, ignorando o Direito".

SEÇÃO XVIII – REPRODUÇÕES ASSISTIDAS "CASEIRAS": UM NOVO E INSTIGANTE DESAFIO

Atualmente, tem sido crescente o número de reproduções assistidas caseiras, que são aquelas realizadas sem o apoio de um profissional médico ou de uma clínica médica, mas com alguma intervenção humana específica para além do ato sexual, muitas vezes até mesmo aliada a uma cessão de material genético de terceiros.

É uma situação nova para todos, médicos e juristas. Tudo que é novo traz dúvidas, sendo que o aumento do número de pessoas utilizando métodos para auxiliar a reprodução de maneira informal, de forma "amadora", sem auxílio profissional médico, faz com que tenha crescido sobremaneira o número de impasses jurídicos. Ou seja, após tal procedimento caseiro, os protagonistas de tal reprodução enfrentam dificuldades no registro civil em nome de ambos; ou, então, passam conflitar quanto a algum aspecto relativo ao referido projeto parental (registro, guarda, convivência, alimentos). Diante disso, em ambos os casos batem à porta do Poder Judiciário, ainda que tal prática não tenha previsão legal.

No Brasil, a ausência de uma legislação específica sobre o tema dificulta a análise, pois não temos uma diretriz clara sobre direitos e deveres. Ainda assim, na ausência de proibição, tudo indica que deva prevalecer a liberdade

---

-Implantacao-de-embrioes-congelados-em-viuva-exige-autorizacao-expressa-do--falecido--decide-Quarta-Turma.aspx. Acesso em: 3 maio 2023.

[793] Como já tivemos a oportunidade de afirmar: "É uma situação nova para todos, médicos e juristas. Tudo que é novo traz dúvidas. O aumento do número de pessoas utilizando os métodos faz com que aumente o número de impasses. E, no Brasil, a ausência de uma legislação específica sobre o tema dificulta para todos, pois não temos uma diretriz clara sobre direitos e deveres". CALDERÓN, Ricardo. Número de embriões congelados no Brasil mais que dobrou em cinco anos [entrevista]. **O Globo.** Rio de Janeiro, 4 ago. 2019. Disponível em: https://oglobo.globo.com/sociedade/numero-de-embrioes-congelados-no-brasil-mais-do-que-dobrou-em--cinco-anos-23853239. Acesso em: 27 abr. 2023.

para o planejamento familiar garantida constitucionalmente, o que permitiria a postulação de consequências jurídicas para tal situação. Entendemos que a ausência de vedação permite que sejam conferidas consequências jurídicas para os casos de reprodução assistida caseira.

Um caso emblemático ocorreu em Maringá-PR, no qual duas mulheres viviam em união estável e, a partir de uma doação informal de esperma de um terceiro, se utilizaram de uma técnica improvisada, sem auxílio médico, a partir da qual obtiveram sucesso e alcançaram êxito na gravidez. Após o nascimento do filho, o registro civil foi emitido apenas em nome da gestante (mãe biológica). Em vista disso, elas ajuizaram uma ação judicial para ver deferido o registro da filiação em nome de ambas as mães. A decisão judicial permitiu o registro no nome das duas mães, acolhendo o pedido. O magistrado de primeiro grau argumentou que, apesar de não atendidas as formalidades exigidas pelo Provimento nº 63 do CNJ, o plano de constituir família era comum, e ambas as companheiras se prepararam para concretizá-lo. Com base na isonomia e na proteção da família, sustentou-se o seu posicionamento a favor do pleito[794].

A partir de então emergem diversas questões decorrentes dessa situação fática, tanto de aspectos parentais, como registrais e até contratuais. Já há registros de ações litigiosas envolvendo alimentos gravídicos, registro (ou não) do filho em nome do par que está empreendendo o projeto parental, guarda, moradia de referência e convivência (visitas), alimentos definitivos, entre tantos outros casos noticiados de impasses que envolvem uma reprodução caseira envolvida.

Uma das situações mais comuns é a de pares homoafetivos femininos que obtêm doação de sêmen de um "doador" informal (conhecido, ou até desconhecido, contatado via internet apenas). A partir disso, há dúvidas como: em nome de quem registrar a criança? O cidadão que apenas "cedeu" o material genético pode vir a ser reconhecido como pai se demandado por isso futuramente? São válidas ou não eventuais disposições contratuais dos denominados "contratos de parentalidade"? Se sim, elas podem extirpar direitos da criança ainda não nascida? O Ministério Público pode agir de ofício em tais casos para averiguar a paternidade ou teria limites na atuação?

Como os regulamentos do CNJ e as resoluções do Conselho Federal de Medicina silenciam sobre reprodução assistida caseira, na prática não há

---

[794] HAMMES, Bárbara. Casal de mulheres ganha na Justiça direito de ter nomes como mães em documento de bebê gerado após inseminação caseira no Paraná. **G1,** 28 nov. 2020. Disponível em: https://g1.globo.com/pr/parana/noticia/2020/11/28/casal-de--mulheres-ganha-na-justica-direito-de-ter-nomes-como-maes-em-documento-de--bebe-gerado-apos-inseminacao-caseira-no-parana.ghtml. Acesso em: 3 maio 2023.

regulação no Brasil, nem proibindo, nem permitindo. Há uma lacuna, um silêncio legislativo sobre isso, de modo que caberá ao Poder Judiciário dar as respostas necessárias quando demandado. Não há dúvida de que as uniões homoafetivas devem receber a mesma tutela jurídica que as heteroafetivas, mas ainda assim muitas questões restam em aberto.

Alguns provimentos do CNJ podem ser suscitados no tratamento do tema, indiretamente, mas não incluem expressamente tais casos. Do mesmo modo, também o Código Civil não rege detidamente essas questões, o que traz dúvidas e questionamentos. Ainda assim, são crescentes os casos de pessoas que executam tais práticas e, a partir disso, passam a buscar os seus direitos. Seja consensualmente, em uma luta pelo registro do(a) filho(a) em nome de ambos(as); seja litigiosamente, na busca de solução para um impasse quanto a alguma das consequências legais da filiação; é fato que – mais uma vez – a força construtiva dos fatos sociais tensiona o direito de família.

Um aspecto merece relevo na análise do tema: muitos dos conflitos jurídicos advindos de reproduções assistidas caseiras decorrem de uma luta pelo registro civil da criança ainda com tenra idade, com dias ou meses de vida, no máximo. Nessas situações sem auxílio médico, a utilização da afetividade como vetor e fundamento da postulação para o registro civil com a pessoa que não é a parturiente e que não possui vínculo biológico com o bebê deve ser vista com ressalvas. Isso porque, a princípio, a consolidação da afetividade para fins de projeçõcs jurídicas de parentalidade exige estabilidade, o que demanda um transcurso de tempo inexistente nos casos de filhos recém-nascidos. Os meses de planejamento e gestação podem não ser suficientes para indicar uma socioafetividade filial, ao menos no formato até o momento delineado pelo direito brasileiro.

Como as presunções legais de filiação por reprodução assistida exigem intervenção médica formalizada, a princípio, pode haver dificuldade na obtenção de sua aplicação para os casos de reprodução caseira.

Ainda assim, parece possível sustentar juridicamente o registro civil dessa criança de tenra idade em nome do par que está à frente dessa reprodução caseira, mediante a comprovação de que ambos efetivamente participaram do referido projeto parental. Dito de outro modo, com a demonstração de que ambos livremente intentaram essa reprodução, empreendendo tal projeto conscientemente, resta viável postular judicialmente o registro civil em nome de ambos, com base no postulado constitucional do livre planejamento familiar. A própria previsão da parte final do art. 1.593 do Código Civil, no sentido de que o parentesco pode ser de outra origem, permite tal conclusão.

Em nosso sentir, basta compreender que, atualmente, entre as filiações de outra origem se incluem aquelas decorrentes de reproduções assistidas caseiras nas quais os protagonistas tenham efetiva e livremente participado do projeto parental. Para crianças recém-nascidas ou de tenra idade: livre planejamento familiar, participação efetiva no projeto parental e a defesa de uma nova presunção de filiação de *outra origem* são os vetores jurídicos que parecem mais adequados para tais situações. Essa é a proposição que lanço para reflexão, ciente de que o tema ainda é de desenvolvimento incipiente.

Logicamente que com o passar do tempo é possível que se consolide faticamente um vínculo socioafetivo filial, com a postulação do vínculo com base afetividade, mas daí certamente com a criança já com mais de um ano de vida, o que pode não atender todos os casos, o que justifica a proposição específica posta.

Compreender quais os limites e quais as possibilidades atinentes aos casos denominados reprodução "assistida caseira" são os maiores desafios do direito de família contemporâneo, pois envolvem questões filiais (parentalidade), registrais (certidão de nascimento em nome de quais ascendentes) e contratuais (contratos de parentalidade).

Mesmo para essa novíssima situação, mostra-se necessária a escorreita compreensão do sentido jurídico da afetividade para o direito de família brasileiro.

CONCLUSÃO

As transformações ocorridas no transcurso da modernidade desaguaram em uma sociedade com características próprias neste início de século XXI. A complexidade, a pluralidade e a constante mobilidade constituíram-se nas marcas do que se pode chamar de uma época de *modernidade líquida* (para muitos uma condição *pós* – ou hiper – *moderna*) com influência na forma como se desenvolvem os diversos relacionamentos.

Concomitantemente, a subjetividade inicialmente conferida a uma esfera pessoal, a partir do final do século XVIII, galgou espaço ampliando-se consideravelmente. O período pós-Segunda Guerra permitiu perceber com mais clareza outra percepção de pessoa, com a difusão da possibilidade de sua livre escolha nas diversas questões pessoais. No amplo campo da subjetividade, germinou a afetividade como expressão dos relacionamentos familiares. A dimensão afetiva gradativamente assumiu uma posição cada vez mais central na representação desses envolvimentos.

Como a família é reflexo da sociedade na qual está inserida, certamente sofreu os influxos desses movimentos, passando por uma verdadeira transição paradigmática que lhe ocasionou mudanças estruturais e funcionais. A concepção clássica de família a atrelava à noção de "legitimidade", vinculada ao matrimônio e com forte presença dos liames biológicos e registrais. A alteração processada distanciou-se dessa concepção e provocou uma nova definição do que se entende por família, cada vez mais desvinculada desses fatores.

O novo paradigma passa a estar diretamente relacionado à afetividade, que se constitui em um dos elementos centrais identificadores do que se compreende por entidade familiar (parte da doutrina a conceitua por relações pessoais consubstanciadas pela *afetividade, estabilidade* e *ostentabilidade*). A alteração é de tal ordem que, com isso, a afetividade passa a integrar a própria estrutura da família contemporânea, posicionamento ao qual se adere.

Houve também uma alteração funcional, visto que se reduziram as funções econômicas, religiosas, procracionais e institucionais da família, passando a ser a viabilização da realização afetiva de cada um dos seus integrantes sua função principal na atualidade.

Essa nova realidade acabou por apresentar demandas imprevistas e cada vez mais complexas, para muitas das quais o direito de família não tinha previsão legislada. Tomem-se como exemplo as uniões estáveis (homo e heteroafetivas), os parentescos socioafetivos, os casos de multiparentalidade, inseminações artificiais (até mesmo *post mortem*), as famílias simultâneas, as famílias solidárias, entre diversos outros casos no mínimo instigantes a um ordenamento que não os regulava previamente.

Como é a sociedade quem perfila na frente do Direito, coube a este se adaptar às alterações dela, o que tornou perceptível a necessidade de revisão da noção clássica dos institutos de direito de família para que melhor correspondessem aos conflitos contemporâneos. O fato de a matriz jurídica brasileira estar enraizada em uma proposta moderna de estatuto jurídico (com forte prevalência da lei), somado aos resquícios da sua leitura positivista (apegada ao formalismo), acabou por dificultar essa tarefa.

O descompasso entre as relações sociais e os institutos jurídicos na sua concepção clássica acabou por distanciá-los gradativamente, o que resultou em uma clivagem que dificultava a necessária interlocução. O quadro de dissonâncias foi de tal ordem que chegou a ser denominado por muitos como um período de crise do próprio Direito (que se fez sentir intensamente no direito de família brasileiro).

Corroborado por diversos outros fatores (e em especial atenção às alterações e demandas relevantes da própria sociedade), o Direito foi objeto de várias transformações no decorrer do século passado. O *fenômeno da constitucionalização do Direito* foi significativo nesse processo. As constituições assumiram um novo e relevante papel, adquirindo força normativa própria e dispondo sobre diversas matérias. Imperou a percepção de que suas disposições conformam os demais os ramos (inclusive o direito civil e, consequentemente, o próprio direito de família).

O reconhecimento de eficácia direta aos direitos fundamentais nas relações interprivadas, também sinalizou um outro momento da teoria do Direito. Nessa questão, parece correta a argumentação que assevera que a busca deve ser sempre pela concretização dos *jusfundamentais*, até mesmo quando do envolvimento de particulares, o que indica para uma superação do debate travado entre os defensores das correntes da *eficácia direta* e os da *eficácia indireta*, com a busca constante pela materialização desses direitos, o que deve envolver a técnica que se mostrar necessária e adequada em cada caso concreto.

Vivenciou-se um momento de rediscussão sobre os métodos interpretativos do próprio Direito, com diversas propostas sobre a forma de sua realização. Reflexo disso o alargamento das formas de expressão admitidas,

CONCLUSÃO | **483**

que não se limitam à lei, que é apenas uma delas (embora efetivamente uma das mais relevantes). A *teoria dos princípios* também contribuiu com outras concepções sobre o conteúdo e papel dos princípios nessa nova roupagem que lhe foi conferida. Entre as diversas propostas hermenêuticas surgidas a *tópico-sistemática* parece apropriada a enfrentar o fluido quadro apresentado na atualidade. Com a adoção desses aportes, restou possível constatar que se tratava de um outro Direito, claramente em uma *perspectiva pós-positivista*.

O movimento de *repersonalização do direito civil* trouxe questionamentos e voltou a atenção para a tutela da pessoa concreta, com defesa da superação das noções abstratas de *sujeito de direito* e de *relação jurídica*. Outra corrente que indicou um necessário percurso metodológico foi a *doutrina do direito civil-constitucional*, ao sustentar a leitura dos institutos de direito civil sempre a partir da Constituição, eis que é ela quem figura no vértice do ordenamento.

A Constituição de 1988 impulsionou a doutrina brasileira a participar desses debates, permitindo a construção de um direito de família a partir dos princípios e das disposições constitucionais, lido na unidade axiológica do sistema. A "família constitucional", difundida desde então, refletiu esses postulados, restando mais próxima das relações concretas vivenciadas na sociedade.

Antes mesmo da edição da Constituição de 1988, parte da doutrina brasileira sustentava a distinção das figuras de genitor e pai, destacando a culturalidade da relação paterno/materno filial, que seria marcada muito mais pela afetividade do que meramente pelo biologicismo. Retomou-se, com vigor, o conceito de *posse de estado* (caracterizado pela presença de *nomen, tractatus, fama*). Reconhecia a doutrina, com isso, a afetividade que se mostrava imanente aos relacionamentos familiares – e que assumia um papel cada vez mais relevante.

A partir dessa percepção a afetividade se espraiou por todo o direito de família, com o reconhecimento de diversas situações precipuamente afetivas. As relações familiares passaram a ser caracterizadas pelo vetor da afetividade, que encontrava amplo acolhimento na sociedade. Restou possível perceber que a força dos fatos a impulsionou para o núcleo das relações familiares, o que exigiu que o Direito assimilasse – de algum modo – essas relevantes mutações.

As alterações no ordenamento brasileiro acompanharam, ainda que com atraso e a passos lentos, o movimento de transição paradigmática: na chamada família clássica imperava o paradigma da legitimidade (biológico/ matrimonial), já os relacionamentos familiares contemporâneos são regidos pelo paradigma da afetividade.

Como o Código de 1916 não previa espaço para valoração das relações afetivas, foi a partir da CF/1988 que restou possível sustentar o reconhecimento da afetividade no sistema jurídico brasileiro (de forma implícita). O Código de 2002 tratou pontualmente da afetividade, expressando isso em algumas disposições. As recentes alterações legislativas implementadas trouxeram a afetividade de forma expressa em vários dispositivos, indicando uma tendência de seu maior acolhimento.

Ampla construção jurisprudencial acabou por reconhecer a afetividade em variadas situações existenciais afetivas. Os tribunais superiores são uníssonos em considerar a afetividade na apreciação e acertamento de casos *jusfamiliares*. A importância desta contribuição é de tal ordem que é possível sustentar que o papel da jurisprudência foi vital para a consolidação da leitura jurídica da afetividade.

Por sua vez, a doutrina do direito de família vem tratando da afetividade de forma crescente, com sólida edificação teórica sobre o seu conteúdo e o seu substrato jurídico. A literatura jurídica brasileira é uma da mais avançadas no tratamento jurídico do tema, exercendo papel de vanguarda nesse particular.

O discurso que sustenta a valoração jurídica da afetividade não implica averiguar sentimentos, pois o Direito deverá se ater a fatos que possam indicar a presença ou não de uma manifestação afetiva, de modo que não procurará investigar a presença subjetiva do afeto anímico, mas sim se preocupará com fatos que elege como relevantes. A subjetividade da expressão e a existência de conceitos diversos sobre o mesmo termo não são óbices ao seu recorte jurídico, eis que isso foi constante em diversos outros institutos reconhecidos pelo Direito com certa tranquilidade.

Nesse sentido, parece possível sustentar que o Direito deve laborar com a afetividade e que sua atual consistência indica que se constitui em princípio no sistema jurídico brasileiro. A solidificação da afetividade nas relações sociais é forte indicativo de que a análise jurídica não pode restar alheia a esse relevante aspecto dos relacionamentos.

A afetividade é um dos princípios do direito de família brasileiro, implícito na Constituição, explícito e implícito no Código Civil e nas diversas outras regras do ordenamento. Oriundo da força construtiva dos fatos sociais, o princípio possui densidade legislativa, doutrinária e jurisprudencial que permite sua atual sustentação *de lege lata*.

Como verdadeiro *mandamento de otimização* o princípio da afetividade não possui um sentido rígido ou definitivo, pois será sempre apurado em uma situação concreta específica, embora seja possível pormenorizar seus contornos e aspectos centrais. Tanto as características das relações contemporâneas como as peculiaridades inerentes à própria afetividade indicam que resta melhor tutelada pela categoria de princípio jurídico.

CONCLUSÃO | **485**

Para uma melhor análise do conteúdo da afetividade, desde logo cabe alertar que se tratará sempre de um sentido eminentemente jurídico, ou seja, quando se falar dela sob o prisma do Direito, estar-se-á tratando dos contornos jurídicos conferidos à afetividade.

Outra distinção que merece destaque é a que há entre os fatos indicativos da presença da afetividade e o regramento jurídico da afetividade. Os fatos se desenvolvem no meio social (na experiência concreta) e a partir da incidência do princípio da afetividade (previsto no ordenamento jurídico) é que serão, portanto, reconhecidos pelo Direito.

O princípio da afetividade possui uma *dupla face* cuja compreensão auxilia na exata percepção do seu sentido. A primeira delas é a *face de dever jurídico*, voltada para as pessoas que possuam algum vínculo de *parentalidade* ou de *conjugalidade* (aqui incluídas não só as relações matrimoniais, mas todas as uniões estáveis de alguma forma reconhecidas pelo sistema). Essa face do princípio vincula tais pessoas a condutas recíprocas representativas da afetividade inerente a tal relação.

A segunda faceta do princípio é a *face geradora de vínculo familiar*, voltada para as pessoas que ainda não possuam um vínculo reconhecido pelo sistema (seja de *parentalidade*, seja de *conjugalidade*), pela qual a incidência do princípio da afetividade consubstanciará um vínculo familiar entre os envolvidos. Nessa particularidade, resta abarcada a noção da *posse de estado*. Ou seja, a presença de um dado conjunto fático fará incidir o princípio da afetividade de modo a configurar, a partir de então, um vínculo familiar decorrente daquela relação.

Obviamente que as duas faces do princípio não se confundem, mas também não se excluem, de modo que a partir de um reconhecimento de vínculo familiar decorrente da incidência da face *geradora de vínculos* do princípio automaticamente incidirá sua outra face, a *de dever jurídico*. Apesar de se relacionarem, constituem duas facetas distintas, com características e consequências próprias que devem ser observadas.

Outra particularidade do princípio da afetividade que merece destaque é que ele possui duas dimensões: uma objetiva e outra subjetiva. A *dimensão objetiva* envolve a presença de fatos tidos como representativos de uma expressão de afetividade, ou seja, fatos sociais que indiquem a presença de uma manifestação afetiva. A dimensão subjetiva trata do afeto anímico em si, do sentimento de afeto propriamente dito. Essa dimensão subjetiva do princípio certamente escapa ao Direito, de modo que é sempre presumida, sendo que constatada a *dimensão objetiva* da afetividade restará desde logo presumida a presença da sua *dimensão subjetiva*. Dito de outro modo, é possível designá-lo como *princípio da afetividade jurídica objetiva*, o que ressalta o aspecto fático que é objeto da apreensão jurídica.

A *objetivação do princípio da afetividade* torna claro que sua leitura jurídica não se imiscuirá no sentimento das pessoas ou em searas que são estranhas ao Direito. A presença da afetividade será apurada a partir da análise de atos/fatos concretos – tal como se dá com diversos outros institutos de acepção igualmente subjetiva.

O substrato do princípio não é exaustivo, haja vista caber à doutrina e à jurisprudência a fixação desses contornos, sendo que não é possível dizer que esta seja uma tarefa concluída. Ainda assim, é possível vislumbrar que a afetividade jurídica envolve atos de cuidado, de subsistência, de carinho, de educação, de suporte psíquico e emocional, de entreajuda, de comunhão de vida, entre outros. Apenas em uma dada situação fática se poderá apurar a presença ou não da afetividade, de modo que tais características podem variar de acordo com cada *fattispecie*.

A apuração da afetividade se dará pela verificação da presença de *fatos signo-presuntivos* desta manifestação afetiva, de modo que, ante a constatação de determinados fatos (dimensão objetiva), estes significarão desde logo a presença da afetividade, restando presumida então a sua dimensão subjetiva (presunção *iuris tantum*). A percepção da possibilidade de apuração da afetividade pela análise de *fatos signo-presuntivos* pode permitir uma maior eficácia ao princípio, superando dificuldades que poderiam se apresentar na sua verificação concreta.

Há que se destacar, ainda, que tal conjunto fático indicativo da afetividade deverá estar corroborado pela presença dos elementos da estabilidade e da ostentabilidade, de modo que apenas a presença concomitante desses elementos poderá indicar a constatação dessa *afetividade familiar* geradora de efeitos jurídicos (o que permitirá afastar casos de manifestações afetivas eventuais ou fugazes, que não mereçam tal configuração).

Não se pode olvidar que o reconhecimento jurídico da afetividade deve se dar com equilíbrio e razoabilidade, em conformidade com os demais elementos do sistema jurídico, sempre de modo a evitar excessos. Uma correta fundamentação do que se entende por afetividade, bem como o esclarecimento de quais elementos foram considerados para sua averiguação em dado caso concreto auxiliam nessa tarefa.

Essas elucidações parecem contribuir para uma escorreita assimilação do princípio jurídico da afetividade no atual direito de família brasileiro, haja vista para muitas das situações existenciais afetivas que se apresentam a legislação não trazer respostas aprioríisticas ou bem definidas (por exemplo, os casos de multiparentalidade). A presença da afetividade no sistema, ao lado dos demais institutos e princípios de direito de família, poderá facilitar as diversas outras construções teórico-práticas que ainda terão de ser enfrentadas. Prova disso, a reiterada remissão à afetividade nas relevantes decisões dos nossos tribunais superiores sobre temas familiares e sucessórios.

Certamente que não se vislumbra a apuração do sentido do princípio da afetividade como finita, visto que é possível avançar na tarefa de tradução do seu significado. Ainda assim, parece que o afastamento dos obstáculos que lhe eram postos pode auxiliar na exortação por uma maior dedicação na busca pelos atuais contornos jurídicos da afetividade.

No balanço entre os limites e as possibilidades advindos da leitura principiológica da afetividade, é possível afirmar que suas projeções jurídicas podem contribuir para um renovado porvir do direito de família brasileiro, como objeto de construção e reconstrução constante. É o que se espera.

Afinal, não é sem motivo que a sociedade está a dizer que "o afeto é revolucionário"[1].

---

[1] Frase de autoria desconhecida.

POSFÁCIO

Sobre afeto, afetividade e amizade

Sob o manto aconchegante do princípio da afetividade têm-se congregado as mais importantes inovações experimentadas pelo Direito de Família brasileiro nos últimos anos. Examinando diferentes aspectos das relações familiares, nossa doutrina e jurisprudência têm invocado com frequência cada vez maior o afeto, ora referido como "novo princípio", ora como "novo valor", ora mesmo como "novo paradigma" do Direito de Família. Convertido em categoria jurídica, o afeto permitiria uma visão mais humana e solidária das relações familiares, atendendo às expectativas de concretização dos valores constitucionais nesse específico campo do Direito Civil. Por outro lado, contudo, a conversão do afeto em dado jurídico pode lançar o Direito de Família em um oceano de subjetivismo e imprevisibilidade. Isso porque, como sentimento íntimo e inacessível, a rigor, à aferição jurídica, o afeto pode acabar sendo empregado para mascarar com belas cores um quadro cinzento de casuísmo e arbitrariedade judicial. Tal receio repercute, em última análise, sobre o próprio conceito de família, pois se é certo, por um lado, que o afeto é esperado nas relações familiares, também é certo, por outro, que a ausência de afeto não pode servir de escusa para a falta de proteção jurídica àqueles que integram a relação familiar.

Esse dilema científico do afeto é bem enfrentado pela obra de Ricardo Lucas Calderón, a qual consiste não apenas no livro pioneiro sobre o tema da afetividade no Brasil, mas exprime também a preocupação constante do seu autor em atribuir ao princípio da afetividade um papel técnico, dogmaticamente sustentável, que não mantenha a noção no campo dos discursos poéticos, numa espécie de arcadismo jurídico que anda tão em moda no estudo do Direito de Família no Brasil. Calderón traça, por exemplo, importante distinção entre amor, afeto, afetividade e socioafetividade, destacando que, enquanto os dois primeiros conceitos são "inapreensíveis" pela ciência jurídica, os dois últimos, com suas devidas distinções, expressam-se como exteriorização de um sentimento presumido perante o meio social, assumindo relevância não como sentimento em si, mas sim como comportamento social captável pelas estruturas típicas do Direito. Por meio dessas e outras passagens, o autor demonstra rigoroso espírito científico, resistindo à tentação de fazer valer em campo doutrinário seu conhecido talento advocatício: embora defensor aguerrido do princípio da afetividade, Calderón não se exime de denunciar as hipóteses de exagero e erro na sua aplicação.

Esta edição da sua obra tem ainda maior utilidade para o leitor. Além da reestruturação dos tópicos da edição original, que facilita a compreensão objetiva do tema, há o valioso capítulo IV, dedicado às "projeções da afetividade no direito de família", em que Calderón trata de questões que estão na ordem do dia, como *alienação parental, abandono afetivo, poliafetividade, maternidade socioafetiva, usucapião familiar* e, ainda, *multiparentalidade* – temática do âmbito no qual o autor atuou como inspirado representante do IBDFam perante o Supremo Tribunal Federal, obtendo vitória que consistiu em verdadeiro divisor de águas nesse campo no Brasil.

O livro oferece, em conclusão, um recompensador passeio por aquilo que há de mais atual no Direito de Família brasileiro. A afetividade, que Ricardo Calderón consagra já no título da sua obra, faz-se presente em cada linha, não apenas na substância da sua tese, mas também na linguagem e no estilo por meio do qual cativa o seu leitor – fruto da melhor tradição da "terra das araucárias" e da Escola de Direito Civil da Universidade Federal do Paraná. Quem conhece o autor sabe, ademais, que, longe de um empreendimento puramente teórico, sua dedicação à afetividade – e, aqui sim, também aos afetos e amizades – não conhece fronteiras, nem obstáculos. A edição, revista e alterada, deste livro consagra-o não apenas como um dos juristas mais sensíveis da sua geração acadêmica, mas também como um professor adorado por seus alunos e um advogado habilidoso na construção dos consensos. Ao leitor, transmito a segurança e a certeza de que terminará a leitura da obra de Ricardo Calderón sentindo-se um aliado na sua causa, senão um de seus melhores amigos.

Anderson Schreiber
Professor Titular de Direito Civil da UERJ

REFERÊNCIAS

AGUIAR JUNIOR, Ruy Rosado. A boa-fé na relação de consumo. **Revista de Direito do Consumidor**, São Paulo, v. 14, abr./jun. 1995.

AGUILAR, José Manuel. **Síndrome de alienação parental**. Casal de Cambra: Caleidoscópio, 2008.

ALBUQUERQUE JUNIOR, Roberto Paulino de. Ensaio introdutório sobre a teoria da responsabilidade civil familiar. In: EHRHARDT JR., Marcos; OLIVEIRA, Catarina Almeida de (coord.). **Famílias no direito contemporâneo**. Recife: Podivm, 2010. p. 397-430.

ALBUQUERQUE, Fabíola Santos. Incidência dos princípios constitucionais do direito de família. In: DIAS, Maria Berenice (org.). **Direito das famílias**: contributo do IBDFam em homenagem a Rodrigo da Cunha Pereira. São Paulo: Revista dos Tribunais, 2009.

ALBUQUERQUE, Fabíola Santos. Os princípios constitucionais e sua aplicação nas relações jurídicas de família. In: ALBUQUERQUE, Fabíola Santos; EHRHARDT JR., Marcos; OLIVEIRA, Catarina Almeida de (coord.). **Famílias no direito contemporâneo**. Recife: Podivm, 2010.

ALEXY, Robert. **Teoria dos direitos fundamentais**. Trad. Virgílio Afonso da Silva. São Paulo: Malheiros, 2008.

ALVES, Jones Figueiredo. O prolongamento da existência por meio de testamentos familiares. **RECivil**, 1º ago. 2016. Disponível em: https://recivil.com.br/o-prolongamento-da-existencia-por-meio-de-testamentos-familiares/. Acesso em: 23 abr. 2023.

ALVES, Leonardo Barreto Moreira. **Direito de família mínimo:** a possibilidade de aplicação da autonomia privada no direito de família. Rio de Janeiro: Lumen Juris, 2010.

AMARAL, Francisco. O direito civil na pós-modernidade. In: NAVES, Bruno Torquato de Oliveira et al. (coord.). **Direito Civil**: atualidades. Belo Horizonte: Del Rey, 2003.

AMARAL, Francisco. Uma carta de princípios para um direito como ordem prática. In: TEPEDINO, Gustavo; FACHIN, Luiz Edson (coord.). **O direito e o tempo**: embates jurídicos e utopias contemporâneas. Rio de Janeiro: Renovar, 2008.

ANDRADE, Renata Cristina Othon Lacerda de. Aplicabilidade do princípio da afetividade às relações paterno-filiais: a difícil escolha entre os laços de sangue e o afeto sem vínculos. In: ALBUQUERQUE, Fabíola Santos; EHRHARDT JR., Marcos; OLIVEIRA, Catarina Almeida de (coords). **Famílias no direito contemporâneo**. Recife: Podivm, 2010.

AQUINO, Wilson. Herança preciosa. **Istoé**, 21 set. 2012 Disponível em: http://istoe.com.br/239613_HERANCA+PRECIOSA/. Acesso em: 28 abr. 2023.

ARAÚJO, Glauco. Justiça autoriza professora a usar sêmen de marido morto no Paraná. **G1,** 27 maio 2010. Disponível em: http://g1.globo.com/brasil/noticia/2010/05/justica-autoriza-professora-usar-semen-de-marido-morto-no-parana.html. Acesso em: 3 maio 2023.

ARIÈS, Philippe. **História social da criança e da família.** Trad. Dora Flaksman. 2. ed. Rio de Janeiro: LTC, 1981.

ARONNE, Ricardo. A usucapião por abandono familiar e o cinismo: ligeiro ensaio cínico de longo título sobre o que não é, mesmo que digam ser o que jamais será. **Constituição, Economia e Desenvolvimento: Revista da Academia Brasileira de Direito Constitucional.** Curitiba, v. 7, n. 12, p. 183-195, jan.-jun. 2015. Disponível em: http://www.abdconst.com.br/revista13/usucapiaoRicardo.pdf. Acesso em: 26 abr. 2023.

ASSIS, Marli Martins de. A Distorção Teórica dos Elementos Subjetivos nas Decisões Judiciais. **Revista Brasileira de Direito das Famílias e Sucessões**, Porto Alegre, Magister; Belo Horizonte, IBDFam, v. 21, abr./maio 2011.

ÁVILA, Humberto. **Teoria dos princípios**: da definição à aplicação da teoria dos princípios. 8. ed. São Paulo: Malheiros, 2008.

AYUSO, Rocío. Sofía Vergara ganha a batalha por embriões. **El País,** 1º set. 2017. Disponível em: https://www.google.com.br/amp/s/brasil.elpais.com/brasil/2017/08/31/estilo/1504166604_013559.amp.html. Acesso em: 3 maio 2023.

AZAMBUJA, Maria Regina Fay de. A adoção sob a perspectiva da proteção integral. In: ZIMERMAN, David; COLTRO, Antônio Carlos Mathias (org.). **Aspectos psicológicos na prática jurídica.** 3. ed. Campinas: Millenium, 2010.

AZEVEDO, Álvaro Villaça. **Curso de Direito Civil**: Direito de família. São Paulo: Atlas, 2013.

BARBOSA, Águida Arruda. Guarda Compartilhada e Mediação Familiar: uma parceria necessária. **Revista Nacional de Direito de Famílias e Sucessões,** Porto Alegre: Magister, v. 1, p. 20-36, jul./ago. 2014.

BARBOSA, Águida Arruda. Por que estatuto das famílias? In: DIAS, Maria Berenice (org.). **Direito das Famílias**: Contributo do IBDFam em Homenagem a Rodrigo da Cunha Pereira. São Paulo: Revista dos Tribunais, 2009.

BARBOZA, Heloisa Helena. Entrevista. **Informativo IBDFam**, n. 74, p. 3-4, maio/jun. 2012.

BARBOZA, Heloisa Helena. Efeitos jurídicos do parentesco socioafetivo. **Revista Brasileira de Direito das Famílias e Sucessões.** Porto Alegre, Magister; Belo Horizonte: IBDFam, v. 9, abr./maio 2009.

BARBOZA, Heloisa Helena. Paternidade responsável: o cuidado como dever jurídico. In: PEREIRA, Tânia da Silva (coord.). **Cuidado e responsabilidade**. São Paulo: Atlas, 2011.

BARBOZA, Heloisa Helena. Perfil jurídico do cuidado e da afetividade nas relações familiares. In: PEREIRA, Tânia da Silva; OLIVEIRA, Guilherme; COLTRO, Antonio Carlos Mathias (org.). **Cuidado e afetividade:** projeto Brasil/Portugal – 2016-2017.** São Paulo: Atlas, 2017.

BARCELLONA, Pietro. **Diritto privato e società moderna.** Napoli: Jovene Editore, 1996.

BARCELLOS, Ana Paula de. Ponderação, racionalidade e atividade jurisdicional. In: BARROSO, Luís Roberto (org.). **A reconstrução democrática do direito público no Brasil.** Rio de Janeiro: Renovar, 2007.

BARCELLOS, Ana Paula de; BARROSO, Luís Roberto. O começo da História. A nova interpretação constitucional e o papel dos princípios no direito brasileiro. In: BARROSO, Luís Roberto (org.). **A nova interpretação constitucional**: ponderação, direitos fundamentais e relações privadas. 2. ed., rev. e atual. Rio de Janeiro: Renovar, 2006.

BARROSO, Lucas Abreu; FROTA, Pablo Malheiros da Cunha. **Revista Trimestral de Direito Civil**, v. 43, p. 99-114, jul./set. 2010.

BARROSO, Luís Roberto. **Curso de direito constitucional contemporâneo**: os conceitos fundamentais e a construção do novo modelo. São Paulo: Saraiva, 2009.

BARROSO, Luís Roberto. Entrevista [dignidade da pessoa humana]. **Gazeta do Povo**, Curitiba, 04 nov. 2011. Disponível em: https://www.gazetadopovo.com.br/vida-e-cidadania/o-conceito-da-dignidade-humana--e-um-dos-mais-ambiguos-no-direito-akhog52a87agn94tzhvlgr1am/.

BAUMAN, Zygmunt. **Amor líquido**: sobre a fragilidade dos laços humanos. Trad. Carlos Alberto Medeiros. Rio de Janeiro: Zahar, 2004.

BAUMAN, Zygmunt. **Legisladores e intérpretes**: sobre modernidade, pós-modernidade e intelectuais. Trad. Renato Aguiar. Rio de Janeiro: Zahar, 2010.

BAUMAN, Zygmunt. **Legislators and interpreters**. On Modernity, Postmodernity and Intelectuals. Cambridge: Polity Press, 1987.

BAUMAN, Zygmunt. **Modernidade líquida**. Trad. Plínio Dentzien. Rio de Janeiro: Zahar, 2001.

BAUMAN, Zygmunt. **O mal-estar da pós-modernidade.** Trad. Mauro Gama e Cláudia Martinelli Gama. Rio de Janeiro: Zahar, 1998.

BECK, Ulrich. **Sociedade de risco**: rumo a uma outra modernidade. Trad. Sebastião Nascimento. São Paulo: Editora 34, 2010.

BEVILÁQUA. Clóvis. **Código Civil dos Estados Unidos do Brasil comentado**. Rio de Janeiro: Editora Rio, 1940. v. I – Edição Histórica.

BEZERRA, Elton. **Caso H. Stern expõe conflito de jurisprudências. Conjur**, 19 set. 2012. Disponível em: http://www.conjur.com.br/2012-set-19/disputa-heranca-stern-expoe-conflito-jurisprudencias. Acesso em: 26 abr. 2023.

BIRCHAL, Alice de Souza. Novos paradigmas jurídicos da filiação e da adoção: a afetividade como perfil da Lei nº 12.010, de 03 de agosto de 2009. In: EHRHARDT JÚNIOR, Marcos; ALVES, Leonardo Barreto Moreira (coords.). **Leituras complementares**: direitos das famílias. Salvador: Podivm, 2010.

BÍSCARO, Beatriz R. Daños derivados de la falta de reconocimiento del Hijo. In: GHERSI, Carlos (coord.). **Derecho de Daños**: economía, mercado, derechos personalísimos. Buenos Aires: Abeledo-Perrot, 1999. p. 435-442.

BITTAR, Eduardo C. B. Razão e afeto, justiça e direito humanos: dois paralelos cruzados para a mudança paradigmática. Reflexões frankfurtianas e a revolução pelo afeto. **Revista Mestrado em Direito**, Unifeo – Centro Universitário FIEO, Osasco, Edifieo, ano 8, n. 1, p. 99-128, 2008.

BOBBIO, Norberto. **Teoria geral do direito**. Trad. Denise Agostinetti. São Paulo: Martins Fontes, 2008.

REFERÊNCIAS | **495**

BODIN, Jean. **Os seis livros da República**: Livro Primeiro. Trad. José Carlos Orsi Morel. São Paulo: Ícone, 2011.

BOFF, Leonardo. **Saber cuidar**. 18. ed. Petrópolis: Vozes, 2012.

BONAVIDES, Paulo. **Curso de direito constitucional**. 25. ed., atual. São Paulo: Malheiros, 2010.

BRASIL. Resolução CFM nº 1.957/2010, do Conselho Federal de Medicina, 06 jan. 2011. **Diário Oficial da União,** Brasília, DF, 15 dez. 2010. Disponível em: https://sistemas.cfm.org.br/normas/visualizar/resolucoes/BR/2010/1957. Acesso em: 3 maio 2023.

CAHALI, Francisco José; HIRONAKA, Giselda. M. F. N. **Direito das sucessões**. 4. ed. rev. atual. e ampl. São Paulo: Revista dos Tribunais, 2012.

CALDERÓN, Ricardo Lucas. Afetividade. Verbete. In: LAGRASTA NETO, Caetano; SIMÃO, José Fernando (coord.) **Dicionário de Direito de Família.** v. 1 (A-H). São Paulo: Atlas, 2015. p. 39-45.

CALDERÓN, Ricardo Lucas. A socioafetividade nas relações de parentalidade: estado da arte nos tribunais superiores. **Revista Brasileira de Direito das Famílias e Sucessões**. v. 36 (out./nov. 2013). Porto Alegre: Magister; Belo Horizonte: IBDFam, 2007. p. 37-62.

CALDERÓN, Ricardo Lucas. Abandono afetivo: reflexões a partir do entendimento do Superior Tribunal de Justiça. In: RUZYK, Carlos Eduardo Pianovski. et al. (orgs.). **A ressignificação da função dos institutos fundamentais do Direito Civil contemporâneo e suas consequências**. Florianópolis: Conceito Editorial, 2014. p. 545-564.

CALDERÓN, Ricardo Lucas. Afetividade e cuidado sob as lentes do Direito. In: PEREIRA, Tânia da Silva; OLIVEIRA, Guilherme; COLTRO, Antonio Carlos Mathias (org.). **Cuidado e afetividade:** projeto Brasil/Portugal – 2016-2017. São Paulo: Atlas, 2017. p. 511-526.

CALDERÓN, Ricardo Lucas. Número de embriões congelados no Brasil mais que dobrou em cinco anos [entrevista]. **O Globo**. Rio de Janeiro 4 ago. 2019. Disponível em: https://oglobo.globo.com/sociedade/numero-de-embrioes-congelados-no-brasil-mais-do-que-dobrou-em-cinco-anos-23853239. Acesso em: 27 abr. 2023.

CALDERÓN, Ricardo Lucas. Direitos fundamentais e relações interprivadas: reflexos no direito de família contemporâneo. In: CONGRESSO NACIONAL DE PESQUISA E PÓS-GRADUAÇÃO EM DIREITO, 19., 2010, Florianópolis. **Anais** [...]. Florianópolis: Conpedi, 2010.

CALDERÓN, Ricardo Lucas. Famílias: afetividade e contemporaneidade – para além dos Códigos. In: TEPEDINO, Gustavo; FACHIN, Luiz Edson (org.). **Pensamento crítico do direito civil brasileiro**. Curitiba: Juruá, 2011. p. 265-281.

CALDERÓN, Ricardo Lucas. Filiação no direito de família brasileiro: ressignificação a partir da posse de estado e da socioafetividade. In: EHRHARDT JUNIOR, Marcos; CORTIANO JUNIOR, Eroulths (coord.). **Transformações no direito privado nos 30 anos da Constituição**: estudos em homenagem a Luiz Edson Fachin. Belo Horizonte: Fórum, 2019.

CALDERÓN, Ricardo Lucas. Maternidade socioafetiva: possibilidade jurídica reconhecida pelo Superior Tribunal de Justiça. **Revista IBDFam: Famílias e Sucessões**. Belo Horizonte, v. 15, p. 157-176, maio/jun. 2016.

CALDERÓN, Ricardo Lucas. Socioafetividade na filiação: análise da decisão proferida pelo STJ no REsp 1.613.641/MG. **Revista Brasileira de Direito Civil – RBDCivil**, Belo Horizonte, v. 13, p. 141-154, jul./set. 2017.

CALDERÓN, Ricardo Lucas. CAMACHO, Michele. Reprodução assistida no Brasil: Descompasso entre o Barulho da Medicina e o Silêncio do Direito. In: RIBEIRO, Priscilla Cristiane; TICIANELLI, Maria Fernanda Figueira Rossi (coord.). **Direito de família em cases**: o conflito pelas lentes de seus advogados. Curitiba: Juruá, 2020.

CALDERÓN, Ricardo Lucas. CAMACHO, Michele. Multiparentalidade e adoção: limites e possibilidades – análise do REsp 1.607.756 do Superior Tribunal de Justiça. **Revista Nacional de Direito das Famílias e Sucessões**, v. 28, jan./fev 2019. Porto Alegre: Lex Magister; Belo Horizonte: IBDFam, p. 130-142, 2014.

CALDERÓN, Ricardo Lucas; IWASAKI, Michele Mayumi. Usucapião familiar: quem nos salva da bondade dos bons? **Revista do Instituto Brasileiro de Direito Civil**, v. 3, Rio de Janeiro: IBDCivil, p. 28-56, jan./mar. 2015.

CALDERÓN, Ricardo Lucas; NETO LAGRASTA, Caetano (coord.). **Dicionário de direito de família**. A-H. v. 1. São Paulo: Atlas, 2015.

CALDERÓN, Ricardo Lucas; MALHEIROS, Pablo; TOAZZA, Gabriele. Filiação Socioafetiva: repercussões a partir do provimento 63 do CNJ. In: CYSNE, Renata Nepomuceno (coord.). **Intervenção Estatal e comunitária nas famílias**: limites e possibilidades. Brasília: Trampolim, 2019.

CAMACHO, Michele Vieira. **Multiparentalidade e seus efeitos sucessórios.** Dissertação (Mestrado em Direito) – Faculdade de Direito, Universidade de São Paulo, São Paulo, 2018.

CAMPOS, Diogo Leite de. A nova família. In: TEIXEIRA, Sálvio de Figueiredo (coord.). **Direitos de família e do menor**: inovações e tendências – doutrina e jurisprudência. 3. ed., rev. e ampl. Belo Horizonte: Del Rey, 1993.

CANOTILHO, José Joaquim Gomes. Princípios: entre a sabedoria e a aprendizagem. **Boletim da Faculdade de Direito da Universidade de Coimbra**, v. LXXXII. Coimbra: Coimbra, 2006.

CARBONERA, Silvana Maria. **Guarda de filhos na família constitucionalizada**. Porto Alegre: Sergio Antonio Fabris, 2000.

CARBONERA, Silvana Maria. O papel jurídico do afeto nas relações de família. In: FACHIN, Luiz Edson (coord.). **Repensando os fundamentos do direito civil contemporâneo**. Rio de Janeiro: Renovar, 1998.

CARBONERA, Silvana Maria. **Reserva da Intimidade** – uma possível tutela da dignidade no espaço relacional da conjugalidade. Rio de Janeiro: Renovar, 2008.

CARBONNIER, Jean. **Flessibile Diritto**: per uma sociologia del diritto senza rigore. Milano: Giuffrè, 1997.

CARDOSO, Simone Tassinari. Notas sobre parentalidade socioafetiva. In: CONGRESSO BRASILEIRO DE DIREITO CIVIL, 2., Curitiba, 2014. **Anais [...]**. Curitiba: IBDCivil, 2014.

CARVALHO, Dimas Messias de. **Direito das famílias.** 4. ed. rev. atual. ampl. São Paulo: Saraiva, 2015.

CARVALHO, Luiz Paulo Vieira de. **Direito das sucessões.** 3. ed. rev. atual. ampl. São Paulo: Atlas, 2017.

CARVALHO, Paulo de Barros. **Direito tributário, linguagem e método.** 2. ed. São Paulo: Noeses, 2008.

CASABONA, Marcial Barreto. Responsabilidade Civil no Direito de Família. In: NERY, Rosa Maria de Andrade; DONNINI, Rogério (coord.). **Responsabilidade Civil**: estudos em homenagem ao professor Rui Geraldo Camargo Viana. São Paulo: Revista dos Tribunais, 2009. p. 350-368.

CASSETTARI, Christiano. Multiparentalidade e parentalidade socioafetiva: efeitos jurídicos. **Revista Brasileira de Direito das Famílias e Sucessões**, Porto Alegre, Magister; Belo Horizonte, IBDFam, v. 34, jun./jul. 2013.

CASSETTARI, Christiano. **Multiparentalidade e parentalidade socioafetiva**. 3. ed. rev. atual. e ampl. São Paulo: Atlas, 2017.

CASTRO, Carlos Roberto Siqueira. Dignidade da pessoa humana: o princípio dos princípios constitucionais. In: SARMENTO, Daniel; GALDINO, Flávio (org.). **Direitos Fundamentais**: estudos em homenagem ao professor Ricardo Lobo Torres. Rio de Janeiro: Renovar, 2006.

CATALAN, Marcos Jorge. **A morte da culpa na responsabilidade contratual.** Tese. (Doutorado em Direito) – Programa de Pós-Graduação em Direito da Faculdade de Direito da Universidade de São Paulo, São Paulo, 2011.

CATALAN, Marcos Jorge. Um ensaio sobre a multiparentalidade: explorando no ontem pegadas que levarão ao amanhã. **Revista da Faculdade de Direito UFPR.** v. 55, p. 146-163, 2012. Disponível em: http://revistas. ufpr.br/direito/article/view/31491/20093. Acesso em: 17 abr. 2023.

CAVALIERI FILHO, Sergio. **Programa de responsabilidade civil.** 8. ed., rev. e ampl. São Paulo: Atlas, 2008.

CHALHUB, Melhim Namem. **Direitos reais.** 2. ed. rev. atual. e ampl. São Paulo: Saraiva, 2014.

CHAVES, Antônio. **Adoção, adoção simples e adoção plena.** 3. ed. rev. e ampl. São Paulo: Revista dos Tribunais, 1983.

CHAVES, Marianna. **Homoafetividade e Direito** – proteção constitucional, uniões, casamento e parentalidade. 3. ed. Curitiba: Juruá, 2015.

COELHO, Fábio Ulhoa. **Curso de Direito Civil:** família, sucessões. 4. ed., rev. e atual. São Paulo: Saraiva, 2011. v. 5.

COLTRO, Antônio Carlos Mathias. O fundamento constitucional da filiação socioafetiva. **Revista do Advogado**, São Paulo, AASP, n. 117, out. 2012.

COMMAILLE, Jacques. Direito e Costumes ou o surgimento de um modelo de ilegitimidade recíproca. In: BARRETO, Vicente (org.). **A nova família:** problemas e perspectivas. Rio de Janeiro: Renovar, 2007.

CONSELHO NACIONAL DE JUSTIÇA. Corregedoria analisa regulamentação do registro de uniões poliafetivas. 3 maio 2016. Disponível em: https://www.cnj.jus.br/corregedoria-analisa-regulamentacao-do-regis-tro-de-unioes-poliafetivas/. Acesso em: 17 abr. 2023.

CONSELHO NACIONAL DE JUSTIÇA. Pedido de Providências nº 0002653-77.2015.2.00.0000. **Requerente: Instituto Brasileiro de Direito de Família.** Disponível em: http://ibdfam.org.br/assets/img/upload/files/ Decisao%20socioafetividade.pdf. Acesso em: 27 abr. 2023.

CONSELHO NACIONAL DE JUSTIÇA. Cartórios são proibidos de fazer escrituras públicas de relações poliafetivas. 26 jun. 2018. Disponível em: https://www.cnj.jus.br/cartorios-sao-proibidos-de-fazer-escrituras-pu-blicas-de-relacoes-poliafetivas/. Acesso em: 4 maio 2023.

CORTIANO JUNIOR, Eroulths. **O discurso jurídico da propriedade e suas rupturas.** Rio de Janeiro: Renovar, 2002.

CORTIANO JUNIOR, Eroulths. Prefácio. In: ALTHEIM, Roberto. **Direito de danos**: pressupostos contemporâneos do dever de indenizar. Curitiba: Juruá, 2010.

CORTIANO JUNIOR, Eroulths; RAMOS, André Luiz Arnt. Liberdade de testar *versus* sucessão forçada: anotações preliminares sobre o direito sucessório brasileiro. **Revista de Estudos Jurídicos e Sociais. Cascavel,** n. 4, p. 41-74, maio 2015.

COSTA, Jurandir Freire. Entrevista. **Boletim IBDFam**, n. 73, p. 3-4, mar./ abr. 2012.

COULANGES, Fustel de. **A Cidade Antiga.** Trad. Heloisa da Graça Burati. São Paulo: Rideel, 2005.

DALLEGRAVE NETO, José Affonso. **Responsabilidade Civil no Direito do Trabalho**. 3. ed. São Paulo: LTr, 2008.

DE PLÁCIDO E SILVA, Oscar Joseph. **Vocabulário Jurídico**. Atual. Nagib Slaibi Filho e Gláucia Carvalho. 23. ed. Rio de Janeiro: Forense, 2003.

DENNINGER, Erhard. "Segurança, diversidade e solidariedade" ao invés de "liberdade, igualdade e fraternidade". **Revista Brasileira de Estudos Políticos**, Belo Horizonte, n. 88, dez. 2003.

DESCARTES, René. **Discurso do Método**. Trad. Paulo Neves. Porto Alegre: L&M, 2010.

DIÁRIO CATARINENSE, edição digital do dia 22/09/2016.

DIAS, José de Aguiar de. **Da responsabilidade civil**. 12. ed. rev., atual. e aum. por Rui Berford Dias. Rio de Janeiro: Lumen Juris, 2011.

DIAS, Maria Berenice. **Filhos do afeto: questões jurídicas.** 2. ed. São Paulo: Revista dos Tribunais, 2017.

DIAS, Maria Berenice. **Manual de direito das famílias**. 4. ed. rev., atual. e ampl. São Paulo: Revista dos Tribunais, 2007.

DIAS, Maria Berenice. **Manual de direito das famílias**. 11. ed. rev. atual. ampl. São Paulo: Revista dos Tribunais, 2016.

DIAS, Maria Berenice. Novo conceito de compartilhamento: igualdade parental. **Revista IBDFam: Famílias e Sucessões**, v. 7, p. 11-22, Belo Horizonte: IBDFam, jan./fev. 2015.

DIAS, Maria Berenice. O estatuto da ética. **IBDFam**, 22 dez. 2010. Disponível em: https://ibdfam.org.br/artigos/698/O+Estatuto+da+%C3%A9tica. Acesso em: 14 abr. 2023.

DIAS, Maria Berenice. Proibição das famílias multiparentais só prejudica os filhos. **Conjur**, 1º maio 2016. Disponível em: http://www.conjur.com.

br/2016-mai-01/processo-familiar-proibicao-multiparentalidade-prejudica-filhos. Acesso em: 14 abr. 2023.

DIAS, Maria Berenice. **União homoafetiva**: o preconceito & justiça. 4. ed. rev., atual. e ampl. São Paulo: Revista dos Tribunais, 2009.

DINIZ, Maria Helena. **Curso de direito civil brasileiro**. 26. ed. São Paulo: Saraiva, 2011. v. 5: Direito de família.

DINIZ, Maria Helena. **Lei de Introdução ao Código Civil Brasileiro interpretada**. 16. ed. rev. e atual. São Paulo: Saraiva, 2011.

DOWD, Nancy E. *Multiple Parents/Multiple Fathers*. **UF Law Scholarship Repository**, Flórida, v. 9, n. 231, p. 231-263, 2007.

DUSSEL, Enrique. Ética da **libertação**: na idade da globalização e da exclusão. Trad. Ephraim Ferreira Alves, Jaime A. Clasen e Lúcia M. E. Orth. 3. ed. Petrópolis: Vozes, 2007.

DUSSEL, Enrique. Europa, Modernidad y Eurocentrismo. In: LANDER, Edgardo (org.). **A colonialidade do saber.** Eurocentrismo e Ciências Sociais. Perspectivas Latino-americanas. São Paulo: Clacso, 2005.

DWORKIN, Ronald. **Levando os direitos a sério**. Trad. Nelson Boeira. São Paulo: Martins Fontes, 2002.

DWORKIN, Ronald. **O império do direito**. 2. ed. Trad. Jefferson Luiz Camargo. São Paulo: Martins Fontes, 2007.

ECHEVESTI, Carlos; GÓMEZ, Hernán; ARES, Valentina. **Derecho de daños**. Buenos Aires: Scotti, 2000.

ELIAS, Norbert. **O processo civilizador**. Trad. da versão inglesa Ruy Jungmann. Rio de Janeiro: Jorge Zahar, 1993. v. 2.

ENGELS, Friedrich. **A origem da família, da propriedade privada e do Estado.** Trad. Ruth M. Klaus. São Paulo: Centauro, 2002.

EHRHARDT JR., Marcos. Responsabilidade civil no direito das famílias: vicissitudes do direito contemporâneo e o paradoxo entre o dinheiro e o afeto. In: ALBUQUERQUE, Fabíola Santos; EHRHARDT JR., Marcos; OLIVEIRA, Catarina Almeida de. **Famílias no direito contemporâneo.** Salvador: JusPodivm, 2010.

ESPÍNDOLA, Ruy Samuel. **Conceito de princípios constitucionais**: elementos teóricos para uma formulação dogmática constitucionalmente adequada. 2. ed. rev., atual. e ampl. São Paulo: Revista dos Tribunais, 2002.

ESPÍNOLA, Eduardo. **A família no direito civil brasileiro.** Rio de Janeiro: Gazeta Judiciária, 1954.

FACHIN, Luiz Edson. A construção do direito privado contemporâneo na experiência crítico-doutrinária brasileira. In: TEPEDINO, Gustavo (org.).

Anais do Congresso Internacional de Direito Civil-Constitucional da Cidade do Rio de Janeiro. São Paulo: Atlas, 2008.

FACHIN, Luiz Edson. **As intermitências da vida:** o nascimento dos não--filhos à luz do Código Civil Brasileiro. Rio de Janeiro: Forense, 2007.

FACHIN, Luiz Edson. **Comentários ao novo Código Civil**. Rio de Janeiro: Forense, 2003. v. XVIII: Do direito de família, do direito pessoal, das relações de parentesco.

FACHIN, Luiz Edson. **Comentários ao Código Civil. Direito das coisas**. (art. 1277 a 1368). AZEVEDO, Antonio Junqueira de (coord.). São Paulo: Saraiva, 2003.

FACHIN, Luiz Edson. **Da paternidade:** relação biológica e afetiva. Belo Horizonte: Del Rey, 1996.

FACHIN, Luiz Edson. Família. In: FACHIN, Luiz Edson. **Dicionário de Filosofia do Direito**. Rio de Janeiro: Renovar/Unisinos, 2006.

FACHIN, Luiz Edson. **Direito civil**. Sentidos, transformações e fim. Rio de Janeiro: Renovar, 2015.

FACHIN, Luiz Edson. **Direito de família:** elementos críticos à luz do novo Código Civil brasileiro. 2. ed. Rio de Janeiro: Renovar, 2003.

FACHIN, Luiz Edson. Direitos da personalidade no Código Civil Brasileiro. In: FACHIN, Luiz Edson. **Direito Civil – direito patrimonial e direito existencial**. São Paulo: Método, 2006.

FACHIN, Luiz Edson. Do direito de família. Do direito pessoal. Das relações de parentesco. Arts. 1.591 a 1.638. In: TEIXEIRA, Sálvio de Figueiredo (coord.). **Comentários ao novo Código Civil**. Rio de Janeiro: Forense, 2008. v. XVIII.

FACHIN, Luiz Edson. Em nome do pai (estudo sobre o sentido e alcance do *lugar jurídico* ocupado no pátrio dever, na tutela e na curatela). In: PEREIRA, Rodrigo da Cunha (coord.). **Direito de família contemporâneo:** doutrina, jurisprudência, direito comparado e interdisciplinaridade. Belo Horizonte: Del Rey, 1997.

FACHIN, Luiz Edson. **Estabelecimento da filiação e paternidade presumida**. Porto Alegre: Fabris, 1992.

FACHIN, Luiz Edson. Família. In: FACHIN, Luiz Edson. **Dicionário de Filosofia do Direito**. Rio de Janeiro: Renovar/Unisinos, 2006.

FACHIN, Luiz Edson. Paternidade e ascendência genética. In: FACHIN, Luiz Edson. **Direito de família:** elementos críticos à luz do novo Código Civil brasileiro. 2. ed. Rio de Janeiro: Renovar, 2003.

FACHIN, Luiz Edson. Paternidade e ascendência genética. In: LEITE, Eduardo de Oliveira (coord.) **Grandes temas da atualidade**: DNA como meio de prova da filiação. Rio de Janeiro: Forense, 2002.

FACHIN, Luiz Edson. Questões controvertidas da jurisprudência sobre paternidade socioafetiva. In: CONFERÊNCIA NACIONAL DA ORDEM DOS ADVOGADOS DO BRASIL, 21., 2011, Curitiba. **Anais** [...]. Curitiba, 2011.

FACHIN, Luiz Edson. **Questões do direito civil brasileiro contemporâneo**. Rio de Janeiro: Renovar, 2008.

FACHIN, Luiz Edson. **Teoria crítica do direito civil**. 2. ed., rev. e atual. Rio de Janeiro: Renovar, 2003.

FACHIN, Luiz Edson; GONÇALVES, Marcos Alberto Rocha. 10 anos do Código Civil: o ser e o ter no direito de família a partir da aquisição pela permanência na morada familiar. In: LEAL, Pastora do Socorro Teixeira (coord.). **Direito civil constitucional e outros estudos em homenagem ao Prof. Zeno Veloso**. Rio de Janeiro: Forense; São Paulo: Método, 2014.

FACHIN, Luiz Edson; RUZYK, Carlos Eduardo Pianovski. Direito de família. Casamento: arts. 1.511 a 1.590. In: AZEVEDO, Álvaro Villaça (coord.). **Código Civil comentado**. São Paulo: Atlas, 2003. v. XV.

FACHIN, Luiz Edson. Famílias – entre o público e o privado. In: CONGRESSO NACIONAL DO IBDFAm. 8., 2012, Porto Alegre. **Anais** [...]. Porto Alegre: Magister; IBDFam, 2012. p. 158-169.

FACHIN, Luiz Edson. Famílias – entre o público e o privado. Problematizando Espacialidades à Luz da Fenomenologia Paralática. **Revista de Direito das Famílias e Sucessões**. v. 23. Porto Alegre: Magister; Belo Horizonte: IBDFam, 2007.

FARIAS, Cristiano Chaves; ROSENVALD, Nelson. **Direito das Famílias**. 2. ed., rev., ampl. e atual. Rio de Janeiro: Lumen Juris, 2010.

FARIAS, Cristiano Chaves de; ROSA, Conrado Paulino da. **Teoria geral do afeto**. Salvador: JusPodivm, 2020.

FERRARINI, Leticia. **Famílias simultâneas e seus efeitos jurídicos**. Porto Alegre: Livraria do Advogado, 2010.

FERREIRA, Aurélio Buarque de Holanda. **Novo Aurélio**. Século XXI: o dicionário da língua portuguesa. 3. ed. rev. e ampl. Rio de Janeiro: Nova Fronteira, 1999.

FISCHER, K. F. C. **Inseminação artificial post mortem e seus reflexos no direito de família e no direito sucessório**. Belo Horizonte: IBDFAM, 2010 (Boletim Eletrônico).

FONSECA, Priscila Maria Pereira Correa da. **Revista Brasileira de Direito das Famílias e Sucessões.** Porto Alegre, Magister; Belo Horizonte, IBDFam, v. 23, ago./set. 2011.

FONSECA, Ricardo Marcelo. A Cultura jurídica brasileira e a questão da codificação civil no século XIX. **Revista de Faculdade de Direito da Universidade Federal do Paraná,** Programa de Pós-Graduação em Direito, Curitiba, SER/UFPR, n. 44, n. 1 (1953), 2006.

FRANÇA, R. Limongi. **Princípios gerais do direito.** 3. ed., rev. e atual. Atualização de Antonio de S. Limongi França e Flávio Tartuce. São Paulo: Revista dos Tribunais, 2010.

FREITAS, Juarez. **A interpretação sistemática do direito.** 5. ed. São Paulo: Malheiros, 2010.

FUJITA, Jorge Shiguemitsu. **Filiação.** São Paulo: Atlas, 2009.

G1. União estável entre três pessoas é oficializada em cartório de Tupã, SP. 23 ago. 2012. Disponível em: http://g1.globo.com/sp/bauru-marilia/noticia/2012/08/uniao-estavel-entre-tres-pessoas-e-oficializada-em--cartorio-de-tupa-sp.html. Acesso em: 27 abr. 2023.

GAGLIANO, Pablo Stolze; PAMPLONA FILHO, Rodolfo. **Manual de direito civil.** Volume único. São Paulo: Saraiva, 2017.

GAGLIANO, Pablo Stolze; PAMPLONA FILHO, Rodolfo. **Novo curso de direito civil:** direito de família. São Paulo: Saraiva, 2011. v. VI.

GALBRAITH, John Kenneth (1977). **A era da incerteza.** 8. ed. São Paulo: Pioneira, 1988.

GAMA, Guilherme Calmon Nogueira da. A emocionalidade em áreas jurídicas específicas. In: ZIMERMAN, David; COLTRO, Antônio Carlos Mathias (orgs.). **Aspectos psicológicos na prática jurídica.** 3. ed. Campinas: Millenium, 2010.

GAMA, Guilherme Calmon Nogueira da. **A nova filiação. O biodireito e as relações parentais.** Rio de Janeiro: Renovar, 2003.

GAMA, Guilherme Calmon Nogueira da. **Princípios constitucionais do direito de família:** família, criança, adolescente e idoso. São Paulo: Atlas, 2008.

GAMA, Guilherme Calmon Nogueira da; MARQUES, Helen Cristina Leite de Lima. Responsabilidade civil nas relações familiares. **Revista Brasileira de Direito das Famílias e Sucessões,** Porto Alegre: Magister; Belo Horizonte: IBDFAm, v. 24, out./nov. 2011, p. 84-113.

GARDNER, Richard. **O DSM-IV tem equivalente para o diagnóstico de Síndrome de Alienação Parental (SAP).** Trad. Rita Rafaeli. Disponível em: https://sites.google.com/site/alienacaoparental/textos-sobre-sap--1/o-dsm-iv-tem-equivalente.

GHERSI, Carlos Alberto. **Teoría general de la reparación de daños**. Buenos Aires: Astrea, 2003.

GHILARDI, Dóris. **Economia do afeto:** análise econômica do direito no direito de família. Rio de Janeiro: Lumen Juris, 2015.

GIDDENS, Anthony. **A transformação da intimidade:** sexualidade, amor & erotismo nas sociedades modernas. Trad. Magda Lopes. São Paulo: Editora Unesp, 1993.

GIRARDI, Viviane. **Famílias contemporâneas. Filiação e afeto:** a possibilidade jurídica da adoção por homossexuais. Porto Alegre: Livraria do Advogado, 2005.

GIORGIS, José Carlos Teixeira. **Direito de família contemporâneo**. Porto Alegre: Livraria do Advogado, 2010.

GLANZ, Semy. **A família mutante** – sociologia e direito comparado: inclusive o novo Código Civil. Rio de Janeiro: Renovar, 2005.

GOMES, Orlando. **O novo direito de família**. Porto Alegre: Sergio Antonio Fabris Editor, 1984.

GOMES, Orlando. **Raízes históricas e sociológicas do Código Civil brasileiro**. 2. ed. São Paulo: Martins Fontes, 2006.

GONÇALVES, Carlos Roberto. **Direito Civil brasileiro**. 8. ed. rev. e atual. São Paulo: Saraiva, 2011. v. 6: Direito de família.

GRAU, Eros Roberto. **Ensaio e discurso sobre a interpretação/aplicação do direito**. 5. ed. rev. e ampl. São Paulo: Malheiros, 2009.

GRISARD FILHO, Waldyr. **Famílias reconstituídas:** novas uniões depois da separação. São Paulo: Revista dos Tribunais, 2007.

GRISARD FILHO, Waldyr. **Guarda compartilhada:** um novo modelo de responsabilidade parental. 7 ed. rev. atual. ampl. São Paulo: Revista dos Tribunais, 2014.

GROENINGA, Giselle Câmara. A função do afeto nos "contratos familiares". In: DIAS, Maria Berenice et al. (coords.). **Afeto e estruturas familiares**. Belo Horizonte: Del Rey, 2009.

GROENINGA, Giselle Câmara. Direito de família. In: BARBOSA, Águida Arruda; VIEIRA, Claudia Stein (orgs.). **Direito civil**. São Paulo: Revista dos Tribunais, 2008. v. 7.

GROENINGA, Giselle Câmara. Os direitos da personalidade e o direito a ter uma personalidade. In: ZIMERMAN, David; COLTRO, Antônio

Carlos Mathias (orgs.). **Aspectos psicológicos na prática jurídica**. 3. ed. Campinas: Millenium, 2010.

GROENINGA, Giselle Câmara. Os direitos da personalidade e o direito a ter uma personalidade. In: TARTUCE, Flávio; CASTILHO, Ricardo (coords.). **Direito Civil** – direito patrimonial; direito existencial: estudos em homenagem à professora Giselda Maria Fernandes Novaes Hironaka. São Paulo: Método, 2006. p. 645-663.

GROSSI, Paolo. **Mitologias jurídicas da modernidade**. 2. ed. Trad. Arno Dal Ri Júnior. Florianópolis: Fundação Boiteux, 2007.

HAMMES, Bárbara. Casal de mulheres ganha na Justiça direito de ter nomes como mães em documento de bebê gerado após inseminação caseira no Paraná. **G1**, 28 nov. 2020. Disponível em: https://g1.globo.com/pr/parana/noticia/2020/11/28/casal-de-mulheres-ganha-na-justica-direito-de-ter-nomes-como-maes-em-documento-de-bebe-gerado-apos-inseminacao-caseira-no-parana.ghtml. Acesso em: 3 maio 2023.

HART, Herbert L. A. **O conceito de direito**. Trad. Antônio de Oliveira Sette-Câmara. São Paulo: Martins Fontes, 2009.

HESPANHA, António Manuel. "Carne de uma só carne" – para uma compreensão dos fundamentos histórico antropológicos da família na Época Moderna. In: HESPANHA, António Manuel. **A política perdida**: ordem e governo antes da Modernidade. Curitiba: Juruá, 2010.

HESSE, Konrad. **Escritos de derecho constitucional**. Madrid: Centro de Estudios Políticos y Constitucionales, 1992.

HIRONAKA, Giselda Maria Fernandes Novaes. As inovações biotecnológicas e o direito das sucessões. In: MILHORANZA, Mariângela Guerreiro; PEREIRA Sérgio Gischkow (Coords.). **Direito contemporâneo de família e das sucessões**: estudos jurídicos em homenagem aos 20 anos de docência do professor Rolf Madaleno. Rio de Janeiro: GZ, 2009.

HIRONAKA, Giselda Maria Fernandes Novaes. Sobre peixes e afetos – um devaneio acerca da ética no direito. In: PEREIRA, Rodrigo da Cunha (org.). **Anais do V Congresso Brasileiro de Direito de Família**. São Paulo: IOB Thompson, 2006.

HIRONAKA, Giselda Maria Fernandes Novaes. Os contornos jurídicos da responsabilidade afetiva na relação entre pais e filhos – além da obrigação legal de caráter material. In: EHRHARDT JUNIOR, Marcos; ALVES, Leonardo Barreto Moreira (coords.). **Leituras complementares de direito civil – direito das famílias**. Salvador: Podivm, 2010. p. 209-236.

HIRONAKA, Giselda Maria Fernandes Novaes. Responsabilidade civil: estado da arte no declínio do segundo milênio e alguns sabores de um novo tempo. In: NERY, Rosa Maria de Andrade; DONNINI, Rogério (orgs.). **Responsabilidade civil**: estudos em homenagem ao professor Rui Geraldo Camargo Viana. São Paulo: Revista dos Tribunais, 2009. p. 184-233.

HIRONAKA, Giselda Maria Fernandes Novaes; TARTUCE, Flávio. Famílias contemporâneas (pluralidade de modelos). In: LAGRASTA NETO, Caetano; SIMÃO, José Fernando (coords.). **Dicionário de Direito de Família.** v 1 (A-H). São Paulo: Atlas, 2015.

HORKHEIMER, Max. Autoridade e família. In: HORKHEIMER, Max. **Teoria crítica**: uma documentação. Trad. Hilde Cohn. São Paulo: Perspectiva; Edusp, 1990. tomo I.

IBDFAM. IBDFam aprova Enunciados. 28 out. 2015. Disponível em: http://www.ibdfam.org.br/noticias/5819/IBDFAM+aprova+Enunciados+++. Acesso em: 16 abr. 2023.

IBDFAM. **Jurista comenta repercussão da tese sobre multiparentalidade fixada pelo STF.** 28 set. 2016. Disponível em: http://www.ibdfam.org. br/noticias/6123/Jurista+comenta+repercuss%C3%A3o+da+tese+so-bre+multiparentalidade++fixada+pelo+STF. Acesso em: 28 abr. 2023.

IBDFAM. **PL 2285/07** – Estatuto das Famílias. Disponível em: https://ibdfam. org.br/artigos/338/Estatuto+das+Fam%C3%ADlias.

IBDFAM. **Tese anunciada pela ministra Carmen Lucia reconhece multi-parentalidade.** 22 set. 2016. Disponível em: http://www.ibdfam.org.br/noticias/6119/Tese+anunciada+pela+ministra+C%C3%A1rmen+L%-C3%BAcia+reconhece+multiparentalidade. Acesso em: 28 abr. 2023.

IBGE. **Em 10 anos taxa de divórcio cresce**. Disponível em: https://agen-ciabrasil.ebc.com.br/geral/noticia/2015-11/divorcio-cresce-mais-de--160-em-uma-decada.

IBOPE. Índice de Confiança Social. Disponível em: https://www.aberje.com. br/brasileiro-esta-mais-confiante-nas-instituicoes-diz-ics-do-ibope-in-teligencia/.

JAYME, Erik. Pós-modernismo e direito de família. **Boletim da Faculdade de Direito de Coimbra**, v. LXXVIII. Coimbra: Universidade de Coim-bra, 2002.

JONAS, Hans. **O princípio responsabilidade**: ensaio de uma ética para a civilização tecnológica. Trad. Marijane Lisboa e Luiz Barros Montez. Rio de Janeiro: Contraponto; Ed. PUC-Rio, 2006.

REFERÊNCIAS | 507

JONAS, Hans. **O princípio vida**: fundamentos para uma biologia filosófica. Trad. Carlos Almeida Pereira. Petrópolis: Vozes, 2004.

KAROW, Aline Biasuz Suarez. **Abandono Afetivo**: valorização jurídica do afeto nas relações paterno-filiais. Curitiba: Juruá, 2012.

KELSEN, Hans. **Teoria pura do direito**. 8. ed. Trad. João Baptista Machado. São Paulo: Martins Fontes, 2009.

KUHN, Thomas. **A estrutura das revoluções científicas**. Trad. Beatriz Vianna Boeira e Nelson Boeira. São Paulo: Perspectiva, 2009.

LEITE, Eduardo de Oliveira. **Alienação parental:** do mito à realidade. São Paulo: Revista dos Tribunais, 2015.

LEITE, Eduardo de Oliveira. **Direito civil aplicado**. São Paulo: Revista dos Tribunais, 2005. v. 5: Direito de Família.

LEITE, Eduardo de Oliveira. **Tratado de direito de família**: origem e evolução do casamento. Curitiba: Juruá, 1991.

LÉPORE, Paulo Eduardo; CUNHA, Rogério Sanches. **Estatuto da Criança e do Adolescente: comentado artigo por artigo**. 9. edição. São Paulo. Saraiva, 2017.

LEVI-STRAUSS, Claude. **As estruturas elementares do parentesco**. Trad. Mariano Ferreira. Petrópolis: Vozes, 1982.

LIMA, Susana Borges Viegas de Lima. Usucapião familiar. In: MENEZES, Joyceane Bezerra de; MATOS, Ana Carla Harmatiuk (org.). .**Direito das famílias por juristas brasileiras**. São Paulo: Saraiva, 2013. p. 805-821.

LIPOVETSKY, Gilles. **A era do vazio**. Trad. Therezinha Monteiro Deutsch. Barueri: Manole, 2005.

LIPOVETSKY, Gilles. **A felicidade paradoxal**: ensaio sobre a sociedade de hiperconsumo. Trad. Maria Lucia Machado. São Paulo: Companhia das Letras, 2007.

LIPOVETSKY, Gilles. **A sociedade pós-moralista**: o crepúsculo do dever e a ética indolor dos novos tempos democráticos. Trad. Armando Braio Ara. Barueri: Manole, 2005.

LIPOVETSKY, Gilles. **Tempos hipermodernos**. Trad. Mário Vilela. São Paulo: Barcarolla, 2004.

LIRA, Ricardo Pereira. Breve estudo sobre as entidades familiares. In: BARRETO, Vicente (org.). **A nova família**: problemas e perspectivas. Rio de Janeiro: Renovar, 2007.

LISBOA, Roberto Senise. **Manual de direito civil**. 6. ed. São Paulo: Saraiva, 2010. v. 5: direito de família e sucessões.

LÔBO, Paulo Luiz Netto. A repersonalização das relações de família. **Revista Brasileira de Direito de Família**, Porto Alegre, Síntese, IBDFam, v. 6, n. 24, jun./jul. 2004.

LÔBO, Paulo Luiz Netto. A socioafetividade no direito de família: a persistente trajetória de um conceito fundamental. In: DIAS, Maria Berenice et al. (coord.). **Afeto e estruturas familiares**. Belo Horizonte: Del Rey, 2009.

LÔBO, Paulo Luiz Netto. Colisão de direitos fundamentais nas relações de Família. In: PEREIRA, Rodrigo da Cunha (coord.). In: CONGRESSO NACIONAL DO IBDFAM. Família: entre o público e o privado, 8., 2012, Porto Alegre. **Anais [...]** Porto Alegre: Magister; IBDFam, 2012, p. 294-295.

LÔBO, Paulo Luiz Netto. Direito ao estado de filiação e direito à origem genética: uma distinção necessária. In: PEREIRA, Rodrigo da Cunha (org.). In: CONGRESSO BRASILEIRO DE DIREITO DE FAMÍLIA, 4., 2004, Belo Horizonte. **Anais [...]** Belo Horizonte: Del Rey, 2004.

LÔBO, Paulo Luiz Netto. **Direito civil**: famílias. São Paulo: Saraiva, 2008.

LÔBO, Paulo Luiz Netto. Direito ao estado de filiação e direito à origem genética: uma distinção necessária. In: PEREIRA, Rodrigo da Cunha (org.). **Anais do V Congresso Brasileiro do Direito de Família**. Belo Horizonte: Del Rey, 2004.

LÔBO, Paulo Luiz Netto. **Direito Civil**. Sucessões. São Paulo: Saraiva, 2013.

LÔBO, Paulo Luiz Netto. Direito civil contemporâneo: novos problemas à luz da legalidade constitucional. **Anais do Congresso Internacional de Direito Civil-Constitucional da Cidade do Rio de Janeiro**. São Paulo: Atlas, 2008.

LÔBO, Paulo Luiz Netto. **Direito civil**: parte geral. 2. ed. São Paulo: Saraiva, 2010.

LÔBO, Paulo Luiz Netto. Direito de família. Relações de parentesco. Direito patrimonial. Arts. 1.591 a 1.693. In: AZEVEDO, Álvaro Villaça (coord.). **Código Civil comentado**. São Paulo: Atlas, 2003. v. XV.

LÔBO, Paulo Luiz Netto. Entidades familiares constitucionalizadas: para além do *numerus clausus*. **Revista Brasileira de Direito de Família**, Porto Alegre, Síntese, v. 3, n. 12, IBDFam, jan./mar. 2002.

LÔBO, Paulo Luiz Netto. O exame de DNA e o princípio da dignidade humana. **Revista Brasileira de Direito de Família**, Porto Alegre, Síntese, v. 1, p. 67-73, abr./jun. 1999.

LÔBO, Paulo Luiz Netto. O princípio constitucional da solidariedade nas relações de família. In: CONRADO, Marcelo (org.). **Direito privado** e **constituição**: ensaios para uma recomposição valorativa da pessoa e do patrimônio. Curitiba: Juruá, 2009.

LÔBO, Paulo Luiz Netto. Socioafetividade em família e a orientação do Superior Tribunal de Justiça. In: FRAZÃO, Ana; TEPEDINO, Gustavo (coords.). **O Superior Tribunal de Justiça e a reconstrução do direito privado**. São Paulo: Revista dos Tribunais, 2011.

LÔBO, Paulo Luiz Netto. Socioafetividade no direito de família: a persistente trajetória de um conceito fundamental. **Revista Brasileira de Direito das Famílias e Sucessões**. Porto Alegre, Magister; Belo Horizonte, IBDFam, v. 5, ago./set. 2008.

LÔBO, Paulo Luiz Netto. Danos morais e direitos da personalidade. In: LEITE, Eduardo de Oliveira (coord.). **Grandes temas da atualidade**: dano moral. Rio de Janeiro: Forense, 2002. p. 347-366.

LÔBO, Paulo Luiz Netto. Famílias contemporâneas e as dimensões da responsabilidade. **Revista Brasileira de Direito de Família e Sucessões**, Porto Alegre; Belo Horizonte: Magister, v. 12, p. 5-22, 2009.

LOPES, José Reinaldo de Lima. **O direito na história**: lições introdutórias. 3. ed. São Paulo: Atlas, 2008.

LOPEZ, Teresa Ancona. Princípios Contratuais. In: FERNANDES, Wanderley (coord.). **Contratos empresariais**: fundamentos e princípios dos contratos empresariais. São Paulo: Saraiva, 2007.

LORENZETTI, Ricardo Luís. **Teoria da decisão judicial**: fundamentos de direito. Trad. Bruno Miragem. São Paulo: Revista dos Tribunais, 2010.

LUCHAIRE, François. Les Fondements Constitutionnels Du Droit Civil. **Revue Trimestrielle de Droit Civil**, Paris: Sirey, n. 2, 81º année, p. 245-328, abril/juin. 1982.

LYOTARD, Jean-François. **A condição pós-moderna**. Trad. Ricardo Corrëa Barbosa. 7. ed. Rio de Janeiro: José Olympio, 2002.

LYRA FILHO, Roberto. **O que é Direito**. São Paulo: Brasiliense, 2006.

MADALENO, Rolf. **Curso de direito de família.** 4. ed., rev. atual. ampl. Rio de Janeiro: Forense, 2011.

MADALENO, Rolf. **Curso de direito de família**. 5. ed., rev. atual. ampl. Rio de Janeiro: Forense, 2013.

MADALENO, Rolf. **Direito de família.** 7. ed. revista, atualizada e ampliada. Rio de Janeiro: Forense, 2017.

MADALENO, Rolf. Filiação Sucessória. **Revista Brasileira de Direito das Famílias e Sucessões**, Porto Alegre: Magister; Belo Horizonte: IBDFam, v. 1, p. 25-41, dez. 2007/jan. 2008.

MADALENO, Rolf. **Sucessão legítima.** Rio de Janeiro: Forense, 2019.

MALUF, Adriana Caldas do Rego Freitas Dabus. **Novas modalidades de família na pós-modernidade.** São Paulo: Atlas, 2010.

MALUF, Adriana Caldas do Rego Freitas Dabus. **Direito das famílias:** amor e bioética. Rio de Janeiro: Elsever, 2012.

MANSUR, Pedro. 'Poliafetivos não têm direito de família', diz advogada contrária às uniões. **O Globo,** 25 maio 2016. Disponível em: https://oglobo.globo.com/sociedade/poliafetivos-nao-tem-direito-de-familia--diz-advogada-contraria-as-unioes-19360291. Acesso em: 28 abr. 2023.

MARQUES NETO, Agostinho Ramalho. O poder judiciário na perspectiva da sociedade democrática: o juiz cidadão. **Revista Anamatra.** São Paulo, n. 21, p. 30-50, 1994.

MARQUES, Claudia Lima. Direito na pós-modernidade e a teoria de Erik Jayme. In: OLIVEIRA JUNIOR, José Alcebíades de (org.). **Faces do multiculturalismo:** teoria – política – direito. Santo Ângelo: Ediuri, 2007.

MARQUES, Claudia Lima; MIRAGEM, Bruno. **O novo direito privado e a proteção dos vulneráveis.** São Paulo: Revista dos Tribunais, 2012.

MARTINS-COSTA, Judith. **A boa-fé no direito privado.** São Paulo: Revista dos Tribunais, 2000.

MARTINS-COSTA, Judith. O direito privado como um "sistema em construção" – As cláusulas gerais no projeto de Código Civil brasileiro. **Revista dos Tribunais,** São Paulo, n. 753, ano 87, p. 29-33, jul. 1998.

MATOS, Ana Carla Harmatiuk. "Novas" entidades familiares. In: MATOS, Ana Carla Harmatiuk (org.). **A construção dos novos direitos.** Porto Alegre: Núria Fabris, 2008.

MATOS, Ana Carla Harmatiuk. **As famílias não fundadas no casamento e a condição feminina.** Rio de Janeiro: Renovar, 2000.

MAXIMILIANO, Carlos. **Hermenêutica e aplicação do direito.** Rio de Janeiro: Forense, 2009.

MEDINA, José Miguel Garcia; ARAÚJO; Fábio Caldas de. **Código Civil comentado.** São Paulo: Revista dos Tribunais, 2014.

MEIRELLES, Jussara. **Gestação por outrem e determinação da maternidade:** mãe de aluguel. Curitiba: Gênesis, 1998.

MEIRELLES, Jussara. O ser e o ter na codificação civil brasileira: do sujeito virtual à clausura patrimonial. In: FACHIN, Luiz Edson (coord.). **Repensando fundamentos do direito civil brasileiro contemporâneo**. Rio de Janeiro: Renovar, 1998.

MELLO, Marcos Bernardes de. **Teoria do fato jurídico**: Plano da Existência. 16. ed. São Paulo: Saraiva, 2010.

MICHEL, Andrée. Modèles sociologiques de la famille dans les sociétés contemporaines. **Archives de philosophie du droit**: réforme du droit de la famille. Paris: Sirey, 1975.

MONTEIRO, Washington de Barros. **Curso de direito civil.** Atualizada por Regina Beatriz Tavares da Silva. 41. ed. São Paulo: Saraiva, 2011. v. 2: Direito de família.

MONTEIRO, Washington de Barros. **Curso de direito civil. Direito de família.** 12. ed. São Paulo: Saraiva, 1973.

MORAES, Carlos Alexandre. **Responsabilidade civil dos pais na reprodução humana assistida.** São Paulo: Método, 2019.

MORAES, Maria Celina Bodin de. A constitucionalização do direito civil e seus efeitos da responsabilidade civil. In: MORAES, Maria Celina Bodin de. **Na medida da pessoa humana**. Rio de Janeiro: Renovar, 2010. p. 317-342.

MORAES, Maria Celina Bodin de. A constitucionalização do direito civil e seus efeitos sobre a responsabilidade civil. In: SOUZA NETO, Cláudio Pereira de; SARMENTO, Daniel (coords.). **A constitucionalização do direito**: fundamentos teóricos e aplicações específicas. Rio de Janeiro: Lumen Juris, 2007.

MORAES, Maria Celina Bodin de. A família democrática. In: PEREIRA, Rodrigo da Cunha (org.). **Anais do V Congresso Brasileiro do Direito de Família.** São Paulo: IOB Thomson, 2006.

MORAES, Maria Celina Bodin de. **Na medida da pessoa humana**: estudos sobre direito civil. Rio de Janeiro: Renovar, 2010.

MORAES, Maria Celina Bodin de. O conceito de dignidade humana: substrato axiológico e conteúdo normativo. In: SARLET, Ingo Wolfgang (org.). **Constituição, direitos fundamentais e direito privado.** Porto Alegre: Livraria do Advogado, 2003.

MORAES, Maria Celina Bodin de. O princípio da solidariedade. In: MATOS, Ana Carla Harmatiuk (org.). **A construção dos novos direitos**. Porto Alegre: Núria Fabris, 2008.

MORAES, Maria Celina Bodin de. **Princípios do direito civil contemporâneo**. Rio de Janeiro: Renovar, 2006.

MORAES, Maria Celina Bodin de. **Danos à pessoa humana**: uma leitura civil-constitucional dos danos morais. Rio de Janeiro: Renovar, 2009.

MORAES, Maria Celina Bodin de. Danos morais em família? Conjugalidade, parentalidade e responsabilidade civil. In: MORAES, Maria Celina Bodin de. **Na medida da pessoa humana**. Rio de Janeiro: Renovar, 2010. p. 423-455.

MORAES, Maria Celina Bodin de. O princípio da dignidade da pessoa humana. In: MORAES, Maria Celina Bodin de. **Na medida da pessoa humana**. Rio de Janeiro: Renovar, 2010. p. 71-148.

MORAES, Maria Celina Bodin de; MULTEDO, Renata Vilela. Liberdade e afeto: reflexões sobre a intervenção do Estado nas relações conjugais. In: PEREIRA, Tânia da Silva; OLIVEIRA, Guilherme de; COLTRO, Antonio Carlos Mathias. **Cuidado e afetividade**. **Projeto Brasil-Portugal/2016-2017**. São Paulo: Atlas, 2017. p. 487-510.

MORIN, Edgar. **Introdução ao pensamento complexo**. Trad. Eliane Lisboa. 4. ed. Porto Alegre: Sulina, 2011.

MORIN, Edgar. **Para onde vai o mundo?** Trad. Francisco Morás. Petrópolis: Vozes, 2010.

MORSELLO, Augusto Mario. **Derecho de daños**: dimensiones actuales y trayectorias. La Plata: LEP, 1997.

MOTTA, Carlos Dias. **Direito matrimonial e seus princípios jurídicos**. 2. ed., rev., atual. e ampl. São Paulo: Revista dos Tribunais, 2009.

MUNIZ, Francisco José Ferreira; OLIVEIRA, José Lamartine Corrêa de. **Curso de direito de família**. 4. ed. Curitiba: Juruá, 2008.

NADER, Paulo. **Curso de Direito Civil**: direito de família. 5. ed., rev. e atual. Rio de Janeiro: Forense, 2011. v. 5.

NALIN, Paulo Roberto Ribeiro. A autonomia privada na legalidade constitucional. In: NALIN, Paulo Roberto Ribeiro (coord.). **Contrato & sociedade**: princípios de direito contratual. Curitiba: Juruá, 2006. v. 2.

NALIN, Paulo; SANTOS, Anassilvia. Direito de família e responsabilidade civil: objeções e hipóteses de ocorrência. In: NALIN, Paulo; VIANNA, Guilherme Borba. **Direito em movimento**. Curitiba: Juruá, 2007. p. 15-59.

NALINI, José Renato. Ética e família na sociedade pós-moralista. In: COLTRO, Antônio Carlos Mathias (coord.). **Estudos jurídicos em home-**

nagem ao centenário de Edgard de Moura Bittencourt: a revisão do direito de família. Rio de Janeiro: GZ, 2009.

NAMUR, Samir. **Autonomia privada para a constituição da família**. Rio de Janeiro: Lumen Juris, 2014.

NERY JUNIOR, Nelson; NERY, Rosa Maria de Andrade. **Código Civil comentado**. 10 ed. São Paulo: Revista dos Tribunais, 2013.

NEVARES, Ana Luiza Maia. **A função promocional do testamento**. Rio de Janeiro: Renovar, 2009.

NEVARES, Ana Luiza Maia. **A sucessão do cônjuge e do companheiro na perspectiva do direito civil-constitucional**. 2. ed. São Paulo: Atlas, 2015.

NIETZSCHE, Friedrich. **A Gaia Ciência**. Trad. Antonio Carlos Braga. São Paulo: Escala, 2006.

NOGUEIRA, Jenny Magnani. A instituição da família em *A cidade antiga*. In: WOLKMER, Antonio Carlos (org.). **Fundamentos de história do direito**. 2. ed. Belo Horizonte: Del Rey, 2003.

OLIVEIRA, Catarina Almeida de. Refletindo o afeto nas relações de família. In: ALBUQUERQUE, Fabíola Santos; EHRHARDT JR., Marcos; OLIVEIRA, Catarina Almeida de (coords.). **Famílias no direito contemporâneo**. Recife: Podivm, 2010.

OLIVEIRA, Euclides de. Alienação parental e as nuances da parentalidade. Guarda e convivência familiar. In: PEREIRA, Rodrigo da Cunha (org.). **Tratado de direito das famílias**. Belo Horizonte: IBDFam, 2015.

OLIVEIRA, Guilherme de. **Critério jurídico da paternidade.** Reimp. Coimbra: Almedina, 2003.

OLIVEIRA, Guilherme de. **Estabelecimento da filiação**: notas aos artigos 1796º – 1873º do Código Civil. 1. ed., 6. reimp. Coimbra: Almedina, 2001.

OLIVEIRA, Guilherme de; PEREIRA COELHO, Francisco. **Curso de direito de família**. 4. ed. Coimbra: Ed. Coimbra, 2008. v. 1.

OLIVEIRA, José Lamartine Corrêa de; MUNIZ, Francisco José Ferreira. **Curso de direito de família.** 4. ed. Curitiba: Juruá, 2008.

PAIANO, Daniela Braga. **A família atual e as espécies de filiação:** possibilidade jurídica da multiparentalidade. Rio de Janeiro: Lumen Juris, 2017.

PAULO, Beatrice Marinho. Ser mãe nas novas configurações familiares: a maternidade psicoafetiva. **Revista Brasileira de Direito das Famílias e Sucessões**, Porto Alegre: Magister; Belo Horizonte: IBDFam, v. 9, abr./maio 2009.

PAULO, Beatrice Marinho. Ser pai nas novas configurações familiares: a paternidade psicoafetiva. **Revista Brasileira de Direito das Famílias e Sucessões**, Porto Alegre: Magister; Belo Horizonte: IBDFam, v.10, jun./jul. 2009.

PEREIRA, Caio Mário da Silva. **Instituições de direito civil**. 22. ed. rev. atual. ampl. Rio de Janeiro: Forense, 2014. v. 5: Família.

PEREIRA, Caio Mário da Silva. **Reconhecimento da paternidade e seus efeitos**. 7. ed. Atual. Heloisa Helena Barboza e Lúcia Maria Teixeira Ferreira. Rio de Janeiro: Forense, 2015.

PEREIRA, Luís Fernando Lopes. Autoconsciência e processo civilizacional em Norbert Elias. **Revista Relações Internacionais no Mundo Atual**, Periódico das Faculdades Integradas Curitiba, Curitiba, ano 2, v. 2, 2002.

PEREIRA, Paula Moura F. de L. **Responsabilidade civil nos ensaios clínicos**. São Paulo: Foco, 2019.

PEREIRA, Rodrigo da Cunha. **A sexualidade vista pelos tribunais**. 2. ed. Belo Horizonte: Del Rey, 2001.

PEREIRA, Rodrigo da Cunha. **Dicionário de direito de família e sucessões**: ilustrado. São Paulo: Saraiva, 2015.

PEREIRA, Rodrigo da Cunha. **Divórcio**: teoria e prática. São Paulo: GZ, 2011.

PEREIRA, Rodrigo da Cunha. Indenização por abandono afetivo e material. **Revista Brasileira de Direito das Famílias e Sucessões**, Porto Alegre: Magister; Belo Horizonte: IBDFam, v. 25, p. 99-117, dez.-jan./2012.

PEREIRA, Rodrigo da Cunha. Princípio da afetividade. In: DIAS, Maria Berenice (coord.). **Diversidade sexual e direito homoafetivo**. São Paulo: Revista dos Tribunais, 2011.

PEREIRA, Rodrigo da Cunha. **Princípios fundamentais norteadores para o direito de família.** Belo Horizonte: Del Rey, 2005.

PEREIRA, Rodrigo da Cunha. Uma principiologia para o direito de família. In: EHRHARDT JÚNIOR, Marcos; ALVES, Leonardo Barreto Moreira (coords.). **Leitura complementares**: direitos das famílias. Salvador: Juspodivm, 2010.

PEREIRA, Rodrigo da Cunha. **União poliafetiva – Dicionário de Direito de Família e Sucessões.** 7 jan. 2016. Disponível em: http://www.rodrigodacunha.adv.br/uniao-poliafetiva-dicionario-de-direito-de-familia--e-sucessoes/. Acesso em: 16 abr. 2023.

PEREIRA, Tânia da Silva. A importância da convivência familiar e social para o idoso. In: PEREIRA, Tânia da Silva; OLIVEIRA, Guilherme; COLTRO, Antonio Carlos Mathias. (orgs.). **Cuidado e Afetividade**: projeto Brasil/Portugal – 2016-2017. São Paulo: Atlas, 2017.

PEREIRA, Tânia da Silva. **Cuidado e responsabilidade**. São Paulo: Atlas, 2011. p. 351-372.

PEREIRA, Tânia da Silva; COLTRO, Antônio Carlos Mathias. A socioafetividade e o cuidado: o direito de acrescer o sobrenome do padrasto. In: DIAS, Maria Berenice (org.). **Direito das famílias**: contributo do IBDFam em homenagem a Rodrigo da Cunha Pereira. São Paulo: Revista dos Tribunais, 2009.

PEREIRA, Tânia da Silva. **Cuidado e vulnerabilidade**. São Paulo: Atlas, 2011.

PEREIRA, Tânia da Silva. Prefácio. In: PEREIRA, Tânia da Silva; OLIVEIRA, Guilherme de (coords.). **O cuidado como valor jurídico**. Rio de Janeiro: Forense, 2008.

PEREIRA, Tarlei Lemos. Deserdação por abandono afetivo. **Fadisp**. Disponível em: https://www.direitodefamilia.adv.br/2020/wp-content/uploads/2020/07/tarlei-lemos-deserdacao-por-falta-de-vinculo-afetivo.pdf. Acesso em: 28 abr. 2023.

PEREIRA, Virgilio de Sá. **Direito de família:** lições do professor catedrático de direito civil. 3. ed. atual. legislativamente. Rio de Janeiro: Forense, 2008. p. 51-56.

PERLINGIERI, Pietro. **La persona e i suoi diritti**: problemi del diritto civile. 2. ed. Napoli: Edizioni Scientifiche Italiane, 2005.

PERLINGIERI, Pietro. **Nozioni introduttive e princípi fondamentali del diritto civile**. 2. ed. Napoli: Edizioni Scientifiche Italiane, 2004.

PERLINGIERI, Pietro. **O direito civil na legalidade constitucional**. Trad. Maria Cristina de Cicco. Rio de Janeiro: Renovar, 2008.

PERLINGIERI, Pietro. **Perfis do direito civil**: introdução ao Direito civil--constitucional. Trad. Maria Cristina de Cicco. 3. ed. Rio de Janeiro: Renovar, 2002.

PERLINGIERI, Pietro; FEMIA, Pasquale. **Nozioni introduttive e princípi fondamentali del diritto civile**. 2. ed., ampl., riv. ed agg. Napoli: Edizioni Scientifiche Italiane, 2004.

PERLINGIERI, Pietro. **O direito civil na legalidade constitucional**. Trad. Maria Cristina de Cicco. Rio de Janeiro: Renovar, 2008.

PERROT, Michelle (org.). **História da vida privada.** 4: Da Revolução Francesa à Primeira Guerra Mundial. Trad. Denise Bottman, Bernardo Joffily. São Paulo: Companhia das Letras, 2009.

PINTO, Carlos Alberto da Mota. **Teoria geral do direito civil**. 4. ed. atual. por António Pinto Monteiro e Paulo da Mota Pinto. Coimbra: Coimbra Ed., 2005.

PORTANOVA, Rui. **Ações de filiação e paternidade socioafetiva.** Porto Alegre: Livraria do Advogado, 2016.

POZZI, Cláudia E. (Trans)fronteiras da parentalidade – os olhares epistemológicos de Grossi e Arnaud no Campo das Família. In: TEPEDINO, Gustavo; FACHIN, Luiz Edson (orgs.). **Pensamento crítico do direito civil brasileiro.** Curitiba: Juruá, 2011.

PROST, Antoine; VINCENT, Gèrard (orgs.). **História da Vida Privada.** 5: Da Revolução Francesa à Primeira Guerra Mundial. Trad. Denise Bottman, Dorothée de Bruchard. São Paulo: Companhia das Letras, 2009.

QUINTELLA, Felipe. Repensando o direito civil brasileiro. **GEN Jurídico,** 31 mar. 2017. Disponível em: http://genjuridico.com.br/2017/03/31/repensando-o-direito-civil-brasileiro-16-efeitos-sucessorios-da-pluri-parentalidade/. Acesso em: 23 abr. 2023.

RAMOS, Cármen Lúcia Silveira. **Família sem casamento:** de relação existencial de fato à realidade jurídica. Rio de Janeiro: Renovar, 2000.

RAMOS, Gisela Gondin. **Princípios:** conceitos, fundamentos e distinções necessárias. Belo Horizonte: Forum, 2012.

REIS, Clayton. **Dano Moral.** 5. ed. ampl. e atual. Rio de Janeiro: Forense, 2010.

RIBEIRO, Joaquim de Souza. A constitucionalização do direito civil. **Boletim da Faculdade de Direito de Coimbra**, v. LXXIV. Coimbra: Coimbra Ed., 1998.

RIOS, Roger Raupp. As uniões homossexuais e a "família homoafetiva": o direito de família como instrumento de adaptação e conservadorismo ou a possibilidade de sua transformação e inovação. **Civilistica.com.** a. 2. n. 2. 2013. Disponível em: http://civilistica.com/wp-content/uploads/2015/02/Rios-civilistica.com-a.2.n.2.2013.pdf. Acesso em: 28 abr. 2023.

RIZZARDO, Arnaldo. **Direito de Família.** 8. ed. Rio de Janeiro: Forense, 2011.

ROCHA, Marco Túlio Carvalho. **O conceito de família e suas implicações jurídicas:** teoria sociojurídica do direito de família. Rio de Janeiro: Elsevier, 2009.

RODOTÀ, Stefano. **Diritto d'amore.** Bari: Laterza, 2015.

RODOTÀ, Stefano. **Il diritto di avere diritti.** Bari: Laterza, 2015.

RODRIGUES JUNIOR, Otavio Luiz. As linhas que dividem amor e Direito nas constituições. **Conjur**, 27 dez. 2012. Disponível em: http://www.conjur.com.br/2012-dez-27/direito-comparado-linhas-dividem-amor-direito-constituicoes. Acesso em: 16 abr. 2023.

RODRIGUES, Renata de Lima; TEIXEIRA, Ana Carolina Brochado. Multi-parentalidade como fenômeno jurídico contemporâneo. **Revista Brasileira de Direito das Famílias e Sucessões**, Porto Alegre: Magister; Belo Horizonte: IBDFam, v. 14, p. 89-106, fev./mar. 2010.

RODRIGUES, Renata de Lima; TEIXEIRA, Ana Carolina Brochado. Multiparentalidade como fenômeno jurídico contemporâneo. **Revista Brasileira de Direito das Famílias e Sucessões**, Porto Alegre: Magister; Belo Horizonte: IBDFam, v. 14, fev./mar. 2010.

RODRIGUES, Silvio. **Direito civil**. 28. ed., rev. e atual. por Francisco José Cahali. São Paulo: Saraiva, 2004. v. 6: Direito de família.

ROSA, Conrado Paulino da. **Curso de direito de família contemporâneo**. 2. ed. Salvador: Juspodivm, 2016.

ROSA, Conrado Paulino da. **Guarda compartilhada coativa**. Salvador: Juspodivm, 2018.

ROSA, Conrado Paulino da. **Nova lei da guarda compartilhada**. São Paulo: Saraiva, 2015.

ROTHENGURG, Walter Claudius. **Princípios constitucionais**. Porto Alegre: Sergio Antonio Fabris, 1999.

RUZYK, Carlos Eduardo Pianovski. **Famílias simultâneas**: da unidade codificada à pluralidade constitucional. Rio de Janeiro: Renovar, 2005.

RUZYK, Carlos Eduardo Pianovski. Filiação. In: SIMÃO, José Fernando; NETO, Caetano Lagrasta (coord.). **Dicionário de direito de família**. A-H. v. 1. São Paulo: Atlas, 2015.

RUZYK, Carlos Eduardo Pianovski. **Institutos fundamentais de direito civil e liberdade(s)**: repensando a dimensão funcional do contrato, da propriedade e da família. Rio de Janeiro: GZ, 2011.

RUZYK, Carlos Eduardo Pianovski; FACHIN, Luiz Edson. Direitos fundamentais, dignidade da pessoa humana e o novo Código Civil: uma análise crítica. In: SARLET, Ingo Wolfgang (Org.). **Constituição, Direitos Fundamentais e Direito Privado**. Porto Alegre: Livraria do Advogado, 2003.

RUZYK, Carlos Eduardo Pianovski; FACHIN, Luiz Edson. Um projeto de Código Civil na contramão da Constituição. **Revista Trimestral de Direito Civil**, Rio de Janeiro, Padma, v. 4, out./dez. 2000.

SALDANHA, Nelson. **O Jardim e a praça**: o privado e o público na vida social e histórica. 2. ed., rev. e atual. Rio de Janeiro: Atlântica, 2005.

SANCHES, Fernanda Karam de Chueiri. **A responsabilidade no direito de família brasileiro contemporâneo**: do jurídico à ética. 2013. Dissertação

(Mestrado em Direito) – Faculdade de Direito da Universidade Federal do Paraná, Curitiba, 2013.

SANTIAGO, Rafael da Silva. **O mito da monogamia à luz do direito civil--constitucional**: necessidade de uma proteção normativa às relações de poliamor. 2014. Dissertação (Mestrado em Direito) – Universidade de Brasília, Brasília, 2014.

SANTOS, Milton. **Técnica, espaço, tempo.** Globalização e meio técnico--científico-informacional. 5. ed. São Paulo: Edusp, 2008.

SARAIVA, Vivianne. O afeto está em festa! IBDFam, 24 nov. 2017. Disponível em: http://www.ibdfam.org.br/artigos/1243/O+afeto+est%-C3%A1+em+festa%21. Acesso em: 28 abr. 2023.

SARLET, Ingo Wolfang. **A eficácia dos direitos fundamentais**: uma teoria geral dos direitos fundamentais na perspectiva constitucional. 10. ed., rev., atual. e ampl. Porto Alegre: Livraria do Advogado, 2009.

SARLET, Ingo Wolfang; MARINONI, Luiz Guilherme. MITIDIERO, Daniel. **Curso de direito constitucional.** 5. ed., rev. e atual. São Paulo: Saraiva, 2016.

SARMENTO, Daniel. O neoconstitucionalismo no Brasil: riscos e possibilidades. In: SARMENTO, Daniel. (coord.). **Filosofia e teoria constitucional contemporânea.** Rio de Janeiro: Lumen Juris, 2009.

SCHIER, Paulo Ricardo. **Filtragem constitucional** – construindo uma nova dogmática jurídica. Porto Alegre: Sergio Antonio Fabris, 1999.

SCHIER, Paulo Ricardo. Novos desafios da filtragem constitucional no momento do neoconstitucionalismo. In: SOUZA NETO, Cláudio Pereira de; SARMENTO, Daniel (coords.). **A constitucionalização do direito**: fundamentos teóricos e aplicações específicas. Rio de Janeiro: Lumen Juris, 2007.

SCHREIBER, Anderson. Famílias simultâneas e redes familiares. In: EHRHARDT JÚNIOR, Marcos; ALVES, Leonardo Barreto Moreira (coords.). **Leituras complementares**: direitos das famílias. Salvador: Juspodivm, 2010.

SCHREIBER, Anderson. **Novos paradigmas da responsabilidade civil**: da erosão dos filtros da reparação à diluição dos danos. 4. ed. São Paulo: Atlas, 2012.

SCHREIBER, Anderson. O princípio da boa-fé objetiva no direito de família. In: MORAES, Maria Celina Bodin de (coord.). **Princípios do Direito Civil Contemporâneo.** Rio de Janeiro: Renovar, 2006. p. 437-458.

REFERÊNCIAS | 519

SCHREIBER, Anderson. O Direito cai na real. **O Globo,** 6 out. 2016. Disponível em: http://oglobo.globo.com/opiniao/o-direito-cai-na--real-20243167. Acesso em: 28 abr. 2023.

SEREJO, Lourival. O direito de família e sua repercussão no direito eleitoral. **IBDFam,** 30 jul. 2012. Disponível em: http://www.ibdfam.org.br/artigos/835/O+Direito+de+Fam%C3%ADlia+e+sua+repercuss%-C3%A3o+no+Direito+eleitoral. Acesso em: 23 abr. 2023.

SESSAREGO, Carlos Fernándes. **Derecho y persona.** Trujillo-Peru: Normas Legales, 1995.

SHEFF, Elisabeth. Apud SANTIAGO, Rafael da Silva. **O mito da monogamia à luz do direito civil-constitucional**: necessidade de uma proteção normativa às relações de poliamor. 2014. Dissertação (Mestrado em Direito) –Universidade de Brasília, Brasília, 2014.

SILVA, Alexandre Barbosa da. Escrituras para uniões poliafetivas: algumas impressões sobre mais essa novidade no direito das famílias. In: **Redes – Revista Eletrônica Direito e Sociedade.** vol. 4, n. 2, nov./2016. Canoas: UnilaSalle, 2016.

SILVA, Eduardo. A dignidade da pessoa humana e a comunhão plena de vida. In: MARTINS-COSTA, Judith (org.). **A reconstrução do direito privado**: reflexos dos princípios, diretrizes e direitos fundamentais constitucionais de direito privado. São Paulo: Revista dos Tribunais, 2002.

SILVA, Marcos Alves da. **Da monogamia** – a sua superação como princípio estruturante do direito de família. Curitiba: Juruá, 2013.

SILVA, Virgílio Afonso da. **A constitucionalização do direito**: os direitos fundamentais nas relações entre particulares. São Paulo: Malheiros, 2005.

SIMÃO, José Fernando. A multiparentalidade está admitida e com repercussão geral. Vitória ou derrota do afeto? **Jornal Carta Forense,** São Paulo, 03 jan. 2017.. Disponível em: https://professorsimao.com.br/a-multiparentalidade-esta-admitida-e-com-repercussao-geral-vitoria-ou-derrota-do-afeto/. Acesso em: 16 abr. 2023.

SIMÃO, José Fernando. Reconhecimento extrajudicial da parentalidade socioafetiva (parte 2). **Conjur,** 14 maio 2017. Disponível em: http://www.conjur.com.br/2017-mai-14/processo-familiar-reconhecimento--extrajudicial-parentalidade-socioafetiva-parte. Acesso em: 28 abr. 2023.

SIMÃO, José Fernando. Poligamia, casamento homoafetivo, escritura pública e dano social: uma reflexão necessária? Parte 3. Disponível em: https://professorsimao.com.br/poligamia-casamento-homoafetivo-escritura-publica--e-dano-social-uma-reflexao-necessaria-parte-3/. Acesso em: 16 abr. 2023.

SIMÃO, José Fernando; TARTUCE, Flávio. **Direito civil**. São Paulo: Método, 2013. v. 4: Direito das coisas.

SOARES, Ricardo Maurício Freire. O Direito de família pós-moderno: breves apontamentos. **Revista Brasileira de Direito das Famílias e Sucessões**, Porto Alegre: Magister; Belo Horizonte: IBDFam, v. 3, abr./maio 2008.

STJ. Implantação de embriões congelados em viúva exige autorização expressa do falecido, decide Quarta Turma. 15 jun. 2021. Disponível em: https://www.stj.jus.br/sites/portalp/Paginas/Comunicacao/Noticias/15062021-Implantacao-de-embrioes-congelados-em-viuva-exige-autorizacao-expressa-do--falecido--decide-Quarta-Turma.aspx. Acesso em: 3 maio 2023.

TARTUCE, Fernanda. **Processo civil aplicado ao direito de família**. Rio de Janeiro: Forense; São Paulo: Método, 2012.

TARTUCE, Flávio. A lei da guarda compartilhada (ou alternada) obrigatória. Análise crítica da lei 13.058/14 – Parte I. **Migalhas**, 25 fev. 2015. Disponível em: http://www.migalhas.com.br/FamiliaeSucessoes/104,-MI215990,51045-A+Lei+da+Guarda+Compartilhada+ou+alternada+obrigatoria+Analise. Acesso em: 14 abr. 2023.

TARTUCE, Flávio. Breves e iniciais reflexões sobre o julgamento do STF sobre parentalidade socioafetiva. **Jusbrasil**, 22 set. 2016. Disponível em: http://flaviotartuce.jusbrasil.com.br/noticias/387075289/breves-e-iniciais-reflexoes-sobre-o-julgamento-do-stf-sobre-parentalidade-socioafetiva. Acesso em: 16 abr. 2023.

TARTUCE, Flávio. Da escritura pública de união poliafetiva. Breves considerações. **IBDFam**, 26 abr. 2017. Disponível em: http://www.ibdfam.org.br/artigos/1210/Da+escritura+p%C3%BAblica+de+uni%C3%A3o+poliafetiva.+Breves+considera%C3%A7%C3%B5es. Acesso em: 28 abr. 2023.

TARTUCE, Flávio. Da extrajudicialização da parentalidade socioafetiva e da multiparentalidade. **Migalhas**, 29 mar. 2017. Disponível em: http://www.migalhas.com.br/FamiliaeSucessoes/104,MI256444,31047-Da+extrajudicializacao+da+parentalidade+socioafetiva+e+da.

TARTUCE, Flávio. **Direito civil**. 10. ed. rev. atual. e ampl. Rio de Janeiro: Forense, 2017. v. 6: Direito das sucessões.

TARTUCE, Flávio. **Direito civil**. 12. ed. rev. atual. ampl. Rio de Janeiro: Forense, 2017. v. 5: Direito de família.

TARTUCE, Flávio. **O princípio da afetividade no direito de família**: breves considerações. Disponível em: https://ibdfam.org.br/artigos/859/O+princ%C3%ADpio+da+afetividade+no+Direito+de+Fam%C3%ADlia+.

TARTUCE, Flávio. O princípio da solidariedade e algumas das suas implicações em Direito de Família. **Revista Brasileira de Direito das Famílias e Sucessões**, Porto Alegre: Magister; Belo Horizonte: IBDFam, v. 30, p. 5-34. out./nov. 2012.

TARTUCE, Flávio. Princípios constitucionais e direito de família. In: SIMÃO, José Fernando et al. (orgs.). **Direito de família do novo milênio**: estudos em homenagem ao professor Álvaro Villaça Azevedo. São Paulo: Atlas, 2010.

TARTUCE, Flávio; SIMÃO, José Fernando. **Direito civil**: direito de família, 6. ed., rev. e atual. Rio de Janeiro: Forense; São Paulo: Método, 2011. v. 5.

TARTUCE, Flávio. **Responsabilidade civil objetiva e risco**: a teoria do risco concorrente. São Paulo: Método, 2011.

TEIXEIRA, Ana Carolina Brochado. **Família, guarda e autoridade parental**. 2. ed., rev. e atual. Rio de Janeiro: Renovar, 2009.

TEIXEIRA, Ana Carolina Brochado. **Família, guarda e autoridade parental**. 2. ed. Rio de Janeiro: Renovar, 2009.

TEIXEIRA, Ana Carolina Brochado; RODRIGUES, Renata de Lima. A multiparentalidade como nova estrutura de parentesco na contemporaneidade. **E-Civitas – Revista Científica do Departamento de Ciências Jurídicas, Políticas e** Gerenciais do UNIBH, Belo Horizonte, v. VI, n. 2, dez. 2013.

TEIXEIRA, Daniele Chaves (coord.). **Arquitetura do planejamento sucessório**. 2. ed. rev., ampl. e atual. Belo Horizonte: Fórum, 2019.

TEPEDINO, Gustavo. A disciplina civil-constitucional das relações familiares. In: COMAILLE, Jacques et al. **A nova família**: problemas e perspectivas. Rio de Janeiro: Renovar, 1997.

TEPEDINO, Gustavo. A família entre autonomia existencial e tutela de vulnerabilidades. **Conjur**, 21 mar. 2016. Disponível em: http://www.conjur.com.br/2016-mar-21/direito-civil-atual-familia-entre-autonomia-existencial-tutela-vulnerabilidades. Acesso em: 28 abr. 2023.

TEPEDINO, Gustavo. A disciplina jurídica da filiação na perspectiva civil-constitucional. In: PEREIRA, Rodrigo da Cunha (coord.). **Direito de família contemporâneo**: doutrina, jurisprudência, direito comparado e interdisciplinaridade. Belo Horizonte: Del Rey, 1997.

TEPEDINO, Gustavo. Bases teóricas para o novo direito de família. **Revista Trimestral de Direito Civil**, Rio de Janeiro, Padma, v. 23, jul./set. 2005.

TEPEDINO, Gustavo. Dilemas do afeto. **Jota**, 31 dez. 2015. Disponível em: https://jota.info/especiais/dilemas-do-afeto-31122015. Acesso em: 16 abr. 2023.

TEPEDINO, Gustavo. Normas constitucionais e direito civil na construção unitária do ordenamento. In: SOUZA NETO, Cláudio Pereira de; SARMENTO, Daniel (Coords.). **A constitucionalização do direito**: fundamentos teóricos e aplicações específicas. Rio de Janeiro: Lumen Juris, 2007.

TEPEDINO, Gustavo. Normas constitucionais e direito civil na construção unitária do ordenamento. In: CONRADO, Marcelo (org.). **Direito privado e constituição**: ensaios para uma recomposição valorativa da pessoa e do patrimônio. Curitiba: Juruá, 2009.

TEPEDINO, Gustavo. Novas famílias: entre autonomia existencial e tutela de vulnerabilidades. **IBDCivil.** Disponível em: https://rbdcivil.ibdcivil. org.br/rbdc/article/view/79.

TEPEDINO, Gustavo. **O ocaso da subsunção.** Disponível em: https://ibdcivil. org.br/wp-content/uploads/2019/06/RTDC.Editorial.v.034.pdf. Acesso em: 20 abr. 2023.

TEPEDINO, Gustavo. O papel atual da doutrina do direito civil entre o sujeito e a pessoa. In: ALMEIDA, Vitor; TEIXEIRA, Ana Carolina B.; TEPEDINO, Gustavo (coord.) **O direito civil entre o sujeito e a pessoa:** estudos em homenagem ao professor Stefano Rodotà. Belo Horizonte: Fórum, 2016, p. 17-35.

TEPEDINO, Gustavo. Premissas metodológicas para a constitucionalização do direito civil. In: TEPEDINO, Gustavo. **Temas de direito civil.** 4. ed. rev. e atual. Rio de Janeiro: Renovar, 2008.

TEPEDINO, Gustavo. Regime Jurídico dos Bens no Código Civil. In: VENOSA, Silvio de Salvo; GAGLIARDI, Rafael Villar; NÁSSER, Paulo Magalhães (org.). **Dez anos do Código Civil: desafios e perspectivas.** São Paulo: Atlas, 2012.

TEPEDINO, Gustavo. **Temas de direito civil**. Rio de Janeiro: Renovar, 2006. Tomo II.

TEPEDINO, Gustavo. Uniões de pessoas do mesmo sexo e teoria da interpretação. **Revista Trimestral de Direito Civil**, Rio de Janeiro, Padma, v. 45, jan./mar. 2011.

TEPEDINO, Gustavo. O nexo de causalidade na jurisprudência do Superior Tribunal de Justiça. In: FRAZÃO, Ana; TEPEDINO, Gustavo (coords.).

O Superior Tribunal de Justiça e a Reconstrução do Direito Privado. São Paulo: Revista dos Tribunais, 2011. p. 454-489.

TEPEDINO, Gustavo; BARBOZA, Heloísa Helena; MORAES, Maria Celina Bodin de. **Código Civil interpretado**: conforme a Constituição da República. Rio de Janeiro: Renovar, 2006. v. II.

TEPEDINO, Gustavo; MORAES, Maria Celina Bodin de. A caminho de um direito civil constitucional. **Revista de Direito Civil, Imobiliário, Agrário e Empresarial**, n. 65, jul./set. 1993.

TORRES, Ricardo Lobo. A constitucionalização do direito financeiro. In: SOUZA NETO, Cláudio Pereira de; SARMENTO, Daniel (coords.). **A constitucionalização do direito**: fundamentos teóricos e aplicações específicas. Rio de Janeiro: Lumen Juris, 2007.

VECCHIATTI, Paulo Roberto Iotti. Famílias paralelas e poliafetivas devem ser reconhecidas pelo Judiciário. **Conjur**, 5 ago. 2014. Disponível em: http://www.conjur.com.br/2014-ago-05/paulo-iotti-familias-paralelas--poliafetivas-reconhecidas. Acesso em: 05 maio 2023.

VECCHIATTI, Paulo Roberto Iotti. **Manual da homoafetividade** – da possibilidade jurídica do casamento civil, da união estável e da adoção por casais homoafetivos. 2. ed. São Paulo: Elsevier; Método, 2013.

VECCHIATTI, Paulo Roberto Iotti. União estável poliafetiva: breves considerações acerca de sua constitucionalidade. **Jus** 17 out. 2012. Disponível em: https://jus.com.br/artigos/22830/uniao-estavel-poliafetiva-breves--consideracoes-acerca-de-sua-constitucionalidade. Acesso em: 28 abr. 2023.

VELOSO, Zeno. **Código Civil comentado.** FIÚZA, Ricardo; SILVA, Regina Beatriz Tavares da (coord.). 8. ed. São Paulo: Saraiva, 2012.

VELOSO, Zeno. **Direito brasileiro da filiação e paternidade**. São Paulo: Malheiros, 1997.

VELOSO, Zeno. **Direito hereditário do cônjuge e do companheiro**. São Paulo: Saraiva, 2010.

VELOSO, Zeno. Requisitos da união estável. **O Liberal**, Belém, 06 maio 2017.

VELOSO, Zeno. **Temas.** Belém: Anoreg, 2018.

VENCELAU, Rose Melo. **O elo perdido da filiação**: entre a verdade jurídica, biológica e afetiva no estabelecimento do vínculo paterno-filial. Rio de Janeiro: Renovar, 2004.

VENOSA, Silvio de Salvo. **Código Civil interpretado**. São Paulo: Atlas, 2010.

PRINCÍPIO DA AFETIVIDADE NO DIREITO DE FAMÍLIA – *Ricardo Calderón*

VENOSA, Silvio de Salvo. **Direito civil** – direito de família. 14 ed. São Paulo: Atlas, 2014. v. 6.

VENOSA, Silvio de Salvo. **Direito civil** – direito de família. 17. ed. São Paulo: Atlas, 2017.

VIANNA, Breno Mendes Forel Muniz. Responsabilidade Civil Parental. In: TEIXEIRA, Ana Carolina Brochado; RIBEIRO, Gustavo Pereira Leite. **Manual de direito das famílias e sucessões**. 2. ed. Belo Horizonte: Del Rey, 2010. p. 421-470.

VILLAÇA, Álvaro. **Estatuto da família de fato**. 3. ed. São Paulo: Atlas, 2011.

VILLELA, João Baptista. A desbiologização da paternidade. **Revista da Faculdade de Direito da Universidade Federal de Minas Gerais**, Belo Horizonte, UFMG, ano XXVII, n. 21, maio 1979.

VILLELA, João Baptista. Família hoje. Entrevista concedida a Leonardo de Andrade Mattietto. In: BARRETO, Vicente (org.). **A nova família**: problemas e perspectivas. Rio de Janeiro: Renovar, 1997.

WALD, Arnoldo; FONSECA, Priscila M. P. Corrêa da; **Direito civil**: direito de família. 17. ed., rev. São Paulo: Saraiva, 2009. v. 5.

WELTER, Belmiro Pedro. **Teoria tridimensional do direito de família**. Porto Alegre: Livraria do Advogado, 2009.

WOLKMER, Antonio Carlos. **História do direito no Brasil**. 4. ed. Rio de Janeiro: Forense, 2007.